"Bem, aqui estamos nós de novo. Esta é mais uma geração em que a inerrância da Bíblia está sendo questionada. Desta vez, as questões com frequência são mais sutis, mas representam um desafio claro e presente para aqueles que estão determinados a defender e confirmar a perfeição das Escrituras Sagradas. *Em defesa da inerrância* é uma obra muito necessária e também um texto que vai dar início a uma conversa importante e relevante para o nosso tempo. Este é um livro que não pode nem deve ser ignorado — e não será."

R. ALBERT MOHLER JR.
Presidente, The Southern Baptist Theological Seminary

"Nas páginas seguintes, Norman Geisler, que contribuiu mais do que qualquer outro para o legado original do International Council on Biblical Inerrancy (ICBI) [Conselho Internacional sobre a Inerrância Bíblica], e William Roach interagem com hipóteses evangélicas que têm o efeito de confundir esse legado. Eles são guardiões do mais elevado nível, e para mim é uma honra recomendar esta obra ao mundo cristão."

J. I. PACKER, *do prefácio*

"Já nos dias do International Council on Biblical Inerrancy (ICBI), Norm Geisler sabia que cada geração precisa enfrentar a questão da fidelidade da Palavra de Deus. Afinal, no seu primeiro ataque, Satanás questionou se Deus havia de fato dito o que nossos primeiros pais entenderam que ele havia dito. Neste volume esplêndido, Geisler e Roach demonstraram mais uma vez que esse ataque, embora antigo, precisa e pode ser combatido. Qualquer pessoa que deseja interagir com a cultura precisa ler este livro."

PAIGE PATTERSON
Presidente, Southwestern Baptist Theological Seminary

"A doutrina bíblica da inerrância é tanto verdadeira quanto crucial em sua importância para a vida e a saúde da Igreja. Geisler e Roach fornecem um tratamento excelente e atualizado da história recente da doutrina, uma análise do que ela significa e do que não significa, e uma resposta aos recentes ataques desferidos contra ela. Estou feliz pela chegada deste livro e em recomendá-lo."

J. P. MORELAND
Professor emérito de filosofia, Talbot School of Theology;
autor, The God Question

"Norm Geisler e eu servimos no International Council on Biblical Inerrancy (ICBI) durante os dez anos de sua existência. O que o dr. Geisler escreveu agora no seu novo livro certamente é uma obra-prima, digna do mais elevado interesse de todos os que consideram importante ocupar-se com a inerrância da Palavra de Deus."

EARL D. RADMACHER
Presidente emérito, Western Seminary, Portland, Oregon

"Este volume é um chamado à consideração da confiabilidade das Escrituras. Ele foi escrito por um dos arquitetos da seminal Declaração de Chicago sobre a Inerrância Bíblica, em 1978. Eu defendo que qualquer pessoa interessada em difundir a mensagem da Bíblia deve ler e processar o tratamento que Geisler dá ao tema. Isso vai fortalecer sua convicção de que a Palavra de Deus é a verdade e que ela permanecerá para sempre."

PHIL ROBERTS
Presidente, Midwest Baptist Theological Seminary,
Kansas City, Missouri

"Este livro começa com uma história tremendamente útil sobre a 'batalha pela Bíblia', a controvérsia que dominou o cenário evangélico há aproximadamente trinta e cinco anos. Os autores relatam a sólida e consistente defesa da exatidão e autoridade da Bíblia que foi travada pelo Conselho Internacional sobre a Inerrância Bíblica nas décadas de 1970 e 1980. Em seguida, eles apresentam uma compilação muito informativa, mas profundamente perturbadora, de diversos ataques recentes às Escrituras que têm vindo de autores e instituições supostamente evangélicos, especialmente na última década.

Exatamente os mesmos tópicos de antes estão sendo debatidos de novo, e todos os mesmos e cansativos argumentos que já foram respondidos foram novamente tirados do fundo do baú e lançados contra as Escrituras. Está na hora de crentes genuínos acordarem para essa questão novamente e se posicionarem com uma voz clara e unida de confiança e convicção. Temos uma grande dívida para com Geisler e Roach, pois eles se posicionaram na linha de frente dessa batalha repetida pela Bíblia."

JOHN MACARTHUR
Pastor, Grace Community Church, Sun Valley, Califórnia;
Presidente, The Master's College and Seminary

"A história da Igreja registra muitas 'batalhas pela Bíblia'. Então, não é de surpreender que nos nossos dias o debate sobre a inerrância esteja enfurecido. Norman Geisler e William Roach fornecem uma história excelente do debate e atualizam nosso conhecimento sobre a batalha ao relatarem os questionamentos recentes da inerrância. Seu livro é um manual essencial para a compreensão do debate e para a defesa da inerrância bíblica."

KERBY ANDERSON
Diretor nacional, Probe Ministries; âncora, Point of View

"Este é um dos livros mais importantes da década. Geisler e Roach não somente respondem aos desafios contemporâneos à inerrância, mas também fornecem a análise e a defesa teológicas, apologéticas e filosóficas da inerrância que são realmente impressionantes em sua amplitude e seus detalhes. Estudantes de teologia, tanto os mais jovens quanto os mais experientes, vão se beneficiar imensamente deste volume tão bem pesquisado e escrito."

RON RHODES
Presidente, Reasoning from the Scriptures Ministries

A INERRÂNCIA DAS ESCRITURAS

Norman L. William C.
GEISLER & ROACH

A INERRÂNCIA DAS ESCRITURAS

Confirmando a exatidão das Escrituras para uma nova geração

Prefácio J. I. Packer

EDITORA VIDA
Rua Conde de Sarzedas, 246 — Liberdade
CEP 01512-070 — São Paulo, SP
Tel.: 0 xx 11 2618 7000
atendimento@editoravida.com.br
www.editoravida.com.br
@editora_vida /editoravida

A INERRÂNCIA DAS ESCRITURAS
Copyright 2011 by Norman L. Geisler
and William C. Roach
Originally published in English under the title
Defending Inerrancy
by Baker Books, a division of Baker Publishing Group,
Grand Rapids, Michigan, 49516, U.S.A.
All rights reserved.

Todos os direitos desta edição em língua portuguesa são reservados e protegidos por Editora Vida pela Lei 9.610, de 19/02/1998.

É proibida a reprodução desta obra por quaisquer meios (físicos, eletrônicos ou digitais), salvo em breves citações, com indicação da fonte.

■

Exceto em caso de indicação em contrário, todas as citações bíblicas foram extraídas da *Nova Versão Internacional* (NVI)
© 1993, 2000, 2011 by International Bible Society, edição publicada por Editora Vida.
Todos os direitos reservados.

Todas as citações bíblicas e de terceiros foram adaptadas segundo o Acordo Ortográfico da Língua Portuguesa, assinado em 1990, em vigor desde janeiro de 2009.

Editora-chefe: Sarah Lucchini
Editora responsável: Eliane Viza B. Barreto
e Magno Paganelli
Tradução: Magno Paganelli e Valdemar Kroker
Revisão de tradução: Josemar de Souza Pinto
Preparação: Eliane Viza B. Barreto e Jacqueline Matos
Revisão de provas: Eliane Viza B. Barreto e Jacqueline Mattos
Coordenadora de design gráfico: Claudia Fatel Lino
Projeto gráfico e diagramação: Marcelo Alves
Capa: Vinícius Lira

■

As opiniões expressas nesta obra refletem o ponto de vista de seus autores e não são necessariamente equivalentes às da Editora Vida ou de sua equipe editorial.

Os nomes das pessoas citadas na obra foram alterados nos casos em que poderia surgir alguma situação embaraçosa.

Todos os grifos são do autor, exceto os indicados.

1. edição: fev. 2024

Dados Internacionais de Catalogação na Publicação (CIP)
(Câmara Brasileira do Livro, SP, Brasil)

Geisler, Norman L., 1932-2019
   A inerrância das escrituras : confirmando a exatidão das escrituras para uma nova geração / Norman L. Geisler, William C. Roach ; tradução Magno Paganelli de Souza. — Guarulhos, SP : Editora Vida, 2022.

   Título original: *Defending Inerrancy*
   ISBN: 978-65-5584-337-8

   1. Bíblia - Evidências, autoridade, etc. I. Roach, William C. II. Título.

22-129337   CDD-220.132

Índice para catálogo sistemático:
1. Bíblia : Inerrância   220.132
Aline Graziele Benitez — Bibliotecária — CRB-1/3129

Queremos agradecer ao Joel Paulus as muitas horas empenhadas para melhorar o manuscrito deste livro. Somos muito gratos por seu trabalho tão diligente e erudito. Ele realmente aprimorou o texto final.

SUMÁRIO

Prefácio 13
Prólogo.. 17

PARTE I

A HISTÓRIA DA CONTROVÉRSIA DA INERRÂNCIA

1. O pano de fundo da Declaração de Chicago
   sobre a Inerrância do ICBI.................................. 23
2. A formação da Declaração de Chicago
   sobre a Inerrância do ICBI.................................. 33
3. A influência da Declaração de Chicago
   sobre a Inerrância do ICBI.................................. 45

PARTE II

OS DESAFIOS RECENTES À INERRÂNCIA

4. Clark Pinnock sobre a inerrância 59
5. Bart Ehrman sobre a inerrância............................ 79
6. Peter Enns sobre a inerrância 127
7. Kenton Sparks sobre a inerrância 143
8. Kevin Vanhoozer sobre a inerrância 169
9. Andrew Mcgowan sobre a inerrância.................... 207
10. Stanley Grenz e Brian Mclaren
    sobre a inerrância 233
11. Darrell Bock e Robert Webb
    sobre a inerrância...251

PARTE III
REEXAME DA INERRÂNCIA

12. A natureza de Deus e a inerrância 279
13. A natureza da verdade e a inerrância 303
14. A natureza da linguagem e a inerrância 331
15. A natureza da hermenêutica e a inerrância 365
16. A natureza da encarnação e a inerrância 395
17. Respondendo às objeções à inerrância 411

Epílogo 439
Apêndice 1. Signatários da Declaração de Chicago sobre a
   Inerrância Bíblica do ICBI 442
Apêndice 2. Inerrância, evolução teísta e BioLogos 445
Bibliografia 465

PREFÁCIO

AS DUAS décadas entre as duas guerras mundiais do século XX foram anos de declínio dos evangélicos de fala inglesa em ambos os lados do Atlântico. O liberalismo estava no controle nas principais igrejas protestantes, e o liberalismo permaneceu como John Henry Newman o havia definido:

> O liberalismo na religião é a doutrina de que não há verdade concreta na religião, mas que uma crença é tão boa quanto outra [...]. É inconsistente com qualquer reconhecimento de qualquer religião como verdadeira. Ensina que todas as crenças devem ser toleradas, pois todas são uma questão de opinião.[1]

A vigorosa ortodoxia de dias anteriores, uma herança da Reforma, havia sido forçada a linhas marginais, e aquilo a que hoje nos referimos como "guilda" — isto é, a comunidade teológica de ensino nas universidades, faculdades e seminários — parecia ter finalmente fechado o cerco contra a erudição conservadora e os estudiosos conservadores. Lambendo suas feridas, o evangelicalismo tinha recuado para os modos de operação do pré-milenarismo, principalmente dispensacionalista, por um lado, e, por outro, do pietismo, principalmente do tipo de Keswick. Na América do Norte, o maior desses grupos marcados pela tendência ao retrocesso assumiu o nome "fundamentalismo", com base na sua adesão rigorosa aos fundamentos da fé bíblica.

Durante a Segunda Guerra Mundial, no entanto, um intenso sentimento de necessidade de renovação da erudição bíblica e teológica, que superaria o pensamento do liberalismo, fortaleceria as defesas contra o liberalismo e sobreviveria no tempo ao liberalismo que se estabeleceu nos círculos evangélicos tanto na Grã-Bretanha quanto na América do Norte. O resultado foi que a Tyndale House, um centro de pesquisa bíblica, foi fundada em Cambridge, Inglaterra, em 1943, como uma extensão do ministério da Inter-Varsity Fellowship, e em 1947 o Seminário Fuller, um resultado do ministério de difusão de Charles Fuller, abriu suas portas. Ambas as instituições tinham o propósito de serem agentes de mudança e se comprometeram essencialmente com a mesma visão: que a erudição evangélica

---

[1] NEWMAN, John Henry. **Sayings of John Henry Newman**. London: Burns and Oates, Ltd., p. 18.

fosse revivificada, que os estudiosos evangélicos encontrassem um lugar de destaque na guilda e que as igrejas e os crentes evangélicos fossem fortalecidos com recursos por meio da verdade e da sabedoria bíblicas em todas as suas áreas de necessidade.

Tanto a Tyndale House quanto o Seminário Fuller entenderam que sua tarefa acadêmica e eclesiológica principal era a vindicação e o restabelecimento das Escrituras canônicas como a Palavra de Deus plenamente inspirada e autorizada, a multiforme pronunciação de Deus por meio das palavras de aproximadamente 40 autores escolhidos, o critério da Igreja quanto à fé verdadeira e à prática piedosa e o fundamento epistemológico de todo o conhecimento de Deus autêntico e inspirado pelo Espírito. Na realização efetiva dessa agenda, no entanto, diferenças de contexto levaram a interesses específicos diferentes, com resultados diferentes. A Tyndale House deu prioridade desde o início ao desenvolvimento de acadêmicos, mestres e autores de carreira que obteriam uma posição de destaque no mundo dos estudos bíblicos historicamente orientados e tecnicamente eficientes no nível universitário. Na providência de Deus, ela tem conseguido atingir seus objetivos ao longo dos anos com relativa paz e sossego, e enquanto a inerrância das Escrituras — isto é, a verdade e confiabilidade plenas da Bíblia — tem sido um pressuposto básico em toda a erudição que a Casa (Tyndale) patrocinou, assim como sempre tem sido de toda a pregação e ensino da Bíblia entre os evangélicos britânicos em geral, nunca se tornou um centro tempestuoso de controvérsias do modo que aconteceu com o Seminário Fuller.

Aqui não é o lugar de registrar os altos e baixos do debate corrente no Seminário Fuller e em torno do Fuller e seus efeitos em cascata sobre o evangelicalismo norte-americano como um todo à medida que os formandos do Fuller se espalharam para servir como pastores às igrejas de linhas denominacionais tradicionais. É suficiente dizer que dessa confusão que se alastrou é que veio a instalação do Conselho Internacional sobre a Inerrância Bíblica (ICBI, em inglês) em 1978. Os organizadores desse corpo estavam convictos de que as dúvidas e incertezas então correntes sobre a veracidade total da Bíblia refletiam uma erudição inexata que poderia ser diagnosticada e corrigida. O primeiro propósito do ICBI, então, foi anunciar isso, e o segundo foi demonstrar isso em casos específicos na abrangência e profundidade de detalhes necessários. Durante os dez anos de vida ativa do Conselho, foram organizadas conferências, livros foram escritos e declarações de consenso foram elaboradas, e a produção de resultados do ICBI como um todo parecia atingir algo como uma condição especial e permanente para o povo evangélico em geral.

Prefácio

A essência do que o ICBI representava aparece na "Declaração Breve", produzida na conferência de Chicago em 1978:

1. Deus, sendo ele próprio a verdade e falando somente a verdade, inspirou as Escrituras Sagradas a fim de, desse modo, revelar-se à humanidade perdida, por meio de Jesus Cristo, como Criador e Senhor, Redentor e Juiz. As Escrituras Sagradas são o testemunho de Deus sobre si mesmo.
2. As Escrituras Sagradas, sendo a própria Palavra de Deus, escritas por homens preparados e supervisionados por seu Espírito, possuem autoridade divina infalível em todos os assuntos que abordam: devem ser cridas, como instrução divina, em tudo o que afirmam; obedecidas, como mandamento divino, em tudo o que requerem; aceitas, como penhor divino, em tudo que prometem.
3. O Espírito Santo, seu divino autor, ao mesmo tempo as confirma a nós por meio de seu testemunho interior e abre nossa mente para compreender seu significado.
4. Tendo sido na sua totalidade e verbalmente dadas por Deus, as Escrituras não possuem erro ou falha em tudo o que ensinam, quer naquilo que afirmam a respeito dos atos de Deus na Criação e dos acontecimentos da história mundial, quer na sua própria origem literária sob a direção de Deus, quer no testemunho que dão sobre a graça salvadora de Deus na vida das pessoas.
5. A autoridade das Escrituras fica inevitavelmente prejudicada, caso essa inerrância divina absoluta seja de alguma forma limitada ou desconsiderada, ou relativizada a uma visão da verdade contrária à própria Bíblia; e tais desvios provocam sérias perdas tanto para o indivíduo quanto para a Igreja.

Em termos metodológicos e estratégicos, a linha principal de tudo isso está clara e, aliás, é inescapável. O fundamento para aceitar a inerrância como um artigo de fé é, antes de qualquer outra coisa, a aceitação incondicional do Antigo Testamento como ensino imbuído de autoridade vindo de Deus, que conduziu a Cristo, que percebemos no próprio Jesus e, depois dele, nos apóstolos; além disso, a forte insistência dos apóstolos na autoridade divina de seu próprio ensino; e, ainda, a certeza da Igreja ao longo dos séculos da canonicidade de todos os 66 livros que constituem a Bíblia — e uma certeza cuja marca divina não pode ser racionalmente posta em dúvida. O axioma da inerrância como uma diretriz para a interpretação bíblica expressa e salvaguarda a crença de que em todos os textos inspirados, sejam quais forem seu gênero e estilo literários, Deus fala e revela sua mente a nós naquilo e por meio daquilo que o autor humano articula, de modo que, sempre que o intérprete se propõe trabalhar com um texto, é como se Deus lhe dissesse, nas brilhantes palavras que William Blake (não muito justificadas, que se diga) usou com respeito às próprias composições:

Dou-te o final de um fio dourado,
Enrola-o para formar uma bola;
Ele te conduzirá pela porta de Jerusalém,
Construída no muro de Jerusalém.

A mesma máxima nos ensina que qualquer pessoa que pensa que as declarações bíblicas são suspeitas de inexatidão devem cavar mais fundo nas convenções da cultura e da comunicação operantes quando as declarações foram feitas, pois é aí que a solução de seus problemas será encontrada. Por exemplo, em conferências de estudiosos sobre as Escrituras nos dias anteriores ao ICBI, a referência de Jesus em Mateus 13.32 à semente de um pé de mostarda como a menor de todas as sementes era considerada problemática, sendo vista como uma inexatidão botânica. Já sabendo que a semente de mostarda era a menor semente que crescia na Palestina e podia ser vista a olho nu e tinha se tornado proverbial para pequenez, para mim isso foi algo surpreendente. Mas não acho que a declaração de Jesus causaria espanto para qualquer grupo de estudiosos hoje.

Em cada um desses modos, então, a crença na inerrância determina as atitudes e os procedimentos básicos dos exegetas à medida que fazem seu trabalho detalhado e assim exercem uma influência formadora e estabilizadora sobre a fé da Igreja.

Nas páginas seguintes, Norman Geisler, que contribuiu mais do que qualquer outro para o legado original do Conselho Internacional sobre a Inerrância Bíblica (ICBI), e William Roach interagem com hipóteses evangélicas que têm o efeito de confundir esse legado. Eles são guardiões do mais elevado nível, e para mim é uma honra recomendar esta obra ao mundo cristão.

J. I. Packer

PRÓLOGO

A DOUTRINA da inerrância total ou ilimitada[1] das Escrituras tem uma história respeitável (v. John Hannah, *Inerrancy and the Church*). Está enraizada nos primeiros pais da Igreja, é expressa enfaticamente por Agostinho e Tomás de Aquino, é expressa explicitamente pelos reformadores e prevaleceu até o século XIX sem ser seriamente questionada dentro da Igreja (v. cap. 1 adiante). Desde a época de Darwin (c. 1860), no entanto, tem havido um questionamento constante tanto de fora quanto de dentro, com erupções mais significativas de tempos em tempos.

A primeira onda mais intensa aconteceu perto do começo do século XX no debate Warfield/Briggs, quando Charles A. Briggs, professor no Union Theological Seminary, em Nova York, negou a inerrância. B. B. Warfield e A. A. Hodge responderam de forma incisiva com livros e artigos. Juntos, escreveram *Inspiration* (1881). Warfield escreveu ensaios (1894), agora publicados em *The Inspiration and Authority of the Bible* (1948) e em *Limited Inspiration* (1961).

Outra crise significativa ocorreu na década de 1960, quando uma instituição evangélica importante, o Seminário Fuller, retirou a afirmação da inerrância da sua declaração doutrinária, o que ocasionou o êxodo de seus professores mais renomados. Isso levou um deles a "botar a boca no trombone" em seu livro *The Battle for the Bible*. Na sequência disso, aproximadamente 300 eruditos se reuniram em Chicago em 1978 como o International Council on Biblical Inerrancy (ICBI) [Conselho Internacional sobre a Inerrância Bíblica] e formularam a famosa Declaração de Chicago sobre a Inerrância Bíblica. No restante do século XX, essa declaração detalhada (v. cap. 2 adiante), tornou-se a norma para a vasta maioria do mundo evangélico. Foi uma sólida influência na grande inversão de rumo na Southern Baptist Convention [Convenção Batista do Sul] nessa questão. Durante esse mesmo período, a maior sociedade de estudos teológicos baseada na inerrância das Escrituras, a Evangelical Theological Society (ETS),

---

[1] Por "inerrância total" se quer dizer que a Bíblia está livre de erro em relação a qualquer assunto de que trata, não importa se diz respeito à redenção, à história ou à ciência. Por "inerrância ilimitada" se quer dizer que a Bíblia está livre de erro somente no que diz respeito a assuntos relacionados à redenção, mas não necessariamente com relação a outros assuntos de que trate.

experimentou um crescimento rápido de pouco mais de mil membros para mais de 4 mil membros atualmente.

No alvorecer do século XXI, no entanto, ocorreu uma importante ruptura no debate contínuo sobre a inerrância. Um evangélico renomado, Clark Pinnock, defendeu a perspectiva da inerrância limitada, que abre espaço para erros menores em questões não relacionadas à redenção (v. cap. 4). Isso levou ao voto de excluí-lo da ETS, voto que garantiu uma sólida maioria de mais de 63%, mas ficou justo aquém dos dois terços necessários para excluí-lo da sociedade.

No entanto, muitos jovens evangélicos treinados na crítica textual contemporânea foram ficando cada vez mais insatisfeitos com a visão tradicional da inerrância ilimitada que foi adotada por Warfield, pelos fundadores da ETS e pelo ICBI. Muitos deles haviam se associado à ETS, visto que essa sociedade tomara uma decisão consciente de não questionar a consistência das opiniões de cada membro quanto ao que os formuladores da ETS queriam dizer com a declaração. Em vez disso, cada membro tinha a liberdade de seguir a sua consciência para julgar se suas opiniões estavam em harmonia com a afirmação da ETS de que "Somente a Bíblia, e a Bíblia em sua totalidade, é a Palavra de Deus escrita e, portanto, inerrante nos autógrafos".

Inevitavelmente, essa posição "aberta" quanto a estar associado à ETS levou a dois campos dentro da sociedade. A grande maioria (80%) votou (em 2003) para aceitar a Declaração de Chicago do ICBI como a definição da ETS do que se entende por inerrância, do que significa inerrância ilimitada e que a Bíblia está totalmente livre de erro em relação a qualquer assunto de que trate (v. Geisler, *Inerrancy*). Como diz a Declaração Breve do ICBI, "As Escrituras Sagradas, sendo a própria Palavra de Deus, escritas por homens preparados e supervisionados por seu Espírito, possuem autoridade divina infalível em todos os assuntos que abordam".

O outro campo contém os que não acreditam na inerrância ilimitada como pretendida pelos formuladores da ETS e do ICBI. Isso veio à tona em 1976, quando o Comitê Executivo da ETS admitiu que "alguns membros da Sociedade expressaram o sentimento de que prevalece certa medida de desonestidade intelectual entre os membros que não levam a sério a assinatura da declaração doutrinária". Além disso, um comitê *ad hoc* da ETS reconheceu esse problema quando propôs a pergunta adequada em 1983: "É aceitável que um membro da Sociedade defenda a posição da intenção de um autor bíblico que discorda dos Pais Fundadores e até da maioria da Sociedade e ainda continue sendo membro em situação regular?". A sociedade nunca disse não. O voto subsequente para manter Pinnock na sociedade revela que uma grande porcentagem dos membros não acha que seja necessário defender a inerrância ilimitada conforme o que tinham em mente os formuladores da ETS e do ICBI.

Agora, na aurora do século XXI, o evangelicalismo enfrenta um novo desafio à visão tradicional da inerrância como expressada pela ETS e pelo ICBI. Aliás, alguns estão questionando abertamente a adequabilidade e mesmo a correção da Declaração do ICBI (v. cap. 4—11). Será que a "erosão da inerrância" (v. Beale, *Erosion of Inerrancy*) foi tão forte que não pode ser reabilitada? Isso nos leva a propor as perguntas para este livro: Pode essa visão da inerrância total ser reafirmada para o século XXI? Deve a Declaração do ICBI ser revisada ou até descartada? Será possível ser um estudioso bíblico e ainda assim crer na inerrância ilimitada?

Antes de tentar responder a essas perguntas, precisamos olhar o pano de fundo dessa questão (cap. 1—3) e examinar as acusações dos que questionam a inerrância total (cap. 4— 11). Aí poderemos discutir de forma integral as questões envolvidas (cap. 12—16) e finalmente responder ao questionamento proposto pelos novos eruditos evangélicos e outros desta nova era. Em resumo, a nossa busca é se podemos reafirmar a "Inerrância para a Nova Geração" (ao que responderemos no cap. 17 e no epílogo).

▪ Fontes ▪

Beale, *Erosion of Inerrancy*
Geisler, *Inerrancy*
Hannah, *Inerrancy and the Church*
Hodge, A. e Warfield, *Inspiration*
Lindsell, *Battle for the Bible*
Pinnock, *Scripture Principle*
Warfield, *Inspiration and Authority*
_____, *Limited Inspiration*

PARTE I

A HISTÓRIA DA CONTROVÉRSIA DA INERRÂNCIA

1

O PANO DE FUNDO DA DECLARAÇÃO DE CHICAGO SOBRE A INERRÂNCIA DO ICBI

Introdução

SEMPRE HOUVE uma batalha pela Bíblia. A história da Igreja foi atormentada por perspectivas divergentes e errôneas sobre o assunto. Orígenes (185-254 d.C.) negou a historicidade de partes de Gênesis e alegorizou outras passagens também. As convicções bíblicas de Teodoro de Mopsuéstia (350-423 d.C.) foram questionadas na Idade Média e depois disso. Durante a Reforma, Calvino acusou Serveto (1511-1553) de negar a inerrância factual de partes da Bíblia. Até os tempos modernos, no entanto, nenhuma das visões divergentes e errôneas das Escrituras se tornou a posição central. Isso foi assim até praticamente o fim do século XIX, quando irrompeu a controvérsia entre B. B. Warfield e Charles A. Briggs. Na verdade, foi somente no início do século XX que perspectivas não ortodoxas das Escrituras se tornaram amplamente aceitas nas igrejas de linhas denominacionais tradicionais.

Os grandes mestres da Igreja

Como já foi demonstrado em outros textos (v. Hannah, *Inerrancy and the Church*, 1984; Geisler, *Systematic Theology*, v. 1; Woodbridge, *Biblical Authority*, 1982), a inerrância *total* tem sido a posição ortodoxa padrão ao longo de toda a história da igreja cristã. É assim desde os tempos mais antigos. A visão da inerrância *limitada* (de que somente questões espirituais ou relacionadas à redenção estão livres de erro) é uma visão tardia na história da Igreja, que resultou do fato de se acomodar e adaptar a doutrina da inerrância à ciência moderna e à crítica bíblica (v. adiante).

Os primeiros pais da Igreja

Justino Mártir (m. 165 d.C.) se referiu aos evangelhos como a "voz de Deus" (*Apology* [Apologia] 65). Ele afirmou: "Não devemos pressupor que a linguagem procede de homens que eram inspirados, mas da Palavra divina que os move" (1.36). Ireneu (m. 202 d.C.) acrescentou que a Bíblia está "acima da falsidade" (*Against Heresies* [Contra heresias] 3.5.1) e que estamos "adequadamente assegurados de que as Escrituras são de fato perfeitas, visto que foram faladas pela Palavra de Deus e seu Espírito" (2.28; 2.35).

Os pais da Igreja da Idade Média

Resumindo a Igreja dos primeiros tempos, Agostinho de Hipona declara: "Aprendi a prestar honra e respeito somente aos livros canônicos das Escrituras; acerca desses somente eu creio muito firmemente que seus autores estavam completamente livres de erro" (*Letters* [Cartas] 82.3). Portanto, "se ficamos perplexos por alguma contradição aparente nas Escrituras, não é permitido dizer que o autor desse livro está equivocado; mas ou o manuscrito é falho, ou a tradução está errada, ou você a interpretou incorretamente" (*Reply to Faustus* [Resposta a Fausto] 11.5).

Da mesma forma, no final da Idade Média, Tomás de Aquino insistia que "é herético dizer que alguma falsidade, seja qual for, esteja contida ou nos evangelhos ou em qualquer Escritura canônica" (*Exposition on Job* [Exposição sobre Jó] 13, Preleção 1). Pois "um profeta verdadeiro sempre é inspirado pelo espírito da verdade, no qual não há sinal de falsidade, e ele nunca fala inverdades" (*Summa* 2ª2ae, 172, 6 ad 2).

O período da Reforma

O grande reformador Lutero afirma que "as Escrituras, embora escritas por homens, não são dos homens nem vêm dos homens, mas de Deus" (*Luther's Works* [Obras de Lutero] 35:153). Assim, "a Palavra de Deus é a Palavra de Deus [...]. Se alguém, de maneira blasfema, atribui a mentira a Deus em uma simples palavra, ou diz que isso é uma questão menor [...] essa pessoa blasfema contra o Deus todo e torna leviana toda blasfêmia" (37:26). De fato, "todo aquele que é tão ousado a ponto de se arriscar a acusar Deus de fraude e engano em uma simples palavra [...] da mesma maneira certamente se arrisca a acusar Deus de fraude e engano em todas as palavras dele. Por isso, é verdade, absolutamente e sem exceção, que ou se crê em tudo ou não se crê em nada" (Reu, *Luther and the Scriptures*, p. 33).

Da mesma forma, João Calvino concorda, insistindo que "a Bíblia veio a nós da boca de Deus" (*Institutes* [Institutas] 1.18.4). Portanto, "devemos às Escrituras a mesma reverência que devemos a Deus; pois vieram dele somente [...]. A Lei e os Profetas não são uma doutrina entregue de acordo com a vontade e o prazer dos homens, mas ditada pelo Espírito Santo" (Urquhart, *Inspiration and Accuracy*, p. 129-130). As Escrituras são "a regra segura que não erra" (*Calvin's Commentaries*, Ps. 5:11 [Comentários, Sl 5.11]).

Pois quando refletimos sobre quão propensa é a mente humana para deslizar para o esquecimento de Deus, quão prontamente inclinada está para todo tipo de erro [...] será fácil entender quão necessário foi fazer tal repositório de doutrina que a protegeria tanto do perecimento pela negligência quanto do desaparecimento em meio aos erros e da corrupção pela audácia presunçosa dos homens (*Institutes* [Institutas] 1.6.3).

Tampouco é suficiente crer que Deus é verdadeiro e não pode mentir ou enganar, a não ser que você esteja firmemente convicto de que toda palavra que procede dele é verdade sagrada e inviolável (3.2.6).

O *período pós-Reforma*

Aplica-se aos credos pós-Reforma. O Livro de Concórdia da igreja luterana (1580) acrescenta: "Portanto, como um todo e em todos os seus detalhes a Palavra de Deus [está] livre de contradição e erro". De fato, H. D. McDonald demonstrou (em *Theories of Revelation*) que a visão ortodoxa padrão das Escrituras predominou no cristianismo até depois de Darwin no fim do século XIX. Foi então que eclodiu a batalha na América do Norte.

A batalha norte-americana foi iniciada pelo debate Warfield/Briggs, quando Charles A. Briggs, professor do Union Seminary em Nova York, negou a inerrância. B. B. Warfield e A. A. Hodge responderam de forma incisiva com livros e artigos. Juntos, escreveram *Inspiration* (1881). Warfield escreveu "The Inspiration of the Bible" (1894) e "Smith on Inspiration" (1894), reeditados depois como *Limited Inspiration* (1961). A visão deles formou o que depois ficou conhecido como a antiga perspectiva de Princeton, resumida nas seguintes citações: "O Novo Testamento afirma continuamente a respeito das Escrituras do Antigo Testamento, e dos diversos livros que o constituem, que elas são a Palavra de Deus. O que seus autores disseram, Deus disse" (*Inspiration*, p. 29). Assim, "todo elemento das Escrituras, seja doutrina, seja história, quanto ao qual Deus garantiu a infalibilidade, precisa ser infalível em sua expressão verbal" (p. 21-23). Isso é verdadeiro, porque "ao longo de toda a sua obra o Espírito Santo esteve presente [...] em todos os lugares assegurando a expressão sem erros em linguagem e pensamento projetada por Deus" (p. 16).

Harold Ockenga resume bem esse período no seu prólogo ao livro *The Battle for the Bible* [A batalha pela Bíblia] (1976), de Harold Lindsell, que explodiria como uma granada nesse debate. A inerrância dominou a controvérsia fundamentalista-modernista nas décadas de 1920 e 1930. Na igreja presbiteriana nos Estados Unidos, a controvérsia girou em torno da afirmação de Auburn e se expressou mediante a saída de algumas pessoas do Princeton Theological Seminary em 1929. Naquele ano, um grupo de estudantes seguiu J. Gresham Machen, Robert Dick Wilson, Oswald T. Allis, Cornelius Van Til e Ned Stonehouse para fundarem o Westminster Theological Seminary. Em 1942, os efeitos da negação da inerrância das Escrituras nas denominações protestantes organizadas debaixo do Federal Council of Churches [Conselho Federal de Igrejas] ocasionaram a fundação da National Association of Evangelicals [Associação Nacional de Evangélicos] em St. Louis com base na inerrância. Durante os verões de 1944 e 1945, Ockenga reuniu um grupo de eruditos evangélicos em Manomet Point, Massachusetts, para encorajar a elaboração de escritos evangélicos baseados nas Escrituras inerrantes, não dependentes da literatura de uma geração anterior.

A conferência Wenham sobre inerrância

Como resultado das conferências da World Evangelical Fellowship [Comunhão Evangélica Mundial], ficou evidente que havia duas visões das Escrituras defendidas pelos evangélicos. Para discutir a questão, Ockenga organizou uma conferência no Gordon College em junho de 1966, da qual participaram mais de 50 homens de várias partes do mundo. Dessa conferência não resultou unanimidade. As duas visões opostas dos "inerrantistas" e dos "não inerrantistas" permaneceram. Em 1955, por sugestão de Billy Graham, um grupo se reuniu primeiramente em Bass Rock, Massachusetts, e depois na cidade de Nova Ioque para discutir a formação da revista *Christianity Today*, para que fosse baseada na inerrância das Escrituras.

No entanto, a fenda sobre a inerrância continuava fumegando no fundo. Dois fatores importantes deram ímpeto ao movimento da inerrância limitada (a visão segundo a qual a inerrância está limitada somente a questões relacionadas à redenção). O primeiro, o "neoevangelicalismo", surgiu originariamente de um sermão pregado por Ockenga em 1948 no auditório público em Pasadena. Foi um chamado a que se repudiasse o separatismo e se envolvessem os evangélicos em ação social, ao mesmo tempo que se mantinha um compromisso com as doutrinas fundamentais, como a inerrância. No início, não foi projetado como um movimento, mas o nome "pegou", na medida em que foi usado por Edward Carnell e Harold Lindsell, bem como por Carl Henry (que já havia escrito *The Uneasy Conscience of Modern Fundamentalism*, 1947); Gleason Archer também começou a dar seu apoio. Logo depois disso, evangélicos mais jovens começaram a se unir ao movimento, e a ênfase doutrinária foi diminuída até que a inerrância não fosse mais uma característica do grupo. O passo significativo seguinte para se afastar da inerrância foi a ação que ocorreu durante a década de 1960, quando os professores do Seminário Fuller retiraram a inerrância da sua declaração doutrinária.

O *Seminário Fuller e a batalha pela Bíblia*

De acordo com Harold Lindsell (*Battle for the Bible*, cap. 6), em 1947 Charles Fuller convidou Ockenga para se juntar a ele na fundação de uma Escola de Missões e Evangelismo. "Inerrância bíblica" fazia parte da declaração doutrinária. Harold Lindsell foi o primeiro deão. Lindsell, Wilbur Smith, Everett F. Harrison e Carl Henry formaram o primeiro corpo docente. A declaração doutrinária trazia: "Os livros que formam o cânon do Antigo e do Novo Testamentos como originalmente entregues são plenariamente inspirados e livres de todo erro no todo e em parte. Esses livros constituem a Palavra de Deus escrita, a única e infalível regra de fé e prática". Tal declaração significava que a Bíblia está livre de erros em questões de fatos, ciência, história e cronologia, bem como em questões relacionadas à salvação.

Nos anos que se seguiram, começaram a surgir dúvidas no conselho e no corpo docente do Fuller com respeito à inerrância das Escrituras. Primeiro, Bela Vassady, membro do corpo de funcionários graduados do Fuller, disse que sua honestidade o impedia de assinar a parte da inerrância na declaração doutrinária e, então, deixou a escola por livre e espontânea vontade. Em 1962, tornou-se evidente que outros integrantes do Fuller já não acreditavam na inerrância. Um abastado e influente membro do conselho, C. David Weyerhaeuser, chegou à conclusão de que a Bíblia não era inerrante. Dois outros professores chegaram à mesma conclusão, mas não se pediu a nenhum deles que deixasse a escola. O filho do fundador, Daniel Fuller (depois de estudar sob Karl Barth em Basileia), logo seguiu o mesmo caminho. Calvin Schoonhoven admitiu que não acreditava na inerrância quando foi contratado. Finalmente, David Hubbard foi contratado como presidente [diretor], apesar do fato de que o plano de curso do Antigo Testamento que ele havia escrito em coautoria com Robert Laurin afirmasse que Adão não era uma figura histórica, Moisés não havia escrito todo o Pentateuco e Daniel foi escrito depois dos eventos dos grandes reinos mundiais que estão registrados no seu livro (embora Hubbard continuasse defendendo que suas próprias posições eram ortodoxas).

Em dezembro de 1962, ocorreu um "sábado negro" na reunião dos curadores do corpo docente em Pasadena. Aqui um número de professores e de membros do conselho expressou sua opinião de que não cria na inerrância das Escrituras. Edward Johnson declarou a sua convicção de que a inerrância era uma crença de referência e fundamental e renunciou porque o conselho não tomou uma posição clara quanto à inerrância (que ainda estava na declaração doutrinária desde o início).

Os catálogos de 1963-1964 do seminário ainda mantinham a afirmação comum de que os membros do corpo docente precisavam concordar

A INERRÂNCIA DAS ESCRITURAS

com a declaração doutrinária, incluindo a inerrância "sem reserva mental, e todo aquele que não consegue consentir concorda em se retirar da instituição". No catálogo de 1965-1966, essa afirmação desapareceu. Assim, a escola continuava sob a nuvem escura de professores e funcionários graduados que assinavam a declaração doutrinária com reservas mentais. À medida que o tempo passava, vários professores começaram a renunciar. O primeiro foi Charles Woodbridge (mesmo antes do "sábado negro"). Wilbur Smith foi o seguinte a renunciar na primavera de 1963. Harold Lindsell saiu em 1964, e Gleason Archer partiu alguns anos depois.

Na reunião da ETS em Toronto em 1967, Daniel Fuller apresentou um trabalho no qual ele negava a inerrância factual da Bíblia, defendendo que as Escrituras eram inspiradas e inerrantes somente em questões relacionadas à revelação, não em questões não relacionadas à revelação, como a ciência. Isso foi seguido pelo livro de George Ladd *The New Testament and Criticism* (1967), no qual ele nega a inerrância factual das Escrituras. À medida que a década seguinte se desenvolvia, a influência do Seminário Fuller e sua decisão de descartar a inerrância se tornaram mais difundidas. A história completa é contada na obra de George Marsden *Reforming Fundamentalism: Fuller Seminary and the New Evangelicalism* (1987).

Mesmo antes de começar a batalha pela Bíblia, que conduziu à conferência do ICBI sobre a inerrância (1978), a Aliança de Lausanne foi formada por evangelistas e missionários em 1974. Sua declaração sobre as Escrituras trazia, em parte, como segue: "2. A Autoridade e o Poder da Bíblia: Reafirmamos a inspiração divina, a veracidade e a autoridade das Escrituras tanto do Antigo quanto do Novo Testamentos em sua totalidade como a única Palavra de Deus escrita, sem erro em tudo que ela afirma, e a única e infalível regra de fé e prática [...] (2 Timóteo 3.16; 2 Pedro 1.21; João 10.35; Isaías 55.11; 1 Coríntios 1.21; Romanos 1.16; Mateus 5.17,18; Judas 3; Efésios 1.17,18; 3.10,18)".

Essa declaração serviu como um indicador da unidade evangélica sobre a inerrância mesmo antes da reunião de Chicago. Ela confirmava claramente tanto a infalibilidade quanto a inerrância das Escrituras quando afirmava: "Reafirmamos *a inspiração divina, a veracidade e a autoridade* das Escrituras tanto do Antigo quanto do Novo Testamentos *em sua totalidade* como a única Palavra de Deus escrita, *sem erro em tudo que ela afirma*".

A batalha pela Bíblia começa

Em 1976, o livro *The Battle for the Bible*, de Harold Lindsell, arrebentou a tampa da panela de pressão que era a situação do Seminário Fuller e carimbou a inerrância como a questão divisora de águas. Prevendo o problema que se seguiria para a igreja evangélica em um nível mais amplo, em 1975 Francis Schaeffer escreveu *No Final Conflict* [Sem conflito final], no qual ele diz: "É minha convicção que a área crucial de discussão para o evangelicalismo nos próximos anos será o assunto das Escrituras. Está em jogo se a igreja evangélica continuará sendo evangélica". Ele se reuniu em privado com alguns líderes do ICBI em Chicago e ali prometeu e empenhou o seu apoio a favor do movimento de inerrância, o que ele cumpriu alguns anos depois ao assinar a Declaração de Chicago sobre a Inerrância Bíblica (1978), embora expressasse sua preferência pela expressão "sem erro".

O movimento anti-inerrância se tornou mais agressivo em 1977 com a publicação do livro *Biblical Authority*, escrito por Jack Rogers, professor do Fuller. Gradualmente, os inerrantistas perceberam a necessidade de reagir. O primeiro esforço que produziu uma resposta a Rogers foi o livro *The Foundation of Biblical Authority* (1978), editado por James M. Boice. Nesse tempo, estavam em progresso os planos para a conferência sobre a inerrância em Chicago em 1978.

A origem do International Council on Biblical Inerrancy (ICBI) [Conselho Internacional sobre a Inerrância Bíblica]

De acordo com o documento oficial *ICBI Update* [Atualização do ICBI] (dezembro de 1987), o ICBI nasceu como se segue: "Em fevereiro de 1977, Deus colocou no coração de um pequeno grupo de seu povo um peso enorme: a erosão da autoridade e exatidão das Escrituras. Tendo observado a pregação em muitas igrejas, o ensino em alguns seminários e boa parte da literatura cristã popular, houve grande preocupação de que muitos evangélicos estavam se afastando da Bíblia como a autoridade final em questões de doutrina e vida cristãs". Assim, "o primeiro grupo de líderes que se reuniu para oração, discussão e planejamento contou com: Greg Bahnsen, John Gerstner, Norman Geisler, Jay Grimstead, Karen Hoyt, A. Wetherell Johnson, James Packer e R. C. Sproul. Desse grupo resultou a formação do conselho deliberativo e do conselho consultivo do ICBI" (*ICBI Update*, p. 3). Todos concordavam que alguma coisa precisava ser feita para dar sustentação à visão tradicional e histórica da inerrância. Foram colocados os fundamentos do planejamento do grande encontro de 1978 em Chicago, que produziria a Declaração de Chicago sobre a Inerrância Bíblica (v. cap. 2).

Pouco tempo depois do encontro do ICBI, Jack Rogers e Roger McKim publicaram um alentado volume de 484 páginas em defesa da visão não inerrantista, ou da inerrância limitada, intitulado *The Authority and Interpretation of the Bible* (1979). A isso o ICBI respondeu produzindo e inspirando uma abundância de livros que definiam e defendiam a inerrância — nos aspectos bíblico, teológico, histórico, filosófico e hermenêutico. Em ordem de publicação, apareceram, entre outros: *Inerrancy* (Geisler, 1979); *Biblical Errancy: Its Philosophical Roots* [Errância bíblica: suas raízes filosóficas] (ed. Geisler, 1981); *Inerrancy and the Church* [Inerrância e a igreja] (ed. Hannah, 1984); *Hermeneutics, Inerrancy, and the Bible* (ed. Radmacher e Preus, 1984); *Applying the Scriptures* (ed. Kantzer, 1987). Outro livro muito importante, não publicado sob o patrocínio do ICBI, foi a magistral refutação do livro de Rogers feita por John Woodbridge, professor da Trinity Evangelical Divinity School: *Biblical Authority: A Critique of the Rogers/McKim Proposal* (1982). Tão profunda, ampla e incisiva foi essa crítica que Rogers preferiu não responder a ela. Também digna de nota é a obra de H. D. McDonald *Theories of Revelation* (1979) e *Inerrancy and Common Sense*, editada por Roger Nicole e J. Ramsey Michaels (1980). Visto que o movimento do ICBI ajudou a produzir o ressurgimento inerrantista dos batistas do Sul (Southern Baptist), o livro dos falecidos Russ Bush e Tom Nettles *Baptists and the Bible* (1980) também deve ser mencionado. Mais uma obra "não ICBI" foi *God's Inerrant Word* (1974), editada por John Warwick Montgomery.

Resumo e conclusão

A questão da inerrância surgiu na cena norte-americana no fim do século XIX com as obras de A. A. Hodge e B. B. Warfield. Continuou em cena na controvérsia fundamentalista-modernista (das décadas de 1920 e 1930), mas nunca se tornou uma questão relevante e predominante no evangelicalismo até que o Seminário Fuller saísse da linha na década de 1960. Os eventos que levaram à necessidade do movimento pela inerrância com o ICBI tiveram início com o fracasso da Conferência Wenham, por não conseguir atingir o consenso sobre o assunto em 1966. O movimento recebeu um impulso extraordinário com a decisão do Seminário Fuller de eliminar a exigência da adesão à inerrância, apagando-a da declaração doutrinária do seminário durante esse mesmo período. Mas a granada que levou a uma explosão geral foi a publicação de *The Battle for the Bible* (1976), quando Harold Lindsell arrebentou a tampa da panela de pressão que era a situação do Seminário Fuller. Nessa época, a influência do Fuller sobre a comunidade evangélica mais ampla, somada à tendência neoevangélica crescente de se afastar da inerrância, tornou a situação madura para uma reação evangélica ao desvio dessa doutrina histórica. Na atmosfera da advertência de Lindsell e da exortação de Francis Schaeffer de que essa era uma questão divisora de águas que poderia modificar a própria natureza do evangelicalismo, foi gerado o International Council on Biblical Inerrancy (ICBI) [Conselho Internacional sobre a Inerrância Bíblica].

No seu plano de dez anos (1977-1987), o ICBI produziu três grandes conferências e numerosos livros em defesa da doutrina da inerrância. A primeira conferência tratou da defesa da inerrância (1978); a segunda, da interpretação da inerrância (1984), e a última, da aplicação da inerrância (1987).

Na esteira dos esforços do ICBI, numerosas denominações e escolas foram fortalecidas na sua posição quanto às Escrituras, e muitas delas acrescentaram a inerrância à sua posição doutrinária. Uma das maiores denominações protestantes — a Southern Baptist Convention [Convenção Batista do Sul] — reverteu a direção liberal em que estava caminhando e adotou a Declaração do ICBI. Outros aderiram a esse movimento, e a declaração e a definição da Conferência de Chicago sobre a inerrância se tornaram novamente a posição evangélica normativa. E tem se mantido assim por quase uma geração agora.

No entanto, surgiu uma nova geração que não conhece Lindsell, Henry, Archer, Schaeffer, Gerstner, Nicole ou Boice — todos os quais já partiram para receber a sua recompensa —, e mais uma vez a inerrância está sendo questionada. A parte II deste livro trata da resposta à inerrância ilimitada dada por homens como Clark Pinnock (cap. 4), Bart Ehrman (cap. 5), Peter Enns (cap. 6), Kenton Sparks (cap. 7), Kevin Vanhoozer (cap. 8), Andrew McGowan (cap. 9), Stanley Grenz e Brian McLaren (cap. 10), e Darrell Bock e Robert Webb (cap. 11).

Então, agora estamos enfrentando questões cruciais: A inerrância pode ser reafirmada para esta nova geração? Ou entrará pelo caminho de toda a carne? Mais precisamente: Será que a Declaração sobre a Inerrância do ICBI de Chicago com seus comentários está desatualizada? Precisa ser revisada ou descartada? Resistirá ela aos ataques atuais? Como fundador e formulador (Norman Geisler) da posição do ICBI e como um jovem estudioso desta nova geração (Bill Roach), queremos enfrentar cara a cara esse desafio (cap. 12—17) e responder a essas questões. Os leitores terão de decidir se fomos bem-sucedidos.

▪ Fontes ▪

Augustine [Agostinho], *Reply to Faustus* [Resposta a Fausto]
Boice, *Foundation for Biblical Authority*
Bush e Nettles, *Baptists and the Bible*
Calvin [Calvino], *Institutes* [Institutas]
_____, *Commentaries* [Comentários]
Geisler, *Biblical Errancy*
_____, ed., *Inerrancy*

_____, *Systematic Theology*, v. 1
Hannah, *Inerrancy and the Church*
Henry, *Uneasy Conscience*
Hodge, A. e Warfield, *Inspiration*
Irenaeus [Ireneu], *Against Heresies* [Contra heresias]
Justin Martyn [Justino Mártir], *Apology* [Apologia]
Kantzer, ed., *Applying the Scriptures*
Ladd, *New Testament and Criticism*
Lindsell, *Battle for the Bible*
Luther [Lutero], *Luther's Works* [Obras de Lutero]
Marsden, *Reforming Fundamentalism*
McDonald, *Theories of Revelation*
Radmacher e Preus, eds., *Hermeneutics, Inerrancy*
Reu, *Luther and the Scriptures*
Rogers, *Biblical Authority*
Rogers e McKim, *Authority and Interpretation*
Schaeffer, *No Final Conflict*
Thomas Aquinas [Tomás de Aquino], *Exposition on Job* [Exposição sobre Jó]
_____, *Summa*
Warfield, *Inspiration and Authority*
_____, *Limited Inspiration*
Woodbridge, *Biblical Authority*

2

A FORMAÇÃO DA DECLARAÇÃO DE CHICAGO
SOBRE A INERRÂNCIA DO ICBI

NOS DIAS 26 a 28 de outubro de 1978, o International Council on Biblical Inerrancy (ICBI) [Conselho Internacional sobre a Inerrância Bíblica] realizou uma conferência perto do aeroporto O'Hare. O resultado foi a famosa Declaração de Chicago sobre a Inerrância Bíblica. Foram produzidos nesse encontro esses dezenove artigos, bem como o preâmbulo e a declaração breve e também um comentário oficial, *Explaining Inerrancy* [Explicando a inerrância], escrito por R. C. Sproul. Durante os dez anos seguintes, foram organizadas mais duas grandes conferências, uma sobre a hermenêutica e a inerrância (1984) e outra sobre a aplicação da inerrância às questões do nosso tempo (1987). Durante esse mesmo período, foram produzidos diversos volumes eruditos sob os auspícios do ICBI, defendendo a inerrância. Aí incluídos estão *Inerrancy* (ed. Geisler); *Hermeneutics, Inerrancy, and the Bible* (ed. Radmacher e Preus); *Biblical Errancy: Its Philosophical Roots* [Errância bíblica: suas raízes filosóficas] (ed. Geisler) e *The Church and Inerrancy* (ed. Hannah).

A Declaração de Chicago foi produzida por estudiosos da conferência com base em um roteiro inicial redigido por R. C. Sproul. Depois foi revisado para a sua forma final à luz dos comentários dos participantes e formatado pela comissão de redação composta por Edmund Clowney, Norman Geisler, Harold Hoehner, Donald Hoke, Roger Nicole, James Packer, Earl Radmacher e R. C. Sproul. Depois de discussões consideráveis, a redação final foi apresentada aos participantes e aprovada pela maioria esmagadora de 240 dos 268 delegados participantes (v. apêndice 1). Entre os signatários estavam renomados líderes evangélicos da última parte do século XX, incluindo James Boice, John Gerstner, Carl F. H. Henry, Kenneth Kantzer, Harold Lindsell, John Warwick Montgomery, Robert Preus, Francis Schaeffer, R. C. Sproul, John Wenham, Charles Colson e muitos outros. Um comentário oficial desses artigos foi escrito por R. C. Sproul

(*Explaining Inerrancy*), e um livro incluindo a maioria das palestras foi publicado (*Inerrancy*, ed. Geisler), bem como outros livros cobrindo a história da inerrância (*Inerrancy and the Church*, ed. Hannah) e as pressuposições filosóficas da visão anti-inerrância (*Biblical Errancy: Its Philosophical Roots* [Errância bíblica: suas raízes filosóficas], ed. Geisler).

Para maior clareza, essa Declaração de Chicago foi formulada tanto com afirmações quanto com negações. Depois de a comissão de redação ter concordado sobre o conteúdo, J. I. Packer foi muito útil ao colocar esse conteúdo em afirmações sucintas. A seguir, estão o Preâmbulo, a Declaração Breve e os dezenove artigos.[1]

Preâmbulo

A autoridade das Escrituras é um tema-chave para a igreja cristã, tanto desta quanto de qualquer outra época. Aqueles que professam fé em Jesus Cristo como Senhor e Salvador são chamados a demonstrar a realidade de seu discipulado cristão mediante obediência humilde e fiel à Palavra escrita de Deus. Afastar-se das Escrituras, tanto em questões de fé quanto em questões de conduta, é deslealdade para com nosso Mestre. Para que haja uma compreensão plena e uma confissão correta da autoridade das Sagradas Escrituras, é essencial o reconhecimento da sua total veracidade e confiabilidade.

A declaração a seguir afirma sob nova forma essa inerrância das Escrituras, esclarecendo nosso entendimento a respeito dela e advertindo contra sua negação. Estamos convencidos de que negá-la é ignorar o testemunho dado por Jesus Cristo e pelo Espírito Santo e rejeitar submeter-se às reivindicações da própria Palavra de Deus, submissão essa que caracteriza a verdadeira fé cristã. Entendemos que é nosso dever nesta hora fazer esta afirmação diante dos atuais desvios da verdade da inerrância entre nossos irmãos em Cristo e diante do entendimento errôneo que esta doutrina tem tido no mundo em geral.

Esta Declaração consiste em três partes: uma Declaração Resumida, Artigos de Afirmação e Negação, e uma Explanação. A Declaração foi preparada durante uma consulta de três dias de duração, realizada em Chicago, nos Estados Unidos. Os que subscreveram a Declaração Resumida e os Artigos desejam expressar suas próprias convicções quanto à inerrância das Escrituras e estimular e desafiar uns aos outros e a todos os cristãos a uma compreensão e a um entendimento cada vez maiores dessa doutrina.

---

[1] A Declaração de Chicago está disponível on-line e em muitas obras, incluindo Norman L. GEISLER, Inerrancy (Grand Rapids: Zondervan, 1979), p. 493-502. O texto em português empregado aqui foi extraído de James Montgomery BOICE, O alicerce da autoridade bíblica (São Paulo: Vida Nova, 1989, reimp. 1997), p. 183-196, como citado em: http://www.monergismo.com/textos/credos/declaracao_chicago.htm. Acesso em: 1º maio 2021, e foi adaptado pelo tradutor.

Reconhecemos as limitações de um documento preparado numa conferência rápida e intensiva e não propomos que esta Declaração receba o valor de um credo. Regozijamo-nos, no entanto, com o aprofundamento de nossas próprias convicções por meio dos debates que tivemos juntos e oramos para que esta Declaração que assinamos seja usada para a glória de Deus com vistas a uma nova reforma na Igreja no que diz respeito à sua fé, vida e missão.

Apresentamos esta Declaração não num espírito de contenda, mas de humildade e amor, o que, com a graça de Deus, pretendemos manter em qualquer diálogo que, no futuro, surja daquilo que dissemos. Reconhecemos com satisfação que muitos que negam a inerrância das Escrituras não apresentam em suas crenças e conduta as consequências dessa negação e estamos conscientes de que nós, que confessamos essa doutrina, frequentemente a negamos em nossa vida, por deixarmos de trazer nossos pensamentos e orações, tradições e costumes, em verdadeira sujeição à Palavra divina.

Qualquer pessoa que veja razões, à luz das Escrituras, para fazer emendas às afirmações desta Declaração sobre as próprias Escrituras (sob cuja autoridade infalível estamos, enquanto falamos) é convidada a fazê-lo. Não reivindicamos qualquer infalibilidade pessoal para o testemunho que damos e seremos gratos por qualquer ajuda que nos possibilite fortalecer este testemunho acerca da Palavra de Deus.

Uma declaração breve

1. Deus, sendo ele próprio a verdade e falando somente a verdade, inspirou as Sagradas Escrituras, a fim de, desse modo, revelar-se à humanidade perdida, por meio de Jesus Cristo, como Criador e Senhor, Redentor e Juiz. As Escrituras Sagradas são o testemunho de Deus sobre si mesmo.

2. As Escrituras Sagradas, sendo a própria Palavra de Deus, escritas por homens preparados e supervisionados por seu Espírito, possuem autoridade divina infalível em todos os assuntos que abordam: devem ser cridas, como instrução divina, em tudo o que afirmam; obedecidas, como mandamento divino, em tudo o que requerem; aceitas, como penhor divino, em tudo que prometem.

3. O Espírito Santo, seu divino autor, ao mesmo tempo as confirma a nós por meio de seu testemunho interior e abre nossa mente para compreender seu significado.

4. Tendo sido na sua totalidade e verbalmente dadas por Deus, as Escrituras não possuem erro ou falha em tudo o que ensinam, quer naquilo que afirmam a respeito dos atos de Deus na Criação e dos acontecimentos da história mundial, quer na sua própria origem literária sob a direção de Deus, quer no testemunho que dão sobre a graça salvadora de Deus na vida das pessoas.

5. A autoridade das Escrituras fica inevitavelmente prejudicada, caso essa inerrância divina absoluta seja de alguma forma limitada ou desconsiderada, ou relativizada a uma visão da verdade contrária à própria Bíblia; e tais desvios provocam sérias perdas tanto para o indivíduo quanto para a Igreja.

Declaração de Chicago sobre a Inerrância Bíblica (1978)
Artigos de Afirmação e de Negação

Artigo 1
Afirmamos que as Sagradas Escrituras devem ser recebidas como a Palavra de Deus normativa e imbuída de autoridade.

Negamos que a autoridade das Escrituras provenha da Igreja, da tradição ou de qualquer outra fonte humana.

Artigo 2
Afirmamos que as Sagradas Escrituras são a suprema norma escrita, pela qual Deus compele a consciência, e que a autoridade da Igreja está subordinada à das Escrituras.

Negamos que os credos, concílios ou declarações doutrinárias da Igreja tenham uma autoridade igual à autoridade da Bíblia ou maior do que ela.

Artigo 3
Afirmamos que a Palavra escrita é, em sua totalidade, revelação dada por Deus.

Negamos que a Bíblia seja um mero testemunho a respeito da revelação, ou que somente se torne revelação mediante encontro, ou que dependa das reações dos homens para ter validade.

Artigo 4
Afirmamos que Deus, que fez a humanidade à sua imagem, utilizou a linguagem como um meio de revelação.

Negamos que a linguagem humana seja limitada pela condição de sermos criaturas a tal ponto que se apresente imprópria como veículo de revelação divina. Negamos também que a corrupção, por meio do pecado, da cultura e da linguagem humanas tenha impedido a obra divina de inspiração.

Artigo 5
Afirmamos que a revelação de Deus nas Sagradas Escrituras foi progressiva.

Negamos que revelações posteriores, que podem completar revelações mais antigas, tenham alguma vez corrigido ou contrariado tais revelações. Negamos também que qualquer revelação normativa tenha sido dada desde o término dos escritos do Novo Testamento.

Artigo 6
Afirmamos que a totalidade das Escrituras e todas as suas partes, chegando às palavras exatas do original, foram dadas por inspiração divina.

Negamos que se possa corretamente afirmar a inspiração do todo das Escrituras sem considerar as partes, ou de algumas partes, mas não do todo.

Artigo 7
Afirmamos que a inspiração foi a obra em que Deus, por seu Espírito, por meio de autores humanos, deu-nos sua Palavra. A origem das Escrituras é divina. O modo pelo qual se deu a inspiração permanece em grande parte um mistério para nós.

Negamos que se possa reduzir a inspiração à capacidade intuitiva do homem, ou a qualquer tipo de níveis superiores de consciência.

Artigo 8
Afirmamos que Deus, em sua obra de inspiração, empregou as diferentes personalidades e os estilos literários dos autores que ele escolhera e preparara.

Negamos que Deus, ao fazer esses autores usarem as exatas palavras que ele escolheu, tenha suprimido a personalidade deles.

Artigo 9
Afirmamos que a inspiração, embora não outorgando onisciência, garantiu uma expressão verdadeira e fidedigna em todas as questões sobre as quais os autores bíblicos foram levados a falar e a escrever.

Negamos que a finitude ou a condição caída desses autores tenha, direta ou indiretamente, introduzido distorção ou falsidade na Palavra de Deus.

Artigo 10
Afirmamos que a inspiração, estritamente falando, diz respeito somente ao texto autográfico das Escrituras, o qual, pela providência de Deus, pode ser determinado com grande exatidão com base em manuscritos disponíveis. Afirmamos também que as cópias e traduções das Escrituras são a Palavra de Deus na medida em que fielmente representam o original.

A INERRÂNCIA DAS ESCRITURAS

Negamos que qualquer aspecto essencial da fé cristã seja afetado pela falta dos autógrafos. Negamos também que essa falta torne inválida ou irrelevante a afirmação da inerrância da Bíblia.

Artigo 11

Afirmamos que as Escrituras, tendo sido dadas por inspiração divina, são infalíveis, de modo que, longe de nos desorientar, são verdadeiras e confiáveis em todas as questões de que tratam.

Negamos que seja possível a Bíblia ser, ao mesmo tempo, infalível e errônea em suas afirmações. Infalibilidade e inerrância podem ser distinguidas, mas não separadas.

Artigo 12

Afirmamos que, em sua totalidade, as Escrituras são inerrantes, estando isentas de toda falsidade, fraude ou engano.

Negamos que a infalibilidade e a inerrância da Bíblia estejam limitadas a assuntos espirituais, religiosos ou redentores, excluindo informações de natureza histórica e científica. Negamos também que hipóteses científicas acerca da história da Terra possam ser corretamente empregadas para desmentir o ensino das Escrituras a respeito da Criação e do Dilúvio.

Artigo 13

Afirmamos a adequabilidade do uso de inerrância como um termo teológico referente à veracidade total das Escrituras.

Negamos que seja correto avaliar as Escrituras de acordo com padrões de verdade e erro estranhos ao uso ou propósito da Bíblia. Negamos também que a inerrância seja contestada por fenômenos bíblicos, tais como a falta de precisão técnica contemporânea, irregularidades de gramática ou ortografia, descrições da natureza feitas com base em observação, registro de falsidades, uso de hipérbole e números arredondados, disposição tópica do material, diferentes seleções de material em relatos paralelos ou uso de citações livres.

Artigo 14

Afirmamos a unidade e a coerência interna das Escrituras.

Negamos que alegados erros e discrepâncias que ainda não tenham sido solucionados invalidem as declarações da Bíblia quanto à verdade.

Artigo 15

Afirmamos que a doutrina da inerrância está alicerçada no ensino da Bíblia acerca da inspiração.

Negamos que o ensino de Jesus acerca das Escrituras possa ser descartado sob o argumento de adaptação ou de qualquer limitação natural decorrente de sua humanidade.

Artigo 16
Afirmamos que a doutrina da inerrância tem sido parte integrante da fé da Igreja ao longo de toda a sua história.

Negamos que a inerrância seja uma doutrina inventada pelo protestantismo escolástico ou que seja uma posição defendida como reação contra a alta crítica negativa.

Artigo 17
Afirmamos que o Espírito Santo dá testemunho acerca das Escrituras, assegurando aos crentes a veracidade da Palavra de Deus escrita.

Negamos que esse testemunho do Espírito Santo opere isoladamente das Escrituras ou em oposição a elas.

Artigo 18
Afirmamos que o texto das Escrituras deve ser interpretado mediante exegese histórico-gramatical, levando em conta suas formas e recursos literários, e que as Escrituras devem interpretar as Escrituras.

Negamos a legitimidade de qualquer abordagem do texto ou de busca de fontes por trás do texto que conduzam à relativização, desistorização ou minimização de seu ensino, ou a uma rejeição de suas afirmações quanto à autoria.

Artigo 19
Afirmamos que a confissão da autoridade, infalibilidade e inerrância plenas das Escrituras é vital para a correta compreensão da totalidade da fé cristã.

Afirmamos também que tal confissão deve conduzir à conformidade cada vez maior à imagem de Cristo.

Negamos que tal confissão seja necessária para a salvação. Contudo, negamos também que se possa rejeitar a inerrância sem graves consequências, tanto para o indivíduo quanto para a Igreja.

O comentário oficial do ICBI sobre a Declaração de Chicago
Prevendo possíveis debates sobre o que a Declaração do ICBI sobre a inerrância pretendeu dizer, o ICBI escreveu um comentário sobre sua Declaração de Chicago, *Explaining Inerrancy*. Ele foi preparado por R. C. Sproul, e o

texto completo está disponível com Ligonier Ministries, Orlando, Flórida. Infelizmente, esse comentário tem sido bastante negligenciado na discussão subsequente sobre a inerrância, especialmente em aspectos debatidos na discussão sobre a inerrância.

A seguir, há excertos importantes do Comentário Oficial do ICBI sobre a Declaração de Chicago sobre a Inerrância Bíblica (1978). Eles são dirigidos a áreas controvertidas da Declaração de Chicago no caso de pessoas que a interpretaram equivocadamente para acomodá-la às próprias perspectivas desencaminhadoras. Por exemplo, Clark Pinnock diz: "Eu apoiei a Declaração Internacional de Chicago, de 1978, do Conselho de Inerrância Bíblica", observando que o artigo 13 "abriu espaço para praticamente todos os batistas bem-intencionados" (*Scripture Principle*,[2] p. 266). Mas isso está em oposição evidente ao que os formuladores do ICBI tiveram em mente com a inerrância, como revelado no seu comentário oficial sobre esse artigo citado abaixo:

Comentário do ICBI sobre o artigo 12
Tem virado moda em alguns segmentos do debate defender que a Bíblia não é história normal, mas história redentora com ênfase na Redenção. Foram estabelecidas certas teorias que limitariam a inspiração ao tema e campo da redenção da história redentora, dando espaço para que a dimensão histórica da história redentora contivesse erros (Sproul, Explaining Inerrancy, p. 36).

Embora a Bíblia seja de fato história redentora, ela é também história redentora, e isso significa que os atos de salvação operados por Deus de fato ocorreram no mundo do tempo e do espaço (p. 37).

A negação [no art. 12] rejeita explicitamente a tendência de alguns contendores de limitar a infalibilidade e a inerrância a segmentos específicos da mensagem bíblica (p. 36).

Comentário do ICBI sobre o artigo 13
Quando dizemos que a veracidade das Escrituras deve ser avaliada segundo seus próprios padrões, isso significa que [...] todas as afirmações da Bíblia precisam corresponder à realidade: quer histórica, quer factual, quer espiritual (p. 41).

Com "de acordo com padrões bíblicos de verdade e de erro" se quer dizer a visão usada tanto na Bíblia quanto na vida cotidiana, ou seja, a visão de correspondência com a verdade. Essa parte do artigo é dirigida àqueles que querem redefinir a verdade para que esteja associada somente à intenção redentora, o aspecto puramente pessoal, ou algo semelhante, em vez de significar aquilo que corresponde à realidade (p. 43-44).

Comentário do ICBI sobre o artigo 18

Quando a busca pelas fontes produz uma desistorização da Bíblia, uma rejeição de seu ensino ou uma rejeição das reinvindicações de autoria da própria Bíblia, [então] isso ultrapassou os seus próprios limites [...]. Nunca é legítimo, no entanto, bater de frente [com afirmações bíblicas] para expressar afirmações bíblicas (p. 55).

Com "de acordo com padrões bíblicos de verdade e de erro" se quer dizer a visão usada tanto na Bíblia quanto na vida cotidiana, ou seja, a visão de correspondência com a verdade. Essa parte do artigo é dirigida àqueles [como Pinnock] que querem redefinir a verdade para que esteja associada somente à intenção redentora, o aspecto puramente pessoal, ou algo semelhante, em vez de significar aquilo que corresponde à realidade (p. 43-44).

Assim, o que as Escrituras dizem, Deus diz; sua autoridade é a autoridade dele, pois ele é o autor supremo (Packer, "Exposition", p. 69).

Comentário do ICBI sobre hermenêutica

Foi escrito também um comentário oficial sobre a Declaração de Hermenêutica do ICBI (1982): Geisler, "Explaining Hermeneutics" (EH) [Explicando a hermenêutica]. A seguir, estão alguns excertos relevantes desse texto:

EH sobre o artigo 6: "Afirmamos ainda que uma declaração é verdadeira se ela representa as questões como elas de fato são, mas é um erro se ela representa equivocadamente os fatos". O comentário sobre isso acrescenta: "A negação torna evidente que as visões que redefinem o erro para que signifique aquilo que 'desencaminha', em vez do que é um erro, precisam ser rejeitadas".

EH sobre o artigo 13: "Negamos que categorias gerais que negam a historicidade possam ser corretamente impostas às narrativas bíblicas que se apresentam como factuais. Alguns debatedores entendem, por exemplo, Adão como um mito, ao passo que nas Escrituras ele é apresentado como uma pessoa real. Outros entendem que Jonas é uma alegoria quando, na verdade, é apresentado como uma pessoa histórica e [é] assim mencionado por Cristo".

EH sobre o artigo 14: "Negamos que qualquer evento, discurso ou dito registrado nas Escrituras foi inventado pelos autores bíblicos ou por tradições que eles incorporaram".

EH sobre o artigo 22: Ele "afirma que Gênesis 1—11 é factual, como o é o restante do livro". E: "A negação torna evidente que as visões que redefinem o erro para que signifique aquilo que 'desencaminha', em vez do que é um erro, precisam ser rejeitadas" (p. 892).

Assim, o que as Escrituras dizem, Deus diz; sua autoridade é a autoridade dele, pois ele é o autor supremo (Packer, "Exposition", p. 69).

A influência das declarações do ICBI sobre outras sociedades de estudiosos

Depois de um longo debate sobre o significado da inerrância no caso Clark Pinnock (2003), o maior grupo de estudiosos evangélicos dos Estados Unidos (a Evangelical Theological Society — ETS) adotou a Declaração do ICBI como sua definição de inerrância (em 2003). Isso os ajudaria, assim acreditavam, nos debates futuros sobre o significado de sua declaração muito breve sobre a inerrância: "Somente a Bíblia, e a Bíblia em sua totalidade, é a Palavra de Deus escrita e, portanto, inerrante nos autógrafos".

Outro grupo de estudiosos, a International Society of Christian Apologetics – ISCA (www.isca-apologetics.org) —, adotou a Declaração do ICBI como sua interpretação oficial de sua declaração doutrinária sobre a inerrância. Visto que alguns inseriram seu próprio significado na Declaração do ICBI, a fim de declarar sua concordância com ela, a ISCA acrescentou: "Essa doutrina é compreendida como a que é expressa pelos fundadores e formuladores do International Council on Biblical Inerrancy na sua 'Declaração de Chicago' e como interpretada pelo Comentário Oficial do ICBI sobre ela" (Sproul, *Explaining Inerrancy*).

Conclusão

Acabamos de listar as fontes primárias da posição do ICBI sobre a inerrância. As duas declarações principais são: 1) a Declaração de Chicago sobre a Inerrância Bíblica (1978) e 2) a Declaração de Chicago sobre a Hermenêutica (1984). Dois comentários oficiais sobre essas declarações são intitulados, respectivamente: 3) *Explaining Inerrancy*, de R. C. Sproul, do qual extraímos trechos citados anteriormente; e 4) "Explaining Hermeneutics", de N. L. Geisler, que é o apêndice B em 5) *Hermeneutics, Inerrancy, and the Bible*, editado por Radmacher e Preus. Esse é o livro do ICBI com as palestras da conferência sobre a definição da hermenêutica (1984). O outro livro, 6) *Inerrancy*, trata da definição da inerrância (1978), inclui palestras da primeira conferência do ICBI e foi editado por N. L. Geisler. Essas seis obras são as fontes primárias para a compreensão oficial de inerrância no ICBI.

A leitura atenta das primeiras quatro obras listadas anteriormente, como será observado com base no seu uso neste livro, é crucial para a compreensão do entendimento oficial do ICBI do que se quer dizer com "inerrância". Em todo este livro, faremos referência a essa posição de maneiras diversas como a visão "histórica", "clássica" ou "ortodoxa" da inerrância. Às vezes, também é chamada de inerrância "plena", "factual" ou "ilimitada" em oposição a "inerrância limitada", "inerrância de propósito", "inerrância de intenção" ou "inerrância de afirmações redentoras somente".

▪ Fontes ▪

Geisler, ed., *Biblical Errancy*
_____, "Explaining Hermeneutics"
_____, ed., *Inerrancy*
Hannah, *Church and Inerrancy*
Packer, "Exposition"
Pinnock, *Scripture Principle*, 2. ed.
Radmacher e Preus, eds., *Hermeneutics, Inerrancy*
Sproul, *Explaining Inerrancy*

3

A INFLUÊNCIA DA
DECLARAÇÃO DE CHICAGO SOBRE A
INERRÂNCIA DO ICBI

Introdução
A INFLUÊNCIA da posição do International Council on Biblical Inerrancy (ICBI) sobre a inerrância tem sido muito ampla. O mais importante resultado dessa influência é que ajudou a reverter décadas de afastamento da inerrância de uma das maiores denominações protestantes dos Estados Unidos — a Convenção Batista do Sul. Outras escolas e denominações cruciais que estavam se afastando e sendo levadas na direção errada também foram influenciadas para mudar o seu curso. Incluídos aí estão o Bethel Seminary, em Mineápolis, o Gordon Conwell Seminary, o Wheaton College e uma série de grupos menores. Com a exceção do Seminário Fuller (que a essa altura tinha endurecido ainda mais a sua visão da inerrância limitada), a inerrância do ICBI tem se tornado a posição principal do evangelicalismo quanto a esse assunto. Até mesmo a Evangelical Theological Society (ETS), o maior grupo de eruditos evangélicos do país, adotou a Declaração de Chicago sobre a Inerrância Bíblica em 2003. Tão influente foi o movimento do ICBI, que, podemos dizer com segurança, fez da inerrância a visão padrão dos evangélicos norte-americanos.

A influência do ICBI
Não há espaço suficiente aqui para desenvolver uma lista completa dos muitos grupos e movimentos influenciados pelo ICBI. Dois movimentos requerem comentários adicionais em virtude de seu tamanho e influência. O primeiro é a Southern Baptist Convention [Convenção Batista do Sul].

A influência do ICBI sobre os batistas do Sul
O que aconteceu na Convenção Batista do Sul (Southern Baptist Convention — SBC) é, segundo as informações que temos, algo sem precedentes

na história. Certamente não tem precedentes na história norte-americana. Nunca uma grande denominação reverteu o curso em seu declínio doutrinário em direção ao liberalismo. A água simplesmente não flui novamente em sentido contrário para cima depois de cair. No entanto, como resultado do êxito da Conferência de Chicago, é exatamente isso que aconteceu tanto em termos teológicos quanto denominacionais na SBC.

O início

Embora um pequeno grupo de líderes da SBC houvesse se reunido anteriormente em um hotel em Atlanta para discutir a questão, um ímpeto maior do movimento da interpretação começou em um pequeno quarto de um hotel perto do aeroporto O'Hare em Chicago. Um pequeno grupo de líderes bastante influentes dos batistas do Sul, inspirados pelo êxito da conferência sobre a inerrância do ICBI, uniu-se para elaborar a estratégia de como poderiam reconquistar o controle de seus seminários, que durante décadas haviam se afastado gradualmente da inerrância em direção a uma visão mais neobarthiana das Escrituras. No grupo estavam Paige Patterson, Judge Pressler e W. A. Criswell. Mais do que qualquer outra pessoa, Patterson merece o crédito pela liderança corajosa para colocar esse plano em operação.

O plano de ação do jogo

A SBC elaborou um plano de ação para reconquistar seus seminários e denominação de seu desvio desse pilar fundamental da fé cristã. Não foi fácil, e a estrada era longa, mas o resultado revelou a sabedoria do plano deles. O plano incluía recrutar delegados das igrejas para que elegessem presidentes que criam na inerrância e eram pastores proeminentes na SBC (incluindo Adrian Rogers, Charles Stanley, Jimmy Draper, Bailey Smith e Ed Young). Uma vez esses homens eleitos como presidentes pelo voto dos delegados, eles nomearam pessoas para posições cruciais na denominação, que por sua vez nomearam membros dos conselhos dos seminários. Tendo alcançado a maioria nos conselhos, eles tinham condições de contratar presidentes [diretores] e deãos inerrantistas, que então tinham condições de contratar professores inerrantistas e reverter o quadro das escolas. Desde então, isso aconteceu em todos os principais seminários da SBC, incluindo os Southern, Southwestern, Southeastern, New Orleans, Golden Gate e Midwestern. O Liberty Baptist Seminary já era um defensor da inerrância quando mais tarde se uniu ao rebanho, bem como o Luther Rice.

Em algumas décadas, os inerrantistas conseguiram retomar o controle de seus seminários e edificar sobre o fundamento das Escrituras inerrantes.

Atualmente, todos os principais seminários da SBC estão comprometidos com a inerrância. Eles têm presidentes [diretores] e deãos comprometidos com a inerrância. Seus professores são inerrantistas, e seus conselhos são presididos por inerrantistas. O resultado é que os seminários de ponta da SBC têm agora mais alunos do que todos os principais seminários liberais do país somados! Essa é, de fato, uma das maiores reviravoltas doutrinárias da história. Um dos principais impulsos para isso foi fornecido pelo hotel Hyatt Regency O'Hare, em Chicago, sob a inspiração do International Council on Biblical Inerrancy, que produziu a Declaração de Chicago sobre a Inerrância Bíblica (v. cap. 2 antes). Levando em conta os milhares de formandos dessas escolas e o firme fundamento estabelecido pela inerrância, é inimaginável a duração do legado em almas, igrejas e trabalhos missionários resultantes disso até a volta do nosso Senhor.

De fato, o êxito do movimento do ICBI produziu uma conferência semelhante entre os batistas do Sul em Ridgecrest chamada "The Conference on Biblical Inerrancy" [Conferência sobre a Inerrância Bíblica]. As palestras dessa conferência foram publicadas como *The Proceedings of the Conference on Biblical Inerrancy* [As atas da Conferência sobre a Inerrância Bíblica] (Nashville: Broadman, 1987). Mesmo antes disso, Russ Bush e Tom Nettles, professores do Southeastern Baptist Seminary, produziram um tomo erudito sobre o tema *Baptists and the Bible* (Chicago: Moody, 1980), demonstrando que a tradição da inerrância está profundamente enraizada na história batista.

Doutrinariamente, esse movimento resultou na adoção da Declaração de Chicago sobre a Inerrância Bíblica como a posição oficial da SBC. É chamada de Baptist Faith and Message [Fé e Mensagem Batista], que foi adotada em 14 de junho de 2000. Sua posição em relação às Escrituras é como segue (grifo dos autores):

> *A Bíblia Sagrada foi escrita por homens divinamente inspirados e é a revelação de Deus de si mesmo ao homem. É um tesouro perfeito de instrução divina. Ela tem Deus como seu autor, a salvação como seu fim e a verdade, sem mistura ou erro, como sua essência. Por isso, toda a Escritura é totalmente verdadeira e digna de confiança.* Ela revela os princípios pelos quais Deus nos julga e, portanto, é e permanecerá até o fim do mundo o verdadeiro centro da união cristã e o padrão supremo pelo qual toda conduta humana e todos os credos e opiniões religiosas serão julgados. Toda a Escritura é um testemunho de Cristo, que é ele mesmo o foco da revelação divina.
>
> Êxodo 24.4; Deuteronômio 4.1,2; 17.19; Josué 8.34; Salmos 19.7-10; 119.11,89,105,140; Isaías 34.16; 40.8; Jeremias 15.16; 36.1-32; Mateus 5.17,18; 22.29; Lucas 21.33; 24.44-46; João 5.39; 16.13-15; 17.17; Atos

2.16ss; 17.11; Romanos 15.4; 16.25,26; 2 Timóteo 3.15-17; Hebreus 1.1,2; 4.12; 1 Pedro 1.25; 2 Pedro 1.19-21.

As linhas cruciais com respeito à inerrância das Escrituras estão em itálico. Deus é o autor das Escrituras, e elas são expressas em "verdade, sem mistura ou erro", e são "totalmente verdadeiras e dignas de confiança".

A influência do ICBI sobre o crescimento impressionante da Evangelical Theological Society

Ao mesmo tempo, o outro mais importante movimento influenciado pelo entusiasmo pela inerrância gerado pelo ICBI é a Evangelical Theological Society (ETS) [Sociedade Teológica Evangélica]. Embora tenha tido início antes (em 1949), mesmo assim o ICBI tem sido usado para fortalecer e estimular o crescimento do movimento. Aliás, seu maior crescimento ocorreu desde a conferência do ICBI em 1978. Até esse tempo ele havia crescido até aproximadamente 1.200 membros. Hoje é o maior grupo de eruditos evangélicos no mundo, com mais de 4 mil membros.

Quando o sucesso vira fracasso

No entanto, em certo sentido o sucesso da ETS tem sido sua queda. A inerrância se tornou tão conhecida e popular por meio do ICBI — tão popular que as reuniões da ETS se tornaram o evento do qual participar e a sociedade à qual se associar. Isso atraiu para a ETS muitos estudiosos que não defendiam a inerrância como os fundadores da ETS e do ICBI a defendiam. Assim, quando veio o tempo para o voto crucial quanto à questão Pinnock em 2003, não houve votos suficientes para excluí-lo. Não obstante, mais tarde havia votos suficientes para adotar a Declaração do ICBI como a compreensão oficial da ETS sobre a inerrância. Infelizmente, como veremos, não há força real na sociedade para implantá-la. Por um lado, a crença na Declaração do ICBI não é condição para ser membro da ETS, e mesmo pessoas como Pinnock dizem, como ele disse, que não podem concordar com a Declaração do ICBI como ele a interpretou. Finalmente, até hoje a ETS não tem um mecanismo atuante que exija dos membros da ETS que entendam a inerrância em concordância com o significado dos formuladores da Declaração do ICBI. Assim, a adoção da Declaração do ICBI pela ETS não tem realmente significado determinante sobre o que os membros devem crer para se associar à organização ou votar nela.

Uma lição na história

A leitura de todas as minutas da ETS sobre essa questão é reveladora. Mostra que a sociedade, que antigamente exigia concordância com o que os formuladores quiseram dizer com sua declaração sobre a inerrância, a certa altura permitiu que seus membros interpretassem a declaração doutrinária a seu bel-prazer. Nisso reside a possível queda da organização. Pois nenhuma organização, mesmo a Sociedade da Terra Plana, pode manter sua integridade se as pessoas podem interpretar a declaração dos seus fundadores do jeito que querem.

Em 1965, as regras e diretrizes de publicação do *Journal of the ETS* [Periódico da ETS] requeriam que fosse publicado no *ETS Bulletin* uma retratação e uma refutação do artigo de Dan Fuller que negava a inerrância factual. Eles insistiam em "que fosse publicado um artigo pelo dr. Kantzer simultaneamente com o artigo do dr. Fuller e que o dr. Schultz incluísse no *Bulletin* uma breve explicação com respeito à publicação de um ponto de vista diferente do defendido pela Sociedade" (1965).

Em 2003, o voto favorável para que Pinnock e Sanders fossem mantidos como membros da ETS aprovou oficialmente posições semelhantes à negação da inerrância factual por parte de Dan Fuller — ou posições ainda mais radicais do que essa.

As minutas da ETS de 1970 registram que "Dr. R. H. Bube [...] tem assinado durante três anos a sua ficha de membresia com uma observação sobre a sua própria interpretação da infalibilidade. O secretário foi instruído a ressaltar que é impossível para a Sociedade permitir a cada membro uma interpretação idiossincrática de inerrância, e, portanto, deve-se pedir ao dr. Bube que *assine sua ficha sem mais qualificações*, sendo sua integridade nessa questão plenamente respeitada" (grifo dos autores).

Isso deixa claro que os membros não podiam atribuir seu próprio significado à declaração, mas estavam limitados pelo que os formuladores tinham em mente. Mas em 1976 a ETS estava permitindo, conscientemente, que se associassem pessoas que não concordavam de fato com a Declaração doutrinária da ETS.

Em 1976, o Conselho Executivo da ETS admitiu que "alguns membros da Sociedade expressaram o sentimento de que prevalece certa medida de desonestidade intelectual entre os membros que não levam a sério a assinatura da declaração doutrinária". Outros membros da sociedade chegaram à percepção de sua desconformidade com essa afirmação credal e se retiraram voluntariamente. Isto é, "*de boa consciência*, eles não conseguiram assinar a declaração" (minutas de 1976, grifo dos autores).

Por volta de 1976, a sociedade estava consciente de que "*prevalece certa medida de desonestidade intelectual* entre os membros que não levam a sério a assinatura da declaração doutrinária" (grifo dos autores). Mas eles não fizeram nada a respeito. O fato de não agirem encorajou outros que não acreditavam nessa declaração a se associarem à sociedade. Então, a certa altura (em 2003), conseguiram obter mais de um terço dos membros da sociedade (37%) que votassem com êxito para manter um membro (Clark Pinnock) que não acreditava no que os formuladores tinham em mente com a declaração.

Em 1983, uma comissão *ad hoc* da ETS reconheceu o problema quando propôs a pergunta: "É aceitável que um membro da Sociedade defenda a posição da intenção de um autor bíblico que discorda dos Pais Fundadores e até da maioria da Sociedade e ainda continue sendo membro em situação regular?".

A sociedade nunca disse não a essa pergunta crucial. Mais tarde, 37% dos membros da sociedade de fato deram um sonoro sim quando em 2003 se recusaram a excluir um membro (Clark Pinnock) que negou o que os fundadores tinham em mente com a inerrância.

Em 1983, falando de alguns que defendiam uma visão "barthiana" das Escrituras, as minutas do Conselho Executivo da ETS traziam: "O presidente Gordon Clark *os convidou a deixar a Sociedade*". Mas Clark Pinnock, defendendo uma posição barthiana irredutível das Escrituras, disse francamente: "Barth estava certo ao falar de *uma distância entre a Palavra de Deus e o texto da Bíblia*" (Pinnock, *Scripture Principle*, p. 99, grifo dos autores).

Mesmo a minoria do Conselho Executivo da ETS que se negou a votar pela exclusão de Pinnock e de Sanders da sociedade admitiu que a posição barthiana das Escrituras seria motivo suficiente para exclusão (Relato de 23 de outubro, p. 6). Mas Pinnock expressou por escrito essa posição irredutível, sem se retratar, e eles se negaram a excluí-lo (em 2003).

Em novembro de 2000, todos os pais fundadores ainda vivos assinaram uma declaração segundo a qual "a negação da presciência de Deus das decisões de agentes livres é incompatível com a inerrância das Escrituras".

Nenhuma ação foi tomada com base nesse consenso unânime dos fundadores para excluir teístas abertos (como Pinnock) que defendiam essa posição. Mas, quando surgiu a questão sobre se um católico romano que cria sinceramente na inerrância podia pertencer à ETS (em 1998) com base em uma afirmação oral de um dos pais fundadores (Roger Nicole), o Conselho Executivo da ETS (sem um único voto dos membros) decidiu unilateralmente excluir os inerrantistas católicos romanos da sociedade. Isso foi especialmente estranho, visto que não havia nada na Declaração da ETS que definia o que se queria dizer com "Bíblia". Se houvesse a expressão "Bíblia protestante" ou "66 livros da Bíblia" (sabendo que os católicos romanos acrescentam 11 livros conhecidos como Apócrifos), não teria havido dúvida alguma sobre o que os fundadores queriam dizer. Ou, formulando isso de outra maneira, se uma afirmação oral de um pai fundador é suficiente para determinar que os formuladores queriam dizer

"Bíblia protestante" e excluir os inerrantistas católicos romanos da membresia, então por que o consenso unânime de todos os formuladores vivos não seria suficiente para excluir teístas abertos como Clark Pinnock?

Em novembro de 2003, em um dia fatídico em Atlanta, os membros da ETS votaram por 388 a 231 pela exclusão de Pinnock da ETS, faltando uma porcentagem mínima (63%) para alcançar os dois terços de votos necessários para excluí-lo. Ou, formulando isso de outra maneira, um pouco mais de um terço dos membros (37%) conseguiram resistir a uma sólida maioria que acreditava que a visão de Pinnock era contrária à Declaração da ETS.

Veja no capítulo 4 inúmeras afirmações feitas por Pinnock que estão em clara oposição às declarações sobre a inerrância da ETS e do ICBI. Isso não somente reverteu a política empregada havia muito tempo de fazer cumprir a posição da ETS com respeito à inerrância, mas também colocou um carimbo de aprovação na política de aceitar pessoas na organização cujas posições eram contrárias ao que os fundadores queriam dizer com inerrância. Na prática, a Declaração da ETS se tornou uma "gelatina". A decisão foi claramente errada por uma série de razões: 1) Foi contrária à declaração escrita unânime e ao pedido de todos os formuladores vivos da ETS. 2) Foi contrária ao precedente da ETS, que excluiu outros membros cujas posições se desviavam menos do padrão do que as de Pinnock. 3) Foi contrária a uma sólida maioria dos membros da ETS (63%) que votaram para excluir Pinnock. 4) É contrária aos padrões do ICBI agora empregados pela ETS para definir a inerrância, os quais, se tivessem sido aplicados a Pinnock, o teriam eliminado da sociedade. 5) Despiu a ETS de sua integridade doutrinária, visto que admitiu que a afirmação doutrinária não tinha significado fixo, mas podia significar o que qualquer membro quisesse que significasse. 6) Deixou a ETS debaixo da tirania de uma pequena minoria (37%) que podia restringir as ações de uma organização a ponto de coibir sua ação com o propósito de assumir uma posição doutrinária mais forte em relação à questão, visto que essa minoria podia evitar qualquer maioria de dois terços dos votos necessários para mudar uma situação.

Em novembro de 2003, depois da decisão em relação a Pinnock, os membros da ETS votaram a favor da aceitação da Declaração do ICBI sobre a inerrância como a definição adequada de inerrância. Foi aprovada por 80% dos votantes presentes. O artigo 12 do regimento interno recomenda aos membros da ETS que consultem a Declaração de Chicago sobre a Inerrância Bíblica na busca de conselho "com respeito à intenção e ao significado da referência à inerrância bíblica na base doutrinária da ETS". No entanto, muitos acharam que isso era admirável, mas fútil. Parecia-lhes que era muito pouco e muito tarde. O cavalo já tinha sido tirado do estábulo. Eles perceberam

A INERRÂNCIA DAS ESCRITURAS

que a afirmação não tinha força alguma, visto que os membros não precisavam aceitá-la. Ainda podiam fazer a declaração doutrinária significar o que eles queriam que significasse, e não havia maneira de excluí-los se não o fizessem — a não ser pelo árduo processo do voto da maioria de dois terços, o que não havia sido atingido para excluir Pinnock. Agora, uma mera minoria de 37% dos membros podia vetar a efetividade da declaração doutrinária.

Assim, aconteceu que o "sapo" da inerrância foi gradativamente fervido até morrer em água aquecida lentamente. A maioria das boas organizações, como a ETS, não se perde da noite para o dia. Há duas lições inconfundíveis aqui. A primeira, não se desvie do que os fundadores e formuladores tinham em mente com seus princípios fundamentais — seja da Constituição dos Estados Unidos, seja da Declaração Doutrinária da ETS. A segunda, monitore os membros e insista na consistência e coerência com o que os fundadores tinham em mente.

ISCA — um caminho mais excelente

Aprendemos da história e da experiência que não há declarações doutrinárias à prova de tolos. Sempre parece haver uma maneira de burlá-las. Não obstante, algumas declarações e procedimentos parecem melhores do que outros e, assim, têm mais possibilidade de longevidade.

Os fundadores da International Society for Christian Apologetics (www.isca-apologetics.org) [Sociedade Internacional da Apologética Cristã] adotaram um modo mais sólido de preservar sua herança da inerrância. A ISCA não somente afirma a sua posição doutrinária; ela também especifica a maneira em que ela deve ser compreendida, como consta a seguir:

Declaração de inerrância

Bíblia: "Somente os 66 livros da Bíblia são a infalível e inerrante Palavra de Deus no texto autográfico". É digno de nota que isso elimina automaticamente os membros católicos romanos que acreditam que há mais 11 livros inspirados no Antigo Testamento, chamados apócrifos (pelos protestantes) e deuterocanônicos (pelos católicos romanos).

Além disso, para evitar mal-entendidos (ou pessoas tendo sua própria compreensão), a Declaração da ISCA acrescenta: "Essa doutrina é compreendida como a que é expressa pelos fundadores e formuladores do International Council on Biblical Inerrancy na sua Declaração de Chicago e como interpretada pelo Comentário Oficial do ICBI sobre ela" (Sproul, *Explaining Inerrancy*).

Isso elimina desvios do que se quer dizer com inerrância, não somente por meio de uma Declaração do ICBI mais longa e detalhada, mas também por meio de um comentário oficial do ICBI sobre ela.

O mesmo se aplica a outra Declaração doutrinária da ISCA, aquela sobre a Trindade, que apresenta os primeiros credos como a definição oficial do que se quer dizer com Trindade. Ela diz: "*Trindade*: Deus é uma triunidade de três Pessoas (Pai, Filho e Espírito Santo) e uma essência infinita, eterna e incriada, tendo presciência infalível de todos os eventos futuros". Então, acrescenta: "A Trindade é compreendida aqui como foi expressada nos credos históricos e ortodoxos de Niceia, Calcedônia e de Atanásio". De fato, resta observar se uma maneira de monitorar e fazer cumprir essas afirmações mais explícitas pode ser posta em vigor para que ajude a preservar a integridade de sua membresia por mais tempo. De todo modo, o que ela contém é um passo sólido na direção certa — um passo que a ETS não deu e, por isso, está menos propensa a preservar a compreensão de inerrância de seus fundadores.

A *situação atual dos eventos*

Infelizmente, poucos movimentos — ao menos os movimentos doutrinários — têm resultados permanentes. A influência da inerrância do ICBI já dura agora quase uma geração, mas é triste que haja sinais de uma inversão do curso. Livros como *The Erosion of Inerrancy in Evangelicalism*, de G. K. Beale, anunciaram a inversão. Beale formula o verdadeiro problema dessa questão: "A doutrina da inerrância, incluindo a formulação dela na Declaração de Chicago, já faz parte do passado do evangelicalismo. É agora uma declaração ultrapassada do evangelicalismo do século XX" (p. 13). De fato, estão surgindo novos livros que questionam a Declaração do ICBI sobre a inerrância, alguns até fazendo ataques explícitos a ela. Outros são mais sutis, mas mesmo assim muito eficientes.

Esses ataques à inerrância incluem Clark Pinnock e o autor de *best-sellers* Bart Ehrman, ex-aluno treinado pelos seminários Moody e Wheaton, que passou de evangélico a agnóstico e agora crítico da Bíblia. Seu livro *Misquoting Jesus* [Citando Jesus de forma equivocada] vendeu supostamente mais de 100 mil exemplares nos primeiros três meses. Tudo começou com sua tentativa malsucedida de harmonizar em sua mente um suposto erro nos evangelhos (v. cap. 5 adiante).

Outro livro foi escrito por Peter Enns, ex-presidente da conferência ETS da região leste e ex-professor do Westminster Seminary, que pediu demissão da sua posição de professor na esteira de seu livro *Inspiration and Incarnation* (v. cap. 6 adiante). Ele apresenta um "modelo encarnacional" tanto para Cristo quanto para as Escrituras, que abre espaço para erros em ambos.

Além disso, Kenton Sparks, professor na Eastern University e um autoproclamado evangélico, também ataca a inerrância (v. cap. 7).

Kevin Vanhoozer, professor do Wheaton College, apresentou uma abordagem mais sutil, que mina a inerrância total pelo caminho da linguística contemporânea (v. cap. 8), sem negá-la explicitamente. Andrew McGowan, professor visitante de teologia no Reformed Seminary, em Jackson, Mississippi, não tem papas na língua para falar de sua rejeição da Declaração do ICBI sobre a inerrância em favor do modelo europeu de James Orr, que concedia espaços a erros na Bíblia (v. cap. 9). Mais recentemente, vozes da Igreja emergente, como Stanley Grenz e Brian McLaren, têm adotado um ataque pós-moderno à inerrância (cap. 10). Finalmente, vemos como a adoção de métodos de críticos bíblicos, como os de Darrell Bock e Robert Webb, podem minar a inerrância das Escrituras (cap. 11).

No rastro disso, as perguntas que precisamos enfrentar são: Pode a inerrância ser reafirmada para esta geração? Pode a afirmação tradicional de inerrância, como expressada na Declaração do ICBI, ser adotada de maneira inteligente e articulada para esta nova geração, para responder aos questionamentos da inerrância? Para fazer isso, precisamos estar preparados e capacitados a responder a perguntas sobre a natureza de Deus (cap. 12), a natureza da verdade e do erro (cap. 13), a natureza da linguagem (cap. 14) e a natureza da hermenêutica (cap. 15). Precisamos responder ao "modelo encarnacional" (cap. 16), bem como a uma miríade de outras objeções (cap. 17). Se não pudermos responder a essas perguntas de maneira satisfatória, então é preciso buscar um novo modelo. Se conseguirmos responder a elas, então podemos reafirmar a inerrância para uma nova geração.

Conclusão

A Declaração do ICBI sobre a inerrância tem tido ampla influência no evangelicalismo norte-americano. Ela literalmente inverteu o curso em que estava fluindo o movimento, em grande parte por causa do Seminário Fuller, no sentido errado. Seu papel na Convenção Batista do Sul praticamente não tem precedentes na história, e sua adoção pela Evangelical Theological Society (ETS) fornece orientação ao maior grupo de estudiosos evangélicos do mundo. Isso sem falar das numerosas denominações, organizações e missões que foram inspiradas e fortalecidas em sua convicção sobre a completa confiabilidade das Escrituras.

Infelizmente, a ETS perdeu a batalha da negação da inerrância total defendida por Clark Pinnock, e pensadores evangélicos de uma nova geração estão fazendo sérios questionamentos sobre se a posição do ICBI está ultrapassada. Essas vozes da nova geração clamam por respostas, que o restante deste volume está empenhado em desenvolver.

▪ Fontes ▪

Baptist Faith and Message, 2000
Beale, *Erosion of Inerrancy*
Bush e Nettles, *Baptists and the Bible*
Ehrman, *Misquoting Jesus*
Enns, *Inspiration and Incarnation*
Pinnock, *Scripture Principle*, 2. ed.
Proceedings of the Conference on Biblical Inerrancy

PARTE II

OS DESAFIOS RECENTES À INERRÂNCIA

4

CLARK PINNOCK
SOBRE A INERRÂNCIA

Introdução

O FALECIDO Clark Pinnock foi um personagem central na mudança de posição entre alguns evangélicos com respeito à inerrância. Nesse assunto, ele está entre a geração antiga e uma nova. Na sua primeira obra de expressão sobre o tema, *A Defense of Biblical Infallibility* (1967), pensava-se que ele fosse um paladino da perspectiva ortodoxa. Ele deu sequência a essa obra com outra defesa mais extensa e ampla em *Biblical Revelation: The Foundation of Christian Theology* (1971). Pinnock foi uma figura-chave no início do movimento para a direita entre os batistas do sul dos Estados Unidos. Um de seus alunos no New Orleans Baptist Seminary foi Paige Patterson, que mais tarde se tornou o mais corajoso e ativo líder na Southern Baptist Convention (SBC) com relação a esse tema. Patterson não somente conduziu o movimento na volta para a inerrância na SBC; ele também foi o presidente [diretor] da reviravolta em dois grandes seminários dos batistas do Sul: Southeastern Baptist Theological Seminary (em Wake Forest) e Southwestern Baptist Theological Seminary (em Fort Worth). Seu cunhado, Charles Kelley, é presidente [diretor] do New Orleans Baptist Theological Seminary. Danny Akin, que foi mentoreado por Paige Patterson, serviu como deão do Southern Baptist Theological Seminary e é o atual presidente [diretor] do Southeastern Baptist Theological Seminary. Patterson é a pessoa mais influente no ressurgimento da inerrância na maior denominação da América do Norte.

Clark Pinnock foi ensinar em outro seminário de expressão que defende a inerrância, o Trinity Evangelical Divinity School (TEDS), em Deerfield, Illinois, cujo corpo docente era constituído de muitos inerrantistas que haviam fugido do Seminário Fuller em Pasadena quando o Fuller deu seu trágico passo de retirar a inerrância de sua declaração doutrinária. Durante os anos finais de Pinnock no TEDS, ele começou o seu movimento de distanciamento da posição tradicional da inerrância, que se desenvolveu mais plenamente na sua mudança para o Canadá e para um ambiente mais liberal. Foi aí que ele escreveu um livro articulando sua visão segundo o seu *modelo pessoal dinâmico*" (*Scripture Principle* [1984], p. 103) sobre a inerrância, bem como sua visão sobre o teísmo aberto; como veremos, essas posições andam de mãos dadas e conduziram a seu processo e quase expulsão da Evangelical Theological Society.

A visão sobre a inerrância de Pinnock

A não ser que haja outra indicação, a lista a seguir de citações foi apresentada aos líderes e membros da ETS como evidências de sua negação da inerrância na audiência e na votação com relação ao caso Pinnock em novembro de 2003. Não foram apresentadas respostas detalhadas a elas. Os pedidos de pessoas para que se manifestassem sobre esses pontos foram negados pelo presidente da sessão. Pinnock fez somente uma declaração geral sobre essas citações, que se resumiram a ele dizer que formularia de maneira diferente algumas coisas se fosse fazer uma revisão de *Scripture Principle*. Na verdade, mais tarde Pinnock publicou uma segunda edição (2006), mas não fez mudanças significativas no número enorme dessas declarações tão controvertidas.

A última declaração de Pinnock sobre a inerrância

Antes de sua morte inesperada em 2010, no entanto, Pinnock de fato incluiu um novo resumo do capítulo 10 e acrescentou um apêndice intitulado "Inspiration and Authority of the Bible: Thoughts since 1984" [Inspiração e autoridade da Bíblia: pensamentos desde 1984]. No entanto, essas alterações não refletem mudança substancial alguma na sua posição da primeira edição. Mas o que fazem é documentar seu afastamento da posição da inerrância ilimitada dos antigos mestres de Princeton, como Warfield e A. A. Hodge, dos formuladores da Evangelical Theological Society (ETS) e dos fundadores do International Council on Biblical Inerrancy (ICBI). No seu afastamento da visão ortodoxa histórica sobre a inerrância, marcantes são as seguintes revelações e admissões na última vontade e no testamento de Pinnock (*Scripture Principle*):

1. Pinnock continua rejeitando o que ele chama de "visão estrita de inerrância" (p. 254).
2. Ele continua identificando essa visão estrita com a "posição de Princeton" de A. A. Hodge e Warfield (p. 254).
3. Pinnock concorda em tornar pública a sua visão depois de deixar o seminário Trinity Evangelical Divinity School e assumir uma posição de ensino

em uma faculdade mais liberal, o McMaster Divinity College, no Canadá, em 1977 (p. 260).

4. Ele reconhece ter sido "impactado" pelo livro *The Debate about the Bible*, de Stephen Davis, que claramente negava a inerrância factual da Bíblia (p. 257).

5. Pinnock elogia Stanley Grenz por sua negação do fundacionalismo como base para a inerrância (p. 254).

6. Ele confirma sua visão semelhante à de Barth, segundo a qual a Bíblia em si não é a revelação de Deus, mas somente "um testemunho da mensagem doadora de vida de nosso Senhor Jesus Cristo" (p. 255).

7. Pinnock admite que defende o que ele chama de visão "neoevangélica" da inerrância (p. 258).

8. Ele rejeita a visão de Francis Schaeffer (que é a da Declaração do ICBI que Schaeffer assinou) como uma forma de "racionalismo" em favor do que ele chama de posição mais ampla e mais "de-baixo-para-cima" de F. F. Bruce (p. 258), que "se opõe ativamente" à estrita "inerrância bíblica não qualificada" (p. 260).

9. Pinnock reconhece que sua visão envolve um "emprego ampliado do termo 'inerrância'" (p. 259).

10. Ele alega que a visão da "perfeita 'irrepreensibilidade' de autógrafos não existentes foi uma abstração que havia morrido uma morte por mil razões. E, o que era mais importante, deixava de provar a autoridade dinâmica do texto presente" (p. 259).

11. Além disso, Pinnock alega que "havia uma percepção crescente de que para muitos crentes a adesão estrita à doutrina da inerrância põe em perigo a fé evangélica em vez de protegê-la" (p. 259-269).

12. Pinnock diz: "Eu elogiei a polêmica anti-inerrância de 1977 de Stephen Davis em virtude de seu 'serviço pastoral' àqueles que estão aflitos com as dificuldades marginais na Bíblia" (p. 260).

13. Ele descreve a sua própria visão como tendo mudado da tradicional posição da inerrância ilimitada para a visão da inerrância limitada, ao dizer: "Em 1978, [ela] havia se tornado a minha visão" (p. 260). Pinnock afirma ainda preferir o termo "inerrância" (ao menos na América do Norte), embora seja uma inerrância limitada, não a inerrância ilimitada e factual defendida por Warfield e pelos formuladores da ETS e do ICBI. Ele chama a sua visão de uma "forma mais nuançada de inerrância" (p. 261). Ele diz: "A palavra 'inerrância' pode ser mantida legitimamente, eu concluí, se definida como 'uma metáfora ou a determinação de se confiar plenamente na Palavra de Deus'" (p. 261).

14. Pinnock reforça a típica visão da inerrância limitada, ao dizer: "Inerrância tinha passado a significar que se pode confiar na Bíblia naquilo que

ela ensina e declara intencionalmente. Um texto-chave como 2 Timóteo 3.15,16 autoriza uma fé sólida no significado instrutivo da Bíblia em questões relacionadas à salvação humana, mas não necessariamente em questões marginais não relacionadas à necessidade da nova vida em Jesus Cristo e de sua base e prática" (p. 262). Ou seja, "as partes da Bíblia que têm o propósito de ensinar a vontade de Deus constituem o cerne da Escritura normativa" (p. 262). Ele diz claramente: "Eu, portanto, hoje me coloco na categoria da 'inerrância de propósito'" (p. 262). Ele acrescenta: "Em outras palavras, a Bíblia pode conter erros de tipos incidentais, mas não ensina erro algum" (p. 264).

15. Não obstante a visão admitidamente modificada de Pinnock, ele continuou a assinar a Declaração de Inerrância da ETS (p. 263), que, segundo seus formuladores, rejeita essa visão limitada de inerrância em favor de uma posição de inerrância total e factual (v. cap. 2).

16. Pinnock rejeita a visão de Agostinho (e de todos os outros inerrantistas ortodoxos) de que "o que a Bíblia diz, Deus diz" (p. 264).

17. Ele diz: "Eu apoiei a Declaração Internacional de Chicago, de 1978, do Conselho de Inerrância Bíblica", comentando que seu famoso artigo 13 "abriu espaço para praticamente todos os batistas bem-intencionados" (p. 266). (Isso claramente foi um mal-entendido com relação ao que os formuladores do ICBI tinham em mente com o termo "inerrância", como foi revelado no comentário oficial sobre a questão escrito por R. C. Sproul, *Explaining Inerrancy*. V. cap. 2.)

18. Pinnock rejeita a visão de inerrância de Warfield, afirmando que, "para nós, a Bíblia raramente trata de sua autoridade e não diz nada sobre sua inerrância. O modelo racionalista (oriental) de autoridade bíblica que aprendi já cedo com B. B. Warfield e outros havia exagerado esses conceitos para que se encaixassem em um sistema teológico que havia sido adotado *a priori*. Eu estava aprendendo a 'não forçar a Bíblia a se encaixar em uma camisa de força de pressuposições extraescriturísticas de autoridade e perfeição'" (p. 266).

19. Ele diz: "Eu agora sei que Karl Barth tinha boas razões para rejeitar o conceito de revelação como primordialmente informação", embora Pinnock não negue que haja algum conteúdo na revelação bíblica (p. 267).

20. Ele conclui dizendo que "minha convicção central tinha se tornado uma posição de certeza da verdade surgindo mais da obra do Espírito por meio do texto bíblico do que de um racionalismo estrito e inflexível arraigado na suposta teoria humana da irrepreensibilidade do texto bíblico em si" (p. 267).

21. Pinnock reconhece a influência do movimento carismático no que ele chama de sua mudança "da abordagem escolástica para a abordagem pietista" (p. 268). Na década de 1970, ele diz: "Passei a suavizar minha crítica negativa

ao pentecostalismo" (p. 269) e faz "Uma proposta de verdade para a controvérsia das línguas" (p. 269).

22. Ele descreve a Bíblia como um "documento (ligeiramente) imperfeito", acrescentando: "a agenda cristã deveria estar menos ocupada com a teoria da inerrância precisa e mais com uma preocupação sadia em favor do poder espiritual transmitido pelo Espírito de Deus, que tanto fala por meio das Escrituras antigas quanto ilumina o leitor contemporâneo para a vida real e a missão" (p. 270). Pinnock nega que sua visão seja uma posição liberal baseada na experiência, alegando somente que ele agora enxerga "mais importância na experiência" (p. 271).

23. Pinnock afirma que "a inerrância [...] não é nosso termo preferido para traduzir o conceito de confiabilidade bíblica" porque "lhe falta uma definição clara". É por isso que ele diz, ironicamente, que continua a usá-la! (p. 272). Ele prefere termos como "infalibilidade" e "confiabilidade" e usa a ilustração barthiana da Bíblia como parecida com um disco riscado no qual se ouve "a voz do Mestre", apesar das imperfeições do disco (p. 272). Ele, então, acrescenta mais uma convicção barthiana de que a Palavra viva, Cristo, é "adequadamente testificada por esse texto sagrado" (p. 272).

Apesar da rejeição da visão tradicional da inerrância por parte de Pinnock, ele insiste em usar o termo "inerrância" para descrever sua nova visão e afirmar que a inerrância ainda é um "brasão" de autenticidade evangélica e um "divisor de águas" (p. 256). No entanto, como veremos, Pinnock entende a inerrância de um modo significativamente diferente do que o que tinham em mente os pais da Igreja, os reformadores, os antigos de Princeton e os formuladores das declarações da ETS e do ICBI.

As posições sobre a inerrância das quais Pinnock não se retratou

As posições de Pinnock são claramente incompatíveis com a Declaração do ICBI (que ele dizia que podia subscrever), que mais tarde foi adotada (em 2003) pela ETS como seu entendimento de inerrância. Uma leitura atenta das seguintes afirmações de Pinnock revela sua importância crucial na mudança para uma visão "dinâmica" mais liberal da inspiração por parte de alguns evangélicos. As citações marcadas como *SP* são da edição original de 1984 de seu livro *The Scripture Principle*, que expressa suas posições não revisadas e às quais não abandonou antes do seu julgamento na ETS em 2003. As marcadas como *SP2* são da edição revisada (2006) e refletem suas posições reformuladas da edição anterior. Mas, como veremos, não há alterações substanciais nos aspectos questionáveis e não ortodoxos das posições de Pinnock até sua recente e inesperada morte (em 2010). As pequenas

A INERRÂNCIA DAS ESCRITURAS

mudanças gramaticais e literárias que não refletem uma mudança substancial na sua posição são em geral omitidas. Os títulos das citações e o grifo nelas são nossos:

A Bíblia não é completamente inerrante

"Isso nos faz pensar na pergunta: Será que o Novo Testamento, será que Jesus ensinou que as Escrituras estão completamente sem erros? Não, não em termos absolutamente claros" (*SP*, p. 57).

"Embora o *Novo Testamento não ensine uma doutrina estrita da inerrância*, o que se poderia dizer é que ele encoraja uma atitude de confiança, o que a inerrância significa de fato segundo uma definição mais leniente. *O fato é que a inerrância é em si e por si um termo muito flexível*" (*SP*, p. 77).

"Uma vez que lembramos quanto é complexa uma inerrância hipotética, é óbvio que *a Bíblia não ensina essa coisa explicitamente. O que ela afirma, como temos visto, é a inspiração divina e a confiabilidade geral*" (*SP*, p. 58).

"Por que, então, os estudiosos insistem em que a Bíblia afirma a inerrância total? Só posso responder por mim mesmo, *como alguém que argumentou dessa maneira há alguns anos*. Eu afirmava que a Bíblia ensinava a inerrância total porque eu tinha a esperança de que o fizesse — eu queria que o fizesse" (*SP*, p. 58).

É verdade que Pinnock não faz nenhuma mudança substancial nas versões revisadas desse ponto, mas o que ele faz é suavizá-lo e torná-lo menos explícito. Então, fica assim: "Por que, então, alguns estudiosos insistem em que a Bíblia de fato afirma ela mesma a inerrância? Alguns argumentam sinceramente em favor da inerrância, esperando que seja verdadeira. Eles encontram encorajamento e segurança nessa esperança" (*SP2*, p. 84).

"*Da minha parte, avançar além das exigências bíblicas a uma posição engessada de total ausência de erros somente traz ao primeiro plano as características desconcertantes da Bíblia que ninguém pode explicar completamente* e ofusca aquelas certezas maravilhosas da salvação em Cristo que devem estar no primeiro plano e no centro" (*SP*, p. 59). Aqui Pinnock admite que ele rejeita a visão tradicional da "ausência total de erros" em favor da inerrância limitada.

Inerrância de intenção, não de fato

"*A inerrância diz respeito ao propósito das Escrituras*, e isso precisa ser determinado hermeneuticamente" (*SP*, p. 225). É interessante que exatamente essa afirmação é omitida (mesmo que não negada) na edição revisada. Ele ainda defende a mesma posição, mas a expressa com palavras diferentes.

"Tudo que isso significa é que *a inerrância diz respeito à intenção do texto*. Caso se *pudesse demonstrar que o cronista inflou alguns dos números que ele usa para o seu propósito didático*, ele estaria no seu pleno direito e não estaria com isso contradizendo a inerrância" (*SP*, p. 78).

Não precisamos entrar em pânico quando encontramos alguma dificuldade irresolúvel. *A Bíblia parecerá suficientemente confiável em termos de seu propósito soteriológico* [*salvífico*]. [...] No final das contas, é disso que precisa a grande massa dos crentes evangélicos — não o ideal racionalista de um Livro perfeito que já não existe, mas a confiabilidade de uma Bíblia com verdade nas questões em que isso de fato conta, *verdade esta que não é tão facilmente ameaçada por um problema de erudição* (*SP*, p. 104-105).

A Bíblia não é a Palavra de Deus
"Barth estava certo ao falar sobre uma *distância entre a Palavra de Deus e o texto da Bíblia*" (*SP*, p. 99). A única mudança a isso na segunda edição é o acréscimo do primeiro nome de Barth, Karl! (*SP2*, p. 126).

"*A Bíblia não tenta dar a impressão de que é isenta de erros nos aspectos histórico ou científico*. Deus usa autores com falhas e ainda assim nos ensina a verdade da revelação por meio deles" (*SP*, p. 99).

"*O que Deus tem como alvo por meio da inspiração é fazer brotar a fé no Evangelho por meio da palavra das Escrituras, que continuam sendo um texto humano marcado por fraquezas normais* [*o que inclui erros*]" (*SP*, p. 100).

"*Um texto que é palavra por palavra o que Deus queria lá no início pode muito bem ter sido ditado, apesar de todo o espaço que concede à agência humana*. Esse é o tipo de pensamento por trás da posição da inerrância militante. Deus é considerado o Autor da Bíblia de tal maneira que ele controlou os autores e todos os detalhes do que eles escreveram" (*SP*, p. 101).

A Bíblia não é completamente infalível
"*A Bíblia não é um livro como o Alcorão, consistindo em nada além de proposições perfeitamente infalíveis*. [...] A Bíblia não caiu do céu. [...] *Depositamos a nossa confiança, em última análise, em Jesus Cristo, não na Bíblia*. [...] O que as Escrituras fazem é apresentar *um testemunho sólido e confiável* [*mas não inerrante*] de quem ele é e do que Deus fez por nós" (*SP*, p. 100).

Rejeitando a posição de inerrância defendida por Warfield
"*A inerrância como Warfield a entendia era muito mais precisa do que o tipo de confiabilidade que a Bíblia propõe. A ênfase da Bíblia tende a ser*

sobre a verdade salvífica de sua mensagem e sua suprema utilidade na vida de fé e discipulado" (*SP*, p. 75).

Rejeitando a posição da inerrância total do ICBI

Há um grande número de evangélicos na América do Norte que parecem defender a inerrância total da Bíblia. A linguagem que eles usam parece absoluta e intransigente: "A autoridade das Escrituras fica inevitavelmente prejudicada, caso essa inerrância divina absoluta seja de alguma forma limitada ou desconsiderada, ou relativizada a uma visão da verdade contrária à própria Bíblia" (Declaração de Chicago, preâmbulo). *Isso soa como se o menor escorregão ou imperfeição trouxesse abaixo todo o edifício de autoridade. Parece que devemos defender a ausência de erros até o último pingo ou traço* a fim de que ela seja uma autoridade religiosa viável (*SP*, p. 127).

Repetindo, nas suas próprias palavras, Pinnock rejeita a "inerrância total" da Bíblia defendida pela ETS e pelos formuladores do ICBI.

Inspiração dinâmica, não inspiração plenária

"Em relação às Escrituras, queremos evitar tanto a ideia de que a Bíblia é o produto da mera capacidade humana quanto a ideia de que ela surgiu por meio de ditado mecânico. *A via média está na direção de um modelo pessoal dinâmico que fortalece tanto a iniciativa divina quanto a resposta humana*" (*SP*, p. 103).

"*A inspiração deveria ser vista como uma obra dinâmica de Deus. Nela, Deus não decide cada palavra que é usada*, uma por uma, mas age nos autores de tal forma que eles fazem uso completo de suas próprias habilidades e vocabulário enquanto dão expressão à mensagem divinamente inspirada que está sendo comunicada a eles e por meio deles" (*SP*, p. 105). Essa é uma negação da posição tradicional da inspiração plenária (total) do texto escrito em todas as suas partes.

Redefinindo a inerrância, rejeitando o modelo profético

"O curso mais sábio a seguir seria continuar *definindo a inerrância em relação ao propósito da Bíblia* e aos fenômenos que ela apresenta. Quando fazemos isso, *ficamos surpresos sobre quão aberto e permissivo é esse termo*" (*SP*, p. 225). Essa posição da inerrância limitada é conhecida como a posição da "inerrância de propósito" ou da "inerrância de intenção", em contraste com a inerrância de fato.

Pinnock elimina a frase "Quando fazemos isso, *ficamos surpresos sobre quão aberto e permissivo é esse termo*" (*SP*, p. 225). No entanto, ele ainda assim afirma que "o texto antigo precisa ter permissão para continuar manejável nas mãos do Espírito de Deus quando ministra" (*SP2*, p. 250). Isso atenua, mas na verdade não muda de fato a posição dele.

> *Às vezes, eu me senti tentado a rejeitar a inerrância bíblica por causa da estreiteza de definição* e da crueza das polêmicas que acompanharam o termo. Mas, no final, precisei me curvar diante da sabedoria que diz que precisamos ser inequivocamente claros nas nossas convicções sobre a autoridade bíblica, e, no contexto norte-americano ao menos, isso significa empregar linguagem forte (*SP*, p. 225).

É interessante que isso é omitido em *SP2*. Na verdade, parece ser inconsistente com a afirmação dele de que a "inerrância" deve ser mantida porque é um termo amplo que pode incluir muitas posições.

"Paul J. Achtemeier chamou atenção para a *inadequabilidade do modelo profético* para representar a categoria bíblica da inspiração em sua plenitude — [na obra dele] *The Inspiration of Scripture*" (*SP*, p. 232n8).

Admitindo erros menores na Bíblia

"*A autoridade da Bíblia quanto à fé e à prática não exclui a possibilidade de um texto ocasionalmente incerto, de diferenças em detalhes entre os evangelhos, de uma falta de precisão na cronologia dos eventos registrados nos livros de Reis e Crônicas, de uma descrição pré-científica* do mundo e de coisas semelhantes" (*SP*, p. 104). Isso também é uma negação da inerrância total, que inclui a inerrância de fato, não meramente a inerrância de intenção.

> O que poderia realmente falsificar a Bíblia teria de ser algo que pudesse falsificar o evangelho, bem como o cristianismo. Teria de ser uma dificuldade que colocasse radicalmente em dúvida a verdade de Jesus e de sua mensagem das boas-novas. Descobrir algum ponto da cronologia em Mateus que não possa ser conciliado com um paralelo em Lucas certamente não seria tal coisa (*SP*, p. 129). Eu reconheço que a Bíblia não faz uma reivindicação técnica de inerrância ou não entra no tipo de detalhes associados com o termo na discussão contemporânea. Mas eu também vejo um fundamento sólido para confiar nas Escrituras em um sentido mais geral em tudo que elas ensinam e afirmam, e vejo um perigo real em se dar a impressão de que a Bíblia erra de forma significativa. A inerrância é uma metáfora para a determinação de se confiar plenamente na Palavra de Deus (*SP*, p. 224-225).

Aqui se vê o sentido "geral" muito fraco no qual a palavra "inerrância" é empregada por Pinnock. Teria sido mais sincero da parte dele simplesmente ter negado o termo.

Defendendo que a Bíblia contém mito e lenda
"*Na narrativa da queda de Adão, há numerosas características simbóli-cas* (Deus formando o homem do pó, a serpente que fala, Deus formando a mulher da costela de Adão, árvores simbólicas, quatro grandes rios que fluem do jardim etc.), de modo que é natural perguntar se não temos aí *uma narrativa de sentidos que não se atém somente a questões factuais*" (*SP*, p. 119). Está aí uma negação da historicidade de Adão, que o Novo Testamento afirma claramente (cf. Romanos 5.12-14; Mateus 19.4,5; 1 Timóteo 2.13). Também nega afirmações claras feitas pelo ICBI, que Pinnock declara que aceita.

A mudança aqui é interessante. Ele prefere falar de "Deus formando os seres humanos do pó" (*SP2*, p. 146). No entanto, em uma tentativa de usar uma linguagem mais focada no gênero neutro, ele de fato contradiz sua afirmação original na história de que Eva foi feita da costela de Adão, não do pó como Adão!

"Por um lado, *não podemos descartar a lenda* a priori. Ela é, afinal, uma forma literária perfeitamente válida, e temos *de admitir que ela aparece na Bíblia em algumas formas ao menos*. Já mencionamos a referência de Jó ao Leviatã e também podemos citar a fábula de Jotão" (*SP*, p. 121-122).

"Assim, estamos em uma situação difícil. *As lendas são possíveis em teoria — há lendas aparentes na Bíblia —, mas na verdade temos receio de denominá-las como tais porque aí parece que estamos negando o miraculoso*" (*SP*, p. 122).

"Quando olhamos para a Bíblia, está claro que ela não é radicalmente mítica. *A influência do mito está aí no Antigo Testamento. As histórias da Criação e da Queda, do Dilúvio e da torre de Babel existem em textos pagãos e são reformuladas em Gênesis da perspectiva do conhecimento de Deus que Israel tem*, mas o arcabouço já não é mítico" (*SP*, p. 123).

"Lemos de uma moeda que aparece na boca de um peixe e da origem das diferentes línguas da humanidade. Ouvimos dos feitos magníficos de Sansão e de Eliseu. Até vemos evidências da duplicação das histórias de milagres nos evangelhos. *Todas elas são coisas que, se as lêssemos em algum outro livro, certamente iríamos identificar como lendas*" (*SP*, p. 123).

Na citação anterior, Pinnock nega claramente as definições do ICBI sobre a inerrância que ele afirma que poderia ter aceito. Pois, contrariamente à visão de Pinnock, os formuladores do ICBI afirmaram claramente que Gênesis 1—11 é história, não mitologia. Ao contrário do que dizem as posições de Pinnock, considere as seguintes afirmações via Geisler, "Explaining Hermeneutics" (EH):

EH sobre o artigo 13: Negamos que categorias gerais que negam a historicidade possam ser corretamente impostas às narrativas bíblicas que se apresentam como factuais". Repetindo: "Alguns debatedores entendem, por exemplo, Adão como um mito, ao passo que nas Escrituras ele é apresentado como uma pessoa real. Outros entendem que Jonas é uma alegoria quando, na verdade, é apresentado como uma pessoa histórica e [é] assim mencionado por Cristo".

EH sobre o artigo 14: "Negamos que qualquer evento, discurso ou dito registrado nas Escrituras foi inventado pelos autores bíblicos ou por tradições que eles incorporaram".

EH sobre o artigo 22: declara enfaticamente que "Gênesis 1—11 é factual, como o é o restante do livro".

Defendendo a visão de Robert Gundry quanto ao midrash em Mateus

"Não se pode falar de mitologia no Novo Testamento. *No máximo, há fragmentos e sugestões de mito*: por exemplo, *a estranha alusão aos corpos dos santos ressuscitados na Sexta-feira da Paixão* (Mateus 27.52) e aos doentes curados por meio do contato com peças de roupa que haviam tocado o corpo de Paulo (Atos 19.11,12)" (*SP*, p. 124). Isso é digno de nota, visto que Robert Gundry foi expulso da Evangelical Theological Society (ETS) em 1983 em virtude de suas posições midráshicas, que negavam a historicidade de seções inteiras do Evangelho de Mateus. No entanto, Pinnock foi mantido pela ETS mais tarde (em 2003), apesar de defender essas posições mais liberais sobre a inerrância. Ele escreve: "*Há casos em que a possibilidade de que lendas sejam empregadas parece bem real*. Mencionei o incidente com a moeda na boca do peixe (Mateus 17.24-27). [...] *O evento foi registrado somente por Mateus e aparenta ter características de lenda*" (*SP*, p. 125).

A visão que Pinnock tem de Deus

Visto que a visão que a pessoa tem sobre a inerrância e sua visão sobre Deus estão direta e logicamente relacionadas (v. cap. 12), é importante explorar também a chamada visão "aberta" de Deus defendida por Pinnock [o teísmo aberto]. Pois, se Deus pode errar, então dizer que a Bíblia é a Palavra de Deus é permitir que haja erros nela também. Aliás, foi precisamente essa área em que a visão de Pinnock o levou a ser examinado pela ETS e a quase ser expulso dessa sociedade teológica.

A Bíblia contém predições que não foram cumpridas

Pinnock argumenta que "algumas profecias são condicionais, deixando o futuro aberto e, supostamente, também deixando aberto o conhecimento que Deus tem do futuro" (*Most Moved Mover* [MMM], p. 50). Ele acrescentou: "Há prenunciações proféticas imprecisas baseadas em situações presentes, como quando Jesus prediz a queda de Jerusalém" (p. 50). Além disso, "Apesar do que anunciou Ezequiel, Nabucodonosor não conquistou a cidade de Tiro; apesar de João Batista, Jesus não lançou os ímpios no fogo; ao contrário do que disse Paulo, a segunda vinda não estava ali dobrando a esquina (1 Tessalonicenses 4.17)" (p. 51n66).

Jesus até mesmo fez uma profecia falsa

Pinnock declara que, "*apesar do que Jesus disse, na destruição do templo algumas pedras foram deixadas sobre outras* (Mateus 24.2)" (*MMM*, p. 51n66). Ele precisou revisar essa afirmação particularmente problemática para salvar seu couro nas mãos do comitê da ETS que o examinou por causa de sua alegada negação da inerrância. Um membro da ETS sugeriu a Pinnock que essa poderia ser uma figura de linguagem significando destruição total. Assim, não foi necessário considerá-la uma predição falsa de Jesus. A verdade é que os arqueólogos descobriram as pedras às quais Jesus se referiu, e não ficou literalmente uma única pedra sobre outra. Eu (Norm) as vi recentemente em uma viagem a Jerusalém.

Deus não está preso à sua própria palavra

De acordo com Pinnock, "Deus está livre na maneira de cumprir a profecia e não está preso a um *script*, nem mesmo ao seu próprio" (*MMM*, p. 51n66). "Talvez não queiramos admitir isso, mas as profecias com frequência não se cumprem" (p. 51n66).

Deus está limitado e é corporificado

"Em certo sentido", diz Pinnock, "*a Criação também foi um ato de autolimitação* [...]. Criar seres humanos que têm verdadeira liberdade é um ato autolimitante, auto-humilhante e autossacrificial da parte de Deus" (*MMM*, p. 31). "No que diz respeito a espaço, *a Bíblia fala de Deus ter espaço para viver nos céus:* [...] Não pendamos demais para a transcendência para não perdermos a percepção da verdade de que Deus está conosco no espaço" (p. 32). "Se ele está conosco no mundo, se devemos levar a sério as metáforas bíblicas, *será que Deus não está de alguma forma corporificado?* Os críticos serão rápidos em dizer que, embora haja expressões disso na Bíblia, elas não devem ser tomadas literalmente. Mas *eu não acredito que a ideia seja tão estranha à visão de Deus na Bíblia* quanto temos pressuposto" (p. 33). "As únicas pessoas que encontramos são pessoas corporificadas, e, *se Deus não é corporificado, pode se mostrar difícil provar que Deus é uma pessoa. [...] Talvez Deus use a ordem criada como um tipo de corpo e exerça causação de cima para baixo sobre ela"* (p. 34-35).

O pré-conhecimento de Deus é limitado
Pinnock declara: *"É doentio pensar em um pré-conhecimento exaustivo, implicando que todos os detalhes do futuro já estão decididos"* (MMM, p. 8). "Embora Deus saiba tudo que se pode saber sobre o mundo, *há aspectos sobre o futuro que nem Deus sabe"* (p. 32). "As Escrituras fazem uma distinção com respeito ao futuro: Deus está seguro sobre alguns aspectos dele e *inseguro sobre outros aspectos"* (p. 47). "Mas nenhum ser, nem mesmo Deus, pode saber de antemão exatamente o que agentes livres farão, embora ele possa predizê-lo com grande precisão" (p. 100). *"Para ser onisciente, Deus não precisa saber o futuro em todos os detalhes"* (p. 100).

Deus muda de ideia
"O arrependimento divino é um importante tema bíblico", afirma Pinnock (MMM, p. 43). *"Não obstante, parece que Deus está disposto a mudar de rota"* (p. 43). "A oração é uma atividade que traz *novas possibilidades à existência para Deus* e para nós" (p. 46).

Deus é dependente de criaturas
"De acordo com a visão aberta [teísmo aberto]", diz Pinnock, *"Deus decidiu livremente ser afetado e condicionado por criaturas em alguns aspectos"* (MMM, p. 5). "Em certo sentido, *Deus precisa do nosso amor* porque ele escolheu livremente ser um amante e precisa de nós porque ele escolheu ter amor recíproco" (p. 30). *"O mundo é dependente de Deus,* mas Deus também se tornou, voluntariamente, dependente do mundo. [...] Deus também é afetado pelo mundo" (p. 31).

Deus não tem o controle completo do mundo
Pinnock explica: *"Isso significa que Deus não tem agora o controle completo do mundo. [...] Acontecem coisas que não eram da vontade de Deus. [...] Os planos de Deus a esta altura na história nem sempre se cumprem"* (MMM, p. 36). "Nem tudo que acontece no mundo acontece por alguma razão; [...] [há] coisas que não deveriam ter acontecido, *coisas que Deus não queria que acontecessem.* Elas ocorrem porque Deus se empenha em ter relacionamentos verdadeiros e parcerias verdadeiras" (p. 47). "Como diz Boyd: 'Somente se Deus é o Deus do que *poderia ser*, não somente o Deus do que *vai ser*, podemos confiar nele para nos conduzir'" (Pinnock confirmando a perspectiva do teísta aberto Greg Boyd; p. 103, grifo dele aqui).

"Embora Deus seja capaz de extrair o bem do mal, isso não faz o mal em si se tornar bem *nem mesmo garante que Deus terá êxito em todos os casos no empenho de extrair o bem dele*" (p. 176). "*De fato, parece possível ler o texto com o sentido de que Deus é um Ser absoluto que controla tudo.* [...] Mas como o Espírito quer que o leiamos? Qual interpretação é a correta para as atuais circunstâncias? *Qual interpretação é adequada ao nosso tempo? Só o tempo dirá*" (p. 64).

Deus passa por mudanças
De acordo com Pinnock, "Mesmo que *a Bíblia diga repetidamente que Deus muda de ideia e altera o seu curso de ação*, os teístas convencionais rejeitam a metáfora e negam que tais coisas sejam possíveis para Deus" (*MMM*, p. 63). "Eu diria que Deus é *imutável de maneiras mutáveis*" (p. 85-86). "Por outro lado, sendo uma pessoa, não uma abstração, *Deus muda em relação às criaturas.* [...] *Deus mudou quando se tornou o criador do mundo*" (p. 86). "Aceitar a passibilidade [a habilidade de sofrer] pode exigir o tipo de revisões doutrinais em que a visão aberta [teísmo aberto] está engajada. Se Deus é passível, então ele não é, por exemplo, *incondicionado, imutável* e atemporal" (p. 59n82).

Pinnock admite afinidade com a teologia do processo
"*O pacote convencional de atributos é claramente delineado. Improvisar com um ou dois deles não vai ajudar muito*" (*MMM*, p. 78). "*Francamente, eu creio que os teístas convencionais são mais influenciados por Platão, que era pagão, do que eu por Whitehead, que era cristão*" (p. 143). Isso é irônico, porque Whitehead ainda negava praticamente todos os atributos de Deus da teologia ortodoxa, a inerrância bíblica e todos os fundamentos da fé! Platão, em contraste, defendia muitas posições consistentes com a crença evangélica, tais como 1) a verdade é absoluta; 2) o significado é absoluto; 3) os valores são absolutos; 4) o homem tem uma dimensão espiritual imortal; 5) existe uma esfera espiritual eterna.

Uma crítica da visão de inerrância de Pinnock
Apesar das alegações de Pinnock de que era capaz de concordar com as declarações sobre a inerrância da ETS e do ICBI, suas posições são claramente opostas ao que os formuladores queriam dizer com aquelas declarações. Ele estava disposto a aceitá-las somente como reinterpretadas por meio das suas lentes, o que era contrário ao pretendido pelos formuladores do ICBI e expressado no seu comentário oficial das declarações, particularmente no que diz respeito à natureza da verdade (art. 13). O que Pinnock de fato assinou

foi a declaração mais breve e menos específica da ETS, mas mesmo aí ele o fez em desacordo com o sentido dos formuladores e em desacordo com a maioria dos membros da ETS que votaram a questão em novembro de 2003 em Atlanta. É interessante que um amigo meu (Norman) que viu a declaração doutrinária assinada dele me disse que foi assinada a lápis! Diversos elementos tornam evidente que as convicções dele sobre a inerrância não estavam em acordo nem com a Declaração original da ETS nem com o ICBI:

1. *Um ex-membro da ETS havia sido expulso da sociedade por defender convicções barthianas sobre as Escrituras.* Em 1983, o presidente Gordon Clark pediu a um membro que se desligasse da sociedade em virtude de suas posições. A Declaração do ICBI é mais específica na negação do barthianismo. O artigo 3 reza, em parte: "Negamos que a Bíblia seja um mero testemunho a respeito da revelação, ou que somente se torne revelação mediante encontro, ou que dependa das reações dos homens para ter validade". O comentário oficial do ICBI destaca Barth pelo nome e declara: "Para Barth, é fundamental para a nossa humanidade que somos propensos ao erro" (Sproul, *Explaining Inerrancy*, p. 31). Por conseguinte, uma vez que a Bíblia foi escrita por homens, então ela necessariamente também erra. Pinnock continuou irredutível, sem se arrepender nem mesmo na sua segunda edição, afirmando que "Karl Barth estava certo ao falar sobre uma distância entre a Palavra de Deus e o texto da Bíblia" (*SP2*, p. 126). E: "A Bíblia não tenta dar a impressão de que é isenta de erros nos aspectos histórico ou científico. Deus usa autores com falhas e ainda assim nos ensina a verdade da revelação por meio deles" (*SP*, p. 99). Além disso: "O que Deus tem como alvo por meio da inspiração é fazer brotar a fé no Evangelho por meio da palavra das Escrituras, que continuam sendo um texto humano marcado por fraquezas normais [o que inclui erros]" (p. 100). Essas são claramente posições não ortodoxas e barthianas das Escrituras, que a ETS rejeitou desde o início.

2. *Robert Gundry foi expulso da ETS em 1983 por defender uma visão midráshica de Mateus, que negava a historicidade de grandes seções de Mateus. Contudo, Pinnock defende a mesma posição fundamental,* afirmando que "há fragmentos e sugestões de mito: por exemplo, a estranha alusão aos corpos dos santos ressuscitados na Sexta-feira da Paixão (Mateus 27.52) e aos doentes curados por meio do contato com peças de roupa que haviam tocado o corpo de Paulo (At 19.11,12)" (*SP*, p. 124). Pinnock também nega a historicidade de seções da Bíblia que são confirmadas como verdadeiras por Jesus ou outros autores bíblicos. A Declaração do ICBI afirma claramente que isso está em desacordo com a inerrância. Pinnock diz, por exemplo: "Há casos

A INERRÂNCIA DAS ESCRITURAS

em que a possibilidade de que lendas sejam empregadas parece bem real. Mencionei o incidente com a moeda na boca do peixe (Mateus 17.24-27). [...] O evento foi registrado somente por Mateus e aparenta ter características de lenda" (*SP*, p. 125). "Na narrativa da queda de Adão, há numerosas características simbólicas (Deus formando o homem do pó, a serpente que fala, Deus formando a mulher da costela de Adão, árvores simbólicas, quatro grandes rios que fluem do jardim etc.), de modo que é natural perguntar se não temos aí uma narrativa de sentidos que não se atém somente a questões factuais" (p. 119). Ele acrescentou: "Por um lado, não podemos descartar a lenda *a priori*. Ela é, afinal, uma forma literária perfeitamente válida, e temos de admitir que ela aparece na Bíblia em algumas formas ao menos. Já mencionamos a referência de Jó ao Leviatã e também podemos citar a fábula de Jotão" (p. 121-122). Ele diz: "Lemos de uma moeda que aparece na boca de um peixe e da origem das diferentes línguas da humanidade. Ouvimos dos feitos magníficos de Sansão e de Eliseu. Até vemos evidências da duplicação das histórias de milagres nos evangelhos. Todas elas são coisas que, se as lêssemos em algum outro livro, certamente iríamos identificar como lendas" (p. 123). No entanto, a Declaração do ICBI rejeita claramente tais crenças como incompatíveis com a inerrância, afirmando no artigo 18: "Negamos a legitimidade de qualquer abordagem do texto ou de busca de fontes por trás do texto que conduzam à relativização, desistorização ou minimização de seu ensino, ou a uma rejeição de suas afirmações quanto à autoria". O comentário oficial do ICBI acrescenta com respeito a isso: "Quando a busca pelas fontes produz uma desistorização da Bíblia, uma rejeição de seu ensino ou uma rejeição das reivindicações de autoria da própria Bíblia, [então] isso ultrapassou os seus próprios limites [...]. Nunca é legítimo, no entanto, bater de frente [com afirmações bíblicas] para expressar afirmações bíblicas" (Sproul, *Explaining Inerrancy*, p. 55). Mas é exatamente isso que Pinnock faz. Aliás, em algumas questões ele vai contra o que o próprio Jesus afirmou sobre as Escrituras, ao dizer que Jonas e o Dilúvio foram relatos lendários, não históricos. No entanto, o artigo 12 da Declaração do ICBI disse claramente: "Negamos também que hipóteses científicas acerca da história da Terra possam ser corretamente empregadas para desmentir o ensino das Escrituras a respeito da Criação e do Dilúvio".

3. *Pinnock limitou a inerrância ao propósito redentor da Bíblia.* Ele declara: "Tudo isso quer dizer que a inerrância é relativa à intenção [redentora] do texto". Mas, no artigo 12, o ICBI afirma: "Negamos que a infalibilidade e a inerrância da Bíblia estejam limitadas a assuntos espirituais, religiosos ou redentores, excluindo informações de natureza histórica e científica". O comentário oficial do ICBI acrescenta: "Embora a Bíblia seja de fato

história *redentora*, ela é também *história* redentora, e isso significa que os atos de salvação operados por Deus de fato ocorreram no mundo do tempo e do espaço" (Sproul, *Explaining Inerrancy*, p. 37).

No entanto, Pinnock às vezes coloca uma cunha entre esses dois. Ele declara: "Tudo que isso significa é que a inerrância diz respeito à intenção [redentora] do texto. Caso se pudesse demonstrar que o cronista inflou alguns dos números que ele usa para seus propósitos didáticos [redentores], ele estaria no seu pleno direito e não estaria com isso contradizendo a inerrância" (*SP*, p. 78). Ele acrescenta:

> Não precisamos entrar em pânico quando encontramos alguma dificuldade irresolúvel. A Bíblia parecerá suficientemente confiável em termos de seu propósito soteriológico [salvífico]. [...] No final das contas, é disso que precisa a grande massa dos crentes evangélicos — não o ideal racionalista de um Livro perfeito que já não existe, mas a confiabilidade de uma Bíblia com verdade nas questões em que isso de fato conta [isto é, nas questões ligadas à redenção], verdade esta que não é tão facilmente ameaçada por um problema de erudição (*SP*, p. 104-105).

4. *A visão da verdade que Pinnock defende é contrária à visão tradicional da inerrância como expressada pelos formuladores do ICBI.* Pinnock defendia que a verdade deve ser definida em termos do que o autor pretendia ou tinha como intenção dizer, não em termos de se isso correspondia aos fatos. Ele insistiu: "Tudo que isso significa é que a inerrância diz respeito à *intenção* do texto. Caso se pudesse demonstrar que o cronista inflou alguns dos números que ele usa para o seu *propósito* didático [redentor], ele estaria no seu pleno direito e não estaria com isso contradizendo a inerrância" (*SP*, p. 78). Como observado anteriormente, ele alega que "A Bíblia parecerá suficientemente confiável em termos de seu *propósito* soteriológico [salvífico]" (p. 104).

De fato, Pinnock estava disposto a aceitar a Declaração do ICBI *desde que* tudo fosse compreendido nos termos da redefinição da "verdade" por parte dos formuladores no artigo 13, que afirma: "Negamos que seja correto avaliar as Escrituras de acordo com padrões de verdade e erro estranhos ao uso ou propósito da Bíblia".

No entanto, os formuladores da Declaração do ICBI viram essa evasão possível e eliminaram essa possibilidade ao afirmar no comentário oficial do ICBI sobre esse assunto que a verdade não deve ser definida em termos de sua intenção, mas em termos de sua correspondência com os fatos. Ele afirma: "Quando dizemos que a veracidade das Escrituras deve ser avaliada segundo seus próprios padrões, isso significa que [...] *todas as afirmações*

A INERRÂNCIA DAS ESCRITURAS

da Bíblia precisam corresponder à realidade: quer histórica, quer factual, quer espiritual" (Sproul, *Explaining Inerrancy*, p. 41). Ele acrescenta: *"Com 'de acordo com padrões bíblicos de verdade e de erro' se quer dizer a visão usada tanto na Bíblia quanto na vida cotidiana, ou seja, a visão de correspondência com a verdade.* Essa parte do artigo é dirigida àqueles [como Pinnock] que querem redefinir a verdade para que esteja associada somente à intenção redentora, o aspecto puramente pessoal, ou algo semelhante, em vez de significar aquilo que corresponde à realidade" (p. 43-44, grifo nosso). Assim, então, está claro que a concepção "intencionalista" da verdade usada por aqueles como Pinnock e outros para fazer que suas posições soem ortodoxas é enfaticamente contrária à compreensão de inerrância do ICBI.

5. *A concepção de profecia falível que Pinnock tinha também é incompatível com a crença em uma Bíblia infalível e inerrante.* Ele afirma: "Algumas profecias são condicionais, deixando o futuro aberto e, supostamente, também deixando aberto o conhecimento que Deus tem do futuro" (*MMM*, p. 50). Além disso, "há prenunciações proféticas imprecisas baseadas em situações presentes, como quando Jesus prediz a queda de Jerusalém" (*MMM*, p. 50). Outras profecias falharam, pois, "apesar do que anunciou Ezequiel, Nabucodonosor não conquistou a cidade de Tiro; apesar de João Batista, Jesus não lançou os ímpios no fogo; ao contrário do que disse Paulo, a segunda vinda não estava ali dobrando a esquina (1 Tessalonicenses 4.17)" (*MMM*, p. 51n66). Ele até mesmo disse que Jesus anunciou uma profecia falsa: "Apesar do que Jesus disse, na destruição do templo algumas pedras foram deixadas sobre outras" (Mateus 24.2; *MMM*, p. 51n66). Como já dissemos, essa foi uma acusação séria lançada por Pinnock, atribuindo um erro ao próprio Cristo. Pinnock foi forçado a mudar a sua posição sobre isso antes da reunião do comitê examinador da ETS a fim de escapar da acusação de que ele negava a inerrância. No entanto, ela nunca foi revisada em uma reimpressão do livro.

Não obstante, Pinnock nunca mudou sua convicção de que a Bíblia fez previsões falíveis que não se cumpriram. É isso que é incompatível com a inerrância por duas razões. A primeira: se a Bíblia contém previsões falíveis, então ela não pode ser a infalível Palavra de Deus. Uma Palavra totalmente infalível não pode conter afirmações falíveis. A segunda: a alegação dos defensores do teísmo aberto de que as predições da Bíblia não eram infalíveis, mas simplesmente previsões falíveis (assim como acontece com a previsão do tempo), é contrária ao teste bíblico do falso profeta. Deuteronômio 18.22 ordenou que um profeta fosse apedrejado por fazer uma predição que "não se cumpre". Aliás, nesse teste do falso profeta, o próprio Deus estaria sujeito ao apedrejamento — algo que não estaria totalmente fora das possibilidades em termos físicos, dada a convicção de Pinnock de que Deus possui um corpo!

6. *Pinnock rejeitou claramente a visão da inerrância de B. B. Warfield, que foi defendida pelos formuladores do ICBI.* Ele escreve: "A inerrância como Warfield a entendia era um bom tanto mais precisa do que o tipo de confiabilidade que a Bíblia propõe. A ênfase da Bíblia tende a ser sobre a verdade salvífica de sua mensagem e sua suprema utilidade na vida de fé e discipulado" (*SP*, p. 75). Mas a posição de Warfield sobre a inerrância era a posição tanto dos formuladores da ETS quanto dos formuladores do ICBI. Aliás, a posição de Warfield (e ETS e ICBI) era que tudo que a Bíblia afirma Deus afirma. No comentário oficial da Declaração de Chicago do ICBI, *Explaining Inerrancy*, de Sproul (p. 69), lemos: "Assim, o que as Escrituras dizem, Deus diz; sua autoridade é a autoridade dele, pois ele é o autor supremo". Em seu livro clássico sobre a inspiração das Escrituras, Warfield dedica um capítulo inteiro à demonstração desse ponto. Claramente, Pinnock não concorda com esse ponto que Warfield e seus seguidores da ETS e do ICBI defendiam. Daí se deduz que a visão de Pinnock era uma negação do que os formuladores da Declaração da ETS e do ICBI tinham em mente.

Fim da história de Pinnock quando começa o escorregão da inerrância

O caso Pinnock foi apresentado à liderança da ETS. Foi designada uma comissão para examiná-lo. Quando a comissão apresentou a questão aos membros em 2003, uma maioria sólida de 63% votou a favor da expulsão dele, mas isso ficou aquém da maioria de dois terços necessários para de fato expulsá-lo. Esse foi o fim da história de Pinnock. No entanto, há mais que faz parte da história da queda e afastamento do evangelicalismo da visão tradicional de inerrância. O resto da história é contado nos capítulos restantes deste livro. Ela inclui a queda do evangelicalismo de Bart Ehrman, egresso de Moody e Wheaton (escolas bíblicas), e sua adesão ao agnosticismo, resultado de sua incapacidade de explicar um suposto erro nos evangelhos. Isso incluiu o abandono de uma sólida posição historicamente a favor da inerrância por parte de um professor (Peter Enns), bem como de um professor de Wheaton (Kevin Vanhoozer), cujas sutis convicções hermenêuticas questionam a inerrância tradicional, bem como de um professor (Andrew McGowan) do Reformed Theological Seminary, em Jackson, Mississippi, que se opõe à Declaração sobre a Inerrância do ICBI diretamente e citando-a pelo nome, e outros. Também inclui o solapar da inerrância pela adoção de métodos da crítica da redação por parte de Darrell Bock, do Dallas Theological Seminary. E isso, sem dúvida, é somente a ponta do *iceberg*.

A INERRÂNCIA DAS ESCRITURAS

Na esteira disso, a questão que temos diante de nós é um desafio: Pode a inerrância ser reafirmada pela nova geração? Ao avançarmos no século XXI, podem os novos questionamentos à inerrância ser respondidos? A Declaração do ICBI se tornou obsoleta? Ela pode ser defendida? Os autores deste livro — que juntos cobrem e conectam essas duas gerações — vão examinar detalhadamente essas questões para ver se uma resposta afirmativa e confirmatória é possível.

▪ Fontes ▪

Pinnock, *Biblical Revelation*

_____, *Defense of Biblical Infallibility*

_____, *Scripture Principle*

_____, *Scripture Principle*, 2. ed.

_____, *Most Moved Mover*

Sproul, *Explaining Inerrancy*

5

BART EHRMAN SOBRE A INERRÂNCIA

Introdução

BART D. Ehrman é professor na University of North Carolina, em Chapel Hill. Ele é um estudioso de ponta de crítica textual e autor de mais de 20 livros sobre o assunto. Suas obras recentes incluem *Jesus Interrupted: Revealing the Hidden Contradictions in the Bible (and Why We Don't Know about Them)*; *Lost Scriptures: Books That Did Not Make It into the New Testament*; o *bestseller* do *New York Times, Misquoting Jesus: Who Changed the Bible and Why* (2005); e seu último: *Forged: Writing in the Name of God — Why the Bible's Authors Are Not Who We Think They Are* (2011).

Atualmente, Ehrman é também uma das vozes acadêmicas mais estridentes contra a inerrância das Escrituras. Ele é um ex-evangélico que se tornou agnóstico (v. a introdução à sua obra *Misquoting Jesus*). Ehrman estudou no Moody Bible Institute, onde começaram as suas dúvidas, e no Wheaton College, onde suas dúvidas aumentaram. No Princeton Theological Seminary, ele abriu mão da sua fé na inerrância da Bíblia depois de se debater com uma suposta contradição nos evangelhos (v. cap. 17).

As convicções de Ehrman colidem com os inerrantistas em diversos pontos. Ele não somente crê que há erros na Bíblia; ele também nega a confiabilidade dos manuscritos bíblicos. Uma crença subordinada da posição inerrantista é a visão de que as cópias dos originais são confiáveis. O artigo 10 da Declaração do ICBI diz:

> Afirmamos que a inspiração, estritamente falando, diz respeito somente ao texto autográfico das Escrituras, o qual, pela providência de Deus, pode ser determinado com grande exatidão com base em manuscritos disponíveis. Afirmamos também que as cópias e traduções das Escrituras são a Palavra de Deus na medida em que fielmente representam o original. Negamos que qualquer aspecto essencial da fé cristã seja afetado pela falta dos autógrafos. Negamos também que essa falta torne inválida ou irrelevante a afirmação da inerrância da Bíblia.

O livro de Ehrman intitulado *Misquoting Jesus* é um questionamento substancial de tudo que é enfatizado na Declaração do ICBI anteriormente mencionada. Aliás, ele nega a reivindicação de que as cópias dos manuscritos "fielmente representam o original" ou que os autógrafos "podem ser determinados com grande exatidão com base em manuscritos disponíveis".

Uma exposição da visão de inerrância de Ehrman

Ehrman fala contra a posição inerrantista dando razões pelas quais ele se opõe à historicidade tanto do texto original quanto da transmissão do texto. Ele diz:

> Eu descobri que não teria sido mais difícil para Deus preservar as palavras das Escrituras do que teria sido para ele inspirá-las para começo de conversa. Se ele quisesse que seu povo tivesse suas palavras, ele certamente as teria dado a eles (e possivelmente até teria lhes dado as palavras em uma língua que eles entendessem, não em grego ou em hebraico). O fato de que nós não temos as palavras certamente precisa ser uma demonstração, assim raciocinei, de que ele não as preservou para nós. E, se ele não realizou esse milagre, não parece haver razão para pensar que ele tenha realizado o milagre anterior de inspirar essas palavras (*Misquoting Jesus* [*MJ*], p. 11).

A argumentação geral de Ehrman contra a inerrância

Ehrman argumenta contra a posição da inerrância ao afirmar que Deus não preservou o texto original. Seu argumento é como se segue (*MJ*, p. 260-261):

1. Não temos os manuscritos originais de nenhum dos livros do Novo Testamento, mas somente cópias — mais de 5 mil cópias, somente na língua grega na qual esses livros foram originariamente escritos.
2. A maioria dessas cópias está a séculos de distância no tempo dos originais.
3. Todas essas cópias contêm erros, tanto grandes quanto pequenos, na medida em que os escribas ou inadvertidamente ou intencionalmente fizeram alterações no texto.
4. Na grande maioria, essas alterações são insignificantes, secundárias e de nenhuma importância para o significado das passagens nas quais se encontram.
5. . Outras, no entanto, são bem significativas. Às vezes, o sentido de um versículo, de uma passagem ou de um livro inteiro depende de quais variantes textuais o estudioso decide serem as "originais".
6. Essas decisões, às vezes, são relativamente fáceis de tomar, mas, em outras ocasiões, são extremamente difíceis, mesmo para estudiosos que já investiram anos trabalhando no problema.

7. Como resultado, há muitas passagens do Novo Testamento em que os estudiosos continuam debatendo qual é a formulação do texto original. E há algumas em que provavelmente nunca saberemos o que os autores escreveram originariamente.

Os argumentos de Ehrman podem ser resumidos em quatro premissas: 1) Os manuscritos originais não eram confiáveis e não existem. 2) A transmissão dos manuscritos não foi confiável. 3) Houve alterações significativas nos manuscritos. 4) Essas alterações minam a doutrina da inerrância.

As quatro objeções básicas de Ehrman à inerrância explicadas

Objeção 1: Os manuscritos originais não eram confiáveis e não existem

Ehrman acredita que os manuscritos da Bíblia resultaram da interpretação que Jesus fez do Antigo Testamento, e esse método foi seguido pelos seus seguidores. Esses manuscritos foram escritos anos depois, por autores e/ou escribas desqualificados, e a coleção do cânon das Escrituras foi feita muito tempo depois e direcionada por motivações teológicas que podem ou não refletir a vida real e os ensinamentos de fato de Jesus. Aqui estão alguns argumentos que Ehrman apresenta a favor de sua posição:

1. **Jesus foi o fundador e primeiro intérprete do cânon cristão**
   Ehrman argumenta que Jesus foi o fundador do cânon cristão. Ele afirma: "Em certo sentido, os cristãos *começaram* com um cânon pelo fato de que o fundador de sua religião era ele mesmo um mestre judaico que aceitou a Torá como escritura normativa de Deus e que ensinou a interpretação dela a seus seguidores" (*MJ*, p. 30).

2. **A interpretação que Jesus fez das Escrituras era igual às Escrituras**
   Ehrman defende que os primeiros cristãos acrescentaram ao cânon do Antigo Testamento: "Os cristãos começaram a aceitar outros escritos em pé de igualdade com as Escrituras judaicas. Essa aceitação pode ter tido suas raízes no ensino normativo do próprio Jesus, na medida em que seus seguidores tomaram a *interpretação* dele das Escrituras como igual à autoridade das palavras das próprias Escrituras" (*MJ*, p. 30).

3. **Os escritos dos apóstolos foram considerados Escrituras**
   Os escritos dos apóstolos foram considerados em pé de igualdade com as Escrituras. Depreende-se isso do fato de que no Novo Testamento há uma

A INERRÂNCIA DAS ESCRITURAS

referência ao escrito de Paulo como Escritura. Quando se refere aos escritos de Paulo, 2 Pedro 3.16 diz: "Suas cartas contêm algumas coisas difíceis de entender, as quais os ignorantes e instáveis torcem, como também o fazem com as demais Escrituras". Além disso, está claro que os escritos dos apóstolos foram considerados Escrituras em virtude de sua aceitação pelos primeiros cristãos e pais patrísticos.

4. **O cânon das Escrituras é somente uma das muitas e concorrentes interpretações da vida de Jesus**
Ehrman alega que o cânon recebido das Escrituras representa somente um dos muitos cristianismos concorrentes. Aliás, "a vida de Jesus, como já vimos, foi interpretada por Paulo e outros à luz das Escrituras judaicas" (*MJ*, p. 24). Mas houve outros grupos (que, segundo Ehrman, eram equivalentes em autoridade como formadores do cânon) que interpretavam a vida e os ensinamentos de Jesus de forma diferente. Ele diz: "Já o apóstolo Paulo afronta 'falsos mestres' — por exemplo, na sua carta aos Gálatas. Lendo os relatos que chegaram até nós, podemos ver claramente que esses oponentes não eram intrusos ou estranhos. Eram cristãos que entendiam a religião de uma maneira fundamentalmente diferente" (p. 28).

5. **Muitos dos livros do Novo Testamento não foram escritos pelos autores aos quais são atribuídos**
Muitos críticos textuais liberais argumentam que os livros da Bíblia não foram escritos pelos autores aos quais são atribuídos. Se os livros não foram escritos pelos autores aos quais são atribuídos, então foram escritos por um autor(es) posterior(es). Esses autores posteriores atribuíram a autoria aos apóstolos porque estes tinham autoridade suficiente para propor e expor suas motivações e expressões teológicas de cristianismo (*MJ*, p. 23-29).

6. **O viés dos autores mina e enfraquece a defesa da inspiração**
Se os autores bíblicos incluíram suas próprias tendências, perspectivas, crenças e assim por diante, então a Bíblia não pode ser inspirada. "Muitos desses autores, sem dúvida, sentiram que eram inspirados por Deus para dizer o que disseram, mas tinham as próprias perspectivas, suas crenças, seus pontos de vista, suas necessidades, seus desejos, seus entendimentos, suas próprias teologias; e essas perspectivas, crenças, pontos de vista, necessidades, desejos, entendimentos e teologias instruíam e formavam tudo o que eles diziam. Em todos esses aspectos, eles diferiam uns dos outros" (*MJ*, p. 11). Essas diferenças entre os autores criam contradições internas irreconciliáveis na Bíblia — daí se segue que ela não pode ser inspirada.

7. As tendências dos intérpretes induziram a alterações no texto

As primeiras comunidades cristãs difeream sobre as doutrinas essenciais das Escrituras. Um exemplo disso é o gnóstico Marcião. Ehrman acredita que "a tentativa de Marcião de fazer que seus textos sagrados se ajustassem mais ao seu ensino por meio de uma alteração dos textos não era algo sem precedentes. Tanto antes quanto depois dele, copistas da literatura cristã inicial ocasionalmente fizeram alterações nos seus textos para fazê-los dizer o que eles de fato tinham pretendido dizer" (*MJ*, p. 34). Assim, foram tantas as comunidades cristãs distintas que participaram desse ato de alteração do texto que não podemos estar seguros de que os manuscritos que temos hoje refletem com precisão os originais.[1]

8. Não temos os manuscritos originais

Ehrman argumenta que ou cremos na inerrância e temos os manuscritos originais ou cópias fidedignas, ou não cremos na inerrância porque não temos os originais ou cópias fidedignas. A posição dele é que devemos defender a segunda proposição porque a primeira é falsa. A primeira é falsa porque:

> a realidade é que nós não temos os originais — assim, dizer que eles eram inspirados não ajuda muito, a não ser que eu possa reconstruir os originais. Além disso, a grande maioria dos cristãos ao longo de toda a história da Igreja não teve acesso aos originais, tornando a sua inspiração um elemento discutível. Não só não temos os originais, mas não temos as primeiras cópias dos originais, nem as cópias das cópias do original (*MJ*, p. 10).

9. As cópias tardias dos originais estão repletas de erros demais para que conheçamos os originais

A razão pela qual os manuscritos originais não podem ser conhecidos é que "O que nós temos são cópias feitas muito mais tarde — muito mais tarde. Na maioria dos casos, são cópias feitas muitos *séculos* depois. E essas cópias, todas, diferem entre si em muitos milhares de ocorrências. Como veremos mais tarde neste livro, essas cópias diferem entre si em tantas ocorrências que nem mesmo sabemos quantas diferenças existem. Possivelmente seja mais

---

[1] Ehrman acredita que essa diversidade deveria prevenir reivindicações de autoridade da Bíblia hoje porque as pessoas claramente interpretaram o texto de diferentes formas. Uma dessas comunidades de fé surgiu sob a liderança de um gnóstico do século II chamado Heracleão, que escreveu um comentário do Evangelho de João (MJ, p. 28). O gnosticismo era reconhecido como um grupo herético pelos cristãos "ortodoxos". A presença do comentário revela que eles tinham alta estima pelas Escrituras. Mas eles discordavam claramente dos cristãos "ortodoxos" quanto aos fundamentos da fé. Daí que, segundo Ehrman, não podemos saber qual interpretação da Bíblia é o verdadeiro cristianismo.

A INERRÂNCIA DAS ESCRITURAS

fácil expressar isso por meio de uma comparação: há mais diferenças entre os nossos manuscritos do que palavras no Novo Testamento" (*MJ*, p. 10).

10. A humanidade da Bíblia argumenta contra sua inspiração
Alega-se que a humanidade da Bíblia remove a inspiração divina das Escrituras. Ehrman acredita que, "assim como escribas humanos haviam copiado — e mudado — o texto das Escrituras, assim também autores humanos haviam originariamente *escrito* os textos das Escrituras. Esse foi um livro humano do início ao fim. Foi escrito por diferentes autores humanos em diferentes épocas e em diferentes lugares para tratar de diferentes necessidades" (*MJ*, p. 11).

11. Os autores bíblicos eram iletrados e incapazes de escrever livros inerrantes
Ehrman acredita que, uma vez que os autores das Escrituras aceitos foram considerados iletrados (cf. Atos 4.13), então teria sido impossível que eles registrassem com precisão textos inerrantes (*MJ*, p. 39).

12. Os escribas eram iletrados e não confiáveis em tempos antigos
Ehrman discorre sobre o fato de que era prática comum em culturas antigas usar escribas para escrever as cartas, os livros e assim por diante. Mas ele acredita que muitos desses escribas eram iletrados e incapazes de registrar a mensagem com precisão. Ele apresenta um exemplo de um escriba profissional chamado Petaus, que alegadamente era incapaz de registrar uma mensagem com precisão (*MJ*, p. 38-39, 71). Se um escriba profissional usado pelo governo foi incapaz de registrar com precisão uma mensagem, então será que podemos crer, com alguma segurança, que um escriba comum não profissional teria sido capaz de registrar com precisão um livro do Novo Testamento? Ehrman acredita que esses escribas antigos estavam tão propensos a erros que podemos estar praticamente certos de que os originais e as cópias contêm erros (p. 43, 46, 50-51, 59, 210).

13. Grande parte da doutrina cristã inicial estava baseada em tradição oral humana falível
Os séculos antigos ficaram conhecidos por usar a tradição oral para comunicar mensagens. Nem todas as tradições orais podem ser preservadas porque as pessoas tendem a desenvolver os ditos ou eventos originais de um indivíduo. Houve um intervalo de tempo entre a vida e os ensinamentos de Jesus. Assim, houve aí uma oportunidade para que a mensagem de Jesus tivesse sido alterada e adaptada pelas diferentes comunidades cristãs. Ehrman acredita que as variantes encontradas nos

manuscritos se originaram nas interpretações teológicas de cada comunidade cristã concorrente (*MJ*, p. 97-98).

14. A formação do cânon ocorreu muito tarde

Acredita-se que, uma vez que o cânon foi formado muito mais tarde do que o registro dos livros originais, não podemos saber com certeza quais livros foram considerados dignos de refletir a verdadeira vida e os reais ensinamentos de Jesus. Ehrman diz:

> As decisões quanto a quais livros deveriam finalmente ser considerados canônicos não foram automáticas nem livres de problemas; os debates foram longos e demorados, e às vezes duros. [...] Os livros que chamamos de Novo Testamento só foram reunidos em um cânon e considerados Escritura, de forma final e definitiva, séculos depois de os livros terem sido escritos (*MJ*, p. 35-36, 153).

Finalmente, os livros que estão no cânon foram escolhidos pelo grupo que venceu a batalha a favor da ortodoxia (p. 153-154).

Objeção 2: A transmissão dos manuscritos não foi confiável

Ehrman também acredita que a Bíblia está repleta de erros de transmissão ou de copistas. A certa altura, ele diz:

> Os estudiosos divergem de forma significativa nas suas estimativas — alguns dizem que há 200 mil variantes conhecidas, outros dizem que há 300 mil, alguns dizem que há 400 mil ou mais! Não sabemos com certeza porque, apesar de avanços impressionantes da tecnologia da computação, ninguém ainda foi capaz de contar todas. [...] Há mais variantes entre os nossos manuscritos do que palavras no Novo Testamento (*MJ*, p. 89-90).

No entanto, ele admite que a maioria desses erros não afeta a mensagem geral do texto (p. 207-208).

Com isso em mente, Ehrman ainda assim acredita que a Bíblia tem erros oriundos da transmissão do texto. Aqui estão os argumentos que ele apresenta para fundamentar a sua posição:

1. Nenhum manuscrito do mundo antigo é confiável

No mundo antigo, ninguém estava completamente certo de que qualquer manuscrito que estivesse lendo era o que o autor de fato havia escrito. Sempre há a possibilidade de que o escriba tenha alterado o texto de alguma maneira. Aliás, alguns escribas podem ter alterado grandes porções do texto, e isso nunca teria sido notado por ninguém (*MJ*, p. 46).

2. A maioria dos erros ocorreu nos primeiros duzentos anos

Ehrman alega que a maioria dos erros no texto das Escrituras ocorreu nos primeiros duzentos anos. A razão disso é que os escribas eram, em sua maioria, amadores (*MJ*, p. 57). Foi somente no século III ou IV, depois que Constantino tornou o cristianismo religião oficial, que foram usados escribas profissionais para transmitir o texto (p. 55, 71-74). Por isso, "os textos que estão mais próximos do original em forma são, talvez inesperadamente, as cópias mais amadoras e incertas dos primeiros tempos, não as cópias profissionais mais padronizadas de tempos posteriores"[2] (p. 74).

3. Os escribas cometiam erros porque se tornavam desatentos

Escribas são seres humanos, e seres humanos ficam cansados e exaustos. Às vezes, "os escribas ficavam desatentos; às vezes, estavam com fome ou com sono; às vezes, simplesmente não conseguiam se empenhar para dar o máximo de si" (*MJ*, p. 55). Por causa dessas características humanas, podemos esperar que os manuscritos estejam eivados de erros de copistas.

4. Notas de escribas provam que houve alterações no texto

Em alguns dos manuscritos, há notas de escribas na margem do texto para informar o leitor de que há uma variante ou uma correção no novo manuscrito. A questão é que os escribas alteravam intencionalmente o texto. E, se eles alteravam intencionalmente o texto, como podemos saber quais foram causados por motivos corretos e quais foram causados por motivos teológicos (*MJ*, p. 55-56)? Além disso, não há garantia de que as alterações que os escribas fizeram no texto tenham sido para tornar o texto mais próximo do original. Há a possibilidade de que o escriba tenha alterado o texto de uma forma que não representa o original (p. 57).

5. Oponentes logo no início do cristianismo ortodoxo reconhecem as alterações nos manuscritos

Um oponente dos primórdios chamado Celso acreditava que os manuscritos das Escrituras haviam sido alterados em muitos lugares de forma tal

---

[2] Ehrman diz: "Alguns desses manuscritos são cópias baratas, produzidas às pressas; algumas foram até copiadas em páginas reusadas (um documento foi apagado, e o texto do Novo Testamento foi escrito sobre as páginas apagadas); outros são cópias muitíssimo elaboradas e caras, incluindo alguns escritos em pergaminhos de cor púrpura com tinta de prata ou ouro" (MJ, p. 88).

que tornaram impossível que os originais sejam conhecidos. Um apologeta antigo chamado Orígenes tentou responder a essas acusações. Mas a questão é que até um oponente inicial do cristianismo reconheceu claramente as deficientes práticas dos copistas entre os cristãos. Contudo, ironicamente, foram Orígenes e os ortodoxos que afirmaram que Celso e seu grupo herege alterou o texto (*MJ*, p. 52).

6. **Alguns erros de copistas se deveram à falta de pontuação nos manuscritos gregos**
Os antigos manuscritos não tinham sinais de pontuação. Esses sinais são usados para ajudar o leitor a compreender as diferentes palavras, onde termina e onde começa uma frase, e permitir que o leitor entenda os escritos dos autores. Mas os escribas nem sempre eram capazes de entender os escritos dos manuscritos porque eles não eram capazes de ler o texto (*MJ*, p. 48-49). Por exemplo, na frase "GODISNOWHERE", será que ela significa "God is now here" [Deus está agora aqui] ou "God is nowhere" [Deus não está em lugar nenhum]? Claramente a falta de habilidade de ler esses tipos de palavras teria criado, necessariamente, erros na transmissão dos manuscritos.

7. **Quando havia um erro, ele poderia afetar toda a tradição textual**
Se um erro se alojasse em um manuscrito, ele poderia afetar toda a tradição textual. Esse erro poderia se tornar mais predominante do que o original sem erros (*MJ*, p. 57). Uma vez que a maioria dos textos era copiada localmente, não é de admirar que diferentes regiões tinham diferentes formulações textuais (p. 72). A identidade da versão em um manuscrito pareceria implicar a identidade da origem (p. 124). Por isso, podia haver tradições textuais inteiramente salpicadas com centenas de erros, mas sem que se soubesse qual tradição era a correta.

8. **Todas as traduções contemporâneas em inglês [e em outras línguas modernas] estão baseadas em documentos defeituosos**
Com base em todas essas pressuposições sobre a transmissão do texto, Ehrman conclui:

> Mesmo a tradução que você tem em mãos foi afetada por esses problemas textuais que discutimos aqui, seja você um leitor da New International Version, da Revised Standard Version, da New Revised Standard Version, da New American Standard Version, da New King James, da Bíblia de Jerusalém, da Bíblia Boas-Novas, seja de qualquer outra. Elas estão todas baseadas em textos que foram alterados em alguns lugares (*MJ*, p. 209).

A INERRÂNCIA DAS ESCRITURAS

Objeção 3: Muitas alterações nos manuscritos são significativas

Ehrman acredita que há dois tipos de alterações encontrados nos manuscritos do Novo Testamento: 1) acidentais e 2) propositais (*MJ*, p. 46). Ele argumenta que as alterações acidentais podem ter ocorrido porque os escribas estavam lendo a linha errada ou porque certas palavras eram parecidas (p. 25, 91). Alterações propositais, Ehrman argumenta, eram esforços intencionais feitos pelos escribas antigos para preservar suas convicções teológicas (p. 152, 215). As razões por trás dessas alterações eram 1) consertar erros conhecidos no texto, 2) prevenir erros de interpretação, 3) evitar erros, 4) combater hereges teológicos, 5) enfatizar certas doutrinas e 6) prover formulações litúrgicas eufônicas (p. 94-97). Ele conclui que a única razão pela qual a "ortodoxia" conseguiu decidir quanto ao cânon foi porque os seus defensores simplesmente ganharam a batalha teológica, não necessariamente porque suas posições representavam os manuscritos originais — porque os escribas os tinham mudado em tantos lugares que não podemos saber quais são os originais (p. 153-154).

Ehrman fornece múltiplos exemplos do que ele considera alterações em um simples texto que afetam a interpretação de um livro inteiro, ao investigar três heresias cristológicas: 1) adocianismo; 2) docetismo e 3) separatismo (p. 132, 155, 162, 170). Além disso, os escribas fizeram alterações sociais posteriores a fim de acomodar o cenário social em alteração com respeito às mulheres na igreja primitiva e os conflitos tanto com judeus quanto com pagãos (p. 177-205).

Assim, Ehrman acredita que os escribas alteraram intencionalmente o texto para se encaixar nas suas convicções teológicas e sociais. Algumas dessas podem ter sido tentativas inofensivas de corrigir um texto, mas outras eram alterações intencionais para retratar o cristianismo de uma perspectiva diferente. Embora esteja fora do escopo deste livro apresentar uma defesa satisfatória de cada doutrina, destacaremos mais tarde que a historicidade do Novo Testamento e o ensino da igreja primitiva desmentem a afirmação de Ehrman de que os hereges teológicos estavam igualmente justificados nas suas interpretações como cristianismo ortodoxo.

Objeção 4: Essas alterações têm um efeito sobre a doutrina da inerrância

Ehrman acredita que suas conclusões sobre a transmissão do texto bíblico previnem o texto de ser inerrante. Como ele diz: "Eu percebi já no ensino de pós-graduação que, mesmo que Deus tivesse inspirado as palavras originais, nós não temos as palavras originais. Assim, a doutrina da inspiração havia sido alterada e, em alguns casos, perdida. Além disso, passei a pensar que minhas primeiras convicções sobre a inspiração eram não somente irrelevantes, mas provavelmente estavam erradas" (*MJ*, p. 211).

De acordo com Ehrman, a inerrância é uma nova doutrina criada por fundamentalistas não intelectuais (p. 4, 8, 13, 110, 249). Ele diz: "Eu percebi que a maioria dos cristãos em toda a história — aliás, a vasta maioria dos cristãos — nunca pensou em algo assim sobre a Bíblia. E a maioria dos pensadores cristãos hoje não pensa assim" (p. 251). Ele explica que a razão de as pessoas acreditarem na inerrância é que elas são pressionadas a crer nisso por meio da "lavagem cerebral" institucional fundamentalista (p. 4). Por meio dessa lavagem cerebral, as pessoas aceitam a interpretação literal da Bíblia e escrevem livros tolos que fazem parte da profecia do final dos tempos (p. 12-13, 110).

Ehrman parece ter mais respeito pela visão barthiana das Escrituras. Aliás, essa foi a posição à qual ele se agarrou depois que abriu mão da posição da inerrância (p. 251). Quando fala sobre a questão de ser a Bíblia a Palavra de Deus ou a palavra de homens, ele diz: "Na verdade, não acho que deva ser uma coisa ou outra. Aliás, a maioria dos pensadores cristãos que eu conheço pensa que a Bíblia é as *duas coisas*: um livro que contém a Palavra de Deus e um livro moldado por mãos humanas" (p. 250). "A Bíblia é entendida de muitas maneiras, muitos modos (por muitos e muitos cristãos diferentes); mas para a maioria dos cristãos ela de alguma forma contém ou transmite a Palavra de Deus, mesmo que essa palavra venha por meio das palavras humanas do texto, escritas por autores humanos" (p. 251). Finalmente, ele até acredita que a posição barthiana dá crédito demasiado ao texto da Bíblia. A Bíblia é inspirada (como qualquer outro livro) na medida em que é inspirada, não porque é a Palavra de Deus ou porque contém a Palavra de Deus. Antes, é um livro humano, com suas próprias inclinações, opiniões, ideias e erros (p. 251).

Uma avaliação das posições de Bart Ehrman acerca das Escrituras
Na resposta aos questionamentos que Ehrman faz à inerrância, é importante distinguir entre a *evidência* e a melhor *explicação* dessa evidência. A maioria dos estudiosos bíblicos concorda sobre os fatos históricos básicos relacionados ao Novo Testamento, mas discorda sobre a interpretação desses fatos. Além disso, a maneira em que alguém interpreta os fatos depende de seus pressupostos. Como veremos, esse certamente é o caso com respeito a Bart Ehrman.

Resposta às pressuposições filosóficas de Ehrman
Barth Ehrman crê que as pessoas devem se aproximar da Bíblia sem pressuposição alguma. Elas não devem ler o texto com os olhos da fé, mas como

A INERRÂNCIA DAS ESCRITURAS

um observador científico neutro. A dificuldade com essa afirmação é que o próprio Ehrman não aborda o texto como um observador científico neutro, mas como alguém com pressuposições que são contrárias à inerrância. Assim, não é de admirar que suas conclusões sejam opostas à inerrância.

Relativismo e agnosticismo

É fato que nos primeiros séculos houve uma dura batalha entre expressões ortodoxas e expressões heréticas do cristianismo. Mas Ehrman argumenta que o leitor moderno não consegue saber qual dessas expressões representa o verdadeiro cristianismo — visto que a ortodoxia somente expressa a posição daqueles que "venceram" a batalha teológica e política. E foi a tarefa de seus escribas alterar os manuscritos para acomodar as convicções teológicas deles.

Mesmo que a alegação acerca de a ortodoxia teológica ter meramente "vencido" a batalha seja tratada mais tarde, parece haver uma pressuposição filosófica mais profunda na base dessa alegação. Ehrman crê que, em virtude de ter havido diversas expressões entre os primeiros cristãos, cada expressão era igualmente válida. Andreas J. Köstenberger e Michael J. Kruger explicam o significado de tal alegação:

> Colocando isso de outra forma, a simples *existência* da discordância entre os primeiros cristãos requer que não declaremos nenhuma das posições como certa. Assim, da perspectiva de Ehrman, basta alguém demonstrar que algum grupo durante a era do Novo Testamento discordou dos cristãos "ortodoxos" sobre algum assunto qualquer — e no seu lugar pensava que ele mesmo era um grupo "ortodoxo" — e então somos todos obrigados a concordar que as distinções entre heresia e ortodoxia não fazem sentido (*Heresy of Orthodoxy* [*HO*], p. 163).

Köstenberger e Kruger comentam a pressuposição relativista de Ehrman:

> Além disso, se a existência de discordância entre dois grupos (que são ambos sinceros) significa que nenhuma posição pode ser considerada verdadeira, então, com base no raciocínio de Ehrman, nunca poderíamos afirmar qualquer verdade histórica, a não ser que houvesse discordância praticamente *nula* em torno dela. E parece que essa é precisamente a maneira em que Ehrman quer que as coisas sejam vistas. Se ele consegue inserir tal padrão inatingível no debate sem que alguém o perceba, então ele pode demonstrar a sua causa simplesmente ao alistar habilmente exemplo após exemplo de grupos cristãos divergentes. No entanto, tal exercício só se mostra convincente aos que já estão comprometidos com o princípio "nenhuma-posição-é-a-posição-correta" desde o começo (*HO*, p. 163).

A inconsistência da posição de Ehrman se torna evidente quando ele se afasta de sua pressuposição filosófica e reivindica ter a posição correta. Os muitos exemplos que ele fornece são tentativas para despistar a atenção do fato de que ele é um relativista filosófico. Daí que mesmo suas conclusões são, no melhor dos casos, tênues. Na prática, sua obra desencoraja a verdadeira erudição porque até a erudição mais devotamente ortodoxa é vista como inadequada porque deixa de concordar com as pressuposições agnósticas de Ehrman.[3]

O ceticismo e o antissobrenaturalismo

Ehrman também se aproxima da Bíblia com uma pressuposição antissobrenaturalista. Ele desacredita a validade dos milagres ao apelar ao argumento de David Hume contra os milagres (Geisler e Turek, *I Don't Have Enough Faith* [IDHEF], p. 205), que pode ser formulado assim:

1. A lei natural é por definição uma descrição de uma ocorrência regular.
2. Um milagre é por definição uma ocorrência rara.
3. A evidência a favor da ocorrência regular é sempre maior do que o argumento a favor da ocorrência rara.
4. Uma pessoa sábia sempre baseia a sua crença na evidência maior.
5. Portanto, uma pessoa sábia nunca deveria acreditar em milagres.

Se as quatro premissas do argumento de Hume são verdadeiras, então disso se segue que uma pessoa sábia nunca deve acreditar em milagres. E, se é verdadeiro que a inspiração e a inerrância são milagres, então necessariamente se segue disso que nenhuma pessoa sábia deveria acreditar nesses eventos raros.

A dificuldade com o argumento de Hume é que ele prova mais do que almeja. Se fosse verdadeiro, ele não somente desacreditaria os milagres; ele também desacreditaria todos os eventos incomuns e extraordinários — mesmo aqueles a favor dos quais há boas evidências. Isso torna incrível qualquer desvio de repetição uniforme. Infelizmente para Hume, a premissa 3 não é verdadeira, porque as evidências a favor do regular nem sempre são maiores do que as evidências pelo raro (*IDHEF*, p. 206).

Há muitos contraexemplos no mundo naturalista defendido por Ehrman que são contrários à afirmação de Hume. Os cientistas acreditam em muitos eventos naturalistas para os quais há singularidades não repetidas.

---

[3] Para uma defesa da verdade absoluta contra o relativismo e o agnosticismo, v. cap. 13: "A natureza da verdade e a inerrância".

A INERRÂNCIA DAS ESCRITURAS

Por exemplo, eles acreditam 1) na origem singular do Universo por meio da cosmologia do *big-bang*; 2) na origem singular da vida quando formas de vida emergem espontaneamente de formas sem vida; 3) na origem de novas formas de vida por meio da macroevolução. Nenhum desses eventos foi observado, e nenhum deles se repetiu. No entanto, acredita-se amplamente que eles ocorreram (*IDHEF*, p. 206). Além disso, para serem consistentes, as pessoas deveriam desacreditar a plausibilidade de todos os eventos singulares — até mesmo o evento singular do próprio nascimento.

A teoria de Hume também desacredita a noção de uma repetição de eventos. John Gerstner e R. C. Sproul têm uma percepção a acrescentar: "A própria uniformidade repousa sobre a repetição, uma série ou sequência de eventos iguais ou similares. Mas a série nunca pode ser estabelecida porque, antes de haver dois de tais eventos similares, é preciso que haja um. O primeiro, no entanto, seria singular e único e, portanto, incrível. Sua repetição não pode ressuscitá-lo porque a repetição se torna impossível por definição" (Sproul, Gerstner e Lindsley, *Classical Apologetics*, p. 151).

Ehrman apela o tempo todo ao argumento de Hume para desacreditar a ideia de um original inerrante e de cópias confiáveis. O problema com tal alegação é que pelo mesmo argumento ele deveria desacreditar a validade de qualquer evento singular ou repetitivo em toda a história humana também. Os muitos contraexemplos para a alegação de Ehrman a tornam logicamente inconsistente e praticamente autodestrutiva.

O desconstrucionismo e a subjetividade hermenêutica

Ehrman vai além das afirmações históricas sobre as alterações no texto por meio de sua adoção do desconstrucionismo pós-moderno. Essa hermenêutica ensina que, por meio do ato de ler um texto, o leitor desconstrói o sentido do autor e reconstrói o seu próprio sentido. Ela não defende que o leitor aniquila o texto; antes, o leitor cria um texto novo. Ela defende que, cada vez que uma pessoa se aproxima de um texto, ela deve lê-lo com a intenção de criar um novo sentido.

Ehrman adota essa visão: "Assim, ler um texto é, necessariamente, alterar um texto. Foi isso que fizeram os escribas do Novo Testamento. Eles leram os textos que lhes estavam disponíveis e os colocaram em *outras* palavras. Às vezes, no entanto, eles os colocaram *literalmente* em outras palavras". Por um lado:

> quando eles faziam isso, faziam o que todos nós fazemos toda vez que lemos
> um texto, mas, por outro lado, eles faziam algo muito diferente do restan-
> te de nós. Pois, quando nós colocamos um texto em outras palavras na nossa
> mente, na verdade não alteramos as palavras físicas na página, ao passo que os

escribas faziam exatamente isso, alteravam as palavras, de modo que as palavras que leitores posteriores teriam diante de si eram palavras diferentes, que então precisaram ser colocadas mais uma vez em outras palavras para serem compreendidas (*MJ*, p. 217-218).

A implicação da visão de Ehrman é que o processo de alterar o texto ainda ocorre hoje. Toda vez que uma pessoa lê a Bíblia, ela está alterando o sentido do texto para adequá-lo à sua própria agenda cultural e teológica. As implicações dessa visão são desastrosas, pois ninguém nunca consegue chegar a uma cópia precisa de coisa alguma porque, cada vez que o texto é lido, ele é alterado inerentemente. Além disso, a busca por um autógrafo bíblico original torna-se fútil porque o próprio autor original alterou o texto dado por Deus por meio de seu simples ato de escrever.

Tal posição somente é crível se a pessoa aceitar que a linguagem e a verdade são culturalmente relativas, o que elas não são (v. cap. 13 e 14 adiante). Há muitos contraexemplos contra tal desconstrucionismo:

1. Se todo o sentido se torna fútil porque é limitado pela linguagem, então o trabalho de todos os desconstrucionistas é também fútil porque eles estão limitados pela linguagem.
2. Eles adotam o convencionalismo de Wittgenstein, argumentando que todo o sentido é relativo conforme a situação. Mas, se esse fosse o caso, então até mesmo essa afirmação seria culturalmente relativa. Se ela não é culturalmente relativa, então há afirmações que não são culturalmente relativas — daí que seria autodestrutiva (v. cap. 14 adiante).
3. O desconstrucionismo é uma tentativa de não ser dogmático no que diz respeito à linguagem. Mas eles são dogmáticos quando dizem que as pessoas não podem ter certeza de coisa alguma.
4. Na prática, essa visão é autodestrutiva, pois até o desconstrucionista espera que o leitor interprete o texto de acordo com o sentido que o desconstrucionista lhe deu, não com os sentidos que os leitores lhe deram.

Assim, o desconstrucionista é enforcado na sua própria forca. Sua visão é contrária às suas próprias expectativas e prática, pois ele não tolera que ninguém desconstrua sua defesa do desconstrucionismo. Ele adota a posição autodestruidora de que está certo de que não existe nada de que se pode estar certo. Ele pressupõe um significado fixo com relação à sua afirmação de que não há significados fixos em afirmações (v. Geisler, *Systematic*, 1:167-168).

Portanto, deve ficar claro que Ehrman está lendo o texto das Escrituras não como um observador neutro. Existem claras pressuposições filosóficas que embasam suas alegações, e estas são os principais fatores que conduzem sua negação da inspiração e inerrância da Bíblia.

Resposta às pressuposições metodológicas de Ehrman

A tese de Bauer-Ehrman segundo a qual a heresia precedeu a ortodoxia No seu livro *The Heresy of Orthodoxy*, Köstenberger e Kruger tentam refutar o que eles rotularam de a tese de Bauer-Ehrman. A tese teve sua origem na obra de Walter Bauer, intitulada *Orthodoxy and Heresy in Earliest Christianity*. Mas ela também teve impacto profundo no *Jesus Seminar* e em autores como Rudolf Bultmann, James Dunn e agora Bart Ehrman. Köstenberger e Kruger explicam a origem e definem a tese ao afirmarem que:

> antes da publicação desse volume [de Bauer], defendia-se amplamente que o cristianismo estava arraigado na pregação unificada dos apóstolos de Jesus e que foi somente mais tarde que essa ortodoxia (crença correta) foi corrompida por diversas formas de heresia (ou "heterodoxia", "outros" ensinamentos que se desviavam do padrão ou da norma ortodoxa). Dito de maneira simples, a ortodoxia precedeu a heresia. Na sua obra seminal, no entanto, Bauer *inverteu* essa noção ao propor que a *heresia* — isto é, uma diversidade de crenças, e cada uma podia legitimamente ser autenticamente "cristã" — *precedeu a noção de ortodoxia* como um conjunto padronizado de crenças doutrinárias cristãs (*HO*, p. 24, grifo nosso).

Bauer argumentou que o que é considerado doutrina cristã ortodoxa é meramente a perspectiva que foi imposta pela hierarquia eclesiástica (*HO*, p. 24). A diversidade no cristianismo inicial prova que não havia expressão normativa única, e certamente não havia ortodoxia. O que é considerado "ortodoxia" resultou da habilidade das igrejas romanas de reescrever a história e o texto das Escrituras, assim erradicando vestígios de diversidade anterior (p. 24). Köstenberger e Kruger resumem a perspectiva, dizendo: "Assim, o que mais tarde se tornou conhecido como ortodoxia não flui organicamente do ensino de Jesus e dos apóstolos, mas reflete o ponto de vista predominante da igreja romana como veio a florescer entre os séculos IV e VI d.C.".[4]

---

[4] Köstenberger e Kruger mostram que Bauer tentou provar a sua tese ao investigar os quatro centros geográficos principais do cristianismo da época: Ásia Menor, Egito, Edessa e Roma. A conclusão dele foi que na Ásia Menor havia diversidade entre a teologia de Paulo e a de Pedro, e entre as igrejas em Apocalipse. No Egito, houve a presença logo no início do cristianismo gnóstico lado a lado com outras igrejas, cada uma crendo que representava a ortodoxia. Em Edessa, ele argumentou, a visão de cristianismo de Marcião constituiu a forma inicial de ortodoxia. Finalmente, ele argumenta que Roma impôs sua forma de ortodoxia cristã simplesmente porque essa igreja no fim das contas conquistou superioridade política e doutrinária (HO, p. 25-26).

A tese de Bauer foi aceita e usada como base para reexaminar o cristianismo inicial. Houve críticas à tese de Bauer logo no início, mas ele acabou colocando os fundamentos para a erudição crítica subsequente. Bart Ehrman é a expressão principal da tese de Bauer. Ele vai além de Bauer, ao afirmar que a ortodoxia não somente venceu, mas também determinou quais livros seriam incluídos no cânon. Em resumo, Ehrman defende que os "vencedores" foram capazes de garantir sua expressão de cristianismo e erradicar todos os pontos de vista oponentes ao escolher os livros da Bíblia e esconder os outros livros e expressões da história da Igreja subsequente (*MJ*, p. 30-32).

Há muitas falhas nessa tese.[5] Seguem algumas delas:

1. Só porque há diversidade entre diferentes grupos alegando ser cristãos, isso não quer dizer necessariamente que cada grupo tem autoridade igual para fundamentar sua alegação. Na base dessa tese está um entendimento relativista da verdade (veja "Relativismo e agnosticismo" antes).

2. Bauer desconsidera seletivamente o testemunho do Novo Testamento e concentra o foco inteiramente nas obras dos séculos II ao IV. Ele afirma repetidamente ter escolhido sua obra das fontes mais antigas, mas deixar de empregar o texto do Novo Testamento é deixar de investigar documentos escritos por testemunhas oculares e contemporâneas da vida e dos ensinos de Jesus.

3. O texto do Novo Testamento fornece escritos de testemunhas oculares (e.g., João, Pedro, Paulo) que fazem distinções claras entre ortodoxia e heresia. Outras obras foram baseadas em testemunhas oculares (cf. Lucas 1.1-4). De fato, estudiosos recentes do Novo Testamento (cf. Bauckham, *Jesus and the Eyewitnesses*) têm defendido o testemunho das testemunhas oculares do Novo Testamento. Aliás, na carta aos Gálatas, uma das primeiras epístolas de Paulo, que até mesmo os críticos aceitam, ele reconhece que a heresia dos judaizantes é um evangelho "diferente" e diz: "Mas ainda que nós ou um anjo dos céus pregue um evangelho diferente daquele que lhes pregamos, que seja amaldiçoado!" (Gálatas 1.8).

4. Os escritos do Novo Testamento se opunham à heresia. Paulo falou repetidamente contra a forma incipiente de gnosticismo (cf. Colossenses 2); as epístolas pastorais são obras com o propósito de refutar a heresia; Judas falou contra os falsos mestres; Pedro falou contra os hereges escatológicos (cf. 2 Pedro 3); João se manifestou contra os docetistas e outros falsos mestres (cf. 1 João 4) e contra heresias nas igrejas em Apocalipse. Está muito claro que é falsa a alegação de que não houve uma expressão inicial de ortodoxia antes da heresia.

---

[5] Para uma análise completa contra a tese de Bauer-Ehrman, v. Köstenberger e Kruger, Heresy of Orthodoxy.

A INERRÂNCIA DAS ESCRITURAS

5. Os primeiros cristãos eram dedicados a seguir o "ensino dos apóstolos" (cf. Atos 2.42; Efésios 2.20), não criando formas e expressões de cristianismo. Na expansão da igreja primitiva aos gentios, eles estavam se empenhando constantemente para que os gentios estivessem de acordo com a mensagem e a expressão encontradas no Pentecoste e com o ensino dos apóstolos.

6. Há credos iniciais e declarações confessionais que precedem o texto das Escrituras. Mesmo que muitos desses tenham sido incluídos nas Escrituras (cf. Mateus 16.16; Marcos 8.29; João 11.27; Atos 2.36; Filipenses 2.6-11; Colossenses 1.15-20; Hebreus 10.29; 1 Pedro 1.3; Judas 17), está claro que, antes de os livros do Novo Testamento terem sido escritos, os cristãos já tinham confissões ortodoxas sobre Cristo e seus ensinamentos (cf. 1 Timóteo 3.16; 1 Coríntios 15.3-7).

7. A esperança neotestamentária pelo Messias está fundamentada no Antigo Testamento. Os autores dos evangelhos foram intencionais quando incluíram referências com respeito à linhagem de Cristo (cf. Mateus 1.1-17; Lucas 3.23-38). Os escritos retratavam Cristo como estando em harmonia com as profecias veterotestamentárias da vinda do Messias (cf. Mateus 1.1; Romanos1.1-4). Pedro (cf. Atos 2) e Paulo (cf. Atos 13) citaram, ambos, textos do Antigo Testamento, fundamentando sua crença de que Jesus é o Messias.

8. As obras dos primeiros apologetas cristãos dão continuidade à linha ininterrupta de ortodoxia. Ireneu, que conheceu Policarpo (um discípulo do apóstolo João), é um caso clássico nesse assunto (v. *Contra heresias*). Nas suas obras, eles combatem repetidamente ideias falsas em defesa da "fé [que foi] de uma vez por todas confiada aos santos" (cf. Judas 1.3).

9. Todos esses argumentos e declarações foram feitos antes das formações dos credos clássicos dos séculos III e IV.

Assim, a tese de Bauer-Ehrman fracassa porque é fato histórico que a ortodoxia precede a heresia. Somente a distorção severa dos fatos pode prevenir essa conclusão.

Breve resposta às conclusões de Ehrman
Visto que a metodologia determina a teologia, não é surpresa que as conclusões de Ehrman sobre as Escrituras não são ortodoxas. Ele tem quatro acusações básicas: 1) Os manuscritos originais não eram confiáveis e não existem. 2) A transmissão dos manuscritos não era confiável. 3) Houve alterações significativas nos manuscritos. 4) Essas alterações minam a doutrina da inerrância. Admitamos que, se suas premissas estiverem corretas, então sua conclusão deveria estar correta. No entanto, como veremos, essas premissas são passíveis de sérios questionamentos. Vamos examiná-las brevemente e, então, considerar a defesa concreta a favor da historicidade do Novo Testamento:

1. Os manuscritos originais não eram confiáveis e não existem

Ehrman crê que os manuscritos originais da Bíblia resultaram das interpretações equivocadas que Jesus fez do Antigo Testamento e que esse método foi empregado também pelos seus seguidores. Suas primeiras premissas são que 1) Jesus foi o fundador e primeiro intérprete do cânon cristão, 2) a interpretação que Jesus fez das Escrituras foi considerada igual às Escrituras e 3) os escritos dos apóstolos de Jesus foram considerados Escrituras. Com a exceção na premissa 1 de que Jesus e os apóstolos interpretaram equivocadamente o Antigo Testamento,[6] essas três premissas estão corretas, e não há razão para que um teólogo ortodoxo as questione.

A afirmação de Ehrman de que "o cânon das Escrituras é somente uma de muitas interpretações concorrentes da vida de Jesus" é verdadeira, mas desencaminhadora. Foi uma interpretação, mas também foi a única *correta*, visto que foi feita com base em múltiplas testemunhas oculares e contemporâneas dos eventos. É certo que houve heresias logo no início. Até o Novo Testamento registra algumas delas (e.g., 1 Timóteo 4; 2 Timóteo 2; Colossenses 2; 1 João 4). No entanto, não há razão para aceitar a afirmação de Ehrman de que essas outras posições eram *reivindicações igualmente válidas* de serem cristãs.

Em primeiro lugar, o único registro autêntico do ensino apostólico do século I que temos está no Novo Testamento, e ele condena outros pontos de vista como interpretações falsas do cristianismo. Mesmo a maioria dos críticos como Ehrman concordam em que os 27 livros do Novo Testamento foram escritos no século I. Se foi assim, então somente eles podem reivindicar terem sido escritos por apóstolos.

Em segundo lugar, não temos outros escritos contemporâneos do século I que aleguem ter sido escritos por um apóstolo ou seu colaborador. E os que temos de perto do final do século I (como Inácio, Policarpo e Clemente de Roma) não contradizem os ensinamentos apostólicos, mas os confirmam.

Em terceiro lugar, os sucessores dos autores apostólicos do século I (como Ireneu) insistiram fortemente que somente a interpretação apostólica baseada em quatro e somente quatro evangelhos é a interpretação correta de Cristo e de seu ensino. Por exemplo, Ireneu (120-200 d.C.) conhecia Policarpo, que era discípulo do apóstolo João. Ireneu escreveu *Contra heresias*, obra em que ele declara: "Não é possível que os evangelhos sejam

---

[6] Quanto à alegação de que Jesus interpretou equivocadamente o Antigo Testamento, outros trataram dessa objeção de forma mais abrangente (v. S. L. Johnson, Old Testament in the New; Kaiser, Uses of the Old Testament in the New). Nossos comentários estão no capítulo 14 adiante. O que é ainda mais problemático é sua pressuposição de que Jesus, o Filho de Deus (que ensinou com toda a autoridade no Céu e na Terra [Mateus 28.18,19]), podia errar na sua interpretação da Bíblia.

A INERRÂNCIA DAS ESCRITURAS

mais ou menos em número do que [os quatro] são. Pois há quatro regiões do mundo em que vivemos, quatro ventos principais, enquanto a Igreja está espalhada por todo o mundo, e o 'pilar e fundamento' da Igreja é o Evangelho e o espírito de vida; é apropriado que tenhamos quatro pilares" (3.11.8). Em resumo, Ireneu acreditava que havia quatro e somente quatro evangelhos e que eles haviam sido escritos por pessoas cujos nomes levam: dois eram apóstolos (Mateus e João), e os outros dois eram colaboradores de dois apóstolos: Marcos, de Pedro; Lucas, de Paulo.

Quanto à afirmação de Ehrman de que muitos dos livros do Novo Testamento não foram escritos pelos autores designados, dois pontos são suficientes. Primeiro, alguns deles foram escritos pelos autores designados. Mesmo os críticos admitem que Paulo escreveu ao menos quatro livros (1 e 2 Coríntios, Romanos e Gálatas). É amplamente aceito que Lucas escreveu Atos e o Evangelho de Lucas e que Lucas estava proximamente associado ao apóstolo Paulo (cf. Colossenses 4.14). Muitos estudiosos acreditam que João ou escreveu ou direcionou a composição de seu evangelho (cf. João 19.35; 21.24). Segundo, outros escritos foram baseados em testemunhas oculares (v. Bauckham, *Jesus and the Eyewitnesses*). Além disso, há evidências suficientes para crermos que os autores tradicionais da maioria dos livros do Novo Testamento — se não de todos — foram de fato os autores desses textos (v. Carson e Moo, *Introduction to the New Testament*). Se isso é assim, então todos os autores do Novo Testamento eram ou apóstolos ou colaboradores de um apóstolo. Isso inclui:

Mateus — *apóstolo de Jesus*
Marcos — *colaborador do apóstolo Pedro*
Lucas — *colaborador do apóstolo Paulo*
João — *apóstolo de Jesus*
Paulo — *apóstolo de Jesus*
Tiago — *irmão de Jesus*
Pedro — *apóstolo de Jesus*
Judas — *irmão de Tiago*
Hebreus — *colaborador dos apóstolos* (2.3; 13.23)

Para nossos propósitos aqui, não importa se todos esses foram de fato os autores, visto que mesmo a maioria dos críticos concorda que alguns foram e a maioria dos outros (se não todos) estavam fundamentados em testemunhas oculares — o que é suficiente para mostrar a confiabilidade do Novo Testamento.

De forma muito interessante, uma antiga crítica bultmanniana do Novo Testamento, Eta Linnemann, que estudou sob Bultmann e Dibelius, retratou-se de sua posição e agora aceita as datas antigas e os autores tradicionais de todos os livros do Novo Testamento. Ela revela suas razões em dois livros: *Is There a Synoptic Problem?* e *Historical Criticism*. Até mesmo um estudioso do Novo Testamento que não se retrata da tese da "morte de Deus", o bispo John Robinson, revisou sua posição crítica do Novo Testamento antes de morrer e concluiu que as datas deveriam ser: Mateus — 40-60+ d.C.; Marcos — 45-60+ d.C.; Lucas — 57-60+ d.C.; João — 40-65+ d.C. (*Redating the New Testament*, p. 352-354). Nessas datas mais antigas, eles teriam sido escritos ou por seus autores tradicionais ou sob a supervisão deles. O renomado arqueólogo bíblico William F. Albright concluiu, de maneira contrária a suas posições mais liberais anteriores, que todos os livros do Novo Testamento foram escritos "muito provavelmente, algum tempo entre aproximadamente 50 e 75 d.C." ("More Conservative View").

As outras afirmações de Ehrman também não são apoiadas pelas evidências:

As inclinações tendenciosas dos autores minam a inspiração. Como resposta, as seguintes evidências favorecem a sua confiabilidade: a) Houve múltiplos autores. b) Eles foram testemunhas oculares ou se basearam em testemunhas oculares. c) Eles aceitaram as epístolas de Paulo (1 e 2 Coríntios, Romanos e Gálatas), que são testemunhas suficientes do fato básico sobre Jesus como registrado nos evangelhos. d) As evidências internas sustentam a confiabilidade dos relatos. e) Estudiosos do direito têm sustentado a confiabilidade do testemunho do Novo Testamento. f) Historiadores romanos daquele período confirmam a confiabilidade dos registros. g) A maioria dos livros do Novo Testamento foi escrita (ou supervisionada) por pessoas de boa formação (e.g., Lucas, o médico; Saulo/Paulo de Tarso, estudioso rabínico). h) Inclinações tendenciosas (que todos têm) não necessariamente negam a veracidade. Testemunhas do Holocausto são tendenciosas contra o Holocausto, mas são as melhores testemunhas dele. Até mesmo os críticos têm inclinações tendenciosas que iriam, pelo próprio critério deles, eliminar seu ponto de vista sobre essas questões. Essas e outras evidências são desenvolvidas adiante sob o título "A historicidade do Novo Testamento".

As inclinações tendenciosas dos intérpretes ocasionaram alterações no texto. Como mostraremos adiante, o texto autográfico das Escrituras pode ser reproduzido com alta porcentagem de precisão — tanto que nenhum ensino básico de Jesus ou doutrina fundamental da igreja cristã são minados por essas variantes menores nos manuscritos. Isso é verdadeiro por algumas razões básicas. Em primeiro lugar, apesar dos milhares

A INERRÂNCIA DAS ESCRITURAS

de variantes, elas não são encontradas em milhares de lugares no texto. Em segundo lugar, essas variantes, em sua maioria, não são significativas. Finalmente, nenhuma delas afeta doutrina alguma das Escrituras, pois o que poderia causar dúvida em determinado texto é claramente ensinado em outros textos.

2. A transmissão dos manuscritos não foi confiável

Esse ponto é fundamentado por Ehrman nas seguintes alegações: 1) Não temos os manuscritos originais ou boas cópias. 2) Cópias posteriores e tardias dos originais estão cheias de erros demais para que consigamos identificar os originais.

Essas alegações são contrárias aos fatos, como acabamos de indicar. Elas serão tratadas em mais detalhes adiante. Essa seção apresenta evidências cumulativas tão importantes que não há base para dúvida razoável, a não ser que a pessoa esteja disposta a rejeitar a autenticidade de todos os documentos da Antiguidade, os processos legais usados nos tribunais e o senso comum cotidiano. A essa altura, o leitor deve se tornar crítico dos críticos e cético dos céticos.

Quanto à alegação de Ehrman de que a condição humana da Bíblia é um argumento contra a sua inspiração, oferecemos os seguintes elementos. Primeiro, isso está baseado na premissa falível de que "os humanos sempre erram" (do ditado popular "errar é humano"). Mas os humanos não erram *sempre*. Há algumas listas telefônicas em que todos os números estão corretos. Segundo, toma o assunto por definido ao negar que há um Deus teísta que pode intervir de forma sobrenatural e proteger os autores bíblicos de errar, como as Escrituras dizem que ele o fez. Jesus disse aos seus discípulos: "Mas o Conselheiro, o Espírito Santo [...] ensinará a vocês todas as coisas e fará vocês lembrarem tudo o que eu disse" (João 14.26). Ele acrescentou: "Mas, quando o Espírito da verdade vier, ele os guiará a toda a verdade" (João 16.13b). Pedro descreve o processo pelo qual Deus faz isso: "pois jamais a profecia teve origem na vontade humana, mas homens falaram da parte de Deus, impelidos pelo Espírito Santo" (2 Pedro 1.21). Somente se a pessoa tem, como Ehrman, pressuposições antiteístas e antissobrenaturalistas pode concluir que aqueles que escreveram o Novo Testamento necessariamente erraram.

Quanto à alegação de Ehrman de que os autores bíblicos não foram capazes de escrever livros inerrantes porque eram iletrados, dois aspectos devem ser ressaltados. O primeiro é que nem todos os autores bíblicos eram "iletrados". O apóstolo Paulo não era, e ele é tradicionalmente reconhecido como o autor de 13 ou 14 livros (se ele escreveu Hebreus) do Novo

100

Testamento. Até mesmo críticos ferozes admitem que Paulo escreveu quatro livros, os quais, como veremos adiante, são suficientes para sustentar a historicidade de Jesus, seus ensinamentos fundamentais e sua morte e ressurreição — que são o cerne do ensino cristão. Além disso, Lucas, o médico e historiador de mão cheia, escreveu mais dois livros cruciais do Novo Testamento: o Evangelho de Lucas e o livro de Atos. Assim, com os amplamente aceitos livros de Paulo, um evangelho e Atos tendo sido escritos por homens de formação sofisticada, a crítica de Ehrman soa oca.

Em segundo lugar, mesmo livros escritos por outros autores do Novo Testamento (e.g., Tiago, Pedro, João e Judas) não excluem a possibilidade de que esses autores estejam escrevendo história confiável. Aliás, pessoas ordinárias não têm, ordinariamente, a bagagem pressuposicional extraordinária que têm algumas pessoas de formação mais sofisticada (como Ehrman). Um júri é formado por pessoas ordinárias, e em geral elas fazem um bom trabalho em determinar a verdade. Além disso, essa crítica está novamente tomando por certo algo que não é, pois nega que um Deus sobrenatural esteve envolvido no processo, como o Novo Testamento diz que esteve (cf. João 14.26; 16.13; 2 Timóteo 3.16; 2 Pedro 1.2-21).

Em terceiro lugar, quanto à acusação de que os escribas eram pessoas iletradas de classes inferiores, isso já foi provado falso (Köstenberger e Kruger, *Heresy of Orthodoxy*, p. 183-186). É verdade que muitos dos primeiros cristãos eram iletrados, mas a taxa de pessoas alfabetizadas em todo o império romano era de aproximadamente 10-15% da população. Mas o fato de serem analfabetas em si não prova que não tinham em alta estima o texto bíblico. Além disso, a constituição social da comunidade cristã não era substancialmente diferente das comunidades no entorno. Isso fica evidente pelo fato de que algumas pessoas tinham, entre suas posses, casa, escravos e recursos para viajar. Essas pessoas eram de fato abastadas, e, de acordo com Ehrman, era comum que fossem alfabetizadas. Além disso, os líderes das igrejas sabiam ler e escrever, o que é evidenciado pelos próprios evangelhos, pelas obras dos primeiros pais da Igreja e pelas cartas entre as igrejas. Finalmente, alegar com base em Atos 4.13 que Pedro e João eram iletrados não tem fundamento. O texto diz que eles eram homens "sem instrução", e no contexto daqueles dias isso significa que eles não haviam sido formalmente treinados nos ensinamentos rabínicos. O apelo a Celso para mostrar que os cristãos eram pessoas analfabetas e perversas é infundado. Há evidências de que Celso estava exagerando na sua afirmação. Orígenes reconheceu isso e mostrou que essa condição não caracterizava todo o movimento cristão.

Ehrman também afirma equivocadamente que os escribas eram iletrados e não confiáveis em tempos antigos. Pressupõe-se essa premissa para minar a

A INERRÂNCIA DAS ESCRITURAS

precisão e exatidão de muitas cópias do texto original, mas esse processo é crucial para a posição da inerrância, pois, como demonstrado anteriormente (na introdução deste capítulo), os inerrantistas alegam que não precisamos do texto original inerrante porque temos boas cópias dele. Em primeiro lugar, os evangélicos creem que Deus conduziu "providencialmente" o processo de cópia para que produzisse uma cópia confiável, adequada e mesmo altamente precisa do texto autográfico. Em segundo lugar, mesmo em um plano puramente humano, sem a ajuda sobrenatural, as cópias de Homero, Platão, Aristóteles e outros do mundo antigo produziram cópias adequadas para sabermos o que eles ensinavam. Como mostraremos adiante, temos uma cópia mais precisa e acurada do texto original do Novo Testamento do que eles têm dos seus textos originais. Em terceiro lugar, independentemente do que ocasionou os erros dos escribas, a ciência da crítica textual é capaz de discernir as variantes e pôr de lado as divergentes e assim produzir um texto confiável. Até Ehrman admite que a vasta maioria das variantes não é significativa e não afeta o ensino central do texto bíblico. Aqui novamente as pressuposições antiteístas e antissobrenaturalistas de Ehrman o previnem de chegar à conclusão correta.

Finalmente, essa afirmação é falsa por muitas razões: 1) Embora haja alterações no texto das Escrituras, nem todas as alterações são iguais em significado. A maioria delas foi trivial, não alterando em nada o sentido do texto. 2) A presença de notas dos escribas prova que os copistas sabiam onde as alterações foram feitas e que eles queriam que os leitores estivessem cientes das alterações. 3) Embora seja verdadeiro que os escribas eram pessoas reais, que ficavam cansadas e exaustas, não é correto afirmar que esses erros de copistas ocorriam com tanta frequência que tornaram os manuscritos em geral historicamente inconfiáveis. Esses tipos de erros são conhecidos, mas eles não desacreditam doutrina teológica alguma. Daí que esses tipos de alterações feitas pelos escribas não afetam a confiabilidade dos manuscritos do Novo Testamento na transmissão da mensagem original.

Ehrman também argumenta que grande parte da doutrina cristã original foi baseada em tradição oral humana falível. Mas essa conclusão está errada por diversas razões. Em primeiro lugar, como mostraremos, as datas antigas aceitas para a composição de alguns livros de Paulo no Novo Testamento (55-57 d.C.) descartam essa possibilidade. Isso aconteceu somente 22 a 24 anos depois de 33 d.C., quando Cristo foi crucificado (v. Hoehner, *Chronological Aspects*). Até mesmo o renomado arqueólogo William F. Albright e o bispo John Robinson, teólogo da "morte de Deus", datam alguns evangelhos já em 40-50 d.C. Isso é cedo demais para que se desenvolvessem as "tradições" falíveis de Ehrman. A tese de Ehrman aqui é contrária aos bem

102

estabelecidos argumentos de um renomado historiador de Roma de que Lucas escreveu Atos em aproximadamente 61 d.C. (Hemer, *Book of Acts*). E seu evangelho foi escrito ainda antes disso (cf. Lucas 1.1; Atos 1.1).

Além disso, é errado afirmar que toda a tradição oral é igual à brincadeira do "telefone sem fio". A razão pela qual a preservação dos ensinamentos orais parece impossível para o leitor moderno é que a cultura moderna não está baseada em tradição oral. De forma parecida, pareceria estranho a uma tradição oral que o mundo moderno não funciona segundo ensinos orais. William Lane Craig, estudioso do Novo Testamento, ressalta que "em uma cultura oral como a da Palestina do século I a capacidade de memorizar e reter na memória longos trechos de tradição oral era uma habilidade altamente valorizada e altamente desenvolvida. Desde muito cedo, as crianças em casa, no ensino fundamental e na sinagoga eram ensinadas a memorizar com precisão a tradição sagrada. Os discípulos certamente exerceram um cuidado semelhante com os ensinos de Jesus" ("Evidence for Jesus").

Finalmente, sabe-se que pessoas do século I guardavam registros escritos. Os arqueólogos encontraram recipientes de tabuinhas escritas. Registrar coisas por escrito não era algo incomum, mesmo alguns milhares de anos antes do tempo de Cristo, como foi demonstrado pelas descobertas das cartas de Mari e das tabuinhas de Ebla. Visto que Mateus, o autor tradicional do primeiro evangelho, era coletor de impostos, ele, sem dúvida alguma, estava acostumado a manter registros por escrito. Não nos deve surpreender, portanto, que ele registrou os longos discursos de Cristo (cf. Mateus 10; 13; 22.2-35). Lucas era uma pessoa de formação sofisticada e fala de muitos que se propuseram a "elaborar um relato" sobre a vida de Cristo (cf. Lucas 1.1) antes dele (i.e., antes de 61 d.C.) e de seu desejo de "escrever-te um relato ordenado, ó excelentíssimo Teófilo" da vida de Cristo (cf. 1.3). Assim, não há razão para que não pudesse ter havido registros escritos feitos por testemunhas oculares e mesmo apóstolos da palavra e das obras de Cristo.

Ehrman também argumenta que (p. 14) a formação do cânon aconteceu muito tardiamente, mas isso foge da questão. A questão aqui é a confiabilidade do Novo Testamento, não sua canonicidade final (i.e., sua aceitação posterior pela Igreja como um todo). O que nós de fato sabemos e o que de fato tem importância para a confiabilidade dos originais dos manuscritos do Novo Testamento é que eles foram citados logo no início e com frequência, já no final do século I. Também, ainda no século I d.C., todos os livros do Novo Testamento (exceto 3 João, um livro minúsculo de um capítulo) foram citados durante o século imediatamente seguinte a Cristo. Assim, a questão não é quando todos na Igreja finalmente reconheceram o Novo Testamento. Antes, eles são autênticos como

A INERRÂNCIA DAS ESCRITURAS

livros do século I durante os tempos das testemunhas oculares e dos apóstolos, como sustentados pelo seu uso imediato como livros inspirados.

A maioria das outras premissas falhas de Ehrman podem ser agrupadas: 1) Nenhum manuscrito do mundo antigo é confiável. 2) A maioria dos erros ocorreu nos primeiros duzentos anos. 3) Os escribas cometeram erros porque eles começaram a ficar desatentos. 4) As notas dos escribas provam que houve alterações no texto. 5) Os primeiros oponentes do cristianismo ortodoxo reconheceram as alterações nos manuscritos. 6) Alguns dos erros dos copistas se deveram à falta de pontuação nos manuscritos gregos. 7) Uma vez que há um erro, ele pode afetar toda a tradição textual.

Para começar, 1) é claramente uma afirmação exagerada. Se verdadeira, teríamos de eliminar a maior parte da história antiga e medieval. E o fato de que 2) a maioria dos erros ocorreu nos primeiros duzentos anos não é um argumento conclusivo no que diz respeito à precisão da cópia que nós temos porque: a) Eliminaria praticamente todos os livros de historiadores antigos, visto que de quase nenhum deles temos manuscritos tão antigos. b) Isso omite a multidão de manuscritos em outras línguas (aproximadamente 19.000). c) O que é mais importante, omite os mais de 5.700 manuscritos gregos que temos e a probabilidade de que o texto original foi preservado neles. d) E o mais importante: omite a providência de Deus. Certamente um Deus teísta tem tanto o desejo quanto a capacidade de preservar suas verdades básicas para a humanidade.

Além disso, o fato de que 3) os escribas cometeram erros porque ficavam desatentos está logicamente correto e teria peso se a crítica textual não fosse capaz de reconhecer tais erros. Mas a ciência da crítica textual tem conseguido reconhecer erros desse tipo e muitos outros. Assim, esse tipo de argumentação não afeta a validade do texto das Escrituras. A presença de notas dos escribas 4) demonstra que os escribas sabiam que eles estavam alterando o texto, não que eles estavam tentando esconder isso dos leitores. Se um escriba tentasse esconder tais alterações, ele certamente não colocaria uma nota grande na margem para indicar a alteração! O fato de que os não cristãos eram capazes de perceber erros 5) não desmente o texto das Escrituras e deve ser visto como algo que melhora o texto. Isso permite que críticos textuais posteriores validem o lugar exato em que as alterações foram feitas e, então, possam fazer as correções em cópias posteriores.

Ehrman com frequência apela à falta de pontuação nos manuscritos como evidência de que os escribas devem ter alterado o texto 6). Esse tipo de argumento, embora tratado brevemente anteriormente, é falho porque os escribas eram treinados nas técnicas dos copistas dos seus dias. Como observado anteriormente, a ilustração GODISNOWHERE é uma analogia falsa. Ela compara de forma equivocada o inglês moderno com o grego coiné do

Novo Testamento. Primeiro, usa de forma errada a gramática inglesa apropriada, que diria "God does not exist" [Deus não existe]. Segundo, naquele tempo, o grego era uma das muitas línguas que não usavam pontuação. Embora pareça estranho a um leitor moderno, teria sido algo comum um falante e copista nativo dessa língua encontrar esse tipo de literatura. Além disso, nos casos em que era difícil entender cada palavra, o copista copiava letra por letra. Finalmente, esse argumento deixa de levar em conta que o contexto indicaria prontamente como separar as letras em palavras. Não existe ilustração disso no Novo Testamento.

Continuando, a alegação de que todas as traduções contemporâneas em inglês estão baseadas em documentos falsos não é verdadeira porque a palavra "falsos" pressupõe que elas são inadequadas e imprecisas para transmitir a verdade essencial dos originais. Assim, discordamos da afirmação dele de que muitas alterações nos manuscritos são significativas. Como será demonstrado adiante, nenhuma alteração afeta os ensinamentos essenciais do cristianismo: como até o próprio Ehrman admite, os erros, em sua maioria, são insignificantes e não afetam a mistério do texto (*MJ*, p. 55).

Recapitulando, Ehrman argumenta que 1) os manuscritos originais não eram confiáveis e não existem; 2) a transmissão dos manuscritos não foi confiável; 3) houve alterações significativas nos manuscritos; 4) as alterações minam a doutrina da inerrância. Mas, como já demonstramos, as primeiras três premissas não são sustentadas por evidências. E, se elas não são verdadeiras, então a conclusão não se segue. Assim, ele não teve êxito em minar a doutrina da inerrância. Para fazer isso, ele teria de achar um texto original contendo um erro (que, todos concordam, não encontramos) ou, então, mostrar que não podemos reconstruir adequadamente o texto original com base nas cópias que temos. E, se os manuscritos são confiáveis, então de fato temos as credenciais para que Cristo seja o Filho de Deus e que seja confirmado pelos milagres (v. Geisler e Turek, *I Don't Have Enough Faith*, cap. 8—15). E, uma vez que os milagres são possíveis (ibid., cap. 1—4), Ehrman também não conseguiu refutá-los e contestar a inerrância. Aliás, para virar a mesa contra ele, a posição de Ehrman tem a obrigação de refutar Deus, pois, se for possível que Deus exista, então os milagres são possíveis. E, se os milagres são possíveis e os documentos do Novo Testamento são confiáveis, então temos um relato confiável da reivindicação de Jesus de ser Deus e de apresentar milagres sem precedentes para sustentar sua reivindicação. Uma vez que a possibilidade da existência de Deus tiver sido estabelecida, contra a qual somente o ateísmo extremo argumenta, embora um tanto sem êxito (v. Geisler "God, Alleged Disproofs of"), então só falta mostrar as evidências cumulativas a favor da confiabilidade dos documentos do Novo Testamento.

A historicidade do Novo Testamento

Ehrman não somente não conseguiu derrubar a inerrância com seu ceticismo injustificado; ele também omitiu as evidências cumulativas avassaladoras a favor da confiabilidade dos manuscritos do Novo Testamento e as sólidas evidências a favor da historicidade do Novo Testamento fundamentada nelas. Há várias linhas de evidências que sustentam a historicidade do Novo Testamento. Combinadas, elas formam uma defesa formidavelmente sólida. Isso inclui evidências tanto externas quanto internas.

As evidências externas a favor da historicidade do Novo Testamento

Existem mais evidências externas a favor do Novo Testamento do que a favor de qualquer livro do mundo antigo. Há mais manuscritos, manuscritos mais antigos, manuscritos mais bem copiados, fundamentados em mais e múltiplas testemunhas oculares e confirmados por um número maior de outras fontes antigas para o Novo Testamento do que para qualquer outro livro da sua época.

1. **O número dos manuscritos do Novo Testamento**

   O número de manuscritos do Novo Testamento é maior do que de qualquer outro livro da história antiga. Há aproximadamente 5.700 manuscritos gregos existentes, em comparação com outros livros da Antiguidade, que têm somente entre sete e dez manuscritos. Contudo, poucos estudiosos desconsideram a confiabilidade geral dos manuscritos de Platão, Aristóteles e outros como não substancialmente confiáveis. Dos outros livros, o que mais tem manuscritos disponíveis é a *Ilíada*, de Homero, com 643 manuscritos. Mas o Novo Testamento tem quase dez vezes esse número de manuscritos. Por isso, em contraste, o Novo Testamento tem a melhor sustentação textual de todos os livros da Antiguidade.

   O argumento de Ehrman de que o original se perdeu em virtude do alto número de erros é falho, pois o que ele deixa de contar a seus leitores é que, com o número maior de manuscritos, há também um número maior de fontes para confirmar a mensagem essencial original. E, com o número maior de manuscritos, há a probabilidade maior de que o texto original esteja preservado nesses manuscritos. Ao contrário disso, se o fato de haver menos manuscritos diminui o número de alterações, também diminui a possibilidade de saber onde o texto foi alterado e, por consequência, reduz a possibilidade de reconstrução do texto original.

   O que acontece ainda é que, além dos manuscritos gregos, também há numerosas cópias do Novo Testamento em outras línguas. Aliás, há mais de 19.000 traduções antigas em siríaco antigo, latim antigo, copta, na Vulgata latina e em outras línguas. Com quase 6.000 manuscritos gregos, isso totaliza aproximadamente 25.000 cópias do Novo Testamento (de parte ou do todo). Nada no mundo antigo chega nem mesmo perto disso. Assim, concluir que não temos um registro confiável no Novo Testamento é apagar e eliminar toda base textual de toda a história antiga!

2. **A data antiga dos manuscritos do Novo Testamento**
Os críticos textuais do Novo Testamento querem ter manuscritos que estejam o mais próximo possível do original. Nenhum outro livro da Antiguidade tem um intervalo menor entre o tempo da composição do original e o primeiro manuscrito disponível hoje. O mais antigo manuscrito incontestado é um fragmento do Evangelho de João intitulado Papiro John Rylands ($\mathfrak{P}^{52}$), datado de 117-138 d.C. Muitos eruditos acham que ele foi escrito a uma geração da sua composição original (c. 95 d.C.). A natureza da circulação nas culturas antigas e o fato de que foi escrito na Ásia Menor e encontrado no Egito requer que tenha sido escrito no século I. Livros inteiros do Novo Testamento, incluindo um evangelho e algumas epístolas, estão nos Papiros de Bodmer (c. 200 d.C.). Isso está somente a um século de quando morreram as testemunhas oculares. A maior parte de todo o Novo Testamento, incluindo os evangelhos, está disponível nos Papiros Chester Beatty datados de 150 anos depois da composição do Novo Testamento (250 d.C.).

Com base nas evidências, o renomado estudioso britânico de manuscritos *sir* Frederic Kenyon concluiu que "o intervalo entre as datas da composição original e as mais antigas evidências remanescentes se torna tão pequeno que é de fato negligenciável, e o último fundamento para qualquer dúvida de que as Escrituras vieram até nós de modo substancialmente igual à forma em que foram escritas está agora eliminado. Tanto a *autenticidade* quanto a *integridade* geral dos livros do Novo Testamento podem ser consideradas como finalmente estabelecidas" (*Bible and Archaeology*, p. 288-289).

Os livros mais próximos disso são as obras de Homero, que têm 643 manuscritos com um intervalo de 500 anos; Demóstenes, com 200 manuscritos e um intervalo de 1.400 anos; Heródoto, com 8 manuscritos e um intervalo de 1.400 anos; e Platão, com 7 manuscritos e um intervalo de 1.200 anos (Geisler e Turek, *I Don't Have Enough Faith* [*IDHEF*], p. 226). Claramente, o Novo Testamento é o livro mais bem atestado de toda a história antiga. *Se alguém nega a confiabilidade do Novo Testamento com base no número de manuscritos e no intervalo entre sua composição original e sua cópia mais próxima, então com isso teria de desacreditar a confiabilidade de todos os livros da história antiga!*

A INERRÂNCIA DAS ESCRITURAS

3. A precisão dos manuscritos do Novo Testamento

Além disso, o Novo Testamento foi copiado com mais precisão e acurácia do que qualquer outro livro da história antiga. O mentor de Ehrman em Princeton, o professor Bruce Metzger, conduziu um projeto de pesquisa para comparar a precisão das cópias do Novo Testamento com outras obras antigas. Ele concluiu que a obra hindu *Mahabharata* foi copiada com aproximadamente 90% de precisão, e a *Ilíada*, de Homero, com aproximadamente 95% de precisão (*IDHEF*, p. 229). Isso é um grau de precisão mais do que suficiente para apresentar os ensinos essenciais do original. No entanto, em contraste, os estudiosos já demonstraram que a estimativa de fidelidade no processo de cópia do Novo Testamento chega a 99% de precisão. Os *experts* em manuscritos Westcott e Hort estimaram que somente 1/16 dos erros estão acima do nível das "trivialidades". Isso dá uma precisão de 98,33% às cópias (Westcott e Hort, *New Testament*, 2.2). Os números de Ezra Abbot chegam a um texto de 99,75% de pureza do texto (v. Warfield, *Introduction*, p. 13-14). O grande estudioso do Novo Testamento A. T. Robertson declarou que "a preocupação real é com 'uma milésima parte de todo o texto'". Isso significaria 99,9% de precisão quanto a tudo que realmente importa (ibid., p. 22).

Podemos acrescentar ainda que o próprio Ehrman admite que as variantes nos manuscritos em si não afetam a mensagem central do Novo Testamento. Ele escreveu: "Seria um erro, no entanto, pressupor que as únicas alterações feitas foram as de copistas que tinham interesse pessoal na formulação do texto. Na verdade, *a maioria das alterações encontradas em nossos manuscritos cristãos mais antigos não tem relação alguma com teologia ou ideologia.* De longe, as alterações, em sua maioria, resultam de erros, pura e simplesmente — a pena que escorregou, omissões acidentais, acréscimos inadvertidos, palavras com ortografia equivocada, erros bobos de algum ou outro tipo" (*MJ*, p. 55, grifo nosso).

Köstenberger e Kruger realçam um aspecto interessante quando observavam que:

> variantes significativas seriam um problema *se* pudéssemos pressupor que cada uma delas seria igualmente viável como qualquer outro. O problema de tal pressuposição, no entanto, é que está em contradição direta com toda a história da crítica textual — na verdade, à própria *existência* do campo de estudos —, que defendeu de forma consistente que as variantes textuais não são todas igualmente viáveis e que a nossa metodologia pode determinar (com um grau razoável de certeza) qual é o texto original. Se isso é assim, então essas poucas

108

variantes textuais "significativas" não afetam substancialmente a integridade do Novo Testamento porque, colocado de maneira simples, geralmente conseguimos detectá-las quando elas ocorrem (*Heresy of Orthodoxy*, p. 209-210, 218).

A crítica textual permite a reconstrução do texto mesmo que tenham sido cometidos erros durante o processo de transmissão. Suponhamos que houvesse quatro diferentes manuscritos com erros do mesmo versículo. Por exemplo, Romanos 8.1: "Portanto, agora já não há condenação para os que estão em Cristo Jesus", poderia aparecer assim:

1. Po#rtanto, agora já não há condenação para os que estão em Cristo Jesus.
2. P#rtanto, agora já não há condenação para os que estão em Cristo Jesus.
3. Po#tanto, agora já não há condenação para os que estão em Cristo Jesus.
4. Por#anto, agora já não há condenação para os que estão em Cristo Jesus.

A mensagem do texto original pode ser claramente encontrada nesses manuscritos. Até mesmo em um manuscrito (com um erro), 100% da mensagem fica evidente. E quantos mais erros (com mais manuscritos) tivermos, mais seguros estaremos da mensagem, visto que temos a confirmação múltipla de todas as outras letras cada vez que houver um novo manuscrito com outro erro. Em termos porcentuais, há, na verdade, menos erros no Novo Testamento do que estão representados nesse exemplo.

Podemos acrescentar a isso que a ênfase de Ehrman na multiplicidade de variantes de manuscritos é seriamente desencaminhadora, pois, se uma palavra está com a ortografia errada em 3 mil manuscritos, conta-se que há 3 mil erros. Mas isso equivale a zero erros que afetam a mensagem do Novo Testamento. Mariano Grinbank descobriu 16 erros no livro de Ehrman, *Misquoting Jesus*.[7] Como houve 100 mil exemplares vendidos da primeira edição nos primeiros três meses, isso significaria (segundo o modo em que Ehrman conta erros nos manuscritos da Bíblia) que há 1,6 milhão de erros nos livros de Ehrman! Mas nenhuma pessoa razoável argumentaria que por causa disso não podemos confiar que os exemplares transmitam as ideias originais de Ehrman sobre o assunto.

Além disso, o argumento de Ehrman de que há influências políticas e culturais nas variantes do Novo Testamento também é desencaminhadora. Suponhamos que existissem três manuscritos com esta formulação:

---

[7] V. "Bart Ehrman's Millions and Millions of Variants, Part 1 of 2".

A INERRÂNCIA DAS ESCRITURAS

1. Vocês ganharam 10 milhões de dólares.
2. Vós ganhastes 10 milhões de dólares.
3. Todos vocês ganharam 10 milhões de dólares.

Mesmo que na contagem de letras repetidas entre, por exemplo, as linhas 2 e 3 haja grande diferença, a mensagem é 100% idêntica. Elas são diferentes na forma, mas não no conteúdo. De maneira semelhante, mesmo com as muitas diferenças entre as variantes do Novo Testamento, a mensagem está 100% clara.

4. A confirmação dos manuscritos do Novo Testamento pelos primeiros pais da Igreja

Os pais da Igreja que viveram nos primeiros séculos da igreja cristã forneceram pelo menos 19.368 citações somente dos textos dos evangelhos. Isso inclui 268 de Justino Mártir, 1.038 de Ireneu, 1.017 de Clemente de Alexandria, 9.231 de Orígenes, 3.822 de Tertuliano, 734 de Hipólito e 3.258 de Eusébio (Geisler e Nix, *General Introduction*, p. 431). Mesmo antes desses autores, encontramos citações mais antigas: Pseudo-Barnabé (70-130 d.C.) citou Mateus, Marcos e Lucas; Clemente de Roma (c. 95-97 d.C.) citou Mateus, João e 1Coríntios; Inácio (c. 110 d.C.) se referiu a seis das epístolas de Paulo; *O pastor*, de Hermas (115-140 d.C.), citou Mateus, Marcos, Atos, 1 Coríntios e outros livros; a *Didaquê* (c. 120-150 d.C.) se referiu a Mateus, Lucas, 1 Coríntios e outros livros; e Papias, companheiro de Policarpo, que foi discípulo do apóstolo João, cita o Evangelho de João (Geisler, *Systematic Theology*, 1:463-464).

O significado dessas citações é que elas argumentam que os evangelhos já existiam antes de serem citados, o que os situa no século I, enquanto algumas das testemunhas oculares, como João, ainda estavam vivas. Em segundo lugar, também argumenta a favor de uma data precoce da mensagem ortodoxa da vida e dos ensinamentos de Jesus Cristo. Se esse for o caso, elimina praticamente o intervalo entre a conclusão do Novo Testamento e a proclamação da ortodoxia.

Repetidas vezes, Ehrman tem dado muita importância ao fato de que ainda não temos os originais. Mas há dois problemas com isso. O primeiro é que há uma diferença entre os *manuscritos* originais e o *texto* original (i.e., o texto autográfico). Concordamos que não temos os manuscritos originais, mas não concordamos que não temos o texto autográfico preservado nos manuscritos. O famoso *expert* em manuscritos do século XX *sir* Frederic Kenyon, escreveu:

O número de mss. do Novo Testamento, de traduções precoces dele e de citações dele nos autores mais antigos da Igreja é tão alto que está

110

praticamente certo que a formulação autêntica e verdadeira de todas as passagens duvidosas está preservada em uma ou outra dessas autoridades antigas. Não se pode dizer o mesmo de nenhum outro livro no mundo (*Our Bible*, p. 55).

Em segundo lugar, outro problema com o argumento de Ehrman é que ele defendeu de forma equivocada que nós ou temos *tudo* ou não temos *nada*, que ou podemos estar plenamente seguros ou não podemos ter certeza alguma do texto. Essa falsa dicotomia fez que ele tirasse conclusões falsas sobre a confiabilidade da Bíblia. Mas isso foge da questão, visto que todos, incluindo Ehrman, concordam que possuímos cópias precisas de grande parte dos autógrafos originais (Köstenberger e Kruger, *Heresy of Orthodoxy*, p. 228-229).

Em terceiro lugar, não somente temos o texto autográfico (talvez inteiramente) preservado nas cópias dos manuscritos em algum lugar, mas sabemos onde com mais de 99% de precisão. Isso significa que podemos identificar quase todo o texto autográfico nos manuscritos que temos. E onde encontramos isso? No Novo Testamento Grego de Nestle-Aland, com seu aparato crítico, que é usado pelo próprio Ehrman e por praticamente todos os estudiosos do Novo Testamento.

Em quarto lugar, com respeito à mensagem essencial do texto autográfico, temos 100% de certeza dele. Nenhum ensinamento fundamental do Novo Testamento é afetado por qualquer uma das variantes nos manuscritos. Como observou Philip Schaff com respeito às variantes conhecidas nos seus dias, somente 50 tinham importância real, e não há "*nem mesmo um artigo de fé ou preceito de dever que não esteja plenamente sustentado por outras passagens incontestes, ou pelo conteúdo total do ensino das Escrituras*" (*Companion to the Greek Testament*, p. 117, grifo nosso).

5. **A existência de relatos múltiplos sobre Jesus no Novo Testamento**
É uma estipulação da lei bem estabelecida que "Qualquer acusação precisa ser confirmada pelo depoimento de duas ou três testemunhas" (Deuteronômio 19.15b). Mas, no caso do Novo Testamento, há oito ou nove autores (caso Hebreus seja da autoria de Paulo). Temos Mateus, Marcos, Lucas, João, Paulo, Pedro, Tiago, Judas e o autor de Hebreus. Mesmo que todos os autores tradicionais não o sejam de fato (e mesmo os críticos admitem que alguns foram os autores de fato), não obstante, segundo as datas (tardias) dos próprios críticos do Novo Testamento (70-100 d.C.), os livros ainda assim foram escritos durante o tempo dos contemporâneos das testemunhas oculares dos eventos. Ter 27 peças de literatura escritas por oito

A INERRÂNCIA DAS ESCRITURAS

ou nove autores contemporâneos, e todos apresentam a mesma mensagem básica sobre Cristo, é algo sem precedentes. Nada parecido com isso existe para qualquer outro livro da Antiguidade. Só isso já deveria ser evidência suficiente a favor da confiabilidade dos documentos do Novo Testamento.

Em contraste com isso, a vida de Alexandre, o Grande, cujos fatos básicos são amplamente aceitos como verdadeiros, não está fundamentada em nenhum autor contemporâneo dele, mas somente em algumas histórias uns 300 a 500 anos depois. *A fortiori* (com força maior), considerando que temos 27 documentos de contemporâneos dos eventos, não deveríamos hesitar em aceitar a sua confiabilidade geral, particularmente com respeito aos eventos essenciais em torno dos quais os testemunhos deles concordam.

6. A natureza de testemunha ocular do Novo Testamento

Não somente é fato que há documentos contemporâneos mais antigos, de maior multiplicidade e mais numerosos para os eventos básicos do Novo Testamento; esses documentos também estavam fundamentados em testemunhas oculares. É isso o que de fato o Evangelho de Lucas afirma: "Muitos já se dedicaram a elaborar um relato dos fatos que se cumpriram entre nós, conforme *nos foram transmitidos por aqueles que desde o início foram testemunhas oculares e servos da palavra*" (Lucas 1.1,2, grifo nosso). Uma testemunha ocular foi o apóstolo Paulo, que estudou aos pés do grande estudioso judeu Gamaliel (cf. Atos 22.3). E Lucas, o médico, não foi somente uma testemunha ocular de boa formação; sua escrita também foi confirmada em numerosos detalhes por fontes arqueológicas e literárias (v. adiante).

Uma coisa está clara: o Novo Testamento afirma repetidas vezes estar fundamentado no testemunho de testemunhas oculares. Dada a natureza dos primeiros cristãos, que com frequência precisaram selar seu testemunho com a morte, não há boas razões para rejeitar essa afirmação. Considere as seguintes citações (com grifo nosso): "*Aquele que o viu* [a crucificação], *disso deu testemunho, e o seu testemunho é verdadeiro*" (João 19.35). "*Este é o discípulo que dá testemunho dessas coisas e que as registrou. Sabemos que o seu testemunho é verdadeiro*" (21.24). "O que era desde o princípio, *o que ouvimos, o que vimos com os nossos olhos, o que contemplamos e as nossas mãos apalparam* — isto proclamamos a respeito da Palavra da vida" (1 João 1.1). "Deus ressuscitou este Jesus, e *todos nós somos testemunhas* deste fato" (Atos 2.32). "Mas Pedro e João responderam: '[...] não podemos deixar de falar *do que vimos e ouvimos*'" (4.19,20). "*Nós somos testemunhas de tudo o que ele fez* na terra dos judeus e em Jerusalém, onde o mataram, suspendendo-o num madeiro. Deus, porém, o ressuscitou no terceiro dia e *fez que ele fosse visto*" (10.39,40). "Pois o que [...] lhes transmiti foi o que recebi: que Cristo [...] foi

112

sepultado e ressuscitou no terceiro dia, segundo as Escrituras, e *apareceu a Pedro e depois aos Doze. Depois disso apareceu a mais de quinhentos irmãos de uma só vez, a maioria dos quais ainda vive*, embora alguns já tenham adormecido. Depois *apareceu a Tiago e, então, a todos os apóstolos; depois destes, apareceu também a mim* [...]" (1 Coríntios 15.3-8). "Como escaparemos, se negligenciarmos tão grande salvação? Essa salvação, primeiramente anunciada pelo Senhor, *foi-nos confirmada pelos que a ouviram*. Deus também deu testemunho dela por meio de sinais, maravilhas, diversos milagres e dons do Espírito Santo distribuídos de acordo com a sua vontade" (Hebreus 2.3,4). Pedro registra: "De fato, não seguimos fábulas engenhosamente inventadas, quando falamos a vocês a respeito do poder e da vinda de nosso Senhor Jesus Cristo; ao contrário, *nós fomos testemunhas oculares da sua majestade*" (2 Pedro 1.16). "Portanto, apelo para os presbíteros que há entre vocês e o faço na qualidade de presbítero como eles *e testemunha dos sofrimentos de Cristo* como alguém que participará da glória a ser revelada" (1 Pedro 5.1).

Um livro recente de Richard Bauckham *(Jesus and the Eyewitnesses)* argumenta de forma convincente que o Novo Testamento está fundamentado no testemunho de testemunhas oculares. Ele conclui que "ler os evangelhos como um testemunho de testemunhas oculares [...] honra o tipo de historiografia que eles são. Da sua perspectiva histórica, a suspeição radical de um testemunho é um tipo de suicídio epistemológico. É algo tão prático na história quanto na vida cotidiana" (p. 506). Bauckham não está sozinho nessa conclusão. Muitos estudiosos chegaram à mesma conclusão, incluindo Craig Blomberg *(The Historical Reliability of the Gospels* e *The Historical Reliability of John's Gospel)*, F. F. Bruce *(The New Testament Documents: Are They Reliable?* e *Jesus and Christian Origins)*, D. A. Carson e Douglas Moo *(Introduction to the New Testament)*, William Lane Craig *(Knowing the Truth)*, C. H. Dodd *(History and the Gospels)*, Donald Guthrie *(New Testament Introduction)*, Gary Habermas *(The Historical Jesus)*, Colin Hemer *(Book of Acts)*, John Montgomery *(History and Christianity)*, Eta Linnemann *(Is There a Synoptic Problem?)*, Bruce M. Metzger *(The Text of the New Testament)*, Nigel Scotland *(Can We Trust the Gospels?)*. Na verdade, há vários milhares de eruditos bíblicos na Evangelical Theological Society, e praticamente todos aceitam a confiabilidade dos documentos do Novo Testamento como fundamentados no testemunho de testemunhas oculares.

Portanto, como há múltiplos documentos fundamentados em numerosos testemunhos de testemunhas oculares de pessoas honestas, o ônus da prova está com o cético e crítico, não com aqueles que aceitam a confiabilidade do Novo Testamento. Bart Ehrman está não somente nadando contra a correnteza; ele também está se afogando num mar de evidências contrárias à posição dele.

A INERRÂNCIA DAS ESCRITURAS

7. **A confirmação da precisão histórica de Lucas, autor do terceiro evangelho**
Um dos autores dos evangelhos, Lucas, o médico, é conhecido por ter sido o autor de uma narrativa do Novo Testamento altamente precisa, o livro de Atos. A obra mais antiga de *sir* William Ramsay (*St. Paulo the Traveler and the Roman Citizen*) e a palavra mais recente do historiador de Roma Colin Hemer (*Book of Acts*) já demonstraram a detalhada precisão histórica do livro de Atos.

Quatro pontos são importantes nessa confirmação do registro do evangelho: primeiro, o autor do livro de Atos, conhecido como o dr. Lucas, companheiro do apóstolo Paulo, era um historiador cuidadoso e preciso. Segundo, ele foi também o autor do Evangelho de Lucas. Terceiro, ele escreveu Atos antes de 62 d.C. (somente três décadas depois que Jesus morreu), quando muitas testemunhas oculares ainda viviam. Quarto, ele escreveu o Evangelho de Lucas antes de escrever Atos. Assim, o Evangelho de Lucas foi escrito por um historiador cuidadoso e preciso em torno de 60-61 d.C., durante o tempo de vida de muitas testemunhas oculares (cf. Lucas 1.1-4).

O primeiro ponto é demonstrado por Colin Hemer, que mostra que o autor de Atos tem conhecimento detalhado e específico de primeira mão acerca de muitas coisas sobre as quais ele escreveu. Incluídas aí estão 1) travessias naturais entre portos corretamente denominados (cf. Atos 13.4,5); 2) o porto fluvial apropriado, Perge, para uma travessia de navio vindo de Chipre (cf. 13.13); 3) a localização adequada da Licaônia (cf. 14.6); 4) a declinação incomum, mas correta, do nome Listra, a língua correta ali falada e dois deuses associados à cidade, Zeus e Hermes (cf. 14.8,12); 5) um local geográfico marcante para os marinheiros em Samotrácia (cf. 16.11); 6) a associação de Tiatira com tintura de tecidos; 7) as localizações apropriadas em que os viajantes podiam passar as noites nessa viagem (cf. 17.1); 8) a designação correta de Gálio como procônsul (cf. 18.12); 9) o nome Tirano atestado em uma inscrição do século I (cf. 19.9); 10) a rota apropriada para a passagem no mar aberto a partir de Chipre, com o favorecimento de um constante vento noroeste (cf. 21.3); 11) a identificação correta de Ananias como sumo sacerdote (cf. 23.2) e Félix como governador (cf. 23.26,34); 12) concordância com Josefo quanto ao nome de Pórcio Festo (cf. 24.27); 13) a descrição apropriada de um *Gregale* como um vento sul que repentinamente se torna um vento nordeste, chamado *Eurakylōn* (cf. 27.13,14); 14) identificações corretas de lugares de parada ao longo da Via Ápia (cf. 28.15). Em mais de 80 itens como esses, o autor de Atos não cometeu um único erro! Ele é conhecido como um historiador de primeira grandeza do século I.

Além disso, o mesmo autor, conhecido como "Lucas, o médico amado" (cf. Colossenses 4.14), o companheiro do apóstolo Paulo (cf. 2 Timóteo

4.11), também escreveu o Evangelho de Lucas, ao qual ele se refere em Atos 1.1 como o "primeiro livro" (ESV) ou "livro anterior" (NVI) "a respeito de tudo o que Jesus começou a fazer e a ensinar" (1.1). Lucas 1) não somente se referiu ao evangelho que leva seu nome; além disso, 2) ambos os livros foram endereçados à mesma pessoa, "Teófilo" (cf. Lucas 1.1; Atos 1.3) e 3) no mesmo estilo de grego polido e sofisticado. Isso tem sustentação em outras linhas de evidências internas e externas (v. Geisler, *Popular Survey*, p. 85-86), incluindo seu interesse pela medicina, os companheiros de viagem e o testemunho dos primeiros pais da Igreja como Ireneu, Tertuliano, Clemente, Orígenes e Jerônimo.

O que se pode acrescentar ainda: Colin Hemer alista 15 linhas de evidências que sustentam uma data anterior a 62 d.C. para o livro de Atos. Somente alguns elementos são suficientes para sublinhar a ideia: 1) Não há menção à destruição de Jerusalém em 70 d.C. O fato de um registro histórico desse tempo e lugar não mencionar esse evento histórico crucial na vida dos judeus do século I (se ele já tivesse ocorrido) é o mesmo que escrever uma biografia do presidente John F. Kennedy depois de sua morte sem mencionar o seu assassinato em Dallas em 1963. 2) Da mesma forma, não há menção à guerra judaica que eclodiu em 66 d.C. 3) O apóstolo Paulo ainda está vivo (cf. Atos 28), e assim isso deve ter sido antes da sua morte em torno de 65 d.C. 4) Não há sinal da morte de Tiago, o irmão de Jesus, nas mãos do Sinédrio, que Josefo (*Antiguidades judaicas* 20.9.1) diz ter ocorrido em 62 d.C. Esses e mais uns dez elementos semelhantes sustentam uma data para a composição de Atos anterior a 62 d.C. (*Book of Acts*, p. 376-382).

Portanto, temos boas evidências para concluir que o Evangelho de Lucas foi escrito por um historiador cuidadoso e preciso do século I em no máximo três décadas depois da morte de Cristo, quando muitas testemunhas oculares ainda estavam vivas para atestá-lo. Aliás, é exatamente isso que Lucas diz no seu prólogo: "conforme nos foram transmitidos por aqueles que desde o início foram testemunhas oculares e servos da palavra. Eu mesmo investiguei tudo cuidadosamente, desde o começo, e decidi escrever-te um relato ordenado, ó excelentíssimo Teófilo, para que tenhas a certeza das coisas que te foram ensinadas" (Lucas 1.2-4).

Visto que a vasta maioria de estudiosos, liberais e conservadores concorda que Mateus e Marcos foram escritos antes de Lucas (cf. Lucas 1.1) e transmitem basicamente a mesma perspectiva de Marcos (os três evangelhos "sinóticos" [de mesma visão]), então se segue que temos aqui três registros históricos críveis da vida, do ensino, da morte e ressurreição de Cristo.

A INERRÂNCIA DAS ESCRITURAS

8. **A confirmação das epístolas de Paulo aceitas pelos estudiosos**

Um argumento sólido, mas com frequência negligenciado, a favor da confiabilidade básica do registro do Evangelho sobre a vida e os ensinamentos de Jesus está nas epístolas aceitas do apóstolo Paulo.

Atribuir datas tardias aos evangelhos e tentar lançar dúvidas sobre seus relatos não consegue minar sua confiabilidade histórica por muitas razões. Uma é que são fatos amplamente aceitos pelos críticos que Romanos, 1 e 2 Coríntios e Gálatas são epístolas genuínas do apóstolo Paulo e que foram escritas entre 55 e 57 d.C. Mas essas quatro epístolas confirmam a historicidade básica dos evangelhos com respeito à vida, aos ensinamentos, à morte e à ressurreição de Cristo.

Na verdade, há 27 fatos sobre Jesus nessas epístolas de Paulo aceitas, incluindo: 1) a linhagem judaica de Jesus (cf. Gálatas 3.16); 2) sua descendência davídica (cf. Romanos 1.3); 3) seu nascimento virginal (cf. Gálatas 4.4); 4) sua vida debaixo da Lei judaica (cf. 4.4); 5) seus irmãos (cf. 1 Coríntios 9.5); 6) seus 12 apóstolos (cf. 1 Coríntios 15.7); 7) um discípulo era chamado de Tiago (cf. 1 Coríntios 15.7); 8) alguns apóstolos foram casados (cf. 1 Coríntios 9.5); 9) o fato de Paulo conhecer Pedro e Tiago (cf. Gálatas 1.18—2.16); 10) a pobreza de Jesus (cf. 2 Coríntios 8.9); 11) sua mansidão e bondade (cf. 2 Coríntios 10.1); 12) o fato de ser insultado por outros (cf. Romanos 15.3); 13) seus ensinamentos sobre o divórcio e o novo casamento (cf. 1 Coríntios 7.10,11) e 14) sua visão sobre pagar salários a ministros (cf. 1 Coríntios 9.14); 15) sua visão sobre pagar impostos (cf. Romanos 13.6,7); 16) sua ordem de amar seu próximo (cf. Romanos 13.9); (17) suas posições sobre a pureza cerimonial judaica (cf. Romanos 14.14); 18) os títulos de divindade de Jesus (cf. Romanos 1.3,4; 10.9); 19) sua instituição da ceia do Senhor (cf. 1 Coríntios 11.23-25); 20) sua vida sem pecado (cf. 2 Coríntios 5.21); 21) sua morte na cruz (cf. Romanos 4.25; 5.8; Gálatas 3.13); 22) pagar por nossos pecados (cf. 1 Coríntios 15.3; 2 Coríntios 5.21; cf. Marcos 10.45); 23) seu sepultamento (cf. 1 Coríntios 15.4); 24) sua ressurreição no "terceiro dia" (cf. 1 Coríntios 15.4); 25) suas aparições aos apóstolos depois da ressurreição (cf. 1 Coríntios 15.5-8); 26) suas aparições pós-ressurreição a outros, incluindo 500 pessoas, a maioria das quais ainda estava viva quando Paulo escreveu 1 Coríntios (cf. 1 Coríntios 15.6); 27) a posição atual de Jesus à direita de Deus (cf. Romanos 8.34).

Esses fatos não somente confirmam a confiabilidade geral dos evangelhos, mas, mesmo à parte dos evangelhos, eles também fornecem o cerne essencial dos ensinamentos a respeito de Cristo sobre o qual o cristianismo está fundamentado. Em outras palavras, se não houvesse evangelhos como os que temos, o cristianismo não desmoronaria.

9. O testemunho legal que sustenta as testemunhas do Evangelho

Simon Greenleaf foi professor de direito na Universidade Harvard. Ele foi desafiado a aplicar as regras das evidências jurídicas do livro que escreveu (*A Treatise on the Law of Evidences*, 1853) às testemunhas e aos documentos do Novo Testamento. Suas conclusões são encontradas no seu livro *The Testimony of the Evangelists* (*TE*, ed. de 1847). Ele escreveu: "As narrativas dos evangelistas são agora submetidas à leitura e análise dos leitores, com base nos princípios e segundo as regras já afirmadas [...]". Ele se propôs "determinar se, caso tivessem testemunhado sob juramento, em um tribunal de justiça, eles seriam dignos de crédito; e se suas narrativas, como as temos agora, seriam recebidas como documentos antigos, vindas da custódia adequada. Se sim, então se crê que todo homem franco e imparcial agirá de forma coerente com esse resultado, ao receber o seu testemunho em toda a extensão de seu significado" (p. 53-54).

Greenleaf acrescentou:

> Tudo o que o cristianismo pede aos homens com respeito a esse assunto é que eles sejam consistentes consigo mesmos; que tratem suas evidências como tratam as evidências de outras coisas; e que investiguem e julguem seus atores e testemunhas como tratam seus companheiros quando testificam de questões e ações humanas, nos tribunais humanos. Que as testemunhas sejam comparadas consigo mesmas, entre si, umas com as outras, e com fatos e circunstâncias envolvidas; e que o seu testemunho seja peneirado, como se fosse dado em um tribunal de justiça, no lado da outra parte, a testemunha sendo submetida a um interrogatório cruzado severo. O resultado, assim se crê com toda a confiança, será uma convicção indubitável de sua integridade, habilidade e verdade (*TE*, p. 46).

Outros profissionais do direito chegaram à mesma conclusão. Thomas Sherlock foi o primeiro a usar o motivo legal em seu livro *The Tryal of the Witnesses of the Resurection* (1729). O advogado Frank Morrison escreveu *Who Moved the Stone?* (1930). O advogado e teólogo John Montgomery publicou *History and Christianity* (1964). E, mais recentemente, Lee Strobel lançou *The Case for Christ* (1998). Todos concordam que, do ponto de vista do direito, usando as regras normais das evidências legais, as testemunhas do Novo Testamento teriam sido convincentes em um tribunal de justiça.

10. Confirmação arqueológica do Novo Testamento

Nenhum livro dos tempos antigos tem mais confirmação arqueológica do que a Bíblia. O renomado erudito Nelson Glueck declara: "E, para acrescentar,

A INERRÂNCIA DAS ESCRITURAS

pode-se afirmar categoricamente que nenhuma descoberta arqueológica jamais desmentiu uma referência bíblica. Foram feitas muitas descobertas arqueológicas que confirmam em traços gerais muito claros ou em detalhes exatos as afirmações históricas contidas na Bíblia" (*Rivers in the Desert*, p. 31). Depois de analisar as evidências, mesmo a revista secular *U.S. News & World Report* concluiu: "De maneiras extraordinárias, a arqueologia moderna confirmou o cerne histórico do Antigo e do Novo Testamentos — corroborando porções-chave das histórias dos patriarcas de Israel, do Êxodo, da monarquia davídica e da vida e dos tempos de Jesus" (Sheler, "Is the Bible True?", p. 52). O antes crítico erudito bíblico W. F. Albright, conhecido como "deão dos arqueólogos", não somente passou a aceitar a confiabilidade histórica geral da Bíblia, mas também concluiu a respeito do Novo Testamento em particular que, "em [sua] opinião, cada livro do Novo Testamento foi escrito por um judeu batizado entre as décadas de 40 e 80 do século I d.C. (muito provavelmente, algum tempo entre aproximadamente 50 e 75 d.C.)" ("More Conservative View").

Só para mencionar algumas das descobertas relacionadas a Jesus, podemos citar: 1) a cidade de seu nascimento (Belém); 2) a inscrição em uma moeda do imperador César Augusto, em cuja época ele nasceu; 3) o túmulo do rei Herodes que tentou matá-lo; 4) a cidade de Nazaré, onde Jesus foi criado; 5) a sinagoga em Cafarnaum, onde ele ministrou; 6) o mar da Galileia, onde ele ministrou; 7) o monte das Oliveiras, onde ele orou; 8) os degraus do templo, onde ele ministrou; 9) as pedras do templo que ele predisse que seriam derrubadas; 10) o Arco de Tito, o qual destruiu Jerusalém como predito por Jesus; 11) a inscrição de Pilatos como prefeito da Judeia, que o julgou; 12) a inscrição do sumo sacerdote Caifás, que condenou Jesus à morte; 13) a cidade de Jerusalém, onde ele morreu; 14) Joanã, uma vítima de crucificação do século I, que foi pregado em uma cruz como Jesus também foi; 15) um túmulo vazio com pedras como aquele em que Jesus foi sepultado. E nem chegamos a mencionar numerosos outros lugares em que Jesus andou e visitou que foram descobertos — cuja somatória fornece confirmação arqueológica formidável do retrato que o Novo Testamento faz da vida, morte e ressurreição de Cristo.

11. Fontes não cristãs confirmam fatos básicos do registro do Evangelho

O renomado erudito do Novo Testamento F. F. Bruce escreveu uma obra importante sobre Jesus e as origens cristãs fora do Novo Testamento (*Jesus and Christian Origins outside the New Testament*). Resumindo as evidências, Gary Habermas mostra que essas fontes extrabíblicas contêm os traços gerais do registro do Evangelho sobre a vida e os ensinamentos de Jesus (*Historical Jesus*). As fontes incluem Tácito, Suetônio, Thallus, os talmudes judaicos e Josefo. De sua obra, ele apurou 12 fatos de forma universal do período entre 20 e 120 anos depois da morte de Jesus. Ele mostrou que as primeiras fontes cristãs, judaicas e romanas confirmam alguns entendimentos universais sobre a vida e o ensino de Jesus e de seus seguidores:

1) Jesus era de Nazaré.
2) Ele viveu uma vida ética exemplar.
3) Ele realizou feitos incomuns.
4) Ele introduziu ensinamentos novos contrários ao judaísmo.
5) Ele foi crucificado sob Pôncio Pilatos.
6) Seus discípulos creram que ele ressuscitou dentre os mortos.
7) Seus discípulos negaram o politeísmo.
8) Seus discípulos o adoraram.
9) Seus ensinamentos e discípulos se espalharam rapidamente.
10) Seus seguidores acreditavam que eram imortais.
11) Seus seguidores tinham desprezo pela morte.
12) Seus seguidores renunciaram aos bens materiais.

Considerando que essas fontes não cristãs eram todas mais inclinadas a serem "testemunhas adversárias" e que elas não obstante confirmaram esses eventos principais sobre Jesus e seus primeiros seguidores, isso fornece uma boa comprovação complementar das verdades básicas do registro do Evangelho.

As evidências internas da historicidade do Novo Testamento

Além das sólidas evidências externas a favor da confiabilidade dos Evangelhos, também há ótimas evidências internas. Aliás, se não soubéssemos nada sobre a Bíblia ou o cristianismo, mas descobríssemos um Novo Testamento em um sebo, poderíamos obter uma forte sensação de sua credibilidade com uma simples leitura. Aqui estão as razões para isso.

1. **Os autores do Novo Testamento não tentaram harmonizar seus relatos**
   Mesmo que as histórias dos evangelhos sejam unânimes acerca dos fatos centrais sobre a vida, a morte e a ressurreição de Cristo, não obstante há muitos relatos conflitantes. Esses relatos divergentes demonstram que os autores não tentaram harmonizar suas histórias, mesmo que eles estivessem cientes de que relatos anteriores difeririam (cf. Lucas 1.1,2). Por exemplo, Mateus 28.2 diz que havia um anjo no túmulo, e João 20.12 diz que havia dois anjos. Mateus 27.5 diz que Judas se enforcou, mas Atos 1.18 afirma que ele caiu e suas entranhas se espalharam. É certo que os autores que tentassem harmonizar seus relatos não permitiriam esses conflitos se fossem

A INERRÂNCIA DAS ESCRITURAS

verdadeiras contradições. Embora nunca tenha sido demonstrado que essas eram contradições reais,[8] ainda assim há evidências suficientes para que tenhamos certeza de que os autores não estavam conspirando para criar uma história falsa. Que esses e outros relatos são diferentes, mas não contraditórios, é demonstrado em mais detalhes adiante (cap. 17).

Na verdade, os conflitos aparentes fortalecem a múltipla, mas independente, autenticidade do registro, pois nenhum juiz aceitaria o testemunho de diversas testemunhas que dessem um depoimento idêntico, palavra por palavra, acerca de um crime. As diferenças e a independência das testemunhas falam de sua confiabilidade.

2. Os autores do Novo Testamento escreveram passagens que colocaram Jesus em situações desfavoráveis

Se os autores do Novo Testamento estivessem tentando fabricar uma história sobre a vida de Jesus, eles certamente não incluiriam passagens que fizessem um retrato desfavorável dele. Mas o fato de que eles incluíram essas passagens é uma evidência da autenticidade interna dos registros dos evangelhos. Entre esses fatos, estão incluídos as ocasiões em que Jesus foi chamado de "beberrão" (cf. Mateus 11.19), em que falaram que ele "enlouqueceu" (cf. João 10.20), em que ele era alguém "endemoninhado" (cf. João 8.48), em que seus irmãos não acreditaram nele (cf. João 7.5) e em que seus parentes disseram que "ele está fora de si" (cf. Marcos 3.21). Certamente alguém que criasse uma história anos mais tarde para mostrar um retrato favorável dele ou diviniza-lo não teria incluído eventos como esses.

3. Os autores do Novo Testamento deixaram passagens difíceis no texto

Não é provável que alguém que está tentando criar uma história sobre um homem perfeito, muito menos no caso do Deus-homem, teria incluído essas histórias no texto. Essas passagens incluem o fato de Jesus reivindicar ser Deus (cf. Marcos 14.61,62; João 5.23; 8.58; 10.30; 17.5). Tampouco teria deixado no texto afirmações feitas por Jesus que parecem contradizer isso, dizendo: "O Pai é maior do que eu" (cf. João 14.28) e: "Quanto ao dia e à hora ninguém sabe, nem os anjos dos céus, nem o Filho, senão somente o Pai" (Mateus 24.36).

Também não deixaria no texto os ensinamentos exigentes de Jesus, como encontrados no Sermão do Monte, como: "[...] Qualquer que olhar para uma mulher e desejá-la, já cometeu adultério com ela no seu coração" (Mateus 5.28); "Mas eu digo que todo aquele que se divorciar de sua mulher, exceto por imoralidade sexual, faz que ela se torne adúltera,

---

[8] Para uma defesa das contradições aparentes na Bíblia, v. Geisler e Howe, Big Book.

e quem se casar com a mulher divorciada estará cometendo adultério" (5.32); "[...] Amem os seus inimigos e orem por aqueles que os perseguem, para que vocês venham a ser filhos de seu Pai que está nos céus [...]" (5.44,45).

Tampouco ele teria colocado no registro afirmações tão exigentes como: "[...] Se vocês não comerem a carne do Filho do homem e não beberem o seu sangue, não terão vida em si mesmos" (João 6.53). Ou: "Se alguém vem a mim e ama seu pai, sua mãe, sua mulher, seus filhos, seus irmãos e irmãs e até sua própria vida mais do que a mim, não pode ser meu discípulo" (Lucas 14.26).

Cada uma dessas ordens é difícil e vai de encontro aos interesses naturais de todo ser humano. Essas são claramente ordens que as pessoas não imporiam a si mesmas. Por isso, as evidências apontam contra a possibilidade de terem sido invenções.

4. **Os autores do Novo Testamento escreveram histórias autoincriminatórias**
   Se um ou alguns dos apóstolos escrevessem um evangelho ou tivessem uma forte influência sobre a composição de um evangelho (como provavelmente foi o caso de Pedro sobre Marcos ou Paulo sobre Lucas), por que, então, eles deixariam histórias autoincriminatórias nos registros? Mesmo que discípulos posteriores o escrevessem, por que eles deixariam no texto essas histórias incriminatórias contra seus mentores ou heróis da fé? Incluídas aí estão as seguintes histórias:

   1. Todos os discípulos caem no sono depois que Jesus lhes pede que orem (cf. Marcos 14.32-41).
   2. Jesus chama Pedro de "Satanás" (cf. Mateus 16.23).
   3. Pedro nega o Senhor três vezes (cf. Lucas 22.34).
   4. Os discípulos fogem da perseguição (na crucificação, cf. Marcos 14.50).
   5. Pedro corta a orelha do servo do sumo sacerdote (cf. Marcos 14.47).
   6. Os discípulos duvidam que Jesus ressuscitou (cf. Lucas 24.21-25; João 20.24,25), mesmo que Jesus tivesse ensinado repetidamente que ele ressuscitaria (cf. Mateus 12.39-41; 17.9,22,23; Marcos 8.31; 9.31; 10.34; João 2.19-22; 3.14-18).

Claramente, a melhor explanação para essas histórias autoincriminatórias serem incluídas nos registros dos evangelhos aponta para o fato de que eles estavam registrando a verdade dos eventos. As pessoas não inventam histórias autoincriminatórias sobre si mesmas ou as pessoas a quem admiram.

A INERRÂNCIA DAS ESCRITURAS

5. **Os autores do Novo Testamento distinguiram as palavras de Jesus das suas próprias**

Os críticos da redação acreditam que os autores dos evangelhos estavam *criando* as palavras de Jesus, não *relatando*-as. Mas as evidências apontam a favor da sua atividade de registrar as palavras de Jesus. Por quê? Porque eles distinguem claramente as palavras de Jesus das suas. Isso está evidente no fato de que as edições dos evangelhos em letra vermelha podem ser produzidas, mesmo não havendo aspas nos originais. Aliás, qualquer adolescente normal conseguiria, com uma caneta marca-texto vermelha, fazer uma edição de letra vermelha dos evangelhos sem problema.

O apóstolo Paulo distingue claramente as palavras de Jesus das suas quando escreve 1 Coríntios (7.10,12). Assim fez Lucas ao escrever Atos (9.4,5,10; 12.15; 20.35). Mateus foi muito claro em distinguir as palavras dos mestres e tradições veterotestamentários lado a lado com as palavras de Jesus: "Vocês ouviram o que foi dito" (cf. Mateus 5.21,27,31,33,38,43), "mas eu digo" (cf. 5.22,28,32,34,39,44).

Isso não quer dizer que temos as palavras exatas (*ipsissima verba*) de Jesus no Novo Testamento grego, mas somente a mesma voz ou sentido (*ipsissima vox*), pois Jesus provavelmente falou em aramaico (cf. Mateus 27.46), e o texto do Novo Testamento está em grego. Além disso, algumas das palavras de Jesus podem ser abreviadas e parafraseadas. Isso quer dizer somente que os autores dos evangelhos não estão criando o que Jesus ensinou; eles estão relatando o ensino dele, mesmo que às vezes abreviando-o, parafraseando-o ou resumindo-o. Isso fica evidente com base na maneira clara em que eles distinguem as palavras de Jesus de suas próprias.

6. **Os autores do Novo Testamento não negaram seu testemunho sob perseguição ou ameaça de morte**

Se uma pessoa estiver inventando uma história, a maneira mais fácil de desafiar suas posições é perseguir ou ameaçar matar essa pessoa se não mudar de posição. Está muito bem atestado tanto no texto das Escrituras (cf. Atos 4—8; 1 Coríntios 11.24-28) quanto com exemplos em toda a história da igreja primitiva que os autores dos evangelhos e os primeiros cristãos não negavam o seu testemunho mesmo debaixo de ameaça de morte. Também é um fato psicológico que, se uma pessoa está disposta a sofrer essas provações, então se acredita que o testemunho é verdadeiro. Isso fica claro com base nos primeiros registros de Atos. Quando ameaçado, Pedro diz: "[...] Julguem os senhores mesmos se é justo aos olhos de Deus obedecer aos senhores e não a Deus. Pois não podemos deixar de falar do que vimos e ouvimos" (4.19,20).

Mais tarde, o primeiro mártir cristão, Estêvão, falou com tanta ousadia ao enfrentar a morte e não se retratou, mas "[...] caiu de joelhos e bradou: 'Senhor, não os consideres culpados deste pecado'. E, tendo dito isso, adormeceu" (Atos 7.60). A história registra que talvez 11 dos 12 apóstolos tenham sido martirizados, sem uma única retratação do seu testemunho. Mas é um fato psicológico que as pessoas não morrem por algo que elas creem ser falso (mesmo terroristas muçulmanos creem naquilo pelo que estão morrendo). E nem a natureza, o ensino moral e a maneira de sua morte dão evidências de que as testemunhas do Novo Testamento estavam dando um falso testemunho.

As evidências cumulativas a favor da historicidade do Novo Testamento são avassaladoras. Não existe nada parecido para nenhum outro livro da Antiguidade. Somente ideias tendenciosas antiteístas ou antissobrenaturalistas poderiam prevenir que alguém chegasse a essa conclusão. Há documentos de testemunhas oculares contemporâneas do Novo Testamento em maior número, mais antigas e em melhores condições do que para qualquer outro livro do mesmo período. Se alguém rejeita a sua confiabilidade, então, com base nos mesmos fundamentos, deveria descartar praticamente toda a história baseada em documentos.

Breves comentários sobre duas outras questões

No seu debate sobre esse assunto, Ehrman levanta duas objeções para aceitar a historicidade do Novo Testamento: 1) a incredibilidade dos milagres (já respondido anteriormente) e 2) a incapacidade de conhecermos a história. O espaço aqui não permite uma resposta extensa a essa questão, e ela é tratada de forma abrangente em outro texto (v. Geisler, *Systematic Theology*, v. 1, cap. 11). Duas observações aqui são suficientes. Primeira, dizer que não se pode ter uma visão objetiva do passado é um argumento que se destrói a si mesmo, visto que a pessoa não pode conhecer a história ruim sem conhecer a história boa. Segunda, se — com todos os manuscritos, autores, testemunhas e evidências de sustentação que temos para o Novo Testamento — ainda assim não temos a verdade objetiva sobre o passado distante, então *a fortiori* (com força maior) não temos conhecimento objetivo algum sobre qualquer coisa do passado distante (e tudo o mais relacionado ao conhecimento do passado está baseado em menos evidências). Se, ao contrário, podemos saber alguma coisa sobre o passado, então certamente podemos saber que o Novo Testamento é uma fonte confiável a respeito da vida, dos ensinos, da morte e da ressurreição de Cristo.

Conclusão

A negação da inspiração e da inerrância das Escrituras por parte de Ehrman tem muitas forças motrizes. Entre elas, está sua reação ao seu treinamento como jovem e o encanto que a sofisticação acadêmica exerceu sobre ele. Outras estão relacionadas à luta dele com o problema do mal.[9] Mas claramente as razões pelas quais ele aceita muitas de suas conclusões são suas pressuposições filosóficas e sua ideologia metodológica. Todas elas, porém, foram demonstradas como falhas. Essa metodologia falha e deficiente levou à sua teologia falha e deficiente. Assim, suas pressuposições, metodologia e afirmações históricas são injustificadas, bem como sua negação da inspiração e inerrância da Bíblia que resultam dessas pressuposições. Então, na medida em que a crença na inerrância dos textos autográficos depende de haver cópias confiáveis, a inerrância está apta a enfrentar e vencer os ataques de Ehrman.

A verdade é que nenhum livro da Antiguidade pode ostentar as evidências cumulativas a favor de sua confiabilidade que o Novo Testamento possui, pois há manuscritos mais antigos e melhores — e em maior número — do que para qualquer outro livro de sua época. Além disso, há mais e melhores e mais antigos relatos de testemunhas oculares do que de qualquer outro livro dos tempos antigos. O que se soma a isso é que historiadores de Roma, fontes não cristãs, especialistas do direito e descobertas arqueológicas fornecem mais evidências da sua autenticidade. Considerando a natureza múltipla, cumulativa e independente do testemunho, não há base razoável para se duvidar da confiabilidade do Novo Testamento.

O renomado especialista do direito Simon Greenleaf diz: "Tudo o que o cristianismo pede aos homens com respeito a esse assunto é que eles sejam consistentes consigo mesmos; que tratem suas evidências como tratam as evidências de outras coisas". Se fizerem isso, "então se acredita que todo homem sincero e imparcial vai agir de forma consistente com esse resultado, ao receber seu testemunho em toda a extensão de seu significado" (citado anteriormente).

▪ Fontes ▪

Albright, "More Conservative View"
Bauckham, *Jesus and the Eyewitnesses*
Craig, "Evidence for Jesus"

---

[9] Para uma resposta completa aos muitos aspectos do problema do mal, v. Norman L. GEISLER, If God, Why Evil? (Minneapolis: Bethany House, 2010).

Ehrman, *Misquoting Jesus*
Geisler, *Baker Encyclopedia*
_____, *Systematic Theology*, v. 1
Geisler e Nix, *General Introduction to the Bible*
Geisler e Turek, *I Don't Have Enough Faith*
Glueck, *Rivers in the Desert*
Grinbank, "Bart Ehrman's Millions and Millions of Variants, Part 1 of 2"
Habermas, *The Historical Jesus*
Hoehner, *Chronological Aspects of the Life of Christ*
Johnson, S. L., *The Old Testament in the New*
Jones, *Misquoting Truth*
Kaiser, *Uses of the Old Testament in the New*
Kenyon, *The Bible and Archaeology*
_____, *Our Bible and the Ancient Manuscripts*
Köstenberger e Kruger, *The Heresy of Orthodoxy*
Linnemann, *Historical Criticism*
_____, *Is There a Synoptic Problem?*
Rawlings, *Trial by Fire*
Robertson, *Textual Criticism*
Schaff, *Companion to the Greek Testament*
Sheler, "Is the Bible True?"
Sproul, Gerstner e Lindsley, *Classical Apologetics*
Warfield, *Introduction*
Westcott e Hort, *New Testament*

6

PETER ENNS
SOBRE A INERRÂNCIA

Introdução

PETER ENNS foi professor no Westminster Theological Seminary, que é uma instituição amiga da inerrância há muito tempo. Logo depois da controvérsia sobre sua visão das Escrituras, Enns pediu demissão do Westminster e assumiu uma posição de ensino em Princeton — exatamente a escola da qual Westminster surgiu e se separou em 1929 precisamente por causa dessa questão. Ele está escrevendo agora para BioLogos (v. Apêndice 2). Como veremos, as posições de Enns são típicas da nova geração de evangélicos, que não cabe no molde tradicional. Aliás, como a análise a seguir vai revelar, suas posições são um sério questionamento da inerrância como ela foi adotada por cristãos ortodoxos ao longo dos séculos e como tem sido expressa pela Evangelical Theological Society (ETS) e pelo International Council on Biblical Inerrancy (ICBI) [Conselho Internacional sobre a Inerrância Bíblica].

O modelo da inspiração e da encarnação

No seu livro *Inspiration and Incarnation* (2005), Enns emprega o modelo da encarnação de Cristo — empregado por muito tempo para defender a inerrância — para miná-la. Em resumo, ele argumenta que se Cristo, a Palavra viva, participou da plena humanidade com suas limitações e imperfeições a ela associadas, então por que a Palavra de Deus deveria ser diferente? Como tal, esse livro causou exatamente o que o autor queria — ele provocou uma "conversa" erudita (*Inspiration and Incarnation* [*II*], p. 167) sobre um tema evangélico muito importante. Como a maioria dos livros de seu tipo, há muito com o que se pode concordar e algumas coisas das quais se pode discordar. Vamos começar com alguns pontos de concordância.

Pontos de concordância com o modelo encarnacional das Escrituras defendido por Enns

O professor Enns admite que a "Bíblia é a palavra de Deus" (*II*, p. 15, 108, 161). Da mesma forma, ele afirma que a Bíblia é um livro singular no aspecto de que aí "se encontram" elementos divinos e humanos (p. 168). Além disso, ele afirma que, "para Deus, revelar-se significa que ele se ajusta" (p. 109). Ele defende também que o "modelo encarnacional" (de comparar a Bíblia e Cristo) é muito útil (p. 20). Ele também reconhece a "plena humanidade" (p. 20) da Bíblia, e uma parte importante disso é a diversidade nas Escrituras (p. 77). Assim como a maioria dos evangélicos, ele defende que "o cânon está fechado" (p. 67). Ele reivindica devidamente um "relativismo cultural" (p. 168) em que a Bíblia não é tida como um "padrão de fé" (p. 169).

Quanto à relação das evidências externas com a Bíblia, concordamos com o professor Enns que nossas pressuposições determinam como entendemos as evidências (*II*, p. 48). Também concordamos que Gênesis não toma emprestados conceitos das histórias babilônicas de origem, pois as semelhanças são somente conceituais, não textuais (p. 55). Enns também ressalta que há verdades semelhantes em outras religiões conhecidas da revelação geral (p. 58). Ele observa acertadamente que a similaridade de Gênesis com outros textos antigos não reduz a inspiração da Bíblia (p. 39). A Bíblia também não é diretamente dependente das histórias de criação e dilúvio dos outros textos (p. 29). Enns reconhece que a arqueologia dá sustentação à historicidade da monarquia de Israel (p. 43) e que nossos problemas com a Bíblia se devem, em grande parte, às nossas concepções equivocadas (p. 15). Ele reconhece acertadamente que passagens conflitantes às vezes não estão tratando da mesma situação (p. 90). Assim, com frequência não há uma "contradição fundamental" entre textos aparentemente diferentes (p. 96). Mesmo provérbios conflitantes são ambos corretos em suas situações específicas (p. 76). Ele também afirma que não se pode aplicar apropriadamente a lei sem reconhecer as diferentes situações que estão sendo tratadas (p. 94-95).

Quanto à sua visão de Deus, Enns está correto ao afirmar que Deus não precisa da criação para ser completo em si mesmo (*II*, p. 103). Além disso, Deus sabe muito mais sobre o que a Bíblia ensina do que sabiam os autores humanos (p. 161). Deus transcende o mundo; não obstante, ele pode interagir — e de fato interage — com o mundo (p. 104-105).

Sobre a questão da interpretação bíblica, há diversos pontos de concordância também. Enns observa acertadamente que o Antigo Testamento deve ser entendido à luz do clímax da história de Israel, que é Cristo (*II*, p. 120). Da mesma forma, Cristo é tanto o início quanto o fim da interpretação bíblica (p. 163). Há uma "coerência" relacionada a Cristo na Bíblia (p.

170). E mais: a Bíblia é clara em relação às questões de fé centrais (p. 170). De fato, essa lista não é exaustiva. No entanto, ela sugere que a visão dele se sobrepõe de forma significativa à visão evangélica histórica das Escrituras.

Pontos de concordância com Enns

Apesar das muitas coisas boas que Enns diz, há muitas questões perturbadoras que precisamos considerar. Para começar, vamos listar algumas delas e, então, interagir com as mais importantes. O padrão de comparação será a visão de inerrância defendida pelos fundadores da Evangelical Theological Society (ETS), pelos formuladores da Declaração de Inerrância de Chicago (1978) elaborada pelo International Council on Biblical Inerrancy (ICBI). Isso está de acordo com nosso propósito geral aqui de determinar se a visão tradicional da inerrância total pode ser reafirmada para esta geração, ou se a compreensão que a ETS e o ICBI têm da inerrância precisa ser alterada profundamente ou descartada.

Discordância quanto à natureza da Bíblia

Enns afirma que a cosmovisão não cristã dos dias dos autores bíblicos influenciou o que eles escreveram (*II*, p. 14). Ele também defende que é uma concepção equivocada pensar que a Bíblia apresentou uma visão singular e unificada (p. 16). Ele diz que o mito é uma maneira adequada de descrever Gênesis, mesmo que ele afirme que o livro também contém história (p. 41, 49). Enns crê que "a Bíblia parece ser relativizada" pela cultura dos seus dias (p. 43). Ele alega que não podemos argumentar, com base em evidências a favor da historicidade de livros mais recentes do Antigo Testamento, retroativamente a favor da historicidade de livros mais antigos (p. 43-44). Não há uma visão da história objetiva e livre de inclinações tendenciosas (p. 45). Enns acredita que é uma pressuposição falaciosa que a Bíblia seja precisa em todos os seus detalhes (p. 47). Ele defende que todas as tentativas de confirmar a natureza da Bíblia estão abertas ao exame (p. 48). Acima disso, ele defende que Gênesis só foi registrado no primeiro milênio a.C. (p. 52) e que Deus adotou as categorias míticas segundo as quais Abraão pensava (p. 53). Enns também afirma que Deus transformou os mitos antigos para concentrar o foco em si (p. 54). Da mesma forma, ele acredita que a Bíblia não diz que o Dilúvio foi universal (p. 55). Ele afirma que as leis de Israel não eram novas no seu conteúdo, mas singulares no aspecto de que estavam conectadas a uma comunidade monoteísta — Israel (p. 57). Enns também crê que a história do Antigo Testamento não é falsa porque ela não é objetiva (p. 62). Ele defende a posição da crítica que crê que Samuel e Reis foram escritos

A INERRÂNCIA DAS ESCRITURAS

somente no século V ou IV a.C. (p. 63). Enns acredita que houve somente uma purificação do templo realizada por Jesus (p. 65), mesmo que os evangelhos apresentem dois relatos em momentos diferentes. Ele afirma que as leis do Antigo Testamento são culturalmente relativas, não normativas (p. 67). Algumas leis morais do Antigo Testamento não são obrigatórias para nós hoje (p. 67). Da mesma forma, a Bíblia não é um livro atemporal de regras "como fazer" que se aplica hoje (p. 67). Ter conteúdo factualmente diverso não é incompatível com aceitar sua mensagem teológica (p. 73). Ele declara que há contradições em Eclesiastes (p. 77-78). Enns alega que Eclesiastes não ensina a noção da vida pós-morte (p. 79). De acordo com Enns, há inconsistências na lei moral do Antigo Testamento (p. 85). Mesmo a Lei mosaica é inconsistente; Êxodo está em conflito com Deuteronômio (p. 87). Deus permite que a lei seja "ajustada ao longo do tempo" (p. 87). Ele critica a NIV por pressupor a inerrância como a base de sua tradução (p.92). Enns também acha que a Bíblia foi escrita durante quinhentos a mil anos, que é quinhentos anos menos do que defende a maioria dos eruditos evangélicos.

Discordâncias sobre Deus e teologia

Enns parece divergir da visão clássica sobre Deus, que está na base da visão tradicional sobre a inerrância. Também discordamos da posição de Enns de que Deus aprendeu por meio da sua interação com Abraão (*II*, p. 103). Ele também afirma que Deus reage às ações do homem (p. 104) e que Moisés conseguiu levar Deus a realmente mudar seus planos (p. 105). Enns rejeita a visão de que Deus não muda de fato (p. 105). Ele não aceita uma visão de bastidores a favor de aceitar a Bíblia como ela é (p. 106). Enns acha que nossas orações de fato têm um efeito sobre Deus e seus planos declarativos (p. 107). Ele fala contra a posição apologética que defende a Bíblia contra a acusação de erro (p. 108). Enns se opõe à apologética que defende a perfeição da Bíblia (p. 109). Ele afirma que devemos aceitar a Bíblia como a Palavra de Deus pela fé (p. 66, 169), não pela razão ou pelas evidências.

Discordância sobre a interpretação da Bíblia

O professor Enns acredita que os autores do Novo Testamento usaram uma hermenêutica conhecida como "hermenêutica do Segundo Templo" (*II*, p. 117). O método histórico-gramatical tradicional em geral é uma boa abordagem, mas "contexto original" não significa somente gramática e história, como também a hermenêutica daquele tempo (p. 117). Daniel recebeu um significado mais profundo das palavras de Jeremias sobre os setenta anos (p. 119). Os autores bíblicos cavam na busca de "mistérios" mais profundos no texto (p. 131). Há um "supercumprimento" em Cristo de textos do Antigo Testamento que não estavam falando dele (p. 136). A "semente" de Abraão tinha sentido duplo e mais profundo (p. 137). Paulo mudou um texto do Antigo Testamento, acrescentando uma palavra (e alterando o sentido; p. 140-142). A tradição não histórica é parte da interpretação que o Novo Testamento faz do Antigo (p. 143). Os apóstolos não passaram a entender que Jesus é Senhor com base em uma interpretação objetiva do Antigo Testamento (p. 153). O Novo Testamento tira o Antigo Testamento do seu contexto e o coloca em outro contexto, o contexto de Cristo (p. 153). Israel é substituído pela Igreja (o sentido mais elevado e mais profundo de Deus; p. 154). O método histórico-gramatical não deveria ser o método normativo (p. 159). Deus tinha em mente mais do que os autores da Bíblia tinham (p. 160). A Bíblia é [meramente] uma testemunha escrita de Cristo (p. 161). A interpretação cristã está muito acima de marcadores científicos (critérios objetivos; p. 162). A interpretação adequada é uma atividade de comunidade, que combina a comunidade histórica com a família de Deus. A interpretação apropriada da Bíblia não é uma fortaleza a ser defendida, mas uma peregrinação a ser trilhada (p. 162). As categorias "inerrância" e "infalível" nunca poderão ser completamente compreendidas (p. 168). Não temos um ponto de referência absoluto para interpretar a Bíblia livres do nosso contexto cultural. O modelo encarnacional nos ajuda a ver o evangelho multidimensional (p. 169). A Bíblia não é um livro de regras atemporal ou um manual do proprietário (p. 169). Assim, as evidências disponíveis transcendem os rótulos de conservador ou liberal (p. 171).

Interagindo com questões centrais

Agora que apresentamos muitas das áreas de concordância e discordância com o professor Enns, vamos interagir com diversas questões relacionadas à natureza e compreensão das Escrituras. Primeiro, vamos considerar a sua compreensão de Deus.

A compreensão da natureza de Deus

É axiomático que a afirmação "A Bíblia é a Palavra de Deus" (que Enns endossa; *II*, p. 21, 108) não seja mais forte do que se quer dizer com "Deus". A afirmação fundacional da Evangelical Theological Society (ETS) estabelece: "Somente a Bíblia, e a Bíblia em sua totalidade, é a Palavra de Deus escrita e, portanto, inerrante nos autógrafos". Há uma clara conexão lógica ("portanto") feita aqui com "a Palavra de Deus" e "inerrante" nos autógrafos da Bíblia. Está implícito que, visto que Deus não pode errar, então tampouco sua Palavra pode errar.

A relação da teologia bíblica com a teologia sistemática

Apesar do fato de Enns *alegar* que sua posição não dá apoio à Visão Aberta de Deus [teísmo aberto] (v. cap. 4), que defende que Deus não tem conhecimento prévio infalível de futuros atos humanos livres (*II*, p. 106), as evidências mostram o contrário. Todos os pontos a seguir afirmados por Enns sustentam claramente o teísmo aberto. Ele declara: 1) Deus de fato aprendeu por meio da sua interação com Abraão (p. 103). 2) Deus reage às ações dos homens (p. 104). 3) Moisés foi capaz de fazer Deus mudar seus planos (p. 105). 4) Ele rejeita a posição de que Deus diz que ele não muda (p. 105). 5) Ele rejeita qualquer visão de bastidores a favor de tomar a Bíblia como ela é (p. 106). 6) Ele também defende que nossas orações de fato têm um efeito sobre Deus (p. 107). Uma vez que já tratamos do teísmo aberto em detalhes em outro texto (Geisler, House e Herrera, *Battle for God*), somente vamos comentar aqui que essas conclusões são contrárias às Escrituras, que afirmam que Deus não muda (cf. 1 Samuel 15.29; Hebreus 6.18; Tito 1.2; Tiago 1.17) e constituem argumentação sólida, que exige que haja um Ser supremo imutável segundo o qual toda mudança é medida. Quanto ao conhecimento prévio infalível, o Deus da Bíblia sabe "o fim desde o começo" (cf. Isaías 46.10). Assim, ele foi capaz de predizer a cruz de Cristo antes da fundação do mundo (cf. Apocalipse 13.8; Atos 2.22,23), predeterminar os eleitos (cf. Efésios 1.4; Romanos 8.29), predizer que Judas trairia Cristo (cf. João 13.26; 17.12; Atos 1.16) e fazer muitas outras previsões infalíveis, incluindo grandes reinos do mundo (cf. Daniel 2; 7) e o nascimento (cf. Miqueias 5.2), a morte (cf. Isaías 53) e a ressurreição de Cristo (cf. Salmos 2; 16; cf. Atos 2.24-30). Aliás, o teste de Deus para identificar um falso profeta (i.e., se ele faz uma profecia falsa) pressupõe que somente Deus pode fazer predições infalíveis do futuro (cf. Deuteronômio 13.2,3; 18.22).

Enns também afirma, ao contrário dos inerrantistas tradicionais, que não há evidências de que Deus conduziu de maneira providencial os costumes dos dias (*II*, p. 57) para que fossem um veículo adequado para sua Palavra por meio de autores humanos. Mas a Bíblia fala do conhecimento e cuidado providenciais de Deus, incluindo detalhes como a morte de um pardal ou o número de cabelos em uma cabeça (cf. Mateus 6.25-30). De fato, a Declaração de Chicago do International Council on Biblical Inerrancy (ICBI) diz no artigo 8: "Afirmamos que Deus, em sua obra de inspiração, empregou as diferentes personalidades e os estilos literários dos autores que *ele escolhera e preparara*" (grifo nosso). O comentário oficial do ICBI sobre esse artigo (Sproul, *Explaining Inerrancy*, p. 28) acrescenta: "Os autores das Escrituras foram [*providencialmente*] *escolhidos e preparados por Deus* para sua sagrada tarefa" (grifo nosso).

Enns também se opõe a qualquer apologética que defenda a perfeição da Bíblia (*II*, p. 109). Ele alega que aceitamos a Bíblia como a Palavra de Deus pela fé (p. 66, 169), não pela razão ou por evidências. Contudo, como veremos em seguida, ele aceita evidências extrabíblicas como praticamente determinantes para decidir o sentido do texto bíblico. Mas, se esse tipo de evidências extrabíblicas pode ser usado de maneira tão vigorosa, então por que outras evidências arqueológicas não podem ser usadas para sustentar a historicidade da Bíblia? Aliás, Enns admite que tais evidências sustentam a historicidade da monarquia de Israel (p. 43), embora ele negue que o material de Nuzi dê sustentação à historicidade dos patriarcas (p. 30). A não ser que seja um preconceito antissobrenaturalista, não há razão para que evidências semelhantes não possam ser usadas para apoiar a historicidade de livros do Novo Testamento como Atos e Lucas. Mas, quando alguém admite isso, já está fazendo apologética evidencial, o que Enns rejeita.

Ironicamente, Enns está rejeitando implicitamente seu próprio modelo encarnacional ao propor um sentido mais profundo, místico e alegórico para o texto bíblico do que revela o método histórico-gramatical, pois na encarnação houve uma união do divino e do humano, de modo que o que Jesus disse estava em concordância com o que Deus disse. Assim, precisamos concluir que houve uma cooperação divina na adaptação à finitude humana (não ao erro humano) no que Deus disse e no que Jesus disse. Se foi assim, então ambos afirmaram o mesmo sentido e a mesma verdade. Não houve separação. Negar isso é empregar uma visão herética da união das naturezas divina e humana em Cristo. Da mesma forma, por analogia, no modelo encarnacional das Escrituras, Deus e os autores humanos afirmam a mesma coisa no mesmo texto. O fato de que Deus sabe mais sobre o tópico do que o autor humano — ou que mais é afirmado em outras passagens — é irrelevante. A verdade é que, na união das naturezas divina e humana nas Escrituras, ambas afirmam a mesma coisa.

A relação de dados extrabíblicos com a interpretação

Muitas das teses novas e questionáveis expressadas por Enns parecem estar relacionadas à sua compreensão equivocada da relação de dados extrabíblicos com a Bíblia. Ele declara que a história de Gênesis está "firmemente enraizada na visão de mundo do seu tempo" (*II*, p. 27). Ele até reconhece que esses dados extrabíblicos às vezes são altamente influentes na determinação do sentido da Bíblia (p. 48).

Em conexão com isso, Enns está clara e exageradamente encantado com a chamada Interpretação do Segundo Templo (que iremos discutir no cap. 15 adiante) que ele entende que os autores do Novo Testamento fazem do

Antigo Testamento (*II*, p. 155). Nesses textos do Novo Testamento, ele enxerga os autores usando um embelezamento espiritual não factual no estilo midráshico de certas passagens do Antigo Testamento, como a ocorrência em que Paulo transforma a rocha que Israel seguia em uma história midráshica para enfatizar a interpretação cristotélica do Antigo Testamento. O espaço aqui só permite uma resposta abreviada a essa interpretação equivocada.

Em primeiro lugar, até Enns admite que essa é uma perspectiva minoritária entre os evangélicos. De fato é — e justificadamente assim —, visto que gera resultados que são incompatíveis com as posições evangélicas (v. cap. 15 adiante).

Em segundo lugar, ele também reconhece que não há regras claras para prevenir alguém de levar essa perspectiva "cristotélica" longe demais (*II*, p. 162). Mas, se não há critérios objetivos segundo os quais se pode determinar a verdade das Escrituras, então na análise final as decisões precisam ser tomadas de forma subjetiva. E, de fato, ele admite que essa perspectiva envolve desenvolver "intuições profundas" (p. 102) a fim de poder chegar a essas conclusões.

Em terceiro lugar, ele reconhece que o intérprete precisa rejeitar o método histórico-gramatical tradicional de interpretação e que, para fazer isso, ele precisa descobrir múltiplas camadas de sentido (*II*, p. 161). Mas isso é perigoso e destrói a própria argumentação, como demonstraremos adiante (no cap. 15).

Em quarto lugar, não há uniformidade na chamada Interpretação do Segundo Templo. Seu leque abrange desde a boa e sofisticada interpretação até algumas teses desvairadas, malucas (v. Beale, *Erosion of Inerrancy*, p. 92). As teses midráshica, alegórica ou mitológica eram todas uma só vertente. Outros adotaram uma abordagem mais literal, como o fez na prática a comunidade de Qumran na sua crença no cumprimento messiânico literal da profecia do Antigo Testamento.

Em quinto lugar, mesmo C. H. Dodd, que não era evangélico, argumentou que a maior influência sobre os apóstolos foi Jesus, que ele acreditava ter adotado uma abordagem muito contextual ao Antigo Testamento (v. Beale, *Erosion of Inerrancy*, p. 99).

Em sexto lugar, outros eruditos evangélicos ofereceram interpretações alternativas sem abrir mão de uma hermenêutica objetiva para fazê-lo. Veja o livro muito útil de Thomas A. Howe, *Objectivity in Biblical Interpretation*. Outros evangélicos, como Walter Kaiser, há muito têm defendido uma hermenêutica literal do Antigo Testamento pelo Novo Testamento.

Finalmente, a visão que Enns tem da interpretação do Antigo Testamento pelo Novo Testamento é claramente contrária à visão sobre a inerrância do ICBI, que foi adotada como a posição oficial da ETS. Como está claro com base nas citações anteriores, Enns transgride ao menos quatro dos artigos do ICBI, incluindo estes:

Artigo 12
Afirmamos que, em sua totalidade, as Escrituras são inerrantes, estando isentas de toda falsidade, fraude ou engano.

Negamos que a infalibilidade e a inerrância da Bíblia estejam limitadas a assuntos espirituais, religiosos ou redentores, excluindo informações de natureza histórica e científica. Negamos também que hipóteses científicas acerca da história da Terra possam ser corretamente empregadas para desmentir o ensino das Escrituras a respeito da Criação e do Dilúvio.

Artigo 14
Afirmamos a unidade e a coerência interna das Escrituras.

Negamos que alegados erros e discrepâncias que ainda não tenham sido solucionados invalidem as declarações da Bíblia quanto à verdade.

Artigo 15
Afirmamos que a doutrina da inerrância está alicerçada no ensino da Bíblia acerca da inspiração.

Negamos que o ensino de Jesus acerca das Escrituras possa ser descartado sob o argumento de adaptação ou de qualquer limitação natural decorrente de sua humanidade.

Artigo 18
Afirmamos que o texto das Escrituras deve ser interpretado mediante exegese histórico-gramatical, levando em conta suas formas e recursos literários, e que as Escrituras devem interpretar as Escrituras.

Negamos a legitimidade de qualquer abordagem do texto ou de busca de fontes por trás do texto que conduzam à relativização, desistorização ou minimização de seu ensino, ou a uma rejeição de suas afirmações quanto à autoria.

Da mesma forma, teses como as de Enns são criticadas por comentários oficiais do ICBI sobre a Declaração de Chicago nos seus artigos sobre hermenêutica e inerrância. Considere os seguintes:

Comentário do ICBI sobre o artigo 12
"Tem virado moda em alguns segmentos do debate defender que a Bíblia não é história normal, mas história redentora com ênfase na redenção. Foram estabelecidas certas teorias que limitariam a inspiração ao tema e campo da redenção da história redentora, dando espaço para que

A INERRÂNCIA DAS ESCRITURAS

a dimensão histórica da história redentora contivesse erros" (Sproul, *Explaining Inerrancy* [*EI*], p. 36).

"Embora a Bíblia seja de fato história *redentora*, ela é também *história* redentora, e isso significa que os atos de salvação operados por Deus de fato ocorreram no mundo do tempo e do espaço" (p. 37).

"A negação [no art. 12] rejeita explicitamente a tendência de alguns contendores de limitar a infalibilidade e a inerrância a segmentos específicos da mensagem bíblica" (p. 36).

Comentário do ICBI sobre o artigo 13
"Quando dizemos que a veracidade das Escrituras deve ser avaliada segundo seus próprios padrões, isso significa que [...] todas as afirmações da Bíblia precisam corresponder à realidade: quer histórica, quer factual, quer espiritual" (Sproul, *EI*, p. 41).

Ele acrescenta que, " 'de acordo com padrões bíblicos de verdade e de erro', quer-se dizer a visão usada tanto na Bíblia quanto na vida cotidiana, ou seja, a visão de correspondência com a verdade. Essa parte do artigo é dirigida àqueles que querem redefinir a verdade para que esteja associada somente à intenção redentora, o aspecto puramente pessoal, ou algo semelhante, em vez de significar aquilo que corresponde à realidade" (p. 43-44).

Comentário do ICBI sobre o artigo 18
"Quando a busca pelas fontes produz uma desistorização da Bíblia, uma rejeição de seu ensino ou uma rejeição das reinvindicações de autoria da própria Bíblia, [então] isso ultrapassou os seus próprios limites [...]. Nunca é legítimo, no entanto, bater de frente [com afirmações bíblicas] para expressar afirmações bíblicas" (Sproul, *EI*, p. 55).

Comentário do ICBI sobre hermenêutica
Foi escrito também um comentário oficial sobre a Declaração de Hermenêutica do ICBI (1982): Geisler, "Explaining Hermeneutics" (EH) [Explicando a hermenêutica]. A seguir, alguns excertos relevantes desse texto:

> *EH sobre o artigo 6*: "Afirmamos ainda que uma declaração é verdadeira se ela representa as questões como elas de fato são, mas é um erro se ela representa equivocadamente os fatos". O comentário sobre isso acrescenta: "A negação torna evidente que as visões que redefinem o erro para que signifique aquilo que 'desencaminha', em vez do que é um erro, precisam ser rejeitadas".
> *EH sobre o artigo 13*: "Negamos que categorias gerais que negam a historicidade possam ser corretamente impostas às narrativas bíblicas que se

136

apresentam como factuais. Alguns debatedores entendem, por exemplo, Adão como um mito, ao passo que nas Escrituras ele é apresentado como uma pessoa real. Outros entendem que Jonas é uma alegoria quando, na verdade, é apresentado como uma pessoa histórica e [é] assim mencionado por Cristo".

EH sobre o artigo 14: "Negamos que qualquer evento, discurso ou dito registrado nas Escrituras foi inventado pelos autores bíblicos ou por tradições que eles incorporaram".

EH sobre o artigo 22: Ele "afirma que Gênesis 1—11 é factual, como o é o restante do livro". E: "A negação torna evidente que as visões que redefinem o erro para que signifique aquilo que 'desencaminha', em vez do que é um erro, precisam ser rejeitadas" (p. 892).

Uma coisa fica evidente em vista de todas essas declarações do ICBI: as teses do professor Enns são incompatíveis com as dos formuladores das declarações da ETS e do ICBI. Visto que essas declarações afirmam a inerrância total da Bíblia, então se segue que Enns negou a doutrina histórica da inerrância das Escrituras.

Objetividade e interpretação

Como será mostrado mais tarde (no cap. 15), a inerrância e o método histórico-gramatical de interpretação da Bíblia estão proximamente associados. No entanto, Enns rejeita essa interpretação como tal e adota uma forma pós-moderna de subjetivismo na interpretação das Escrituras (discutida em mais detalhes no cap. 15 adiante). Ele argumenta que o método histórico-gramatical tradicional é em geral uma boa abordagem, mas é insuficiente (*II*, p. 159). Ele precisa ser ampliado com a chamada perspectiva midráshica do Segundo Templo que acrescenta um embelezamento espiritual ao texto (p. 117). Ele crê que Daniel recebeu um sentido mais profundo das palavras de Jeremias sobre os setenta anos (p. 119). Ele afirma que os autores bíblicos cavam para encontrar "mistérios" mais profundos no texto (p. 131). Em Cristo, há um "supercumprimento" dos textos do Antigo Testamento que não falavam dele (p. 136). A semente de Abraão tinha sentido duplo e mais profundo (p. 137). Ele considera a tradição não histórica como parte da interpretação que o Novo Testamento faz do Antigo Testamento (p. 143).

Além disso, Enns afirma que a visão que os apóstolos têm da divindade de Cristo não resultou de uma interpretação objetiva do Antigo Testamento (*II*, p. 153). Ele afirma que a interpretação cristã foi além de critérios objetivos (p. 162). Assim, a interpretação bíblica não é uma fortaleza a ser defendida, mas uma peregrinação a ser trilhada (p. 162). Ele afirma que as categorias "inerrância" e "infalível" nunca poderão ser completamente

A INERRÂNCIA DAS ESCRITURAS

compreendidas (p. 168). Não temos um ponto de referência absoluto para interpretar a Bíblia livres do nosso contexto cultural. A Bíblia não é um livro de regras atemporal ou um manual do proprietário (p. 169). Os autores do Novo Testamento usaram a hermenêutica do Segundo Templo (p. 117). O método histórico-gramatical tradicional em geral é uma boa abordagem, mas "contexto original" não significa somente gramática e história, como também a hermenêutica daquele tempo (p. 117). Daniel recebeu um sentido mais profundo das palavras de Jeremias sobre os setenta anos (p. 119). Os autores bíblicos cavam na busca de "mistérios" mais profundos no texto (p. 131). Há um "supercumprimento" em Cristo de textos do Antigo Testamento que não estavam falando dele (p. 136). A "semente" de Abraão tinha sentido duplo e mais profundo (p. 137). Paulo mudou um texto do Antigo Testamento, acrescentando uma palavra (e alterando o sentido; p. 140-142). A tradição não histórica é parte da interpretação que o Novo Testamento faz do Antigo (p. 143). O Novo Testamento tira o Antigo Testamento do seu contexto e o coloca em outro, o contexto de Cristo (p. 153). Israel é substituído pela Igreja (o sentido mais elevado e mais profundo de Deus; p. 154).

De acordo com Enns, o método histórico-gramatical não é o método normativo (*II*, p. 159). Deus tinha mais em mente do que o autor humano da Bíblia imaginava (p. 160). A interpretação cristã está muito além de marcadores científicos ou critérios objetivos (p. 162). A interpretação adequada é uma atividade de comunidade, uma comunidade histórica, a família de Deus ao longo dos séculos. A interpretação bíblica não é uma fortaleza a ser defendida, mas uma peregrinação a ser trilhada (p. 162). As categorias "inerrância" e "infalível" nunca serão plenamente entendidas (p. 168). Não temos um ponto de referência absoluto para interpretar a Bíblia livres do nosso contexto cultural. O modelo encarnacional nos ajuda a ver o evangelho multidimensional (p. 169). A Bíblia não é um livro de regras atemporal ou um manual do proprietário (p. 169). Assim, Enns não está disposto a chamar sua visão nem de liberal nem de conservadora (p. 171). Na verdade, deveria ser chamada de neobarthiana.

No entanto, os inerrantistas do ICBI insistem na hermenêutica histórico-gramatical em sua famosa Declaração de Chicago (1978), que diz: "Afirmamos que o texto das Escrituras deve ser interpretado mediante exegese histórico-gramatical, levando em conta suas formas e recursos literários, e que as Escrituras devem interpretar as Escrituras. Negamos a legitimidade de qualquer abordagem do texto ou de busca de fontes por trás do texto que conduzam à relativização, desistorização ou minimização de seu ensino, ou a uma rejeição de suas afirmações quanto à autoria".

Além disso, o ICBI organizou uma conferência exclusiva para defender sua hermenêutica histórico-gramatical (1982) em uma série de artigos (v. Radmacher e Preus [Eds.], *Hermeneutics, Inerrancy, and the Bible*) e em um comentário sobre os artigos (Geisler, "Explaining Hermeneutics"). Como veremos, a visão de Enns fica aquém desses padrões.

Uma avaliação da posição de Peter Enns em relação às Escrituras

Em vista de uma discussão adiante (no cap. 15), a avaliação pode ser breve aqui. Não se pode negar que é possível derivar sentido objetivo do texto sem que se tenha uma compreensão objetiva do texto. Tampouco se pode dizer que toda interpretação é progressiva sem que se fique de fora do processo para fazer essa declaração. Além disso, não há maneira de saber que Deus tinha em mente um sentido mais profundo para determinado texto se tudo o que temos é o texto escrito para nos informar o que Deus quer dizer. Usar outros textos para obter esse suposto sentido "mais profundo" não previne o problema por duas razões. Primeira, mesmo aqui tudo o que temos em que nos basear é o texto escrito. Segunda, o que o texto bíblico diz em outras ocorrências não acrescenta ao que outro texto diz; ele simplesmente nos dá mais sobre esse tópico. Determinado texto não pode afirmar (ou negar) nada mais do que esse determinado texto afirma (ou nega). Alegar mais para ele é tentar ler abaixo, por trás ou nas entrelinhas em vez de ler as linhas. Na análise final, Enns não está ampliando e acrescentando ao método histórico-gramatical de interpretação: ele o está negando.

O modelo encarnacional

O professor Enns está correto em propor um modelo encarnacional que inclui dois fatores importantes: 1) a "plena humanidade" das Escrituras; 2) a unidade dos elementos divino e humano da Bíblia. No entanto, ele parece ficar devendo seriamente na sua compreensão de que esses elementos envolvem factualidade e materiais historicamente incorretos (*II*, p. 168). Da mesma forma, ele argumenta que seu modelo lida melhor com a diversidade (p. 73) e também que ele nos ajuda a ver o evangelho multidimensional (p. 169). Mas isso não escapa da acusação de relatividade hermenêutica, que destrói a si mesma.

Sob um exame mais minucioso, torna-se evidente que com "modelo encarnacional" Enns não quer dizer o que tradicionalmente os teólogos ortodoxos têm em mente quando fazem essa comparação entre Cristo e as Escrituras, pois eles argumentam que, assim como Cristo era plenamente humano e sem pecado, assim também a Bíblia é plenamente humana, mas sem erros. Afinal, tanto o Salvador quanto as Escrituras são chamados de

A INERRÂNCIA DAS ESCRITURAS

"a Palavra de Deus". Mas Deus não pode pecar nem errar. Assim, a Palavra de Deus (viva ou escrita) não pode pecar ou errar. Aliás, ambos são chamados "perfeitos" (sem mácula) na Bíblia. A Palavra viva de Deus é descrita como "sem pecado" (cf. Hebreus 4.15); "sem mancha e sem defeito" (cf. 1 Pedro 1.19); aquele que "não cometeu pecado algum, e nenhum engano foi encontrado em sua boca" (cf. 2.22); "o justo" (cf. 3.18); "puro" (cf. 1 João 3.3); aquele "que não tinha pecado" (cf. 2 Coríntios 5.21); "santo, inculpável, puro, separado dos pecadores" (cf. Hebreus 7.26). Usando a analogia bíblica encarnacional, é difícil ver como a Palavra de Deus escrita poderia ser imperfeita e errante; aliás, a Bíblia é tida como "perfeita" (sem mácula; cf. Salmos 19.7), "verdade" (cf. João 17.17), "inspirada por Deus" (cf. 2 Timóteo 3.16), inviolável ("não pode ser anulada"; cf. João 10.35); imperecível (cf. Mateus 5.17,18); palavras pronunciadas pelo Espírito (cf. 2 Samuel 23.2; João 14.26; 16.13) e constituída de "toda palavra que procede da boca de Deus" (cf. Mateus 4.4). Claramente, a analogia encarnacional como apresentada na Bíblia favorece a inerrância de tudo que a Bíblia afirma (v. cap. 16 para uma discussão mais detalhada).

A posição acomodacionista

Embora se reconheça que historicamente os teólogos ortodoxos defenderam que uma adaptação divina é necessária para que Deus se comunique com seres humanos, em tempos recentes houve, não obstante, uma mudança séria no sentido da categoria "acomodação". A mudança é tão séria que há algum tempo já estamos defendendo que os evangélicos descartem o termo "acomodação" e o substituam por "adaptação". Esta não será a primeira vez que será necessário usar um termo novo para descrever algo que antes se pensava ser bom (a palavra "*gay*" antigamente tinha conotações diferentes do que tem hoje). Certamente, quando Deus se revelou nas Escrituras Sagradas, houve uma adaptação à finitude humana. Mas não houve acomodação ao erro humano, pois Deus não pode errar (cf. Tito 1.2; Hebreus 6.18). Infelizmente, Enns parece acreditar que Deus pode se acomodar a afirmações factualmente incorretas (i.e., erros). Mas isso é uma negação da inerrância das Escrituras, uma negação manifestada em diversas coisas que ele disse.

Em primeiro lugar, ele usa alguns termos ambíguos em conexão com a Bíblia, como, por exemplo, que a Bíblia é "confusa" (*II*, p. 109) e que Jesus "assumiu completamente" a pompa cultural do mundo à volta dele (p. 17). Assim, a Bíblia não pode ficar afastada do "drama selvagem e violento da história humana" (p. 109). Mas ele nunca dissocia isso claramente da implicação de que há afirmações na Bíblia que contêm erros ou descrições enganosas.

Aliás, às vezes Enns parece admitir que há esses tipos de erros na Bíblia. Por exemplo, ele defende que os autores bíblicos realmente acreditavam que havia outros deuses (i.e., politeísmo) (p. 98).

Em segundo lugar, ao usar um modelo verdadeiramente encarnacional, as palavras e expressões como "confuso" (*II*, p. 109), "assumiu completamente" a pompa cultural do mundo à volta dele (p. 17) e entrar no "drama selvagem e violento da história humana" (p. 109) são, na melhor das hipóteses, ambíguas e, na pior, são camuflagens da negação da inerrância da Palavra de Deus escrita e, por comparação, da impecabilidade do Filho de Deus.

Em terceiro lugar, Enns fala contra um posicionamento apologético que defenda a Bíblia contra a acusações de erro (*II*, p. 108). Se ele crê que a Bíblia é inerrante, não deveria ter hesitação alguma em tentar defendê-la contra acusações falsas de que ela não é inerrante.

Finalmente, Enns acredita que há inconsistências na lei moral do Antigo Testamento (*II*, p. 85). Ele acredita que Êxodo conflita com Deuteronômio (p. 87). Ele diz que Deus permite que a lei seja "ajustada ao longo do tempo" (p. 87). Ele afirma também que a versão NIV está equivocada ao pressupor a inerrância como a base de sua tradução (p. 92). Mas o que é isso, senão uma negação implícita da inerrância?

Em vista de tudo isso, fica evidente por que Enns prefere ir além da "batalha pela Bíblia" que está sendo travada sobre se a Bíblia confirma ou não algum erro — afirmações que estão factualmente incorretas. Na verdade, Enns parece favorecer uma visão neobarthiana das Escrituras em que a Bíblia é meramente "o testemunho escrito a respeito de Cristo" (*II*, p. 161) ou o livro em que Deus "fala à igreja" (p. 46). Essas afirmações são verdadeiras até onde vão, mas não vão longe o bastante. Aliás, elas parecem ser um disfarce de uma visão neobarthiana que nega a visão histórica ortodoxa segundo a qual a Bíblia é a infalível e inerrante palavra escrita de Deus.

Conclusão

Quando a real posição de Enns é desvelada, é mais fácil entender o tipo de paranoia teológica que Enns revela sobre sua posição quando ele exorta outros a não falar de posições como a dele com "suspeição julgadora" (*II*, p. 172) ou "predisposições contra ideias novas", ou a considerar tais posições como "uma ladeira escorregadia". Da mesma forma, ele adverte contra "jogos de poder" e tenta difamar pessoas que defendem tais posições, ou adverte contra aqueles que "partem para o ataque" contra isso e "logo saltam às conclusões" sobre as motivações das pessoas e se envolvem em "construir seus próprios reinados", e tudo isso ele chama de "a síndrome da raiva evangélica" (p. 173). Sem dúvida, o resultado líquido de expressões *ad hominem* como essas é construir um muro protetor em volta das visões dele admitidamente minoritárias e não ortodoxas. Ao fazê-lo, ele espera se proteger de quaisquer análises críticas que as considerem não bíblicas e/ou não ortodoxas.

Sempre há um perigo quando alguém se põe a reconciliar sua visão da Bíblia com "a erudição bíblica moderna", como o faz Enns (*II*, p. 13). Com frequência, quando isso acontece, a pessoa troca a ortodoxia pela respeitabilidade acadêmica. Essa crítica não deve surpreender Enns, visto que ele reconhece que a visão de mundo de uma pessoa influencia a maneira em que ela interpreta a Bíblia (p. 14). Ele escreve: "As pressuposições que temos sobre a natureza de Deus (o que inclui noções de revelação e inspiração...) e assim por diante, vão determinar em grande medida como entendemos as evidências" (p. 48). Por que, então, deveríamos esperar que a maior parte da "erudição bíblica moderna" (que ele deseja acomodar), baseada como está em inclinações antissobrenaturalistas, seja conciliável com a Bíblia? Uma tentativa de conciliar um Deus sobrenatural que realizou eventos sobrenaturais registrados em um livro inspirado sobrenaturalmente com uma erudição fundamentada naturalisticamente que nega tudo que foi dito aí acima — essa tentativa está fadada ao fracasso.

▪ Fontes ▪

Beale, *Erosion of Inerrancy*
Enns, *Inspiration and Incarnation*
Geisler, House e Herrera, *Battle for God*
Howe, *Objectivity in Biblical Interpretation*
Johnson, S. L., *Old Testament in the New*
Kaiser, *Uses of the Old Testament in the New*
Radmacher e Preus, eds., *Hermeneutics, Inerrancy*
Sproul, *Explaining Inerrancy*

7

KENTON SPARKS SOBRE A INERRÂNCIA

Introdução

EM SEU livro *God's Word in Human Words* (2008), o teólogo Kenton L. Sparks fornece uma avaliação muito desafiadora à perspectiva evangélica tradicional das Escrituras em relação à alta crítica. Do ponto de vista inerrantista, há dimensões tanto positivas quanto negativas na posição de Sparks. Comecemos pelos aspectos positivos.

Algumas características positivas da posição de Sparks em relação às Escrituras

Entre as muitas coisas louváveis em seu livro, Sparks apresenta de maneira adequada as diversas abordagens evangélicas e não evangélicas à alta crítica (*God's Word* [*GW*], p. 18-23). Embora fosse um crítico de Gleason Archer, mesmo assim o elogiou por estudar a Bíblia de maneira histórica (p. 137-138). Sparks também acredita que as abordagens fideístas de alguns evangélicos são respostas não fundamentadas à alta crítica (p. 137-139). Ele está claramente consciente dos argumentos evangélicos usados para defender a inerrância (p. 248-251), como a analogia encarnacional usada pelos conservadores (p. 252), os apelos às reivindicações de Cristo (p. 164-165), os argumentos dedutivos da perfeição de Deus (p. 139) e de diferentes abordagens à acomodação divina (p. 231-256). Ele também apresenta uma visão panorâmica da história da crítica bíblica (p. 57-204), englobando pontos de vista de grandes teólogos, como Agostinho, Tomás de Aquino, Calvino e Barth (p. 28-30, 125, 172-178, 235-242, 309-310). Ele até mesmo afirma que a inerrância é um conceito teológico importante, implicado pela natureza e pelo conceito de Deus (p. 256).

Sparks apresenta um resumo sucinto de diversas hermenêuticas evangélicas e não evangélicas e seus efeitos sobre a inerrância (*GW*, p. 171-203). Ele reconhece que a filosofia secular afeta a compreensão da epistemologia, da linguagem e da inerrância (p. 33-55). Sparks entende que a Bíblia

143

A INERRÂNCIA DAS ESCRITURAS

é um livro tanto divino quanto humano (p. 76, 373). Ele afirma acertadamente que Deus é perfeito e não pode errar (p. 55, 139) e que a Bíblia é a revelação de Deus à humanidade (p. 73). Sparks também reconhece que a Bíblia é um livro muito humano em linguagem humana (p. 55-8, 76-77, 121, 193, 206). Ele está consciente da necessidade de o Espírito Santo iluminar a mente humana (p. 31, 203). Sparks considera ser necessário que a teologia cristã esteja enraizada na Bíblia e defende que ela está mais bem resumida nos credos históricos (p. 21-22). Ele reconhece que a Igreja, a academia, os editores e todas as pessoas precisam interagir com a doutrina da inerrância e suas implicações (p. 165-167, 357-374). Está claro que Sparks tem um conhecimento amplo do tema e de suas implicações. Muito do que ele sugere coincide com a abordagem evangélica histórica das Escrituras.

Uma avaliação das propostas básicas de Sparks

Apesar dessas características louváveis, a proposta de Sparks apresenta um problema sério para a posição tradicional da inerrância defendida por cristãos evangélicos (*GW*, p. 21-22, 134) e como expressada pelos formuladores da declaração adotada pela Evangelical Theological Society (ETS — Sociedade Teológica Evangélica) e pelo International Council on Biblical Inerrancy (ICBI — Conselho Internacional sobre a Inerrância Bíblica).[1] E, como tais, as propostas de Sparks exigem nossa atenção.

A *retórica* ad hominem *em Sparks*

Grande parte da obra de Sparks consiste em retórica elaborada contra a posição tradicional da inerrância. Ele afirma que os inerrantistas são "fundamentalistas ingênuos" (*GW*, p. 362), equivalentes aos que acreditam na Terra plana (p. 373), e que eles não são acadêmicos de verdade (p. 13). Além disso, ele carimba a posição inerrantista como ultrapassada e considera os eruditos críticos como os Copérnicos e Galileus da era moderna (p. 17-18). Ele argumenta que os evangélicos querem eliminar a ciência moderna e que são os críticos da alta crítica que sofrem nas suas mãos (p. 275).

---

[1] Kenton Sparks endossa o livro de nível popular de Thom Stark *The Human Faces of God: What Scripture Reveals When It Gets God Wrong (and Why Inerrancy Tries to Hide it)* (Eugene, OR: Wipf & Stock, 2011). No entanto, sua obra é, em grande parte, uma versão requentada de acusações contra a inerrância das Escrituras há muito refutadas. Além disso, tanto Sparks quanto Stark apresentam alegações falsas semelhantes sobre a natureza de Deus, especialmente as relacionadas ao problema do mal e da inerrância. Essas questões são tratadas neste capítulo e em outras partes do livro. Além disso, Thom Stark, mesmo alegando estar nos domínios do cristianismo, na verdade nega as doutrinas essenciais, tais como a divindade de Cristo, e subscreve pontos de vista não ortodoxos da natureza de Deus e das Escrituras.

Deve ficar claro que essa e outras declarações semelhantes são basicamente ataques *ad hominem* em vez de argumentos bíblicos e racionais contra a inerrância. Não obstante, ele tenta retratar-se como um verdadeiro erudito que sofre nas mãos dos tradicionalistas.

Um viés antissobrenatural

Espalhadas na obra de Sparks estão observações que refletem seu viés antissobrenatural. Ele percebe que os evangélicos reconhecem essa sua posição tendenciosa e por isso dedica uma seção considerável em apoio ao argumento de Ernst Troeltsch contra a historicidade dos milagres (*GW*, p. 313-322). Essa crítica usa a historiografia e recorre ao princípio da analogia para argumentar a favor de uma forma implícita de naturalismo. Seu argumento pode ser resumido como se segue (Geisler, *Sistematic Theology*, 1:216-217):[2]

1. O passado pode ser reconstruído somente com base na analogia de eventos conhecidos a nós no presente.
2. Os eventos históricos presentes não nos fornecem eventos miraculosos.
3. Daí que eventos miraculosos não podem ser parte de reconstrução alguma (história) de eventos passados.

Como resposta, ressaltamos que a compreensão que Troeltsch tem do princípio da analogia histórica é uma forma de uniformitarianismo histórico. Pressupõe que toda a história precisa ser entendida sem eventos miraculosos. De maneira semelhante à posição de David Hume, o uniformitarianismo histórico se reduz à posição de que os milagres devem ser desacreditados mesmo que eles ocorram. C. S. Lewis rejeita esse ponto de vista, afirmando: "Se admitimos a existência de Deus, devemos admitir a existência de milagres? Sem dúvida, sem dúvida, você não tem segurança alguma contra isso. Esse é o acordo. A teologia diz a você: 'Admita Deus e com ele o risco de alguns milagres, e eu, como retorno, vou ratificar a sua fé na uniformidade com relação à maioria esmagadora dos eventos'" (*Miracles*, p. 109). Sendo esse o caso, então para negar os milagres completamente a pessoa precisa contestar a existência de Deus. Pois enquanto for possível que Deus exista é possível que os milagres existam. Assim, o uniformitarianismo histórico pode ser reduzido ao naturalismo ateu. Em resumo, os milagres são atos especiais de Deus. Se Deus existe, então os atos de Deus são possíveis; portanto, qualquer procedimento alegadamente histórico que elimina os milagres e deseja preservar Deus é logicamente falho.

---

[2] Veja um tratamento desse tópico em Geisler, *Systematic Theology*, 1:43-63.

Recurso a uma solução mais "flexível" com respeito às contradições

Sparks defende que a hermenêutica contemporânea deve ter flexibilidade na interpretação de texto para permitir a reconciliação de contradições aparentes no texto. Ele recorre aos intérpretes ao longo da história da Igreja que, assim ele crê, eram cuidadosos na sua interpretação de textos diante de plateias não cristãs, especialmente em questões relacionadas à ciência ("After Inerrancy" [AI], p. 5). Depois de citar Tomás de Aquino e Agostinho, ele diz: "Eles também acreditavam que em questões em que as evidências científicas pareciam claras e convincentes, nossa interpretação das Escrituras deveria ser ajustada de maneira adequada" (p. 5).[3]

Sparks defende o abandono de uma leitura literal de Gênesis e a adoção de uma interpretação mais alegórica. Ele diz: "Os cristãos há muito têm defendido que a Bíblia inclui diversos níveis misteriosos de sentido e se voltaram a esses sentidos quando o sentido denominado literal parecia equivocado" (AI, p. 6). "A outra estratégia comum para 'ajustar' o discurso da Bíblia de fato admite os erros, mas coloca a culpa sobre a plateia humana das Escrituras" (p. 6). Esses intérpretes vencem essas contradições ao apelar à ideia de que os autores desses textos acomodaram os seus escritos aos pontos de vista confusos dos ouvintes antigos (p. 6). Deus permitiu que práticas inferiores e errantes entrassem nas Escrituras porque "a humanidade não estava preparada para administrar a sua eliminação repentina" (p. 6). Esses "elementos caídos da religião bíblica são gradualmente eliminados no curso do processo redentor" (p. 7).

Resposta a soluções antigas

Mesmo que a revelação especial de Deus nas Escrituras e sua revelação geral na natureza não possam conflitar, às vezes há um conflito entre as interpretações das Escrituras pelos teólogos e as interpretações que os cientistas fazem da revelação geral. Às vezes, os teólogos têm se equivocado, como a Igreja Católica Romana quando condenou Galileu por rejeitar o sistema solar geocêntrico. De forma semelhante, alguns intérpretes bíblicos têm interpretado a expressão "[os] quatro cantos da terra" (Apocalipse 7.1) como significando que a Terra é quadrada. Em outras ocasiões, os cientistas

---

[3] Sparks cita *Literal Interpretation of Genesis*, de Agostinho: "É uma coisa infeliz e perigosa quando um infiel ouve um cristão apresentando, supostamente, o significado das Santas Escrituras, falando absurdos sobre esses tópicos [cosmológicos], e deveríamos tomar todas as providências para evitar tal situação constrangedora, na qual as pessoas evidenciam a vasta ignorância de um cristão e riem e zombam" (AI, p. 5). Ele cita o comentário de Gênesis de Tomás de Aquino: "Deve [o intérprete] adotar uma explanação particular [das Escrituras] somente na medida em que está disposto a abandoná-la, se com certeza for demonstrada falsa; para que as Escrituras Sagradas não sejam expostas ao ridículo diante dos incrédulos, e não sejam colocados obstáculos para que eles creiam" (AI, p. 5).

estavam errados ao pressuporem a origem poligenética da humanidade e ao proporem a macroevolução. No entanto, esse não é um argumento contra a infalibilidade da Bíblia, mas um argumento a favor da falibilidade dos intérpretes bíblicos.

Realismo prático pós-moderno

Sparks acredita que o pós-modernismo fornece um recurso valioso para a reflexão teológica sobre ás Escrituras (AI, p. 8). Ele argumenta que os humanos não acham a realidade, mas criam a realidade e a verdade. Em vez disso, ele argumenta a favor do realismo prático. Ele diz: "Diferentemente do antirrealismo, esse conceito defende que a tradição não nos cega à verdade; antes, acaba se tornando a maneira prática, adequada e útil em que os seres humanos a captam e percebem" (p. 8). Essa nunca é uma percepção perfeita da realidade. Essa percepção "não é como um comutador que está ou certo ou errado. [...] Pode ser muito bom ou muito ruim, mas nunca perfeito. No melhor dos casos, o conhecimento humano é *totalmente adequado* para as necessidades da situação" (p. 8). Mas Sparks rejeita o conhecimento de Deus unívoco ou analógico (v. cap. 14 adiante), que nos deixa com a linguagem equívoca: nos deixa no ceticismo.

O realismo prático, diferentemente do realismo moderno, é oposto à correspondência um a um entre interpretação e fato (AI, p. 8). "Nossa compreensão da realidade está 'correta' quando nosso modelo ou conceito de realidade está 'suficientemente próximo' dos fatos para nos dar êxito no que estamos tentando fazer. O resultado nunca é 'a verdade bruta'. É, na melhor das hipóteses, parcial ou útil, embora sempre distorcido de alguma maneira ou de outra" (p. 8). Visto que os seres humanos são criaturas finitas e caídas, eles nunca podem ter uma visão perfeita do ponto de vista de Deus; eles sempre têm visão parcial ou distorcida (p. 8). Assim, "a boa teologia não se contenta com nenhum texto individual das Escrituras. Ela sempre percebe que todas as vozes das Escrituras, tomadas em conjunto, nos dão a compreensão mais plena de Deus e de sua voz" (p. 9).

Resposta ao realismo prático

Como mostramos em outra parte (no cap. 14 adiante), nosso conhecimento da realidade definitiva (e.g., Deus) é real, mas analógico. Nós apreendemos Deus, mas não conseguimos compreendê-lo plenamente. O agnosticismo total derrota a si mesmo, visto que inclui a contradição de que sabemos que não podemos saber nada sobre Deus. Por outro lado, o dogmatismo total está igualmente errado. Deus conhece de maneira infinita, e nós só conseguimos conhecer de maneira finita. Mas o que conhecemos, conhecemos verdadeiramente, mesmo que seja somente de forma parcial. Como disse o apóstolo Paulo: "Agora conheço em parte; então, conhecerei plenamente" (1 Coríntios 13.12). Isso não é simplesmente realismo prático; também é realismo de verdade. Podemos conhecer a verdade verdadeiramente, mesmo que não a conheçamos exaustivamente.

Hermenêutica teológica

Essa abordagem à hermenêutica busca interpretar a Bíblia por meio da sua natureza credal (relativa aos credos), ecumênica, bíblica e teológica. Ela é credal no sentido de que seus participantes abraçam as tradições dos credos cristãos. Ela é ecumênica porque os credos permitem uma diversidade de expressões legítimas da fé cristã. Ela é bíblica porque as Escrituras são levadas a sério e são essenciais para informar a teologia da Igreja. Finalmente, diz Sparks, ela é teológica porque está comprometida com o princípio de Calcedônia de que as Escrituras são "tanto divinas quanto humanas e que, por causa disso, ela apresenta a teologia por meio das perspectivas limitadas do horizonte humano. Como resultado, não se pode simplesmente ler superficialmente as páginas da Bíblia; é preciso ler o texto e então refletir teologicamente sobre como ele se relaciona com outros textos bíblicos e com a voz de Deus à medida que ela fala por meio da tradição, do cosmo e do Espírito" (AI, p. 9-10).

Para Sparks, a hermenêutica teológica busca encontrar o "discurso divino" nas Escrituras em vez do discurso humano (AI, p. 10). Ele se empenha em conhecer o que Deus está dizendo por meio do texto (p. 10). Deus não pode errar, mas os humanos podem errar. E, visto que Deus falou por meio de uma diversidade de autores humanos, isso produz a ocasião para que surjam contradições e erros. A hermenêutica teológica suplanta essas contradições aparentes ao ignorar os "sentidos humanos em favor de 'sentidos divinos' melhores e mais úteis que são fornecidos por meio de alegorias e do 'sentido espiritual' das Escrituras" (p. 10).

Resposta à hermenêutica teológica

A Bíblia é tanto divina quanto humana; é um conjunto de livros em coautoria. Assim, o que a Bíblia diz, Deus diz. Daí que afirmar que a Bíblia errou é afirmar que Deus errou. Precisamos de fato ir além das meras declarações na Bíblia para fazer teologia, mas não podemos ir contra a Bíblia. Tampouco pode uma declaração na Bíblia contradizer outra declaração, pois ela é Palavra de Deus, assim como é palavra do homem. Assim, nada na Bíblia é contraditório, pois Deus não pode contradizer a si mesmo. E nada na nossa teologia sobre a Bíblia deveria ser contraditório, pois fomos feitos à imagem de Deus e recebemos a orientação para "evitar ideias contraditórias" (cf .1 Timóteo 6.20). A lei da não contradição é literalmente inegável, pois toda tentativa de negar essa lei na verdade a confirma na sua própria negação.

O gênero determina o sentido

Sparks adota os horizontes de sentido de Hans-Georg Gadamer (*GW*, p. 43, 53, 212). Ele afirma que as pessoas precisam adotar a espiral hermenêutica para conciliar os discursos divino e humano (p. 206). A hermenêutica é um processo equivalente à dialética de Hegel, indo do particular para o todo, para criar o sentido do texto (p. 261, 279, 328). O gênero estabelece as regras fundamentais para a comunicação e o diálogo entre o leitor e o autor porque permite que os horizontes de sentido se fundam (p. 207). Interpretações equivocadas ocorrem porque as pessoas deixam de entender o gênero literário do texto (p. 208-209). A boa interpretação precisa ir além das palavras do *ato locucionário* do texto (o que é dito ou escrito) ao *ato ilocucionário* (o que o autor ou falante estava tentando realizar) (p. 208). Visto que as palavras captam somente pequenas partes da realidade, o intérprete deve fazer perguntas para penetrar além e por trás do texto para conseguir abranger o todo do evento literário (p. 209-210). Com respeito a isso, Sparks faz eco à abordagem de Kevin Vanhoozer (v. cap. 8 adiante).

Resposta: o gênero não determina o sentido

A essência do que Sparks está argumentando é que o gênero determina o sentido e que o sentido é obtido por meio de um processo de fusão entre os horizontes de sentido por meio da espiral hermenêutica (*GW*, p. 30, 38, 177, 209-212, 246, 262). No entanto, a natureza da posição objetivista não é que a objetividade pode ser indubitavelmente demonstrada, mas que ela não pode ser evitada. A natureza autodestruidora da posição subjetivista é que não se pode negar que o sentido objetivo do texto pode ser derivado do texto sem que se tenha uma compreensão objetiva do texto. Quando as pessoas estão em busca de um sentido mais profundo por meio de ilocuções, elas estão projetando ideias que vão além do texto. Não há maneira de saber se Deus ou os autores tinham como intenção um sentido mais profundo quando tudo o que temos para nos basear é o texto.

A segunda dificuldade com a ideia de que o gênero literário "fornece sentido" é que o intérprete precisa ler o texto e tentar discernir os padrões que indiquem conformidade às características de algum gênero em particular (Howe, "Does Genre Determine Meaning?" [DGDM?], p. 3). Isso exige que uma pessoa tenha ao menos uma noção rudimentar do texto antes de poder classificar seu gênero. Essa noção rudimentar ocorre quando uma pessoa se aproxima de um texto de acordo com a metodologia interpretativa histórico-gramatical, que vai do particular para o todo (p. 6). Assim, Sparks não consegue evitar a necessidade da interpretação histórico-gramatical das Escrituras.

O *círculo hermenêutico não é vicioso*

Há um círculo hermenêutico na relação do gênero com os elementos ordenado e embutido em sua forma particular, mas não é um círculo vicioso. A classificação em gêneros acentua a compreensão do sentido, ou pode qualificar leituras iniciais, mas não determina o sentido (DGDM?, p. 8). O quadro a seguir do professor Howe resume a relação entre o gênero e o material que forma a obra literária (p. 8):

Gênero	Palavras e frases
O todo	As partes
Acentua sentido	Determina sentido
Forma do texto	Material do texto
Surge do texto	Constitui o texto
Consideração secundária	Consideração primária

Além disso, a ideia de que o gênero determina o sentido sofre de outro equívoco lógico. A fim de descobrir o gênero de um texto em particular, o leitor já precisa ter uma teoria de gêneros [literários] bem desenvolvida. Mas, como Howe observa:

Uma teoria de gêneros [literários] vem do estudo e da comparação de textos individuais, e isso se faz antes da classificação dos gêneros e à parte dela. Se isso é assim, então deve ser fato que algum sentido é comunicado ao intérprete sem que o intérprete tenha reconhecido alguma classificação de gêneros. Mas, se o gênero determina o sentido, então esse cenário é impossível. O intérprete precisa conhecer o gênero antes de conhecer o texto. Mas isso é equivalente a impor expectativas de gênero ao texto (DGDM?, p. 10-11).

Muitos eruditos críticos usam a classificação de gêneros como desculpa para autorizar um tratamento específico do texto bíblico. Eles empregam esse método porque não aceitam os relatos históricos de grande parte das Escrituras, de modo que eles simplesmente classificam o texto como poesia, ficção, *midrash* e assim por diante. A dificuldade com tal abordagem é que, se uma pessoa não pode confiar na Bíblia sobre coisas da Terra e pode classificá-las de tal maneira que remova sua validade histórica, então como uma pessoa pode confiar na Bíblia quando chegar às coisas do Céu? Por que eles já não classificam assim também as coisas do Céu e com isso removem sua validade eterna? E a verdade é que muitos de fato fazem isso.

O apelo aos jogos de linguagem é falha

Sparks recorre aos jogos de linguagem de Wittgenstein para esclarecer a relação entre o gênero e o sentido (*GW*, p. 29). Wittgenstein ilustra a noção dos jogos de linguagem ao compará-los a jogos de verdade. Quando uma pessoa investiga jogos reais, fica claro que não há uma única característica comum a todos os jogos para definir a essência de todos os jogos. Antes, à medida que uma pessoa observa todos os jogos, ela vai concluir que, embora não haja uma única característica ou essência, todos os jogos se sobrepõem em certa medida, com diferenças nos detalhes. A ideia que aparece é que não há uma essência única na natureza da linguagem.

Esse, porém, é um recurso falso usado pela hermenêutica crítica porque os jogos de linguagem não são como gêneros. Eles empregam uma confusão fregeana [v. Gottlob Frege] entre o sentido e o referente para desviar o rumo da conversa. Como observa o professor Howe:

> Se o falante e o ouvinte estivessem jogando dois jogos, então a comunicação não teria ocorrido em nível algum, e o ouvinte não teria sido capaz de se movimentar de seu próprio jogo de linguagem para o jogo sendo jogado pelo falante, visto que não há natureza ou essência que pudesse tornar essa transição possível. Além disso, se o ouvinte está confuso somente quanto a seu referente, então isso indica que houve alguma comunicação mesmo que os dois tenham empregado gêneros diferentes. É a essência ou natureza singular da linguagem que torna a transição de um gênero a outro possível (DGDM?, p. 16).

A classificação de gêneros é possível somente porque há uma base para o sentido na realidade. Como será demonstrado mais tarde (no cap. 14), essa similaridade é encontrada na similaridade de estar entre o Criador e as criaturas feitas à sua imagem (cf. Gênesis 1.27). Uma vez que essa similaridade esteja estabelecida, a identificação de sentido objetivo (v. cap. 14 adiante) pode ser feita por meio do método de interpretação histórico-gramatical normal (DGDM?, p. 16-17).

Sentidos múltiplos negam a inerrância

Sparks não somente defende que há múltiplos sentidos em dado texto das Escrituras; ele também crê que esses sentidos às vezes são contraditórios.

A INERRÂNCIA DAS ESCRITURAS

Essa é uma negação muito clara da inerrância. Ele denomina essas diferentes vozes como diferentes trajetórias nas Escrituras que se movem e vão além do texto (*GW*, p. 295, 299, 326). Algumas delas podem incluir diferenças na teologia e na ética entre o Antigo e o Novo Testamentos (p. 295-297), diferenças entre o texto das Escrituras e a ciência contemporânea (p. 296), ou podem dar a entender que as pessoas da atualidade devem dar ouvidos à viva voz de Cristo para revelar novas trajetórias (p. 299). Mas, como será argumentado adiante (no cap. 14), há somente um sentido em um texto (*sensus unum*), embora possa haver muitas implicações. Aqui Sparks confunde sentido com significado.

Além disso, as implicações que Sparks extrai dessas trajetórias são que as muitas "parcelas" da viva voz podem contradizer a Palavra escrita. Ele diz: "Como resultado, a Palavra de Deus não nos foi passada como uma voz única e unívoca, mas em uma série de parcelas disparates e às vezes contraditórias, cujo sentido final precisa ser discernido espiritualmente pelo ouvir atento — com a ajuda do Espírito — a essa amplitude de discursos de Deus" (*GW*, p. 327). Finalmente, "Pela razão e pela sabedoria espiritual, a Igreja é capaz de descobrir com base nessas diferentes vozes a voz singular de Deus para nós hoje. A interpretação teológica é um processo que ouve a *Palavra* unívoca de Deus ao ouvir as muitas *palavras* dele" (p. 327).

A metodologia de Sparks é claramente contrária às declarações das Escrituras porque mina a sua autoridade divina. Ele usa o termo "trajetórias" para argumentar que Deus está conduzindo a Igreja em uma nova direção. Mas ao usar o termo "trajetórias" Sparks reconhece claramente que a nova direção contradiz as afirmações anteriores da Palavra de Deus. Mas esse método é contrário à natureza de Deus, que "não mente" (cf. Tito 1.2; cf. Hebreus 6.18), não é "Deus de desordem" (cf. 1 Coríntios 14.33) e nos adverte de evitarmos contradições (cf. 1 Timóteo 6.20).

Não há razão para acreditar que Deus está fazendo revelações normativas novas hoje. As Escrituras são muito claras a respeito disso: "Há muito tempo Deus falou muitas vezes e de várias maneiras aos nossos antepassados por meio dos profetas, mas nestes últimos dias falou-nos por meio do Filho [...]" (Hebreus 1.1,2). Agora que o cânon das Escrituras está fechado, os crentes devem encontrar a mensagem e a vontade de Deus na Palavra de Deus escrita. Como diz a Declaração de Chicago sobre a Inerrância da Bíblia (no art. 5): "Negamos que revelações posteriores, que podem completar revelações mais antigas, tenham alguma vez corrigido ou contrariado tais revelações. Negamos também que qualquer revelação normativa tenha sido dada desde o término dos escritos do Novo Testamento".

A acusação de uma abordagem puramente dedutiva

Sparks se opõe ao que ele considera a abordagem dedutiva tradicional, que argumenta com base na natureza de Deus e das afirmações das Escrituras a favor da inerrância (v. cap. 12 adiante). Ele crê que indivíduos como B. B. Warfield e Carl F. H. Henry estão usando uma forma cartesiana de argumentação (*GW*, p. 138). Ele afirma que Henry "deseja conhecimento religioso indubitável e crê plenamente que consegue obtê-lo de uma Bíblia inerrante" (p. 138-139). Sparks vai além e afirma:

> Uma vez que reconhecemos de maneira dedutiva que as Escrituras afirmam ou sugerem a sua própria inerrância, diz Henry, podemos presumir seguramente que quaisquer conclusões circulares que indutivamente sugerem erro nas Escrituras estão completamente equivocadas, ou por argumentação sofrível ou porque não temos à nossa disposição todos os dados de que precisamos para chegar à conclusão correta. Basta isso de crítica bíblica (p. 139).

Em vez disso, Sparks argumenta a favor de uma abordagem indutiva para o estudo das Escrituras. Ele crê que esse método reconhece a validade dos eruditos críticos e a humanidade da Bíblia. Ele diz: "Uma coisa é argumentar que Deus não erra nas Escrituras; outra coisa é argumentar que os autores humanos das Escrituras não erraram" (*GW*, p. 139).

Adiante, em referência a Calvino, ele diz:

> Sobre esse assunto [de que Deus não erra, mas se acomoda a pontos de vista humanos errantes], concordo plenamente com Calvino e poderia assinar a lista dos que argumentam, de forma semelhante, que a inerrância é um conceito teologicamente importante — e de fato antigo —, implícito na natureza e no conceito de Deus. Por outro lado, as noções fundamentalistas de inerrância que negam a influência das perspectivas humanas falhas no texto estão destinadas a serem consideradas insuficientes, não somente por necessidade teológica e filosófica (perspectivas humanas finitas nunca são inerrantes), mas também porque a diversidade teológica das Escrituras é muito evidente. Atribuir erro a Deus certamente é heresia, mas negar elementos humanos errantes nas Escrituras pode beirar a um tipo de docetismo (*GW*, p. 256).

Finalmente, Sparks diz:

> Vou dar meu apoio enérgico à doutrina da inerrância quando o assunto é Escrituras; mas vou sugerir também que essa doutrina, como tradicionalmente entendida, difere significativamente da doutrina como ela veio a ser entendida por aqueles

A INERRÂNCIA DAS ESCRITURAS

evangélicos que estão mais ou menos firmemente estabelecidos na tradição cartesiana. Na minha opinião, essa tradição leva a pessoa a um beco epistemológico sem
saída, que exige da Bíblia algo que ela não é, de modo que a nossa interpretação
humana das Escrituras pode ser transformada em "ídolos verbais" (*GW*, p. 55).[4]

Resposta ao argumento cartesiano de Sparks

Como resposta a Sparks, diversas observações são apropriadas. Em primeiro lugar, é importante reconhecer que o racionalismo cartesiano tem tido
alguns efeitos negativos sobre a teologia. Mas é falso afirmar que o todo
da posição moderna da inerrância é movida por ideais cartesianos. O Comentário do ICBI sobre a Inerrância Bíblica (Sproul, *Explaining Inerrancy*)
reconhece os efeitos negativos de ideias filosóficas falsas sobre a inerrância
e menciona especificamente o racionalismo como uma delas (*GW*, p. 72).
À luz dessas falsas pressuposições, ele diz: "Quando esses princípios não
bíblicos e antibíblicos se infiltram nas teologias do homem no nível das
pressuposições, como hoje com frequência acontece, a interpretação fiel
das Sagradas Escrituras se torna impossível" (p. 72-73).

Em segundo lugar, o argumento dos inerrantistas não é de forma alguma puramente dedutivo. Ele está baseado primeiramente em uma completa
indução das Escrituras no seu todo, o que fornece duas premissas: 1) Deus
não pode errar e 2) a Bíblia é a Palavra de Deus. Uma vez que um estudo
indutivo completo do todo das Escrituras é feito e fornece essas duas premissas, então e somente então há uma inferência dedutiva legítima com sua
afirmação: 3) Por isso, a Bíblia não pode errar. Mesmo assim, antes que se
possa saber exatamente o que se quer dizer com um erro, todos os dados
(fenômenos) das Escrituras precisam ser plenamente levados em consideração para que assim se saiba precisamente o que se quer dizer com um erro.
Isso também é um procedimento profundamente indutivo. Um procedimento mais compreensivo passo a passo de como isso funciona é descrito em
outro texto (v. Geisler, *Systematic Theology*, v. 1, cap. 12). É suficiente observar aqui que um método bíblico e teológico adequado que fornece uma
doutrina sofisticada da inerrância está baseado solidamente em um estudo
indutivo completo das Escrituras, tanto no que diz respeito às suas premissas básicas quanto a uma compreensão nuançada do que um erro poderia
ser. Os formuladores do ICBI reconheceram isso e o incorporaram no artigo

---

[4]   Sparks tomou emprestada a expressão "ídolos verbais" do livro de Vanhoozer *Há um significado
     nesse texto?* (versão em inglês, p. 459). Vanhoozer crê que uma abordagem que vê o texto como uma
     fonte de conhecimento em si mesmo não encapsula a plenitude das Escrituras (v. no cap. 8 uma crí-
     tica a Vanhoozer). Em vez disso, Vanhoozer argumenta a favor de uma abordagem que vê "textos
     como atos comunicativos caracterizados por intenção, ilocução e eficácia" (p. 459).

13 da Declaração de Chicago sobre a Inerrância Bíblica. Parte do artigo diz assim: "Negamos também que a inerrância seja contestada por fenômenos bíblicos, tais como a falta de precisão técnica contemporânea, irregularidades de gramática ou ortografia, descrições da natureza feitas com base em observação, registro de falsidades, uso de hipérbole e números arredondados, disposição tópica do material, diferentes seleções de material em relatos paralelos ou uso de citações livres".

Em terceiro lugar, para que a posição inerrantista sucumbisse ao argumento circular, conforme a acusação, ela teria de argumentar que a Bíblia é inerrante porque ela afirma ser inerrante.[5] Em vez disso, a posição inerrantista está fundamentada no argumento dedutivo que está fundamentado na natureza essencial de um Deus perfeito, que não pode comunicar erros.[6] O cristianismo, diferentemente de filosofias antigas, reconhecia que ser perfeito era da natureza do Ser Divino.[7] A semelhança está baseada na concordância ou na comunicação de forma. E, se Deus é perfeito, então o que ele produz precisa ser perfeito. Assim, quando Deus "soprou" a Palavra de Deus (cf. 2 Timóteo 3.16), então ela também precisava ser perfeita. O conceito de equivalência formal é aquilo para o que Warfield apontava com o lema: "Como as Escrituras dizem, Deus diz; e, como Deus diz, as Escrituras dizem". Ou, como Deus é perfeito, assim as Escrituras são perfeitas; e, assim como as Escrituras são perfeitas, assim Deus é perfeito.[8]

Em quarto lugar, o método puramente indutivo de Sparks é falho porque conduz à conclusão de que existem erros nos autógrafos originais. Sua abordagem recorre à humanidade da Bíblia para explicar os supostos erros e contradições. Os proponentes dessa abordagem vivem segundo o lema *Errare humanum est* (Errar é humano). Como resposta, os inerrantistas não negam a humanidade da Bíblia, mas negam que é necessário que os humanos errem. A vida diária confirma que os humanos são capazes de não errar. Há exames inerrantes, há listas telefônicas inerrantes e cartas inerrantes. Quando falamos das Escrituras, Deus é a causa primeira, e os

---

[5] Os argumentos circulares funcionam pressupondo a conclusão de uma das premissas.

[6] As Escrituras reconhecem que Deus é perfeito (cf. Mateus 5.48), que Deus não pode mentir (cf. Tito 1.2; Hebreus 6.18) e que Deus não pode "negar-se a si mesmo" (cf. 2 Timóteo 2.13).

[7] Tomás de Aquino diz: "Agora, Deus é o princípio primeiro, não material, mas na ordem da causa eficiente, que precisa ser mais do que perfeita. [...] Daí, o primeiro princípio ativo precisa ser o mais real e, por isso, o mais perfeito" (*Summa* 1.4.1).

[8] A posição da inerrância reserva a perfeição aos autógrafos originais. A declaração do artigo 10 diz: "Afirmamos que a inspiração, estritamente falando, diz respeito somente ao texto autográfico das Escrituras, o qual, pela providência de Deus, pode ser determinado com grande exatidão com base em manuscritos disponíveis. Afirmamos também que as cópias e traduções das Escrituras são a Palavra de Deus na medida em que fielmente representam o original".

A INERRÂNCIA DAS ESCRITURAS

autores humanos são as causas secundárias. E é impossível que uma causa secundária se eleve acima de uma causa primária. A implicação teológica é que, mesmo que os humanos sejam imperfeitos e tenham a tendência de errar, isso não transbordou para o texto das Escrituras. Pedro afirmou isso quando ele diz: "pois jamais a profecia teve origem na vontade humana, mas homens falaram da parte de Deus, impelidos pelo Espírito Santo" (2 Pedro 1.21). Falando em termos práticos, mesmo Deus pode escrever direito em linhas tortas!

Em quinto lugar, é falso afirmar que a posição inerrantista é uma forma de docetismo que trata o texto como "ídolos verbais" e descarta os estudos da alta crítica. Antes, como diz o artigo 14 da Declaração de Chicago sobre a Inerrância Bíblica: "Afirmamos a unidade e a coerência interna das Escrituras. Negamos que alegados erros e discrepâncias que ainda não tenham sido solucionados invalidem as declarações da Bíblia quanto à verdade". Visto que Deus é Verdade e a Palavra de Deus flui da natureza de Deus, segue-se que, mesmo com a diversidade e o escopo do interesse, há uma unidade e uma consistência interna. A natureza verdadeira de Deus faz surgir unidade da diversidade. Deus é um Deus de ordem, e seria contrário à sua natureza se sua Palavra fosse incoerente ou estivesse repleta de contradições.

Esse artigo reconhece os problemas de harmonização e do que parecem ser contradições apontadas pelos críticos. Eles geralmente alegam que a Bíblia está *cheia* de contradições. Mas as evidências revelam que essa é uma alegação exagerada da situação. Os defensores da posição da inerrância têm se empenhado em mostrar que essas supostas contradições podem ser resolvidas, e ao longo do tempo muitas delas já foram resolvidas. Assim, há uma expectativa razoável de que o restante também possa ser resolvido. Há um paralelo na presença de anomalias no mundo científico. Elas levam os cientistas a repensar suas teorias sobre a biologia, geologia e disciplinas semelhantes. O campo da ciência não descarta uma teoria bem atestada porque os cientistas não foram capazes de resolver uma anomalia. De forma semelhante, todo estudante das Escrituras pode aplicar o mesmo método científico para estudar as Escrituras e afirmar que a bem atestada doutrina da inerrância não deve ser descartada em razão de supostas contradições.

Essa não é uma insistência equivocada, visto que, à medida que o conhecimento e o trabalho dos eruditos avançam, é possível harmonizar o que antes parecia explicitamente contraditório. E hoje os estudiosos podem abordar um texto das Escrituras com a mesma confiança a fim de permitir que as Escrituras tenham a atenção que merecem. A posição da inerrância forçou os acadêmicos a cavarem mais fundo no texto das Escrituras, o que é exatamente o que uma pessoa esperaria de um livro com seu tamanho e escopo. Isso tem paralelos em outras disciplinas, visto que à medida que a ciência avança ela é capaz de explicar muitas coisas que não conseguia explicar em gerações passadas.

Jesus acomodou sua posição à condição humana decaída

Sparks faz a séria alegação de que Jesus se ajustou e acomodou seus ensinamentos à condição decaída do ser humano: quando comenta Mateus 19.1-9, ele alega que Jesus atribuiu a permissão que Moisés deu para o divórcio à acomodação. Nesse caso, Deus acomodou sua lei revelada às perspectivas culturais e ideológicas do Antigo Oriente Médio, que permitia o divórcio e que refletia a condição decaída e à dureza do coração humano (*GW*, p. 241-242). Sparks afirma:

> Na linguagem da nossa discussão moderna, *eu argumentaria que Jesus não somente permitiu, mas explicitamente testificou a acomodação teológica e ética das Escrituras à humanidade caída.* Assim, se primeiramente ficamos surpresos com a teologia acomodacionista dos pais da Igreja, já não precisamos mais estar; aliás, a teologia da acomodação deles em certa medida foi derivada desse texto do Evangelho (p. 241-242, grifo nosso).

Sparks reconhece as implicações cristológicas dessa afirmação: "Se as evidências críticas contra as atribuições autorais tradicionais no Antigo Testamento são tão fortes como parecem ser, então talvez seja a cristologia evangélica — não a erudição crítica — que precisa ser atentamente reconsiderada" (*GW*, p. 164-165). Resultam implicações da posição de Sparks:

> Se Jesus era plenamente humano, como requer a ortodoxia, então é provável que ele tenha aprendido — na companhia de outros judeus antigos — que Moisés, Isaías e Daniel escreveram seus livros sem consideração pelas realidades factuais ou históricas. Além disso, mesmo se Jesus soubesse o fato crítico de que Moisés não escreveu o Pentateuco, é pouquíssimo razoável pressupor que ele teria revelado essa informação ao seu público antigo. Na medida em que Jesus recorresse à sua onisciência na vida diária e nas conversas, teria sido necessário abrir mão constantemente de oportunidades de contar aos que estavam à sua volta o que ele sabia (p. 165).

Resposta à perspectiva da acomodação, defendida por Sparks

A posição acomodacionista de Sparks gera uma crise cristológica. Seu argumento de que errar é humano está baseado em um tipo de ideia gnóstica segundo a qual qualquer contato com a condição humana decaída torna o

A INERRÂNCIA DAS ESCRITURAS

erro inevitável. Esse argumento deve ser rejeitado por aquilo que é, ou seja, neognosticismo. Embora Sparks argumente a favor da impecabilidade de Cristo e afirme ser adepto da ortodoxia teológica, as implicações lógicas dessa posição são que o próprio Jesus se acomodou ao erro e poderia ter se acomodado ao pecado também. No entanto, isso vai claramente contra o ensino básico do Novo Testamento segundo o qual Jesus não pecou (cf. Hebreus 4.15; 2 Coríntios 5.21; 1 Pedro 2.22,23; 1 João 3.2,3). Além disso, não era questão de Jesus saber quem era o verdadeiro autor de um texto e abrir mão da oportunidade de dizer isso (como Sparks sugere), mas de Jesus afirmar que o autor do texto era Moisés, Davi ou Isaías (como ele fez em diversas ocasiões)[9] quando ele sabia que era falso. Isso seria engano divino. Assim, em cada uma das opções que Sparks sugere (no caso de Deus saber ou não saber quem eram os verdadeiros autores), a "acomodação" divina proposta por Sparks envolveria um erro divino, ou um pecado divino, como poderia ser o caso. Mas isso é totalmente inaceitável para qualquer teólogo ortodoxo. Assim, ou a Bíblia é inerrante ou, então, Cristo não era.

As implicações teológicas da posição de Sparks também são sérias. Pois, se verdadeiras, então os próprios ensinamentos de Jesus em linguagem humana estão manchados de erros. A cristologia ortodoxa nunca defendeu que a Segunda Pessoa da Divindade errou em suas palavras humanas — mas a lógica da posição de Sparks exige essa conclusão. As implicações são que o próprio Filho de Deus não é o "cordeiro sem mancha e sem defeito" (cf. 1 Pedro 1.19); em vez disso, ele participou de pecado e erro, e assim os santos no Céu não serão libertos de seu pecado e erro — embora as Escrituras ensinem que eles serão libertos (cf. 1 Coríntios 13.10; 1 João 3.2; Apocalipse 21.4). Pois eles ainda serão humanos no Céu. E, se ser humano envolve necessariamente estar em erro, então os santos no Céu também serão pecadores e errantes.

No entanto, não há razão para afirmar que Cristo aderiu a essa posição extrema de acomodação. Antes, a ortodoxia sempre ensinou que Deus adaptou sua revelação à *finitude* humana e nunca a acomodou à *condição humana caída*. A razão é que seria contrário à própria natureza de Deus como verdade acomodar-se ao erro. Na verdade, há dois pontos de veista que precisam ser distinguidos: 1) Primeiramente, Deus de fato se adapta à finitude humana, mas 2) Deus não se acomoda ao erro humano. Sparks confunde esses dois aspectos.

A ortodoxia clássica reconhece que Deus é transcendente. Por causa disso, Deus precisa "se abaixar" para falar com a humanidade. No entanto,

---

[9] Jesus afirma que Davi escreveu o salmo 110 (cf. Mateus 22.44,45) e que Moisés escreveu Levítico 13 (cf. Mateus 8.4). João afirma que Isaías escreveu ambas as seções de Isaías (cf. João 12.38-42). Jesus e os autores do NT fazem muitas outras atribuições de autoria.

essa adaptação à finitude nunca é uma acomodação a mitos, erro ou pecado — se Deus se adaptasse ao erro, isso o levaria a mentir, o que é "impossível" (cf. Hebreus 6.18). Deus usa antropomorfismos por meio da linguagem analógica para falar à humanidade, mas ele não se acomoda ao erro ou ao pecado. Um conhecimento parcial de Deus e da verdade não é a falta completa de conhecimento ou conhecimento defeituoso (cf. 1 Coríntios 13.12). Pode ser que Deus não nos conte tudo, mas tudo que ele nos conta é verdade (v. Geisler, "Accommodation", em *Baker Encyclopedia*, p. 1).

Há muitas razões para afirmar que Jesus nunca se acomodou ao pecado humano. Em primeiro lugar, seria contrário à vida e às ações de Jesus afirmar que ele se acomodou ao pecado ou ao erro. Jesus se posicionou repetidas vezes contra as tradições de seus dias (cf. Mateus 15.3) e corrigiu falsas percepções da Bíblia (cf. Mateus 5.21-48). Jesus censurou os líderes religiosos por terem pontos de vista errados da Bíblia (cf. Mateus 22.29; 23.16-23; João 2.15,16; 3.12). Em segundo lugar, a acomodação ao erro e ao pecado seria contrária à natureza de Jesus. Os amigos mais próximos de Jesus reconheceram o seu caráter moral (cf. 2 Coríntios 5.21; Hebreus 4.15; 1 Pedro 1.19; 1 João 3.3; 4.17). As multidões ficaram maravilhadas com o seu ensino (cf. Mateus 7.29). Os líderes e soldados romanos o declararam inocente das acusações feitas contra ele e o reconheceram como um homem justo (cf. Lucas 23.4,47). Finalmente, se cremos que Jesus é Deus, como todos os teólogos ortodoxos o fazem, ele não poderia mentir ou enganar pessoas. Pois é "impossível que Deus minta" (cf. Hebreus 6.18; Tito 1.2), e Jesus é o Filho de Deus (cf. Mateus 16.16-18; João 1.2,14; 8.58). Além disso, a palavra de Deus "é a verdade" (cf. João 17.17) e "Seja Deus verdadeiro, e todo homem mentiroso" (cf. Romanos 3.4). Não importam as limitações que Jesus tinha enquanto era um ser humano, elas foram necessárias para que acontecesse a redenção e a comunicação. Não obstante, não há erro envolvido, pois Jesus é Deus, e Deus não pode errar. Isso é contrário à sua própria natureza.

Sparks apela ao fato de que Jesus aprendeu como qualquer outro ser humano e cresceu em sabedoria (*GW*, p. 164), como Lucas diz (cf. 2.52), e ele não sabia o dia da sua volta (cf. Mateus 24.36). Como base nisso, ele argumenta que Jesus pode não ter sabido sobre a autoria de certos livros da Bíblia ou que Moisés na verdade não escreveu o Pentateuco, mas que foram quatro outros autores (J, E, P e D) que o escreveram (p. 77-78). Assim, quando falou de Moisés como o autor, Jesus se acomodou ao erro. No entanto, uma coisa é afirmar que Jesus não sabia o dia de sua volta ou a respeito da elaboração moderna de JEPD. Outra coisa bem diferente é afirmar que Jesus estava errado e fez afirmações erradas. As limitações de Jesus como homem não o impediram de afirmar a verdade. Tudo o que

Jesus ensinou veio com autoridade divina (cf. Mateus 28.18-20). Além disso, Jesus também ensinou somente o que o Pai lhe disse para ensinar (cf. João 5.30; 8.28). Acusar Jesus de erro é acusar Deus Pai de erro, visto que ele somente falou o que o Pai lhe disse que deveria falar (cf. João 8.26).

A acomodação e a analogia encarnacional

A posição da inerrância está fundamentada na natureza de Deus e no fato de que a Bíblia é a Palavra de Deus. O argumento tradicional pode ser formulado desta maneira:

1. Deus não pode errar.
2. A Bíblia original é a Palavra de Deus.
3. Por isso, a Bíblia não pode errar.

Sob exame mais atento, Sparks aceita a premissa 1, mas rejeita a premissa 2 e necessariamente a conclusão. Ele argumenta que a Bíblia é um livro divino que foi acomodado e ajustado à humanidade finita e caída. Ele amplia esse argumento para rejeitar toda a analogia encarnacional ortodoxa. Sparks diz:

> O argumento cristológico falha porque, embora Jesus fosse de fato sem pecados, ele também era humano e finito. Ele deve ter errado na maneira comum em que as outras pessoas erram por causa de suas perspectivas finitas. Ele não lembrou corretamente este ou aquele evento, confundiu uma pessoa com outra e pensava — como todas as outras pessoas — que o Sol se levantava literalmente. Errar dessas formas simplesmente faz parte de ser humano. Esses erros não são pecados, nem mesmo marcas que denigrem a nossa humanidade. Eles resultam do projeto de Deus, que Deus declarou ser muito bom. Como resultado, a analogia cristológica citada na Declaração de Chicago parece ser boa, mas nos lança em uma direção oposta ao que pressupuseram os formuladores da declaração. A forma finita e humana de Jesus nos revela que os autores das Escrituras e seu discurso serão finitos e humanos (*GW*, p. 252-253).

Sparks também argumenta contra o paralelo entre a encarnação e a inerrância, denominando-o uma confusão de categorias cristológicas (*GW*, p. 253). Ele argumenta que, embora os teólogos tenham usado a analogia ao longo da história da Igreja, ela não é perfeita. Ele escreve:

> Não obstante, o paralelo não é preciso em todos os aspectos. A junção de humanidade e divindade nas Escrituras é de um tipo diferente do que a união

hipostática da divindade e da humanidade em Cristo. O Filho encarnado combina a humanidade e divindade juntas em uma pessoa, ao passo que as Escrituras pronunciam revelação divina por meio de autores humanos finitos e caídos (p. 253).

A humanidade das Escrituras é mais bem ilustrada por meio da metáfora adocionista (Deus adotou as palavras do autor humano como suas) do que por meio da metáfora cristológica (em que a Palavra humana *é* Deus). Tal distinção poderia realçar teoricamente a diferença substantiva entre a *Palavra escrita* de Deus e a *Palavra encarnada* da qual a Palavra escrita dá testemunho (v. João 5.39) (p. 253).

De todo modo, Sparks insiste em que "se houver um argumento que liberte de sua condição decaída e finitude as personalidades, ideias e os temperamentos dos autores humanos das Escrituras, precisará tomar um curso bem diferente. A analogia cristológica termina antes que consiga servir como objeção às implicações da acomodação" (p. 253).

Há muitas razões para rejeitar as conclusões de Sparks sobre a acomodação e sua rejeição da analogia encarnacional em favor de uma analogia adocionista. Em primeiro lugar, ele formulou de maneira equivocada a analogia encarnacional ao afirmar: "O Filho encarnado combina a humanidade e a divindade juntas em uma pessoa, ao passo que as Escrituras pronunciam revelação divina por meio de autores humanos finitos e caídos" (p. 253). A analogia encarnacional ensina que, assim como o divino e o humano se juntaram em uma *pessoa*, assim também o divino e o humano se juntaram em um conjunto de *proposições* (ou frases). Se a forma verbal das Escrituras é "soprada" por Deus (cf. 2 Timóteo 3.16), então há a unidade proposicional que combina os elementos divino e humano em uma e na mesma estrutura verbal.

A argumentação da analogia encarnacional pode ser formulada assim:

1. A Palavra viva de Deus e sua Palavra escrita são semelhantes:
   a. Elas têm, ambas, uma dimensão divina e uma dimensão humana.
   b. Essas duas dimensões são combinadas em uma unidade.
   c. Assim, ambas estão sem falhas.
2. Assim sendo, tanto a Palavra viva de Deus quanto sua Palavra escrita estão moralmente sem falhas:
   a. A Palavra viva de Deus é sem pecado.
   b. A Palavra escrita de Deus não contém erro.

Esse argumento defende que Jesus como Deus não podia errar e Jesus como homem podia errar, mas não errou. Da mesma forma, a Bíblia na sua natureza divina não podia errar e na sua natureza humana podia errar, mas não errou.

A analogia adocionista de Sparks têm falhas sérias. O adocionismo é a falsa doutrina segundo a qual Jesus foi somente homem, mas foi adotado por Deus em virtude de seus poderes divinos. Alega-se que isso aconteceu quando Deus declarou do Céu: "Este é o meu Filho amado" (cf. Mateus 3.17). O argumento de Sparks falha por diversas razões. Primeiro, a analogia adocionista falha porque teria de argumentar que logicamente a Bíblia era um livro humano que se tornou um livro divino. Contudo, nem mesmo Sparks argumenta a favor dessa posição, mas diz que as Escrituras tiveram sua origem em Deus.

Segundo, se ele quer argumentar que a analogia adocionista está correta, então por comparação ele também teria uma cristologia adocionista herética. No entanto, as Escrituras afirmam claramente que Jesus não foi um homem que foi adotado como filho divino. Antes, ele foi o Filho eterno de Deus (cf. João 1.1,3; 8.58; Colossenses 1.16,17; Hebreus 1.3).[10] De forma semelhante, as Escrituras afirmam repetidamente que elas são a própria Palavra de Deus (cf. 2 Timóteo 3.16; João 10.35; 2 Pedro 1.20,21). Elas não foram meramente adotadas como Palavra de Deus quando ainda eram de fato somente palavras de homens. Pois as próprias palavras das Escrituras foram "sopradas" por Deus (cf. 2 Timóteo 3.16). Em vez disso, Davi diz: "O Espírito do SENHOR falou por meu intermédio; sua palavra esteve em minha língua" (2 Samuel 23.2).

Terceiro, para que a analogia adocionista se sustente, teria de argumentar que a Bíblia foi adotada em virtude de seus poderes divinos especiais, assim como Cristo foi adotado em virtude de seus poderes divinos especiais. A analogia desmorona porque, se a Bíblia contém tantos erros e acomodações à finitude humana como Sparks alega, então não há poderes divinos especiais manifestos no texto das Escrituras. Aliás, ele alega que as contradições morais nas Escrituras as tornam "completamente perniciosas e más" ("After Inerrancy" [AI], p. 3).

Quarto, a analogia falha porque implicaria que a Bíblia muda e passa de ser um livro humano para ser um livro divino. De acordo com a analogia adocionista, para que Jesus passasse de não ser Deus para ser Deus seria necessária uma mudança. Mas não é possível que a natureza divina sofra mudanças, nem que a natureza humana se torne natureza divina. Por isso, a analogia fracassa. Aliás, ela leva à heresia.

---

[10] Veja uma defesa completa da cristologia de Cristo na seção sobre cristologia em Geisler, *Systematic Theology*, v. 2.

Ética perniciosa, má e contraditória

Como exemplos do que torna a Bíblia "completamente perniciosa e má" (AI, p. 3), ele recorre a Deuteronômio 20.16-18 e Mateus 5.43-45. No primeiro texto, Deus ordena ao povo de Israel que cometa um genocídio. No segundo texto, Jesus ordena às pessoas: "Amem os seus inimigos". Isso, ele acredita, é uma contradição evidente entre a Lei de Moisés e as palavras de Jesus. Além disso, no relato do êxodo, Deus é retratado como alguém que mata crianças inocentes. Mais tarde, no livro de Josué, Deus ordena que Israel mate homens, mulheres, crianças e animais (cf. Josué 6.20,21). Sparks acredita que a existência desses sinais indicadores de contradições surge porque o texto das Escrituras foi escrito por seres humanos finitos e caídos, que erraram de formas que os seres humanos em geral erram (AI, p. 5). Ele cita, consentindo, a obra *The Fundamentals*, de James Orr, e crê que a inerrância é um desastre intelectual: "Pode-se argumentar, é verdade, a favor de uma 'condução providencial sobrenatural' que tem como alvo excluir todos os erros e discrepâncias, mesmo os menores, nas afirmações [...] mas essa é uma pressuposição violenta para a qual de fato não há nada na Bíblia que lhe dê sustentação" (p. 5). Por isso, recorrer a esses tipos de relatos é uma evidência claríssima de que a inerrância é um "desastre intelectual" (p. 5).

Reação a relatos perniciosos e maus

Conforme comentado anteriormente, a Bíblia não pode se contradizer porque ela é a Palavra de Deus, e Deus não pode se contradizer. Assim sendo, o erro não está na Bíblia; ele está no intérprete da Bíblia que pensa que vê contradições nela. Como diz Agostinho acertadamente: "Se ficamos perplexos por alguma contradição aparente nas Escrituras, não é permitido dizer que o autor desse livro está equivocado; mas ou [1] o manuscrito é falho, ou [2] a tradução está errada, ou [3] você a interpretou incorretamente" (Augustine [Agostinho], *Reply to Faustus* [Resposta a Fausto] 11.5). No caso de Sparks, é a interpretação que está errada. Deus é o autor da vida; Deus dá a vida, e ele pode tirá-la ou pode ordenar a alguém que a tire.

Por exemplo, a ordem para eliminar os ímpios cananeus foi uma ordem divina. E ele tinha justificativa para isso (cf. Levíticos 18), e a guerra era dele. Como diz o salmista: "Não foi pela espada que conquistaram a terra nem pela força do seu braço que alcançaram a vitória; foi pela tua [de Deus] mão direita [...]" (Salmos 44.3). Jó o expressa assim: "O Senhor o deu, o Senhor o levou" (cf. Jó 1.21). O próprio Deus diz: "Vejam agora que eu sou o único, eu mesmo. Não há Deus além de mim. Faço morrer e faço viver [...]" (Deuteronômio 32.39). Deus é soberano sobre a vida e tem o direito de tomar o que ele dá. Aliás, ele faz isso com todo ser humano — isso se chama morte. Assim sendo, se ele ordena a morte de uma pessoa, seja em autodefesa de alguém (cf. Êxodo 22.2), seja como pena capital (cf. Gênesis 9.6), seja para extirpar o câncer de uma civilização cananeia culpada, é direito dele fazê-lo (cf. Levíticos 18). A razão de ser errado que nós matemos intencionalmente um ser humano inocente é que é "assassinato" (cf. Êxodo 20.13) tirar a vida de uma pessoa inocente, criada à imagem de Deus (cf. Gênesis 1.27; 9.6). Daí que não é a Bíblia que está errada, mas é Sparks que está errado.

Evolução teísta
Sparks e o *site* BioLogos (v. apêndice 2 adiante) têm uma agenda clara: levar os evangélicos a adotar a teoria da evolução. Eles reconhecem que a afirmação da inerrância bíblica apresenta um obstáculo à teoria da evolução. Os teólogos devem avançar para além da compreensão "simplória" de Gênesis e da evolução (*GW*, p. 360). O "limiar das evidências" foi cruzado, e o texto bíblico já não pode ser conciliado com a ciência. Os autores bíblicos acreditavam que esses relatos eram verdadeiros porque eles estavam presos nos limites da sua cosmologia e das suas observações antigas. "A Bíblia diz que os seres humanos foram criados no sexto dia de um processo de criação de seis dias, e a ciência nos diz que os seres humanos foram criados por meio de um processo evolutivo complexo que levou milhões de anos" (AI, p. 3). Os teólogos e pastores deveriam aceitar o conselho de homens como Agostinho e Calvino e parar de usar Gênesis como um livro de ciências (*GW*, p. 361). E, se eles fizerem isso, "talvez, em algumas décadas ou um pouco mais, os cristãos evangélicos já não estejam mais atribulados por esse 'conflito' aparente entre Gênesis e a evolução do que pelo conflito entre Gênesis e Copérnico. O resultado não será um liberalismo não bíblico, mas um movimento cristão que conseguiu se entender com a realidade científica" (p. 361).

Evolução teísta e inerrância bíblica
Há tantas falhas no argumento de Sparks que é difícil saber onde começar. Primeiro, ele está fundamentado em uma falsa teoria da acomodação (tratada no cap. 16 adiante). O Deus da verdade não pode se acomodar aos nossos erros; Deus simplesmente se adapta à nossa finitude. Segundo, a evolução não é um fato; é uma hipótese não provada. Assim sendo, não há um verdadeiro conflito factual com Gênesis. O conflito é entre uma hipótese não provada e um ensino claro das Escrituras segundo o qual Deus criou a matéria, a vida, novos tipos de vida e os seres humanos à sua imagem (cf.

Gênesis 1.1,21,27).[11] Terceiro, não é uma visão "simplória" acreditar na criação. Algumas das mentes mais brilhantes da história e do pensamento contemporâneo defenderam e defendem essa posição. Quarto, a idade da Terra não é uma questão resolvida nem para a ciência nem para os teólogos. Assim, não é um fato que contradiga qualquer coisa. Aqui de novo trata-se de um conflito entre teorias sobre as revelações de Deus, não de um conflito entre suas revelações nas Escrituras e na natureza. Quinto, uma leitura histórico-gramatical de Gênesis 1 e 2, que é tanto biblicamente exigida quanto hermeneuticamente necessária (v. cap. 15 adiante), requer uma compreensão literal da criação em contraste com qualquer forma de macroevolução. Isso fica claro com base 1) no uso da palavra "criar" (*bārā*) nesse contexto; 2) na afirmação de que cada coisa criada se desenvolveu segundo "a sua espécie"; 3) na maneira em que o homem foi criado do pó; 4) na maneira em que Eva foi criada de Adão e 5) no retorno do homem ao pó do qual ele veio (não aos animais dos quais ele veio). Somente a rejeição inaceitável, não bíblica e autodestruidora da interpretação histórico-gramatical das Escrituras pode dar espaço para a macroevolução. E a aplicação desse tipo de hermenêutica não literal aos evangelhos vai minar outros fundamentos ortodoxos (como o nascimento virginal, a morte e a ressurreição de Jesus). Em suma, a macroevolução e a posição evangélica em relação às Escrituras são logicamente incompatíveis.

Finalmente, os autores bíblicos não estavam presos em uma falsa cosmologia. A inerrância tem espaço para afirmações observacionais que estão factualmente corretas. A Bíblia é um livro pré-científico, mas não é "não científico". Sempre que faz uma afirmação sobre o mundo do espaço-tempo, ela está correta, visto que é a Palavra de Deus, e Deus não pode cometer erros em coisa alguma. Repetindo, os erros estão na nossa interpretação, não na revelação dele. E, a propósito, não há contradição entre os fatos, quer históricos, quer científicos, e o que a Bíblia ensina (v. Geisler e Howe, *Big Book*).

Contradições bíblicas

Sparks recorre ao que ele considera serem muitos os problemas com as Escrituras (AI, p. 2-3; *GW*, p. 57-132). Ele aponta para a tensão entre as afirmações sobre a morte de Judas em Mateus 27.3-8 e Atos 1.18,19. Ele cita outras contradições: há afirmações de que Deus tem um corpo e de que Deus é Espírito (cf. João 4.24). Os precursores de Israel sabiam o nome

---

[11] Há em torno de 300 versículos na Bíblia que confirmam os fatos básicos da Criação registrados em Gênesis 1. Aliás, o próprio Jesus confirma a criação de Adão e Eva (cf. Mateus 19.4,5), como o faz o apóstolo Paulo (cf. 1 Timóteo 2.13).

de Deus, Yahweh (cf. Amós 9.1), mas outros textos afirmam explicitamente que eles não sabiam (cf. Gênesis 28.16; Êxodo 6.2,3). Os israelitas foram orientados a se divorciar de esposas incrédulas, mas outros textos dizem que não deveriam se divorciar delas (cf. Esdras 9—10; 1 Coríntios 7.10-16). Um texto retrata Davi como adúltero e assassino, e outro o retrata como um homem justo e inocente (cf. 2 Samuel 11—12; 1 Crônicas). A Bíblia afirma que houve uma inundação mundial, mas as evidências geológicas e biológicas provam que isso nunca aconteceu (AI, p. 30).

Foram levantadas muitas objeções contra a inerrância. A maioria delas já foi respondida em outras obras mais extensas (v. Archer, *Bible Difficulties*; Geisler e Howe, *Big Book*). Muitas das objeções principais serão respondidas adiante (no cap. 17). Nenhuma delas parece ser mais difícil do que as comentadas pelo finado Kenneth Kantzer, deão do Seminário Trinity (Trinity Evangelical Divinity School). Ele contou a respeito de dois amigos de confiança que fizeram relatos aparentemente contraditórios sobre a morte de outra amiga. Uma testemunha ocular relatou que ela havia sido atropelada por um ônibus, fora ferida, mas não morrera no acidente. Acabou morrendo pouco depois. Outro relato de uma testemunha ocular informou que a mesma pessoa estava em um carro, que foi atingido violentamente, ela foi lançada para fora do carro e morreu no ato. Kantzer acreditou nos dois relatos porque as duas testemunhas oculares eram confiáveis, mas não conseguiu conciliar os relatos. Mais tarde, sua confiança foi confirmada quando recebeu o relato da história completa: Exatamente como uma testemunha relatou, ela foi atingida por um ônibus, ferida, mas não morta no ato. Depois disso, um "bom samaritano" a colocou no seu carro e rumou para o hospital. Mas no caminho, exatamente como a segunda testemunha havia relatado, o carro foi atingido, ela foi lançada para fora do carro e morreu instantaneamente. Não conheço nada na Bíblia que pareça mais contraditório do que o que essas duas primeiras testemunhas disseram. O que resolveu o conflito de relatos? Foi a informação acrescentada segundo a qual ela foi apanhada por um "bom samaritano" e morreu no caminho para o hospital. Qual é a moral dessa história? É que os que acham que há contradições na Bíblia não sabem demais: eles sabem de menos. Assim também, se coletarmos mais informações sobre as dificuldades não resolvidas ainda restantes na Bíblia, é razoável crer que elas também podem ser resolvidas.

Conclusão

Sparks fornece muitos *insights* positivos sobre a natureza das Escrituras e a história da interpretação. Mesmo que não consigamos tratar de todas as suas alegações individuais em um capítulo breve como este, deve ficar claro que sua tentativa de explicar "a Palavra de Deus em palavras humanas" conduz a vários erros graves. Se os indivíduos fossem aceitar sua visão das Escrituras, teriam de adotar o antissobrenaturalismo, crer que Deus pode agir contra a sua natureza, aceitar a heresia do adocionismo cristológico, adotar a ideia de que a Bíblia acomoda a condição decaída e o erro do homem e adotar uma hermenêutica radical e o neobarthianismo.

O evangelicalismo histórico deve estar consciente desses eruditos da nova geração, como Sparks, que adotam a hermenêutica crítica e a crítica histórica. Sparks foi treinado e formado em um seminário evangélico norte-americano e em certa época serviu como pastor em uma grande igreja evangélica. Mas ele representa a cara do novo liberalismo no cenário norte-americano. Embora ele alegue ser evangélico na sua doutrina das Escrituras, essa alegação deve ser rejeitada. Aliás, as implicações filosóficas e teológicas da sua visão das Escrituras têm consequências sérias para a concepção da natureza de Deus e para a cristologia.

Albert Mohler fez alusão a Sparks como uma das novas caras no cenário norte-americano que se expressa contra a posição da inerrância. Ele diz no seu artigo "Inerrancy of Scripture" [Inerrância das Escrituras]: "Estamos entrando em uma nova fase na batalha pela veracidade e autoridade da Bíblia. Devemos ao menos ser gratos por argumentos não disfarçados vindos dos oponentes da inerrância bíblica, ao estarmos preparados, mais uma vez, a deixarmos claro para onde os argumentos deles conduzem".[12]

▪ Fontes ▪

Calvin [Calvino], *Institutes* [Institutas]
Geisler, *Baker Encyclopedia*
_____, *Systematic Theology*
Howe, "Does Genre Determine Meaning?"
Lewis, *Miracles*
Mohler, "Inerrancy of Scripture"
Sparks, "After Inerrancy"
_____, *God's Word*
Thomas Aquinas [Tomás de Aquino], *Summa*
Vanhoozer, *Is There a Meaning in This Text?*
Warfield, "Inspiration"
Wittgenstein, *Tractatus*

---

[12] http://albertmohler.com/2010/08/16/the-inerrancy-of-scripture-the-fifty-years-war-and-counting. Acesso em: 21 nov. 2021.

8

KEVIN VANHOOZER SOBRE A INERRÂNCIA

Introdução

ALGUNS AUTORES de que estamos tratando nesta obra, como Bart Ehrman (cap. 5), negam explicitamente qualquer tipo de inerrância bíblica. Outros, como Clark Pinnock (cap. 4) e Andrew McGowan (cap. 9), negam a inerrância ilimitada. Mas alguns, como Kevin Vanhoozer, alegam afirmar e confirmar a inerrância, mas adotam posições filosóficas que a minam. Esse tipo de posição é mais difícil de ser analisada.

Vanhoozer, professor do Wheaton College, é particularmente difícil de ser avaliado porque suas posições não são sempre afirmadas explicitamente. Com frequência, elas estão escondidas sob uma terminologia filosófica, em ilustrações ou em citações favoráveis de outros autores. A sutileza das suas posições torna ainda mais necessária sua análise e avaliação à luz da posição tradicional em relação à inerrância assumida pela Evangelical Theological Society (ETS) e pela Declaração sobre a Inerrância do International Council on Biblical Inerrancy [Conselho Internacional sobre a Inerrância Bíblica], que foi adotada pela ETS (v. cap. 3 antes).

Pontos de concordância com Vanhoozer sobre as Escrituras

Há muitas posições sobre as Escrituras defendidas por Vanhoozer com as quais um inerrantista tradicional pode concordar. Essas estão presentes em diversas áreas. As primeiras áreas de concordância tratam da natureza da inerrância propriamente.

Concordância sobre a inerrância

Vanhoozer acredita que "a inerrância é muito apropriada como uma descrição das afirmações bíblicas" ("Lost in Interpretation?" [LI?], p. 113). Ele então declara que a Bíblia é "infalível" (p. 92). Ele rejeita a posição das Escrituras defendida por Karl Barth (p. 99). Vanhoozer também aceita a revelação proposicional (LI?, p. 110; *Drama of Doctrine* [DD], p. 268).

A INERRÂNCIA DAS ESCRITURAS

Ele fala do "conteúdo cognitivo das Escrituras" (LI?, p. 100). Vanhoozer adota a objetividade da verdade (*Is There a Meaning in This Text?* [MT?], p. 215) e a teoria da correspondência da verdade (LI?, p. 102). Ele defende que a Bíblia contém mais do que a verdade proposicional (*MT?*, p. 209; LI?, p. 103). Ele também aceita a coautoria da Bíblia tanto por Deus quanto pelos autores humanos (*MT?*, p. 265). Ele até mesmo enraíza a inerrância na natureza de Deus e no próprio ensino da Bíblia sobre si mesma ("Inerrancy of Scripture" [IS], p. 1).

Definição de inerrância

Colocando isso nas palavras do próprio Vanhoozer: "Enquanto a inspiração diz respeito à origem da autoridade da Bíblia, a inerrância descreve sua natureza. Com inerrância não estamos nos referindo não somente ao fato de a Bíblia ser 'sem erros', mas também à sua incapacidade de errar. [...] Inerrância, definida de maneira positiva, é uma referência a uma propriedade central e crucial da Bíblia, isto é, sua veracidade absoluta" (IS, p. 1). Também concordamos com Vanhoozer que:

> a base para a doutrina da inerrância bíblica está localizada tanto na natureza de Deus quanto no ensino da Bíblia sobre si mesma. Primeiro, se Deus é perfeito — onisciente, totalmente sábio, totalmente bom —, segue-se que Deus fala a verdade. Deus não fala mentiras; Deus não é ignorante. A Palavra de Deus está livre, portanto, de todo erro que surja ou do engano intencional ou da ignorância inconsciente. Essa é a confissão unânime do salmista, dos profetas, do Senhor Jesus e dos apóstolos. Segundo, a Bíblia se apresenta como a Palavra de Deus escrita (IS, p. 1).
>
> A inerrância das Escrituras significa que as Escrituras, nos manuscritos originais e quando interpretadas de acordo com o sentido pretendido, falam a verdade em tudo que afirmam (IS, p. 3).

Também concordamos em que a infalibilidade e a inerrância devem ser usadas para se referir às Escrituras e que elas são aparentadas. Vanhoozer diz:

> O termo mais antigo para expressar a autoridade bíblica — infalibilidade — continua sendo útil. A infalibilidade significa que as Escrituras nunca falham em seu propósito. [...] A inerrância, então, é um subconjunto da infalibilidade; quando o propósito da Bíblia é fazer afirmações verdadeiras, ela o faz sem falhar. No entanto, os outros atos de fala da Bíblia — advertências, promessas, perguntas — também são infalíveis (IS, p. 6).

Concordância na hermenêutica

Quanto à visão de interpretação das Escrituras que Vanhoozer defende, ele afirma adotar a interpretação "literal" do texto (*MT?*, p. 302-303). Vanhoozer até mesmo crê que há um sentido "fixo" no texto (p. 215). Ele também se opõe ao "relativismo hermenêutico" (*LI?*, p. 92). Vanhoozer elogia Carl Henry por enfatizar o conteúdo cognitivo das Escrituras (p. 94-95). Ele enxerga a diferença entre o que o texto afirma e por que ele o afirma. Vanhoozer compreende a relação próxima entre a inerrância e a hermenêutica (p. 96-97). Ele reconhece o uso da linguagem de fenômenos na Bíblia como "o sol se levantando ou se pondo" (p. 107) e também acertadamente enxerga que essa linguagem é o meio comum que um autor e um leitor compartilham. Assim, linguagem e compreensão são uma questão de comunidade. Da mesma forma, Vanhoozer deve ser louvado por enxergar que letras e palavras por si sós não constituem sentido. No melhor dos casos, elas só têm sentido em potencial. Em vez disso, a menor unidade de sentido é uma frase que combina as palavras de tal maneira que elas passem a transmitir sentido (*MT?*, p. 312). A intenção do autor é crucial para o sentido (*First Theology* [*FT*], p. 169). O sentido das palavras e frases é encontrado no seu contexto (LI?, p. 91). Ele também confirma o princípio de interpretação protestante segundo o qual a Bíblia é a melhor intérprete da Bíblia.

Nas palavras do próprio Vanhoozer, concordamos que "a questão do sentido deve preceder a questão da verdade. Precisamos determinar primeiro que tipo de alegação é feita antes de podermos decidir sobre a sua veracidade. [...] Precisamos, portanto, dizer que o sentido literal das Escrituras é o seu sentido literário", o sentido que o autor tinha em mente transmitir, e isso por meio de uma forma literária particular (IS, p. 5). "Inerrância significa que todo sentido, quando interpretado corretamente (i.e., de acordo com seu gênero literário e seu sentido literário), é plenamente confiável" (p. 6). Aliás, a Declaração sobre a Inerrância do ICBI (art. 13) afirma:

> Negamos que seja correto avaliar as Escrituras de acordo com padrões de verdade e erro estranhos ao uso ou propósito da Bíblia. Negamos também que a inerrância seja contestada por fenômenos bíblicos, tais como a falta de precisão técnica contemporânea, irregularidades de gramática ou ortografia, descrições da natureza feitas com base em observação, registro de falsidades, uso de hipérbole e números arredondados, disposição tópica do material, diferentes seleções de material em relatos paralelos ou uso de citações livres.

A INERRÂNCIA DAS ESCRITURAS

Outras áreas de concordância

Uma das percepções originais de J. L. Austin, em quem Vanhoozer se baseia no que diz respeito à sua filosofia do sentido e da linguagem, é que nem toda a linguagem é verdade proposicional. Isso também se aplica à linguagem bíblica, que inclui confissões, anseios, promessas, predições, ordens e exclamações. Também concordamos que há um grande valor em histórias, parábolas e figuras de linguagem. Aliás, grande parte da Bíblia vem nessas formas. Concordamos também que há grande valor pessoal, persuasivo e evocativo nas formas literárias da Bíblia. Certamente foi o propósito de Deus que assim ocorresse.

No nível prático, Vanhoozer insiste acertadamente em que a Palavra de Deus é transformacional, não meramente informacional (LI?, p. 110). A Bíblia chama à obediência, não somente à compreensão (p. 110). A Bíblia não nos foi dada simplesmente para a nossa consideração; também exige de nós o nosso comprometimento. Essas e outras coisas não alistadas são todas contribuições positivas a esse assunto feitas por Vanhoozer.

Algumas questões sobre a visão que Vanhoozer tem das Escrituras

O dr. Andreas Köstenberger também fez alguns questionamentos quanto ao método teológico de Vanhoozer no seu *site*, na sua resenha do livro *O drama das Escrituras* de Vanhoozer, aos quais Vanhoozer respondeu diretamente.[1] Infelizmente, quando se trata das Escrituras, Vanhoozer tende a tomar com uma mão o que ele deu com a outra. Isso se torna evidente em diversas áreas. Vamos começar com sua posição em relação ao sentido.

Questões sobre o sentido

Algumas das afirmações de Vanhoozer levantam sérias questões. A primeira delas diz respeito à teoria do ato de fala. Seria essa de fato uma maneira adequada de explicar o sentido, a verdade ou a inerrância? É interessante observar que até Vanhoozer levanta algumas dúvidas sobre essa questão quando escreve: "Pode ser que, no fim das contas, a filosofia do ato de fala seja inadequada para a tarefa descritiva" (*MT?*, p. 326). Aliás, ele admite revisá-la para que se encaixe em seus propósitos (p. 177n40).

---

[1] Por favor, veja a resenha que o dr. Köstenberger fez do livro *Drama of Doctrine* em http://www.biblicalfoundations.org/theology/the-drama-of-doctrine (acesso em: 25 nov. 2021). A resposta do dr. Vanhoozer pode ser encontrada em http://www.biblicalfoundations.org/theology/vanhoozer-responds-to-my-review (acesso em: 25 nov. 2021).

A teoria do ato de fala

Não obstante, Vanhoozer de fato adota uma versão da teoria do ato de fala da linguagem elaborada na geração passada por J. L. Austin (o "Martinho Lutero" das teorias) e disseminada por John Searle (o "Melâncton"), que a sistematizou. Austin observou (em seu artigo "Other Minds" [Outras mentes], 1946) que nem todas as afirmações são verdadeiras ou falsas, nem mesmo indicativas. Por exemplo, algumas são advertências, promessas, exclamações e assim por diante. Mais tarde (em 1962), Austin distinguiu entre o ato locucionário — uma elocução com um sentido e referência definidos (e.g., "A porta está aberta"); o ato ilocucionário — um ato que alguém pode executar ao fazer essa elocução (e.g., uma orientação para fechar a porta); e o ato perlocucionário — um ato que alguém pode incitar ao fazer essa elocução (incitar alguém a fechar a porta; veja artigo sobre "Austin, John Langshaw", em *Encyclopedia of Philosophy*, ed. Edwards, p. 213).

Vanhoozer aplica isso ao sentido do texto bíblico, dizendo:

> Austin distingue três diferentes coisas que fazemos com palavras, três tipos de atos linguísticos: (1) o ato locucionário: emitir/dizer palavras (e.g., ao dizer a palavra "Alô"); (2) o ato ilocucionário: o que fazemos ao dizer algo (e.g., saudar, prometer, ordenar etc.); (3) o ato perlocucionário: o que fazemos acontecer ao dizer algo (e.g., persuadir, surpreender) (*MT?*, p. 209).

Ele aplica isso à Bíblia da seguinte forma: 1) locução — o texto das Escrituras propriamente; 2) ilocução — o que o autor tinha em mente com essas palavras — sua intenção; 3) perlocução — o que o autor queria realizar com essa intenção.

Como aplicada às Escrituras, Vanhoozer escreve: "Minha proposta, então, é dizer tanto que a Bíblia é a Palavra de Deus (no sentido de seus atos ilocucionários) quanto dizer que a Bíblia se torna a Palavra de Deus (no sentido de atingir seu efeito perlocucionário" (*FT*, p. 195). Concentrar o foco no texto à parte de sua ilocução é puro "letrismo" ou "locucionismo" (*MT?*, p. 312).

Em outra parte, Vanhoozer explica isso da seguinte forma:

> Austin distingue três componentes do ato de fala no seu todo: (a) *o ato locucionário* "é basicamente equivalente ao 'significado no sentido tradicional'", (b) *o ato ilocucionário* é o que *fazemos* quando dizemos algo e (c) *o ato perlocucionário* é "o que fazemos acontecer ou atingimos ao dizer algo, como convencer, persuadir" ("Semantics of Biblical Literature" [SBL], p. 86).

Vanhoozer chama essa concepção de "uma teologia trinitária das Sagradas Escrituras". Por exemplo:

A atividade do pai é a locução. Deus Pai é o que fala, o que gera, o sustentador da palavra. [...] O Logos corresponde ao ato de ilocução de quem fala, o que alguém faz ao dizer algo. [...] A agência do Espírito consiste, por sua vez, em levar o ponto ilocucionário à compreensão do leitor e assim atingir o efeito perlocucionário correspondente — seja fé, seja obediência, seja louvor ou outra coisa (*FT*, p. 154-155).

Ele crê que o verdadeiro significado, que ele chama de significado "mais denso" (*MT?*, p. 284), não está no que é afirmado no texto (o que ele chama de significado "menos denso"), mas no propósito que o autor teve ao usar o texto (LI?, p. 106, 113). Ou seja, o verdadeiro significado não está na locução (o texto), mas na ilocução (o que o autor tinha em mente fazer com o texto). Mas, como vamos mostrar mais tarde (nos cap. 14 e 15 adiante), essa concepção tem sérias dificuldades. Assim, o verdadeiro significado do texto não está no texto, mas na fala do autor por meio do texto em um ato ilocucionário. Assim, para Vanhoozer, o autor fala por meio do seu texto, mas o texto não fala. Ele alega que somente o autor fala, não os livros (p. 106). Por exemplo, a locução em Josué 10 (que ele equivocadamente identifica como Js 9), que afirma que o Sol parou, não é o que a passagem está ensinando. Aliás, ela talvez inclua uma cosmologia errada da época. Antes, o verdadeiro argumento do texto está na ilocução ou no propósito do texto. Assim, "o que o autor está *fazendo* em Josué [10] é narrar a história a fim de mostrar como Deus cumpriu a sua promessa a Israel de conceder a Terra Prometida" (p. 106-107).

Resposta à teoria do ato de fala de Vanhoozer
Independentemente dos méritos que a teoria do ato de fala possa ter em outros contextos, a maneira em que é aplicada por Vanhoozer às Escrituras tem sérias desvantagens. Aliás, como usada para expressar uma posição ortodoxa com relação à inerrância, ela é incapaz de cumprir a tarefa. Isso não quer dizer que ela seja necessariamente a causa da teoria errada, mas certamente é um impedimento instrumental para expressá-la. Há muitas razões para isso.

Em primeiro lugar, Vanhoozer afirma que não se pode dizer, como o fez o Conselho Internacional sobre a Inerrância Bíblica (ICBI) na sua amplamente aceita Declaração de Chicago, que "a Bíblia é verdadeira e confiável em todas as questões de que trata" (art. 11). Por quê? Porque "estritamente falando, no entanto, 'ela' nem afirma nem trata disso; são os autores que o fazem" (LI?, p. 106).[2] Mas isso contraria tanto as Escrituras quanto a natureza da verdade objetiva (v. cap. 13 adiante). João escreve: "[...] como diz a Escritura noutro lugar [...]" (João 19.37) e "como diz a Escritura" (cf. 7.38).

Falamos da mesma maneira hoje em expressões como "a Bíblia diz" ou "as Escrituras nos contam". Além disso, é contrário à natureza objetiva da verdade afirmar que livros não podem falar. Pois se há verdade objetiva em uma peça de literatura, ou mesmo em um fragmento (e.g., "Coma mais legumes"), então o texto fala por si mesmo. É verdade, é necessário um autor para colocar essa verdade objetiva em um texto. Mas, uma vez que está lá, está lá para que todos leiam o que o texto diz.

Além disso, mesmo que um oficial do governo fez que o significado viesse a existir em um sinal de "pare" no trânsito, ainda assim o significado está ali no sinal para que todos leiam. E, quando o leem corretamente, entendem o significado de seu autor (ou autores). Como será demonstrado posteriormente (nos cap. 14 e 15 adiante), o significado não é encontrado no autor (a causa eficiente), ou no propósito do autor (a causa final), ou em palavras

---

[2] Deve-se observar que o erudito evangélico G. K. Beale, na sua obra *Erosion of Inerrancy in Evangelicalism*, externa sua preocupação sobre a crítica que Vanhoozer faz à posição tradicional da inerrância quando afirma: "Alguns estudiosos em instituições respeitáveis, no entanto, agora creem que, após mais uns trinta anos, a Declaração de Chicago estará ultrapassada em alguns aspectos muito importantes, e algumas dessas instituições não desencorajam seus professores de terem uma posição crítica quanto a elementos importantes do documento" (p. 19-20). Além disso, na nota de rodapé da página 19, ele tece mais considerações sobre aqueles que acham que esse documento está ultrapassado quando afirma: "E.g., v. K. Vanhoozer, 'Lost in Interpretation? Truth, Scripture, and Hermeneutics', *JETS* 48 (2005): 89-114, que apresenta críticas ao que ele considera a posição tradicional da inerrância, mas não faz nenhuma crítica substancial à Declaração de Chicago; contudo, observe sua crítica de fato pedante ao artigo XI da Declaração de Chicago: 'Ela [a Bíblia] é verdadeira e confiável em todas as questões de que trata': 'Estritamente falando, no entanto, "ela" nem afirma nem trata disso; são os autores que o fazem' (ibid., p. 106). Mas eu duvido que a Declaração de Chicago teve a intenção de depreciar nem a autoria humana nem a divina aqui; antes, eles estavam usando uma convenção estilística aceita para se referir a tal autoridade na Bíblia. É fácil lembrar, por exemplo, o refrão muito repetido por Billy Graham nos seus sermões evangélicos: 'A Bíblia diz...', sem falar das próprias referências de Jesus a 'As Escrituras dizem [...]' (João 19.37; assim tb. João 7.38,42; 19.28)". Talvez, ironicamente, Vanhoozer, que critica a inerrância como uma abordagem por demais literal e como deficiente na ênfase aos diferentes gêneros das Escrituras, deveria perceber que ele pode estar interpretando equivocadamente o gênero dessa expressão empregada na Declaração de Chicago, i.e., ele a toma por muito mais literal do que era a intenção.

Em uma carta que R. C. Sproul enviou a mim (William Roach) sobre a afirmação de Vanhoozer, ele diz: "Mas você fez a pergunta específica com relação à afirmação de Vanhoozer em que ele faz distinção entre aquilo de que a Bíblia trata e aquilo de que os homens ou autores tratam. Isso é pior do que pedante. Isso simplesmente é tolice. Quando estamos falando sobre a Bíblia, a posição da inerrância deixa claro que a Bíblia é um livro escrito por autores humanos, um livro cujos autores tratam de diversas questões. E qualquer questão de que esses autores tratam no contexto das Sagradas Escrituras, enquanto estão debaixo da supervisão do Espírito Santo, carrega o peso completo da inerrância. Parece-me que, se alguém tenta evitar as conclusões da Declaração de Chicago sobre a inerrância, fica muito aquém de evitá-las com tal distinção. No fim das contas, a distinção é uma distinção sem diferença" (30 de junho de 2010).

A INERRÂNCIA DAS ESCRITURAS

individuais, mas na forma ou estrutura que essas palavras assumem em uma frase em dado contexto. Isso quer dizer que o significado não é encontrado por trás do texto, além do texto, ou debaixo do texto, mas é encontrado *no* texto (a causa formal). Assim, o erro crucial da teoria do ato de fala é a compreensão equivocada do papel da linguagem na comunicação do significado. Esses teóricos creem equivocadamente que a linguagem é somente uma causa instrumental, não a causa formal do significado. Eles acham que a linguagem é algo *por meio do qual* enxergamos o significado real além dele em vez de aquilo *em que* enxergamos o significado na exata forma estrutural que assume na medida em que se assemelha à realidade vista e dela participa.

Na primeira linha de *Da interpretação* (*De interpretatione*), famosa obra de Aristóteles, ele apresenta o seu renomado "triângulo semântico", no qual afirma que o significado de palavras está subordinado à compreensão das coisas. É assim que as palavras, as emoções da alma e as coisas são trianguladas. Aristóteles afirma que "as letras não são as mesmas para todos, mas as emoções da alma são as mesmas para todos". Em resumo, as palavras são culturalmente relativas, mas o significado não é. As palavras não estão naturalmente relacionadas às coisas, mas as emoções da alma estão naturalmente relacionadas pela semelhança com as coisas.[3]

De acordo com uma perspectiva convencionalista, o significado é culturalmente relativo. Mas, segundo a posição da inerrância, somente símbolos (e.g., palavras) são culturalmente relativos; o significado expresso em uma formação de palavras (em uma frase) não é culturalmente relativo. Ele reflete a realidade da qual fala. Como vamos demonstrar mais tarde (no cap. 14), a simples alegação de que o significado é culturalmente relativo ou puramente subjetivo é apresentado como uma afirmação objetivamente significativa. O significado objetivo é literalmente inegável.

Em segundo lugar, ao confundir o propósito (por quê) e o significado (o quê), Vanhoozer afasta a atenção do *locus* real do significado (a causa formal — o próprio texto no seu contexto), abrindo mão do único lugar objetivo em que o significado é encontrado (i.e., na verdade objetiva do próprio texto) e a coloca onde o observador não pode identificar significado objetivo (a intenção ou o propósito do autor). Aqui não há critérios objetivos, e então há muita suposição e conjectura. Por exemplo, "A porta está aberta" é uma clara afirmação para a qual podemos saber o significado e a verdade objetiva (ao conferir e ver se ela está aberta ou não). Mas é simplesmente uma conjectura supor que o verdadeiro significado está no

---

[3] Para uma discussão detalhada dessa teoria realística do significado, que não é nem essencialismo platônico nem convencionalismo wittgensteiniano, v. O'Callaghan, *Thomistic Realism*.

176

propósito ilocucionário do autor, que supomos que foi uma indicação para fechar a porta. Como sabemos que o autor não quis dizer: "Não é maravilhoso que estamos recebendo esse ar puro?"? Nesse caso, a implicação seria exatamente o oposto da outra suposição. Se alguém responde alegando que poderíamos eliminar a conjectura por olhar para outras afirmações no contexto, devemos lembrar que somente sabemos o significado dessas afirmações (locuções) e como elas se relacionam à locução em questão por meio da própria locução (afirmação), não em virtude de alguma indicação alegada (ilocuções) nessas afirmações.

Em terceiro lugar, contrário ao que pensa Vanhoozer, as locuções (afirmações feitas no texto) não são "menos densas" ou quase vazias de significado. Elas têm significado. Nós sabemos exatamente o que significa a afirmação "A porta está aberta". E, se queremos saber mais, podemos olhar para outras locuções (afirmações) no contexto desse texto, esse livro e o restante das Escrituras que lançam luz sobre o que ela significa. Como sabemos o que significa dada afirmação? Contexto, contexto, contexto. Não é por meio de conjecturar as intenções ou propósitos de um autor. Como podemos obter um significado "mais denso"? Ao investigar outras locuções (afirmações) do contexto imediato e dos contextos remotos e juntá-los até que obtenhamos o significado que é suficientemente "denso". Não precisamos recorrer à adivinhação de supostas intenções dos autores. Aliás, somente conhecemos as intenções (ilocuções) de um autor por meio do que é encontrado nas suas afirmações (locuções). Assim, qualquer ilocução que consigamos induzir, só o fazemos estudando outras locuções.

A ilustração de Vanhoozer de que "o sol parou" (em Josué 10.13) é uma escolha infeliz e revela a subjetividade e o perigo da perspectiva dele. Ele afirma que a locução ("parou") contém erro, mas a ilocução (o que Deus quer nos dizer por meio dessa afirmação) é inspirada e não contém erro. O que foi isso? Serviu para confirmar a relação de aliança de Deus com seu povo! O que é isso, senão outra maneira de afirmar que o único propósito redentor conjecturado do autor é inspirado e não contém erro, não o que o autor de fato disse (LI?, p. 106)? Isso transforma qualquer tentativa de se fazer uma hermenêutica objetiva em um jogo arriscado de adivinhação. Além disso, não há necessidade para se recorrer à teoria do ato de fala para explicar a dificuldade. Os autores bíblicos, como as pessoas hoje, falam do "Sol subindo" e do "Sol se pondo" na linguagem cotidiana da aparência porque é exatamente o que o Sol está fazendo de um ponto de vista observacional. Mesmo os cientistas (meteorologistas) em todos os lugares dizem coisas como "O Sol vai nascer amanhã às 6". Ninguém precisa fazer uma manobra ilocucionária com essa afirmação para saber o que ela significa, nem como se deve reagir a essa informação.

A INERRÂNCIA DAS ESCRITURAS

Em quarto lugar, ao confundir *o que* é dito (significado) com *por que* isso é dito (propósito), Vanhoozer abre a porta linguística para negar a inerrância. Pois as coisas afirmadas em um texto (locuções) que não estão de acordo com o propósito do autor não são inspiradas e inerrantes. Como acabamos de observar na ilustração de Josué, isso transforma a afirmação do autor (sua locução) em uma afirmação equivocada por meio da qual ele está transmitindo (por meio de uma ilocução) por que ele a está dizendo. Isso é essencialmente o mesmo que a teoria da inerrância de propósito ou a teoria do propósito redentor somente de Jack Rogers e Clark Pinnock (v. cap. 4). Esse erro envolve uma perspectiva intencionalista da verdade, de que somente aquilo que o autor das Escrituras tinha em mente dizer é inerrante, não o que ele de fato disse. Mas, com base nisso, então todas as afirmações bem-intencionadas, mesmo as incorretas, são verdadeiras (v. cap. 13). Isso nos leva ao próximo ponto.

Questões sobre a teoria da correspondência da verdade
Embora Vanhoozer afirme aceitar a teoria da correspondência da verdade, ele a redefine e amplia para servir a seus propósitos. Por exemplo, ele admite expandi-la e ampliá-la para incluir a verdade "pessoal" e a verdade "relacional" (LI?, p. 93, 111). Ele afirma que a palavra "verdade" se aplica a áreas da Bíblia que não estão fazendo reivindicação alguma de verdade. Ele escreveu: "A inerrância, então, é um subconjunto da infalibilidade; quando o propósito da Bíblia é fazer afirmações verdadeiras, ela o faz sem falhar. No entanto, os outros atos de fala da Bíblia — advertências, promessas, perguntas — também são infalíveis" (IS, p. 6). Assim, a teoria da correspondência da verdade tradicional é inadequada.

Nossos comentários sobre a visão de Vanhoozer quanto à teoria da correspondência da verdade podem ser resumidos aqui. Como veremos, suas posições são seriamente falhas por diversas razões.

Em primeiro lugar, todas as teorias da verdade têm uma correspondência inerente com a realidade, porque os proponentes acreditam que suas respectivas teorias correspondem à realidade. O elemento mais fundamental de todos é o fato de que a teoria da correspondência da verdade é literalmente inegável porque exatamente a negação que menciona corresponde à realidade. Apresentamos numerosos argumentos a favor da teoria da correspondência da verdade em outros trechos desta obra (v. cap. 13 adiante).

Em segundo lugar, sem a teoria da correspondência da verdade não há base alguma para se identificar um erro. Pois em tal caso não há nada (na realidade) ao qual seja obrigado a corresponder. Segundo essa perspectiva, qualquer coisa poderia ser verdadeira, desde que houvesse uma boa intenção por trás.

Em terceiro lugar, é uma designação incorreta falar de verdade "relacional" ou verdade "pessoal". Há verdades sobre relacionamentos e verdades sobre pessoas nas Escrituras, mas a verdade em si não é relacional ou pessoal. Ela é proposicional, isto é, ela faz uma declaração que afirma ou nega algo sobre alguma coisa.

Em quarto lugar, Vanhoozer parece compreender equivocadamente a natureza da verdade como correspondência à verdade. Ele parece ter sido desencaminhado pela crítica de Wittgenstein segundo a qual a correspondência é a teoria da "imagem", em que uma afirmação corresponde aos fatos se ela os espelha. Mas não é isso que significa "correspondência" (v. cap. 13). Correspondência significa que uma afirmação (ou expressão) *precisa* se equiparar à ["casar" com a] realidade, não necessariamente espelhá-la. Ela precisa *refletir* corretamente a realidade, mas não necessariamente *assemelhar-se* a ela. Ela precisa representar adequadamente a realidade, não reproduzi-la. Uma afirmação corresponde à realidade quando significa corretamente a realidade, quando se conforma a ela ou concorda com ela, não quando é uma imagem espelhada dela.

Em quinto lugar, visto que o entendimento que Vanhoozer tem da teoria da correspondência da verdade é inadequada, não é de admirar que ele acredite que deva haver um sentido "ampliado" da verdade (LI?, p. 102), expandido para se encaixar nos dados bíblicos. No entanto, quando é assim expandida, a teoria da correspondência da verdade é negada. Por exemplo, ao entender "correspondência" como relacionado ao "propósito" redentor dos autores bíblicos (p. 106, 113), Vanhoozer na verdade mina a inerrância bíblica. Pois, com base nessa definição mais ampla, muitas coisas afirmadas na Bíblia acabam sendo incorretas ou equivocadas, mas Vanhoozer não vai considerá-las como "erros" porque não são essenciais ao propósito redentor do texto.

É por isso que Vanhoozer rejeita a definição clássica da verdade dada por Aristóteles como inadequada (LI?, p. 103). É por isso também que ele redefine "realidade" (à qual a verdade corresponde) de maneira mais "flexível" (p. 101n41). Ele também fala de outros tipos de correspondência como correspondência "cartográfica" e correspondência "teodramática", que abarca tanto atos quanto palavras. A verdade para Vanhoozer é retratada como um atlas com camadas de mapas usados para compreender a relação (p. 103). A verdade é constituída de muitas camadas e pode ser vista de várias perspectivas. Isso influencia a sua visão da interpretação, à qual nos voltamos agora.

Ao contrário da posição de Vanhoozer, a Declaração do ICBI (Conselho Internacional sobre a Inerrância Bíblica) (comentário de R. C. Sproul sobre art.13) afirma:

A INERRÂNCIA DAS ESCRITURAS

Com "de acordo com padrões bíblicos de verdade e de erro" se quer dizer a visão usada tanto na Bíblia quanto na vida cotidiana, ou seja, a visão de correspondência com a verdade. Essa parte do artigo é dirigida àqueles que querem redefinir a verdade para que esteja associada somente à intenção redentora, o aspecto puramente pessoal, ou algo semelhante, em vez de significar aquilo que corresponde à realidade (Sproul, *Explaining Inerrancy*, p. 43-44).

Questões sobre a verdade proposicional

Embora Vanhoozer não negue que há revelação proposicional na Bíblia, ele definitivamente diminui sua importância (LI?, p. 94). Em primeiro lugar, ele diminui sua importância ao depreciá-la. Ele não reconhece a enorme quantidade de verdade proposicional implícita em linguagem não proposicional, como observado anteriormente. Além disso, ele diminui a importância da revelação proposicional ao afirmar que ela tem pouco valor prático na indução à reação obediente a Deus (p. 110). Ele também faz uma dicotomia falsa, tal como ou Deus é pessoal ou então ele é reduzido a um abstrato "conjunto de proposições desconexas" (p. 108).

Vanhoozer admite que há verdades proposicionais. Ele até mesmo se reconhece como "proposicionalista modificado" (LI?, p. 107). No entanto, ele nega que toda a verdade seja proposicional — uma afirmação que em si mesma é uma verdade proposicional. Ele até define sua posição como "pós-proposicional" ("Voice and the Actor", p. 75-76), mas insiste em que "o *pós* em *pós-proposicional* não significa *contra*, mas *além*. Há *mais*, não menos, no cânon do que revelação proposicional" (*DD*, p. 276). Embora a maioria dos proposicionalistas concorde com isso, Vanhoozer deixa poucas dúvidas de que ele não é um fã do emprego tradicional da revelação proposicional. Ele é particularmente crítico da teoria princetoniana de A. A. Hodge e B. B. Warfield, uma teoria que ele estende até englobar Carl Henry, chamando-a de "hipótese Hodge-Henry". Ele afirma que "no fim das contas, o que foi novo na teoria princetoniana das Escrituras não foi sua compreensão da veracidade da Bíblia, mas sua visão particular da interpretação da linguagem, na qual o significado do texto bíblico era o aspecto fato-histórico ou doutrinal — ao qual se referia" (IS, p. 5). Em resumo, ele está rejeitando ambos: a adequabilidade da teoria da verdade da correspondência-aos-fatos e o método histórico-gramatical de interpretação que anda de mãos dadas com ela.

Ele também crê que a visão proposicional é "pequena" e "reducionista" (*DD*, p. 268), a qual tende a enxergar toda a Escritura em termos de revelação, a enxergar a essência da informação (e.g., conteúdo da verdade) e a enxergar a teologia em termos de processamento dessa informação (e.g., *scientia*). Ele rejeita a visão proposicional, que afirma que "as Escrituras contêm um corpo de informação divinamente concedido expressado de forma factual ou capaz de ser expresso em proposições" (p. 268). Ele diz que "o proposicionalismo deixa a desejar nos dois aspectos; sua noção da ciência e sua noção do texto igualmente são muito limitadas" (p. 268). Ele propõe substituir isso pela "teologia canônico-linguística", como ele a denomina (p. 266). Para começar, é necessária uma avaliação da teoria de revelação proposicional de Vanhoozer.

Em resposta ao ataque que Vanhoozer faz à revelação proposicional, diversas observações são relevantes. Começamos com os comentários sobre o que o próprio Vanhoozer admite.

Em primeiro lugar, ao passo em que as intuições e alvos básicos de Vanhoozer são admiráveis, o meio de atingi-los — ao cristianizar a teoria do ato de fala — é altamente questionável. Não há nada na teologia proposicional tradicional que não permita, ou até mesmo requeira, uma teologia prática. Sem dúvida, é fato que a verdade proposicional não é o alvo supremo da teologia; esse alvo é a teologia prática. Deus quer que vivamos a verdade, não que meramente conheçamos a verdade. Mas a verdade não pode ser vivida sem que antes conheçamos a verdade a ser vivida. E diminuir a importância e depreciar a revelação proposicional é uma maneira equivocada de atingir isso.

Em segundo lugar, como a própria descrição de Vanhoozer admite, ele está depreciando grande parte da história do cristianismo desde o primeiro século até hoje. Até ele reconhece que "para grandes segmentos da tradição ocidental, a tarefa da teologia consistia em minar elementos proposicionais do depósito bíblico da verdade" (LI?, p. 94). Ele reconhece que as raízes disso remontam ao Novo Testamento, em que "o poço paulino em particular era considerado como contendo diversos ricos veios de doutrinas" (p. 94). Ele também observa acertadamente que isso continuou até a Idade Média. Ele escreveu: "De acordo com Tomás de Aquino, as Escrituras contêm a ciência de Deus: o ensino unificado de Deus sobre Deus. [...] A doutrina é essencialmente um ensino sagrado, uma proposição informativa divina sobre uma realidade objetiva" (p. 94). Sequencialmente, na "Princeton do século XIX, A. A. Hodge e B. B. Warfield colocaram o fundamento para a teologia evangélica conservadora ao insistir na importância da verdade proposicional" (p. 94). Em resumo, a visão de Vanhoozer é contrária ao eixo principal e central do cristianismo dos últimos dois mil anos!

Em terceiro lugar, Vanhoozer está correto ao afirmar que nem todas as afirmações na Bíblia estão em forma proposicional. No entanto, isso não quer dizer que não haja outras verdades aí que possam ser colocadas em

A INERRÂNCIA DAS ESCRITURAS

forma proposicional. Certamente, há perguntas, ordens, orações, exclamações e confissões que não são proposicionais em forma. Ele está equivocado, contudo, ao ignorar que muitas delas contêm verdades proposicionais implícitas. Por exemplo, uma oração como "Deus, perdoa-me pelo meu pecado" implica muitas verdades proposicionais, incluindo: 1) Há um Deus; 2) Eu pequei; 3) Deus é perdoador; 4) Uma pessoa precisa confessar seus pecados para ser perdoada. Por exemplo, uma ordem como: "Ide e pregai o evangelho a todo o mundo" é um imperativo, não uma frase declarativa. Embora não seja uma proposição como tal, ela não obstante contém muitas proposições por implicação, tais como: 1) Todas as pessoas estão perdidas; 2) Somente o Evangelho pode salvá-las; 3) Deus tem o direito de ordenar que preguemos o Evangelho; 4) O Evangelho é necessário para a salvação delas; e assim por diante.

Assim, embora nem toda a Bíblia esteja em forma proposicional, mesmo assim há muito mais verdade proposicional na Bíblia do que aquilo que está em forma proposicional (de afirmação ou negação). Embora nem todas as afirmações de verdade na Bíblia estejam em forma proposicional (muitas estão em forma de história e parábola), não obstante, toda a verdade na Bíblia é "proposicionável". Vanhoozer obscurece esse fato ao desenfatizar a verdade proposicional.

Em quarto lugar, mesmo a ênfase de Vanhoozer nos atos redentores de Deus (acrescentada às suas palavras) ignora um ponto importante: nós sabemos acerca desses atos redentores em virtude da revelação proposicional de Deus. Sem as verdades proposicionais da Bíblia, não teríamos autoridade normativa sobre esses eventos do chamado "teodrama" de Vanhoozer. Por mais importantes que os atos de Deus sejam para a nossa redenção, não teríamos registro inspirado ou normativo deles sem as verdades proposicionais das Escrituras.

Em quinto lugar, no seu zelo para desenfatizar a verdade proposicional, Vanhoozer inclui sob a rubrica de "verdade" coisas que não pertencem a esse âmbito. Como observado anteriormente, ele expande e amplia a verdade para incluir a verdade "pessoal" e a verdade "relacional" (LI?, p. 93, 111). Mas, como veremos adiante, não há algo como verdade pessoal. Há verdades sobre relacionamentos, mas não verdades relacionais. A verdade é uma correspondência com a realidade, e somente afirmações (ou expressões) que correspondem à realidade podem ser consideradas verdadeiras. Isso não quer dizer que a verdade não é pessoal. Ninguém que já manteve um romance por cartas nega que as afirmações proposicionais podem tanto revelar uma pessoa a outra quanto evocar uma resposta a essa pessoa. O mesmo se aplica à carta de amor de Deus para nós chamada

Bíblia. E toda pessoa que já esteve no altar e pronunciou o "sim" para as perguntas factuais do pastor sobre se ela vai amar seu cônjuge na doença ou na saúde e abrir mão de todos os outros em favor dele sabe como a verdade proposicional pode ser pessoal e transformadora. Da mesma forma, a carta de amor proposicional de Deus para nós (a Bíblia) — com toda a sua verdade proposicional sobre Deus, sobre nós e sobre o relacionamento de amor entre nós — é eminentemente pessoal e transformadora da nossa vida.

Típico do pensamento pós-moderno é a ênfase de Vanhoozer nas "histórias" sobre a revelação proposicional (LI?, p. 100-101, 107). Mas isso é desencaminhador por diversas razões. Em primeiro lugar, mesmo uma história contém verdade proposicional. Em segundo lugar, ele crê que as "histórias" bíblicas não precisam ser factualmente verdadeiras em seu contexto pós-moderno. Elas somente precisam transmitir uma verdade espiritual importante e evocar a reação adequada. Elas podem na verdade ser mitos. Aliás, Vanhoozer parece acreditar que muitas coisas no Antigo Testamento são lendas, não fatos históricos (p. 98-99). Ele aceita a crença não ortodoxa de C. S. Lewis segundo a qual o Antigo Testamento contém mitos que se tornaram reais no Novo Testamento (**DD**, p. 80-81, 230, 284, 348; LI?, p. 110). Mas inerrantistas plenos negam isso, como revelam as citações anteriores, afirmando que a verdade é o que corresponde à realidade.

A verdade da questão é que a verdade importa. Richard Weaver demonstra isso em seu excelente livro sobre o assunto, *Ideas Have Consequences* [Ideias têm consequências]. Como o famoso pregador evangélico A. W. Tozer disse na primeira página de seu livro muito relevante sobre o assunto (*Knowledge of the Holy*): "O que você pensa de Deus é a coisa mais importante a respeito de você mesmo". Sim, o que nós "pensamos" (ideias) e dizemos (afirmações, proposições) podem ser e são importantes na nossa resposta a Deus sobre quem pensamos e afirmamos essas coisas.

Finalmente, Vanhoozer também deprecia a lógica juntamente com a revelação proposicional. E, junto com isso, ele diminui a importância da necessidade da teologia sistemática. Ele estereotipa a teologia sistemática, argumentando que o defeito principal do proposicionalismo é que ele reduz a variedade de ações de fala no cânon a um tipo, a afirmação. Isso "resulta em uma concepção monológica da teologia e da verdade" (**DD**, p. 266). Isso, diz ele, serve para "reduzir o teodrama [...] a uma mera teoria" (p. 266). Mas isso não é somente um espantalho de falácia estereotipada; isso também envolve uma falsa dicotomia. Pois há uma terceira alternativa ao "teodrama" e à "mera teoria". Existe a *verdade* proposicional *que transforma*, seja em forma de discurso ou diálogo, seja em forma de parábola ou narrativa. Vanhoozer esquece que ideias têm consequências; a verdade transforma, especialmente a verdade bíblica. Jesus diz: "E [vocês] conhecerão a verdade, e a verdade os libertará" (João 8.32).

Além disso, depreciar a lógica — que é tão necessária para o pensamento lúcido — é diminuir Deus, a fonte da razão, e é destrutivo para o raciocínio saudável do povo de Deus. Vanhoozer se expressa contra enxergar a teologia como uma *"scientia* das Escrituras [e] retratá-la como um processo de abstração das verdades reveladas — proposições — do texto bíblico e organizá-los em ordem lógica" (*DD*, p. 268). Ele faz a concessão, de modo relutante, de que essa é "uma maneira de conceber apropriabilidade canônica" (*DD*, p. 266), mas deixa muito claro que essa não é uma maneira adequada nem sua preferida. Ele enxerga Tomás de Aquino acertadamente como "a instância paradigmática" dessa abordagem "cognitivo-proposicional", seguido pelos escolásticos protestantes do século XVI, pelos princetonianos do século XIX (como Charles Hodge) e pelos evangélicos do século XX (como Carl Henry). Vanhoozer apresenta a nobre ideia de que "nada se ganha ao se caricaturizar e, muito menos ainda, se demonizar esse grupo de teólogos" (i.e., o fluxo principal de teologia desde os primeiros credos, passando por Agostinho, Anselmo, Tomás de Aquino, os reformadores e chegando até o século XX!) (*DD*, p. 267). No entanto, ele tem muitas dificuldades para se manter à altura desse ideal. Pois ele mesmo não resiste à tentação de estereotipar, diminuir a importância, depreciar e até mesmo minar essa teoria proposicional da verdade.

O que há de errado, perguntamos, em enxergar a "teologia como uma *scientia* das Escrituras" e em "extrair proposições [...] do texto bíblico e organizá-las em ordem lógica" (*DD*, p. 266)? Seja lá o que está errado nisso, também está errado com a ciência moderna ao fazer a mesma coisa com a revelação geral de Deus na natureza. Certamente, todos somos revigorados com uma caminhada no bosque, na natureza como tal, mas isso não impede que a mesma pessoa faça um escrutínio sistemático e lógico dos mesmos dados no laboratório. Não é essa uma parte apropriada do nosso mandato de "subjugar [a Terra] e ter domínio sobre [ela]" (cf. Gênesis 1.28)? Seguindo a mesma lógica (na verdade, antilógica) que Vanhoozer usa para a revelação especial de Deus nas Escrituras, aparentemente teríamos de rejeitar o valor de uma abordagem científica à revelação geral de Deus na natureza. Em conexão com isso, Vanhoozer faz algumas declarações infelizes sobre o uso da lógica na teologia. Ele diz: "É importante lembrar que a confiança do teólogo não deve estar na lógica, mas em Deus". Ele acrescenta: "Quando tanto as Escrituras quanto a lógica são usadas na elaboração de doutrina, será que a doutrina está fundamentada somente nas Escrituras, ou a razão se tornou o fundamento do argumento teológico?". Finalmente, "a teologia nunca deve se contentar com a lógica mais do que com a vida ou com relações casuais mais do que com relações de aliança" (*DD*, p. 268). Já tratamos disso em mais detalhes em outro escrito (*Systematic Theology* [*ST*], v. 1, cap. 5); algumas observações são apropriadas aqui.

Em primeiro lugar, novamente Vanhoozer apresenta uma dicotomia falsa. Não é ou a lógica ou a vida, nem é ou a lógica ou a Bíblia. É uma situação de tanto uma/quanto outra, não uma situação de ou uma/ou outra. A Bíblia nos convida a usar a razão (cf. Isaías 1.18; 1 Pedro 3.15). Aliás, o uso da nossa mente é parte do grande mandamento, que inclui amar a Deus com toda a nossa "mente", bem como com todo o coração (cf. Mateus 22.37). Certamente Vanhoozer não iria querer que jogássemos fora nosso raciocínio baseado nas leis da lógica. O apóstolo Paulo nos adverte de "evitar [...] contradições" (1 Timóteo 6.20). Até a Confissão de Fé de Westminster (que é um credo clássico na tradição reformada de Vanhoozer) encoraja o uso da lógica na teologia e fala (no cap. 1, seção 6) a respeito de "todo o conselho de Deus [...] ou expressamente estabelecido nas Escrituras, *ou que por bom e necessário raciocínio possa ser deduzido das Escrituras*". Usar a lógica para deduzir verdades das Escrituras (que é a base para essas verdades) não é fundamentar essas verdades na lógica. A lógica é somente o instrumento racional (que vem de um Deus racional e é inerente a criaturas racionais feitas à imagem dele) que nos capacita a descobrir certas verdades que estão implícitas nas Escrituras. O desgosto de Vanhoozer pela lógica se torna evidente no seu pluralismo canônico e hermenêutico. Ele não crê somente que existe um pluralismo nas expressões de verdade das Escrituras (*DD*, p. 283-284); ele também enxerga um pluralismo de interpretações das Escrituras (p. 276). Isso nos leva ao nosso próximo ponto.

Questões sobre interpretação

Vanhoozer está correto em enxergar uma conexão entre a hermenêutica e a inerrância. Ironicamente, sua própria teoria é um exemplo disso. Pois, ao empregar uma hermenêutica estranha e discrepante, ele mina a inerrância. Isso pode ser visto em muitas áreas. Considere as seguintes:

Ele é adepto de múltiplos significados em um texto

Vanhoozer nega a compreensão *sensus unum* (de um significado) das Escrituras (*MT?*, p. 265, 301; *LI?*, p. 90, 106). Ele afirma que Deus quer dizer mais por meio do mesmo texto do que o autor humano tinha em mente (*sensus plenior*). É nesse ponto que abandonar a teoria de Hodge-Henry leva a uma teoria da miscelânea. Pois, se tanto Deus quanto o autor humano afirma um e o mesmo texto, então como Deus pode estar afirmando mais nesse mesmo texto com as mesmas palavras do que o faz o autor humano? O leitor teria de ler além do texto, atrás do texto ou abaixo do texto para obter esse significado extra. Não pode estar no texto, visto que o autor humano afirmou no texto exatamente as mesmas palavras que o autor divino afirmou. O erro de Vanhoozer aqui é confundir significado e significância [implicação]. Há somente um significado no texto, mas há múltiplas significâncias [implicações]. Há apenas uma interpretação, mas muitas aplicações.[4]

Dizer que Deus tem intenção de dizer mais do que o autor humano é deixar de perceber o aspecto de que tanto Deus quanto o autor humano, como coautores, afirmam uma e a mesma coisa em um e o mesmo texto. Visto que Vanhoozer admite que com "intenção" do autor ele não quer dizer uma intenção não expressa, mas a intenção expressa do autor no texto, então sempre que essa uma e mesma intenção for expressa, deve haver um e o mesmo significado. Somente ao confundir a intenção expressa (o que é afirmado) com o propósito (por que é afirmado), alguém pode chegar a mais de um significado (i.e., propósito) para um texto. É óbvio que Deus tem propósitos maiores do que o autor humano porque só Deus vê ao mesmo tempo o escopo da revelação e tudo o que ele quer atingir por meio dela.

Deus certamente sabe mais sobre o assunto discutido no texto do que o autor humano sabe. Além disso, Deus enxerga mais implicações no texto do que o autor humano enxerga. Da mesma forma, Deus enxerga mais aplicações do texto do que o autor humano enxerga. Mas Deus não afirma mais em dado texto do que o coautor humano afirma. Ambos querem dizer uma e a mesma coisa por meio desse texto.

A teoria do significado múltiplo de Vanhoozer confunde significado e significância [implicação]. Há somente um significado, mas há uma multidão de significâncias [implicações] em dado texto. O significado trata de *o que* o texto afirma, mas a significância trata de *como* o leitor deve relacionar o texto a diversas situações. A teoria do ato de fala de Vanhoozer o desencaminha com relação a isso. Uma vez que ele limita o significado real do texto a ilocuções (o que o autor está fazendo com o texto), não às locuções (o que é afirmado no texto), e, uma vez que o autor ou os autores (incluindo Deus, o coautor) podem ter em mente usos diferentes para um e o mesmo texto, então segue-se que (segundo a teoria do ato de fala) que há muitos

---

[4] Nenhum estudioso americano fez mais para fomentar a teoria do *sensus unum* do que Walter Kaiser, o qual Vanhoozer menciona só de passagem (LI?, p. 90). V. Kaiser, ed., *Classical Evangelical Essays in Old Testament Interpretation* (Grand Rapids: Baker, 1972); Kaiser, *Toward an Exegetical Theology* (1981); *Uses of the Old Testament in the New* (1985), e, com M. Silva, *Biblical Hermeneutics* (1994).

significados no texto. No entanto, se o significado do texto é encontrado nas suas afirmações (locuções), como mostramos (v. cap. 14—15), então há somente um significado no texto, visto que há somente um conjunto de afirmações (expressas ou implícitas) em um texto.

A estereotipagem satírica que Vanhoozer faz do significado textual objetivo é empregada de maneira imprópria. Ele coloca isso na mesma categoria da teoria da "morte do autor" e "do pior tipo de reducionismo, em que os atos e intenções comunicativos são arrancados do texto, deixando ali um objeto linguístico autônomo" (*FT*, p. 170). Isso aponta para uma direção errada por muitas razões. Primeiro, não há significado em um texto, a não ser que alguém que dá significado (um autor) o coloque ali. Mas, uma vez que ele o coloque ali, o significado está ali no texto, mesmo depois que o autor morra fisicamente. Segundo, as intenções do autor não são arrancadas do texto; antes, elas são encontradas como expressadas *no* texto. Terceiro, o texto não tem autonomia quanto ao significado que lhe foi dado pelo seu autor. O texto é o filho do autor, não seu senhor. E o filho continua vivo depois de o pai partir.

Ele nega a interpretação histórico-gramatical

Embora Vanhoozer alegue lealdade ao método histórico-gramatical, na prática ele o nega ao ir além dele. Pois ele admite acreditar que o método é inadequado e admite a necessidade de ir além dele. Ele escreve: "Nossa compreensão de infalibilidade está, portanto, em profunda concordância com a afirmação de inerrância dada anteriormente [...] e até avança além dela" (SBL, p. 103). Mas, uma vez que se nega que há somente um significado objetivo em uma revelação proposicional objetiva no texto, então o significado está vago e aberto a qualquer sugestão. Já não é mais cognoscível objetivamente. Em tal caso, o intérprete está navegando em um mar de subjetividade hermenêutica, pois não há critérios objetivos em um texto segundo os quais se podem eliminar significados falsos que estão sendo atribuídos ao texto. Aliás, ele admite a subjetividade do processo de interpretação, afirmando que é uma ilusão pensar diferente (*MT?*, p. 150-151).

Vanhoozer insiste em que "A reivindicação de enxergar os textos como eles são é ilusória. Todo leitor enxerga o que consegue ver de sua posição na sociedade, espaço e tempo. [...] Ler, então, não é exceção para a teoria da relatividade. [...] Nunca não estamos em uma situação. [...] Um conjunto de pressuposições interpretativas está sempre em vigor" (*MT?*, p. 151). Repetindo, é de admirar que ele pôde fazer esse tipo de afirmações se sua alegação é verdadeira. Pois a alegação de que todas as interpretações são subjetivas está sujeita a uma interpretação objetiva da questão.

Embora Vanhoozer afirme que o significado básico de um texto bíblico é "literal", ele ainda assim entende isso como um significado "literário". E esse significado é determinado por muitos fatores externos ao texto, incluindo a tradição (*DD*, p. 164), a comunidade cristã (LI?, p. 112) e até as considerações "teodramáticas" (LI?, p. 101-102) e "cartográficas" (LI?, p. 103).

Ele emprega decisões de gênero literário prévias para determinar o significado de um texto

Vanhoozer adota a tendência demasiadamente comum atualmente na hermenêutica de usar decisões de gênero literário prévias quanto ao tipo de texto que está sendo estudado. Ele insiste em que é necessário evitar olhar para uma passagem de maneira "literalista" quando ela não está de fato falando de história literal e factual como nós a compreendemos.

Depois de dar com uma mão ao dizer que ele acredita em uma interpretação "literal" (*MT?*, p. 304) da Bíblia, ele toma com a outra mão ao definir "literal" como "literário" (p. 304). Isto é, um leitor precisa determinar que tipo de literatura está diante dele antes de entendê-la adequadamente. Isso se faz ao determinar seu gênero literário antes que o leitor comece a interpretar o texto (LI?, p. 101, 105).

Vanhoozer enfatiza a importância do gênero literário ao citar C. S. Lewis em apoio ao seu ponto de vista: "Ele [Lewis] sugere que duas passagens bíblicas distintas podem não ser inerrantes na exata mesma maneira; isto é, nem toda declaração bíblica precisa afirmar a verdade histórica. A inerrância precisa ser construída de forma suficientemente ampla para abranger a verdade expressada na poesia, nos romances, nos provérbios, nas parábolas das Escrituras — assim como nas histórias" (SBL, p. 79). Além do fato de que inerrância significa completamente verdadeiro, e a verdade não vem em gradação, há algumas dificuldades muito sérias com essa abordagem.

Uma crítica às decisões de gênero literário prévias

O emprego das decisões de gênero literário prévias quanto ao texto bíblico é tanto mal fundamentado quanto perigoso.[5] Na verdade, isso conduz

---

[5] Até o não inerrantista Kenton Sparks reconhece esse erro na teoria do ato de fala e em Vanhoozer quando diz: "Um teórico do ato de fala (como Vanhoozer ou Ward) admite que isso está errado segundo padrões científicos modernos, mas também aponta que o 'ato de fala' do autor bíblico — aquilo que ele estava tentando atingir em Gênesis — não tinha que ver com ciência. Daí que a cosmologia equivocada do autor não era um erro em sua fala. As variações sobre esse tema focalizam o gênero da Bíblia, sugerindo, por exemplo, que Gênesis não é tanto um livro de 'ciência deficiente' quanto um livro de mitos ou sagas que ensinam boa teologia. Em essência, se as Escrituras parecem estar erradas, simplesmente compreendemos mal o tipo de fala que elas são" (AI, p. 9).

à negação da historicidade de seções das Escrituras há muito consideradas históricas, o que mina as doutrinas essenciais da fé cristã.

Em primeiro lugar, há um perigo implícito em tomar decisões de gênero prévias. Tome-se, por exemplo, a categoria de gênero "mito" ou "lenda", que contém, entre outras coisas, a realização de feitos incomuns. Só porque sabemos de experiência que algumas histórias da Antiguidade contêm feitos incomuns, isso não significa que uma história bíblica com feitos incomuns deve ser alistada como lenda ou mito não histórico. Isso é carregar a decisão de gênero com uma tendência antissobrenatural antes que se considerem as evidências a favor da historicidade do evento registrado no texto. Mas esse procedimento é fundamentado numa premissa questionável contra a confiabilidade histórica do texto antes que sejam analisadas as evidências.

Em segundo lugar, tomar essas decisões de gênero literário prévias é um procedimento fundamentado em premissas questionáveis. Ele está baseado em uma classificação questionável e predeterminada de outra literatura que então é aplicada à literatura bíblica. Pois todas as categorias de gênero são formadas do estudo de fontes extrabíblicas. Essas categorias são então aplicadas ao trecho de literatura bíblica em questão para ver em qual se encaixa. O método como tal não permite a possibilidade de que a Bíblia possa oferecer um novo gênero próprio que não se encaixa em nenhuma dessas categorias, como, por exemplo, história redentora ou (no Novo Testamento) história do Evangelho. Mas, uma vez que essas categorias de gênero são tacitamente rejeitadas (ao se tomarem as categorias de gênero de fontes de gênero não bíblicas), então é forçar a questão, com base em premissas questionáveis, insistir que a história bíblica (redentora) precise se encaixar em um desses gêneros não bíblicos.

Um exemplo da falácia desse tipo de raciocínio baseado em premissas questionáveis é o argumento crítico contra a autoria paulina das Epístolas Pastorais. Os eruditos liberais com frequência têm argumentado que Paulo não poderia ter escrito 1 e 2 Timóteo e Tito porque essas cartas diferem do estilo e vocabulário conhecidos de Paulo. Mas isso é forçar a argumentação, visto que o "estilo conhecido" não incluía a maneira em que ele escreveu essas Epístolas Pastorais. Se o vocabulário e o estilo de Paulo nas Epístolas Pastorais tivessem sido incluídos no "estilo conhecido" geral e abrangente de Paulo, então não teria havido exclusão delas como paulinas. A mesma falácia ocorre se alguém tenta determinar meu (de Norman) estilo com base no nosso livro *Philosophy of Religion* e então aplica isso como "estilo de Geisler" ao meu livro para adolescentes e jovens, *Living Loud* [Vivendo com barulho]. Mas não há dúvida de que eu sou o autor de ambos os livros.

Quando a abordagem baseada em premissas questionáveis de gênero prévias é aplicada aos evangelhos, ocorrem os mesmos erros falaciosos. Pois um gênero estabelecido que é determinado fora do Novo Testamento e inclui operadores de milagres e maravilhas terá como uma de suas características que ela é lendária, não histórica. Assim, para surpresa de ninguém, quando alguém olha para os evangelhos e se vê ali um operador de milagres e maravilhas, estará disposto a concluir que as histórias de milagres são lendas, não histórias. É isso que Rudolf Bultmann e seus seguidores fizeram com o Novo Testamento. Considera as palavras do próprio Bultmann:

> Tudo isso é a linguagem da mitologia. [...] Com relação a isso, o *kerygma* não é crível para o homem moderno, pois ele está convicto de que a visão mítica do mundo é obsoleta. [...] Não há nada especificamente cristão na visão mítica do mundo como tal. É simplesmente a cosmologia de uma era pré-científica. [...] Todo o nosso pensamento hoje é moldado irrevogavelmente pela ciência moderna. [...] Seria um sacrifício do intelecto [...] [pois] o conhecimento do homem e seu domínio sobre o mundo avançaram a tal ponto por meio da ciência e da tecnologia que já não é possível para ninguém defender a visão neotestamentária de mundo — aliás, não há mais ninguém que o faça (*Kerygma and Myth*, p. 3-4).

Claramente, as categorias de gênero naturalistas dele não lhe permitem considerar um documento com milagres nele como algo que não fosse mítico.

Em terceiro lugar, nenhuma decisão de gênero pode ser tomada previamente. Em vez disso, é preciso estudar o documento todo primeiro a fim de determinar em que categoria de gênero classificá-lo. Mas o leitor não pode estudar o documento a fim de fazer essa determinação sem usar um método de interpretação do documento. Mas ou o leitor usa esse método histórico--gramatical ou ele não o usa. Qualquer leitor que usar não fez uma escolha prévia contra ele. Se ele não usar o método histórico-gramatical, então ele se baseia em premissas duvidosas ao rejeitar esse método antes de começar. De fato, ele está *legislando* o significado do texto em vez de *dar ouvidos* ao texto. Assim, não se pode evitar usar o método histórico-gramatical, o qual não toma decisões de gênero literário prévias contra a historicidade da narrativa. Antes, um leitor sábio olha para o texto e lhe dá ouvidos para determinar o que o documento está afirmando. Assim o leitor não está espremendo o texto para dentro de uma categoria predeterminada na qual pode ou não caber. Quando alguém olha e ouve assim, a literatura do Evangelho pode se tornar uma categoria de gênero própria, em que é possível ter eventos miraculosos que também são históricos. Quando isso é feito de forma objetiva, cremos que somente uma inclinação tendenciosa antissobrenaturalista injustificada pode impedir alguém de concluir que a literatura do Evangelho é historicamente fundamentada (v. Geisler, *ST*, v. 1, cap. 11; 26).

Vanhoozer, no entanto, faz algumas afirmações que revelam que ele tomou essa decisão de gênero literário previamente e/ou cometeu um erro de categoria sobre alguns acontecimentos do Antigo Testamento. Por exemplo, ele nega a historicidade de Gênesis 1—11 (LI?, p. 98-99). O que é mais sério, ele fez uma afirmação não ortodoxa sobre a ressurreição que não uma volta à vida literal e física do corpo morto de Jesus, que estava no túmulo de José de Arimateia. Ele escreve: "Finalmente, o corpo de Jesus foi ressuscitado 'um corpo espiritual' (1Co 15.44), embora para Paulo o corpo espiritual era exatamente tão real e histórico quanto o corpo físico" (*MT?*, p. 304). As palavras e a formulação empregadas aqui são importantes. O corpo da ressurreição é real, porém não um "corpo físico", mas "um corpo espiritual".

Falamos em outro escrito (v. Geisler, *Battle for the Resurrection*) em defesa das declarações bíblicas, ortodoxas e credais de que Jesus ressuscitou dentre os mortos exatamente no mesmo corpo físico, agora em glória, no qual ele morreu. Isso é evidenciado pelo túmulo vazio, os panos do túmulo vazio, suas cicatrizes da crucificação, no ser tocado fisicamente e no fato de ele se alimentar de comida física — tudo depois da ressurreição. Aliás, João diz que o corpo que foi ressuscitado dos mortos foi exatamente o mesmo corpo que morreu. Ele registrou uma fala de Jesus como dizendo: "[...] Destruam *este templo*, e eu o levantarei em três dias. Mas o templo do qual ele falava era o seu corpo" (João 2.19,21, grifo nosso).

O corpo da ressurreição de Jesus não era "espiritual" ou imaterial por natureza. O texto amplamente mal-empregado de 1 Coríntios 15.44 não afirma que seu corpo ressurreto não era físico por diversas razões. 1) Ele é chamado de *sōma* (corpo) nesse texto, um termo que sempre significa corpo físico quando usado a respeito de um ser humano individual no Novo Testamento (Robert Gundry, *Sōma in Biblical Theology*); 2) O termo "espiritual" é um adjetivo (não um substantivo) que descreve o tipo de corpo físico (um substantivo) que era, isto é, um corpo cuja fonte de vida era espiritual; 3) a mesma palavra "espiritual" é usada pelo mesmo autor (Paulo) no mesmo livro a respeito de outras entidades físicas, tais como a pedra física, a água física, a comida física (maná) que Deus deu aos filhos de Israel no deserto (cf. 10.2-4), e até mesmo como referência a um crente piedoso em um corpo físico (cf. 2.15). O que era "espiritual" sobre todas essas coisas é que elas tinham uma *fonte* (Deus) espiritual (i.e., sobrenatural), não uma *substância* espiritual (imaterial). A Bíblia é chamada de livro espiritual, mas isso não significa que é imaterial.

Por mais desqualificada que seja, a afirmação de Vanhoozer sobre a ressurreição "espiritual" é semelhante à visão neo-ortodoxa (ou neognóstica) de que o corpo físico de Jesus simplesmente desapareceu de maneira inexplicável, sumiu do túmulo. Mesmo alguns evangélicos como John Stott defenderam essa visão. James Boice escreveu: "Se tivéssemos presentes junto ao túmulo no momento da ressurreição, teríamos notado que de repente o corpo de Jesus pareceu desaparecer. John Stott diz que o corpo foi 'vaporizado', sendo transmutado em algo novo e diferente e maravilhoso" (*Foundations of the Christian Faith* [1986], p. 354-355). Mas vaporização ou aniquilação não é ressurreição. Em resumo, o que morre (o corpo) precisa voltar à vida ou não há ressurreição.

Finalmente, mesmo Vanhoozer admite a subjetividade do procedimento do gênero literário. Ele afirma que "o propósito da exegese não é escavar [o texto], mas explorar a verdade canonicamente corporificada ao nos tornarmos aprendizes das formas literárias, e isso envolve mais do que dominar conteúdo proposicional. Ao aprendermos de forma imaginativa a seguir e 'habitar' o texto bíblico, enxergamos por meio delas a realidade que na verdade está 'em Cristo'" (LI?, p. 109). Não se descobre a verdade bíblica por meio da exegese do texto, mas por uma imaginação criativa que enxerga através do texto as formas literárias do texto e assim enxerga além do texto.

Ele afirma que o propósito determina o significado

Mais um erro de Vanhoozer é a sua convicção de que o propósito determina o significado (LI?, p. 113). Como observado anteriormente, essa é uma confusão do *que* (significado) o autor afirma com *por que* (propósito) o autor o afirma. Também confunde significado (o que) com significância (como). Vanhoozer escreve: "A interpretação permanece incompleta sem uma apreciação da significância de um texto, suas implicações. [...] Significância simplesmente é 'significado recontextualizado'" (*MT?*, p. 422-423). O que um autor tem por intenção *aplicar* o texto a uma situação específica de forma nenhuma substitui ou nega o que ele de fato afirma em um texto, nem as outras maneiras em que o texto pode ser legitimamente aplicado. Toda afirmação na Bíblia precisa ser entendida, no entanto, à luz do seu propósito. "Qual é o propósito? O propósito supremo das Escrituras é nos puxar para dentro do drama da redenção" (LI?, p. 113).

No entanto, o propósito não determina o significado. O significado do *que* alguém diz pode ser entendido à parte de sabermos *por que* (o propósito) o autor o disse. Se uma pessoa diz a outra pessoa: "Aqui estão 1.000 dólares que eu estou dando a você", fica perfeitamente claro o que essas palavras significam mesmo sem saber o propósito do doador. Se mais tarde o receptor descobre que o doador estava tentando comprar o seu apoio para uma causa em que ele não acreditava, então ele entende o propósito (significância) das palavras, mas elas não obtêm nenhum significado novo. O significado permanece o mesmo (v. cap. 15 adiante).

Ele afirma que não há certeza alguma na interpretação de textos

Vanhoozer, como outros no nosso clima pós-moderno, sublinha a incerteza da nossa interpretação das Escrituras. Ele disse claramente: "Quando o assunto é interpretar textos, a honestidade impede a certeza. O conhecimento humano, de livros e do Livro da Natureza, é mediado e aproximado. Aqui os cristãos concordam com os disciplinados pós-modernos" (*MT?*, p. 207). Qualquer pessoa que reivindica certeza tem orgulho hermenêutico e precisa exercer uma "hermenêutica da humildade" (p. 463). Ele escreve: "Essa pode ser, portanto, a tentação preeminente do fundamentalista, na medida em que ele anseia por certeza" (p. 463). Não é de admirar, pois Vanhoozer considera a certeza como "conhecimento absoluto" inalcançável, que somente Deus pode ter, e o seu oposto como "agnosticismo absoluto" (p. 462).

Ironicamente, Vanhoozer parece muito seguro da subjetividade do processo interpretativo: "A reivindicação de enxergar os textos como eles são é ilusória. Todo leitor enxerga o que consegue ver de sua posição na sociedade, espaço e tempo" (*MT?*, p. 150-151). Ele parece cego para o fato de que ele se pendurou na própria forca. Pois, pelos seus próprios critérios, essa afirmação também deve ser considerada "ilusória"!

Além disso, a Bíblia fala de nossa certeza sobre o que Deus revelou. Lucas disse que escreveu para que seu leitor (e leitores) tivesse "a certeza das coisas que te foram ensinadas" (cf. 1.3,4; grifo nosso neste parágrafo). Atos fala de "provas *indiscutíveis*" da ressurreição de Cristo (cf. 1.3). João declara que ele escreveu para que os crentes pudessem "saber" que tinham "vida eterna" (cf. 1 João 5.13). Paulo diz: "[...] porque *sei* em quem tenho crido e estou bem certo de que ele é poderoso [...]" (2 Timóteo 1.12). Sem dúvida, nossa certeza é moral, não matemática, mas não está suspensa em algum lugar da esfera da incerteza hermenêutica de Vanhoozer.

Ele interpreta de forma equivocada o artigo 13 da Declaração de Inerrância do ICBI

Vanhoozer não é diferente de muitos que afirmam lealdade à inerrância e gostariam de mostrar alguma aceitação da afirmação mais definitiva e mais amplamente aceita sobre o assunto, que foi feita pelo Conselho Internacional sobre a Inerrância Bíblica (ICBI). Aliás, ele admite "ir além" da afirmação do ICBI: "Nossa compreensão de infalibilidade está, portanto, em profunda concordância com a afirmação de inerrância dada anteriormente [...] e até *avança além dela*" (SBL, p. 103, grifo nosso). Como veremos, "nossa compreensão" na verdade significa a *má* compreensão que Vanhoozer tem dela, particularmente do artigo 13. E, quando ela é adequadamente compreendida à luz da interpretação oficial do ICBI feita pelos formuladores da afirmação, então não há concordância "profunda" alguma. O que há, na verdade, é discordância profunda.

O artigo 13, o mais citado, diz assim:

> Afirmamos a adequabilidade do uso de inerrância como um termo teológico referente à veracidade total das Escrituras.
>
> Negamos que seja correto avaliar as Escrituras de acordo com padrões de verdade e erro estranhos ao uso ou propósito da Bíblia. Negamos também que a inerrância seja contestada por fenômenos bíblicos, tais como a falta de precisão técnica contemporânea, irregularidades de gramática ou ortografia, descrições da natureza feitas com base em observação, registro de falsidades, uso de hipérbole e números arredondados, disposição tópica do material, diferentes seleções de material em relatos paralelos ou uso de citações livres.

No entanto, o que Vanhoozer (e Pinnock; v. cap. 4 antes) deixa de dizer é que eles estão tirando a negação do contexto e dando um sentido contrário ao significado declarado dos formuladores do ICBI, dos quais eu (Norman) fui um. Pois o comentário oficial do ICBI sobre exatamente essa afirmação apoia a teoria da correspondência da verdade tradicional que Vanhoozer rejeita. Ele declara: "*Quando dizemos que a veracidade das Escrituras deve ser avaliada segundo seus próprios padrões, isso significa que [...] todas as afirmações da Bíblia precisam corresponder à realidade: quer histórica, quer factual, quer espiritual*" (Sproul, *Explaining Inerrancy* [EI], p. 41). O comentário acrescenta: "*Com 'de acordo com padrões bíblicos de verdade e de erro' se quer dizer a visão usada tanto na Bíblia quanto na vida cotidiana, ou seja, a visão de correspondência com a verdade. Essa parte do artigo é dirigida àqueles que querem redefinir a verdade para que esteja associada somente à intenção redentora, o aspecto puramente pessoal, ou algo semelhante, em vez de significar aquilo que corresponde à realidade*" (p. 43-44, grifo nosso).

Então, é somente torcendo e distorcendo o que os formuladores do ICBI queriam dizer com "verdade", isto é, como a correspondência com a realidade, que Vanhoozer e outros podem reivindicar algum tipo de concordância com uma afirmação da inerrância total que eles rejeitam. É preciso pressupor total ignorância por parte de Vanhoozer do que os fundadores do ICBI queriam dizer com "verdade" ou então total desprezo. Uma vez que Vanhoozer foi avisado disso, a honestidade exige uma retratação pelo emprego equivocado que ele faz da Declaração do ICBI.

Ele rejeita os artigos 9 e 11 da Declaração de Inerrância do ICBI

Vanhoozer não poderia assinar a Declaração do ICBI como ela foi intencionada (v. apêndice 1). Há razões para isso. Em primeiro lugar, ele admite não acreditar nos artigos 9 e 11. O artigo 9 traz: "Afirmamos que a inspiração, embora não outorgando onisciência, *garantiu uma expressão verdadeira e fidedigna em todas as questões sobre as quais os autores bíblicos foram levados a falar e a escrever*. Negamos que a finitude ou a condição caída desses autores tenha, direta ou indiretamente, introduzido distorção ou falsidade na Palavra de Deus". O artigo 11 acrescenta: "Afirmamos que as Escrituras, tendo sido dadas por inspiração divina, são infalíveis, de modo que, longe de nos desorientar, *são verdadeiras e confiáveis em todas as questões de que tratam*. Negamos que seja possível a Bíblia ser, ao mesmo tempo, infalível e errônea em suas afirmações. Infalibilidade e inerrância podem ser distinguidas, mas não separadas" (grifo nosso). De fato, os comentários oficiais do ICBI sobre os artigos afirmam a questão de forma ainda mais forte: "Quando a busca pelas fontes produz *uma desistorização da Bíblia, uma rejeição de seu ensino ou uma rejeição das reinvindicações de autoria da própria Bíblia*, [então] isso ultrapassou os seus próprios limites [...]. Nunca é legítimo, no entanto, bater de frente [com afirmações bíblicas] para expressar afirmações bíblicas" (*EI*, p. 55).

Adiante, afirma: "Com 'de acordo com padrões bíblicos de verdade e de erro' se quer dizer a visão usada tanto na Bíblia quanto na vida cotidiana, ou seja, *a visão de correspondência com a verdade*. Essa parte do artigo é dirigida àqueles [como Pinnock] que querem redefinir a verdade para que esteja associada somente *à intenção redentora*, o *aspecto puramente pessoal*, ou algo semelhante, em vez de significar aquilo *que corresponde à realidade*" (*EI*, p. 43-44).

Ainda, um comentário oficial sobre a declaração de hermenêutica do ICBI sustenta os mesmos aspectos ("Explaining Hermeneutics" [EH]). A seguir, estão alguns extratos dela (grifo nosso):

EH sobre o artigo 6: "Afirmamos ainda que uma declaração é verdadeira se ela representa as questões como elas de fato são, mas é um erro se ela representa equivocadamente os fatos". O comentário sobre isso acrescenta: "A negação torna evidente que as visões que redefinem o erro para que signifique aquilo que 'desencaminha', em vez do que é um erro, precisam ser rejeitadas".

EH sobre o artigo 13: "*Negamos que categorias gerais que negam a historicidade possam ser corretamente impostas às narrativas bíblicas que se apresentam como factuais.* Alguns debatedores entendem, por exemplo, Adão como um mito, ao passo que nas Escrituras ele é apresentado como uma pessoa real. Outros entendem que Jonas é uma alegoria quando, na verdade, é apresentado como uma pessoa histórica e [é] assim mencionado por Cristo".

EH sobre o artigo 14: "*Negamos que qualquer evento, discurso ou dito registrado nas Escrituras foi inventado pelos autores bíblicos ou por tradições que eles incorporaram*".

EH sobre o artigo 22: Ele "afirma que Gênesis 1—11 é factual, como o é o restante do livro". E: "A negação torna evidente que *as visões que redefinem o erro para que signifique aquilo que 'desencaminha', em vez do que é um erro, precisam ser rejeitadas*" (EH, p. 892).

Uma leitura atenta de Vanhoozer revela que ele não concorda com essas afirmações sobre a inerrância total e factual e a historicidade das narrativas bíblicas. Ele escreve: "Seria a minha uma abordagem que pressupõe que a verdade da Bíblia é uma questão de sua correspondência com o fato histórico? Não necessariamente. Pelo contrário, tenho argumentado que os gêneros literários interagem com a realidade de diferentes maneiras, com outras forças ilocucionárias além das assertivas. *Isso, na minha opinião, representa uma divisão decisiva de caminhos, pois significa que nem todas as partes das Escrituras precisam ser factualmente verdadeiras*" (MT?, p. 424-425, grifo nosso).

Vanhoozer também afirma que "no seu zelo de defender a verdade da Bíblia, os fundamentalistas tendem a interpretar todas as narrativas como precisos registros históricos ou científicos" (*MT?*, p. 425). Diferentemente de Clark Pinnock (v. cap. 4 antes), Vanhoozer não associa esses registros diretamente a acontecimentos na vida de Adão, Eva, Eliseu, Jonas e até mesmo Jesus, mas ele, sem dúvida, tem algumas dessas mesmas histórias em mente. Aliás, ele sinaliza que Gênesis 1—11 é mito, insistindo em que "os evangélicos não devem permitir que uma teoria particular de verdade ou factualidade determine o que o autor de Gênesis 1—11 está propondo para nossa consideração" (LI?, p. 99).

No entanto, isso negaria a historicidade de Adão, que o Novo Testamento inspirado confirma enfaticamente. Aliás, muitos ensinamentos ortodoxos propostos no Novo Testamento estão fundamentados na compreensão da historicidade do registro de Gênesis. Incluídos aí estão: 1) o ensinamento de Jesus sobre o casamento; 2) o papel das mulheres na igreja (cf. 1 Timóteo 2.12-14); 3) a relação entre homem e mulher no casamento (cf. 1 Coríntios 11.3). Mais importante do que isso, as doutrinas da 4) depravação humana e da 5) salvação estão baseadas em uma compreensão literal de Gênesis 1—3. Paulo escreve: "Portanto, da mesma forma como o pecado entrou no mundo por um homem, e pelo pecado a morte, assim também a morte veio a todos os homens porque todos pecaram. Todavia, a morte reinou desde o tempo de Adão até o de Moisés [...]" (Romanos 5.12,14). Nenhuma leitura honesta dessa passagem pode deixar de ver que Adão é visto como uma pessoa histórica literal por meio do qual a morte física literal passou para todos os homens. Aliás, o próprio Jesus se referiu a Adão como uma pessoa literal (cf. Mateus 19.4-6), como o fez também Lucas (cf. 3.38).

Questões sobre a sua interpretação de
Tomás de Aquino sobre a verdade

É bom ver como teólogos reformados citam Tomás de Aquino, pois a maioria deles o ignorou por muito tempo (v. Geisler, *Thomas Aquinas*, cap. 1). Vanhoozer, no entanto, cita Tomás de Aquino de maneira equivocada quando afirma que Tomás enxerga a fé como tanto pessoal quanto proposicional. Ele diz que Tomás limita a verdade a proposições sobre a realidade, mas Tomás diz: "A verdade é definida pela *conformidade* do intelecto e da coisa; e disso se segue que conhecer essa *conformidade* é conhecer a verdade" (Tomás, *Summa* 1.16.2). Em outra passagem, ele acrescenta: "Pois todo o entendimento é alcançado por meio de alguma assimilação do conhecedor à coisa conhecida [...] uma harmonia que nós chamamos de ajustamento [*matching*, alinhamento, 'casamento'] de entendimento e coisa" (Tomás, *On Truth* [Sobre a verdade] 1.1). E novamente: "Pois o significado da verdade consiste em um *ajustamento* de coisa e entendimento. [...] Assim, a noção da verdade é primeiramente encontrada no entendimento [...] que *corresponde* à coisa e se pode esperar que se ajuste a ela" (1.3, grifo nosso).

Além disso, Tomás também defendia que afirmações verdadeiras podiam ser de fato feitas sobre Deus. É isso que ele queria dizer como fala de Deus análoga (v. cap. 14 adiante). Assim, não há dicotomia entre proposições e pessoas para que proposições verdadeiras sobre Deus possam ser afirmadas. Essas ele chama de "nomes", e nós chamamos de "atributos". Assim, diferentemente de Vanhoozer, Tomás de Aquino não via dicotomia entre proposições e a pessoa de Deus. Nem acreditava ele que "pessoal" era parte da verdade que se poderia dizer sobre Deus. Essa verdade para Tomás era a correspondência entre uma proposição sobre Deus e o próprio Deus.

Questões sobre sua dicotomia entre verdade informacional e transformacional

Vanhoozer reforça, e acertadamente, a natureza transformacional da verdade que a Bíblia nos apresenta. É absolutamente certo que o Deus das Escrituras quer que as Escrituras mudem a nossa vida. "Por isso, sejam santos como eu sou santo", diz o Senhor (cf. Levíticos 11.45). Jesus acrescenta: "Portanto, sejam perfeitos como perfeito é o Pai celestial de vocês" (Mateus 5.48). Deus certamente apresentou a verdade que tem o poder transformacional das Escrituras, "pois a palavra de Deus é viva e eficaz" (cf. Hebreus 4.12). E as Escrituras sopradas por Deus são capazes de nos tornar sábios para a salvação (cf. 2 Timóteo 3.15,16). A Escritura é "útil [...] para o ensino na justiça" e "para toda boa obra" (cf. 2 Timóteo 3.16,17).

No entanto, há uma importante distinção (que Vanhoozer negligencia) entre a chamada verdade transformacional e a verdade informacional que transforma. Toda a verdade como tal é informacional, visto que é proposicional, mas há informação que é explosiva. Algumas ideias têm consequências sérias. Tais são as ideias apresentadas na Bíblia sobre Deus, humanidade, pecado e salvação. Essas verdades informacionais são verdades que de fato transformam.

O alvo de Vanhoozer é admirável e bíblico: Deus quer mudar a nossa vida para melhor. No entanto, suas afirmações sobre a natureza da verdade não são verdadeiras. Nas Escrituras, Deus apresenta verdades transformacionais, mas elas são verdade informacional com o poder de transformar. Muitos ganhadores de loteria descobriram (a maioria para seu prejuízo) que a simples e objetiva verdade proposicional "Você ganhou 50 milhões de reais" é uma verdade que transforma. Mudou a vida deles para melhor ou para pior. Mas o que mudou a vida deles não foi uma verdade não proposicional, não objetiva, relacional. Foi uma verdade proposicional factual e objetiva.

Questões sobre a infalibilidade da Bíblia

Vanhoozer afirma que as Escrituras são "infalíveis". No entanto, aqui ele toma com uma mão o que ele dá com a outra. Pois a sua definição de "infalível" é fraca, significa "não suscetível a falhar" (LI?, p. 113). Ele expressa isso como significando que a "Bíblia é plenamente confiável e verdadeira porque sua direção é plenamente confiável" (p. 113). Mas dá para enfiar uma carreta, um grande caminhão, cheio de erros por meio desse buraco na afirmação dele. No melhor dos casos, é simplesmente uma inerrância de intenção, não uma inerrância de fato e afirmação. Não é em nada diferente da inerrância de propósito redentor de Pinnock (v. cap. 4 antes).

Não há nada de errado com a palavra "infalível". Definida corretamente como aplicada às Escrituras, ela significa o que o *American Heritage College Dictionary* dá como sua definição básica: "incapaz de errar". A mesma referência define "inerrante" como "incapaz de erro; infalível". Basicamente, as definições são intercambiáveis. Infelizmente, a definição de "infalível" como "incapaz de erro" tem sido enfraquecida consideravelmente no uso comum hoje. Não obstante, teologicamente, "infalibilidade" é uma boa palavra, e, quando usada em conjunção com inerrância, elas descrevem bem a posição da inerrância total, que Vanhoozer rejeita.

Questões sobre o seu modelo encarnacional e a inspiração

O modelo encarnacional da realidade de Cristo assumir uma natureza humana tem cumprido um papel significativo no debate sobre a inerrância da Bíblia (v. cap. 16 adiante). Tradicionalmente, os teólogos conservadores o têm usado como apoio à inerrância, argumentando a favor de um forte paralelo entre a perfeição tanto da Palavra viva quanto da Palavra escrita de Deus. Eles argumentam que, assim como Cristo (a Palavra viva) é tanto divino quanto humano em uma pessoa e sem pecado, assim também a Bíblia (a Palavra escrita) tem uma dimensão divina e humana, combinadas em um conjunto de proposições (declarações) sem erro.

A mesa sobre essa ilustração foi virada por barthianos e pós-barthianos, que agora argumentam que, assim como Cristo foi plenamente humano e capaz de errar como ser humano, assim a Bíblia é plenamente humana e suscetível ao erro como um livro humano.

Embora ele não desenvolva o novo modelo encarnacional, Vanhoozer de fato nos dá informações suficientes para sabermos que ele está no segundo campo. Para começar, ele fala de "acomodação" divina a fim de ser "inteligível a criaturas finitas, historicamente condicionadas. Deus se abaixa para falar e mostrar" (LI?, p. 107).

Em segundo lugar, Vanhoozer leva essa acomodação mais longe. Embora ele rejeite a visão de Kenton Sparks segundo a qual Deus também se acomoda a erros na Bíblia, mas não os ensina (LI?, p. 107), ele rejeita, porém, o argumento de Carl Henry segundo o qual a inerrância inclui não somente os ensinamentos teológicos da Bíblia, mas também as questões científicas e históricas "na medida em que elas fazem parte da mensagem expressa dos escritos inspirados" (p. 107). Só isso já é suficiente para associá-lo a alguma forma de inerrância limitada.

Em terceiro lugar, Vanhoozer dá um passo adiante quando tenta separar entre "a intenção autoral" no texto como distinta do que é afirmado nela (que pode incluir erros).

Ele usa a distinção do ato de fala entre locução (o que o texto afirma) e ilocução (o propósito para o qual o autor está usando o texto), isto é, os propósitos redentores de Deus (LI?, p. 107). Vimos anteriormente, no caso de Josué e do Sol, quanto isso pode afastar uma pessoa do que o texto está de fato dizendo.

Finalmente, ele dá o passo fatal. Vanhoozer afirma que, na encarnação de Jesus, "seu corpo é considerado 'carne pecaminosa' (Romanos 8.3, RSV) e foi feita uma oferta pelo pecado (Hebreus 10.5-10)" (*MT?*, p. 304). Ele acrescenta: "A carne de Jesus, portanto, era física, judaica, pecaminosa [na encarnação] e espiritual [na ressurreição]" (p. 305). Com base nessa cristologia (deficiente), Vanhoozer desenvolve sua (deficiente) analogia encarnacional desta forma: "O corpo de Jesus está para o seu significado ('Cristo') como a letra está para o significado do texto". Ele continua:

> O que interessa, no entanto, é o modo em que o corpo de Jesus adquire, progressivamente, o seu significado em uma série de contextos de descrições em expansão. Tal abordagem me permite resistir a reduzir a significância do corpo de Jesus ao nível físico, assim como mais tarde vou resistir a reduzir o sentido literal ao seu nível mais primitivo, isto é, os objetos empíricos denominados pelas palavras individuais (p. 305).

Assim, movemo-nos progressivamente do corpo de Jesus como físico para o seu corpo como judaico, para o seu corpo como pecaminoso e finalmente para o seu corpo como espiritual. Somente dessa forma podemos obter "uma descrição densa" do corpo de Jesus. "Semelhantemente, só quando consideramos o texto como um ato literário que requer um número de camadas de descrição podemos dar conta do que o autor está fazendo no texto [...] [isto é], uma descrição suficientemente 'densa' do sentido literal" (p. 305). Ele crê que saberemos quando estará suficientemente "denso" pelas evidências no próprio texto (p. 305).

Claramente, se Jesus é pecaminoso em um estado (na encarnação), então Vanhoozer fez o caminho barthiano completo, segundo o qual a humanidade de Jesus (e, por analogia, a humanidade da Bíblia) envolve assumir carne humana pecaminosa (Barth, *Church Dogmatics I*, 2, p. 150ss)!

Questões sobre sola Scriptura *e a tradição*

Embora Vanhoozer afirme defender a *sola Scriptura* (a Bíblia somente) e o princípio protestante da perspicuidade (clareza), ele os mina ao redefini-los. Historicamente, esses eram a alternativa protestante à insistência católica de que a tradição é necessária à compreensão das Escrituras.

Sola Scriptura *negada*

Vanhoozer argumenta que "são necessários muitos intérpretes e tradições de interpretação para apreciar e compreender plenamente o discurso divino" (LI?, p. 111). Para confirmar, ele vê a tradição como ministerial, não magisterial (como Roma o faz). Não obstante, sua visão está mais inclinada ao anglicanismo ou à ortodoxia oriental do que à posição reformada padrão. Ele argumenta claramente a favor da necessidade da tradição na interpretação da Bíblia. Ele escreve:

> A Escritura sagrada, no entanto, é tanto completa quanto incompleta. Por um lado, a história das palavras-atos de Deus na história de Israel e em Jesus Cristo está concluída. [...] Por outro lado, sem um povo para empregá-la, falta à Escritura algo essencial. [...] Mesmo que a tradição não *concorra* com a Escritura, será que ela pode *completá-la*? (*DD*, p. 164).

Vanhoozer crê que:

> a fórmula "a Bíblia somente" é, aos olhos de muitos, uma receita tão boa para a fragmentação na igreja como jamais foi inventada! Daí a preocupação, antiga e contemporânea, com as balizas da tradição. A hermenêutica do século XX parece confirmar o ponto: a exegese sem a tradição — sem a participação na história da recepção do texto — é impossível. Segundo essa opinião, de fato não há escolha entre a Bíblia ou a tradição; antes, a única pergunta relevante é: tradição de quem? (*DD*, p. 113).

Sua resposta é "catolicidade". Pois "a verdade é a filha do tempo, como se tem dito, e esse é um bom argumento para atentarmos à catolicidade, a tradição da interpretação passada adiante ao longo dos séculos" (LI?, p. 112). Assim, ao passo que a Bíblia é a única base para a nossa fé tanto formal quanto materialmente, não obstante, nossa compreensão da Bíblia é formada pela tradição.

A *perspicuidade é negada*

O protestantismo histórico tem insistido em que a Bíblia somente — interpretada de forma normal, literal, histórico-gramatical — é suficientemente clara em todos os ensinamentos essenciais. Isso é possível por causa da perspicuidade (clareza) das Escrituras. Em contraste com isso, Vanhoozer diz que o significado é uma questão de comunidade. "Significado, pode-se dizer, já não é uma questão de percepção consciente, mas da comunidade" (*MT?*, p. 218). Ele fala da necessidade de "constituir uma comunidade

A INERRÂNCIA DAS ESCRITURAS

de intérpretes que compartilham uma preocupação fundamental pelo significado verbal do livro" (p. 303). Quando se examinam os elementos complicados, multifacetados, tradicionais e sociais empregados por Vanhoozer, não é difícil enxergar por que ele rejeita as convicções protestantes históricas sobre a perspicuidade. Pois a visão tradicional afirma que uma pessoa de compreensão e inteligência medianas pode entender a mensagem principal da Bíblia. Em contraste com isso, seria necessário um historiador, um teólogo e um filósofo para entender a mensagem principal da Bíblia de acordo com o método de Vanhoozer.

Catolicidade e tradição

Na verdade, Vanhoozer substitui o método histórico-gramatical e o *sola Scriptura* por dois outros meios de compreensão das Escrituras: catolicidade e tradição. Pois, se o modo ordinário, comum, do dia a dia de compreensão da Bíblia não é suficiente, então precisamos procurar em outro lugar. Ele descarta Roma sumariamente, embora suas opiniões o deixem vulnerável às reivindicações de Roma. Afinal, se não podemos entender a mensagem principal da Bíblia sem ajuda eclesiástica, como Vanhoozer alega, e se toda e qualquer outra ajuda, como ele admite, é falível, então por que não aceitar ajuda eclesiástica infalível? Ele não expressa razões contra isso. Aliás, ele apresenta muitas razões a favor de se aceitar a tradição (*DD*, p. 115-185).[6] No entanto, Vanhoozer admite a verdade de algumas coisas que argumentam contra o uso da tradição para a interpretação das Escrituras.[7]

Primeiro, "a verdade é a filha do tempo [...] e esse é um bom argumento para atentarmos à catolicidade, a tradição da interpretação passada adiante ao longo dos séculos" (LI?, p. 112). Mas Roma afirma preservar a mais antiga tradição.

Segundo, há tradições conflitantes fora da tradição magisterial de Roma (LI?, p. 111). De fato, esses mesmos argumentos também são boas razões para rejeitar a tradição e a catolicidade (oriental ou ocidental) e para aceitar a base bíblica ainda mais antiga no *sola Scriptura*, entendida em sua perspicuidade pela interpretação literal e histórico-gramatical.

Terceiro, ele observa que "há múltiplas tradições interpretativas" (LI?, p. 111). No entanto, ele passa por cima do fato de que essas tradições

---

[6] Vanhoozer oferece uma extensa defesa da necessidade da tradição para a interpretação da Bíblia em *DD*, p. 115-185. O espaço não é suficiente para elaborar uma crítica aqui. Será suficiente dizer que, não importa o mérito que tenha, isso certamente demonstra que ele não acredita no *sola Scriptura* e na perspicuidade no sentido tradicional.

[7] Para uma defesa do *sola Scriptura* e da inerrância, por favor veja "'Sola Scriptura' in History and Today", de J. I. Packer, em John Warwick Montgomery, ed., *God's Inerrant Word: An International Symposium on the Trustworthiness of Scripture* (Minneapolis: Bethany House, 1974), p. 43-62.

interpretativas produzem doutrinas contraditórias em áreas importantes e até cruciais. Para mencionar somente algumas, há visões opostas sobre: 1) a primazia de Roma; 2) a infalibilidade papal; 3) a canonicidade dos Apócrifos; 4) a veneração de Maria; 5) a assunção corpórea de Maria; 6) a adoração da hóstia consagrada; 7) a veneração de imagens; 8) orações a Maria; 9) o uso de indulgências; 10) a necessidade das obras para a salvação, e assim por diante. Roma diz sim a todas elas, e a maioria do restante do cristianismo diz não à maioria delas. Qual tradição está correta?

Quarto, Vanhoozer reconhece outro bom argumento contra a aceitação da tradição. Ele cita Agostinho, dizendo: "Se formos olhar para trás por costumes longos ou pela antiguidade somente, então também assassinos e adúlteros e pessoas semelhantes podem defender seus crimes dessa forma porque eles são antigos" (LI?, p. 111). Em resumo, antiguidade não é prova de autenticidade. É melhor fundamentar nossa causa sobre a única e infalível revelação de Deus — a Bíblia. Como diz a declaração doutrinária da ETS: "*A Bíblia somente* e a Bíblia em sua inteireza é a Palavra de Deus escrita, por isso inerrante em seus autógrafos" (grifo nosso).

Quinto, outra razão pode ser citada contra empregar a tradição para interpretar as Escrituras. Pois há uma tradição, baseada em uma compreensão equivocada do que Jesus disse, que remonta ao tempo dos apóstolos e é falsa. João a menciona (cf. João 21.20-23). É a falsa tradição de que o apóstolo João não morreria.

Sexto, mesmo o famoso e reconhecido teste para uma tradição verdadeira mencionado por Vicente de Lérins (m. c. 445) falha. Ele formulou uma declaração segundo a qual uma tradição verdadeira é aquela que foi crida em todos os lugares, em todos os tempos e por todas as pessoas. Mas, como base nesse teste, mesmo algumas doutrinas ortodoxas e credais essenciais não passam, tais como aceitar a divindade de Cristo e a Trindade, sem falar da união hipostática das duas naturezas de Cristo em uma pessoa e uma miríade de outras doutrinas.

Sétimo, o teste do "consenso universal dos pais" foi pronunciado pelo alegadamente infalível Concílio de Trento (1546-1564) como um teste para uma tradição apostólica. Mas esse também não dá conta de ser um teste para muitas das doutrinas pronunciadas infalíveis pela Igreja Católica, incluindo a concepção imaculada de Maria (que até Tomás de Aquino rejeitou), a assunção corpórea de Maria, a veneração de Maria, o purgatório, as indulgências, a adoração da hóstia consagrada, a transubstanciação e a infalibilidade papal.

A tradição no sentido de "boa história" associando ensinamentos presentes com ensinamentos dos apóstolos como registrado no Novo Testamento

A INERRÂNCIA DAS ESCRITURAS

— isso tem valor (v. Geisler, *Is Rome the True Church?* Apêndices 1 e 3). Pois isso é a confirmação histórica do que o Novo Testamento ensina, não um princípio hermenêutico a ser usado na interpretação das Escrituras.

Conclusão

Vanhoozer tem muitas declarações positivas e louváveis sobre as Escrituras e sua interpretação. Ele não é um barthiano, e é um inerrantista confesso, embora de uma variedade modificada. Ele ensina em uma escola que exige de seus docentes que professem a inerrância. Ele também afirma estar de acordo com grande parte da Declaração de Inerrância do ICBI como ele a entende. Mas esse é exatamente o problema, visto que o modo pelo qual ele a entende não é o modo que os formuladores tinham em mente, como fica demonstrado com base nos comentários oficiais das declarações do ICBI.

Assim, a nossa busca para descobrir (se a visão de Vanhoozer sobre a inerrância está de acordo com as declarações evangélicas fundamentais do ICBI sobre a inerrância) tem uma resposta claramente negativa. As razões para isso não são insinceridade da parte dele, mas são filosóficas. Vanhoozer é adepto de certa teoria da linguagem (como a teoria do ato de fala) e de interpretação que mina exatamente a posição que ele afirma aceitar. Não é incomum que um evangélico — e certamente no caso de um chamado "pós-conservador" como ele alega ser — vire adepto de uma filosofia de linguagem e significado estranha que mina a posição histórica e ortodoxa sobre a inerrância. A raiz do problema é filosófica, não factual. Os indícios disso são que, na medida em que crescem as evidências a favor das Escrituras baseadas em manuscritos e descobertas arqueológicas, os desvios das Escrituras se tornam mais gritantes. Fazemos bem em atentar para a advertência de Paulo: "Tenham cuidado para que ninguém os escravize a filosofias vãs e enganosas" (Colossenses 2.8a). Antes, é nossa tarefa como cristão "[Destruir] argumentos e toda pretensão que se levanta contra o conhecimento de Deus e levamos cativo todo pensamento, para torná-lo obediente a Cristo" (2 Coríntios 10.5).

▪ Fontes ▪

Aristotle [Aristóteles], *On Interpretation* [Da interpretação]
Austin, *Do Things with Words*
Boice, *Foundations of the Christian Faith*
Bultmann, *Kerygma and Myth*
Edwards, ed., *Encyclopedia of Philosophy*
Geisler, "Explaining Hermeneutics"

_____, *Philosophy of Religion*
_____, *Systematic Theology*, v. 1
_____, *Thomas Aquinas*
Geisler e Betancourt, *Is Rome the True Church?*
Geisler e Holden, *Living Loud*
Kaiser, *Toward an Exegetical Theology*
_____, *Uses of the Old Testament in the New*
Kaiser e Silva, *Biblical Hermeneutics*
O'Callaghan, *Thomistic Realism*
Sparks, "After Inerrancy"
Sproul, *Explaining Inerrancy*
Tozer, *Knowledge of the Holy*
Vanhoozer, *Drama of Doctrine*
_____, *First Theology*
_____, "Inspiration of Scripture"
_____, *Is There a Meaning in This Text?*
_____, "Lost in Interpretation?"
_____, "Semantics of Biblical Literature"
_____, "Voice and the Actor"
Weaver, *Ideas Have Consequences*

9

ANDREW MCGOWAN SOBRE A INERRÂNCIA

Introdução

DE CERTA forma, o desafio do professor Andrew McGowan à inerrância é um dos mais perigosos porque é claro, direto e vem de dentro do evangelicalismo. McGowan é professor visitante de um dos principais seminários reformados nos Estados Unidos em Jackson, Mississippi, que há muito tempo adota uma sólida posição de defesa da inerrância. Diferentemente de outros evangélicos, McGowan ataca aberta e frontalmente a posição da ETS [Evangelical Theological Society] e do ICBI [International Council on Biblical Inerrancy]. No lugar da inerrância plena, ele oferece a teoria da inerrância limitada, seguindo o modelo europeu de James Orr. Além disso, há muitos aspectos positivos e atraentes na sua posição, o que torna ainda mais difícil detectar as dificuldades mais sérias. Vamos então, primeiramente, considerar alguns desses aspectos positivos.[1]

As contribuições positivas da obra de McGowan

Há muitas características louváveis de sua obra que são dignas de nota. Em primeiro lugar, McGowan considera que essa é uma questão "divisora de águas" (*Divine Spiration* [*DS*], p. 9). Além disso, ele observa que *theopneustos* em 2 Timóteo 3.16 deveria ser traduzido por "expiração [por Deus]" ou "soprar para fora [por Deus]". Ele declara que "Deus Espírito Santo soprou [para fora] as Escrituras" (p. 118). McGowan também sublinha o valor da palavra "infalível" (p. 39, 48), visto que o termo "inerrância" somente é insuficiente. Afinal, pode haver listas telefônicas sem erros que nem por isso têm autoridade divina. Ele também considera a Declaração do ICBI (International Council on Biblical Inerrancy) como "muito

---

[1] O mesmo material básico deste capítulo aparece também em um artigo de Norman L. Geisler, "An Evaluation of McGowan's View on the Inspiration of Scripture", *Bibliotheca Sacra* 167, n. 665 (January-March 2010).

significativo" (p. 104) e escolheria esta, se preciso fosse, em vez da visão de inerrância de Rogers e McKim (p. 212). Da mesma forma, McGowan escolheria B. B. Warfield em vez de Jack Rogers do Fuller Seminary (*DS*, p. 161). Ele até cita de forma positiva tanto a crítica de John Woodbridge a Rogers e McKim (*DS*, p. 99) quanto a crítica de Donald Bloesch, que concorda com a sua escolha (p. 100, 125). McGowan também não nega que Deus pode, se ele assim escolhe, produzir um texto inerrante (p. 113-114).

Ele até defende que a Bíblia é um livro escrito por "coautores", tanto por Deus quanto por seres humanos (p. 148). McGowan diz: "Os instrumentos dessa expiração divina foram certos seres humanos" (*DS*, p. 118). Sua definição de inspiração toca em alguns pontos fundamentais da doutrina quando ele afirma que "o Espírito Santo fez os homens escrever livros, e sua ação supervisora foi tal que, embora esses livros sejam verdadeiramente a obra de seres humanos, eles também são a Palavra de Deus" (p. 43). E ele definitivamente está certo ao negar o "ditado mecânico" das Escrituras (p. 163).

Além disso, sua obra está no caminho certo ao rejeitar a visão neo-ortodoxa das Escrituras, segundo a qual a Bíblia meramente "se torna a Palavra de Deus" no momento do encontro com Deus por meio da Bíblia (p. 29). Ele também argumenta que ela não é a Palavra de Deus de forma subjetiva, mas objetiva (p. 73). Da mesma forma, a revelação não é simplesmente um acontecimento, como afirmam muitos neo-ortodoxos (p. 21). McGowan também afirma acertadamente que a inspiração é verbal (p. 136) e que não há diversos graus de inspiração (p. 134). Ele observa que não são os autores das Escrituras que são inspirados (p. 39, 133), mas as Escrituras que eles escreveram. McGowan também faz uma distinção com frequência negligenciada, mas importante, de que não é a Bíblia que precisa de iluminação, mas somente as mentes humanas (p. 45-47). Outro ponto crucial é que não se deve reivindicar para a Bíblia o que ela mesma não reivindica para si (p. 121). Ele também não rejeita a visão de que há afirmações implícitas ou logicamente encadeadas nas Escrituras. Aliás, McGowan diz que o uso da lógica é "apropriado" (p. 117) e que as "contradições" deveriam ser evitadas (p. 212). Poderíamos acrescentar mais itens aqui, mas esses devem ser suficientes.

Uma avaliação das propostas básicas de McGowan sobre a natureza das Escrituras

Apesar de todas essas belas características citadas anteriormente, a proposta de McGowan é um questionamento direto e sério feito por um estudioso reformado — em outros aspectos conservador — à Declaração de Chicago do ICBI desde que ela saiu (em 1978). Como tal, a proposta de McGowan merece atenção.

A afirmação de que a palavra "inerrância" deveria ser descartada

McGowan argumenta que o termo "inerrância" deveria ser descartado pelos evangélicos (*DS*, p. 13). Ele apresenta diversas razões para isso, e uma das mais repetidas é que o termo "inerrância" implica precisão científica (p. 117). McGowan também acredita que ele é de origem recente, não sendo encontrado nos primeiros credos, mas resultante de calorosos debates entre fundamentalistas e liberais do começo do século XX (p. 121). Ele também não acredita que o termo seja bíblico, mas o chama de uma "presunção violenta" (p. 135) do pensamento fundamentalista. "Inerrância", ele acredita, é uma resposta apologética ao Iluminismo (p. 50, 115). Ele também argumenta que o termo não tem o peso da história como fundamento.

Em primeiro lugar, como resposta, é preciso dizer que ambos os lados do debate podem concordar que não há nada de sagrado na palavra "inerrância". Aliás, não é tanto o *termo* quanto a *verdade* da inerrância que precisa ser preservada. A questão básica é se a Bíblia está completamente livre de erros em tudo o que afirma. Isso pode ser dito de mais de uma maneira. Mas, antes de nos apressarmos em lançar fora o termo "inerrância", lembremo-nos da força da palavra e dos pontos fracos sugeridos pelos termos alternativos.

Em segundo lugar, quanto ao argumento de que o termo "inerrância" não é bíblico, por essa mesma lógica a palavra "Bíblia" também não é bíblica, pois não é usada em lugar algum da Bíblia para se referir à Bíblia. Além disso, ela também não tem o peso da história dos primórdios como fundamento. Então, também devemos descartá-la? Aliás, a palavra "Trindade" não está na Bíblia e não apareceu nos primeiros credos ecumênicos, como o Credo Apostólico (séc. II), o Credo Niceno (325) ou o Credo de Calcedônia (451). Isso significa que devemos descartá-la? A resposta é *não*, e as razões são que, embora o termo "Trindade" não seja bíblico, não obstante a verdade é bíblica, e é um bom termo para descrevê-la. O mesmo vale para a palavra "inerrância".

Em terceiro lugar, o termo "inerrância" não necessariamente significa "precisão científica", como alegam de forma equivocada os anti-inerrantistas. Cada termo deve ser compreendido em seu contexto e com as caracterizações dadas a ele pelos seus usuários. Até McGowan concorda que a Declaração do ICBI faz diversas caracterizações do significado do termo (*DS*, p. 106). Mas essas caracterizações negam claramente as implicações errôneas da "precisão científica" moderna. O artigo 13 da Declaração de

A INERRÂNCIA DAS ESCRITURAS

Chicago do ICBI afirma inequivocamente: "Negamos também que a inerrância seja contestada por fenômenos bíblicos, tais como a falta de *precisão técnica contemporânea*" (grifo nosso).

Em quarto lugar, faz bem lembrar que o termo "inerrância" também carrega diversos fatores sólidos em seu favor. O primeiro é negativo, e termos negativos são muito fortes. Considere a força dos Dez Mandamentos, muitos dos quais formulados em termos negativos: "Não matarás", ou "Não darás falso testemunho", ou "Não adulterarás" (cf. Êxodo 20.13,16,14). Além disso, a frase "A Bíblia é verdadeira" não é nem de perto tão intensa quanto "A Bíblia não contém erros". Até o próprio McGowan elogia a Declaração do ICBI por conter tanto "negações" quanto "afirmações" (p. 106). Mas as negações são, evidentemente, negativas, razão pela qual elas ajudam a esclarecer o assunto tratado. "Inerrância", como um termo negativo, faz a mesma coisa. Fica imediatamente claro que a afirmação "A Bíblia não contém erros" é mais clara e mais forte do que a afirmação "A Bíblia é verdadeira", pois a segunda não deixa claro se a Bíblia é *plenamente* verdadeira.

Considerando as alternativas

Admitimos logo de início que nenhum termo, incluindo "inerrância", expressa tudo o que a Bíblia afirma sobre si mesma. Não obstante, por comparação o termo sobressai em comparação com a maioria das alternativas oferecidas.

O termo "infalível"

McGowan prefere a palavra "infalível" ao termo "inerrante" (*DS*, p. 48, 123, 125, 162). Ele insiste em que a palavra "infalível" é "mais dinâmica (ou orgânica) e é uma visão menos mecânica da autoridade" (p. 49). Ela traz consigo a ideia de que "o Espírito Santo usa, de forma infalível, a Palavra de Deus para atingir tudo o que ele tem por objetivo atingir" (p. 49). No entanto, é exatamente esse emprego da palavra "infalível" que também torna necessário o termo "inerrante". Nós reconhecemos a força do termo "infalível", se ele é empregado com o sentido de "sem erro" em conexão com a palavra "inerrante". Contudo, o termo "infalível" foi tornado falível pelo sentido intencionalista com o qual ele é usado por inerrantistas limitados e por não inerrantistas. Meu *Webster's Ninth Collegiate Dictionary* dá a definição básica de "infalível" como "incapaz de erro; não errante". Nesse sentido do termo, os inerrantistas não têm problema algum, visto que é perfeitamente compatível com o termo "inerrante". É o sentido secundário e mais fraco do termo que os inerrantistas rejeitam como inadequado: "não suscetível a desencaminhar, enganar ou desapontar". Aliás, McGowan fala da Escritura que "de forma infalível atinge os propósitos de Deus" (p. 149). Ele cita, de maneira aprovadora, a posição de Bavinck,[2] dizendo: "Na sua visão orgânica, Bavinck concentra o foco não no texto das Escrituras como tal, mas no seu significado e *propósito*" (p. 158, grifo nosso). De forma semelhante, ele afirma "que a *intenção* [das Escrituras] não é outra senão que ela deve nos tornar 'sábios para a salvação' " (p. 159, grifo nosso).

No entanto, concentrar o foco na intenção ou no propósito da Bíblia em vez de nas suas afirmações ou negações não significa necessariamente que a Bíblia está totalmente livre de todos os erros em tudo o que ela afirma. Muitas afirmações com boas intenções, mesmo aquelas que atingem os resultados pretendidos, contêm erros (v. cap. 13 adiante). Assim, segundo essa definição de "infalível", a Bíblia poderia ter um erro infalivelmente correto. Mas isso é loucura. Uma vez que o termo "infalível" tem essas conotações para muitas pessoas, é necessário acrescentar a palavra "inerrante" para tornar claro o que a Bíblia ensina sobre o assunto.

Sem dúvida, no bom sentido do termo "infalível" (incapaz de erro), esta não é uma situação de ou/ou. A Bíblia é tanto infalível quanto inerrante. Mas, diferentemente da implicação de McGowan, a Bíblia não é meramente infalível em suas *intenções* e realizações, mas também em suas *afirmações* (e negações). A verdade não é encontrada nas intenções porque os humanos podem — e com frequência o fazem — pronunciar erros com boas intenções. Assim que definir ou a infalibilidade ou a inerrância em termos de intenções, atingidas ou não, não está à altura do que a Bíblia afirma de si mesma, que é que a verdade precisa ser julgada por sua correspondência aos fatos. Aliás, até McGowan parece admitir isso em outro texto em que ele louva os "modos de racionalidade que de fato *correspondem à natureza de sua realidade objetivamente dada*" (*DS*, p. 73, grifo nosso). Na verdade, o ICBI esclareceu o significado de "verdade" como correspondência em um comentário oficialmente autorizado sobre a Declaração de Chicago, afirmando que " 'de acordo com padrões bíblicos de verdade e de erro' se quer dizer a visão usada tanto na Bíblia quanto na vida cotidiana, ou seja, a visão de correspondência com a verdade".[3]

A visão de correspondência da verdade (v. cap. 13 adiante) é de fato uma definição que a Bíblia adota.[4] Por exemplo: está implícito no nono mandamento ("Não darás falso testemunho" [cf. Êxodo 20.16]) o corolário: "Não

---

[2] McGowan concorda com Herman Bavinck mais do que praticamente com qualquer outro autor, dizendo: "Meu argumento, então, é que Herman Bavinck [...] apresenta o mais apropriado modelo para a doutrina evangélica das Escrituras" (*DS*, p. 212).

[3] V. Sproul, *Explaining Inerrancy*, p. 31.

[4] V. uma defesa da visão da correspondência da verdade no cap. 13.

A INERRÂNCIA DAS ESCRITURAS

represente os fatos de forma errada". Também está implícito em Atos 24, que diz que uma pessoa pode "verificar a verdade" quando ela "verifica [os fatos]" (v. 8,11). Além disso, isso era empregado no teste de um falso profeta cuja profecia era considerada falsa se o que ele dissesse "não acontecer nem se cumprir" (cf. Deuteronômio 18.22). Também é utilizada nas conversas do dia a dia quando consideramos algo falso se representa os fatos de maneira errônea (e.g., dizemos: "Verifique os fatos" ou: "Confira você mesmo" e frases semelhantes). Na verdade, a visão de correspondência da verdade é essencial para um juramento legal quando alguém promete "dizer a verdade, toda a verdade e somente a verdade". Certamente as palavras bíblicas para "verdade" (heb. 'ĕmet; gr. alētheia) com frequência implicam mais do que a mera correspondência, mas nunca menos do que isso. "Verdade" com frequência implica confiabilidade. Mas confiabilidade resulta do fato de que algo corresponde à realidade. Assim, a Bíblia é confiável porque ela corresponde à realidade, não o inverso.

Podemos concordar, e de fato concordamos, que a palavra "inerrância", se usada somente ela, é insuficiente para descrever o que a Bíblia é.[5] Ela também contém santidade, infalibilidade, indestrutibilidade, "infadigabilidade" (não pode ser usada até acabar), inexpugnabilidade (não pode ser derrotada). De fato, ela pode salvar (cf. 1 Pedro 1.23), nutrir (cf. 1 Pedro 2.2), lavar (cf. Salmos 119.9), purificar (cf. Jeremias 23.29a), despedaçar (cf. Jeremias 22.29b), cortar profundamente (cf. Hebreus 4.12), prevenir o pecado (cf. Salmos 119.11), iluminar (cd. Salmos 119.105), confortar (cd. Romanos 15.4) e predizer (cf. 2 Pedro 1.19). A verdade é que não há uma palavra única que cubra tudo o que a Bíblia é, assim como também nenhum atributo único pode exaurir tudo o que Deus é. No entanto, isso não quer dizer que a Bíblia não seja também inerrante. Nem se pode dizer que podemos privá-la dessa característica, assim como não podemos tirar dela a infalibilidade.

McGowan prefere a palavra "autêntica"

McGowan prefere a palavra "autêntica" (*DS*, p. 213) a "inerrante". No entanto, o termo "autêntica" como usado para a Escritura é teologicamente anêmico. A Bíblia reivindica muito mais do que isso para si. Jesus se refere à Bíblia como indestrutível (cf. Mateus 5.17,18), a que não pode falhar (cf. João 10.35), a "Palavra de Deus" (cf. João 10.35) e como vindo "da boca de Deus" (cf. Mateus 4.4). Paulo disse que ela é "soprada por Deus" (cf. 2 Timóteo 3.16). Esses conceitos são insuficientemente descritos pelo termo

---

[5] Geisler, *Systematic Theology*, v. 1.

"autêntico". Afinal, é possível alguém ter uma moeda autêntica cunhada com erros nela ou uma cópia autêntica de uma "Bíblia ímpia", que traduziu Êxodo 20.14 como "Adulterarás" ["Thou shalt commit adultery"]! (um erro que saiu na reimpressão da Bíblia KJV de 1631). Também há dinheiro "autêntico" em circulação e pessoas "autênticas" por aí, mas distantes da perfeição.

O mesmo vale para "fidedigno" e "confiável". A Bíblia é fidedigna como um bom amigo, mas mesmo amigos fidedignos cometem erros. Ela é confiável como um bom mapa, mas mesmo bons mapas podem conter erros. Esses termos são muito fracos para descrever o que se quer dizer com um livro soprado por Deus que foi escrito em coautoria por Deus e os humanos. Assim, ambos esses termos não estão à altura do que a Bíblia reivindica para si mesma.

Tendo dito tudo isso, há outras boas maneiras de descrever o que se quer dizer com inerrância. "Totalmente livre de qualquer erro em tudo o que ela afirma" é uma boa frase. Mas, para usar uma palavra só, é difícil bater o termo "inerrância". E, como definida pela Declaração do ICBI, é claramente a melhor palavra disponível. Não seria sábio trocá-la por palavras como "fidedigna", "confiável", "autêntica" ou mesmo "infalível no seu propósito". O uso adequado de "infalível" e "inerrante em tudo que afirma" é uma boa e poderosa maneira de expressar a doutrina bíblica. O termo "inerrância" é o termo correto a ser usado porque é suficientemente forte para prevenir que os oponentes da visão, em sua maioria, usem o mesmo termo e o redefinam para significar qualquer coisa que eles quiserem que signifique. McGowan é um exemplo claro de um indivíduo que entende a doutrina da inerrância e não a defende porque o termo "inerrância" é exigente demais. Claramente, em contraste com aqueles que favorecem o uso de termos como "normativa", "inspirada", "infalível" e semelhantes e descartam o termo "inerrância", por causa de sua definição etimológica "inerrância" exige que haja uma separação entre a posição inerrantista e a errantista (porque os dois lados do debate da inerrância não mostrariam contrariedade alguma aos termos "normativa", "inspirada" e semelhantes). Na história da Igreja, e na controvérsia cristológica especificamente, a ortodoxia e a heresia foram distinguidas entre si com base em um simples termo grego (*homoiousios* [similar] *vs. homoousios* [igual]). De forma parecida, o termo "inerrância" é favorável porque é suficientemente forte para distinguir a ortodoxia da heresia. Pois Cristo é da mesma natureza que a natureza de Deus, não de uma natureza simplesmente similar à de Deus.

A afirmação de que a inerrância não resulta da natureza de Deus
De modo típico dos calvinistas muito determinados, McGowan adota a forma do voluntarismo divino. O voluntarismo ético declara que algo é

A INERRÂNCIA DAS ESCRITURAS

bom porque Deus o quer [é da vontade de Deus]; Deus não o quer porque é bom. No entanto, isso tornaria arbitrários todos os mandamentos morais de Deus nas Escrituras. Por exemplo, de acordo com o voluntarismo, Deus poderia querer [ser da sua vontade] que o amor fosse errado e que o ódio fosse certo. Mas isso não é somente contraintuitivo; também é moralmente repugnante, sem falar que é não bíblico, visto que por natureza "Deus é amor" (cf. 1 João 4.16). Além disso, o voluntarismo minaria a eleição incondicional, uma doutrina cara ao coração do teólogo reformado. Pois, se o voluntarismo fosse verdadeiro, então Deus poderia mudar de ideia quanto a quem são os eleitos ou mesmo se os eleitos serão finalmente salvos.

Esse mesmo tipo de voluntarismo é evidente no argumento de McGowan contra a inerrância. Em uma das seções mais importantes da sua obra, ele escreve: "Os inerrantistas fazem uma pressuposição não fundamentada sobre Deus. A pressuposição é que, dados a natureza e o caráter de Deus, o único tipo de Escritura que ele poderia 'soprar' seria uma Escritura textualmente inerrante. Se houvesse mesmo que só um erro nos *autógrafos*, então Deus não poderia ter sido o autor, porque ele não é capaz de erro" (*DS*, p. 113). Assim, McGowan diz que a inerrância não é uma inferência legítima da Bíblia (p. 115), mas é meramente um argumento *a priori* (p. 131). Mas isso é exatamente o que tanto a Evangelical Theological Society (ETS) quanto o International Council on Biblical Inerrancy (ICBI) afirmaram (v. cap. 12 adiante).

McGowan segue e diz que "o argumento dos inerrantistas é que Deus é *incapaz* de produzir qualquer outra coisa, a não ser um texto autográfico inerrante. [...] Eu concordo com os inerrantistas que Deus *poderia* ter causado a existência de textos autográficos inerrantes, se tivesse feito essa escolha, mas rejeito o argumento deles de que ele *precisou* ter agido dessa forma" (p. 113-114). Ele conclui: "Eu penso que está errado prejulgar a natureza das Escrituras por meio de uma abordagem dedutiva, com base no que cremos que a inspiração deve significar, dado o caráter de Deus" (p. 136). Não podemos "pressupor que elas precisam ser inerrantes porque Deus não pode mentir" (p. 137). Isso diferentemente poderia ser mais claro e, na minha opinião, mais errado. De fato, McGowan afirma que "tendo escolhido, contudo, usar seres humanos [...] Deus não anulou sua humanidade" (p. 118). E essa humanidade envolvia "discrepâncias e contradições aparentes, porque era isso que Deus pretendia" (p. 119). Diversas observações precisam ser feitas aqui com respeito a isso.

Em primeiro lugar, McGowan é um voluntarista em relação ao que Deus poderia ou não poderia fazer ao produzir um livro soprado por Deus. Isto é, ele afirma que Deus estava livre para fazer uma Bíblia original com ou sem erros. Deus não tinha necessidade alguma que lhe foi imposta por sua própria natureza de produzir um original sem erros. Por incrível que isso possa soar, *o voluntarismo bíblico de McGowan acarreta a afirmação de que, para Deus, falar a verdade é opcional, não necessário*! Se alguma vez já houve uma visão mal direcionada e exagerada da soberania de Deus, é esta.

De fato, é precisamente aqui que os inerrantistas discordam veementemente de pessoas como McGowan. Essa discordância está refletida na declaração básica sobre as Escrituras da Evangelical Theological Society, à qual McGowan se refere. Ela diz: "A Bíblia somente e a Bíblia em sua inteireza é a Palavra de Deus escrita, *por isso* inerrante em seus autógrafos" (grifo nosso). As palavras "por isso" conectam logicamente a Palavra de "Deus" e "inerrante" para deixar claro que nem Deus nem a Bíblia erram. Esse significado das palavras "por isso" foi confirmado por um dos formuladores da declaração, quando ainda vivo, o teólogo reformado Roger Nicole.

Além disso, e mais importante do que isso, a Bíblia deixa claro que Deus não pode escolher, mesmo que ele queira fazê-lo, produzir um original imperfeito. Por quê? "[Porque] é impossível que Deus minta" (cf. Hebreus 6.18). Paulo fala sobre o "Deus que não mente" (cf. Tito 1.2). Ele declara: "[Deus] não pode negar-se a si mesmo" (cf. 2 Timóteo 2.13). Muitas outras passagens das Escrituras falam da natureza imutável de Deus (cf. Números 23.19; 1 Samuel 15.29; Salmos 102.25-27; Hebreus 1.10-12; Malaquias 3.6; Tiago 1.17). Nenhum exame sério de todas essas passagens das Escrituras no seu contexto pode apoiar uma interpretação voluntarista de que Deus pode mudar sua natureza essencial, mesmo se ele quisesse fazê-lo. Se isso é verdadeiro, então a tese central de McGowan desmorona, e o argumento dos inerrantistas permanece de pé: 1) Deus não pode errar. 2) A Bíblia original é a Palavra de Deus. 3) Portanto, a Bíblia original não pode errar.

Para negar essa conclusão, como McGowan sabe, é preciso negar ao menos uma das duas premissas. Sua tentativa de negar a primeira premissa fracassa. Vai contra a essência da própria natureza de Deus como a verdade pressupor que esse ser imutavelmente verdadeiro possa errar, se ele quiser fazê-lo. Deus é verdade (cf. Deuteronômio 32.4; Salmos 31.5) por sua própria natureza imutável e, como tal, ele *"não pode* mentir" (cf. Tito 1.2); "É *impossível* que Deus minta" (cf. Hebreus 6.18). Fazê-lo seria para ele negar a si mesmo, e "[ele] *não pode* negar-se a si mesmo" (cf. 2 Timóteo 2.13; grifo nosso no parágrafo).

Além disso, o Espírito Santo é "o Espírito da verdade" (cf. João 15.26). E a Palavra de Deus é a fala e a expressão do Espírito da verdade. Jesus diz: "Mas, quando o Espírito da verdade vier, ele os guiará a toda a verdade" (cf. João 16.13). Pedro acrescenta: "Antes de mais nada, saibam que

A INERRÂNCIA DAS ESCRITURAS

nenhuma profecia da Escritura provém de interpretação pessoal, pois jamais a profecia teve origem na vontade humana, mas homens falaram da parte de Deus, impelidos pelo Espírito Santo" (2 Pedro 1.20,21). Davi confessa: "O Espírito do SENHOR falou por meu intermédio; sua palavra esteve em minha língua" (2 Samuel 23.2). Agora, por simples inferência lógica,

1. A Bíblia original é a expressão vocal do Espírito da verdade.
2. O Espírito da verdade não pode expressar erro.
3. Portanto, a Bíblia original não pode expressar erro.

Aqui, novamente, para negar a inerrância, a pessoa precisa negar ao menos uma ou mais das duas premissas. A tentativa de McGowan de negar a primeira premissa falha. A verdade não é uma opção para Deus: é uma necessidade.

McGowan também acredita que as cópias da Bíblia são inspiradas (*DS*, p. 159). Dado que inspiração significa "expirado" ou "soprado" (gr. *theopneustos*) por Deus, e dado que McGowan reconhece erros nas cópias, cabe a ele explicar simplesmente como Deus pode soprar esses erros. Aliás, de acordo com essa análise, não é somente possível que haja erros no que Deus sopra; pode ser real também. Mas é contrário à própria natureza de Deus como verdade "soprar/expirar" erros. Deus não pode anular sua natureza imutável pela sua soberania, assim como não pode determinar pela sua vontade não existir mais!

Uma teoria da acomodação implícita
Sob análise mais atenta, McGowan também parece rejeitar a segunda premissa do argumento a favor da inerrância, isto é, que "a Bíblia é a Palavra de Deus". De acordo com essa visão, Deus se acomodou não somente à finitude humana, mas também ao erro humano na produção das Escrituras. Pois ele afirma que mesmo "os autógrafos (se pudéssemos vê-los) poderiam ter a aparência exatamente igual aos manuscritos que temos, incluindo todas as dificuldades, as questões sinóticas, as discrepâncias e as aparentes contradições" (*DS*, p. 119).

No entanto, em nenhum lugar as Escrituras apoiam a visão de que Deus se acomoda ao erro humano em vez de simplesmente se adaptar à finitude humana. Em resumo, um livro verdadeiramente humano, como a Bíblia, ainda assim pode evitar erros. Se não fosse assim, então pela mesma lógica deveríamos concluir que a acomodação divina na encarnação significa que Cristo pecou. Essa é a maneira em que McGowan ataca o chamado modelo encarnacional, usado com frequência pelos evangélicos para ilustrar sua visão (v. cap. 16 adiante).

O erro na raiz dessa visão parece estar baseado em uma visão barthiana ou neobarthiana da condição decaída da humanidade, em que qualquer contato com este mundo humano caído torna o pecado inevitável. Isso serve para argumentar que, visto que a Bíblia foi escrita por seres humanos caídos em linguagem humana decaída, ela deve inevitavelmente participar de erros também.

Há mais um sério problema com essa visão radical da acomodação divina.[6] Se o contato com o mundo decaído torna o erro inevitável, então isso não significa somente que pode haver (e provavelmente há) erros na Bíblia original; isso também significa que o Cristo encarnado precisa participar da mesma propensão ao erro e pecado. Mas o Novo Testamento deixa muito claro que Jesus não pecou (cf. Hebreus 4.15; 2 Coríntios 5.21; 1 Pedro 1.23; 1 João 3.2,3). Da mesma forma, isso significaria que os próprios ensinamentos que vieram dos lábios de Jesus teriam sido manchados com erro, uma vez que ele também estava falando em uma linguagem humana. Mas essa crença precipitaria uma crise cristológica inaceitável para a ortodoxia. Certamente ninguém que crê na união de duas naturezas na pessoa única de Cristo, a segunda pessoa da Trindade, com isso afirma erro nas palavras humanas dele. Daí que a visão de McGowan da acomodação divina ao erro na produção das Escrituras precisa ser rejeitada. O fato é, contudo, que a finitude não exige a condição decaída. Se fosse assim, então não somente o próprio Filho teria participado de pecado e de erro, mas os santos bem-aventurados no Céu também não estariam livres do pecado e do erro, como as Escrituras ensinam que eles serão (cf. 1 Coríntios 13.10; 1 João 3.2; Apocalipse 21.4).

Rejeitando a analogia encarnacional tradicional

De acordo com a argumentação dos inerrantistas ortodoxos, assim como Deus na sua Palavra viva (o Salvador) se uniu com a natureza humana de Cristo sem pecado, assim também Deus está unido com sua Palavra escrita (as Escrituras), mas sem erro. McGowan faz objeção a essa análise com dois argumentos básicos (*DS*, p. 118-121).

Primeiro, ele argumenta que, diferentemente de Cristo, cujas duas naturezas estão unidas em uma pessoa, não há algo como a união do divino com o humano nas Escrituras. Mas McGowan não percebe o ponto central, nem mesmo no seu campo do debate. Pois em outra passagem ele fala

---

[6] É de conhecimento que muitos teólogos ortodoxos têm usado a palavra "acomodação" com o sentido de adaptação à finitude, mas se nega que isso significa incluir erro ou pecado. No entanto, visto que o termo "acomodação" agora carrega essa conotação para muitos, eu recomendo que falemos da divina "adaptação" à finitude e deixemos a palavra "acomodação" para a visão neo-ortodoxa (e neognóstica) de Deus condescender com o erro na Bíblia.

de uma coautoria das Escrituras (p. 118, 148). Ele cita positivamente o seguinte: "Isso possibilita que Bavinck enfatize de maneira fiel e clara ambos os lados de qualquer doutrina ortodoxa das Escrituras, isto é, que Deus é o autor e mesmo assim os seres humanos são os autores" (p. 148). Isso significaria que ambos os aspectos das Escrituras, o humano e o divino, estão unidos em um conjunto de *proposições* (melhor, "frases") ou expressão verbal de maneira igual ao divino e ao ser humano, unidos em uma *pessoa* em Cristo. Essa conclusão é expressa também pelo fato de que McGowan defende a inspiração "verbal" ao afirmar que "eu discordo dele [James Orr] na [sua negação da] inspiração verbal. Parece-me que não há boas razões para argumentar que o conteúdo, mas não a forma das Escrituras, veio a nós de Deus" (p. 136). Mas se a forma verbal das Escrituras é "soprada" de Deus, como McGowan afirma que é, então há uma unidade proposicional (melhor, "de frases") que combina ambos os elementos das Escrituras, o divino e o humano, em uma e mesma estrutura verbal.

Até a própria definição das Escrituras de McGowan apoia esse modelo encarnacional ortodoxo, pois ele diz: "O Espírito Santo fez os homens escrever livros, e sua ação supervisora foi tal que, embora esses livros sejam verdadeiramente a obra de seres humanos, eles também são a Palavra de Deus" (*DS*, p. 43). Repetindo, há uma unidade entre o humano e o divino na Palavra de Deus escrita (as Escrituras) que é análoga à união do divino e do humano em sua Palavra viva (o Salvador).

Além disso, McGowan argumenta de maneira equivocada que a palavra "divino" não se aplica às Escrituras da mesma forma que se aplica à natureza de Cristo na encarnação. Ele escreve: "Somente Deus é divino e, portanto, somente Deus pode ter uma natureza divina" (*DS*, p. 120). Mas, em um sentido muito importante, isso não é assim. Até mesmo Pedro afirma em um sentido real que somos "participantes da natureza divina" (cf. 2 Pedro 1.4). Certamente, isso não é em um sentido metafísico (e.g., não podemos ser infinitos, não criados e imutáveis), mas em um sentido moral (podemos ser bons, verdadeiros e santos). McGowan parece responder de forma não intencional à sua própria pergunta quando admite: "Eu não estou negando que as Escrituras (como os seres humanos) podem compartilhar parte dos atributos divinos" (p. 120). Mas isso é suficiente para que a analogia seja adequada, ou seja, ter fortes similaridades, o que ela tem.

Quanto à Bíblia não ser Deus, é claro que não é. É por isso que o modelo encarnacional é uma analogia (de coisas similares, mas não idênticas). Nenhum evangélico razoavelmente informado jamais defendeu que a Bíblia fosse Deus e devesse ser adorada. A Bíblia é como Deus em seus atributos morais (como a necessidade de ser verdadeiro e santo), não em seus atributos (metafísicos) não morais (como infinito e eterno). À vista disso, a argumentação encarnacional pode ser formulada da seguinte maneira:

1. A Palavra de Deus viva (Cristo) e sua Palavra escrita (a Bíblia) são similares no sentido de que:
   a. Elas têm uma dimensão divina e uma dimensão humana.
   b. Essas duas dimensões estão combinadas em uma unidade.
   c. Assim, ambas não têm defeitos.
2. Assim, tanto a Palavra viva de Deus quanto a sua Palavra escrita não têm defeitos morais no sentido de que:
   a. A Palavra viva de Deus é sem pecado.
   b. Sua Palavra escrita é sem erros.[7]

A questão que permanece é esta: Como o efeito (uma Bíblia inerrante) pode ser maior do que a causa (humanos errantes)? É claro que não pode, mas a suprema Primeira Causa é Deus; os autores humanos são somente as causas secundárias. Sua imperfeição e tendência ao erro não se estendem até afetar a Bíblia porque Deus pode escrever certo por linhas tortas! Ou, em termos bíblicos: "Pois jamais a profecia teve origem na vontade humana, mas homens falaram da parte de Deus, impelidos pelo Espírito Santo" (2 Pedro 1.21). Em termos teológicos, para citar o próprio McGowan: "O Espírito Santo fez os homens escrever livros, e sua ação supervisora foi tal que, embora esses livros sejam verdadeiramente a obra de seres humanos, eles também são a Palavra de Deus" (*DS*, p. 43). Visto que as Escrituras não se originaram "da vontade do homem", mas da vontade de Deus, e visto que o Espírito que supervisiona a verdade "não pode mentir", então o que Deus pronunciou e expressou nessas palavras humanas não pode errar.

A *implicação neobarthiana de McGowan*
Embora McGowan rejeite acertadamente algumas das convicções barthianas, tais como a negação da revelação proposicional objetiva e a revelação vindo somente por meio de atos, não de palavras, não obstante ele não está isento de influência barthiana nessa questão. Aliás, eu chamaria sua visão de neobarthiana em alguns aspectos bem significativos. Em primeiro lugar, como já observado (e será discutido em mais detalhes adiante), McGowan está aberto à possibilidade de erros no texto original da Bíblia — a Palavra que Deus soprou. Em segundo lugar, ele fala da Bíblia como de um

---

[7] Argumentamos que a Bíblia "não pode" errar no que diz respeito à sua dimensão divina e "de fato não errou" no que diz respeito à sua dimensão humana.

A INERRÂNCIA DAS ESCRITURAS

instrumento por meio do qual Deus fala — em vez de falar da Bíblia como a própria voz de Deus. Quanto ao primeiro item, ele diz: "As Escrituras são o registro da revelação que Deus deu à sua Igreja" (*DS*, p. 21). Ele acrescenta: "Nosso conhecimento do amor de Deus em Cristo vem a nós por meio da voz de Deus falando nas Escrituras" (p. 31). E novamente: "A Palavra de Deus veio a nós na forma de um testemunho humano" (p. 112). Finalmente, ele cita James Orr de forma favorável: "Deus deu uma revelação histórica e sobrenatural e [...] as Escrituras são o 'registro' dessa revelação" (p. 132). Mas o que é isso, senão uma maneira mais eufemística de afirmar a analogia do disco riscado de Barth de alguém ouvindo a voz do mestre por meio de uma gravação imperfeita. Isso contraria as Escrituras, que se descrevem como "perfeitas" (cf. Salmos 19.7; heb. *tāmîm*, "sem defeito") — a mesma palavra usada para o cordeiro pascal (cf. Êxodo 12.5), que deveria ser sem defeito. Mas a Bíblia fala de si mesma como a verdadeira revelação do próprio Deus (a própria Palavra de Deus), não de uma gravação defeituosa dela.

Essa conclusão também é apoiada pela afirmação de McGowan de que a Bíblia não tem autoridade em si mesma: somente Deus tem autoridade (*DS*, p. 45). Mas, se a Bíblia é a Palavra de Deus escrita, então ela tem em si a autoridade de Deus, visto que é a voz de Deus falando nas palavras das Escrituras. Poderíamos pensar que — com a ênfase de McGowan na natureza "dinâmica" da inspiração (p. 49), a saber, que Deus está falando continuamente por meio da sua Palavra (p. 155) — ele não tivesse caído no erro barthiano de afirmar que a Bíblia não é a revelação de Deus, mas somente um registro humano dela, por meio do qual Deus fala a nós. Isso é, sem dúvida, a razão pela qual McGowan também afirma que há alguma verdade na alegação de Barth de que "a Bíblia se torna Palavra de Deus" para nós ou é "uma revelação subjetiva" para nós (p. 156).

Finalmente, esse neobarthianismo em McGowan também é apoiado pelo seu argumento de que a Bíblia é somente uma revelação instrumental. Ele escreve: "O propósito das Escrituras é instrumental para a obra do Espírito" (*DS*, p. 24). Da mesma forma, ele fala com aprovação do argumento de Barth "de que nosso conhecimento do amor de Deus em Cristo vem a nós por meio da voz de Deus falando nas Escrituras" (p. 31). Assim, Deus fala "pelo seu Espírito por meio da sua Palavra" (p. 31). Dessa forma, a Bíblia é "o meio" pelo qual ele se comunica conosco (p. 31). Em resumo, a Bíblia não é a revelação de Deus; ela é o instrumento pelo qual a revelação de Deus vem a nós. Mas, uma vez que essa distinção está feita e a cunha foi enfiada entre as palavras dos homens que escreveram as Escrituras e a voz de Deus que fala por meio dessas vozes falíveis, então já não podemos ter uma revelação verdadeira de Deus.

Lógica falha na análise de McGowan

Parte da razão pela qual McGowan consegue chegar a essas conclusões erradas sobre a inerrância é a lógica falha que ele emprega. Alguns exemplos serão suficientes. Muitos deles são formas da notória falácia do espantalho. Primeiro, a falsa acusação que os inerrantistas fazem ao ditado mecânico é rejeitada até pelo fundamentalista John R. Rice, que, mesmo assim, defende dar crédito ao "ditado verbal".[8] No entanto, nenhum calvinista, como McGowan, que acredita na graça irresistível deveria ter problema algum em acreditar que Deus pode agir em pessoas diferentes com seus estilos singulares para produzir exatamente o que Deus quer que eles digam sem precisar ditar isso a eles.

Segundo, ele alega uma visão atomística de espantalho segundo a qual "cada palavra individual e isolada das Sagradas Escrituras é inerrante" (*DS*, p. 65). Essa revelação palavra por palavra é encontrada principalmente no ditado cúltico ou nas crenças de muçulmanos ortodoxos sobre a origem do Corão, mas não em uma visão de inspiração evangélica que aceita a inspiração holística. Isto é, uma palavra considerada propriamente em um contexto de uma frase completa, e uma frase considerada no contexto completo de uma unidade literária (e, no final, isso considerado no contexto de toda a Escritura) — isso é inspirado e inerrante. Em resumo, uma frase completa (com todas as suas partes) é uma revelação inerrante de Deus se entendida em seus contextos adequados. Paulo reforça a importância de um só "descendente" em contraste com muitos "descendentes" (cf. Gálatas 3.16). A ausência de uma letra pode mudar todo o significado de uma doutrina, como descoberto em um credo antigo. O termo grego para "igual/mesmo" (*homoousion*) diferia de uma outra palavra para "similar" (*homoiousion*) por uma letra, a letra *i* (letra *iota* no grego). Essa minúscula letra foi a diferença entre ortodoxia e heresia, na afirmação sobre se Cristo era igual ou somente similar a Deus. Então, nesse sentido, mesmo letras são inspiradas, não em isolamento de palavras, frases e do contexto geral, mas como parte crucial do todo, como o significado holístico. Outro espantalho criado por McGowan é o que ele chama de "literalismo inflexível" (*DS*, p. 65, 103). Ele equipara o ICBI com fundamentalistas (p. 103, 123). No entanto, a Declaração de Chicago sobre a Inerrância Bíblica do ICBI se desdobra em muitos detalhes para negar essa acusação: tão detalhadas

---

[8] V. Rice, *Our God-Breathed Book*, p. 9

A INERRÂNCIA DAS ESCRITURAS

foram as declarações que, estranhamente, McGowan as criticou por serem tão cuidadosas em definir seu significado de forma tão precisa. O artigo 13 declara:

> Negamos também que a inerrância seja contestada por fenômenos bíblicos, tais como a falta de precisão técnica contemporânea, irregularidades de gramática ou ortografia, descrições da natureza feitas com base em observação, registro de falsidades, uso de hipérbole e números arredondados, disposição tópica do material, diferentes seleções de material em relatos paralelos ou uso de citações livres.

O artigo 18 acrescenta: "Afirmamos que o texto das Escrituras deve ser interpretado mediante exegese histórico-gramatical, levando em conta suas formas e recursos literários, e que as Escrituras devem interpretar as Escrituras". Da mesma forma, o artigo 6 declara: "Afirmamos que a totalidade das Escrituras e todas as suas partes, chegando às palavras exatas do original, foram dadas por inspiração divina. Negamos que se possa corretamente afirmar a inspiração do *todo* das Escrituras sem considerar as partes, ou de algumas partes, mas não do *todo*" (grifo nosso). O que é isso, senão uma inspiração holística?

Terceiro, McGowan também argumenta que a revelação de Deus "nunca pode se tornar meros dados a serem processados pelo teólogo, mas o meio pelo qual Deus nos confronta e se comunica conosco". Mas, novamente, quem disse que a Bíblia é constituída de "meros dados" para nós processarmos? A Palavra de Deus não é meramente um objeto a ser estudado (*DS*, p. 73). Também deve ser obedecida (cf. Tiago 1.22). As próprias declarações do ICBI (que McGowan rejeita) afirmam o contrário já na primeira declaração: "Deus, sendo ele próprio a verdade e falando somente a verdade, inspirou as Sagradas Escrituras a fim de, desse modo, revelar-se à humanidade perdida, por meio de Jesus Cristo. [...] As Escrituras Sagradas são o testemunho de Deus sobre si mesmo" (Declaração Breve, ponto 1). O artigo 3 declara: "Afirmamos que a Palavra escrita é, em sua totalidade, revelação dada por Deus". Como alguém pode concluir disso, como McGowan faz (p. 117), que os inerrantistas acreditam que a Bíblia é vista meramente como um objeto a ser estudado em vez de uma revelação a ser obedecida?

Quarto, não parece preocupar McGowan que ele admite a falácia lógica do "argumento circular" (*DS*, p. 32). Isso tira toda a base da questão ao dizer essencialmente: "Nós sabemos que a Bíblia é a Palavra de Deus porque a Bíblia (como a Palavra de Deus) nos diz isso". McGowan cita Bavinck de forma favorável: "A Sagrada Escritura é autotestificadora (*autopistos*), por isso o fundamento supremo da fé. Nenhum fundamento mais profundo pode ser posto. À pergunta 'Por que você acredita na Escritura?', a única resposta é: 'Porque ela é a Palavra de Deus'. Mas se a pergunta seguinte é: 'Por que você acredita que a Sagrada Escritura é a Palavra de Deus?', um cristão não pode responder" (p. 31). Mesmo Van Til, que McGowan cita de forma favorável (p. 37), pôde oferecer um argumento transcendental como resposta, a saber, porque nada mais no mundo faz sentido senão pela postulação de que o Deus triúno é revelado na Escritura canônica. No entanto, podemos ter certeza de que nem McGowan nem outro fideísta qualquer aceitarão essa argumentação se um muçulmano disser: "Por que devemos acreditar que o Corão é a Palavra de Deus? A única resposta é: Porque o Corão diz que é a Palavra de Deus". Tenho certeza de que McGowan pediria algumas boas evidências e razões antes de aceitar o Corão como Palavra de Deus, não importa o que o Corão diz sobre si mesmo.

Quanto à afirmação de que com tal resposta "estamos colocando essas coisas como uma autoridade mais elevada do que a voz de Deus falando nas Escrituras", ressaltamos que, além de confundir epistemologia e ontologia, ele está negligenciando o fato de que a própria Bíblia nos ordena a usar a "razão" (cf. 1 Pedro 3.15) e as evidências (cf. Atos 1.3) para testar tais afirmações. Moisés instruiu sobre testes para identificar um profeta falso (cf. Deuteronômio 13 e 18). João nos exortou a examinar "os espíritos para ver se eles procedem de Deus" (cf. 1 João 4.1) e Paulo "discutiu" e argumentou (cf. Atos17.2,17) com os judeus para demonstrar que Jesus era o Messias. Aliás, o próprio Jesus usou a razão e as evidências para fundamentar suas reivindicações de divindade.[9] Como diz Agostinho: "Quem não consegue enxergar que o pensar vem antes do crer? Pois ninguém crê em coisa alguma se antes não pensou que isso deve ser crido".[10]

Quinto, McGowan também é culpado de tirar um texto de seu contexto. Ele faz isso com uma declaração feita por B. B. Warfield, o grande defensor da inerrância de Princeton. Warfield é cuidadoso em ressaltar a humanidade das Escrituras, bem como sua origem divina. Ao defender assim a humanidade dos autores bíblicos, Warfield e A. A. Hodge afirmam que os autores das Escrituras dependiam de línguas humanas, que "carregam em tudo traços indeléveis de erro" e de "fontes e métodos humanos que em si são falíveis" e de conhecimento pessoal que era "deficiente, ou até mesmo errado" (*DS*, p. 211). Mas usar isso para dar apoio à visão errante

---

[9]   Para um tratamento das muitas maneiras em que Jesus usou a razão e as evidências para fundamentar suas reivindicações, v. Geisler e Zuckeran, *Apologetics of Jesus*.

[10]   Augustine [Agostinho], *On the Predestination of the Saints* [Da predestinação dos santos] 5.

de inerrância de McGowan é totalmente injustificável por duas razões. Primeira, isso omite o ponto crucial: Deus em sua providência prevalece sobre essas fraquezas humanas e cria um produto inerrante por meio da pena humana deles. Repetindo, isso somente prova que Deus pode escrever certo por linhas tortas. Segunda, mesmo nessa citação McGowan omite o fato de que Warfield não está dizendo que essas fontes humanas sempre erram. Aliás, ele qualifica isso com expressões como "em grande medida" e "em muitas questões". Finalmente, Hodge e Warfield (*Inspiration*) dizem claramente que estão se referindo a essas fontes humanas "em si mesmas", não como supervisionadas por um Deus que não pode errar.

Sexto, McGowan às vezes joga fora o bebê com a água do banho. Por exemplo, ele agrupa revelação "proposicional" com a alegada necessidade de "precisão científica" e rejeita ambas. Assim, a verdade proposicional é jogada fora junto com a moderna "precisão científica". Mas os inerrantistas, em sua maioria — e de fato todos os que assinaram as declarações do ICBI e da ETS como definidas pelo ICBI —, não acham que precisamos crer na "precisão científica" a fim de crer na revelação proposicional (*DS*, p. 117). Esse mesmo agrupamento desnecessário ocorre com "inerrância" e "fundamentalismo" (p. 103, 123), bem como com "inerrância" e "literalismo". Essa associação é feita, apesar do fato de que os proponentes da inerrância neguem explicitamente tais implicações (v. antes).

Respondendo a outras objeções à inerrância levantadas por McGowan
McGowan levanta ainda muitas outras objeções à inerrância (v. tb. cap. 17 adiante). Várias delas requerem uma breve resposta, visto que são consideradas por muitos como obstáculos significativos à crença na inerrância.

Morte da inerrância por mil qualificações
É muito estranho que McGowan critique os inerrantistas do ICBI e da ETS por estabelecerem tantas qualificações e ressalvas para a sua teoria. Isso é esquisito em vista do fato de que os inerrantistas defendem o oposto em todos esses pontos, e ainda assim eles não são criticados por todas as suas qualificações e ressalvas. Além disso, McGowan na verdade elogia a Declaração do ICBI por tornar as coisas claras por ter "negações", além de "afirmações". Mas essas qualificações negativas tornam a doutrina ainda mais clara.

Basicamente, a inerrância não morre uma morte por "mil" qualificações por duas razões. Em primeiro lugar, as chamadas qualificações e ressalvas não a matam, mas a fortalecem e assim a mantêm viva. Em resumo, elas não negam todo o significado na declaração original; elas a esclarecem ao negar e assim afastar aspectos que não pertencem a ela.

Em segundo lugar, não há "mil" qualificações e ressalvas; há, na verdade, somente duas básicas: 1) Somente o texto original é inerrante. 2) Somente o que é afirmado como verdadeiro no texto é verdadeiro, não qualquer outra coisa. O restante das chamadas "qualificações" na verdade não são qualificações colocadas pelos inerrantistas, mas interpretações equivocadas dos não inerrantistas. Daí que a reformulação é necessária somente porque os oponentes entenderam de forma equivocada ou pintaram de forma errada as características da doutrina. Isso requer uma negação por parte dos inerrantistas que nos ajuda a entender o que estava implícito na declaração original de que tudo que é afirmado como verdadeiro é de fato verdadeiro (e tudo que é afirmado como falso é falso). Assim como os primeiros credos precisaram se desenvolver a fim de explicar o que queriam dizer nas formas mais simples iniciais porque os hereges posteriores os interpretaram mal, distorceram e questionaram, assim também inerrantistas posteriores precisaram acrescentar mais "qualificações" para explicar o significado original para enfrentar os questionamentos heréticos de seus dias.

Por exemplo, deveria ter sido suficiente dizer simplesmente: 1) A Bíblia é a Palavra de Deus, mas porque alguns têm negado o óbvio, é necessário acrescentar que 2) a Bíblia é a Palavra de Deus *inspirada*. No entanto, quando alguns usam "inspirada" em um sentido humano, é necessário dizer que 3) a Bíblia é a *divinamente* inspirada Palavra de Deus. Mas, visto que alguns negam que tal livro é infalivelmente verdadeiro, é necessário acrescentar que 4) a Bíblia é a divinamente inspirada e *infalível* Palavra de Deus. Da mesma forma, quando alguém alega que ela é infalível somente na sua intenção, mas não nos fatos, então é necessário esclarecer que isso significa que 5) a Bíblia é a divinamente inspirada, infalível e *inerrante* Palavra de Deus. Mas mesmo aí alguns têm argumentado que ela é inerrante somente em questões redentoras, daí a necessidade de acrescentar que 6) a Bíblia é a divinamente inspirada, infalível e inerrante Palavra de Deus *em tudo que ela afirma sobre qualquer assunto*. E assim por diante. Esse processo parece não ter fim. Por quê? Porque, quando alguém nega o óbvio, é necessário afirmar o redundante. Não é culpa dos inerrantistas que parece que eles estão acrescentando coisas quando, na verdade, estão simplesmente explicando o que a declaração original significava. Assim, os inerrantistas não podem ser acusados pelas alegadas "qualificações" (na verdade, esclarecimentos posteriores do significado original à luz de negações posteriores). São os oponentes da inerrância que deveriam ser acusados por negarem o óbvio. Se 1) "A Bíblia é a Palavra de Deus", então ela é de fato divinamente inspirada, infalível, inerrante e assim por diante. Mas, se negarmos o óbvio, então os inerrantistas precisam afirmar o redundante para tornar a nossa visão clara.

A INERRÂNCIA DAS ESCRITURAS

Não há menção à inspiração ou inerrância nos primeiros credos

Em resposta a essa acusação, é crucial lembrar que a crença na Bíblia divinamente imbuída de autoridade está pressuposta em todos os trechos nos credos. O Credo dos Apóstolos (séc. II) é quase inteiramente formulado em frases e expressões dependentes da Bíblia. Da mesma forma, o Credo Niceno (325) usa muitas das mesmas expressões e afirma explicitamente que essas verdades foram "faladas por meio dos profetas". O Credo de Calcedônia (451) usa muitas das mesmas expressões dos credos anteriores e acrescenta explicitamente que "temos os profetas de outrora" (no Antigo Testamento) e "o que o próprio Senhor Jesus Cristo ensinou" por meio dos escritos apostólicos no Novo Testamento. A base de autoridade divina para o ensino da igreja cristã está evidente tanto implícita quanto explicitamente nos primeiros credos gerais da Igreja.

Segundo, havia pouca necessidade de mencionar a Bíblia mais explicitamente, visto que ela não era seriamente questionada. Os credos surgiram das necessidades. As necessidades daqueles dias estavam mais concentradas na divindade e humanidade de Cristo, na Trindade e na ressurreição. Assim, essas foram enfatizadas. Os credos surgiram da controvérsia, e não havia controvérsia séria na igreja dos primeiros tempos quanto à origem divina das Escrituras.

Terceiro, está solidamente estabelecido que a visão dos primeiros pais era fortemente a favor da inerrância. J. N. D. Kelly, autor com notório saber sobre os primeiros pais, caracterizou a visão dos primeiros pais quando falou da visão de Tertuliano de que "as Escrituras têm autoridade absoluta; tudo o que elas ensinam é necessariamente verdadeiro, e desgraça sobrevenha àquele que aceitar doutrinas não encontráveis nelas".[11] Agostinho resumiu bem os primeiros pais da Igreja quando disse: "Se ficamos perplexos por alguma contradição aparente nas Escrituras, não é permitido dizer que o autor desse livro está equivocado; mas ou [1] o manuscrito é falho, ou [2] a tradução está errada, ou [3] você a interpretou incorretamente".[12] O que é isso, senão uma afirmação da inerrância do texto original da Bíblia?

Por que Deus não preservou os autógrafos?

McGowan pergunta: "Se a inerrância textual é tão vital para a doutrina das Escrituras, por que Deus não preservou os autógrafos com cópias precisas deles?" (*DS*, p. 109). Ele acrescenta: "Qual foi a vantagem de Deus agir sobrenaturalmente na provisão de um texto providencialmente inerrante

---

[11] Kelly, *Early Christian Doctrine*, p. 39.
[12] V. Augustine [Agostinho], *Reply to Faustus* [Resposta a Fausto] 11.5.

se ele deixou de ser inerrante assim que foi feita a primeira ou a segunda cópia?" (p. 109).

Como resposta, eruditos evangélicos há muito tempo têm chamado a atenção para diversas coisas que McGowan não trata em detalhes em lugar algum nem refuta. Primeiro, há razões importantes para se ter um autógrafo perfeito, e a principal delas é que o Deus da verdade perfeita não pode pronunciar erro (v. anteriormente). Pois "é impossível que Deus minta" (cf. Hebreus 6.18). O "Espírito da verdade" (cf. João 16.13) não pode falar inverdades.

Segundo, uma vez que Deus não sopra as cópias, é possível que elas errem. No entanto, Deus providencialmente as preservou como um todo de qualquer erro substancial. Ou seja, temos boas cópias dos autógrafos originais. Eruditos renomados têm confirmado isso. O professor Frederic Kenyon afirmou:

> O intervalo entre as datas da composição original e as mais antigas evidências remanescentes se torna tão pequeno que é de fato negligenciável, e o último fundamento para qualquer dúvida de que as Escrituras vieram até nós de forma substancialmente igual à forma em que foram escritas está agora eliminado. Tanto a autenticidade quanto a integridade geral dos livros do Novo Testamento podem ser consideradas como finalmente estabelecidas.[13]

A. T. Robinson, grande estudioso do grego, explicou que "a preocupação real é com uma milésima parte [0,1%] de todo o texto".[14] Isso resulta em 99,9% do texto livre de variantes significativas. Outros observam que essas pequenas variantes não afetam um ensino essencial da igreja cristã. Mesmo Bart Ehrman, agnóstico e crítico da Bíblia (v. cap. 5), admite: "De fato, a maioria das mudanças encontradas nos mais antigos manuscritos cristãos não tem relação alguma com teologia ou ideologia. De longe, as alterações, em sua maioria, resultam de erros, pura e simplesmente — a pena que escorregou, omissões acidentais, acréscimos inadvertidos, palavras com ortografia equivocada, erros bobos de algum ou outro tipo".[15] Assim, temos na Bíblia seguramente mais de 99% do texto e 100% das verdades essenciais da fé cristã. Assim, não precisamos ter em mãos os autógrafos.

Terceiro, pode haver boas razões pelas quais Deus não preservou os autógrafos. Sabendo a tendência humana para a veneração de relíquias, imagine o que aconteceria com a Bíblia original expirada por Deus! Veja o

---

[13] Kenyon, *Bible and Archaeology*, p. 288.
[14] Robertson, *Textual Criticism*, p. 22.
[15] Ehrman, *Misquoting Jesus*, p. 55.

A INERRÂNCIA DAS ESCRITURAS

que aconteceu anos mais tarde com a serpente de bronze no deserto (cf. 2 Reis 18.4). Além disso, sabendo da tendência humana de distorcer a verdade e corromper a doutrina com uma alegada autoridade divina, imagine o que poderia ter acontecido com os autógrafos se eles caíssem em mãos erradas. Mas, com autógrafos preservados em aproximadamente 5.700 manuscritos que estão espalhados por todo o mundo, não há meio humanamente possível de que qualquer verdade essencial da fé cristã seja distorcida em todas essas cópias.

Se cópias imperfeitas são adequadas, por que não originais imperfeitos?

Talvez uma ilustração ajude a responder a essa pergunta. Não é difícil entender a história bíblica em que Deus cria um Adão perfeito, então permite que ele caia e reproduza cópias imperfeitas do Adão original. Agora, todas essas cópias (descendentes) de Adão são 100% humanos e imperfeitos como todos nós somos. Assim, a humanidade essencial tem sido preservada mesmo por meio de gerações de cópias imperfeitas. Da mesma forma, com as Escrituras era essencial que houvesse um original que era perfeito, visto que um Deus perfeito não pode criar um original imperfeito. Por exemplo, é inconcebível que um Deus perfeito pudesse ter feito o primeiro homem com um corpo deformado com câncer já presente nele. Mas não é inconcebível que ele fizesse um homem original perfeito, que o capacitasse com a livre escolha, permitisse que ele pecasse e passasse imperfeições à sua posteridade, enquanto Deus, não obstante, preserva a natureza humana essencial do homem na sua posteridade. É exatamente por essa mesma razão que Deus produziu uma Bíblia original perfeita e ainda preservou as cópias de todos os erros maiores, de modo que protegeu todas as verdades essenciais para a posteridade.

Em resumo, não é possível que Deus faça um original adequado, mas imperfeito. Há muitas coisas que Deus não pode fazer, mesmo com sua soberania. Ele não pode mudar (cf. Malaquias 3.6; Tiago 1.13,17). "[Ele] não pode negar-se a si mesmo" (cf. 2 Timóteo 2.13). Ele não pode deixar de ser Deus (cf. Hebreus 1.10-12). Ele não pode quebrar uma promessa incondicional cf. (Romanos 11.29). Ele não pode mentir (cf. Hebreus 6.17,18). E, como um Deus absolutamente perfeito, ele não pode produzir um produto imperfeito, seja no âmbito da verdade, seja no da moral — porque é contrário à sua natureza fazer isso.

Denominar argumentos como este de *a priori* (*DS*, p. 111) ou puramente "dedutivos" (p. 136) não os torna inválidos ou falsos. Eles estão baseados na própria natureza revelada de Deus nas Escrituras, e não há nada de errado em fazer deduções lógicas de verdades bíblicas. A Trindade é uma dedução dessas, visto que em texto algum a Bíblia ensina explicitamente que há um Deus em essência que é três pessoas. Antes, ela ensina: 1) Há somente um Deus, e 2) há três pessoas que são Deus (i.e., que compartilham dessa uma e mesma natureza). A doutrina da Trindade é uma inferência lógica necessária dessas duas premissas claramente bíblicas. A inerrância se encaixa nessa mesma categoria. Há duas premissas claramente ensinadas nas Escrituras: 1) Deus não pode errar. 2) A Bíblia original é a Palavra de Deus. A conclusão lógica necessária a tirar está clara: 3) A Bíblia original não pode errar.

Argumentação com base em alegados erros e contradições nas Escrituras

McGowan acredita que pode ter havido erros nos autógrafos. Ele diz: "Se Deus é capaz de usar as cópias com erros [...] que de fato temos [...] por que investir tanto capital teológico em originais hipotéticos que não temos?" (*DS*, p. 113). Ele acrescenta: "Os autógrafos (se pudéssemos vê-los) poderiam ter a aparência exatamente igual aos manuscritos que temos, incluindo todas as dificuldades, as questões sinóticas, as discrepâncias e as aparentes contradições" (*DS*, p. 119).

Em outros trechos, McGowan conclui com Bavinck que "a orientação do Espírito Santo prometida à Igreja não exclui a possibilidade de erro humano" (*DS*, p. 158). Ele parece ter receio de dizer que há "reais contradições e erros", mas isso resulta da própria lógica de sua comparação. Pois as cópias têm erros e contradições reais, e Deus as usa para os seus propósitos. Além disso, visto que McGowan afirma que as cópias são inspiradas (p. 159), ele de qualquer maneira precisa encarar a ideia contraditória de erros soprados por Deus. E, novamente, ele diz que "rejeita a implicação de que com isso os autógrafos precisam ser inerrantes" (p. 124). Isso certamente significa que eles podem conter erros. Repetindo, não há uma "terceira via". Ou o original pode conter erros, ou então ele não pode conter erros. A lei inegável da não contradição exige essa conclusão.

Antes de concluir, será instrutivo analisar o exemplo que McGowan dá de um suposto erro na Bíblia, que ele toma de I. Howard Marshall (*DS*, p. 112). Ele o chama de *um exemplo muito bom* de um erro no texto bíblico. McGowan alega que Jairo disse a Jesus em Mateus 9.18 que sua filha estava morta. Mas, em Marcos e Lucas, Jairo disse a Jesus que sua filha "está morrendo" (cf. Marcos 5.23). Lucas diz que ela "estava à morte", mas ainda não morta (cf. Lucas 8.42). McGowan conclui apressadamente que "há uma *clara contradição* entre as palavras iniciais de Jairo como registradas por Mateus e pelos outros evangelistas" (p. 113, grifo nosso).

A INERRÂNCIA DAS ESCRITURAS

No entanto, na verdade não há contradição nos registros entre qualquer coisa que Jairo disse. Essa discrepância aparente pode ser explicada pelo fato de que "Enquanto Jesus ainda estava falando, chegou alguém da casa de Jairo, o dirigente da sinagoga, e disse: 'Sua filha morreu' [...]" (Lucas 8.49). Mateus não mencionou esse detalhe, mas incluiu o relato da morte da menina no pedido de Jairo.[16] O fato é que Mateus não disse que Jairo disse alguma coisa que de fato ele não disse. Ele simplesmente combinou as duas partes da conversa, assim ressaltando o fato de que a menina na verdade morreu naquela hora.[17] Tendo analisado em torno de 800 supostas contradições nas Escrituras na obra *The Big Book of Bible Difficulties*, concluímos que, depois de meio século de estudo, a Bíblia está livre de erros, mas os críticos não.

Conclusão

McGowan apresenta muitos *insights* positivos sobre a natureza das Escrituras que são dignos de ponderação. No entanto, ao tentar oferecer um "caminho do meio" entre os inerrantistas e os errantistas, ele comete sérios erros. Primeiro, ele adota uma visão voluntarista radical de Deus, que é capaz de expressar erros nos manuscritos originais. Depois, isso é combinado com uma visão não bíblica do erro da doutrina da acomodação, em vez da adaptação divina, sem erros, à finitude (v. cap. 16 adiante). Isso está conectado com sua rejeição de um modelo "encarnacional" de inerrância — uma rejeição que, se aplicada consistentemente a Cristo, levaria à conclusão de que mesmo as palavras e ações humanas de Cristo não estariam livres de erro.

Quanto à sua proposta de que os americanos abandonem seu há muito tempo defendido compromisso com a inerrância em favor da teoria da não inerrância europeia, queremos lembrá-lo do declínio de uma igreja europeia, antes vibrante, baseada na posição da não inerrância, e também lembrá-lo da maior vitalidade da igreja americana baseada na posição da inerrância. E nessa mesma linha, perguntamos: Onde há um grupo vibrante de milhares de estudiosos (como na ETS) baseado na inerrância na Bíblia na Grã-Bretanha ou na Europa? Ou seja, a proposta de McGowan de rejeitar o termo (e o conceito da) inerrância deve ser gentilmente, mas firmemente, rejeitada por causa de suas implicações não bíblicas, não razoáveis e não ortodoxas.

---

[16] V. Walvoord e Zuck, eds., *Bible Knowledge Commentary*, 2:40.

[17] O fato de McGowan insistir que é um erro porque o relato de Mateus representa o dirigente da sinagoga como dizendo isso em momentos distintos é um exemplo da visão muito "literalista" que ele lastima nos inerrantistas. Além disso, isso força e tira o chão do argumento ao pressupor que a fusão de textos não é um estilo literário legítimo, que a visão do ICBI sobre a inerrância permite.

Apesar dos acima mencionados aspectos positivos de sua posição, as teses centrais dele podem parecer mais amplas e atraentes (nenhum desses aspectos é um teste da verdade), mas no final é um desvio perigoso da posição ortodoxa de inerrância ensinada na Bíblia, confirmada pela Igreja ao longo dos séculos, exigida pela teologia ortodoxa desde tempos antigos — que proveu uma base frutífera para uma igreja cristã vibrante. Assim, em vez de nos tentar a abrir mão ou do conceito ou do termo da "inerrância" para descrever as Escrituras sopradas por Deus, McGowan nos dá mais razões para nos agarrarmos a eles.

▪ Fontes ▪

Augustine [Agostinho], *On the Predestination of the Saints* [Da predestinação dos santos]
_____, *Reply to Faustus* [Resposta a Fausto]
Ehrman, *Misquoting Jesus*
Geisler, *Baker Encyclopedia*
_____, *Systematic Theology*
Geisler e Zuckeran, *Apologetics of Jesus*
Kelly, *Early Christian Doctrine*
Kenyon, *Bible and Archaeology*
McGowan, *Divine Spiration*
Rice, *God-Breathed Book*
Robertson, *Textual Criticism*
Sproul, *Explaining Inerrancy*
Walvoord e Zuck, eds., *Bible Knowledge Commentary*

10

STANLEY GRENZ E BRIAN MCLAREN
SOBRE A INERRÂNCIA

Introdução

A INFLUÊNCIA pós-moderna na igreja evangélica é destacada no movimento da igreja emergente. De muitas maneiras, Stanley Grenz é o avô desse movimento, e o pai é Brian McLaren. Portanto, este capítulo se concentrará em sua visão da origem e natureza das Escrituras. Alguns de seus seguidores serão mencionados a título de ilustração. Em primeiro lugar, apresentaremos brevemente algumas dimensões positivas de seus pontos de vista.

Algumas contribuições positivas do pensamento pós-moderno

Como em outras visões, existem muitas características louváveis do pensamento pós-moderno. Em primeiro lugar, Grenz, McLaren e outros líderes da Igreja desejam ser relevantes para o mundo pós-moderno em que vivemos. Em consonância com isso está o seu reconhecimento da finitude de nossa compreensão de Deus e de sua revelação a nós.

Assim, é compreensível que haja uma perspectiva para o nosso conhecimento. A indicação deles de como o intérprete das Escrituras frequentemente ilustra a mensagem em sua própria subjetividade e faz isso com seus próprios tons é bem interpretada. Então, também o homem pós-moderno enfatiza a necessidade de fundamentar nossa visão das Escrituras em uma indução completa da Bíblia, e uma abordagem de baixo para cima é um procedimento louvável.

Da mesma forma, Grenz e McLaren apontam para o fato de que há muito mais do que verdade proposicional na Bíblia. Existe o poder das histórias em transmitir os pensamentos de Deus para nós. A Bíblia contém mais do que mera verdade descritiva. Também tem poderosa força evocativa. Da mesma forma, Deus deseja transformar as pessoas, não apenas preencher nossa mente com a verdade abstrata. Deus certamente está interessado na

A INERRÂNCIA DAS ESCRITURAS

concreta aplicação das verdades em nossa vida. Além disso, há a dimensão social e as implicações do Evangelho. Deus não está interessado apenas em transformar vidas, mas também na transformação da sociedade.

Em resumo, os pós-modernos lembram àqueles que querem permanecer "ancorados na rocha" que eles não podem se dar ao luxo de negligenciar estarem "voltados para os tempos". Os pós-modernos também nos lembram, com razão, que a Bíblia não é um livro científico. Portanto, não precisamos temer que as pesquisas científicas mais recentes perturbem nossa verdadeira crença (Grenz, *Revisioning Evangelical Theology* [*RET*], p. 116). Eles também, com razão, nos lembram que o fundacionalismo tem suas raízes no dedutivismo cartesiano (e espinosista),[1] é equivocado e não deve ser adotado por evangélicos em sua abordagem às Escrituras.

Alguns fatores negativos nas visões pós-modernas das Escrituras
De modo geral, os pós-modernos desejam ser sem credos. Mas não se pode evitar doutrina, mesmo que apenas pela razão de que esta é uma afirmação doutrinária. Além disso, há uma necessidade de apenas examinar seus escritos para encontrar uma infinidade de afirmações doutrinárias, embora nem sempre ortodoxas. Sua doutrina das Escrituras não é exceção.

Stanley Grenz nas Escrituras
O professor Gordon Lewis, do Seminário de Denver, uma vez me disse (Norman) que a Evangelical Theological Society teria prestado a si mesma um grande serviço ao se concentrar na visão desviante que o professor Grenz tem das Escrituras, não apenas na de Clark Pinnock (v. cap. 4). No final das contas, Pinnock escapou de sua rede, e Grenz escorregou para a eternidade. No entanto, a visão de Grenz ainda está viva e é o melhor esforço para fornecer uma base filosófica para a doutrina das Escrituras na igreja emergente e, portanto, uma das melhores maneiras de compreender o fundamento do movimento da igreja emergente.

Rejeitando a visão ortodoxa clássica das Escrituras
Grenz resume muito bem a visão clássica que ele rejeita: "Teólogos evangélicos começam com a afirmação de que Deus se revelou. Esta autorrevelação veio por meio de revelação geral e mais completamente em revelação especial". Além disso, "O Espírito Santo preservou algumas dessas revelações

---

[1] Espinosa, em particular, tinha um sistema dedutivo construído no modelo da geometria de Euclides: ele começou com axiomas supostamente evidentes e tentou deduzir deles conclusões absolutamente certas sobre toda a realidade.

especiais inspirando escritores bíblicos a escrevê-las. A Bíblia, portanto, é a Palavra de Deus. Porque a Bíblia é a inspirada Palavra de Deus, é confiável e até mesmo inerrante" (*RET*, p. 116). "Nossa escuta da voz de Deus [nas Escrituras] não precisa ser ameaçada pela pesquisa científica sobre as Sagradas Escrituras" (p. 116). "A Bíblia é revelação porque é a testemunha [errante] e o registro [errante] da revelação histórica de Deus" (p. 133).

Infelizmente, Grenz rejeita a abordagem clássica da inerrância, afirmando: "A construção da bibliologia desta maneira, 'de cima', por assim dizer, tem certas deficiências" (*RET*, p. 116). Ele acrescenta: "Não podemos mais construir nossa doutrina das Escrituras da maneira clássica" (p. 118).

Rejeitando a ortodoxia clássica

A rejeição pós-moderna da visão ortodoxa clássica das Escrituras é abrangente. Inclui uma rejeição da visão de correspondência com a verdade, uma rejeição da verdade objetiva, verdade absoluta, verdade proposicional e a verdade inerrante nas Escrituras. Isso é feito em favor do antifundacionalismo, relativismo, subjetivismo, construcionismo, não proposicionalismo, barthianismo e falibilismo. Poucas visualizações são uma rejeição mais abrangente da visão ortodoxa de inerrância ilimitada como expressa pela Evangelical Theological Society (ETS) e pelo International Council on Biblical Inerrancy (ICBI).

Antifundacionalismo

Grenz aborda a Bíblia de uma perspectiva antifundacionalista pós-moderna. Como outros, no entanto, ele vê erroneamente que todo fundacionalismo como enraizado no dedutivismo cartesiano (e espinosista), que tenta deduzir a verdade absoluta de princípios evidentes. No entanto, ele ignora um redutivismo fundacional legítimo, que fundamenta toda a verdade em primeiros princípios irredutíveis e evidentes como as leis básicas do pensamento.[2]

Junto a isso, Grenz rejeita a apologética racional tradicional baseada na revelação geral de que Agostinho, Anselmo, Aquino, Calvino e seguidores modernos realizaram.[3] Ele repreende "os evangélicos do século XX [que] dedicaram muita energia à tarefa de demonstrar a credibilidade da fé cristã" (*Primer on Postmodernism* [PP], p. 160). Mas sem uma apologética racional e evidencial, fica-se nadando no mar do subjetivismo.

---

[2]   Teístas tradicionais dependem de certos princípios inegáveis (como as leis da lógica) sobre os quais todo pensamento é baseado, e ao qual o pensamento racionalmente válido pode ser reduzido. Mas, ao contrário do moderno fundacionalismo (como Espinosa), não se poderia deduzir apenas desses princípios algo verdadeiro sobre o mundo real. Todo o conhecimento do mundo real começa na experiência dos sentidos (v. Geisler, **Thomas Aquinas**, cap. 6).

[3]   Para uma discussão da revelação geral, v. Geisler, **Systematic Theology**, v. 1, cap. 4.

A INERRÂNCIA DAS ESCRITURAS

Grenz afirma: "Estamos fundamentalmente de acordo com a rejeição pós-moderna da mente moderna e sua epistemologia iluminista subjacente" (*PP*, p. 165). Embora existam razões suficientes para discordar de alguns aspectos da "epistemologia iluminista", o fundacionalismo clássico e uma apologética racional não estão entre eles. Nem é uma confiança básica na confiabilidade do conhecimento dos sentidos sobre um mundo objetivamente real. Portanto, "devemos elogiar o questionamento pós-moderno da suposição do Iluminismo de que o conhecimento é objetivo e, portanto, desapaixonado" (*PP*, p. 166).

No entanto, Grenz jogou fora o bebê do próprio fundacionalismo, que está na base da visão evangélica histórica das Escrituras, com a água do banho do fundacionalismo racionalista dedutivo.[4] No entanto, o antifundacionalismo leva ao relativismo e ao subjetivismo, que Grenz rebatiza como "pós-racionalista" (*PP*, p. 167). Ele não explica como alguém justifica o uso da razão para denunciar a razão *per se*.

Relativismo

Uma vez que o fundamento para a verdade absoluta é destruído, segue-se o relativismo e o subjetivismo. Grenz é vítima dessa lógica. Ele expressa esse relativismo da seguinte forma: "A Bíblia é vista, então, não como um fato acabado e estático ou coleção de fatos a serem analisados por métodos cada vez mais sofisticados, mas como uma potencialidade de significado que é atualizado por gerações sucessivas à luz de suas necessidades" (*RET*, p. 120). Isso ele vê como o entendimento adequado de 2 Timóteo 3.16,17, que Grenz interpreta erroneamente como significando que Deus soprou nas Escrituras como soprou em Adão. Na verdade, *theopneustos* ("inspirado") significa *expirar*, não inspirar. Assim como Jesus disse, cada palavra das Escrituras *"sai da* boca de Deus" (Mateus 4.4, KJA, grifo nosso). Grenz também cai na armadilha autodestrutiva de negar a possibilidade de conhecimento objetivo do mundo ou do passado. Ele afirma que "devemos elogiar o questionamento pós-moderno da suposição do Iluminismo de que o conhecimento é objetivo e, portanto, desapaixonado" (*PP*, p. 166). Ele acrescenta: "Nós afirmamos a descoberta pós-moderna de que nenhum observador pode ficar fora do processo histórico. Nem podemos obter conhecimento universal e culturalmente neutro como especialistas não condicionados" (p. 166). Grenz parece

---

[4] Nem todos os inerrantistas afirmam ser fundacionalistas, mas praticamente todos os inerrantistas são fundacionalistas na medida em que acreditam que as leis básicas do pensamento (como a lei da não contradição) são indispensáveis a todo pensamento, incluindo todo pensamento teológico.

felizmente inconsciente de sua afirmação autodestrutiva de ter conhecimento objetivo desta condição supostamente subjetiva.

Subjetivismo pós-moderno

O parente mais próximo do relativismo é o subjetivismo. Grenz expressa seu subjetivismo em palavras que soam calorosas como "comunidade" e "a voz do Espírito" na iluminação comunitária. Ele escreve: "Podemos ver mais facilmente a Bíblia — a instrumentalidade do Espírito — como o livro da comunidade" (*RET*, p. 115). Ele critica cristãos ortodoxos clássicos que "frequentemente colapsam o Espírito na Bíblia". Eles "trocam a dinâmica do contínuo movimento do Espírito falando com a comunidade do povo de Deus por meio das páginas da Bíblia pelo livro que temos em nossas mãos" (p. 117).

A abordagem autodenominada de "funcional" de Grenz "começa com o papel das Escrituras dentro das comunidades cristãs e, em seguida, tira conclusões do valor normativo da Bíblia" (*RET*, p. 119). Ele até reinventa a Trindade em termos de sua comunidade modelo, declarando que "Deus é a trindade social — Pai, Filho e Espírito" (*PP*, p. 168). Mas Deus é muito mais do que uma sociedade de pessoas. Só existe um Deus, e ele tem apenas uma *essência*. Deus é essencialmente um, não apenas funcionalmente como uma comunidade humana é.

Em sua subjetividade comunitária, Grenz também confunde a inspiração do texto objetivo das Escrituras com a iluminação subjetiva dos crentes na compreensão da palavra objetiva. Na verdade, ele diz: "A confissão da inspiração da Bíblia está intimamente ligada à experiência da iluminação" (*RET*, p. 118).

Da mesma forma, a rejeição de Grenz da revelação geral e da razão por causa dos efeitos noéticos do pecado contribui para o seu subjetivismo. Ele interpretou mal a famosa afirmação sobre o coração ter razões que a razão desconhece de uma forma fideísta, ao contrário do próprio uso de Pascal de evidências para apoiar a fé cristã.[5] Enquanto Grenz observa que "seguir o intelecto às vezes pode nos levar para longe da verdade" (*PP*, p. 166), ele parece alheio ao fato de que a experiência seguinte pode ser ainda pior. Afinal, a Queda atinge a pessoa por completo. Além disso, o pecado pode apagar a imagem de Deus, mas não a apaga (cf. Gênesis 9.6; Tiago 3.9). E o uso indevido da razão não significa que não haja um uso adequado da razão.

Desconstrucionismo

Grenz fala do movimento pós-moderno do realismo, que afirma: 1) Há um mundo objetivo e 2) pode ser conhecido, ao construcionismo, que nega

---

[5] Pascal, **Pensamentos**, seita. 1, cap. 14—15; seita. 2, cap. 11—12, 16—18.

ambas as afirmações. Isso, diz ele, leva a rejeitar uma visão de correspondência com a verdade que afirma serem verdadeiras se corresponderem à realidade (v. cap. 13). Claro, se não houver realidade objetiva conhecível à qual nossos pensamentos possam corresponder, então a correspondente visão da verdade deve ser rejeitada. Mas, neste caso, deve-se construir a própria verdade, uma vez que não existe um padrão objetivo pelo qual se possa medir a verdade de suas declarações. Ficamos nadando em um mar de subjetivismo, perdido na subjetividade de sua comunidade. E não há como julgar entre afirmações de verdades conflitantes de diferentes comunidades cristãs, para não falar das de outras religiões. Grenz e Franke deixam sua posição clara em seu livro *Beyond Foundationalism*.

Enquanto Grenz não deseja abandonar totalmente a crença em toda a realidade objetiva (*Renewing the Center* [*RC*], p. 245-246), no entanto, ele rejeita a cognoscibilidade de um mundo presente pelos sentidos e pela razão (p. 99-100). Sem qualquer análise séria ou argumentação (p. 230-231), Grenz rejeita um modelo realista e opta por um modelo pós-moderno de reconstrução que se concentra em um "realismo escatológico" do mundo vindouro. Ele escreve: "A única 'objetividade do mundo' válida em última instância é a de um *futuro*, um mundo escatológico, e o universo 'real' é o universo como um dia será" (p. 246). Assim, nossa tarefa é desconstruir a visão tradicional e "construir um mundo no presente que reflita a própria vontade escatológica de Deus para a criação". De uma forma *wittgensteiniana* (v. cap. 14), Grenz opina que "Por causa do papel da linguagem na tarefa de construção do mundo, esse mandato tem uma dimensão fortemente linguística. Participamos com Deus como, por meio do construtivo poder da linguagem, habitamos um mundo linguístico atual que vê toda a realidade da perspectiva do futuro, um mundo real que Deus está realizando" (p. 246). Grenz não oferece nenhuma resposta à crítica de que afirmar a incognoscibilidade da presente realidade é algo que ele afirma saber sobre a realidade presente.

Não proposicionalismo

Grenz também rejeita a visão ortodoxa tradicional da revelação proposicional. "Nossa compreensão da fé cristã não deve permanecer fixada na abordagem proposicional que vê a verdade cristã como nada mais do que doutrina correta ou verdade doutrinária" (*Primer on Postmodernism* [*PPM*], p. 170). No lugar disso, ele favorece o que chama de visão mais "dinâmica". Ele rejeita o credo venerável e a visão confessional de que podemos fazer afirmações proposicionalmente verdadeiras sobre Deus. Ele insiste que "nossa compreensão da fé não deve permanecer fixada na abordagem proposicional que vê a verdade cristã como nada mais do que correta doutrina da verdade doutrinária" (*PP*, p. 170). Alguém se pergunta se Grenz percebe a natureza proposicional de sua afirmação doutrinária nessa declaração. Em outro lugar, Grenz admite que "as crenças corretas e a doutrina correta são vitais para a vida cristã" (*PP*, p. 172). Mas como podemos tê-los sem um conhecimento racional e realidade objetiva proposicionalmente satisfatórios? A resposta de Grenz parece estar em sua subordinação do proposicional ao experiencial. Ele afirma que "a sã doutrina é uma serva da obra do Espírito no novo nascimento e vida transformada".[6] A doutrina é como um "jogo" de linguagem *wittgensteiniana* baseado na experiência de mudança da comunidade (*RC*, p. 246). Mas aqui novamente estamos no atoleiro do subjetivismo. Pois a razão deve ser o árbitro da experiência, não o contrário. Como Alister McGrath reconheceu, a experiência é algo que precisa ser interpretada em vez de algo que seja capaz de se interpretar.[7]

Grenz também afirma que "transformado desta forma em um livro de doutrina, a Bíblia é facilmente roubada de seu caráter dinâmico" (*RET*, p. 114-115). Ele insiste em que "a inspiração das Escrituras não pode funcionar como a premissa teológica de qual autoridade bíblica emerge" (p. 118). Então, no lugar da crença histórica na autoridade essencial do texto inspirado das Escrituras, Grenz propõe uma "abordagem funcional [que] se mova em uma direção um tanto oposta à abordagem canônica" (p. 119).

Barthianismo

A visão de Grenz não é essencialmente diferente daquela do teólogo neo-ortodoxo Karl Barth. Ele parece reconhecer a semelhança de sua visão ao fazer esta mesma pergunta: "Não é simplesmente a velha neo-ortodoxia vestida de nova vestimenta?" (*RET*, p. 124). Enquanto ele tenta uma resposta "não" qualificada (p. 125), a essência de sua visão de como a revelação e a Bíblia estão relacionadas não difere significativamente da resposta de Karl Barth. Pois ele nega que a Bíblia seja identificada com a revelação de Deus. Em vez disso, como Barth, ele afirma que "a Bíblia é um canal designado por Deus, um espelho, ou um sinal visível de revelação".[8] A Bíblia não é as palavras de Deus em e deles mesmos. Em vez disso, "as palavras humanas da Bíblia são a Palavra de Deus para nós" (p. 130, grifo nosso).

Em apoio à sua posição, Grenz erroneamente argumenta que a Bíblia em lugar nenhum afirma que é a Palavra de Deus (*RET*, p. 131). Este claramente não é o caso do exame que apenas alguns textos podem ilustrar. Em João

---

[6] Grenz, Nurturing the Soul, p. 39.
[7] Alister McGrath, Theology and Experience, **European Journal of Theology** 2, nº 1 (1993), p. 67.
[8] Grenz está citando Donald Bloesch com aprovação em **Revisioning Evangelical Theology**, p. 131.

10.34,35, Jesus usa "palavra de Deus", "Escritura [*graphē*]" e "não pode ser anulada", todos reforçando uns aos outros. 2 Timóteo 3.15,16 faz o mesmo ao dizer que "toda a Escritura [*graphē*] é soprada por Deus" e é idêntico às "escrituras sagradas [*hiera ramata*]" que Timóteo conhecia desde a infância, ou seja, o Antigo Testamento. Em Mateus 5.17,18, Jesus descreve a "Lei" e os "Profetas" do Antigo Testamento como a imperecível Palavra de Deus. Pedro declara que os escritos proféticos do Antigo Testamento vêm de sua fonte última em Deus, não por invenção humana (cf. 2 Pedro 1.20,21).

Falibilismo e barthianismo

Citando Berkouwer com aprovação, Grenz afirma que a "nossa escuta da voz de Deus [nas Escrituras] não precisa ser ameaçada pela pesquisa científica sobre as Sagradas Escrituras" (*RET*, p. 110). Pois os erros na Bíblia são apenas parte do "escândalo" que ela carrega como um instrumento humano. A Bíblia não é a Palavra de Deus em si mesma, mas apenas "para nós". Grenz escreve: "A Bíblia é revelação em um sentido funcional; é reveladora". Além disso, "as Escrituras são revelação em um sentido derivado" (p. 133). Como Barth, a Bíblia é apenas um registro falível ou testemunha da revelação de Deus em Cristo. "A Bíblia é revelação porque é a *testemunha* e o *registro* da revelação histórica de Deus" (p. 133, grifo nosso).

A visão histórica de inspiração ilimitada sustenta que a Bíblia não contém erros em qualquer tópico que aborde, ciência, história ou psicologia. Grenz recusa, insistindo que "a Bíblia, portanto, pode não ser o tipo de autoridade nos vários ramos da aprendizagem moderna que muitos crentes desejam manter" (*RET*, p. 135). Em vez disso, é uma autoridade apenas em questões de salvação.

Brian McLaren sobre a inspiração das Escrituras

Se Grenz é o avô do movimento da igreja emergente, então Brian McLaren é o pai disso. Al Mohler chamou McLaren de o "mais influente pensador" da igreja emergente. A revista *Christianity Today* o rotulou de "líder espiritual de fato para a igreja emergente". Na verdade, eles deram a ele o Prêmio de Mérito em 2002 por seu livro *A New Kind of Christian* (*NKC*).

Como outros cristãos de vanguarda, há muitas coisas para admirar em suas obras. Eles são novos, originais e relevantes. McLaren é o arqui-inimigo do tradicionalismo, legalismo e fundamentalismo. Ele deseja trazer o evangelicalismo para o século XXI. Ele até afirma ter uma visão elevada das Escrituras. No livro dele *A Generous Orthodoxy* [*GO*], ele diz: "Passei a minha vida inteira aprendendo, entendendo, reavaliando, lutando com, confiando, aplicando a Bíblia e obedecendo a ela, e tentando ajudar outros a fazerem o mesmo. Eu acredito que é um presente de Deus, inspirada por Deus, para nos beneficiar da maneira mais importante possível: equipando-nos para que possamos beneficiar os outros, para que possamos desempenhar nossa parte na missão contínua de Deus. *Minha consideração pela Bíblia é maior do que nunca*" (grifo do autor).

No entanto, por melhor que isso possa parecer, é, na melhor das hipóteses, ambíguo. McLaren declarou em outro lugar: "Mas para mim [...] opor-se a ele [pós-modernismo] é tão fútil quanto opor-se à língua inglesa. Está aqui. É realidade. É o futuro [...]. É a forma pela qual minha geração processa todos os outros fatos no horizonte de eventos" (McLaren, *Church on the Other Side* [COS], p. 70). "Por que isso é tão importante? Porque quando a sua visão da verdade é mudada, quando a sua confiança na capacidade humana de conhecer a verdade de uma maneira objetiva é revolucionada, então tudo muda. Isso inclui a teologia" (p. 69).

Avaliando McLaren por seus amigos

Avaliando-o pelos autores de que gosta, McLaren tem inclinações radicais. Ele expressa seu gosto pelos estudiosos do *Jesus Seminar*, um dos quais disse à revista *Time* que após a crucificação "o cadáver de Jesus foi o caminho de todos os [corpos de] criminosos abandonados: provavelmente mal estava coberto de sujeira, vulnerável aos cães selvagens que vagaram pelo terreno baldio dos campos de execução" (John Crossan). Ele endossa o livro de Steve Chalke, *The Lost Message of Jesus*, no qual Chalke iguala a doutrina da expiação substitutiva — a doutrina de que "Cristo morreu pelos nossos pecados", que é a essência do Evangelho, conforme definida em 1 Coríntios 15.3 — para "uma forma de abuso infantil" (p. 182). Da mesma forma, McLaren deu a sua aprovação ao trabalho de Alan Jones, que disse que Jesus deveria ser "reimaginado", porque sua expiação é uma "doutrina vil". Por quê? "Por causa do culto ao sofrimento e do Deus vingativo por trás disso" (*Reimagining Christianity*, p. 132). McLaren dá a sua aprovação a Spencer Burke, que argumenta que o Inferno não existe, dizendo: "O Deus com o qual me conecto não atribui humanos ao inferno" (*Heretic's Guide to Eternity*, p. 199). Burke acrescenta: "Além do mais, não tenho certeza se acredito em Deus exclusivamente como uma pessoa também [...]. Agora eu incorporo uma visão panenteísta" (p. 195). McLaren declara: "O *show* antigo acabou, o gabarito moderno acabou, e é hora de algo radicalmente novo [...]. Tanto o cristianismo em si é falho, inverídico, [e] falso, ou nossa moderna, ocidental, comercializável versão de força industrial sobre ele precisa de um novo visual, de uma revisão séria" (*New Kind of Christian*, p. xxi). Como veremos, isso também se aplica à sua visão das Escrituras.

A *natureza da inspiração*

McLaren dá a seguinte explicação de "O que a Bíblia realmente é":

A Bíblia é um presente inspirado de Deus — uma coleção única de artefatos literários que juntos apoiam a narração de uma história incrível e essencial. Os artefatos incluem poesia, cartas, histórias curtas e outros gêneros para os quais não temos rótulos. Até uma categoria familiar como história precisa ser usada com cuidado, porque devemos evitar impor tendências e gostos modernos sobre esses documentos antigos: eles precisam ser tomados e apreciados em seus próprios termos. As histórias que esses artefatos apoiam abrangem a incrível carreira dos descendentes de um nômade do Oriente Médio chamado Abraão. Ela traça seus primórdios, crescimento, assentamento e reassentamento por meio de várias estruturas sociais e economias, por meio de muitos arranjos políticos, por meio de bons e maus momentos. Essa coleção é exclusivamente proveitosa para o ensino, repreensão, correção, treinando e equipando pessoas para que possam fazer boas obras para Deus.[9]

É muito difícil encontrar declarações definitivas sobre o que ele entende pelo termo "inspiração." Aqueles que tentam criticar suas doutrinas são vilipendiados como "modernos" e "polarizados". Mas a verdade é que sua visão é pós-moderna e polarizada. Ele diz que não acredita mais que a "Bíblia é absolutamente equivalente à expressão 'a Palavra de Deus' [...]. Embora eu ache o termo 'inerrância' útil [...]. Eu preferiria usar o termo 'herança' para descrever minha visão das Escrituras" (McLaren, *The Last Word*, p. 111). Por "inerrância", ele parece sugerir que a Bíblia simplesmente contém a "Palavra de Deus", mas não é realmente a própria Palavra de Deus. Num texto ele parece desconfortável até mesmo em afirmar que a Bíblia tem autoridade. Ele escreve, "Estou apenas dizendo o que a Bíblia diz. Essa passagem frequentemente citada de 2 Timóteo não diz: 'toda a Escritura é inspirada por Deus e *tem autoridade*'. Diz que a Escritura é inspirada e útil — útil para nos ensinar, repreender, corrigir, instruir para viver com justiça e equipar-nos para a nossa missão como povo de Deus" (p. 74).

McLaren expõe a sua visão da inspiração pelo uso de uma analogia. Ele diz, "Eu sou um ser humano com um nome (além de uma variedade de números que me certificam como um cidadão, motorista, titular de cartão de crédito, proprietário de telefone etc.). Como qualquer outro ser humano, eu sou uma criação de Deus e uma procriação de pais que, em parceria com amigos e professores e autores e cultura em geral, ajudaram a me tornar

---

[9] McLaren, Missing the Point: The Bible, in: McLaren; Campolo, **Adventures in Missing the Point**.

tudo o que sou hoje". Assim, "a maneira pela qual Deus desejou criar o 'eu' que sou hoje, então, como todo outro humano, é por meio de uma sinergia complexa de biologia e comunidade e história (além de minha própria vontade, escolhas e assim por diante)". No entanto, "Essas origens parentais, esses meios orgânicos, esses contextos sociais e históricos não diminuem de nenhuma maneira a realidade de Deus como meu Criador final, Aquele que por meio de todas essas muitas instrumentalidades diz: "Haja um Brian", e aqui estou eu" (*GO*, p. 161-162).

McLaren acredita que "da mesma maneira que as Escrituras são algo que Deus "deixou estar", assim é ao mesmo tempo a criação de Deus e a criação de dezenas de pessoas e comunidades e culturas que o produziram. Um não diminui o outro. Um não deprecia o outro. Um não anula o outro" (*GO*, p. 162).

A noção de que as Escrituras são inspiradas por Deus não é simplesmente a noção de que Deus "deixou estar" as Escrituras de forma semelhante a como Deus "deixou ser" Brian McLaren. A doutrina ortodoxa é que as próprias palavras que compõem as Escrituras são as próprias palavras que Deus escolheu para sua revelação (v. cap. 14). A metáfora bíblica — inspiradas por Deus — destina-se a indicar que Deus falou estas mesmas palavras: elas foram sopradas por Deus. Entre parênteses, é interessante como McLaren distorce os fatos para se adequar ao ponto que deseja apresentar. Em um capítulo anterior, ele critica os conservadores por suas interpretações conflitantes e falíveis (*GO*, p. 162), mas, neste contexto, ele aplaude a "comunidade cristã" de "católicos, protestantes e cristãos ortodoxos" por *sempre* terem um "profundo sentimento e compreensão por essa origem dual integrada [humana e divina] da Escritura" e por manter sobre "ambas as dimensões da origem das Escrituras" (p. 162). Isso certamente não soa como um grupo de "vozes estridentes e conflitantes" que "rotulavam constantemente as interpretações dos outros protestantes como grosseiramente erradas" (p. 134).

Rejeição da verdade e certeza absoluta

"Argumentos que opõem absolutismo *versus* relativismo e objetivismo *versus* subjetivismo revelam-se sem sentido ou absurdo para as pessoas pós-modernas."[10] Em outro lugar, McLaren acrescenta: "Abandone qualquer caso que possa ter com certeza, prova, argumento — e substitua com diálogo, conversa, trama e pesquisa" (McLaren e Campolo, *Adventures*, p. 78). Visto que não podemos saber nada com certeza, isso abre espaço para a fé. McLaren escreve: "Porque o conhecimento é um luxo além de nossas

---

[10] Brian D. McLaren, The Broadened Gospel, **Christianity Today** 48 (Novembro de 2004), p. 43.

A INERRÂNCIA DAS ESCRITURAS

possibilidades, a fé é o melhor que podemos esperar. Que oportunidade! A fé não encontrou abertura assim em várias centenas de anos" (*COS*, p. 173). Ele diz, "Se você acredita que pode saber absolutamente, objetivamente a verdade absoluta e objetiva, e você sabe disso com certeza absoluta, então é claro que você deve desmascarar qualquer um que vê de forma diferente da sua" (p. 25). De acordo com a McLaren, "a certeza é superestimada [...] a história nos ensina que muitas pessoas pensaram que estavam certas e descobriram que não estavam".[11]

Rejeitando a revelação proposicional

McLaren argumenta que um padrão de comunicação mais eficaz no período pós-moderno é "o poder da história" (*COS*, p. 90). Certamente há poder em uma história, especialmente quando é uma história verdadeira. Mas isso nos leva de volta à verdade proposicional. Ele "afirma que nos tempos bíblicos não havia enfeites modernos como uma preocupação com exatidão factual, evidência corroborante ou objetividade absoluta" (p. 80). Nisso ele convenientemente ignora textos como Lucas 1.1-4, que afirmam ser a história objetiva com base em fatos. Da mesma forma, Atos 1.3 fala de "muitas provas" da ressurreição, que dá segurança a todos (cf. Atos 17.31), e 1 Coríntios 15.12-18 que fala do fato da ressurreição como sendo indispensável à fé cristã.

McLaren é enfático em sua oposição ao que caracteriza como modernismo. Ele acredita que os modernos cristãos ocidentais realmente representaram mal a natureza da Bíblia: "Porque os cristãos modernos amavam a Bíblia, eles prestaram a ela quatro tributos, que tanto prejudicaram quanto aumentaram a reputação dela" ("The Bible" [TB], p. 13).

Um dos quatro "tributos" pelos quais os cristãos modernos têm interpretado erroneamente a Bíblia é, de acordo com McLaren, "apresentar a Bíblia como um repositório de proposições e abstrações sagradas" (TB, p. 71). Ele escreve o seguinte como uma explicação do que isso significa:

O que era natural, pois éramos modernos — filhos da Europa iluminista do século 18 —, por isso adorávamos abstrações e proposições. Nossos sermões tendiam a textos exegéticos de tal forma que histórias, poesia e biografia (entre outros recursos da Bíblia) — o "joio" — foi peneirado, enquanto o "trigo" das

---

[11] Greg Warner, Brian McLaren, **Faithworks**, <www.faithworks.com/archives/brian_mclaren.htm>; como citado em John MacArthur, The Perspicuity of Scripture: The Emergent Approach, **The Master's Seminary Journal** 17, nº 2 (Outono de 2006), p. 141–158, on-line em <http://www.tms.edu/tmsj/tmsj17g.pdf>.

doutrinas e princípios foi salvo. Os ocidentais modernos adoraram essa abordagem; enquanto isso, no entanto, pessoas com uma tendência mais pós-moderna
(que são mais como pessoas pré-modernas de muitas maneiras) consideram as
doutrinas e os princípios tão interessantes quanto recortes de grama (p. 71).

Que este "tributo" seja percebido por McLaren como uma deturpação
não significa que seja uma deturpação. Ele diz: "Essas declarações falsas
não eram maliciosas" (p. 72), afirmando claramente que ele percebe a noção
de que a Bíblia é um repositório de proposições para ser uma deturpação.

Oposição à razão e à certeza

Essa abordagem leva ao conselho: "Abandone qualquer caso que você
possa ter com a certeza, a prova, o argumento — e substitua por diálogo,
conversa, trama e pesquisa" (TB, p. 78). McLaren aparentemente não vê
nenhuma inconsistência em seu próprio toque de clarim contra a clareza.
Parece que Deus não é tão capaz em sua Palavra quanto McLaren é. Ele
defende que estudos bíblicos e sermões não devem buscar clareza porque
a realidade é, de acordo com McLaren, "raramente clara, mas geralmente
confusa e misteriosa; não em preto e branco, mas em cores vivas" (p. 78).
A congregação não deve ter como objetivo capturar o significado do texto,
mas buscar "um texto que capture a imaginação e a curiosidade da congregação" (p. 78). No entanto, essa certamente é uma falsa dicotomia. Nada
diz que não pode ser ambos, capturar o significado de forma clara e precisa
e, ao mesmo tempo, estimular a imaginação e a curiosidade da congregação.

Não apenas a verdade em geral está fora de nosso alcance, mas também
a verdade das Escrituras. Pois não podemos ter certeza de nossa interpretação da Bíblia. "Bem, eu estou me perguntando, se você tem um texto
infalível, mas todas as suas interpretações são reconhecidamente falíveis;
então, você ao menos deve estar sempre aberto a ser corrigido sobre a sua
interpretação, certo? [...] Portanto, o texto oficial nunca é o que eu digo
sobre o texto ou mesmo o que eu entendo que o texto diz, mas, sim, o que
Deus quer dizer com o texto, certo?" (NKC, p. 50). McLaren parece não
estar ciente da natureza autodestrutiva desta afirmação: "O texto oficial
nunca é o que eu digo sobre o texto ou mesmo o que eu entendo o texto
dizer". Em resumo, ele afirma que conhecer o texto não pode significar o
que ele sabe que o texto significa.

Cânon aberto ou fechado?

Quanto à integridade das Escrituras, McLaren parece ter um cânon final
aberto. Ele escreveu: "Não consigo ver a história da igreja de nenhuma

A INERRÂNCIA DAS ESCRITURAS

outra maneira, exceto [que nós estamos] continuamente sendo conduzidos, ensinados e guiados pelo Espírito para uma nova verdade" (*GO*, p. 193). Isso vai contra as visões históricas cristãs, orientais e ocidentais, de um cânon fechado.

Os autores do ICBI disseram claramente: "Negamos também que qualquer revelação normativa tenha sido dada desde o término dos escritos do Novo Testamento" (art. 5 da Declaração de Chicago).

Salvação não é a grande história da Bíblia
Ao contrário da afirmação do apóstolo Paulo no texto clássico sobre inspiração de que as Escrituras foram inspiradas por Deus para "nos tornar sábios para a salvação" (cf. 2 Timóteo 3.15-17), McLaren acredita que a "grande questão de toda a Bíblia" não é a salvação de indivíduos. Ele diz:

> Sem nos concentrarmos na Grande História, somos tentados a impor leituras alienígenas sobre a Bíblia. Por exemplo, se reduzirmos a Bíblia a uma resposta elaborada para a pergunta "Como uma pessoa vai para o céu depois de morrer?" — se pensarmos que esta é toda a Grande Questão que a Bíblia está respondendo —, estaremos propensos a interpretar mal as principais partes da Bíblia que foi escrita antes de essa pergunta estar na mente de qualquer pessoa (como todo o Antigo Testamento). As pessoas do Antigo Testamento estavam muito mais preocupadas em ser o povo de Deus nesta vida, não depois desta vida [...]. Quando elas realizavam sacrifícios, por exemplo, não estavam buscando uma ficha limpa para que pudessem morrer perdoadas como indivíduos e ir para o céu após a morte. Ao contrário, estavam procurando permanecer puras o suficiente como uma comunidade para participar da dupla promessa de Deus a elas: serem abençoadas por Deus e serem uma bênção para o mundo inteiro (TB, p. 78-79).

De acordo com McLaren, os santos do Antigo Testamento não perguntaram: "Como uma pessoa vai para o céu depois que morrer?". Ele diz que em todo o Antigo Testamento essa questão não estava na mente de ninguém. Para McLaren, o foco da Bíblia não é a salvação, mas o serviço — não acertar com Deus, mas fazer o bem. Mas como uma pessoa pode ser "abençoada por Deus" ou uma "bênção para todo o mundo", a menos que isso signifique primeiro e acima de tudo que se acerte com Deus?

Negando a inerrância
De acordo com McLaren, "para os modernos cristãos ocidentais, palavras como 'autoridade', 'inerrância', 'infalibilidade', 'revelação',

'objetivo', 'absoluto' e 'literal' são cruciais" (*GO*, p. 164). Ele então declara: "Quase ninguém sabe sobre as histórias de *sir* Isaac Newton, René Descartes, o Iluminismo, David Hume e o fundacionalismo — que forneça o contexto no qual essas palavras são tão importantes" (p. 164). "A incompletude e o erro fazem parte da realidade do ser humano" (*COS*, p. 173). McLaren rejeita a visão de que "a Bíblia é a autoridade final [...] [que] não há contradições nela e [que] é absolutamente verdadeira e sem erros em tudo o que diz. Desista destas afirmações, e você está em uma ladeira escorregadia para perder toda a sua fé" (*GO*, p. 133-134).

Mais uma vez, McLaren deturpa o caso. Todos esses termos, com a possível exceção do termo "infalibilidade", têm sido usados por autores ao longo da história pelo menos desde o tempo de Agostinho. Este se apegou ao conceito de inerrância mesmo quando foi necessário recorrer à interpretação alegórica para evitar o que ele percebeu ser uma contradição. Nenhuma dessas palavras foi inventada ou encontrada com quaisquer conotações substantivamente novas durante o Iluminismo. Além disso, como McLaren sabe o que "quase ninguém" sabe? E como ele pode estar absolutamente certo de que devemos evitar absolutos?

McLaren também declara: "Quase ninguém percebe a ironia de recorrer à autoridade de palavras e conceitos extrabíblicos para justificar a crença de alguém na essência da autoridade da Bíblia" (*GO*, p. 164). Em certo sentido, é claro, todas as palavras que usamos são não bíblicas, pois a Bíblia não foi escrita em inglês. Mas ele não se limita a reivindicar que as palavras são extrabíblicas; em vez disso, afirma que os *conceitos* são extrabíblicos.

McLaren propõe que é mais razoável incluir uma declaração como esta: "O propósito das Escrituras é equipar o povo de Deus para boas obras" do que usar "afirmações com palavras estranhas ao vocabulário da Bíblia sobre si mesma (inerrante, autorizada, literal, reveladora, objetiva, absoluta, proposicional etc.)" (*GO*, p. 164-165). Mas nem uma única palavra da declaração que McLaren apresenta está na Bíblia. Agora alguém irá objetar: "Claro que a Bíblia não contém essas palavras em inglês! Ele não está dizendo que a Bíblia deve conter exatamente palavras em inglês. O que ele está dizendo é que é mais razoável usar declarações que contenham os significados particulares, sejam expressos em inglês ou nas línguas da Bíblia que realmente se encontram na Bíblia".

Se é isso que McLaren está dizendo, qual é o problema? Cada um dos "significados" das palavras que ele lista como extrabíblicas também é encontrado na Bíblia! O significado do termo "autorizado" é encontrado em Isaías 46.9,10: "Lembrem-se das coisas passadas, das coisas muito antigas! Eu sou Deus, e não há nenhum outro; eu sou Deus, e não há nenhum como eu. Desde o início faço conhecido o fim, desde tempos remotos, o que ainda virá. Digo: Meu propósito permanecerá em pé, e farei tudo o que me agrada". Hebreus 6.18 diz: "[...] é impossível que Deus minta [...]". Se a Bíblia é a Palavra de Deus, então o conceito de inerrância está na Bíblia. Não podemos permitir que o que McLaren disse nos escape. Ele não apenas diz que palavras como "autoridade", "inerrância", "infalibilidade", "revelação", "objetivo", "absoluto" e "literal" são extrabíblicas. Ele também afirma que os conceitos são extrabíblicos: "Quase ninguém percebe a ironia de recorrer à autoridade de palavras e *conceitos* extrabíblicos para justificar a crença na autoridade final da Bíblia". O que ele está dizendo aqui é que os conceitos de autoridade, inerrância, infalibilidade, revelação, objetivo, absoluto e literal não são conceitos que encontramos na Bíblia!

Outros problemas relacionados

O título deste capítulo do livro de McLaren deve ser alterado de "Por que eu sou bíblico" para "Por que alguém pensaria que eu sou bíblico?". McLaren apresenta suas crenças como se fossem crenças cristãs ortodoxas e ele propositadamente ou inadvertidamente deturpa os fatos em quase todos os casos, mas apresenta essas distorções como se fossem geralmente aceitas e em total conformidade com os ensinamentos da Bíblia.

Seguidores emergentes de McLaren

Grenz e McLaren não estão sozinhos em sua negação da infalibilidade e inerrância da Bíblia, junto com suas crenças associadas à revelação proposicional, verdade absoluta e significado objetivo. Vários líderes emergentes contemporâneos, como Rob Bell, seguiram o exemplo em negar a inerrância ou outra verdade importante.

Conclusão

Os pós-modernos em geral negam uma visão ortodoxa das Escrituras. A visão ortodoxa das Escrituras está enraizada em numerosas premissas negadas pelos pós-modernos. Eles negam absolutismo, objetivismo, fundacionalismo, proposicionalismo, correspondência e infalibilismo — tudo o que uma visão evangélica genuína acarreta, mesmo que estes nem sempre sejam reconhecidos ou aplicados de forma consistente.

A Evangelical Theological Society (ETS), que é o maior grupo de evangélicos acadêmicos de todo o mundo, seguindo a histórica Declaração de Chicago (1978) sobre a inerrância, anunciou isso como o padrão para a compreensão da inerrância da Bíblia (v. cap. 2). Grenz e McLaren definitivamente ficam muito aquém do padrão em todos os aspectos principais.

248

Stanley Grenz e Brian Mclaren sobre a inerrância

A chamada igreja emergente é a igreja divergente, uma vez que se desvia da ortodoxia em um de seus pilares fundamentais, no qual todos os outros descansam.

A doutrina das Escrituras é a mais fundamental de todas as doutrinas fundamentais, uma vez que é o fundamento sobre o qual todos os outros fundamentos se apoiam. E, em sua visão das Escrituras, Grenz e McLaren não são apenas pós-modernos, mas também pós-cristãos. Sua rejeição da visão ortodoxa clássica das Escrituras é abrangente. Inclui uma rejeição da visão de correspondência com a verdade, uma rejeição da verdade objetiva, da verdade absoluta, da verdade proposicional e da verdade inerrante nas Escrituras. Isso é feito em favor do antifundacionalismo, relativismo, subjetivismo, construcionismo, barthianismo, não proposicionalismo e falibilismo.

A chamada igreja emergente não está surgindo; já emergiu. E o que emergiu não é cristão em qualquer sentido tradicional, histórico ou ortodoxo das palavras. Na verdade, emergiu da ortodoxia para a heterodoxia, do infalibilismo para o falibilismo, do objetivismo para o subjetivismo, do absolutismo para o relativismo, e do realismo para o agnosticismo. Como Mark Driscoll diz apropriadamente, "A igreja emergente é a última versão do liberalismo. A única diferença é que o antigo liberalismo acomodou a modernidade e o novo liberalismo acomoda a pós-modernidade".[12]

DeYoung e Kluck resumem bem. Eles "têm muitas boas ações. Eles querem ser relevantes. Eles querem se comunicar. Eles querem ser autênticos. Eles querem incluir os marginalizados. Eles querem ser discípulos do reino. Eles querem comunidade e transformação da vida". Contudo:

> os cristãos emergentes precisam captar a visão mais ampla de Jesus para [...] uma igreja que é intolerante ao erro, mantém os limites morais, promove a integridade doutrinária, permanece forte em tempos de provação, permanece vibrante em tempos de prosperidade, acredita no julgamento e recompensa certos, mesmo que envolva a cultura, estenda a mão, ame e sirva. Precisamos de uma igreja que reflita a visão do Mestre — uma igreja que seja profundamente teológica, profundamente ética, profundamente compassiva e profundamente doxológica.[13]

▪ Fontes ▪

Carson, *Becoming Conversant*
DeYoung e Kluck, *Why We're Not Emergent*

---

[12] Mark Driscoll, **Confessions of a Reformission Rev.** (Grand Rapids: Zondervan, 2006), p. 21.
[13] DeYoung; Kluck, **Why We're Not Emergent**, p. 247-248.

Driscoll, *Confessions of a Reformission Rev.*
Geisler, *Systematic Theology*
Geisler e Howe, *When Critics Ask*
Geisler e Nix, *General Introduction to the Bible*
Grenz, "Nurturing the Soul"
_____, *Primer on Postmodernism*
_____, *Renewing the Center*
Howe, *Objectivity in Biblical Interpretation*
McLaren, *Generous Orthodoxy*
McLaren e Campelo, *Adventures*
Pascal, *Pensées* [Pensamentos]
Sproul, *Explaining Inerrancy*

11

DARRELL BOCK E ROBERT WEBB SOBRE A INERRÂNCIA

Introdução

OS PROFESSORES Bock e Webb foram escolhidos aqui porque são membros de um novo grupo de estudiosos evangélicos que acreditam que podem empregar o melhor da contemporaneidade crítica para ajudar a mostrar a autenticidade dos eventos nos evangelhos, incluindo a ressurreição de Cristo. Bock e Webb são os coeditores da *Key Events in the Life of the Historical Jesus* [KE], que culminou com dez anos de estudos pelo Grupo de Jesus do Institute for Biblical Research (IBR). Todos os autores consideram-se "evangélicos" ou "ortodoxos" em suas crenças, e muitos deles pertencem à Evangelical Theological Society (ETS), que exige que eles assinem anualmente uma declaração sobre a inerrância, que declara: "Somente a Bíblia, e a Bíblia em sua totalidade, é a Palavra de Deus escrita e, portanto, inerrante nos autógrafos". Na verdade, essa sociedade adotou a Declaração de Chicago sobre a Inerrância do ICBI como um guia para o significado da inerrância (v. cap. 2). Isso é relevante para a nossa busca para determinar se as posições ocupadas por Bock e os estudiosos do IBR são compatíveis com tal posição sobre a inerrância das Escrituras.

Nossos comentários serão divididos em duas seções. Primeiro, vamos considerar brevemente alguns aspectos louváveis desse esforço. Em seguida, examinaremos algumas dificuldades e os perigos associados a ela no que se refere à doutrina tradicional da inerrância total realizada pelos criadores da ETS e do ICBI.

Algumas recomendações do esforço de Bock-Webb IBR

Há muitas coisas sobre o esforço de Bock-Webb que são louváveis, se não nobres. Em primeiro lugar, é revigorante ver estudiosos evangélicos que são educados nas ferramentas comerciais em erudição bíblica. Na verdade, não se pode deixar de ficar satisfeito com os desejos apologéticos envolvidos para demonstrar autenticidade dos textos do Novo Testamento. Então, também, esses homens são confessadamente "cristãos evangélicos" ou "cristãos biblicamente ortodoxos" (*KE*, p. 7). Em alguns aspectos, o grupo IBR poderia ser chamado de a resposta evangélica ao notório *Jesus Seminar*, cujos pontos de vista radicais crivaram a autenticidade do registro do Evangelho. Nesse ponto, Bock e companhia devem ser elogiados por seu desejo de encontrar o Jesus histórico. Além disso, esses estudiosos da Bíblia reconhecidamente não são antissobrenaturais. Na verdade, eles não hesitam em confessar sua crença no milagre principal do cristianismo — a ressurreição de Cristo. No processo de seus esforços acadêmicos, eles revelaram um número de testes de autenticidade que são ferramentas reais para apologistas cristãos em seus esforços para defender a fé.

Também achamos louvável que, ao contrário de muitos outros estudiosos do mundo da pós-modernidade, o volume de Bock-Webb não cedeu à relatividade total em sua abordagem da verdade bíblica (*KE*, p. 22-23). Na verdade, eles castigam os historiadores pós-modernos por absorverem o objeto do historiador (conhecer a história) em sua própria subjetividade (p. 22-23). Portanto, eles não são avessos a fazer declarações históricas definitivas, como as equivocadas negações do Holocausto (p. 31). Nem eles hesitam em dizer que algumas reconstruções do passado são melhores do que outras. Em resumo, tudo não é relativo. Na verdade, eles apontam a natureza autodestrutiva daqueles que negam que qualquer verdade objetiva pode ser conhecida sobre eventos passados (p. 30). Eles também estão corretos em apontar que deve se ter um contexto ou quadro geral pelo qual interpretar a história (p. 33).

Acima de tudo, são estudiosos que não perderam a esperança de conhecer o verdadeiro Jesus da história. Nem acreditam que se deva deixar de ser um estudioso por fazer assim. Na verdade, certo ou errado, eles estão convencidos de que, usando as ferramentas aceitáveis do academicismo contemporâneo, podem cumprir sua busca pelo Jesus histórico. Evidentemente, existem outras características louváveis de seus esforços que o espaço não nos permite elaborar, mas isso será suficiente para mostrar que esses são os esforços de evangélicos eruditos sinceros, cujo objetivo é admirável e cujos esforços são louváveis. Isso não quer dizer que não haja dificuldades com suas posições no que diz respeito à doutrina da inerrância, que Bock e muitos outros professam defender. Voltamos nossa atenção para eles agora.

Dificuldades e perigos nas visualizações de Bock-Webb
Falamos de dificuldades e perigos no que diz respeito à visão tradicional da total inerrância mantida pelos pontos de vista dos autores da ETS e

ICBI sobre a inerrância. Talvez muitas das pessoas do IBR não professem acreditar na inerrância total. Se sim, pode ser uma indicação de que eles reconhecem seus métodos como incompatíveis com a ETS e as declarações do ICBI. No entanto, se eles professam manter a inerrância total no sentido tradicional, então nossos comentários são relevantes para eles também.

Algumas dificuldades com as visões de Bock-Webb

Em primeiro lugar, apresentaremos brevemente várias áreas em que os inerrantistas totais, como os autores das declarações da ETS e do ICBI, têm dificuldade, como as seguintes posições: a) O melhor que podemos fazer é simplesmente pintar um "retrato" do Jesus do Novo Testamento (*KE*, p. 6). b) Não podemos ter uma "palavra final" sobre o Jesus histórico (p. 7). c) Nós temos apenas "traços" a passar, não evidências reais (p. 13). d) Não podemos saber os eventos anteriores, apenas "relatos narrativos" (p. 14). e) Temos as peças do quebra-cabeça, mas não a imagem na tampa da embalagem (p. 16). Reconstruir a história não é semelhante à arqueologia ou geologia (p. 17). f) Não existe uma visão neutra ou objetiva da história (p. 20). g) A fusão de dois horizontes de Gadamer é uma maneira útil de ver como conhecemos o passado (p. 29). h) Nós começamos com o sujeito, não com o objeto (p. 33). i) A ciência pressupõe naturalismo (p. 45). j) O naturalismo metodológico é uma base comum aceitável que temos com historiadores naturalistas (p. 47). k) A ressurreição não é histórica, embora pode ter ocorrido (p. 49). l) Os apócrifos do Novo Testamento são fontes primárias (p. 55). m) Os evangelhos foram escritos nos anos 70 e 80 d.C. n) Marcos foi o primeiro evangelho a ser escrito (p. 55). o) Os evangelhos contêm redações do conteúdo daquilo que Jesus disse (p. 56-57). p) Havia quatro estágios na mensagem, incluindo mudanças, conforme indicado por Lucas 1.1-4 (p. 55-56). q) O método crítico é necessário para determinar a autenticidade do Novo Testamento (p. 56). r) Mateus redigiu as palavras de Jesus e acrescentou a palavra "igreja" (em Mateus 16) (p. 65).

Claramente, alguns deles são mais importantes do que outros. Isso é particularmente verdadeiro no que diz respeito à doutrina da inerrância. Vamos nos concentrar nisso no restante deste capítulo.

Alguns problemas cruciais com as posições de Bock-Webb

De todas as premissas desafiadoras na "busca" pelo Jesus histórico de Bock-Webb,[1] algumas afetam mais seriamente a doutrina da inerrância

---

[1] Uma vez que Bock e Webb são os editores, usamos seus nomes para representar as visões em geral, percebendo que nem todo autor que contribui para esse livro concorda com tudo em todos os ensaios.

formulada pelos estruturadores da ETS e do ICBI. Na verdade, algumas delas foram tratadas diretamente nos documentos do ICBI. Vamos começar com a data e a ordem crucial dos livros do Novo Testamento.

Data tardia de livros do Novo Testamento

A data tardia é crucial para as visões redacionais do Novo Testamento. Leva tempo para as supostas mudanças terem ocorrido no texto. O livro de Bock--Webb postula datas para os evangelhos entre 70 e 90 d.C. (*KE*, p. 55). Eles supõem quatro etapas: 1) Testemunhas oculares observam os eventos. 2) As tradições orais mudam os relatórios à medida que são recontados a outros, que por sua vez contam aos outros. 3) A fase inicial de coleta tem alguns que coletam e categorizam as tradições orais, com base no assunto. 4) O estágio de composição do evangelho usa material de a) evangelhos escritos anteriormente; b) outras coleções anteriores, como o documento Q hipotético;[2] e c) outras tradições orais. Com base nessas etapas, os supostos escritores dos evangelhos compuseram seus evangelhos (p. 55-56).

No entanto, a evidência não apoia essa visão por muitas razões. Primeiro, é contrário à própria passagem (Lucas 1.1-4) que eles citam para apoiar seu ponto de vista:

> Muitos já se dedicaram a elaborar um relato dos fatos que se cumpriram entre nós, conforme nos foram transmitidos por aqueles que desde o início foram testemunhas oculares e servos da palavra. Eu mesmo investiguei tudo cuidadosamente, desde o começo, e decidi escrever-te um relato ordenado, ó excelentíssimo Teófilo, para que tenhas a certeza das coisas que te foram ensinadas.

É claro que *não* há quatro etapas nesse texto, como afirma Bock-Webb. Há uma fase ampla: a idade das testemunhas oculares. Lucas, o autor, é contemporâneo das testemunhas oculares, e ele se refere aos livros anteriormente escritos por testemunhas oculares. No máximo, há duas fases nesse estágio: a) Os "muitos" (gr. dois ou mais evangelhos) escritos pelas próprias testemunhas oculares; b) Evangelho de Lucas, escrito por um contemporâneo das testemunhas oculares que produzem seus livros com base em testemunhas oculares. Ao contrário da posição de Bock-Webb, Lucas 1.1-4 não menciona qualquer estágio de tradição oral entre testemunhas oculares e as obras de Lucas.[3]

---

[2] Bock-Webb assumem documentos como o alegado "Q". Para uma crítica desse documento hipotético, v. Geisler, 'Q Document, **Baker Encyclopedia**; e Eta Linnemann, Is There a Q?, **Bible Review** (Outubro de 1995).

[3] Isso não quer dizer que o Evangelho não foi pregado antes (entre 30 e 50 d.C.). Foi (v. At 2—15). Nem quer dizer que não houve credos primitivos (cf. 1 Coríntios 15). Houve (v. tb. 1 Timóteo 3.16).

Em segundo lugar, Lucas está escrevendo seu evangelho bem antes de 70 d.C. Colin Hemer demonstrou (em *Book of Acts*) que Lucas escreveu Atos antes de 62 d.C. porque 1) Jerusalém ainda não tinha sido destruída (em 70 d.C.), pois, se tivesse, então qualquer um que escrevesse a história dessa época e lugar certamente teria mencionado isso. Sem mencionar que esse evento importante teria sido como alguém escrever a vida do presidente John F. Kennedy após sua morte em 1963, sem qualquer menção ao assassinato. 2) Atos não dá nenhuma pista da Guerra Judaica com Roma que levou à destruição de Jerusalém, que começou em 66 d.C. 3) Além disso, Atos não faz nenhuma menção às perturbações judaicas começando em 64 d.C. que levaram à guerra. 4) Atos não menciona a morte do apóstolo Paulo por volta de 65 d.C. Na verdade, ele ainda estava vivo quando o último capítulo de Atos foi escrito. 5) Finalmente, Atos não menciona a morte de Tiago, irmão de Jesus, a quem Josefo documentou ter morrido em 62 d.C. Portanto, Atos deve ter sido escrito antes de 62 d.C., e o Evangelho de Lucas (referido em Atos 1.1) deve ter sido escrito antes disso.

Terceiro, visto que Lucas 1.1 se refere a pelo menos duas obras na vida de Cristo que foram escritas antes dele, estas podem ter sido Mateus e Marcos. Por quê? 1) Porque quase todos os estudiosos do Novo Testamento (mesmo os críticos) acreditam que Mateus e Marcos foram escritos antes de Lucas e porque 2) não existem outros evangelhos conhecidos a partir desse período. 3) Antes de Paulo morrer (c. 65 d.C.), ele se refere a Mateus 10.10 ou Lucas 10.7 em 1 Timóteo 5.18, chamando-a de "Escritura". Então, um (ou ambos) desses dois evangelhos devem ter existido naquela época (antes de 65 d.C.).

Quarto, outros livros do Novo Testamento afirmam terem sido baseados em testemunhas oculares (v. a seguir). Se sim, então não houve tempo suficiente para a tradição oral e mudanças ocorrerem conforme a hipótese de redação de Bock-Webb supõe.

Quinto, alguns estudiosos, até mesmo críticos, defenderam datas anteriores para os evangelhos, datas nos anos 40 e 50 d.C. (v. cap. 5). William F. Albright, conhecido como o Decano da Arqueologia, começou sua carreira como crítico da Bíblia. Mas, quanto mais evidências foram descobertas, mais ele se convenceu das primeiras datas para os evangelhos, algo entre 50 e 75 d.C. (Albright, "More Conservative View"). Na verdade, um notável

---

Os apóstolos tinham autoridade tanto oral quanto escrita (cf. 2 Tessalonissenses 2.2). É apenas para dizer que não houve período oral prolongado de mais de quarenta anos, suposto pelos críticos da redação, em que o conteúdo foi reformulado e mudado pela igreja posterior após o tempo das testemunhas oculares.

A INERRÂNCIA DAS ESCRITURAS

estudioso do Novo Testamento da "morte de Deus", o bispo John Robinson, eventualmente postulou datas para os evangelhos já na década de 40 d.C. (*Redating the New Testament*, p. 352-354). Finalmente, uma ex-aluna de Rudolf Bultmann, professora Eta Linnemann, repensou suas visões críticas anteriores e concluiu que os evangelhos foram escritos por autores testemunhas oculares cujos nomes eles carregam bem antes de 70 d.C. (v. *Is There a Synoptic Problem?* e *Historical Criticism*). Mas datas antes dessa época, particularmente nos anos 40 e 50, destruíram completamente a visão de redação de Bock-Webb. Mais recentemente, o crítico do Novo Testamento James Crossley (*The Date for Mark's Gospel*, 2004) argumentou que Marcos pode estar no final dos anos 30!

A *base da testemunha ocular no Novo Testamento*

Há um grupo crescente de estudiosos que apoiam a afirmação de o Novo Testamento se basear no depoimento de testemunhas oculares. Mas, se for assim, então a visão dos evangélicos redacionistas, como Bock-Webb e companhia, está errada. A visão deles precisa de mais tempo e um elo de tradição oral para decolar. Considere primeiro que o próprio Novo Testamento afirma ser baseado em depoimentos de testemunhas oculares (grifo nosso em seguida): "*Aquele que* [...] *viu* [a crucificação], disso *deu testemunho, e o seu testemunho é verdadeiro*" (João 19.35a). "Este é o discípulo *que dá testemunho dessas coisas e que as registrou*. Sabemos que o seu testemunho é verdadeiro" (João 21.24). "O que era desde o princípio, *o que ouvimos, o que vimos com os nossos olhos, o que contemplamos e as nossas mãos apalparam* — isto proclamamos a respeito da Palavra da vida" (1 João 1.1). "Deus ressuscitou este Jesus, e *todos nós somos testemunhas desse fato*" (Atos 2.32). "Mas Pedro e João responderam [...] não podemos deixar de falar *do que vimos e ouvimos*" (Atos 4.19,20). "*Nós somos testemunhas de tudo o que ele fez* na terra dos judeus e em Jerusalém, onde o mataram, suspendendo-o num madeiro. Deus, porém, o ressuscitou no terceiro dia *e fez que ele fosse visto* [...] *por testemunhas que designara de antemão* [...]" (Atos 10.39-41). "[...] Cristo foi sepultado e ressuscitou no terceiro dia, segundo as Escrituras, e *apareceu a Pedro e depois aos Doze. Depois disso apareceu a mais de quinhentos irmãos de uma só vez*, a maioria dos quais ainda vive [...]. Depois *apareceu a Tiago e, então, a todos os apóstolos*; depois destes *apareceu também a mim*, como a um que nasceu fora de tempo" (1 Coríntios 15.3-8). "Como escaparemos, se negligenciarmos tão grande salvação? Essa salvação, primeiramente anunciada pelo Senhor, *foi-nos confirmada pelos que a ouviram*. Deus também deu testemunho dela por meio de sinais, maravilhas, diversos milagres e dons do

256

Espírito Santo distribuídos de acordo com a sua vontade" (Hebreus 2.3,4). "De fato, não seguimos fábulas engenhosamente inventadas, quando falamos a vocês a respeito do poder e da vinda de nosso Senhor Jesus Cristo; ao contrário, *nós fomos testemunhas oculares da sua majestade*" (2 Pedro 1.16). "Portanto, apelo para os presbíteros que há entre vocês e o faço na qualidade de presbítero como eles e *testemunha dos sofrimentos de Cristo* como alguém que participará da glória a ser revelada" (1 Pedro 5.1).

É digno de nota que muitas dessas são afirmações dos autores do livro serem apóstolos e testemunhas dos acontecimentos. Pedro, Paulo e João estão entre eles. Se for assim, então não há espaço para a visão da redação evangélica de Bock-Webb conforme descrita anteriormente.

Além disso, um livro recente de Richard Bauckham (*Jesus and the Eyewitnesses*) argumenta convincentemente que o Novo Testamento é baseado em depoimentos de testemunhas oculares. Ele conclui que "ler os evangelhos como um testemunho de testemunhas oculares [...] honra o tipo de historiografia que eles são. Da sua perspectiva histórica, a suspeição radical de um testemunho é um tipo de suicídio epistemológico. É algo tão prático na história quanto na vida cotidiana" (p. 506). Bauckham não está sozinho em sua conclusão. Numerosos estudiosos chegaram à mesma conclusão, incluindo Blomberg (*Historical Reliability of the Gospels* e *Historical Reliability of John's Gospel*), Carson e Moo (*Introduction to the New Testament*), Craig (*Knowing the Truth*), Dodd (*History and the Gospels*), Guthrie (*New Testament Introduction*), Habermas (*Historical Jesus*), Hemer (*Book of Acts*), Montgomery (*History and Christianity*), Linnemann (*Is There a Synoptic Problem?*), Metzger (*Text of the New Testament*), Nigel Scotland (*Can We Trust the Gospels?*). Na verdade, existem milhares de estudiosos bíblicos na Evangelical Theological Society que aceitam a confiabilidade dos documentos do Novo Testamento com base no depoimento de uma testemunha ocular!

Contudo, se até mesmo alguns dos evangelhos e as primeiras epístolas estão enraizados em testemunhas oculares, isso destrói a afirmação dos críticos da redação, evangélicos ou não, de que há o tempo entre os eventos da vida de Jesus (c. 30-33 d.C.) e os primeiros relatos dele (pelo menos em meados dos anos 50) para o tipo de moldagem [forma], alteração e edição (redação) necessário para que sua hipótese até mesmo venha a decolar, quanto mais voar após a decolagem.

As verdades do Evangelho nas primeiras epístolas de Paulo

Mesmo os críticos mais fervorosos do Novo Testamento concordam que as primeiras epístolas de Paulo (Romanos, 1 e 2 Coríntios e Gálatas) são obras

A INERRÂNCIA DAS ESCRITURAS

genuínas do apóstolo, escritas entre 55 e 57 d.C. Sendo assim, Paulo confirma a historicidade de pelo menos 27 fatos dos evangelhos, incluindo a ascendência judaica de Jesus (cf. Gálatas 3.16); descendência davídica (cf. Romanos 1.3); nascimento virginal (cf. Gálatas 4.4); o mandamento de amar ao próximo (cf. Romanos 13.9); títulos de divindade (cf. Romanos 1.3,4; 10.9); a instituição da ceia do Senhor (cf. 1 Coríntios 11.23-25); a vida sem pecado (cf. 2 Coríntios 5.21); a morte na cruz (cf. Romanos 4.25; 5.8; Gálatas 3.13) por nossos pecados (cf. 1 Coríntios 15.3; 2 Coríntios 5.21; cf. Marcos 10.45); sepultamento (cf. 1 Coríntios 15.4); ressurreição no "terceiro dia" (cf. 1 Coríntios 15.4); aparência pós-ressurreição aos apóstolos e a outros, incluindo cerca de 500 pessoas (cf. 1 Coríntios 15.5-8); e a presente posição à direita de Deus (cf. Romanos 8.34). (V. cap. 5 para uma lista completa.)

Vários fatos são importantes para entender o peso desse argumento. O apóstolo Paulo foi 1) contemporâneo de Cristo e dos apóstolos. 2) Ele era um apóstolo de Cristo; ele foi uma testemunha ocular do Cristo ressurreto (cf. 1 Coríntios 9.1; 15.8). 3) Ele conheceu e consultou os 12 apóstolos sobre muitas ocasiões (cf. Galátas 1—2); sua mensagem do Evangelho foi confirmada por todos os apóstolos como autêntica (cf. Atos 15). 4) Ele foi treinado por um dos grandes rabinos judeus do seu tempo, Gamaliel (cf. Atos 5.34; 22.3). 5) Ele foi outrora um antagonista zeloso da fé cristã (cf. Atos 9). Para que tal pessoa confirme os fatos básicos da pessoa sem pecado, que sofreu morte sacrificial e teve uma ressurreição corporal, como Cristo, essas credenciais são suficientes — à parte os evangelhos — para verificar a historicidade básica da vida de Cristo.

A suposição do naturalismo metodológico

Outra proposta preocupante do grupo IBR com Bock-Webb é a premissa do naturalismo metodológico. A visão deles permite e até elogia o método naturalista como meio de encontrar um "terreno comum" com os estudiosos naturalistas (antissobrenaturalistas). Eles esperam que ambos os grupos possam se juntar em um esforço comum para descobrir o Jesus histórico por meio da aceitação do procedimento do "naturalismo metodológico" como premissa. Ou seja, mesmo aqueles, como Bock, que acreditam nos milagres de Jesus, incluindo a ressurreição, podem, no entanto, concordar metodologicamente que a história como tal não permite tais eventos. George Ladd, do Fuller Seminary, é citado por Bock-Webb como um exemplo. Mas Ladd pergunta: "O que a história, a natureza ou a totalidade da experiência humana conhecem de algum corpo que pode se passar por rocha sólida? Isso é historicamente incrível" (*I Believe in the Resurrection*, p. 96). Ele acrescenta: "O que um observador teria visto se estivesse dentro da tumba observando o cadáver de Jesus?". Ele responde: "Tudo o que ele teria visto seria o súbito e inexplicável desaparecimento do corpo de Jesus" (p. 100). Portanto, a ressurreição não é um evento na história, nem pode ser verificada pela história. Isto literalmente não é histórico! Bock-Webb permite que se vá além do puramente histórico "acreditar" ou "inferir" um milagre em vista dos dados disponíveis da história. Mas o método histórico como tal não permite milagres.

Enquanto a abordagem Bock-Webb critica Ernst Troeltsch por ir além "do reino de um historiador que discute a história e faz reivindicações onto-lógicas e teológicas" (*KE*, p. 45), no entanto, os contribuintes erroneamente absorvem o "naturalismo metodológico" implícito em Troeltsch e outros críticos do Novo Testamento. Eles afirmam que "o 'método científico' pressupõe o naturalismo" (p. 45). Esse é o mesmo erro que os macroevo-lucionistas cometem contra a ciência do *design* inteligente.[4]

Em primeiro lugar, existem dois tipos de ciência: ciência empírica, que lida com regularidades observadas no presente; e ciência de origem, que lida com singularidades não observadas do passado (v. Geisler, *Origin Science*). Então, mesmo se não houver ocorrências regulares de milagres no presente, isso não significa que não houve no passado. O naturalis-mo metodológico pode ser assumido para todos os eventos regulares no presente, mesmo aqueles para os quais não temos explicação conhecida. Mas um milagre bíblico (como a ressurreição) não é um evento presente nem regular. Portanto, não é uma inferência logicamente válida assumir que não podemos saber pela história que tal evento ocorreu no passado.

Em segundo lugar, existem dois tipos de causas conhecidas pela ciên-cia: causas naturais e causas não naturais (ou inteligentes). Por exemplo, a ciência da arqueologia postula causas para suas descobertas. Além disso, a ciência da criptologia há muito tempo infere causas para códigos. Da mesma forma, a ciência da teoria da informação conclui que há tipos distintos de sons ou símbolos que indicam uma causa inteligente. Portanto, as causas na-turais não são os únicos tipos de causas a serem postuladas para os eventos.

Terceiro, da mesma forma, a ciência forense busca saber se houve uma causa inteligente para eventos como uma morte. Mas uma compreensão científica das origens (se é macroevolução ou *design* inteligente) opera como uma ciência forense. Quando um corpo morto é encontrado, não pode ser tratado como uma ciência empírica, que se baseia na observação e repeti-ção. Pois ninguém viu a morte ocorrer, e ela não pode ser repetida. É um

---

[4] V. Norman Geisler, **Creation in the Courts:** Eighty Years of Conflict in the Classroom and the Cour-troom (Wheaton: Crossway, 2007), cap. 8—9.

evento singular não observado. Mas isso não impede os paleontólogos de tentarem reconstruir o passado com base em evidências (fósseis, etc.) que permanecem no presente. Da mesma forma, o fato de que eventos históricos não foram observados por historiadores atuais e não repetidos no presente não impede os historiadores de tentar reconstruir o que aconteceu com base nas evidências restantes até o presente (como artefatos, escrita, etc.).

Quarto, a maioria dos astrônomos acredita na singularidade do *big-bang*, embora ele não tenha sido observado por eles nem tenha sido repetido. E quase todos os bioquímicos naturalistas acreditam que a vida começou em algum lugar por geração espontânea; no entanto, embora não tenha sido observado por nós nem repetido por nós, isso não os impede de postular que ocorreu. Da mesma forma, ninguém deve se opor à singularidade de um milagre ocorrido no passado porque não vemos milagres ocorrendo regularmente no presente. O mesmo é verdade para a história, como Richard Whately mostrou ao higienizar o corpo de David Hume de objeções semelhantes aos milagres (v. Whately, *Historic Doubts*). Whately mostrou que simplesmente porque as vitórias singulares e não repetidas de Napoleão no passado ocorreram sem exemplos observados no presente, isso não impede os historiadores de reconstruir a história das façanhas napoleônicas.

Além disso, há evidências repetidas no presente de que as causas não naturais e inteligentes podem produzir eventos que não possam ser explicados por causas puramente naturais. Isto é a ciência do *design* inteligente. Nós sabemos por experiência anterior repetida que os rostos no monte Rushmore foram produzidos por intervenção inteligente, não por erosão natural. Cientistas do SETI (Search for Extraterrestrial Intelligence) acreditam que uma mensagem do espaço sideral provaria que existem seres inteligentes lá. A criptologia e a teoria da informação estão atentas a mais áreas onde o *design*, não a lei natural, pode produzir um evento. Mais recentemente, esses mesmos princípios foram aplicados à origem da primeira vida, para demonstrar que a melhor explicação para a complexidade específica no DNA é o resultado da inteligência, não uma lei puramente natural (v. Meyer, *Signature in the Cell*). Da mesma forma, não há razão pela qual os historiadores não possam descobrir alguns eventos únicos no passado que são mais bem explicados pela intervenção de alguma força inteligente não natural. A ressurreição de Cristo poderia ser um evento histórico.

Em resumo, mesmo a abordagem do naturalismo metodológico de Bock-Webb levanta a questão em favor do naturalismo. Ela assume erroneamente, contra a ciência forense e contra a evidência, que milagres não podem ter ocorrido no passado por meio do método histórico. Se fosse assim, então nenhum evento incomum do passado — como a origem do Universo, a origem da primeira vida ou as façanhas de Napoleão — poderiam ser conhecidos, mas estudiosos nas áreas relacionadas acreditam que eles podem ser conhecidos. Da mesma forma, também poderiam os feitos incomuns de Jesus de Nazaré serem conhecidos também. Na verdade, como mostramos anteriormente (no cap. 5), há mais evidências históricas de que Jesus viveu, ensinou, fez milagres, morreu e ressuscitou dentre os mortos do que há para qualquer outro evento no mundo antigo.

Bock-Webb erroneamente acreditam que eles purificam o método histórico-crítico de seus preconceitos naturalistas e o purificam para uso apropriado para evangélicos encontrarem o Jesus histórico. Mas, como vimos, isso é tão ingênuo quanto a crença de que o naturalismo metodológico como ciência, ao qual eles comparam sua abordagem *(KE*, p. 45), escapará da teia de conclusões naturalistas. A verdade é que, mesmo como eles admitem, os evangélicos que defendem essa opinião (como George Ladd) não acreditam que ela leva ao corpo literal de Cristo que jazia na tumba e voltou à vida novamente. Resumindo, essa abordagem não leva a uma visão ortodoxa da ressurreição. Na melhor das hipóteses, leva a uma visão neo-ortodoxa do misterioso desaparecimento por aniquilação (ou desintegração) do corpo de Jesus e sua substituição por um corpo espiritual, não de carne e osso, como mostrado anteriormente. Muitos jovens estudiosos evangélicos parecem lentos a aprender que a metodologia determina a teologia. E uma metodologia naturalista levará a uma teologia naturalista.

A *ideia de uma "busca" como negação da inerrância de fato*

Os inerrantistas postulam a inspiração e a inerrância do texto original das Escrituras. O artigo 10 da Declaração de Chicago diz: "*Afirmamos que a inspiração, estritamente falando, diz respeito somente ao texto autográfico das Escrituras*, o qual, pela providência de Deus, pode ser determinado com grande exatidão com base em manuscritos disponíveis. Afirmamos também que as cópias e traduções das Escrituras são a Palavra de Deus na medida em que fielmente representam o original" (grifo nosso). De fato, a Bíblia afirma que a inspiração (e inerrância) reside apenas nesta *graphē* inspirada (cf. 2 Timóteo 3.16). Por mais autênticas e verdadeiras que fossem as verdadeiras palavras de Jesus, a reivindicação da Bíblia e dos inerrantistas é que a Escritura grafada é inspirada e inerrante.

No entanto, todo o empreendimento de Bock-Webb e do grupo IBR deve determinar as palavras (e atos) originais e "autênticos" de Jesus. Mas por quê? Verdade como são, não são a Palavra escrita inspirada e autorizada de Deus. Então, qualquer busca por estas é, na melhor das hipóteses, mal direcionada, se não uma negação do fato da inspiração das Escrituras. Por que

A INERRÂNCIA DAS ESCRITURAS

deixar a Bíblia de lado, mesmo metodologicamente, e tentar ir além das palavras reais de Jesus? Em primeiro lugar, como muitos estudiosos acreditam, as palavras de Jesus foram ditas em aramaico, não em grego. Em segundo lugar, por mais autorizadas que fossem, elas não eram Escrituras inspiradas; apenas o texto original do Novo Testamento escrito em grego foi inspirado. Portanto, todo o esforço é mal direcionado. Por que a busca de fontes mais e mais primitivas (orais ou escritas) por trás do atual texto inspirado? Isso faz sentido para estudiosos não evangélicos que não acreditam na inspiração e inerrância do texto escrito do Novo Testamento. Mas isso não torna o sentido real para os evangélicos fazerem. Tal esforço ignora a autoridade divina do texto autográfico e busca algo por trás dele que seja considerado mais definitivo. Isso leva a outro problema.

Posicionar outras fontes orais e escritas é mal direcionamento

Outro problema com o redacionismo evangélico de Bock-Webb é que ele negligencia o papel do Espírito Santo conforme declarado nas Escrituras. Assume que os autores do Novo Testamento tiveram que depender de suas memórias falíveis (se fossem testemunhas oculares) ou então das memórias de outros que deixaram as tradições orais e escritas. E uma vez que, em suas datas tardias para o Novo Testamento, essas memórias eram de eventos ocorridos muito tempo atrás (cerca de quarenta ou cinquenta anos depois), não podemos ter certeza de que eram realmente as palavras originais de Jesus na maioria dos casos. Mas toda essa suposição está errada por muitas razões, algumas das quais já mencionamos. Primeiro, a datação dos críticos dos documentos do Novo Testamento é tardia demais. Se Jesus ministrou por volta de 30 d.C. e alguns documentos do NT foram escritos na década de 50, como até os críticos concordam, então há apenas uma lacuna de vinte anos. Em segundo lugar, se esta era em grande parte uma cultura pré-letrada, como muitos acreditam, então as memórias eram melhor desenvolvidas do que hoje. Terceiro, existem evidências de que, nessa época, foram feitas anotações em tabuinhas. Quarto, pelo menos um dos discípulos de Jesus (Mateus, o cobrador de impostos) estava acostumado a tomar notas. Quinto, o médico Lucas era uma pessoa instruída que tinha acesso a documentos e a várias testemunhas oculares para verificar o que ele relatou. E ele demonstrou ser preciso em quase uma centena de detalhes (no livro de Atos) que foram confirmados por outras fontes do período. Sexto, os autores dos evangelhos estavam registrando palavras e eventos de grande impacto — por seu contato com o próprio Filho de Deus! É um fato psicológico que afeta os eventos e tende a gravar-se na mente. Sétimo, houve mais de uma testemunha para verificar suas memórias.

262

Além de tudo isso, a visão de redação ignora o papel sobrenatural do Santo Espírito. Jesus disse: "Mas o Conselheiro, o Espírito Santo, que o Pai enviará em meu nome, *ensinará a vocês todas as coisas e fará vocês lembrarem tudo o que eu disse*" (João 14.26, grifo nosso). É difícil ver qual a necessidade de redigir, editar e processar as palavras de Jesus nas Escrituras canônicas para descobrir ou verificar as palavras autênticas e originais de Jesus. Ou nós as temos no texto do Novo Testamento, ou a promessa de Jesus estava errada e o Espírito Santo fracassou. Jesus acrescentou: "Mas, quando o Espírito da verdade vier, ele os guiará a toda a verdade [...]" (16.13). Podemos confiar que o Espírito Santo fez o seu trabalho ou podemos rejeitar o redacionismo evangélico. Os dois são incompatíveis.

Erros da crítica evangélica da redação

Por mais modificada que seja, a visão de Bock-Webb é uma forma de crítica da redação que sustenta que o Novo Testamento como o temos é o resultado de um processo de mudança e modelagem das palavras originais de Jesus em termos da vida das comunidades de fé, pelas quais as informações foram passando ao longo dos anos. Como observado anteriormente, Bock-Webb veem isso como quatro estágios:

(1) Estágio do evento: testemunhas observam um evento e/ou ouvem um ditado; (2) estágio da tradição oral: testemunhas oculares contam aos outros sobre o que viram e/ou ouviram, que por sua vez dizem a outros; (3) fase inicial de coleções: as coleções de tradições orais são feitas com base na semelhança do assunto ou interesse do colecionador (essas coleções podem ter sido orais ou escritas); e (4) estágio de composição do evangelho: os autores dos evangelhos usam material de evangelhos escritos anteriormente, outras coleções antigas e outras tradições orais para chegarem ao seu próprio evangelho (*KE*, p. 55-56).

Eles acrescentam: "A qualquer momento neste processo, é historicamente possível e até provável que um evento ou ditado que foi observado ou ouvido foi adicionado posteriormente ou alterado por alguém e inserido no processo de formação da tradição em qualquer fase, seja como uma tradição oral, seja como parte de uma coleção anterior, seja como uma perícope em um evangelho escrito" (*KE*, p. 56). É por isso que eles acreditam que "os métodos e critérios críticos são necessários para determinar a probabilidade de se ou não — e em que medida — algo declarado no estágio do evangelho escrito pode ser rastreado até o estágio do evento" (p. 56). Assim, a equipe de redação Bock-Webb propõe critérios para verificar a autenticidade das palavras do Evangelho (e dos eventos) de Jesus. Isso inclui o 1) critério de múltiplos atestados (fornecidos em mais de um local); 2) o critério de múltiplas formas (fornecidas em mais de uma forma); 3) o critério de dissimilaridade (ou seja, se for diferente do material judaico e cristão primitivo, então provavelmente é exclusivo de Jesus); 4) o critério de constrangimento (i.e., se for embaraçoso para o cristianismo primitivo, provavelmente é autêntico); e assim por diante.

Está além de nosso propósito criticar esses critérios. Na verdade, alguns deles, usados no contexto de depoimentos de testemunhas oculares, são testes úteis de autenticidade. Nossa preocupação é com o próprio pressuposto de que seja necessário meio século após as testemunhas oculares para que possamos determinar o que Jesus realmente disse e o que ele não disse. Existem vários problemas sérios com a maneira pela qual esses princípios são usados pelos redacionistas evangélicos.

Em primeiro lugar, eles pressupõem contra a evidência (citada anteriormente) que nenhum evangelho foi escrito por testemunhas oculares. Em segundo lugar, eles supõem erroneamente que "é historicamente possível e até provável que um evento ou ditado que tenha sido observado ou ouvido foi *posteriormente adicionado ou alterado* por alguém e inserido no processo da tradição em qualquer estágio, seja como uma tradição oral, seja como parte de uma coleção anterior, seja como uma perícope em um evangelho escrito" (*KE*, p. 56). Se isso for verdade, então o registro inspirado (e inerrante) do Evangelho pode estar deturpando o que Jesus fez ou disse. O Evangelho pode estar *criando*, não *relatando*, o que Jesus disse ou fez. Além de acusar o registro do Evangelho de deturpar os fatos, essa visão é claramente contrária ao que os padrões da ETS e do ICBI entendem por inerrância. Portanto, qualquer pessoa ciente de seu significado expresso não poderia, conscienciosamente, concordar com essa afirmação da inerrância.

Incompatibilidade com as declarações do ICBI sobre a inerrância

Embora haja mérito em alguns *insights* desses críticos evangélicos da redação, particularmente de seu uso apologético para estabelecer a autenticidade do texto do Novo Testamento, tomado como um todo, o procedimento é incompatível com a posição evangélica da inerrância das Escrituras. Considere as palavras das declarações do ICBI relacionadas a este assunto, citadas no capítulo 2. Algumas declarações selecionadas aqui (com grifo nosso) ilustrarão o nosso ponto:

Uma declaração breve

1. *Deus, sendo ele próprio a verdade e falando somente a verdade*, inspirou as Sagradas Escrituras [...].

4. Tendo sido na sua totalidade e verbalmente dadas por Deus, *as Escrituras não possuem erro ou falha em tudo o que ensinam*, quer naquilo que afirmam a respeito dos atos de Deus na Criação e dos acontecimentos da história mundial, *quer na sua própria origem literária* sob a direção de Deus, quer no testemunho que dão sobre a graça salvadora de Deus na vida das pessoas.

Declaração de Chicago sobre a Inerrância Bíblica (1978) Artigos de afirmação e de negação

Artigo 11

Afirmamos que as Escrituras, tendo sido dadas por inspiração divina, são infalíveis, de modo que, longe de nos desorientar, são verdadeiras e confiáveis em todas as questões de que tratam [...].

Artigo 12

Afirmamos que, em sua totalidade, as Escrituras são inerrantes, estando isentas de toda falsidade, fraude ou engano.

Negamos que a infalibilidade e a inerrância da Bíblia estejam limitadas a assuntos espirituais, religiosos ou redentores, excluindo informações de natureza histórica e científica [...].

Artigo 13

[...] Negamos também que a inerrância seja contestada por fenômenos bíblicos, tais como a falta de precisão técnica contemporânea, irregularidades de gramática ou ortografia, descrições da natureza feitas com base em observação, registro de falsidades, uso de hipérbole e números arredondados, disposição tópica do material, diferentes seleções de material em relatos paralelos ou uso de citações livres.

Artigo 14

Afirmamos a unidade e a coerência interna das Escrituras.

Negamos que alegados erros e discrepâncias que ainda não tenham sido solucionados invalidem as declarações da Bíblia quanto à verdade .

Artigo 15

[...] Negamos que o ensino de Jesus acerca das Escrituras possa ser descartado sob o argumento de adaptação ou de qualquer limitação natural decorrente de sua humanidade .

A INERRÂNCIA DAS ESCRITURAS

Artigo 18

Afirmamos que o texto das Escrituras deve ser interpretado mediante exegese histórico-gramatical, levando em conta suas formas e recursos literários, e que as Escrituras devem interpretar as Escrituras.

Negamos a legitimidade de qualquer abordagem do texto ou de busca de fontes por trás do texto que conduzam à relativização, desistorização ou minimização de seu ensino, ou a uma rejeição de suas afirmações quanto à autoria.

Comentário Oficial do ICBI sobre a Declaração de Chicago

A seguir, trechos importantes do Comentário Oficial do ICBI sobre a *Declaração de Chicago* sobre a Inerrância (1978).

Seleções do artigo 12

Tem virado moda em alguns segmentos do debate defender que a Bíblia não é história normal, mas história redentora com ênfase na redenção. Foram estabelecidas certas teorias que limitariam a inspiração ao tema e campo da redenção da história redentora, dando espaço para que a dimensão histórica da história redentora contivesse erros (Sproul, *Explaining Inerrancy*, p. 36).

Embora a Bíblia seja de fato história *redentora*, ela é também *história* redentora, e isso significa que os atos de salvação operados por Deus de fato ocorreram no mundo do tempo e do espaço (p. 37).

Seleções do artigo 13

Quando dizemos que a veracidade das Escrituras deve ser avaliada segundo seus próprios padrões, isso significa que [...] todas as afirmações da Bíblia precisam corresponder à realidade: quer histórica, quer factual, quer espiritual (p. 41).

Com "de acordo com padrões bíblicos de verdade e de erro" se quer dizer a visão usada tanto na Bíblia quanto na vida cotidiana, ou seja, a visão de correspondência com a verdade. Essa parte do artigo é dirigida àqueles que querem redefinir a verdade para que esteja associada somente à intenção redentora, o aspecto puramente pessoal, ou algo semelhante, em vez de significar aquilo que corresponde à realidade (p. 43-44).

Seleções do artigo 18

Quando a busca pelas fontes produz uma desistorização da Bíblia, uma rejeição de seu ensino ou uma rejeição das reinvindicações de autoria da própria Bíblia, [então] isso ultrapassou os seus próprios limites [...] (p. 55).

Afirmamos que o texto das Escrituras deve ser interpretado mediante exegese histórico-gramatical, levando em conta suas formas e recursos literários, e que as

Escrituras devem interpretar as Escrituras. *Negamos a legitimidade de qualquer abordagem do texto ou de busca de fontes por trás do texto que conduzam à relativização, desistorização ou minimização de seu ensino, ou a uma rejeição de suas afirmações quanto à autoria* (grifo nosso).

Com "de acordo com padrões bíblicos de verdade e de erro" se quer dizer a visão usada tanto na Bíblia quanto na vida cotidiana, ou seja, a visão de correspondência com a verdade. Essa parte do artigo é dirigida àqueles que querem redefinir a verdade para que esteja associada somente à intenção redentora, o aspecto puramente pessoal, ou algo semelhante, em vez de significar aquilo que corresponde à realidade (p. 43-44).

Assim, o que as Escrituras dizem, Deus diz; sua autoridade é a autoridade dele, pois ele é o autor supremo (Packer, "Exposition", p. 69).

Comentário do ICBI sobre hermenêutica

Além disso, um comentário oficial sobre a Declaração de Hermenêutica do ICBI (1982), "Explaining Hermeneutics" (EH), foi composto. A seguir, alguns relevantes trechos dele:

EH sobre o artigo 13: "Negamos que categorias gerais que negam a historicidade possam ser corretamente impostas às narrativas bíblicas que se apresentam como factuais. Alguns debatedores entendem, por exemplo, Adão como um mito, ao passo que nas Escrituras ele é apresentado como uma pessoa real. Outros entendem que Jonas é uma alegoria quando, na verdade, é apresentado como uma pessoa histórica e [é] assim mencionado por Cristo".

EH sobre o artigo 14: "Negamos que qualquer evento, discurso ou dito registrado nas Escrituras foi inventado pelos autores bíblicos ou por tradições que eles incorporaram".

EH sobre o artigo 22: Ele "afirma que Gênesis 1—11 é factual, como o é o restante do livro". E: "A negação torna evidente que as visões que redefinem o erro para que signifique aquilo que 'desencaminha', em vez do que é um erro, precisam ser rejeitadas" (p. 892).

Assim, o que as Escrituras dizem, Deus diz; sua autoridade é a autoridade dele, pois ele é o autor supremo (Packer, "Exposition", p. 69).

Um exame cuidadoso dessas afirmações revela que as formas de crítica da redação, conforme aceitas por Bock-Webb, são incompatíveis com a visão do ICBI da total inerrância por muitas razões apontadas pelas áreas destacadas. De particular interesse são os seguintes pontos: 1) É a Escritura, incluindo todas as partes, que é inspirada por Deus (arts. 6, 8). 2) Deus escolheu as próprias palavras que eles usaram (art. 8). É o texto das Escrituras que é inspirado, não as tradições por trás dele (art. 10). 3) Deus não usa engano ou falsidade (art. 12). 4) A inerrância se aplica a questões históricas e espirituais (art. 12). 5) Assuntos de gramática, figuras de discurso, arranjo de material e assim por diante fazem parte da orientação providencial, resultando em um texto inspirado (art. 13). 6) A Bíblia é internamente coerente, não contraditória (arts. 14, 15). 7) Os autores bíblicos não inventaram nenhum provérbio ou eventos; eles os relataram com precisão (*EH* no art. 14). 8) Os eventos redentores registrados na Bíblia são históricos (Sproul, *EI*, p. 37). À luz destas afirmações claras, nenhum redacionista evangélico como Bock-Webb pode afirmá-las com a consciência limpa.

Redacionismo evangélico contrário à inerrância

Evangélicos que tentaram fazer críticas da redação tropeçaram seriamente. Um estudioso que ensinava no Bethel College, Robert Geulich, afirmou que não podíamos confiar no que o Evangelho de João registrou como declarações de Jesus. O professor Guelich rejeitou os evangelhos como "biografia ou memória" e os viu meramente como "retrato" em que o escritor do evangelho "reorganizou, retrabalhou e até mesmo reformulou a tradição do evangelho". Assim, ele disse: "Não podemos simplesmente assumir que o Cristo dos evangelhos é idêntico ao Jesus da história".[5] Outro estudioso, J. Ramsey Michaels, que ensinou no Seminário Gordon-Conwell, insistiu em que os evangelhos criam e não simplesmente relatam o que Jesus disse.[6] Grant Osborne, da Trinity Evangelical Divinity School, ensinou originariamente que Mateus "expandiu" as palavras originais do batismo em nome de Jesus na Grande Comissão na fórmula trinitária de "do Pai, do Filho e do Santo Espírito". Ao ser criticado por isso, ele se retratou da visão original e, estranhamente, afirmou que Mateus realmente tinha "contraído" (não "expandido") os discursos trinitários originais de Jesus a seu discípulo.[7] Não somos informados sobre como ele tomou conhecimento das palavras não publicadas, não citadas e desconhecidas de Jesus.

Até mesmo Bock-Webb afirmam que o autor de Mateus redigiu as palavras originais de Jesus, adicionando a palavra "igreja" em Mateus 16 e 18. Não nos é dito por que isso não poderia ter sido uma predição de Jesus como é apresentado. O que sabemos é que o procedimento de redação, mesmo

---

[5] Robert Guelich, The Gospels: Snapshots or Portraits of Jesus' Ministry (artigo apresentado na Evangelical Theological Society em 1978).

[6] J. Ramsey Michaels, **Servant and Son:** Jesus in Parable and Gospel (Atlanta: John Knox, 1981).

[7] Grant Osborne, Redaction Criticism, JETS 19, nº 2 (1976), p. 73-85. V. tb. JETS 21, nº 2 (June 1978), p. 117-130.

nas mãos de evangélicos, é uma ferramenta perigosa. Chega a conclusões radicais que são contrárias à total inerrância sustentada pela Igreja ao longo dos tempos (v. o cap. 1) e expressa nas declarações do ICBI sobre o tema.

A isenção de responsabilidade de Bock

Depois de ser criticado por opiniões expressas no livro em parceria com Webb, o professor Bock tentou evitar o impacto negativo, observando que ele é apenas um coeditor, não o autor de todos os capítulos. Embora isso seja verdade, Bock também é coautor do capítulo crucial que é usado como base principal para a nossa avaliação anterior e ele deve assumir a responsabilidade por essas conclusões. Além do mais, pode se perguntar por que Bock só agora nos informa que "prefiro argumentar que a melhor explicação para a ressurreição é que foi um evento histórico, uma vez que outras explicações não podem explicar adequadamente a presença de tal crença entre os discípulos".[8] Por que não mencionou esse fato importante no início do capítulo inicial? Além disso, por que ele estava tão intimamente associado a tais visões críticas como coeditor do volume e, em seguida, se dissociou de seu coeditor e dos autores quando criticado por sua visão radical? Isso é como uma pessoa que faz parte de uma gangue que rouba um banco, mas só depois de ser pega insiste em que esperou no carro e não esteve realmente no interior do banco.

Além disso, mesmo admitindo a dissociação de Bock das conclusões mais críticas, as declarações que ele fez revelam quão profundamente ele assimilou as pressuposições radicais dos críticos do Novo Testamento. Em primeiro lugar, ele assume uma falsa dicotomia entre o uso injustificável e reconhecidamente das "regras limitantes" dos atuais estudos críticos do Novo Testamento, por um lado, e fazer "um apelo à inspiração" da Bíblia, por outro lado.[9] Há uma terceira alternativa para estabelecer o Jesus histórico, ou seja, mostrar que os livros básicos do Novo Testamento são documentos historicamente confiáveis. Isso pode ser feito com um mínimo de livros, como Lucas, Atos, 1 e 2 Coríntios, Romanos e Gálatas. Como mostramos (no cap. 5), há evidências muito fortes para a confiabilidade histórica desses documentos do Novo Testamento. E, se eles forem aceitos como *confiáveis* pelo argumento (embora não necessariamente *inspirados* segundo o argumento), então podemos argumentar não apenas a favor do *fato* da ressurreição, mas também pelo seu verdadeiro *significado*. Nós não

---

[8] V. a resposta de Bock: <http://www.amazon.com/Events-Life-Historical-Jesus-Collaborative/dp/0802866131>.

[9] Ibid.

A INERRÂNCIA DAS ESCRITURAS

somos deixados, como Bock e seus amigos, com uma base factual escassa de 12 eventos sem nenhum significado geral definitivo para eles — e isso depois de dez anos de pesquisa e um estudo de 700 páginas!

Em segundo lugar, Bock afirma que "o problema aqui é com o que a história pode mostrar, não com a ressurreição como um evento".[10] Mas como podemos saber que é um evento histórico, a menos que a história tenha mostrado que é? Esta é uma falsa dicotomia, pois não podemos saber se a ressurreição é um fato da história, a menos que a história o tenha revelado como um fato. Poderíamos "acreditar" ou "especular" que é verdade, mas não poderíamos *saber* se assim fosse por qualquer abordagem histórica, a menos que a história tenha revelado que é um fato.

Terceiro, o método que Bock emprega erroneamente assume que, se começarmos com a Bíblia como um documento "inspirado", então só poderíamos saber que um evento como a ressurreição é uma questão de fé, mas não um fato histórico. Além de ser baseada em uma falsa dicotomia fato/valor envolvida na disjunção injustificada entre o Jesus da história e o Cristo da fé, esta é uma lógica estranha. Apenas o reverso é verdade. Pois, se a Bíblia é "inspirada por Deus" (o que "inspiração" significa [cf. 2 Timóteo 3.16, NVI]), então podemos saber com certeza que, se a Bíblia apresenta a ressurreição (ou seja o que for) como histórica, podemos dizer que é histórica com a autoridade de Deus. De fato, existem diferentes maneiras de argumentar que a Bíblia é inspirada, mas esse não é o ponto aqui.[11] Deixe que os apologistas façam isso. O fato é que qualquer que seja a maneira de entendermos que o Novo Testamento é a Palavra de Deus, a questão da historicidade da vida, do ensino, da morte e da ressurreição de Jesus são um fato estabelecido. Assumir o contrário é recusar-se a aceitar as Escrituras como a voz de Deus.

Quarto, embora ele admita que "argumentos teológicos" possam ter legitimidade, Bock rejeita o uso deles para defender o Cristo histórico. Mas isso revela uma inconsistência e mostra uma falta de apreciação pela validade de argumentação teológica em estabelecer o que realmente aconteceu e por quê. De um lado, isso é inconsistente com a própria afirmação de Bock de que a ressurreição é "a melhor explicação" com base nos dados conhecidos. Mas o que é essa "melhor explicação" senão um argumento teológico? É uma inferência racional baseada em fatos. Além disso, Bock

---

[10]   Ibid.

[11]   V. **God's Inerrant Word**: An International Symposium on the Trustworthiness of Scripture, ed. João W. Montgomery (Minneapolis: Bethany House, 1974), esp. cap. 11 por R. C. Sproul, The Case for Inerrancy: A Methodological Analysis, p. 242-261.

revela uma tendência, infelizmente compartilhada por muitos estudiosos da Bíblia, que, se você quer se ater estritamente aos fatos, então a exegese é praticamente o começo e o fim de erudição bíblica. Quase tudo além disso é especulação ou fé. No entanto, a história dos estudos bíblicos — seja em Agostinho, seja em Anselmo, seja em Tomás de Aquino, seja em João Calvino ou nos teólogos de Westminster — argumentam o contrário. A *Confissão de Fé de Westminster* declara que toda a verdade cristã não é sempre declarada explicitamente na Bíblia, mas em "todo o conselho de Deus [...] ou expressamente estabelecido nas Escrituras, *ou que por bom e necessário raciocínio possa ser deduzido das Escrituras ou pode ser lógica e claramente deduzido dela*" (cap. 1, seção 6, grifo nosso).

Portanto, não há nada de errado em aceitar, por uma dedução "*lógica e claramente*" da Escritura, tanto o fato quanto o significado da ressurreição de Cristo (mesmo embora o evento em si não tenha sido visto por nenhum ser humano). Afinal, eles viram um Jesus morto e sepultado e, mais tarde, viram um túmulo vazio e aparições do mesmo Jesus, vivo no mesmo corpo, com marcas da crucificação e tudo. A dedução razoável disso é que esse mesmo corpo foi ressuscitado dos mortos, assim como Jesus disse que seria (cf. Mateus 12.40; 17.22; Marcos 8.31; 9.31; 10.34; João 2.18-22). Esse tipo de raciocínio teológico faz parte da boa história. Mesmo com testemunhas oculares, os historiadores incluem esses tipos de inferências razoáveis o tempo todo. Na verdade, é até mesmo aceito em um tribunal em questões de vida ou morte. Na verdade, o procedimento legal, estabelecido ao longo de séculos de busca da verdade sobre eventos passados, é um procedimento muito melhor do que aquele aceito pelos críticos do Novo Testamento e traz resultados muito melhores. Os especialistas jurídicos que o usaram chegaram a conclusões mais positivas do que as de Bock e seus amigos.[12]

Quinto, Bock fala em nos limitarmos à "história (pelo menos como normalmente praticada hoje)",[13] mas essa frase está repleta de pressuposições. Duas se destacam. Primeiro, infelizmente, "normalmente" aqui significa não sobrenatural. Na verdade, desde os dias de Baruch Espinosa e David Hume, um evento não é considerado histórico se for sobrenatural. Mas, como mostrado aqui e em outros lugares (cap. 5), isso não é comum nem um pressuposto necessário. Na verdade, é um pressuposto ateu (ou seja, ateísta), pois, se um Deus teísta, como o Deus da Bíblia que criou o Universo,

---

[12] V. Thomas Sherlock, **The Tryal of the Witnesses of the Resurrection** (London: J. Roberts, 1729); Advogado Frank Morison, **Who Moved the Stone?** (New York: Century, 1930); Montgomery, **History and Christianity** (1964); e Lee Strobel, **The Case for Christ** (Grand Rapids: Zondervan, 1998).

[13] V. a resposta de Bock: <http://www.amazon.com/Events-Life-Historical-Jesus-Collaborative/dp/0802866131>.

existe, então os milagres são possíveis. Portanto, provar que milagres são impossíveis, seria preciso refutar a existência de Deus. Além disso, a palavra "história" é usada de uma maneira desnecessariamente limitante, uma vez que Bock adotou a metodologia que exclui muitas das verdades factuais da vida, morte e ressurreição de Cristo. O resto, então, é deixado para a mera fé ou para o campo não histórico. Em resumo, a visão de Bock, mesmo com suas qualificações, é subevangélica.

Sexto, isso revela o problema central com toda a busca pelo Jesus histórico. Se não fosse por seu conjunto de falsas pressuposições, não haveria busca em absoluto. Usando procedimentos comuns não antissobrenaturais para conhecer o passado, os documentos e evidências que temos (cf. cap. 5) são mais do que suficientes para descobrir o verdadeiro Jesus da história. Portanto, a melhor maneira de encontrar o verdadeiro Jesus é rejeitar os princípios e procedimentos de toda a ideia de uma "busca" para início de conversa! Em resumo, uma vez que temos os documentos básicos historicamente confiáveis do Novo Testamento, não há necessidade de uma "busca", uma vez que já temos o Jesus histórico no Novo Testamento. O que mais precisamos do que 27 livros escritos por oito ou nove autores, muitos dos quais são amplamente aceitos (mesmo por estudiosos críticos) como sendo testemunhas oculares ou contemporâneos dos eventos?

Finalmente, um ex-aluno de Bock e agora estudioso do Novo Testamento, F. David Farnell, soa um alarme, argumentando que Bock se envolve em uma espécie acadêmica de duplo discurso.[14] Ele considera ser um exemplo colocar os estudos contemporâneos sobre o antigo senhorio. Ele acredita que Bock e Webb submeteram as Escrituras a pressuposições estranhas e hostis, que reduzem a Bíblia a categorias humanas de probabilidade — implicando haver uma possibilidade definitiva de que os eventos atestados na Bíblia não aconteceram — e então eles querem que os cristãos que creem na Bíblia os elogiem por fazer o bem. Como tal, reduzem o impacto apologético evidencial das Escrituras, especialmente dos evangelhos, às categorias humanas que sujeitam a Bíblia a mudanças da crítica histórica e colocam grandes dúvidas sobre os acontecimentos.

Embora Bock e companhia acreditem que ganharam voz entre os liberais, no entanto, com suas concessões metodológicas a pressupostos antibíblicos, o que eles realmente fizeram foi minar a autoridade dos

---

[14] Extraído de uma importante série de F. David Farnell, Three Searches for the "Historical Jesus" but No Biblical Christ: Parte 1, The Rise of the Searches, **The Master's Seminary Journal** 24, nº 1 (Primavera de 2012); Parte 2, Evangelical Participation in the Search for the "Historical Jesus", **Master's Seminary Journal** 24, nº 1 (Primavera de 2013).

evangelhos e de muitas maneiras a própria ressurreição. Um exame cuidadoso de suas conclusões não admite a historicidade da própria ressurreição — para não falar do seu real significado —, mas, na melhor das hipóteses, apenas a anomalia histórica de uma tumba vazia e encontros e crenças misteriosas dos discípulos que o seguiram. Assim, a declaração bíblica de "certeza" (cf. Lucas 1.4) sobre esse assunto é reduzida a probabilidade, e o pilar da apologética cristã — a historicidade da ressurreição corporal de Cristo — está seriamente comprometida. Na verdade, em seu pleno sentido e significado bíblico, a ressurreição é historicamente inalcançável, porque a sua confissão e a aceitação dessa metodologia crítica limitada não podem levar a tais conclusões.

Em resumo, a impressão geral que deriva do procedimento de Bock--Webb é que apenas o método crítico que eles empregam pode alcançar a história verdadeira. Na verdade, é tudo o que a verdadeira história pode lhe dizer. O resto é uma questão de inferência e fé (que uma pessoa pode aceitar se desejar). Contudo, se você quiser ser um verdadeiro erudito, deverá aceitar um método verdadeiramente erudito — como o deles. Qualquer outra abordagem não é verdadeiramente acadêmica. Em vez disso, é uma questão do que William James chama de "crença excessiva". Embora qualquer pessoa seja bem-vinda a se entregar à crença, não se deve considerá-la o resultado de procedimentos verdadeiramente acadêmicos. Bock-Webb aparentemente insistem em que se deve aceitar as regras do jogo estabelecidas por verdadeiros estudiosos, regras que admitiram o naturalismo metodológico. Na verdade, isso não renderá tudo em que os evangélicos desejam acreditar, mas não há mal nenhum em fazê-lo, na opinião deles, e enquanto isso podemos ganhar muito respeito na comunidade acadêmica mostrando que somos capazes de usar sua metodologia naturalista.

Em resposta, observamos que de fato há migalhas que cairão da mesa se usarmos esse método crítico naturalista; uma das maiores migalhas é que podemos concluir que havia um túmulo vazio, que o corpo desapareceu misteriosamente, e essa crença na ressurreição surgiu no coração dos primeiros discípulos. Infelizmente, como vimos, existem várias falhas trágicas nesse pensamento. Em primeiro lugar, essas migalhas, mesmo as maiores, ficam muito aquém da morte literal e da ressurreição corporal de Cristo narrada no Novo Testamento. Na verdade, é uma negação da verdadeira ressurreição, pela qual unicamente podemos ser salvos (cf. 1 Coríntios 15.12-19; Romanos 4.25; 10.9). Em segundo lugar, tende a sacrificar a ortodoxia no altar da respeitabilidade acadêmica. Terceiro, isso prejudica a "certeza" que o Novo Testamento promete no que diz respeito aos principais eventos da vida de Jesus, incluindo a ressurreição (cf. Lucas 1.4; Atos 1.3). Quarto,

A INERRÂNCIA DAS ESCRITURAS

ele emprega o mesmo tipo de lógica que leva alguns evangélicos a aceitar a macroevolução, a negar a historicidade de Gênesis 1—3 e, assim, minar as doutrinas evangélicas cruciais (cf. Mateus 19.3-6; Romanos 5.12-14; 1 Coríntios 15.45-49; 1 Timóteo 2.13,14). Além disso, é um paralelo notável entre esse procedimento e os cientistas que afirmam que apenas aqueles que usam o verdadeiro método científico (o naturalista) chegarão à verdadeira conclusão científica, a saber, a uma evolução naturalista (v. apêndice 2).

Conclusão

Evangélicos como os do Bock-Webb IBR Jesus Group têm boas intenções e devem ser elogiados por muitas coisas listadas no início deste capítulo. Eles são sinceros, eruditos e interessados em estabelecer a historicidade de Jesus e a autenticidade de seus atos e declarações. Sendo "evangélicos" ou "ortodoxos", eles acreditam em muitos dos grandes fundamentos da ortodoxia cristã, incluindo a ressurreição de Jesus. No entanto, eles, sabendo ou não, adotaram uma postura metodológica pouco ortodoxa que mina a inerrância das Escrituras que muitos deles professam defender. Isso é lamentável e desnecessário, dadas as suas crenças em um Deus teísta que pode e intervém neste mundo, porque tal Deus é capaz de inspirar um livro inerrante, a Bíblia. Da mesma forma, dado que os evangelhos e as epístolas foram escritos por testemunhas oculares, por contemporâneos e até mesmo por apóstolos de Cristo, que lhes prometeu memórias ativadas sobrenaturalmente (cf. João 14.26) para relembrar suas palavras, não há necessidade de crítica de redação. Na verdade, isso não é apenas desnecessário; também é falso e perigoso. Por suas premissas e procedimentos, minam a própria Escritura divinamente autorizada que eles confessam.

▪ Fontes ▪

Albright, "More Conservative View"
Bauckham, *Jesus and the Eyewitnesses*
Blomberg, *Historical Reliability of the Gospels*
_____, *Historical Reliability of John's Gospel*
Bock e Webb, *Key Events*
Bruce, *Jesus and Christian Origins*
_____, *New Testament Documents*
Carson e Moo, *Introduction to the New Testament*
Craig, *Knowing the Truth*
Crossley, *The Date for Mark's Gospel*
Dodd, *History and the Gospels*

Geisler, *Origin Science*
Guthrie, *New Testament Introduction*
Habermas, *Historical Jesus*
Hemer, *Book of Acts*
Ladd, *I Believe in the Resurrection*
Linnemann, *Historical Criticism*
_____, "Is There a Q?"
_____, *Is There a Synoptic Problem?*
Metzger, *Text of the New Testament*
Meyer, *Signature in the Cell*
Montgomery, *History and Christianity*
Osborne, "Redaction Criticism"
Packer, "Exposition"
Robinson, *Redating the New Testament*
Scotland, *Can We Trust the Gospels?*
Sproul, *Explaining Inerrancy*
Whately, *Historic Doubts*

PARTE III

REEXAME DA INERRÂNCIA

12

A NATUREZA DE DEUS E A INERRÂNCIA

Introdução

A NATUREZA de Deus é crucial para o debate da inerrância, como o é para a maioria das outras questões. Isso ficará claro à medida que vemos a relação entre a visão que alguém tem de Deus e a visão de inerrância no debate contemporâneo. Bart Ehrman (v. cap. 5), que desistiu de sua visão evangélica sobre a inerrância, também desistiu de sua visão teísta de Deus e se tornou um agnóstico. Obviamente, acreditar que a Bíblia é a inerrante Palavra de Deus não é possível para quem nem mesmo acredita no Deus teísta da Bíblia. Da mesma forma, uma vez que a visão histórica sobre as Escrituras serem a inspirada Palavra de Deus é baseada em uma visão clássica de Deus, é compreensível porque teístas abertos, como Clark Pinnock (v. cap. 4), que rejeitam a visão clássica de Deus negarão a visão de inerrância que acompanha essa visão teísta clássica. Por exemplo, como pode a Bíblia fazer pronunciamentos infalíveis sobre o futuro se, como afirmam os teístas abertos, Deus não tem conhecimento infalível do futuro? Ambos seguem de mãos dadas. Além disso, indivíduos como Kevin Vanhoozer desconsideram o teísmo clássico em favor de um "teísmo comunicativo" dinâmico. Ele rejeita a visão clássica de Deus como sendo estéril e sem paixão, incapaz de se relacionar e dialogar no drama da doutrina (v. sua *First Theology*, *Drama of Doctrine* e *Remythologizing Theology*). Ele então começa a usar a teoria dos atos de fala para desenvolver uma visão dinâmica da linguagem e se relacionar com um Deus dinâmico.

Estranhamente, alguns que não são teístas abertos ou teístas comunicativos assumem uma visão voluntarista de Deus que também mina a inerrância. Por exemplo, Andrew McGowan (v. cap. 9) escreveu: "Os inerrantistas fazem uma pressuposição não fundamentada sobre Deus. A pressuposição é que, dados a natureza e o caráter de Deus, o único tipo de Escritura que ele poderia 'soprar' seria uma Escritura textualmente inerrante. Se houvesse mesmo que só um erro nos autógrafos, então Deus não poderia ter sido o autor, porque ele não é capaz de erro" (*Divine Spiration*, p. 113). Assim, McGowan diz que a inerrância não é uma inferência legítima da Bíblia (p. 115), mas apenas um argumento *a priori* (p. 131). Ele ainda diz "o argumento dos inerrantistas é que Deus é *incapaz* de produzir qualquer outra coisa, a não ser um texto autográfico inerrante. [...] Eu concordo com os inerrantistas que Deus *poderia* ter causado a existência de textos autográficos inerrantes, se tivesse feito essa escolha, mas rejeito o argumento deles de que ele *precisou* ter agido dessa forma" (p. 113-114). Ele conclui: "Eu penso que está errado prejulgar a natureza das Escrituras por meio de uma abordagem dedutiva, com base no que cremos que a inspiração deve significar, dado o caráter de Deus" (p. 136). Não podemos "pressupor que elas precisam ser inerrantes porque Deus não pode mentir" (p. 137). Isso dificilmente poderia ser mais claro e, em nossa opinião, mais falho.

A conexão entre Deus e a inerrância foi claramente entendida pelos fundadores da Evangelical Theological Society (ETS). Sua única afirmação é: "Somente a Bíblia, e a Bíblia em sua totalidade, é a Palavra de Deus escrita e, *portanto*, inerrante nos autógrafos" (grifo nosso). A palavra crucial "portanto" revela sua crença de que "inerrante" segue lógica e necessariamente de quem eles acreditavam que "Deus" é. Pois, se o "Deus" do teísmo clássico em quem eles acreditavam não pode errar, então certamente "a Palavra de Deus" não pode errar. E, se "somente a Bíblia, e a Bíblia em sua totalidade, 'é' a Palavra de Deus escrita", então deve ser "inerrante" também.

É bem sabido que todos os criadores da ETS eram teístas clássicos. Eles acreditaram, entre outras coisas, que Deus é infinito, imutável e onisciente, o que incluía sua presciência infalível de tudo, assim como todos os seus futuros atos livres. Dada essa visão, a lógica de sua posição sobre a inerrância poderia ser colocada em tal declaração sucinta e pode ser formulada da seguinte forma: 1) Deus não pode errar. 2) A Bíblia é a Palavra de Deus. 3) Portanto, a Bíblia não pode errar. Assim, para negar a inerrância da Bíblia, deve-se negar as premissas 1 ou 2 ou ambas. Ou seja, uma precisaria negar que Deus não pode errar ou negar que a Bíblia é a Palavra de Deus ou ambas. Uma vez que as premissas 1 e 2 foram firmemente acreditadas pelos criadores da ETS, acreditava-se com a mesma segurança que a inerrância era a "Palavra de Deus" "inerrante". Era impensável que alguém negasse as premissas 1 ou 2. Negar que Deus não pode errar é contrário à própria natureza de Deus! E negar que a Bíblia é a Palavra de Deus é antibíblico e barthiano. Também era impensável negar que a Bíblia era a Palavra de Deus, uma negação que Karl Barth afirmou. De fato, em 1983, um membro foi convidado a deixar a ETS por causa de suas opiniões "barthianas", que separam a Palavra de Deus da Bíblia.

Visão clássica e ortodoxa de Deus e das Escrituras

A conexão lógica entre o teísmo clássico e a inerrância estava intacta desde o início da ETS. E com razão, pois, como veremos, a mesma conexão lógica entre o teísmo clássico e a inerrância existe desde os primeiros dias da igreja cristã.

É bem sabido que os grandes pais e mestres da igreja cristã, até a Reforma e através dela, e nos tempos modernos, sustentado tanto pelo teísmo clássico (v. Geisler, *Systematic Theology*, v. 2) e a inerrância (v. Hannah, *Inerrancy and the Church*). Tão importante e menos conhecido é que existe uma conexão logicamente necessária entre ambos (v. Geisler e House, *Battle for God*).[1] Uma breve pesquisa de figuras-chave na história da Igreja irá demonstrar nosso ponto. Começaremos com os primeiros pais da Igreja.

Justino Mártir (m. 165). Em sua primeira *Apologia* (cap. 65), ele se referiu à Bíblia como "a voz de Deus". Ele acrescentou: "Não devemos pressupor que a linguagem procede de homens que eram inspirados, mas da Palavra divina que os move". Em outro lugar, ele acrescentou que "o Espírito Santo de profecia nos ensinou isso, dizendo-nos por Moisés que Deus falou assim" (JHOG, 12, 44). É por isso que Justino poderia citar o Novo Testamento cerca de 330 vezes (com mais 266 alusões) como a divinamente Palavra de Deus autorizada.

Ireneu (130-202). Havia apenas uma ligação entre Ireneu e o apóstolo João, ou seja, o discípulo de João, Policarpo. Em seu famoso livro *Against Heresies* [Contra heresias], Ireneu refere-se à Bíblia como "a coluna e base" de nossa fé, que estava "acima de toda falsidade" e como "Escrituras da verdade" (*AHs*, 3.67; 3.5.1). Ele acrescentou que nós estamos "adequadamente assegurados de que as Escrituras são de fato perfeitas, visto que foram faladas pela Palavra de Deus e seu Espírito" (Ibid., 2.28.2; 2.35). Assim, ele viu a conexão evidente entre a natureza perfeita de Deus e a perfeita Palavra de Deus que ele produziu.

Clemente de Alexandria (158-215). Clemente também não tinha dúvidas sobre a conexão entre sua visão clássica de Deus e as Escrituras inerrantes. Ele escreveu que "Não há discórdia entre a Lei e o Evangelho, mas, sim, harmonia, pois ambos procedem do mesmo autor [...]" (Westcott, *AISG*, p. 439). Ele também falou sobre "as Escrituras [...] [que] são válidas por sua autoridade onipotente" (v. Geisler, *The Bible*, p. 31-32). Em resumo, a autoridade divina da Bíblia é derivada da natureza todo-poderosa de Deus.

---

[1] Além da infinitude, imutabilidade e onisciência total de Deus, os teístas clássicos também acreditam na eternidade e simplicidade de Deus. No entanto, a discussão aqui é centrada na onisciência e na imutabilidade, uma vez que são cruciais para a inerrância.

A INERRÂNCIA DAS ESCRITURAS

Hipólito (c. 170-236). Este discípulo de Ireneu falou dos autores do Novo Testamento, dizendo: "Estes homens abençoados [...] tendo sido aperfeiçoados pelo Espírito da Profecia [...] foram trazidos à harmonia interna como instrumentos, e tendo a Palavra dentro deles [...] [porque] eles não falaram de seu próprio poder [...] eles falaram aquilo que foi [revelado] a eles somente por Deus" (Westcott, *AISG*, p. 432). Então, aqui também, a unidade sem erros das Escrituras veio de Deus, que não pode errar.

Agostinho de Hipona. Não há dúvida de que este "monólito medieval" entendeu a questão. Ele repetidamente se referiu à Bíblia como perfeita, porque Deus foi o seu autor. Ele declarou: "Aprendi a prestar honra e respeito somente aos livros canônicos das Escrituras; acerca desses somente eu creio muito firmemente que seus autores estavam completamente livres de erro" (Geisler, *The Bible*, p. 40). Por quê? Porque Deus é "O autor deste livro" (*Reply to Faustus* [Resposta a Fausto] 11.5). Portanto, suas palavras são "as palavras de Deus" (*City of God* [Cidade de Deus] 10.1) e "Escritura infalível" (11.6). Assim, qualquer aparente erro na Bíblia deve ser porque "o manuscrito é falho, ou a tradução está errada, ou você a interpretou incorretamente" (*Reply to Faustus* 11.5).

Tomás de Aquino (1225-1274). O maior teólogo antes da Reforma viu a conexão entre a visão clássica de Deus e a inerrância das Escrituras muito claramente. Tomás afirmou que "Deus é o Autor das Sagradas Escrituras" (*Summa* 1a.1.10). Portanto, "é herético dizer que alguma falsidade, seja qual for, esteja contida ou nos evangelhos ou em qualquer Escritura canônica" (*Exposition on Job* [Exposição sobre Jó] 13, palestra 1). Pois "um profeta verdadeiro sempre é inspirado pelo espírito da verdade, no qual não há sinal de falsidade, e ele nunca fala inverdades" (*Summa* 2a2ae 172, 6 ad 2). Portanto, "a verdade das proclamações proféticas devem ser a mesma que do conhecimento divino. E falsidade [...] não pode se estender à profecia" (1a.14.3). Falando das Escrituras, Tomás de Aquino concorda com Agostinho, proclamando: "Eu acredito firmemente que nenhum de seus autores errou ao escrevê-los" (1a.1.8).

Martinho Lutero (1483-1546). Os reformadores não foram menos insistentes na conexão entre a visão clássica de Deus e a doutrina da inerrância. Lutero declarou: "Isso é exatamente como é com Deus. Sua palavra é tão parecida com ele mesmo que a divindade está totalmente nela, e aquele que tem a palavra tem toda a divindade" (*Luther's Works* [LW], 52:46). Em outro lugar, ele acrescenta: "Eles não acreditam que são palavras de Deus. Pois, se eles acreditassem que são palavras de Deus [...] eles tremeriam diante delas como diante do próprio Deus" (*LW*, 35:153). Em uma passagem incrivelmente forte, Lutero escreveu: "A Palavra de Deus é a Palavra de Deus [...]! Se alguém, de maneira blasfema, atribui a mentira a Deus em uma simples palavra [...], [quando] Deus é blasfemado ou chamado de mentiroso, essa pessoa blasfema contra o Deus todo e torna leviana toda blasfêmia" (*LW*, 37:26). Uma coisa é certa: Lutero pode ser acusado de hipérbole, mas certamente não pode ser acusado de não ver a conexão entre a natureza inerrante de Deus e a natureza inerrante da Palavra de Deus.

João Calvino (1509-1564). Calvino pode ter sido menos bombástico, mas ele não foi menos claro em ver a conexão entre o teísmo clássico e a inerrância total. Ele acreditava que "a Bíblia veio a nós da boca de Deus" (*Institutes* [Institutas], 1.18.4). Portanto, "devemos às Escrituras a mesma reverência que devemos a Deus; pois vieram dele somente. [...] A Lei e os Profetas não são uma doutrina entregue de acordo com a vontade e o prazer dos homens, mas ditada pelo Espírito Santo" (Urquhart, *Inspiration and Accuracy*, p. 129-130). Calvino pode ser cobrado (erroneamente, acredito) pela teoria do ditado verbal, mas ele não pode ser acertadamente acusado de negar a conexão lógica entre a natureza clássica de Deus e a inerrância da Palavra de Deus. Porque Deus não pode errar, a Bíblia é "a regra segura que não erra" para os crentes (*Commentaries*, Ps. 5:11 [Comentários, Salmos 5.11]). Ele claramente disse: "Tampouco é suficiente crer que Deus é verdadeiro e não pode mentir ou enganar, a não ser que você esteja firmemente convicto de que toda palavra que procede dele é verdade sagrada e inviolável" (*Institutes* [Institutas], 3.2.6).

Charles Hodge (1797-1878). O período pós-Reforma não está menos convencido dessa conexão entre o teísmo clássico e a inerrância total (v. McDonald, *Theories of Revelation*). Essa visão dominou até o final de 1800, quando os "antigos princetonianos" — Charles Hodge, A. A. Hodge e B. B Warfield — defenderam a visão histórica da inerrância.

Charles Hodge argumentou que "todos os protestantes concordam em ensinar que a palavra de Deus, conforme contida nas Escrituras do Antigo e do Novo Testamentos, é a única regra infalível de fé e prática" (*Systematic Theology*, 1:151). Ele acrescenta que protestantes afirmam "que as Escrituras do Antigo e do Novo Testamentos são a Palavra de Deus, escritas sob a inspiração do Espírito Santo, e são, portanto, infalíveis, e [...] livres de todo erro, seja de doutrina, seja de fato, seja de preceito" (p. 151-152). Novamente, "A infalibilidade e a autoridade divinas das Escrituras se devem ao fato de que elas são a Palavra de Deus; e elas são a Palavra de Deus porque foram dadas por inspiração do Espírito Santo" (p. 153-154).

A. A. Hodge e B. B. Warfield. A. A. Hodge, filho de Charles Hodge, e B. B. Warfield uniram forças para reafirmar a visão histórica da inerrância. Eles escrevem: "O Novo Testamento afirma continuamente a respeito das

Escrituras do Antigo Testamento, e dos diversos livros que o constituem, que elas SÃO A PALAVRA DE DEUS. O que seus escritores disseram, Deus disse" (*Inspiration*, p. 29, destaque dos autores). Portanto, "todo elemento das Escrituras, seja doutrina, seja história, quanto ao qual Deus garantiu a infalibilidade, precisa ser infalível em sua expressão verbal" (p. 21-23). Aqui de novo, eles veem a conexão lógica e necessária entre a visão clássica de "Deus" e a da Bíblia sendo sua Palavra infalível e inerrante.

É de conhecimento comum que os autores da Declaração da ETS sobre a inerrância e seus sucessores do ICBI são herdeiros da visão histórica da igreja cristã, conforme expresso pelos "antigos princetonianos". É por isso que foi uma grande surpresa que teístas abertos como Clark Pinnock (v. cap. 4) afirmarem o contrário: que se pode negar a visão clássica de Deus e ainda manter a inerrância. Como podemos ver, os dois são incompatíveis.

A visão liberal clássica de Deus e a negação da inerrância
Conforme observado anteriormente (cap. 1), a moderna controvérsia sobre a inerrância começou com o debate Briggs-Warfield sobre o assunto. Charles A. Briggs, professor do Union Theological Seminary, da cidade de Nova York, negou a inerrância. B. B. Warfield e A. A. Hodge responderam firmemente com o livro *Inspiration* (1881). Warfield adicionou seus artigos "Inspiration of the Bible" (1894) e "Smith on Inspiration" (1884). A visão liberal eventualmente triunfou nas principais denominações e produziu vários proponentes notáveis, como Harry Emerson Fosdick e Harold DeWolf.

A moderna negação da inerrância começou com o deísmo e foi eventualmente incorporada na Igreja por modernistas. Por causa de sua negação comum dos milagres, eles chegaram à conclusão (logicamente extraída de sua visão de Deus) de que a Bíblia não tem autoridade divina nem é infalível. Afinal, como pode a Bíblia ser uma revelação sobrenatural de Deus se ele não é um Deus que opera milagres? Da mesma forma, como pode haver atos miraculosos de Deus, como os registrados na Bíblia, se não há Deus que possa agir sobrenaturalmente? Em resumo, a inerrância das Escrituras é incompatível com uma visão deísta de Deus.

O deísmo floresceu na Europa, especialmente na França e na Inglaterra, e no final do século XVIII na América. Alguns dos deístas europeus mais proeminentes foram Herbert de Cherbury (1583-1648), o pai do deísmo inglês; Matthew Tindal (1656-1733); John Toland (1670-1722); e Thomas Woolston (1669-1731). Immanuel Kant (1724-1804) foi um importante deísta alemão (prussiano). Alguns dos notáveis deístas americanos foram Benjamin Franklin (1706-1790), Thomas Jefferson (1743-1826) e Thomas Paine (1737-1809).

Thomas Paine (1737-1809). Um dos primeiros e mais proeminentes deístas americanos foi Thomas Paine. Ele fez a seguinte declaração: "Eu acredito em um Deus, e nada mais". Como os teístas, Paine acreditava que o único Deus é onipotente, onisciente, bondoso, infinito, misericordioso, justo e incompreensível (Blanchard, *Complete Works of Thomas Paine*, p. 5, 26-27, 201). Mas, ao contrário dos teístas, ele rejeita todas as formas de revelação sobrenatural, acreditando que elas são incognoscíveis, pois nenhuma linguagem humana pode ser o veículo da Palavra de Deus (p. 19; cf. p. 55-56). Assim, Paine rejeitou todas as reivindicações de uma revelação verbal ou escrita de Deus (p. 6). "A única religião que não foi inventada, e que contém em si todas as evidências da originalidade divina, é puro e simples deísmo". Na verdade, o deísmo "deve ter sido o primeiro e provavelmente será o último [sistema religioso] em que o homem acreditará" (p. 6). Para um deísta, "A PALAVRA DE DEUS É A CRIAÇÃO QUE NÓS VEMOS: E é *esta palavra* que nenhuma invenção humana pode falsificar ou alterar, por meio da qual Deus fala universalmente ao homem" (p. 24, 26, 309, grifo do autor). Em seu famoso livro *The Age of Reason*, Paine listou vários exemplos do que ele acredita serem contradições e erros na Bíblia. Este tem servido como um livro de referência para céticos e incrédulos desde aquela época.

Thomas Jefferson (1743-1826). A forma de deísmo de Jefferson era mais suave do que a de Paine, mas mesmo assim ele negou os milagres. Jefferson acreditava que existe um Deus, o Criador, Sustentador e Gerente do Universo. Ele considerou que esse Deus é infinitamente sábio, bom, justo e poderoso. Jefferson acreditava na Criação, na lei moral de Deus, na sua providência e até mesmo em um dia de julgamento. Ele era deísta, mas, em uma carta de 1822 para Benjamin Waterhouse, disse que era um "unitarista".

No entanto, Jefferson rejeitou enfaticamente o nascimento virginal de Cristo. "O dia virá", disse, "quando o relato do nascimento de Cristo, conforme aceito nas igrejas trinitárias, será classificado como a fábula de Minerva surgindo do cérebro de Júpiter" (Foote, *Religion of Jefferson*, p. 49). Ele também eliminou a ressurreição de sua "Bíblia" sobrenaturalmente higienizada, aceitando apenas 44% de Mateus, 32% de Lucas, 17% de João e 15% de Marcos (Fesperman, "Jefferson Bible", p. 79-80). Ele encerra sem a ressurreição, dizendo apenas: "Então, eles envolveram o corpo de Jesus em roupas de linho com as especiarias, conforme o costume dos judeus para enterros. No lugar onde ele foi crucificado, havia um jardim, e no jardim um novo sepulcro, onde nenhum outro homem foi posto. Lá colocaram Jesus, rolaram uma grande pedra até a porta do sepulcro e partiram" (Jefferson, *Jefferson Bible*, p. 146-147).

A INERRÂNCIA DAS ESCRITURAS

Jefferson acusa os autores dos evangelhos de "esquecer frequentemente ou não compreenderem o que havia vindo dEle, dando seus próprios conceitos errados como Seus ditames e expressando de forma ininteligível aos outros o que eles próprios não haviam entendido" (*LM*, p. vii). Os ensinamentos de Jesus foram interpretados "mutilados, distorcidos e muitas vezes eram ininteligíveis" (*LM*, p. 49) por um bando de "ingênuos e impostores" que corromperam os seus verdadeiros ensinamentos morais. O pior nessa má sorte foi o apóstolo Paulo, o "primeiro corruptor das doutrinas de Jesus".

Harry Emerson Fosdick (1878-1969). Fosdick era um batista liberal e ministro bem conhecido em Nova York. Ele afirmou que quando as pessoas modernas "voltam ao cerne de suas dificuldades, [...] você o encontra em categorias bíblicas nas quais elas não acreditam mais — milagres, demônios, criação *fiat*,[2] esperanças apocalípticas, inferno eterno ou consciência ética" (*Guide to Understanding*, p. 5). Fosdick acreditava que isso se deve à crença na "origem evolutiva do homem, teorias materialistas" e outros fatores sociais que "tendem em muitas mentes a desfazer o que o desenvolvimento hebraico-cristão fez" (p. 97). O resultado é que "qualquer ideia de inspiração que implique igual valor nos ensinos das Escrituras, ou inerrância de suas declarações, ou infalibilidade conclusiva em suas ideias, é irreconciliável com os fatos que este livro apresenta" (p. xiv).

Além disso, Fosdick afirmava que "somos salvos por ela [crítica bíblica moderna] das velhas e impossíveis tentativas de harmonizar a Bíblia consigo mesma, de fazê-la falar com voz unânime para resolver seus conflitos e contradições na tensa e artificial unidade" (*Guide to Understanding*, p. 24-25). Então, "nossas ideias sobre os métodos da inspiração mudaram: ditado verbal, manuscritos inerrantes, uniformidade de doutrina entre 1000 a.C. e 70 d.C. — todas essas ideias se tornaram incríveis em face dos fatos" (p. 30-31).

Harold DeWolf (1905-1986). O professor DeWolf era um ministro metodista e teólogo que escreveu *The Case for Theology in Liberal Perspective* e *A Theology of the Living Church*. Ele abraçou a visão liberal típica das Escrituras de seu tempo. Afirmou que "algum grau de acomodação à cultura parece inevitável, a menos que os ensinos cristãos se tornem apenas um eco irrelevante de antigos credos — que são os próprios produtos de alguma acomodação ao pensamento helênico" (*Case for Theology* [CT], p. 58). Existem erros científicos na Bíblia: "Claramente, o narrador [de Gênesis

---

[2] Ou fiat creation, expressão usada para indicar a criação divina por sua palavra ou decreto. [N. do T.]

30.35-43] simplesmente aceitou a falsa ciência prevalecente em seus dias. De forma similar, alguns ou todos os escritores bíblicos assumiram a fixidez da Terra, o movimento real do Sol e da Lua do leste para o oeste, um espaço acima do firmamento reservado para a morada de Deus e a explicação demoníaca das doenças. Essas visões não podem ser inteligentemente aceitas como ensino infalível" (*Theology of the Living* [*TL*], p. 71).

DeWolf concluiu: "Estritamente falando, a própria Bíblia não é a pura Palavra de Deus" (*CT*, p. 17). Portanto, "a Bíblia não é de forma alguma infalível" (*TL*, p. 48). E "em relação a muitos fatos de menor importância, existem contradições óbvias na Bíblia" (*TL*, p. 69). Um exemplo dado é que "2 Samuel 24.1 nos diz que foi por ordem de Deus, enquanto 1 Crônicas 21.1 diz que foi pela ordem de Satanás" (p. 69).[3]

Para DeWolf, "é evidente que a Bíblia é uma coleção de documentos intensamente humanos", e "muitas das ideias morais e religiosas, especialmente nos documentos mais antigos, são distintamente subcristãos" (*TL*, p. 73). Assim, quando dizemos que a Bíblia é "inspirada", significa dizer "esta doutrina é que a escrita da Bíblia como um todo foi realizada por um extraordinário estímulo e elevação dos poderes de homens que devotamente se submeteram à vontade de Deus [...] para transmitir a verdade útil para a salvação dos homens e das nações" (p. 76).

Dadas as suas visões deístas e unitárias de Deus, com seu antissobrenaturalismo resultante, o liberalismo, compreensivelmente, rejeitou a inspiração divina e a inerrância das Escrituras. Um Deus que não pode inspirar ou preservar de forma sobrenatural as Escrituras de erro certamente também não pode produzir um livro infalível e inerrante. Mas neste ponto, novamente, a visão que uma pessoa tem de Deus é logicamente determinante pela visão que tem das Escrituras. Se não há Deus sobrenatural, então não pode haver Palavra de Deus sobrenatural.

A visão de Deus na teologia do processo e a negação da inerrância
O deísmo do liberalismo anterior foi sucedido pela teologia do processo no liberalismo posterior sob a influência de homens como Schubert Ogden e John Cobb. Eles eram influenciados pelo pai da teologia do processo, Alfred North Whitehead, e seu estudante mais notável, Charles Hartshorne.

Schubert Ogden (1928-). Como teólogo do processo, Ogden acredita que Deus não é apenas finito, limitado e não onisciente, como também está

---

[3] Na verdade, 1 Crônicas 21.1 não diz que foi pelo "comando" de Satanás, mas simplesmente diz que foi "incitado" por Satanás. Não ocorre a DeWolf que Deus em sua soberania usa até mesmo as forças do mal para realizar sua vontade (v. Jó 1).

no processo de crescimento contínuo. Portanto, a Bíblia não contém previsões infalíveis. Como John Ford, outro teólogo do processo, enunciou: "Profecia não é predição, mas proclamação da intenção divina [...]. [Assim,] Deus se torna o grande improvisador e oportunista procurando a todo momento extrair seu propósito de cada situação" ("Biblical Recital", 1:206). Portanto, não há intervenção sobrenatural de Deus, mas simplesmente uma divina "atração". Como Ogden escreveu, "Revelação" não é nada novo. "O que a revelação cristã revela ao homem não é nada novo, visto que as verdades que ele torna explícitas já devem ser conhecidas por ele implicitamente em cada momento da existência" ("On Revelation", p. 272).

Nem Deus informa ao homem com antecedência o que deve ocorrer, uma vez que o próprio Deus deve ser informado. Como outro teólogo do processo, John R. Rice, admite francamente: "Deus, como tal, tem que esperar com a respiração suspensa até que a decisão seja tomada, não simplesmente para tentar descobrir qual foi a decisão, mas talvez, e até mesmo, para ter a situação esclarecida em virtude da decisão na ocasião concreta" (*Our God-Breathed Book*, p. 49). Em síntese, Deus não pode fazer previsões infalíveis porque ele não tem presciência infalível.

Da mesma forma, Ogden rejeita a visão de que "o que a Bíblia diz, Deus diz". Ele escreve: "Na ortodoxia protestante, então, a doutrina desenvolvida da inspiração verbal dos escritos canônicos implica a afirmação de sua autoridade uniforme [...] aquilo que as Escritura dizem, Deus diz". Mas, "com o surgimento da teologia liberal protestante, [...] as Escrituras não são nem podem ser uma autoridade suficiente para determinar o significado e a verdade das afirmações teológicas; esta reivindicação foi abandonada, para nunca mais ser feita por aqueles que lideraram os desenvolvimentos importantes e subsequentes na teologia protestante" ("Authority of Scripture", p. 257). Uma vez que "nenhum dos escritos do Novo Testamento, em sua forma atual, é de autoria de um apóstolo ou de seus discípulos, [...] nós hoje devemos reconhecer uma autoridade teológica mais elevada do que o cânon das Escrituras" (p. 251-252). A Bíblia não tem autoridade essencial, apenas autoridade funcional "no que diz respeito ao fim da salvação do homem, e assim testemunhar tudo o que é necessário para a consecução desse fim" (p. 245).

Clara e confessadamente, a visão neoclássica (processo) de Deus é uma base insuficiente para afirmar a inerrância total ou factual da Bíblia. Apenas uma visão clássica de Deus é suficiente para afirmar a inerrância das Escrituras. Apenas na visão clássica de Deus há a onisciência e a presciência infalíveis necessárias a essa conclusão. Em resumo, aqui novamente a visão que uma pessoa tem de Deus é determinante para a sua visão da inerrância.

A visão de Deus pelos teístas abertos e a negação da inerrância

Um tipo de visão de processo surgiu entre alguns evangélicos que se autodenominam teístas abertos ou teístas do livre-arbítrio. Liderado pelo ex-teólogo ortodoxo Clark Pinnock, essa visão causou estragos entre os evangélicos e quase levou ao desligamento de Clark Pinnock da Evangelical Theological Society (em 2003). Na questão, foram seus novos pontos de vista sobre a inerrância que emergiram em vista de seus novos pontos de vista sobre Deus (v. cap. 4).

A visão teísta aberta de Deus

Junto com outros teístas abertos como John Sanders e Gregory Boyd, Clark Pinnock acredita que Deus é infinito, onipotente e até faz milagres. No entanto, de acordo com o teísmo aberto, uma vez que os seres humanos são livres e o futuro é, portanto, aberto, Deus não pode ter presciência infalível de nossas ações livres. Isso torna impossíveis as previsões infalíveis das ações livres, como aquelas que os teólogos ortodoxos há muito defendem que são encontradas na Bíblia. Então, isso levanta a questão séria sobre se uma visão de Deus do teísmo aberto é compatível com uma declaração que afirma a infalibilidade e a inerrância da Bíblia. Isso inevitavelmente levou a uma votação da ETS sobre a posição ortodoxa de Pinnock. Embora a grande maioria dos membros (63%) acreditasse que a visão dele não era consistente com sua declaração de inerrância, a votação para desligá-lo ficou aquém da maioria de dois terços necessários, e Pinnock (junto com John Sanders) não foi expulso da Sociedade.

Citações anteriores de Clark Pinnock (v. cap. 4) revelam como sua visão teísta aberta de Deus se relaciona com a inerrância das Escrituras. Uma vez que sua visão de Deus é entendida, fica claro como sua visão desviante sobre a inerrância flui dessa visão desviante de Deus.

A visão de Pinnock sobre a Bíblia e as falsas profecias. "Em segundo lugar, algumas profecias são condicionais, deixando o futuro aberto e, supostamente, também deixando aberto o conhecimento que Deus tem do futuro" (*Most Moved Mover* [*MMM*], p. 50). "Terceiro, há prenunciações proféticas imprecisas baseadas em situações presentes, como quando Jesus prediz a queda de Jerusalém" (p. 50). Além do mais, "apesar do que Jesus disse, na destruição do templo algumas pedras foram deixadas sobre outras (Mt 24.2)" (p. 51n66). Esta foi uma declaração particularmente problemática que Pinnock teve que revisar para salvar seu couro cabeludo das mãos do comitê da ETS que o examinou por causa da sua alegada negação da inerrância.[4]

---

[4] Um membro da ETS sugeriu a ele que esta poderia ser uma figura de linguagem que significa "destruição total". Nesse caso, seria desnecessário interpretar isso como uma falsa previsão de Jesus. Isso forneceu uma saída para Pinnock.

Deus é limitado e corpóreo. Pinnock escreveu: "Deus está, de alguma forma, corporificado? Os críticos serão rápidos em dizer que, embora haja expressões dessa ideia na Bíblia, elas não devem ser interpretadas literalmente. Mas não acredito que a ideia seja tão estranha à visão bíblica de Deus como nós assumimos" (p. 33). "As únicas pessoas que encontramos são pessoas corporificadas, e, se Deus não é corporificado, pode se mostrar difícil provar que Deus é uma pessoa" (p. 34-35).

A presciência de Deus é limitada. Pinnock afirmou: "É doentio pensar em um pré-conhecimento exaustivo, implicando que todos os detalhes do futuro já estão decididos" (*MMM*, p. 8). Pois "embora Deus saiba tudo que se pode saber sobre o mundo, há aspectos sobre o futuro que nem Deus sabe" (p. 32).

Deus muda de ideia. "O arrependimento divino é um importante tema bíblico" (*MMM*, p. 43). "Não obstante, parece que Deus está disposto a mudar de rota" (p. 43). "A oração é uma atividade que traz novas possibilidades à existência para Deus e para nós" (p. 46).

Deus não está no controle total do mundo. Como outra consequência de uma visão de abertura de Deus, "isso significa que Deus não tem agora o controle completo do mundo. [...] Acontecem coisas que não eram da vontade de Deus. [...] Os planos de Deus a esta altura na história nem sempre se cumprem" (*MMM*, p. 36). "Nem tudo que acontece no mundo acontece por alguma razão" (p. 47). "Como [Greg] diz Boyd: 'Somente se Deus é o Deus do que *poderia ser*, não somente o Deus do que *vai ser*, podemos confiar nele para nos conduzir'" (*MMM*, p. 103).

Deus passa por mudanças. "Por exemplo, mesmo que a Bíblia diga repetidamente que Deus muda de ideia e altera o seu curso de ação, os teístas convencionais rejeitam a metáfora e negam que tais coisas sejam possíveis para Deus" (*MMM*, p. 63). "Eu diria que Deus é *imutável de maneiras mutáveis*" (p. 85-86)! "Deus mudou quando se tornou o criador do mundo" (p. 86). Assim, "aceitar a passibilidade [em Deus como o teísmo aberto] pode exigir o tipo de revisões doutrinais em que a visão aberta [teísmo aberto] está engajada. Se Deus é passível, então ele não é, por exemplo, incondicionado, imutável e atemporal" (p. 59n82).

Pinnock admite afinidade com a teologia do processo. "Francamente, eu creio que os teístas convencionais são mais influenciados por Platão, que era pagão, do que eu por Whitehead, que era cristão" (*MMM*, p. 143). Isto Pinnock diz apesar do fato de Alfred North Whitehead, o pai da teologia do processo, negar praticamente todos dos atributos do Deus da teologia ortodoxa, como a inerrância bíblica e todos os fundamentos da fé!

Inconsistência do teísmo aberto com a inerrância

Da visão que o teísmo aberto tem de Deus, não se pode logicamente desenhar a visão tradicional da inerrância factual total. A visão que Pinnock tem das Escrituras é consistente com sua visão da natureza de Deus. Existem muitas razões para a visão dos teístas abertos sobre a presciência de Deus estar errada:

Isso torna impossíveis os pronunciamentos infalíveis sobre o futuro. Em primeiro lugar, se Deus não tem presciência infalível de atos futuros livres, então ele não pode fazer pronunciamentos infalíveis sobre o futuro. Mas a visão tradicional da inerrância total diz exatamente isso das muitas profecias da Bíblia, a maioria das quais envolve ações livres. Como vimos, os teístas abertos tentam explicar esse problema negando que essas profecias bíblicas são previsões reais, reduzindo-as a meras previsões probabilísticas. No entanto, esta é uma posição insatisfatória por vários motivos. 1) É contrária à própria certeza expressa nos contextos de algumas passagens, como Isaías 46.10, nas quais Deus diz que conhece "o fim desde o princípio". 2) É contrária ao ensino da Bíblia de que a cruz era conhecida por Deus desde a fundação do mundo (cf. Apocalipse 13.8; Atos 2.22,23). 3) É contrária ao fato de que os eleitos foram escolhidos e conhecidos por Deus antes do início do tempo (cf. Efésios 1.4; Romanos 8.29; 1 Pedro 1.2). 4) É contrária à declaração de Jesus de que ele informou os acontecimentos de antemão para que soubessem que era realmente uma predição sobrenatural (cf. João 14.29). Na verdade, Isaías diz a mesma coisa em 46.9,10, onde declarou enfaticamente que Deus conhece "o fim desde o início" e até dá o nome de "Ciro" a um rei cento e cinquenta anos antes de seu nascimento (cf. Isaías 45.1).[5] Em Daniel 2 e 7, Deus dá o curso aos reinos mundiais da Babilônia, Medo-Pérsia, Grécia e Roma com centenas de anos de antecedência. Da mesma forma, Deus prediz por meio de Daniel (cap. 9) o próprio tempo da morte de Cristo em 33 d.C. (v. Hoehner, *Chronological Aspects*).

É contrária ao teste bíblico para um falso profeta. A visão aberta de Deus é contrária ao teste bíblico para um falso profeta. Moisés declara que se pode conhecer um falso profeta se sua profecia não se cumprir. Ele escreveu: "Se o que o profeta proclamar em nome do SENHOR não acontecer nem se cumprir, essa mensagem não vem do SENHOR [...]" (Deuteronômio 18.22). A punição é a morte, cujo medo, sem dúvida, dissuadiu muitos possíveis falsos prognosticadores.

---

[5] Os críticos tentaram evitar isso datando essa seção de Isaías (40—66) mais tarde, mas isso falhou porque Jesus e os escritos inspirados do Novo Testamento (v. Jo 12.38-41) referem-se a ambas as seções de Isaías como de um mesmo profeta, que viveu muito antes de Ciro entrar em cena. Além disso, ninguém descobriu um manuscrito separado para um Isaías posterior, e há indicadores literários que ligam as duas seções de Isaías em um livro (v. Archer, **Introdução ao Antigo Testamento**).

A INERRÂNCIA DAS ESCRITURAS

O teste bíblico para um falso profeta refuta a ideia dos teístas abertos de que tais declarações sobre o futuro nas Escrituras não são realmente previsões (que podem ser falsificadas se não acontecerem), mas apenas previsões que podem ou não acontecer sem serem falsas. Isso é diretamente contrário a dizer que eles devem receber pena de morte "se a palavra não se cumprir ou se cumprir".

É contrária ao ensino bíblico de que Deus não pode mudar de ideia. A visão aberta afirma que Deus pode mudar de ideia. Mas, se isso for verdade, então não se pode ter certeza de que a Bíblia é infalível, o que implica que Deus não pode mudar de ideia quando ele faz uma declaração. Assim, "É impossível que Deus minta" (cf. Hebreus 6.18; Tito 1.2). De fato, "a glória de Israel [Deus] não mentirá nem mudará de ideia; pois ele não é um homem para que mude de ideia" (1 Samuel 15.29, NASB). O Deus da Bíblia não pode voltar atrás em sua palavra. Ele deve permanecer fiel a ela, "pois não pode negar-se a si mesmo" (cf. 2 Timóteo 2.13; Romanos 11.29).

Uma palavra infalível de Deus não pode ser quebrada, pois é isso que "infalível" significa. Uma palavra inerrante *não erra*, mas uma palavra infalível *não pode* errar. Mas, se Deus pode mudar de ideia, então a Bíblia pode errar. E, se a Bíblia pode errar, então ela não pode ser infalível. Estranhamente, alguns teístas abertos preferem a palavra "infalível" à palavra "inerrante", quando, neste sentido, "infalível" é na verdade um termo muito mais forte. É por isso que muitos inerrantistas ilimitados, como os autores, preferem os dois termos.

É contrária à soberania de Deus. A Bíblia afirma que Deus está em completo controle de tudo o que ocorre em seu Universo. Salomão declarou que "O coração do rei é como um rio controlado pelo SENHOR; ele o dirige para onde quer" (Provérbios 21.1). Ele é "[...] REI DOS REIS E SENHOR DOS SENHORES" (Apocalipse 19.16). "O Altíssimo domina sobre os reinos dos homens e os dá a quem quer, e põe no poder o mais simples dos homens" (Daniel 4.17). "Assim também ocorre com a palavra que sai da minha boca: ela não voltará para mim vazia, mas fará o que desejo e atingirá o propósito para o qual a enviei" (Isaías 55.11; cf. 46.9-11). Cristo está "sobre toda a criação", incluindo as coisas "[...] visíveis e as invisíveis, sejam tronos ou soberanias, poderes ou autoridades; todas as coisas foram criadas por ele e para ele" (Colossenses 1.16). Os anjos vêm diante de seu trono para obter suas ordens e obedecer (cf. 1 Reis 22; Jó 1.6; 2.1). "Para que ao nome de Jesus se dobre todo joelho, nos céus, na terra e debaixo da terra [espíritos malignos]" (Filipenses 2.10). Mesmo os anjos maus cumprem suas ordens (cf. 1 Reis 22.19-22). Até Satanás se queixa, dizendo a Deus sobre Jó: "Acaso não puseste uma cerca em volta dele, da família dele e de tudo o que ele possui? Tu mesmo tens abençoado tudo o que ele faz, de modo que todos os seus rebanhos estão espalhados por toda a terra" (Jó 1.10).

Contudo, o teísmo aberto afirma que Deus não está no controle completo do mundo, pois acredita que, quando Deus deu o livre-arbítrio às criaturas, ele, assim, entregou parte de sua soberania. Mas isso é tão falacioso quanto presumir que, porque um professor dá conhecimento a um aluno, ele perde o conhecimento dado. Da mesma forma, um Deus onisciente pode dar conhecimento sem perder nenhum conhecimento, assim como ele tem dado sem perder nada do seu ser.

Na visão truncada de soberania de Pinnock, Deus não está no controle do processo da comunicação divina para que possa garantir um produto perfeito, sem erro. Assim, a ação de Deus é reduzida a uma ideia barthiana de que deve haver uma acomodação ao erro humano, pelo menos até certo ponto, a fim de que Deus alcance seu objetivo redentor na revelação. Dada essa visão diminuída da soberania de Deus, nenhuma Escritura sem erros pode ser garantida. Mas, na visão clássica de Deus, por sua própria natureza como um Ser soberano transcendente, todo-poderoso e onisciente, Deus pode garantir com antecedência que não poderá haver erros em sua Palavra revelada e escrita.

Razões pelas quais a visão de Deus e a inerrância de Pinnock não são ortodoxas

Em vista dessa visão seriamente truncada a respeito de Deus, não é de admirar que os teístas abertos também tenham uma visão seriamente truncada da inerrância. É claro que o teísmo aberto é contrário à Declaração da ETS sobre a inerrância, que eles assinaram, bem como à Declaração do ICBI, que o define por várias razões.

1. A palavra "Deus" na Declaração da ETS é a visão clássica de Deus adotada por seus criadores. Mas, como indicado anteriormente, Pinnock e outros que a assinaram defendem a visão do teísmo aberto, ao contrário da Declaração da ETS, que diz: "Somente a Bíblia, e a Bíblia em sua totalidade, é a Palavra de Deus escrita e, portanto, inerrante nos autógrafos". Portanto, negar a visão clássica de "Deus" na Declaração da ETS é uma negação do significado da declaração de Deus, para não dizer nada de sua negação do que significa "Palavra de Deus" e "inerrante" na mesma declaração, uma vez que apenas o Deus do teísmo clássico é incapaz de erro.

2. Todos os autores vivos da Declaração da ETS apresentaram uma declaração por escrito aos líderes da ETS, insistindo em que a visão do teísmo aberto sobre a inerrância era contrária ao significado da Declaração da ETS,

A INERRÂNCIA DAS ESCRITURAS

da qual eles foram signatários. Para estes, o significado da declaração é definitivo. Em uma ocasião posterior, quando a ETS teve um pedido para um inerrantista católico romano ingressar em seus quadros, ele foi barrado porque um avaliador (Roger Nicole) lembrou que a declaração sobre a "Bíblia" foi feita para excluir católicos romanos, embora não diga nada sobre o número de livros na Bíblia (como "66 livros") ou use a palavra "protestante" ou qualquer outro indicador que signifique a eliminação de católicos romanos. Causa admiração a consistência de eliminar ou limitar o acesso a um católico romano que acredita na inerrância de forma coerente com o que os autores queriam dizer, com base na visão de um único avaliador, quando, ao mesmo tempo, a ETS recusou-se a expulsar um membro que não acreditava na inerrância da forma que os autores definiram, com base numa declaração de todos os autores vivos da Declaração da ETS!

3. A Declaração da ETS iguala a "Bíblia" com "a Palavra de Deus escrita". Mas Pinnock separa ambas, negando a afirmação de que "o que a Bíblia diz, Deus diz". Ele rejeita a visão de Warfield de que "O que a Bíblia diz, Deus diz" (*Scripture Principle*,[2] p. 264). Mas esta é a visão ortodoxa sobre a inspiração e a inerrância, mantida não apenas pelos ortodoxos, como pelo menos Agostinho a Warfield, mas também expressa nas declarações da ETS e do ICBI. A Declaração da ETS iguala a "Bíblia" com "a Palavra de Deus escrita". A "Declaração Breve" do ICBI afirma o mesmo: "2. As Escrituras Sagradas, sendo a própria Palavra de Deus [...], possuem autoridade divina infalível em todos os assuntos que abordam".

4. Pinnock aceita uma visão barthiana da Bíblia: "Barth estava certo ao falar de uma distância entre a Palavra de Deus e o texto da Bíblia" (*Scripture Principle* [*SP*], p. 99). Mas isso é claramente contrário à identificação da Bíblia com a Palavra de Deus escrita conforme afirmado pela ETS. Na verdade, em 1983, falando de alguns que tinham pontos de vista "barthianos" sobre as Escrituras, ficou registrado nas minutas do Comitê Executivo da ETS: "O presidente Gordon Clark os convidou a deixar a Sociedade". Mas Clark Pinnock manteve uma visão barthiana de não reconhecimento das Escrituras. Ele afirmou categoricamente: "Barth estava certo ao falar de uma distância entre a Palavra de Deus e o texto da Bíblia" (*SP*, p. 99).

5. Os criadores do ICBI aceitam a visão do antigo princetoniano B. B. Warfield e expressou-a em suas declarações e explicações a seu respeito. No entanto, Pinnock nega a visão warfieldiana, insistindo em que "a inerrância como Warfield a entendia era muito mais precisa do que o tipo de confiabilidade que a Bíblia propõe. A ênfase da Bíblia tende a ser sobre a verdade salvífica de sua mensagem e sua suprema utilidade na vida de fé e discipulado" (*SP*, p. 75).

6. Pinnock rejeita a visão do ICBI como entendida por seus criadores. Ele escreveu: "Portanto, há um grande número de evangélicos na América do Norte que parecem defender a inerrância total da Bíblia. A linguagem que eles usam parece absoluta e intransigente: 'A autoridade das Escrituras fica inevitavelmente prejudicada, caso essa inerrância divina absoluta seja de alguma forma limitada ou desconsiderada, ou relativizada a uma visão da verdade contrária à própria Bíblia" (Declaração de Chicago, preâmbulo). Isso soa como se o menor escorregão ou imperfeição trouxesse abaixo todo o edifício de autoridade. Parece que devemos defender a ausência de erros até o último pingo ou traço a fim de que ela seja uma autoridade religiosa viável" (*SP*, p. 127).

7. As declarações de Pinnock favoráveis à disposição de inerrância do ICBI foram baseadas em sua má interpretação do artigo 13: ele acredita erroneamente que pode sustentar uma visão da inerrância na intenção da verdade, como ele sustentava. No entanto, os criadores do ICBI foram claros ao rejeitar essa visão, definindo a verdade em termos de correspondência com os fatos. A interpretação oficial do ICBI de sua declaração é encontrada no livro do líder do ICBI R. C. Sproul, *Explaining Inerrancy* [*EI*]: "Quando dizemos que a veracidade das Escrituras deve ser avaliada segundo seus próprios padrões, isso significa que as Escrituras são verdadeiras em suas reivindicações, devem ter uma consistência interna [...] e que todas as afirmações da Bíblia precisam corresponder à realidade: quer histórica, quer factual, quer espiritual" (p. 41).

Pinnock claramente rejeita a visão da verdade correspondente à visão intencionalista, afirmando que "o curso mais sábio a seguir seria continuar definindo a inerrância em relação ao propósito da Bíblia e aos fenômenos que ela apresenta. Quando fazemos isso, ficamos surpresos sobre quão aberto e permissivo é esse termo" (*SP*, p. 225). Ele declarou: "Tudo que isso significa é que a inerrância diz respeito à intenção do texto. Caso se pudesse demonstrar que o cronista inflou alguns dos números que ele usa para o seu propósito didático [redentor], ele estaria no seu pleno direito e não estaria com isso contradizendo a inerrância" (p. 78). Mas os criadores do ICBI rejeitaram isso, declarando: "Quando dizemos que a veracidade das Escrituras deve ser avaliada segundo seus próprios padrões, isso significa que [...] todas as afirmações da Bíblia precisam corresponder à realidade: quer histórica, quer factual, quer espiritual" (Sproul, *EI*, p. 41). Ele acrescenta: "Com 'de acordo com padrões bíblicos de verdade e de erro' se quer dizer a visão usada tanto na Bíblia quanto na vida cotidiana, ou seja, a visão de correspondência com a verdade. Essa parte do artigo é dirigida àqueles que querem redefinir a verdade para que esteja associada somente

A INERRÂNCIA DAS ESCRITURAS

à intenção redentora, o aspecto puramente pessoal, ou algo semelhante, em vez de significar aquilo que corresponde à realidade" (Sproul, *EI*, p. 43-44).

8. A visão de Pinnock permite pequenos erros na Bíblia em questões não redentoras, enquanto as declarações da ETS e do ICBI não permitem erros na Bíblia. Pinnock escreveu: A autoridade da Bíblia quanto à fé e à prática não exclui a possibilidade de um texto ocasionalmente incerto, de diferenças em detalhes entre os evangelhos, de uma falta de precisão na cronologia dos eventos registrados nos livros de Reis e Crônicas, de uma descrição pré-científica do mundo e de coisas semelhantes" (*SP*, p. 104). Ele acrescenta:

> O que poderia realmente falsificar a Bíblia teria de ser algo que pudesse falsificar o evangelho, bem como o cristianismo. Teria de ser uma dificuldade que colocasse radicalmente em dúvida a verdade de Jesus e de sua mensagem das boas-novas. Descobrir algum ponto da cronologia em Mateus que não possa ser reconciliado com um paralelo em Lucas certamente não seria tal coisa (p. 129).

Pinnock declarou: "Eu reconheço que a Bíblia não faz uma reivindicação técnica de inerrância ou não entra no tipo de detalhes associados com o termo na discussão contemporânea" (p. 224-225).

Em contraste, a Declaração de Chicago do ICBI diz: "Afirmamos que as Escrituras, tendo sido dadas por inspiração divina, são infalíveis, de modo que, longe de nos desorientar, são verdadeiras e confiáveis em todas as questões de que tratam".

Em sua Declaração Breve, declara: "Tendo sido na sua totalidade e verbalmente dadas por Deus, as Escrituras não possuem erro ou falha em tudo o que ensinam, quer naquilo que afirmam a respeito dos atos de Deus na Criação e dos acontecimentos da história mundial, quer na sua própria origem literária sob a direção de Deus, quer no testemunho que dão sobre a graça salvadora de Deus na vida das pessoas". No artigo 12, vai ainda mais longe, ao dizer: "Negamos também que hipóteses científicas acerca da história da Terra possam ser corretamente empregadas para desmentir o ensino das Escrituras a respeito da Criação e do Dilúvio".

O comentário do ICBI confirma isso, afirmando que "a Bíblia tem algo a dizer sobre a origem da terra, sobre o advento do homem, sobre a Criação e sobre assuntos de importância científica, como a questão do Dilúvio". Isso rejeita a visão de que "a Bíblia não é história normal, mas história redentora com ênfase na redenção. [...] Embora a Bíblia seja de fato história *redentora*, ela é também *história* redentora, e isso significa que os atos de salvação operados por Deus de fato ocorreram no mundo do tempo e do espaço" (Sproul, *EI*, p. 36-37). Resumindo, o ICBI afirma e Pinnock nega que a Bíblia não tem nenhum erro em todos os assuntos sobre os quais toca, incluindo história e ciência, uma vez que é a Palavra de Deus, e Deus não pode errar em nenhum assunto.

9. A visão de teísmo aberto de Pinnock permite o mito na Bíblia, que é rejeitado pela posição do ICBI. Ele declara: "Na narrativa da queda de Adão, há numerosas características simbólicas (Deus formando o homem do pó, a serpente que fala, Deus formando a mulher da costela de Adão, árvores simbólicas, quatro grandes rios que fluem do jardim etc.), de modo que é natural perguntar se não temos aí uma narrativa de sentidos que não se atém somente a questões factuais" (*SP*, p. 119). Ele acrescenta: Por um lado, não podemos descartar a lenda *a priori*. Ela é, afinal, uma forma literária perfeitamente válida, e temos de admitir que ela aparece na Bíblia em algumas formas ao menos. Já mencionamos a referência de Jó ao Leviatã e também podemos citar a fábula de Jotão" (p. 121-122). Além disso:

> Quando olhamos para a Bíblia, está claro que ela não é radicalmente mítica. A influência do mito está aí no Antigo Testamento. As histórias da Criação e da Queda, do Dilúvio e da torre de Babel existem em textos pagãos e são reformuladas em Gênesis da perspectiva do conhecimento de Deus que Israel tem, mas o arcabouço já não é mítico. [...] Lemos de uma moeda que aparece na boca de um peixe e da origem das diferentes línguas da humanidade. Ouvimos dos feitos magníficos de Sansão e de Eliseu. Até vemos evidências da duplicação das histórias de milagres nos evangelhos. Todas elas são coisas que, se as lêssemos em algum outro livro, certamente iríamos identificar como lendas (*SP*, p. 123).

No entanto, como o ponto anterior demonstrou, a Bíblia é a Palavra de Deus e, como tal, não pode errar em nenhum assunto, principal ou não, redenção ou não. Pedro nega que usa "mitos" ao falar sobre a transfiguração de Jesus (cf. 2 Pedro 1.16). O Novo Testamento se refere a Adão e Eva, à sua criação e queda, como eventos históricos literais (cf. Mateus 19.4,5; Romanos 5.12; 1 Timóteo 2.13,14). Jonas e o grande peixe (cf. Mateus 12.40-42) e Noé e o Dilúvio (cf. Mateus 24.37-39) são afirmados como eventos históricos literais. Negar isso é contrário à visão do ICBI sobre a inerrância.

10. A ETS e o ICBI rejeitaram a visão de Robert Gundry sobre o *midrash*, mas Pinnock aceita isto. Na verdade, Gundry foi convidado a renunciar à ETS por sua opinião sobre o *midrash*, que afirmou que seções inteiras de Mateus não eram históricas. Mas Pinnock defende esta visão: "Não se pode falar de mitologia no Novo Testamento. No máximo, há fragmentos e sugestões de mito: por exemplo, a estranhas alusão aos corpos dos santos ressuscitados na Sexta-feira da Paixão (Mt 27.52) e aos

A INERRÂNCIA DAS ESCRITURAS

doentes curados por meio do contato com peças de roupa que haviam tocado o corpo de Paulo (At 19.11,12)" (*SP*, p. 124). Ele acrescenta: "Há casos em que a possibilidade de que lendas sejam empregadas parece bem real. Mencionei o incidente com a moeda na boca do peixe (Mt 17.24-27). [...] O evento foi registrado somente por Mateus e aparenta ter características de lenda" (p. 125).

11. Pinnock admite manter a visão da inerrância de propósito em contraste com a posição de inerrância de fato mantida pelos criadores da ETS e do ICBI. Em sua versão revisada de *Scripture Principal* (2006), ele confessa: "Eu, portanto, me coloco hoje na categoria da 'inerrância de propósito' " (p. 262). "Em outras palavras, a Bíblia pode conter erros de tipos incidentais, mas não ensina erro algum" (p. 264) porque seu propósito principal é ensinar a verdade redentora. Ele diz claramente: "O curso mais sábio a seguir seria continuar definindo a inerrância em relação ao propósito da Bíblia e aos fenômenos que ela apresenta" (p. 225).

No entanto, isso é contrário aos criadores do ICBI, que disseram em seu comentário oficial:

> Com "de acordo com padrões bíblicos de verdade e de erro" se quer dizer a visão usada *tanto na Bíblia quanto na vida cotidiana*, ou seja, *a visão de correspondência com a verdade*. Essa parte do artigo é dirigida àqueles que querem redefinir a verdade para que esteja associada *somente à intenção redentora, o aspecto puramente pessoal, ou algo semelhante, em vez de significar aquilo que corresponde à realidade*. Por exemplo, quando Jesus afirma que Jonas estava no "ventre do grande peixe", esta afirmação é verdadeira, não simplesmente por causa do significado redentor que a história de Jonas tem, mas porque *é literal e historicamente verdadeira* [ou seja, corresponde à realidade]. O mesmo pode ser dito das afirmações do Novo Testamento sobre Adão, Moisés, Davi e outras pessoas do Antigo Testamento, bem como sobre os eventos do Antigo Testamento (Sproul, *EI*, p. 43-44).

12. Pinnock afirma: "Eu apoiei a Declaração Internacional de Chicago, de 1978, do Conselho de Inerrância Bíblica", observando que seu famoso artigo 13 "abriu espaço para praticamente todos os batistas bem-intencionados" (*SP2*, p. 266) ao definir a verdade em termos de intenção ou propósito redentor. Mas, como mostrado nos pontos anteriores, isso é claramente um mal-entendido sobre o que os criadores do ICBI quiseram dizer com inerrância, como revelado em seu comentário oficial sobre o assunto por Sproul: a verdade está definida como "o que corresponde à realidade", não o que está de acordo com a intenção redentora.

13. Pinnock rejeita o modelo profético de inerrância, que Deus falou a Escritura pela boca dos profetas para que suas palavras fossem as palavras de Deus ditas por eles. "Paul J. Achtemeier chamou atenção para a *inadequabilidade do modelo profético* para representar a categoria bíblica da inspiração em sua plenitude — [em sua obra] *The Inspiration of Scripture*" (*SP*, p. 232n8, grifo nosso). Mas esse modelo profético é precisamente o que não apenas os proponentes da inerrância sustentam (ou seja, que as palavras dos profetas eram palavras de Deus por meio deles); é também o que a Bíblia reivindica para si mesma.

Em primeiro lugar, a natureza de um profeta, de acordo com a Bíblia, é ser porta-voz de Deus. A Bíblia descreve um profeta nestes termos: "[...] eu não poderia fazer coisa alguma, grande ou pequena, que vá além da ordem do Senhor, o meu Deus" (Números 22.18). "O Senhor lhe respondeu: 'Dou a você a minha autoridade perante o faraó, e seu irmão, Arão, será seu porta-voz'" (Êxodo 7.1). "Assim como Deus fala ao profeta, você falará a seu irmão, e ele será o seu porta-voz diante do povo" (4.16). "Nada acrescentem às palavras que eu ordeno a vocês e delas nada retirem, mas obedeçam aos mandamentos do Senhor, o seu Deus, que eu ordeno a vocês" (Deuteronômio 4.2). "Levantarei do meio dos seus irmãos um profeta como você; porei minhas palavras na sua boca, e ele dirá a vocês tudo o que eu lhe ordenar" (18.18). "[...] Juro pelo nome do Senhor que direi o que o Senhor me mandar" (1 Reis 22.14). "[...] O Senhor, o Soberano, falou, quem não profetizará?" (Amós 3.8). Obedecer à palavra do profeta era obedecer a Deus (cf. Isaías 8.5; Jeremias 3.6; Ezequiel 21.1; Amós 3.1).

Em segundo lugar, a Bíblia afirma ser um livro profético. Todo o Antigo Testamento é considerado a Lei ou os livros de Moisés (que foi um profeta; cf. Deuteronômio 18.15) e os Profetas (cf. Mateus 5.17,18; Lucas 24.27). Na verdade, o Novo Testamento refere-se a todo o Antigo Testamento como profético (cf. Hebreus 1.1; 2 Pedro 1.2-21). E os livros do Novo Testamento também foram escritos por apóstolos e profetas (cf. Efésios 3.3-5; Apocalipse 22.7,8). Portanto, as Escrituras como um todo são um livro profético, "pois jamais a profecia teve origem na vontade humana, mas homens falaram da parte de Deus, impelidos pelo Espírito Santo" (2 Pedro 1.21). Se este é o caso, então "toda palavra" das Escrituras "procede da boca de Deus" (cf. Mateus 4.4). Pois, como diz Davi, "O Espírito do Senhor falou por meu intermédio; sua palavra esteve em minha língua" (2 Samuel 23.2). Portanto, para rejeitar o modelo profético das Escrituras, como sugere Pinnock, não basta rejeitar as visões da ETS e do ICBI; é também preciso rejeitar a inspiração verbal plena (completa) e o modelo de inerrância que a Bíblia ensina sobre si mesma.

Resumo e conclusão

Há uma conexão muito importante entre a visão que alguém tem de Deus e a visão que alguém tem da Bíblia. A visão da inerrância total ensinada pelos pais da Igreja e expressa nas declarações da ETS e do ICBI sobre a inerrância flui logicamente da visão clássica de Deus mantida desde os primeiros pais até pouco antes de 1900. Pois, a menos que Deus seja onipotente e onisciente (incluindo as futuras escolhas livres dos homens), a Bíblia não pode ser a infalível e inerrante Palavra de Deus. Se Deus não pode errar (porque ele sabe tudo), e se a Bíblia é a Palavra de Deus, então é inevitável concluir que a Bíblia está isenta de erros em tudo o que afirma. Assim, os desvios da visão ortodoxa sobre Deus levarão a uma visão não ortodoxa das Escrituras.

A crença na errância da Bíblia flui logicamente de visões truncadas de Deus, tais como são defendidas por deístas, unitaristas, a teologia de processo e o teísmo aberto. Resumindo, a natureza de Deus é crucial para a inerrância das Escrituras. Nada menos que a visão clássica de Deus servirá como base sólida para a crença na infalibilidade e na inerrância total da Bíblia.

▪ Fontes ▪

Archer, *Old Testament Introduction*
Augustine [Agostinho], *City of God* [Cidade de Deus]
_____, *Reply to Faustus* [Resposta a Fausto]
Blanchard, *Complete Works of Thomas Paine*
Calvin [Calvino], *Institutes* [Institutas]
DeWolf, *Case for Theology*
_____, *Theology of the Living*
Fesperman, "Jefferson Bible"
Ford, "Biblical Recital and Process Philosophy"
Fosdick, *Guide to Understanding*
Geisler, *The Bible*
_____, *Systematic Theology*, v. 2
Geisler, House e Herrera, *Battle for God*
Hannah, *Inerrancy and the Church*
Hodge, A. e Warfield, *Inspiration*
Hodge, C., *Systematic Theology*
Irenaeus [Ireneu], *Against Heresies* [Contra heresias]
Justin Martyr [Justino Mártir], *Apology* [Apologia]
Luther [Lutero], *Luther's Works* [Obras de Lutero]

Mayo, *Jefferson Himself*
McGowan, *Divine Spiration*
Ogden, "Authority of Scripture"
_____, "On Revelation"
Paine, *Age of Reason*
Pinnock, *Most Moved Mover*
_____, *Scripture Principle*
_____, *Scripture Principle*, 2. ed.
Rice, *Our God-Breathed Book*
Sproul, *Explaining Inerrancy*
Thomas Aquinas [Tomás de Aquino], *Exposition on Job* [Exposição sobre Jó]
_____, *Summa*
Urquhart, *Inspiration and Accuracy*
Vanhoozer, *Drama of Doctrine*
_____, *First Theology*
Warfield, *Inspiration and Authority of the Bible*
_____, "Smith on Inspiration"

13

A NATUREZA DA VERDADE E A INERRÂNCIA

Introdução

A NATUREZA da verdade e do erro é crucial para todo o debate sobre a inerrância, porque os inerrantistas afirmam que a Bíblia é totalmente verdadeira e sem erros. Outros afirmam que a Bíblia não é totalmente verdadeira e contém alguns erros. Em ambos os casos, os proponentes e os oponentes têm uma definição de "verdade" e de "erro" em mente. Muitas vezes, há diferentes noções de verdade e erro. Portanto, é muito importante definir quais são esses termos e o que querem dizer. Por exemplo, se "erro" significa apenas o que engana, então o que está errado, mas não engana, poderia não ser um "erro". Esta é precisamente a diferença entre inerrantistas ilimitados e alguns inerrantistas limitados.

Além disso, os inerrantistas completos sugerem que a verdade é objetiva, e muitas vezes aqueles que se opõem a esta afirmação de que a verdade é subjetiva ou, pelo menos, têm um elemento subjetivo para isso. Os inerrantistas clássicos acreditam na verdade proposicional, enquanto outros negam a verdade, pelo menos no que se refere às Escrituras. Portanto, é necessário definir nossos termos antes de poder discutir significativamente se a Bíblia é verdadeira e sem erros.

Definição de verdade

Inerrantistas, como aqueles que ratificam as declarações da Evangelical Theological Society (ETS) e do International Council on Biblical Inerrancy (ICBI) sobre a inerrância têm em comum o significado corrente da palavra "verdade", ou seja, que a verdade é o que corresponde à realidade; e erro é o que não corresponde à realidade. "Realidade" pode ser realidade factual, por exemplo, como fatos empíricos em nosso mundo. Do mesmo modo, "realidade" pode significar realidade imaterial, como alma, anjos ou Deus. Mas a "realidade" no sentido amplo usado aqui significa "ser" ou "aquilo que é". Filósofos chamam isso de ver a "visão de correspondência com a verdade".

Isso fica claro na Declaração de Chicago do ICBI, artigo 13, e no Comentário Oficial do ICBI sobre ele denominado *Explaining Inerrancy* [*EI*], de R. C. Sproul, um dos fundadores do ICBI e autor da Declaração de Chicago. O artigo 13 da Declaração diz:

> Afirmamos a adequabilidade do uso de inerrância como um termo teológico referente à veracidade total das Escrituras. Negamos que seja correto avaliar as Escrituras de acordo com padrões de verdade e erro estranhos ao uso ou propósito da Bíblia. Negamos também que a inerrância seja contestada por fenômenos bíblicos, tais como a falta de precisão técnica contemporânea, irregularidades de gramática ou ortografia, descrições da natureza feitas com base em observação, registro de falsidades, uso de hipérbole e números arredondados, disposição tópica do material, diferentes seleções de material em relatos paralelos ou uso de citações livres.

O *Comentário do ICBI* explica: "É importante observar que a palavra 'inerrância' é chamada de termo teológico pelo artigo XIII. É um termo teológico apropriado para se referir à veracidade completa das Escrituras. Isso é basicamente o que está sendo afirmado com o termo 'inerrância': que a Bíblia é completamente verdadeira, que todas as suas afirmações e negações correspondem à realidade" (*EI*, p. 40-41, grifo nosso).

Novamente, o comentário afirma:

> A primeira negação de que "a Bíblia não deve ser avaliada de acordo com padrões de verdade e erro alheios ao seu próprio uso ou propósito" indica que seria inapropriado avaliar a consistência interna da Bíblia com suas próprias afirmações de verdade por padrões estranhos à visão da verdade da própria Bíblia. Quando dizemos que a veracidade das Escrituras deve ser avaliada segundo seus próprios padrões, isso significa *que, para que a Escritura seja fiel à sua afirmação, ela deve ter uma consistência interna compatível com o conceito bíblico de verdade e que todas as afirmações da Bíblia precisam corresponder à realidade: quer histórica, quer factual, quer espiritual* (p. 41, grifo nosso).

Aqui, novamente, a "verdade" na afirmação dos inerrantistas deve ser entendida como o que "correspondente[s] à realidade" e "realidade" significa tudo o que é, "*quer histórico, quer factual, quer espiritual*". A declaração continua:

> Com "de acordo com padrões bíblicos de verdade e de erro" se quer dizer a visão usada *tanto na Bíblia quanto na vida cotidiana*, ou seja, *a visão de correspondência com a verdade*. Essa parte do artigo é dirigida àqueles que querem

redefinir a verdade para que esteja associada *somente à intenção redentora, o aspecto puramente pessoal, ou algo semelhante, em vez de significar aquilo que corresponde à realidade.* Por exemplo, quando Jesus afirma que Jonas estava no "ventre do grande peixe", esta afirmação é verdadeira, não simplesmente por causa do significado redentor que a história de Jonas tem, mas *porque é literal e historicamente verdadeira* [ou seja, *corresponde à realidade*]. O mesmo pode ser dito das afirmações do Novo Testamento sobre Adão, Moisés, Davi e outras pessoas do Antigo Testamento, bem como sobre os eventos do Antigo Testamento.

Esta é a visão oficial dos criadores do ICBI, escrita por um deles e publicada pelo ICBI como o Comentário Oficial sobre a Declaração de Chicago. Isso deve eliminar todas as dúvidas sobre o que a Declaração do ICBI significa sobre este importante artigo 13. Portanto, aqueles, como Clark Pinnock (v. cap. 4), que afirmam poder concordar com a Declaração do ICBI, mas que redefinem a verdade das Escrituras em termos de intenção da redenção, estão claramente em desacordo com o que se entende do artigo 13. E, ao assumir que conhecem o Comentário Oficial do ICBI, tais afirmações de que concordam com a posição do ICBI na inerrância são falsas.

Existem muitas observações importantes nessa declaração. Primeiro, a verdade é definida quatro vezes como o que "corresponde à realidade". Em segundo lugar, é dito explicitamente que a afirmação da visão de correspondência com a verdade está em oposição à a) visão de intenção redentora da verdade e a b) visões da verdade que são "puramente pessoais" ou "semelhantes", o que incluiria visões subjetivas da verdade. Terceiro, exclui-se o *midrash* e visões mitológicas que desistoricizam a Bíblia, insistindo em que referências no Novo Testamento a Adão, Jonas e outros são "literal e historicamente verdadeiras". Quarto, a declaração fala sobre a "consistência interna da Bíblia com sua própria reivindicação de verdade". Isso envolve a lei da não contradição, uma das mais fundamentais de todas as leis do pensamento. Também fala contra aqueles que protestam contra as tentativas racionais de harmonizar todas as afirmações da verdade bíblica. Isso é precisamente o que a teologia sistemática está autorizada a fazer. O próprio Deus não pode violar seus próprios atributos consistentes (cf. 2 Timóteo 2.13) e nos ordena a "evitar [...] contradições" (gr. *antitheseis*) ou a contradição lógica (cf. 1 Timóteo 6.20). Mistérios (cf. 1 Timóteo 3.16) que vão além de nossa capacidade de compreensão existem, mas nada na verdade revelada de Deus vai contra a capacidade da razão de apreender essas verdades (ou seja, isso é logicamente contraditório). Finalmente, uma visão de correspondência com a verdade não exclui todos os aspectos pessoais ou subjetivos de aplicações da verdade na vida de um crente. Ele simplesmente insiste em definir o núcleo de verdade como aquilo que corresponde à realidade, qualquer que seja essa realidade e a quem quer que essas verdades possam ser aplicadas. Na verdade, o ICBI patrocinou uma cúpula inteira na aplicação da verdade em todas as áreas da nossa vida. O livro que resultou da conferência foi intitulado *Applying the Scriptures* (ed. Kantzer).

No entanto, o que mais possa ser dito, esta declaração oficial sobre a natureza da verdade como é usada na Declaração do ICBI deve pôr de lado qualquer alegação feita por Pinnock ou outros que admitem a "intenção redentora" ou a visão de inerrância do "propósito". Ela também não acomoda aqueles que negam a inerrância completa, histórica ou factual da Bíblia.

Visão de correspondência com a verdade usada por filósofos

A questão da natureza da verdade não é exclusiva do debate sobre a inerrância. Muitos filósofos notáveis, tanto antigos como modernos, sustentam uma visão de correspondência com a verdade. O que se segue é uma seleção de alguns desses filósofos.

Aristóteles (séc. IV. a.C.). "Dizer do que é que não é, ou do que não é que é, é falso, enquanto *dizer do que é que é* e do que não é que não é, é verdadeiro; de modo que quem diz de qualquer coisa que seja ou não seja, dirá ou o que é verdadeiro ou o que é falso" (*Metafísica* 4.7.1011B.25–30, grifo nosso). Enfim, verdade é dizer como é, e a falsidade não é dizer como é.

Aristóteles também diz:

Declarações e crenças [...] elas próprias permanecem completamente imutáveis em todos os sentidos; é porque a coisa real muda que o contrário passa a pertencer a ela. Para a afirmação de que alguém está sentado permanece a mesma; é por causa da mudança na coisa real que passa a ser verdadeira em um momento e falsa em outro momento [por exemplo, quando ele se levanta] (*Categorias* 5.4a35—4b12).

Em resumo, as declarações de verdade não mudam, mas uma nova declaração sobre um novo estado de coisas pode ser contraditória a outra afirmação sobre isso em outro momento.

Anselmo de Canterbury (1033-1109). Em seu trabalho sobre *Verdade, liberdade e o mal*, Anselmo definiu a verdade da seguinte maneira: "Tudo o que sei é que, quando uma *proposição significa* que o que é o caso *é o caso*, então é verdade e há verdade nisso" (cap. 2). Novamente: "Pois, quando um signo significa a existência *do que existe* ou a inexistência do que não existe, então seu significado é correto, e é evidente que a correção existe, sem a qual o significado não poderia ser correto" (cap. 13, grifo nosso). Em resumo, a verdade é o que corresponde a "qual é o caso" ou ao que "existe".

Tomás de Aquino (1225-1274). De acordo com Aquino, "a verdade é definida pela *conformidade* do intelecto e da coisa; e disso se segue que conhecer essa *conformidade* é conhecer a verdade" (*Summa* 1.16.2). Em outro lugar, ele acrescenta: "Pois todo o entendimento é alcançado por meio de alguma assimilação do conhecedor à coisa conhecida [...] uma harmonia que nós chamamos de ajustamento de entendimento e coisa" (*On Truth* 1.1). Novamente: "Pois o significado da verdade consiste em um *ajustamento* de coisa e entendimento. [...] Assim, a noção de verdade é primeiramente encontrada no entendimento [...] que corresponde à coisa e se pode esperar que se *ajuste* a ela" (1.3, grifo nosso).

As palavras em itálico incluem "corresponder" e sinônimos, como "correspondência" e "conformidade". Tomás de Aquino claramente tinha uma visão da verdade por correspondência. A "assimilação" é quando a mente assume o objeto na forma de ação intencional (mental) e se torna como o objeto no processo de conhecimento.

G. E. Moore (1873-1958). A visão de correspondência com a verdade não era exclusiva de tempos antigos e medievais; os filósofos modernos também a sustentavam. Moore definiu verdade e falsidade da seguinte forma: "Dizer que esta crença é verdadeira é dizer que existe no Universo um fato ao qual corresponde; e dizer que é falso é dizer que não há no Universo nenhum fato a que corresponda" (*Main Problems*, p. 277). Ele afirmou: "Quando a crença é verdadeira, certamente *corresponde* a um fato; e, quando não corresponde a um fato, então certamente é falso" (p. 279, grifo nosso).

Bertrand Russell (1872-1970). Mesmo um filósofo agnóstico como Russell aceitou a visão de correspondência com a verdade. Ele escreveu: "Uma mente que acredita, acredita verdadeiramente quando há um complexo *correspondente*. [...] Essa correspondência garante a verdade, e sua ausência acarreta falsidade" (*Problems of Philosophy*, p. 129, grifo nosso).

Etienne Gilson (1884-1978). O notável filósofo Gilson apoia essa visão, insistindo em que:

> a definição da verdade como uma equação entre a coisa e o intelecto [...] é uma simples expressão do fato de que o problema da verdade não pode ter sentido, a menos que o intelecto seja considerado distinto de seu objeto. [...] A verdade é apenas o acordo entre a razão que julga e a realidade que o julgamento afirma. O erro, por outro lado, é apenas seu desacordo (*Christian Philosophy*, p. 231, grifo nosso).

Mortimer Adler (1902-2001). Editor geral da série *Great Books*, Adler também definiu correspondência com a verdade. Ele afirmou que "a verdade do pensamento consiste no acordo ou *correspondência* entre o que alguém pensa, acredita ou opina e o que realmente existe ou não existe na realidade que é independente de nossa mente" (*Six Great Ideas*, p. 34, grifo nosso).

William P. Alston (1921-2009). O filósofo linguístico William Alston também tinha uma visão de correspondência com a verdade. Ele argumentou que "uma declaração (proposição, crença) é verdade se e somente se o *que a declaração diz ser o caso realmente é o caso*. [...] Nada mais é necessário para a verdade da afirmação, e nada menos será suficiente" (*Realist Conception*, 5—6, grifo nosso).

Essa amostra de filósofos de diferentes épocas e com diversas crenças é suficiente para mostrar quão difundida e persistente a visão de correspondência com a verdade é. Como veremos, isso não é verdade apenas entre os filósofos, mas mais ainda entre as pessoas comuns.

Visão de correspondência com a verdade usada por pessoas comuns

Não apenas os grandes filósofos definem a correspondência com a verdade, mas também outras pessoas o fazem todos os dias. Considere o uso comum de algumas frases. Quando dizemos "Isso não é verdade" ou "Diga-me a verdade" ou "Não esconda a verdade de mim", estamos sempre implicando uma visão de correspondência com a verdade. Esperamos a declaração de uma pessoa que corresponda aos fatos. E, se não o fizer, então acreditamos que não está dizendo a verdade.

Isso é apoiado pela definição de "verdade" do *Dicionário* Webster,[1] que está baseada no uso comum da palavra. A primeira definição de "verdade" a respeito de um enunciado é "(1): o estado de ser o caso: FATO". Da mesma forma, no verbete "verdade", o *Webster* diz: "(1): estar de acordo com o atual estado de coisas [...] (2): conformável a uma realidade essencial".

Certamente não aceitamos algo como verdadeiro simplesmente porque alguém pretende que assim seja. Um amigo de confiança, com todas as boas intenções, pode nos dar instruções falsas, mas ainda consideramos as direções falsas porque não correspondem aos fatos. Nem a sinceridade nem as boas intenções são suficientes para determinar a verdade. A verdade é que as pessoas podem estar sinceramente erradas.

---

[1] **Webster's Ninth New Collegiate Dictionary** (Springfield, MA: Merriam-Webster, 1985). Claro, a verdade também pode ser usada no sentido de fidelidade ou confiança, mas consideramos as declarações como verdade porque elas correspondem aos fatos, não o contrário.

Visão de correspondência com a verdade usada pelos tribunais

Da mesma forma, nenhum tribunal no país aceitaria como verdade qualquer coisa, apenas aquilo que corresponde aos fatos. Jurar dizer o conveniente, toda a conveniência e nada mais do que a conveniência pode me ajudar a ter uma experiência futura — mas isso nunca seria aceito por um juiz ou júri. Apenas "a verdade, toda a verdade e nada mais do que a verdade" é aceita, porque apenas isso corresponde à realidade. E não importa se alguém substitui a palavra "conveniência" pelas palavras "relevância", "boa intenção", "pessoalmente satisfatório" ou "o que é bom" — ainda assim, não seria aceitável pelo público em geral ou por nossas instituições jurídicas como "verdadeiro". A visão de correspondência com a verdade é quase universalmente entendida no discurso comum como o que se entende por verdade.

Questões de justiça e de vida ou morte dependem dessa visão de correspondência com a verdade. Caso contrário, o inocente seria punido, e o culpado seria libertado. Então, uma boa teoria (da verdade) é uma coisa muito prática. As ideias têm consequências. E ideias verdadeiras realmente terão boas consequências (pelo menos no longo prazo). Então, nada é verdade porque tem boas consequências, mas o que é verdade terá boas consequências, não apenas em um tribunal, mas também na vida em geral.

Visão de correspondência com a verdade usada por cientistas

É um dado bem assentado no mundo científico que a verdade é o que corresponde aos fatos. A teoria de alguém só é verificada se corresponde a como o mundo realmente é. Especulação, hipótese e teoria são permitidas, mas não são consideradas verdadeiras, a menos que elas correspondam ao mundo real. É por isso que uma hipótese deve ser testada contra o pano de fundo do universo real.

Mesmo na ciência forense, a teoria sobre o passado deve estar *de acordo com* a maneira como era para ser verdade. A diferença é que conhecemos o passado diretamente, mas apenas indiretamente. Não conhecemos o passado por observação, mas por projeção daquilo que se sabe no presente. A ciência forense baseia-se no princípio da uniformidade de que "o presente é a chave do passado". No entanto, uma declaração sobre o passado é apenas considerada "verdadeira" na medida em que se acredite que corresponda aos fatos do passado.

Da mesma forma, as especulações científicas sobre o futuro só são consideradas "verdadeiras" se forem verificadas no futuro por corresponder ao estado de coisas previsto pela hipótese. Portanto, quer a ciência lide com o passado, quer com o presente, quer com o futuro, suas afirmações são consideradas verdadeiras apenas se corresponderem aos fatos.

A INERRÂNCIA DAS ESCRITURAS

Em resumo, filosofia, bom senso, direito e ciência conspiram juntamente em apoio da visão de correspondência com a verdade. Da mesma forma, a própria Bíblia emprega a visão da correspondência da verdade.

Visão de correspondência com a verdade usada na Bíblia
Visto que a Bíblia foi escrita em linguagem comum para pessoas comuns, não deveria ser nenhuma surpresa que ela também empregue uma visão da verdade por correspondência. Existem muitas linhas de evidência para apoiar esta conclusão (v. Preus, *Inspiration of Scripture*, p. 24).

1. O mandamento para não dar falso testemunho está baseado em uma visão de correspondência com a verdade. "Não darás falso testemunho contra o teu próximo" (Êxodo 20.16) depende da visão de correspondência com a verdade. O mandamento implica que qualquer afirmação que não corresponda aos fatos é falsa.

2. Satanás é chamado de "mentiroso" (cf. João 8.44) por causa de sua declaração a Eva: "Certamente não morrerão" (cf. Gênesis 3.4), que não correspondia ao que Deus realmente havia dito: "Certamente você morrerá" (cf. Gênesis 2.17).

3. Ananias e Safira "mentiram" para os apóstolos, deturpando a situação factual de suas finanças (cf. Atos 5.1-4).

4. A declaração de José a seus irmãos implica uma visão de correspondência com a verdade: "Mandem algum de vocês buscar o seu irmão enquanto os demais aguardam presos. Assim ficará provado se as suas palavras são verdadeiras ou não [...]" (Gênesis 42.16).

5. Moisés ordenou que os falsos profetas fossem testados sobre a seguinte base: "Se o que o profeta proclamar em nome do Senhor não acontecer nem se cumprir, essa mensagem não vem do Senhor. Aquele profeta falou com presunção [...]" (Deuteronômio 18.22). Isso também implica que correspondência com a realidade é o que se entende por "verdadeiro".

6. A oração de Salomão na dedicação do templo envolveu uma visão de correspondência com a verdade: "Agora, ó Deus de Israel, que se confirme a palavra que falaste a teu servo Davi, meu pai" (1 Reis 8.26).

7. As profecias de Micaías foram consideradas "a verdade", e as falsas palavras dos profetas foram consideradas mentiras, porque as primeiras correspondiam aos fatos da realidade (cf. 1 Reis 22.16-22).

8. De acordo com o salmista, algo é considerado uma "falsidade" se não corresponder à lei de Deus (verdade; cf. Salmos 119.163).

9. Provérbios afirma: "A testemunha que fala a verdade salva vidas, mas a testemunha falsa é enganosa" (14.25), o que implica que a verdade é factualmente correta.

10. Nabucodonosor exigiu de seus sábios que conhecessem os fatos e ele considerou que qualquer outra coisa eram "palavras enganosas e mentiras" (cf. Daniel 2.9).

11. A declaração de Jesus em João 5.33 envolve uma visão de correspondência com a verdade: "Vocês enviaram representantes a João, e ele testemunhou da verdade".

12. Em Atos 24, há um uso inequívoco da visão de correspondência. Os judeus disseram ao governador sobre Paulo: "Se tu mesmo o interrogares, poderás verificar a verdade a respeito de todas estas acusações que estamos fazendo contra ele" (v. 8). Eles continuam: "Facilmente poderás verificar [isso]" (v. 11).

13. Paulo claramente sugeriu uma visão de correspondência com a verdade quando escreveu: "cada um de vocês deve abandonar a mentira e falar a verdade ao seu próximo [...]" (Efésios 4.25).

14. O uso bíblico da palavra "errar" apoia uma visão de correspondência com a verdade, uma vez que é usada para "erros" não intencionais (cf. Levíticos 4.2,13,27, NASB etc.). Certos atos são errados, quer os pecadores pretendam cometê-los quer não, e, portanto, uma oferta pela culpa é necessária para expiar o seu "erro".

Assim, é claro que a Bíblia emprega e adota uma visão de correspondência com a verdade. Portanto, é errado falar de uma verdade bíblica que seja contrária a uma visão por correspondência. Como observado anteriormente, mesmo os Dez Mandamentos implicam uma visão de correspondência, assim como o teste para um falso profeta e inúmeras outras coisas. Isso não é dizer que o termo "verdade" se limite à correspondência na Bíblia. Não! Isso frequentemente implica confiabilidade também. Novamente, uma declaração é confiável apenas se corresponde à realidade. E a correspondência é a base da confiabilidade.

Uma defesa da visão de correspondência
Não é apenas uma visão de correspondência com a verdade usada por filósofos, por todas as pessoas, por nosso sistema legal, por cientistas e na Bíblia, mas também é inegável. Considere os argumentos para isso.

Argumentos para uma visão de correspondência com a verdade
Primeiro, as visões de correspondência com a verdade são autodestrutivas. Toda visão de não correspondência com a verdade implica uma visão de correspondência com a verdade em sua própria tentativa de negar a visão de correspondência. Por exemplo, a afirmação de que "a visão de correspondência não é verdadeira" implica que essa visão corresponde à realidade. Se sim, então a visão de não correspondência não pode nem mesmo se expressar sem usar a visão correspondente da verdade.

A INERRÂNCIA DAS ESCRITURAS

Em segundo lugar, mesmo os oponentes da visão da verdade por correspondência não podem evitá-la. Na verdade, os oponentes da visão acreditam que ela é falsa. Mas por "falso" eles querem dizer que não corresponde à realidade. No entanto, é exatamente por isso que a visão de correspondência com a verdade é válida.

Terceiro, é impossível saber que uma afirmação é falsa sem uma visão de correspondência com a verdade. Se uma afirmação não tem que corresponder à realidade para ser verdadeira, então qualquer afirmação pode ser verdadeira. Portanto, seria impossível demonstrar que uma declaração é falsa, a menos que houvesse algum estado de coisas (ou seja, "fatos") pelo qual poderia ser conhecida como falsa.

Quarto, toda comunicação seria interrompida sem uma visão de correspondência com a verdade. Certamente, toda comunicação factual depende de declarações informativas. Mas as declarações informativas devem ser factualmente verdadeiras (ou seja, devem corresponder aos fatos) para informá-los corretamente. Além disso, na análise final, toda a comunicação parece depender, em última análise, de algo ser literal ou factualmente verdadeiro, pois não podemos saber se algo (como uma metáfora) é literalmente verdadeiro, a menos que entendamos o que é literal. Diante disso, segue-se que toda comunicação depende, em última análise, de uma visão de correspondência com a verdade.

Quinto, mesmo a teoria pragmática da verdade depende da visão da correspondência da verdade. A teoria pragmática afirma que algo é verdadeiro apenas se resultados desejados ocorrem. Portanto, os resultados devem corresponder aos desejos ou intenções de cada um. Mas eles não poderiam saber disso sem sugerir que a correspondência com um estado de coisas é necessário para que seja verdade. Portanto, eles também implicam uma visão de correspondência com a verdade.

Sexto, mesmo a visão intencionalista da verdade depende da visão da correspondência. Pois só se pode saber que a intenção redentora é bem-sucedida se funcionar para a salvação. Em outras palavras, a menos que os resultados correspondam à intenção, não se sabe que é verdade. Mas aqui novamente a correspondência é necessária, não com fatos no presente, mas com certo estado de coisas no futuro.

Em suma, a visão de correspondência não é apenas inegável (uma vez que a negação pretende corresponder à realidade), mas também é inevitável, uma vez que outras visões da verdade dependem disso para dar sentido à sua visão. É semelhante ao agora famoso clintonismo:[2] "Depende do significado de 'é' ".

---

[2] Clintonismo é uma ideologia por vezes considerada parte da Terceira Via no campo político. O autor usa o termo aqui no sentido de que o clintonismo está baseado na expectativa dos baby boomers

A própria frase implica que sabemos qual é o significado de "é". Caso contrário, não saberíamos o significado do último "é" na frase. Portanto, o significado do primeiro "é" é igual ao significado do último "é". Da mesma forma, não seríamos capazes de negar a visão de correspondência com a verdade ou afirmar uma visão oposta, a menos que acreditássemos que a visão da correspondência com a verdade é a visão correta.

Respondendo a objeções da visão de correspondência com a verdade

Objeções à visão de correspondência com a verdade vêm de dentro, bem como de fora; elas emanam de fontes cristãs e não cristãs. As principais objeções de ambos os lados incluem o seguinte:

Objeção 1. Quando Jesus disse "Eu sou [...] a verdade" (cf. João 14.6), ele demonstrou que a verdade é pessoal, não proposicional. Isso falsifica a visão de correspondência com a verdade em que a verdade é uma característica de proposições (ou expressões) sobre a realidade, não sobre a própria realidade.

Resposta 1. O que Jesus disse não refuta a visão de correspondência com a verdade. Uma pessoa pode corresponder à realidade tão bem quanto uma proposição. Como o Logos (Palavra), ele é a expressão perfeita de Deus (cf. João 1.1). Como a "impressão exata" (imagem) do Deus invisível (cf. Hebreus 1.3), Jesus corresponde perfeitamente ao Pai (cf. João 1.18). Ele disse a Filipe: "Quem me vê, vê o Pai" (cf. 14.9). Então, uma pessoa pode corresponder a outra em seus pensamentos e palavras (cf. João 14.10), caráter e ações. Jesus era tudo isso em correspondência com o Pai. Nesse sentido, pode-se dizer que as pessoas são verdadeiras ou expressam a verdade. Nada em nenhum desses sentidos é contrário a uma visão da verdade por correspondência. Pelo contrário, todas dependem disso.

Objeção 2. A Bíblia ensina que Deus é "verdadeiro" ou "verdade". Ela declara que há apenas um Deus verdadeiro, em oposição a todos os falsos deuses (cf. Êxodo 20.3; 1 Coríntios 8.4-6). Jeremias declarou que "O Senhor é o Deus verdadeiro" (cf. 10.10). Na verdade, a verdade é um atributo de Deus. No entanto, não há nada fora de Deus ao qual ele corresponda. Mas, de acordo com a visão de correspondência, toda verdade é aquela que representa corretamente a realidade. E, uma vez que não há nada fora de Deus ao qual ele possa corresponder, então segue-se que ele não é verdadeiro, embora a Bíblia diga que ele é (cf. Romanos 3.4).

Resposta 2. Em primeiro lugar, a Bíblia raramente usa a palavra "verdadeiro" sobre Deus e, quando o faz, geralmente significa "fiel" ou

---

(geração nascida após a Segunda Guerra Mundial) de que o indivíduo pode ter tudo o que desejar. [N. do T.]

A INERRÂNCIA DAS ESCRITURAS

"constante". Em segundo lugar, as palavras bíblicas para "verdade" (heb. *ĕmet*; gr. *alētheia*) muitas vezes implicam mais (não menos) do que correspondência com a realidade. Elas geralmente significam "fidelidade" e às vezes são traduzidas dessa forma. Terceiro, "verdade" como correspondência se relaciona a Deus de várias maneiras. a) Em primeiro lugar, as palavras correspondem aos seus pensamentos. Portanto, Deus é considerado verdadeiro no sentido de que sua palavra corresponde a si mesmo e é confiável. b) Os pensamentos de Deus são idênticos para si (visto que Deus é um Ser indivisível de quem podemos dizer muitas coisas); este é um tipo de "correspondência" perfeita. Nesse sentido, Deus é verdadeiro (fiel) e "verdadeiro" consigo mesmo no que diz e faz (= fidelidade). c) Se a verdade for entendida estritamente como o que corresponde a outro, então, neste sentido, Deus não seria "verdadeiro"; ele seria simplesmente a realidade final à qual algo mais corresponde. d) Finalmente, a falácia básica nesta objeção é um uso equivocado da definição. Se correspondência significa correspondência com algo *externo* a si mesmo, então é claro que Deus não pode ser a verdade, mas apenas aquela realidade última à qual toda verdade deve corresponder. Se, por outro lado, a correspondência também pode estar *dentro de si mesma*, então Deus pode corresponder a si mesmo da maneira mais perfeita. Nesse sentido, Deus é verdade de maneira perfeita por autoidentidade.

Considere o seguinte pensamento falacioso: a) Todos os que se submetem à autoridade do papa são católicos romanos; b) Mas o papa não pode se submeter a si mesmo; c) Portanto, o papa não é católico romano. O erro aqui está na segunda premissa. Ao contrário da afirmação, o papa *pode* se submeter a si mesmo. Ele simplesmente tem que seguir as regras que ele estabelece para os católicos romanos. Da mesma forma, Deus pode e faz viver de acordo com sua própria autoridade e palavras. E, neste sentido, ele é fiel a si mesmo, isto é, aos seus próprios ensinamentos.

Objeção 3. Existem muitas outras teorias da verdade. Por que aceitar a visão da correspondência como a única? Por exemplo, existe a teoria da *coerência* da verdade (o que é coerente é verdade), a teoria *pragmática* da verdade (o que funciona é verdade) e a teoria da verdade da *relevância existencial* (o que é relevante para a minha existência é verdade).

Resposta 3. Existem muitas outras maneiras de *testar* a verdade, mas, no que diz respeito às afirmações, a correspondência é a única maneira adequada de *definir* a verdade. Por exemplo, a melhor maneira de testar a verdade alegando que "este é o melhor sorvete disponível" é experimentando todos os sorvetes. Este é um teste pragmático para a verdade. No entanto, a verdade não é definida por seus resultados. Ela é definida pelo fato de corresponder à realidade para a qual aponta. Além disso, a visão de coerência

314

não é uma definição de verdade; é um subteste para saber se as afirmações são verdadeiras. Se elas se contradizem, então não podem ambas ser verdadeiras. Mesmo assim, é apenas um teste negativo, uma vez que algumas coisas são coerentes (não são contraditórias), mas não têm conteúdo de verdade, considerando que não há realidade à qual corresponder. "Todos os maridos são casados" é consistente, mas como tal é uma declaração vazia se não se referir a nenhum marido real. Da mesma forma, há uma diferença entre o que a verdade é e o que a verdade faz. A verdade é correspondente, mas a verdade tem certas consequências. A própria verdade não deve ser confundida com seus resultados ou com sua aplicação. O fracasso em fazer essa distinção leva a visões erradas da natureza da verdade. Algo não é verdade por causa de seus resultados, mesmo embora o que é verdade tenha boas consequências, pelo menos a longo prazo.

Objeção 4. João 5.31 parece ser uma exceção. Jesus diz: "Se testifico acerca de mim mesmo, o meu testemunho não é válido". Isso parece implicar que as afirmações factualmente corretas de Jesus sobre si mesmo não seriam "verdadeiras".

Resposta 4. Em primeiro lugar, isso não faria sentido, mesmo para a definição de verdade de uma intencionalidade, pois certamente Jesus *pretendia* dizer algo verdadeiro sobre si mesmo. Segundo, o que se quer dizer no contexto dessa passagem é que apenas um autotestemunho não *estabelece* algo como verdadeiro. Como a Bíblia nos informa, o testemunho de "duas ou três [outras] testemunhas" é necessário para que uma palavra ou testemunho seja *estabelecido* (cf. Mateus 18.16; João 8.17), não apenas pela própria palavra. Em outro lugar, Jesus ensinou que somente a sua Palavra pode ser estabelecida: "Ainda que eu mesmo testemunhe em meu favor, o meu testemunho é válido [...]" (João 8.14), o que significa que é factualmente correto (corresponde à realidade), mesmo que os outros não o aceitem.

Avaliação da visão intencionalista da verdade

Uma visão da verdade que é popular nos círculos bíblicos e teológicos é a visão intencionalista da verdade. Ou seja, algo é verdadeiro se tem boas (redentoras, salvíficas, espirituais etc.) intenções. Alguns apelaram para 2 Timóteo 3.15 para justificar essa visão. Paulo diz, das "Sagradas Letras, que são capazes de torná-lo sábio para a salvação". Ele prossegue dizendo que "toda a Escritura é [...] útil [...] para que o homem de Deus seja apto e plenamente preparado para toda boa obra" (3.16,17). Portanto, de acordo com a visão intencionalista da verdade, as Escrituras são verdadeiras ou úteis não porque correspondam à realidade, mas porque trazem certo resultado.

Declaração da visão intencionalista da verdade

De acordo com a visão do "propósito redentor", a Bíblia é apenas inerrante em seu propósito redentor para nos salvar, mas isso não significa que cada declaração em um texto é factualmente verdadeira. Algo pode conter erros e ainda assim ter seu efeito de edificação em nossa vida.

Clark Pinnock defendeu essa visão, declarando: "*A inerrância é relativa à intenção das Escrituras, e isso precisa ser determinado hermeneuticamente*" (*Scripture Principle*, p. 225). Novamente, "Tudo que isso significa é que *a inerrância diz respeito à intenção do texto. Caso se pudesse demonstrar que o cronista inflou alguns dos números que ele usa para o seu propósito didático*, ele estaria no seu pleno direito e não estaria com isso contradizendo a inerrância" (p. 78). "*A Bíblia parecerá suficientemente confiável o suficiente em termos de seu propósito soteriológico [salvador]*" (p. 104-105).

Jack Rogers, do Fuller Theological Seminary, afirma essa mesma visão, alegando que "uma definição bíblica de erro" não é o que envolve "incorreção", mas o que envolve "engano" (Rogers e McKim, *Authority and Interpretation*, p. 31). Citando Berkouwer com aprovação, ele escreveu: "Não é que as Escrituras não nos ofereçam nenhuma informação, mas que a natureza dessas informações é única. Isto é regido pelo propósito da revelação de Deus". E o propósito de Deus é redentor. Portanto, "desviar da verdade" da redenção é o que constitui erro (p. 431), não afirmações factualmente incorretas. "O propósito das Escrituras inspiradas por Deus não é de forma alguma fornecer gnose científica [conhecimento] [...] mas testemunhar a salvação de Deus pela fé" (p. 431). Por exemplo, citando Berkouwer com aprovação novamente, Rogers afirma: "Paulo, no mínimo, não fez proposições atemporais sobre a feminilidade" (p. 432). Em vez disso, "o conhecimento religioso era conhecimento pessoal, relacional ou não era considerado digno do nome conhecimento" (p. 434). Isso é verdade, diz ele, porque "o propósito das Escrituras era nos levar à salvação em Cristo. Berkouwer, como Kuyper e Bavinck, estava aberto aos resultados de estudos críticos de uma forma que a teologia de Princeton não estava" (p. 429). Assim, Rogers rejeita a visão de que "as Escrituras vieram no que nos parece uma forma perfeita" (p. 429). Na verdade, não é a forma, mas a função das Escrituras (i.e., para nos tornar sábios para a salvação) que é perfeita. Assim, a verdade das Escrituras é inspirada em sua função redentora de intenção. Isso significa que erros factuais, não essenciais para a salvação, não contam realmente como erros.

Kevin Vanhoozer (v. cap. 8) também mantém uma forma dessa visão em sua teoria dos atos de fala: a verdade não é encontrada em uma afirmação (ou negação), que ele chama de locução. Em vez disso, é encontrada em uma ilocução, ou propósito, para o qual o autor fez essa afirmação.

Crítica da visão intencionalista da verdade
Em primeiro lugar, muitas afirmações podem concordar com a intenção do autor, no entanto ainda assim estão equivocadas. Ocorrem "lapsos de língua", mas são falsos. Contudo, alguns afirmam que, se uma afirmação é verdadeira porque se pretendia que fosse verdadeira, mesmo se estivesse errada, ainda assim seria verdadeira. Mas isso é um absurdo. Como declarações erradas e incorretas podem ser verdadeiras?

Em segundo lugar, se algo é verdadeiro porque alguém pretendia que fosse verdade, então todas as declarações sinceras jamais proferidas seriam verdadeiras, mesmo aquelas que eram claramente absurdas! Mas muitas pessoas sinceras estão sinceramente erradas. Consequentemente, a visão da verdade dos intencionalistas é inadequada.

Em terceiro lugar, a visão não está de acordo com o uso bíblico do termo "pecado" ou "erro". No Antigo Testamento, há uma oferta pelo pecado (cf. Levíticos 4.2) por pecados não intencionais. Mas, em uma visão intencionalista, estes não seriam pecados, uma vez que não são intencionais pela pessoa que os comete. Somente em uma visão de correspondência com a verdade é que essa oferta pelo pecado faz algum sentido porque a violação não é intencional e ainda é chamada de "pecado" (cf. Levíticos 4.2,13,27 etc.). Certos atos são errados caso os pecadores pretendem cometê-los ou não; portanto, uma oferta pela culpa é necessária para expiar seu "erro". Das cinco vezes que *shāgag* ("errar") é usado no Antigo Testamento (cf. Gênesis 6.3; Levíticos 5.18; Números 15.28; Jó 12.16; Salmos 119.67), as referências de Levítico e Números claramente se referem a erros sem intenção. Além disso, o substantivo *shĕgāgâ* ("erro") é usado 19 vezes, e todos, exceto 2, são de erros não intencionais (cf. Levíticos 4.2,22,27; 5.15,18; 22.14; Números 15.24,25 [duas vezes], 26-29; 35.11,15; Josué 20.3, 9).[3] Em resumo, o uso bíblico da palavra "erro" não se ajusta à visão intencionalista da verdade e do erro.

Avaliação da visão existencialmente relevante da verdade
Seguindo a visão de Søren Kierkegaard (1813-1855) e outros filósofos existencialistas, alguns insistem em que a verdade é o que é relevante para a nossa vida pessoal ou existência e falso se não for. Verdade é subjetividade,

---

[3] Apenas Eclesiastes 5.5 e 10.5 podem ser entendidos como usando shĕgāgâ para se referir a erros intencionais, mas, em Levítico, significa claramente um erro não intencional.

como disse Kierkegaard. Verdade é o que é razoável. Como Martin Buber afirma e Emil Brunner concorda, a verdade é encontrada em pessoas, não em proposições. Outras versões falam da verdade como um encontro, ou verdade baseada em relacionamentos pessoais. Existem vários problemas com esta definição de verdade.

Na melhor das hipóteses, essas definições da verdade são enganosas ou mal direcionadas. Na pior das hipóteses, elas são enganosas. Existe verdade sobre as relações pessoais, mas a verdade em si não é pessoal. Existem verdades sobre as experiências subjetivas, mas as relações subjetivas como tais não são verdade. A verdade pode ser reforçada por bons relacionamentos e experiências subjetivas, mas essas relações subjetivas não são a base da verdade nem a própria verdade.

Como vimos, a verdade como é usada por filósofos, pessoas comuns, tribunais, ciência, e na Bíblia significa aquilo que corresponde à realidade. Para ter certeza, não são apenas proposições (afirmações ou negações) que são verdadeiras ou falsas. Outras expressões, linguagem de sinais, gestos, atitudes e ações podem ser verdadeiras ou falsas, desde que elas correspondam à realidade.

Em primeiro lugar, todo estudante da Bíblia certamente sabe que Deus deseja que a verdade seja vivida, para ser aplicada às nossas vidas pessoais. A verdade é algo que não devemos apenas saber em nossa mente, mas também devemos crer em nosso coração (cf. Romanos 10.9) e vivê-la em nossas vidas (cf. Tiago 1.22). No entanto, embora a verdade deva ser aplicada às pessoas, isso não torna a própria verdade pessoal. Embora a verdade espiritual deva ser apropriada subjetivamente, isso não quer dizer que a verdade seja subjetiva.

Em segundo lugar, nem toda verdade é verdade espiritual (ou seja, a verdade necessária para nosso crescimento espiritual). Existem muitos outros tipos de verdade, incluindo física, matemática, histórica, verdades científicas e teóricas. Mas se a verdade por sua própria natureza foi encontrada apenas na relevância existencial, então nada disso poderia ser verdade. Portanto, a relevância existencial ou pessoal falha como uma definição completa da verdade.

Em terceiro lugar, o que é verdadeiro será relevante, mas nem tudo o que for relevante é verdade. Uma caneta é relevante para um escritor ateu, e uma arma é relevante para um assassino. Mas isso não faz do primeiro verdadeiro ou do último bom. Uma verdade sobre a vida será relevante para vida. Mas nem tudo o que é relevante para a vida de uma pessoa será verdade.

Regras importantes da visão de correspondência com a verdade

Antes de discutirmos a importância de uma visão de correspondência com a verdade para o debate sobre inerrância, precisamos discutir brevemente algumas das implicações importantes da visão da correspondência com a verdade em relação ao debate da inerrância. *A primeira é a natureza objetiva da verdade, e a segunda é a natureza proposicional da verdade.*

Natureza objetiva da verdade

Compreender a verdade como aquilo que corresponde à realidade implica a objetividade de verdade. A razão para isso é bastante simples. Se a verdade é o que corresponde à realidade, então deve haver alguma realidade objetiva à qual possa corresponder. Isso fica ainda mais claro se declararmos a verdade como o que corresponde aos fatos. Porque deve haver alguns fatos objetivos que correspondam à verdade; caso contrário, não faria sentido definir a verdade dessa maneira.

Isso ficou claro por algumas das definições de verdade anteriormente mencionadas. Por exemplo, Aristóteles fala da verdade como "dizer" ou fazer uma declaração sobre "o que é", que é alguma realidade objetiva. Ele acrescenta: "Declarações e crenças [...] eles próprios permanecem completamente imutáveis em todos os sentidos; é porque a *coisa real* muda que o contrário passa a pertencer a eles". Isso também implica que existe alguma "coisa real" lá fora sobre quais declarações podem ser feitas. Como observado anteriormente, Tomás de Aquino identifica "verdade" como "definida pela *conformidade* do intelecto e da *coisa*". Novamente, "verdade consiste em uma combinação de *coisa*" ou *realidade objetiva*. G. E. Moore é ainda mais explícito quando fala da verdade como correspondendo a algum *"fato" no "Universo"*. Da mesma forma, Gilson fala da verdade como "uma equação entre a *coisa* [objetiva] e o intelecto", o que não é possível, "a menos que o intelecto seja considerado *distinto de seu objeto*". Mortimer Adler é claro ao dizer: "A verdade do pensamento consiste no acordo ou correspondência entre o que alguém pensa, acredita ou opina e *o que realmente existe ou não existe na realidade que é independente de nossa mente*". Sem essa realidade externa, não pode haver uma visão de correspondência da verdade. William Alston aponta com razão que "uma declaração (proposição, crença) é verdadeira se e somente se o que a declaração diz ser o caso for *realmente o caso*", ou seja, a realidade objetiva à qual a declaração corresponde. Não é apenas correspondência com a verdade; a verdade também é objetiva.

Também implicado na visão de correspondência com a verdade é que a verdade é objetiva, não subjetiva. O que é verdade é verdade para todos, não apenas para algumas pessoas. De fato, a teologia evangélica está baseada na premissa de que a Bíblia é *a* verdade (cf. João 17.17), não apenas *uma* verdade. É a Palavra de Deus (cf. João 10.34,35), e Deus não pode mentir (cf. Hebreus 6.18; Tito 1.2). Portanto, a Palavra de Deus não pode mentir.

A INERRÂNCIA DAS ESCRITURAS

Assim, se o cristianismo é verdadeiro, então não é verdade apenas para mim; é verdade para todos. Não é apenas verdade subjetivamente, mas também é verdade objetivamente. Esta é a razão pela qual o artigo 6 da Declaração do ICBI sobre a hermenêutica afirma: "Afirmamos que a Bíblia expressa a verdade de Deus em declarações proposicionais e *declaramos que a verdade bíblica é ao mesmo tempo objetiva e absoluta*" (grifo nosso). Vamos contrastar brevemente as visões objetiva e subjetiva da verdade:

Visão objetiva da verdade	Visão subjetiva da verdade
Verdadeiro para todos	*Verdadeiro para mim,*
Verdadeiro em todos os lugares	*mas não para todos*
Verdadeiro o tempo todo	*Verdadeiro apenas em alguns lugares*
Verdadeiro absolutamente	*Verdadeiro apenas às vezes*
	Verdadeiro relativamente

Isso não significa, como Aristóteles apontou, que a realidade objetiva não pode mudar e, portanto, o que antes era verdade não é mais verdade. Quando uma pessoa se levanta, então não é mais verdade que ela esteja sentada. Isso significa que ambas as declarações foram objetivamente verdadeiras quando foram feitas e sobre o objeto e o momento a que se referiram.

Da mesma forma, isso não significa que quando dizemos "Está úmido na selva", estará úmido em todos os lugares, até mesmo no deserto. O que significa é que a declaração "Está úmido na selva" é objetivamente verdadeira para todos, em todos os lugares e em todo tempo, não que seja úmido para todos, em todo lugar e o tempo todo. É uma declaração que corresponde ao seu objeto — que é a selva —, e essa afirmação é verdadeira em todos os lugares para todos, mesmo em lugares onde o clima é árido. Em resumo, a visão de correspondência com a verdade envolve a objetividade da verdade. Deve haver uma realidade objetiva à qual a mente (pensamentos ou expressões) realmente se refiram. Caso contrário, uma visão de correspondência com a verdade não fará sentido.[4]

Verdade proposicional

Outra implicação da visão de correspondência com a verdade é que a verdade — que é a verdade objetiva — pode ser colocada na forma proposicional. A maioria dos filósofos citados anteriormente notou isso de maneiras diferentes.

---

[4] No caso do autoconhecimento de Deus, o objeto de seu conhecimento é idêntico ao sujeito, no entanto é uma realidade objetiva. Isso também se aplica ao nosso autoconhecimento. No entanto, no caso de nosso conhecimento de Deus e do mundo, o objeto está fora do sujeito.

Eles falaram em "dizer" a verdade ou fazer "uma declaração (proposição, crença, expressão)" sobre a realidade à qual essa declaração se referisse.

Antes de encerrarmos o assunto, alguns comentários serão úteis em conexão com fazer declarações da verdade que correspondam à realidade. Como já mostramos, a verdade como considerada pelos filósofos, por pessoas comuns, tribunais, cientistas e na Bíblia significa o que corresponde à realidade. Mas não são apenas proposições (declarações que afirmam ou negam) que são verdadeiras ou falsas. Outras expressões, linguagem de sinais, gestos, atitudes e até mesmo ações podem ser verdadeiros ou falsos, na medida em que correspondam à realidade. Mas seja qual for a maneira como alguém "pensa", "afirma" ou "expressa" algo sobre a realidade objetiva, segue-se que a correspondência com a verdade acarreta a conclusão de que a verdade é proposicionalizável, que pode ser colocada em proposições que se aplicam a essa realidade objetiva. Isso significa que toda verdade contida na Bíblia é uma verdade proposicional. Na verdade, não há verdades não proposicionais na Bíblia ou em qualquer outro lugar. Pois, se for verdade, então corresponde a alguma realidade objetiva, e, se corresponde à realidade objetiva, então pode ser colocada na forma proposicional.

No entanto, os inerrantistas não afirmam que todas as afirmações da Bíblia são verdades. Algumas declarações são apenas expressões de emoções. Outras são mandamentos, perguntas, orações e assim por diante. Agora é verdade (ou falso) que alguém deu um mandamento, mas um mandamento como tal não é uma proposição da verdade. O mandamento poderia implicar uma verdade ou verdades, como a ordem de "crer no Senhor Jesus" (cf. Atos 16.31) implica muita verdade, como "Jesus é o Senhor; ele pode salvar; será benéfico para você acreditar", mas o mandamento como tal não faz reivindicações da verdade. Isso é verdade em relação a perguntas, orações e histórias, todas as quais podem implicar certas afirmações da verdade. Assim, embora nem toda a Bíblia seja declarações de verdades proposicionais, muito dela contém verdade proposicional, isto é, afirmações de verdade proposicionalizáveis. E os inerrantistas afirmam que tudo o que está na Bíblia, explícita ou implicitamente, afirma ser verdadeiro e é verdadeiro (ou seja, corresponde à realidade).

Embora nem tudo na Bíblia seja ou contenha verdades proposicionais, ainda assim pode-se dizer que toda a Bíblia é revelação sentencial, uma vez que toda ela é composta de frases ou de uma sequência de palavras[5] que fazem sentido. Mas nem todas as frases são verdadeiras declarações, uma vez que nem todas elas fazem reivindicações de verdade (com afirmações ou negações).

---

[5] Não há frases de uma palavra, uma vez que todas as frases de uma palavra (como "Vá") implicam pelo menos duas palavras (i.e., ["Você] vai").

Dito isso, a negação da revelação proposicional da Bíblia está errada por duas razões. Primeiro, a Bíblia contém uma infinidade de declarações proposicionais que afirmam ou negam algo como verdadeiro ou falso. Em segundo lugar, nem tudo tem que estar na forma de uma proposição para conter uma verdade proposicional. Como acabamos de observar, mesmo os mandamentos podem conter verdades proposicionais. Da mesma forma, as perguntas podem conter proposições. Portanto, toda a verdade contida na Bíblia é proposicionalizável, mesmo que não esteja apresentada na forma de uma proposição. Assim, a reivindicação dos inerrantistas por verdade proposicional e que a Bíblia contém revelação proposicional da verdade é simplesmente outra maneira de afirmar que tudo o que a Bíblia diz que é verdade é, certamente, verdade, e que tudo o que a Bíblia diz que é falso é, certamente, falso. Isso às vezes é generalizado para dizer: "A Bíblia é completamente verdadeira". Até Jesus fez isso quando disse ao Pai: "[...] a tua palavra é a verdade" (João 17.17).

Se a verdade é objetiva, como mostrado anteriormente, e se a Bíblia contém afirmações da verdade, então essas são afirmações objetivas da verdade. E se a verdade afirmada, quer expressa quer escrita na linguagem da Bíblia, pode ser expressa em proposições, então há verdade proposicional na Bíblia. É por isso que o artigo 6 da Declaração do ICBI sobre Hermenêutica e Inerrância diz: "Afirmamos que a Bíblia expressa a verdade de Deus em *declarações proposicionais* e declaramos que a verdade bíblica é ao mesmo tempo *objetiva e absoluta*" (grifo nosso). Se essas afirmações da verdade contêm revelação de Deus, então é significativo falar de revelação proposicional. Se alguém pudesse argumentar com sucesso que a linguagem é completamente incapaz de expressar a verdade objetiva, só então a revelação proposicional não seria possível. Mas, nesse caso, desafiaria a consistência do oponente da verdade proposicional objetiva. Assim, na negação da visão de correspondência com a verdade, o oposto da verdade proposicional é fazer uma declaração proposicional da verdade.

Visão de correspondência com a verdade é importante no debate sobre a inerrância

Agora que definimos e defendemos a natureza da verdade como o que corresponde à realidade, podemos extrair seu significado para o debate da inerrância. Nossa tese aqui é simples: a visão histórica da inerrância expressa nas declarações da ETS e do ICBI envolve uma visão de correspondência com a verdade. Assim, aqueles que usam uma visão intencionalista da verdade para definir a inerrância, na verdade, negam a inerrância. A visão da verdade é amplamente determinante do que ele acredita sobre a inerrância.

Comparando a inerrância limitada com a inerrância ilimitada

Por exemplo, tanto Jack Rogers quanto Clark Pinnock podem afirmar: "A Bíblia é totalmente verdadeira e sem erros". Na verdade, Pinnock se disse capaz de afirmar a Declaração de Inerrância do ICBI (*SP*, p. 265-266). Da mesma forma, Rogers pode concordar que a Bíblia está livre de erros. Outro exemplo contemporâneo da posição de inerrância limitada é Kevin Vanhoozer, que nega uma visão completa da correspondência com a verdade (v. cap. 8). No entanto, todos esses homens querem dizer algo bem diferente do que os criadores da ETS e do ICBI disseram. Quando os inerrantistas tradicionais afirmam que a Bíblia está livre de todos os erros, eles querem indicar que ela está livre de erros em quaisquer declarações sobre qualquer assunto que corresponda à realidade, quer ele seja redentor quer não. Assim, quando os inerrantistas limitados afirmam que a Bíblia é totalmente verdadeira, eles querem dizer uma de várias coisas:

1) Está livre de erros nos tópicos que aborda; 2) está livre de todos os erros sobre assuntos redentores; ou 3) está livre de todos os erros que impediriam o cumprimento do propósito redentor pretendido.

Para fins de discussão, vamos chamar a visão 1 de "inerrância ilimitada" e as visões 2 e 3 de "inerrância limitada". O quadro a seguir resume algumas diferenças significativas.

Inerrância ilimitada	Inerrância limitada
Uso consistente de correspondência	*Sem erros maiores ou redentores na Bíblia*
Uso inconsistente de correspondência	*Sem erros de qualquer tipo na Bíblia*
Adaptação divina ao finito	
Divina acomodação ao erro	*Todos os erros são erros*
A linguagem de Deus é descritiva	*Apenas erros intencionais*
A linguagem de Deus não é descritiva	*são erros*

Criticando a visão de inerrância limitada

É claro que os autores das declarações da ETS e do ICBI sobre a inerrância foram inerrantistas ilimitados. Além de ser contraditório com as declarações padrão sobre a inerrância adotadas pela ETS e o ICBI, a visão de inerrância limitada tem muitos problemas. Estes incluem uma visão antibíblica e injustificável de Deus, da verdade, da linguagem e da encarnação. Considere as seguintes declarações oficiais do ICBI: a "Declaração Breve" da Declaração de Chicago sobre a Inerrância Bíblica afirma:

A INERRÂNCIA DAS ESCRITURAS

1. Deus, sendo ele próprio a verdade e falando somente a verdade, inspirou as Sagradas Escrituras [...].
2. As Escrituras Sagradas [...] possuem *autoridade divina infalível* em todos os assuntos que abordam: devem ser cridas, como instrução divina, em tudo o que afirmam [...].
4. Tendo sido na sua totalidade e verbalmente dadas por Deus, *as Escrituras não possuem erro ou falha em tudo o que ensinam*, quer naquilo que afirmam a respeito dos atos de Deus na Criação e dos acontecimentos da história mundial, quer na sua própria origem literária sob a direção de Deus, quer no testemunho que dão sobre a graça salvadora de Deus na vida das pessoas.
5. A autoridade das Escrituras fica inevitavelmente prejudicada, caso essa inerrância divina absoluta seja de alguma forma limitada ou desconsiderada, ou relativizada a uma visão da verdade contrária à própria Bíblia [...].

A Declaração de Chicago sobre a Inerrância (1978) inclui as seguintes declarações sobre a inerrância ilimitada (grifo nosso):

Artigo 3. Afirmamos que a *Palavra* escrita *é, em sua totalidade,* revelação dada por Deus.
Artigo 6. Afirmamos que *a totalidade das Escrituras e todas as suas partes,* chegando às palavras exatas do original, foram dadas por inspiração divina. *Negamos que se possa corretamente afirmar a inspiração do todo das Escrituras sem considerar as partes, ou de algumas partes, mas não do todo.*
Artigo 9. Afirmamos que a inspiração, embora não outorgando onisciência, *garantiu uma expressão verdadeira e fidedigna em todas as questões sobre as quais os autores bíblicos foram levados a falar e a escrever.*
Artigo 11. Afirmamos que as Escrituras, tendo sido dadas por inspiração divina, são infalíveis, de modo que, longe de nos desorientar, *são verdadeiras e confiáveis em todas as questões de que tratam. Negamos que seja possível a Bíblia ser, ao mesmo tempo, infalível e errônea em suas afirmações.* Infalibilidade e inerrância podem ser distinguidas, mas não separadas.
Artigo 12. Afirmamos que, *em sua totalidade, as Escrituras são inerrantes, estando isentas de toda falsidade, fraude ou engano. Negamos que a infalibilidade e a inerrância da Bíblia estejam limitadas a assuntos espirituais, religiosos ou redentores, excluindo informações de natureza histórica e científica. Negamos também que hipóteses científicas acerca da história da Terra possam ser corretamente empregadas para desmentir o ensino das Escrituras a respeito da Criação e do Dilúvio.*
Artigo 13. Afirmamos a adequabilidade do uso de inerrância como um termo teológico referente à *veracidade total das Escrituras.* Negamos que seja correto

A natureza da verdade e a inerrância

avaliar as Escrituras de acordo com padrões de verdade e erro estranhos ao uso ou propósito da Bíblia.

Artigo 14. Afirmamos a unidade e a coerência interna das Escrituras. *Negamos que alegados erros e discrepâncias que ainda não tenham sido solucionados invalidem as declarações da Bíblia quanto à verdade.*

Artigo 15. Afirmamos que a doutrina da inerrância está alicerçada no ensino da Bíblia acerca da inspiração. *Negamos que o ensino de Jesus acerca das Escrituras possa ser descartado sob o argumento de adaptação ou de qualquer limitação natural decorrente de sua humanidade.*

Além disso, o Comentário Oficial do ICBI sobre a Declaração de Chicago apoia a inerrância ilimitada, como nestes comentários aos artigos 12 e 13:

Sobre o artigo 12. Tem virado moda em alguns segmentos do debate defender que a Bíblia não é história normal, mas história redentora com ênfase na redenção. Foram estabelecidas certas teorias que limitariam a inspiração ao tema e campo da redenção da história redentora, dando espaço para que a dimensão histórica da história redentora contivesse erros (Sproul, *Explaining Inerrancy*, p. 36).

Embora a Bíblia seja de fato história *redentora*, ela é também *história* redentora, e isso significa que os atos de salvação operados por Deus de fato ocorreram no mundo do tempo e do espaço (p. 37).

A negação [no art. 12] rejeita explicitamente a tendência de alguns contendores de limitar a infalibilidade e a inerrância a segmentos específicos da mensagem bíblica (p. 36).

Sobre o artigo 13. Quando dizemos que a veracidade das Escrituras deve ser avaliada segundo seus próprios padrões, isso significa que [...] todas as afirmações da Bíblia precisam corresponder à realidade: quer histórica, factual, quer espiritual (p. 41).

Com "de acordo com padrões bíblicos de verdade e de erro" se quer dizer a visão usada tanto na Bíblia quanto na vida cotidiana, ou seja, a visão de correspondência com a verdade. Essa parte do artigo é dirigida àqueles que querem redefinir a verdade para que esteja associada somente à intenção redentora, o aspecto puramente pessoal, ou algo semelhante, em vez de significar aquilo que corresponde à realidade (p. 43-44).

Finalmente, o Comentário Oficial sobre a Declaração de Inerrância do ICBI sobre hermenêutica também apoia a inerrância total:

No artigo 6: "Afirmamos ainda que uma declaração é verdadeira se ela *representa as questões como elas de fato são*, mas é um erro se ela representa

325

equivocadamente os fatos". O comentário sobre isso acrescenta: "A negação torna evidente que as visões que redefinem o erro para que signifique aquilo que 'desencaminha', em vez do que é um erro, precisam ser rejeitadas".

No artigo 13: "Negamos que categorias gerais que negam a historicidade possam ser corretamente impostas às narrativas bíblicas que se apresentam como factuais. Alguns debatedores entendem, por exemplo, Adão como um mito, ao passo que nas Escrituras ele é apresentado como uma pessoa real. Outros entendem que Jonas é uma alegoria quando, na verdade, é apresentado como uma pessoa histórica e [é] assim mencionado por Cristo".

No artigo 14: "Negamos que qualquer evento, discurso ou dito registrado nas Escrituras foi inventado pelos autores bíblicos ou por tradições que eles incorporaram".

No artigo 22: Ele "afirma que Gênesis 1—11 é factual, como o é o restante do livro". E: "A negação torna evidente que as visões que redefinem o erro para que signifique aquilo que 'desencaminha', em vez do que é um erro, precisam ser rejeitadas" (Geisler, "Explaining Hermeneutics", em *HI*, p. 903).

Além de ser contrária às declarações do ICBI sobre a inerrância adotadas pela ETS, que representa o maior grupo de estudiosos evangélicos do mundo, existem fortes razões para rejeitar a inerrância limitada. Considere o seguinte:

1. *A inerrância limitada frequentemente tem uma visão reduzida de Deus.* Em primeiro lugar, muitos que adotam a visão limitada de inerrância têm uma visão diminuída da inerrância por terem uma visão diminuída de Deus (v. cap. 12). Eles rejeitaram a visão clássica de Deus e, portanto, rejeitaram a visão clássica da inerrância. Afinal, se Deus não tem nenhuma presciência infalível, como pode fazer pronunciamentos infalíveis sobre o futuro, como a Bíblia pretende fazer? Só um Deus infalível pode produzir um livro infalível.

2. *A inerrância limitada não emprega consistentemente a visão de correspondência com a verdade.* Muitos rejeitam uma visão de correspondência com a verdade, que está implicada na visão da inerrância ilimitada. Mas, como mostrado anteriormente, esta visão é autodestrutiva, antibíblica e contrária ao pensamento popular, jurídico, científico e até mesmo filosófico consistente. Claro, mesmo os inerrantistas limitados às vezes escorregam para uma visão de correspondência com a verdade, como quando o Fuller Theological Seminary criticou Harold Lindsell por "um punhado de erros" que ele disse em seu livro (*Battle for the Bible*) criticando a saída do Fuller Seminary de

total inerrância.[6] Pois, na visão intencionalista da verdade do Fuller, Lindsell não cometeu erros, já que pretendia dizer a verdade, mesmo que cometesse alguns erros no processo.

3. *A inerrância limitada é contrária à afirmação das Escrituras sobre sua própria exatidão factual.* Como foi mostrado em outro lugar (v. Geisler, Systematic Theology, v. 1), a Bíblia afirma sua própria inerrância total de muitas maneiras: 1) Ao afirmar que seus escritos são "inspirad[os] por Deus" (cf. 2 Timóteo 3.16). 2) Ao reivindicar ser a Palavra de Deus, que não pode errar (cf. João 10.35; Mateus 4.4; 5.17,18; 15.5,6; Romanos 3.2). 3) Ao concluir que a Bíblia não pode errar em nada que aborda. Afinal, o Deus da Bíblia é onisciente, e uma Mente onisciente não pode estar errada sobre nada do que fala.

4. *A inerrância limitada rejeita o modelo profético de inspiração.* O Antigo Testamento foi escrito por profetas (cf. Hebreus 1.1; 2 Pedro 1.20,21). Na verdade, Moisés foi um profeta (cf. Deuteronômio 18.18), e todo o Antigo Testamento é chamado de Lei (de Moisés) e os Profetas (cf. Mateus 5.17,18; Lucas 24.27). Até mesmo o Novo Testamento foi chamado de "Escritura" profética (cf. 1 Timóteo 5.18; 2 Pedro 3.15,16). Veio para nós dos apóstolos e profetas do Novo Testamento (cf. Efésios 3.3-5) e terminou com João, que era chamado de profeta (cf. Apocalipse 22.9). Portanto, rejeitar o modelo profético é rejeitar o que a Bíblia afirma de si mesma, a saber, que "toda palavra [...] procede da boca de Deus" (cf. Mateus 4.4). Como diz Davi: "O Espírito do SENHOR falou por meu intermédio; sua palavra esteve em minha língua" (2 Samuel 23.2). Pedro acrescenta: "Antes de mais nada, saibam que nenhuma profecia das Escrituras provém de interpretação pessoal, pois jamais a profecia teve origem na vontade humana, mas homens falaram da parte de Deus, impelidos pelo Espírito Santo" (2 Pedro 1.20,21).

5. *A inerrância limitada adquire a falsa visão da acomodação.* Por conta própria, inerrantistas limitados adquirem uma visão de "acomodação" divina, que permite erros na Bíblia. Mas o Deus que é a verdade (cf. Jeremias 10.10) e pode falar apenas a verdade (cf. João 17.17; Romanos 3.4) e para quem é impossível mentir (cf. Hebreus 6.18; Tito 1.2) — este Deus não pode errar. Então, apesar do fato de Deus ter usado escritores humanos, com seus vocabulários e estilos, o produto final também é a própria Palavra de Deus que não pode errar. Mas os inerrantistas limitados não aceitam esta conclusão.

6. *A inerrância limitada rejeita o verdadeiro modelo de encarnação.* A visão limitada da inerrância tentou cooptar o modelo encarnacional das Escrituras, usado há muito tempo, para acomodar sua visão não ortodoxa (v. cap. 16).

---

[6] Fuller Theological Seminary, **Theology, News & Notes, Special Issue**, 1976.

> Eles argumentam erroneamente que desde que Jesus, a Palavra viva de Deus, era plenamente humano, com toda a finitude e erros que isso envolve, mesmo assim a Palavra escrita de Deus é totalmente humana, com todos as erros e equívocos que isso acarreta.

No entanto, isso envolve uma visão séria e até herética da encarnação, que na visão ortodoxa envolve uma união hipostática de duas naturezas em uma pessoa. Essa união é tão íntima que tudo o que é feito em qualquer uma das naturezas é feito pela mesma pessoa. Portanto, é apropriado falar da Bíblia como teantrópica (unidade Deus-homem), assim como Cristo é uma pessoa teantrópica. Assim, uma falha, imperfeição ou erro cometido por Cristo em sua humanidade também é cometido por uma e a mesma pessoa, que é Deus! E a aplicação deste modelo encarnacional às Escrituras produz uma Escritura absolutamente perfeita. Pois, assim como Jesus era Deus e homem sem pecado ou erro, assim a Bíblia é divina e humana sem erros.

Conclusão

Os inerrantistas tradicionais empregam uma visão de correspondência com a verdade, enquanto muitos que rejeitam esta visão, não. Isso inclui a ETS e o ICBI, como suas declarações oficiais demonstram. De acordo com uma visão de correspondência com a verdade, uma declaração é verdadeira se corresponder à realidade. Historicamente, essa visão foi expressa por grandes filósofos, e praticamente é a visão da pessoa comum. Mais que isso, a visão de correspondência é usada por juristas e cientistas. Também é empregada na Bíblia. Na verdade, ela é inegável, uma vez que mesmo a negação dessa visão implica que seu ponto de vista corresponde à realidade.

Muitos que negam a visão de correspondência com a verdade falam da verdade como o que não engana e do erro como o que engana. No entanto, definir a verdade como o que engana, ao invés de como o que está errado, significaria que praticamente qualquer declaração alguma vez feita seria verdadeira, mesmo que fosse factualmente incorreta. Além disso, definir "verdade" em termos da intenção redentora das Escrituras leva à crença inerrantista limitada de que a Bíblia é totalmente verdadeira, embora possa estar cheia de erros. Mas essa visão intencionalista da verdade é contrária à Bíblia, contrária a si mesma e contrária ao fato.

Além do mais, a inerrância limitada é um ataque à própria natureza e caráter de Deus. Afinal, se Deus é onisciente e a Bíblia é a Palavra de Deus, então a Bíblia não pode conter erros em nenhum tópico abordado. Por quê? Pela simples razão de que uma mente onisciente não pode estar errada sobre nada.

Em resumo, a natureza da verdade tem fortes implicações para todo o debate sobre a inerrância. Se a verdade for definida incorretamente, então alguém pode acabar, como os inerrantistas limitados fazem, afirmando que a Bíblia é totalmente verdadeira, embora contenha muitos erros. Em síntese, o modo pelo qual alguém define a verdade é determinante do que quer dizer quando afirma que a Bíblia é verdadeira. E, do ponto de vista totalmente inerrantista, um erro totalmente verdadeiro é um oxímoro.

▪ Fontes ▪

Adler, *Six Great Ideas*
Alston, *Realist Conception*
Anselm [Anselmo], *Truth, Freedom, and Evil* [Verdade, liberdade e o mal]
Aristotle [Aristóteles], *Categories* [Categorias]
_____, *Metaphysics* [Metafísica]
Fuller Seminary, *Theology, News & Notes*, Special Issue, 1976
Geisler, *Systematic Theology*, v. 1
Gilson, *Christian Philosophy*
Kantzer, *Applying the Scriptures*
Lindsell, *Battle for the Bible*
Moore, *Main Problems*
Pinnock, *Scripture Principle*
_____, *Scripture Principle*, 2. ed.
Preus, *Inspiration of Scripture*
Rogers e McKim, *Authority and Inspiration*
Russell, *Problems of Philosophy*
Sproul, *Explaining Inerrancy*
Thomas Aquinas [Tomás de Aquino], *On Truth* [Da verdade]
_____, *Summa*

14

A NATUREZA DA LINGUAGEM E A INERRÂNCIA

Introdução

INERRANTISTAS ILIMITADOS acreditam que a Bíblia é a Palavra de Deus. Isso implica que *toda* a Bíblia é a Palavra escrita de Deus, não apenas parte dela. A visão é chamada de inspiração plenária. Eles também acreditam que a Bíblia como palavra escrita é totalmente *isenta de erros* (v. o cap. 13). Somado a isso está a crença de que é uma revelação *objetiva* de Deus, não apenas um meio pelo qual alguém obtém um encontro subjetivo com Deus. Por trás dessas crenças, de ser uma forma completa, objetiva e sem erros da revelação de Deus, há a crença de que é uma revelação *escrita* (*verbal*). Isso levanta a questão sobre a adequação da linguagem humana para transmitir uma revelação proposicional objetivamente verdadeira de Deus.

Duas questões são fundamentais para essa investigação. Em primeiro lugar, a linguagem é capaz de transmitir significado objetivo e verdade? Em segundo lugar, a linguagem é capaz de transmitir verdade objetiva sobre Deus? Não deve ser surpresa que ambas sejam desafiadas pelos críticos da Bíblia. Primeiro, vamos dar uma olhada na afirmação dos inerrantistas.

Alegando adequação da linguagem humana para transmitir verdade inerrante

A reivindicação da adequação da linguagem humana para expressar a verdade divina é tanto implícita quanto explícita na afirmação dos inerrantistas. Primeiramente, vamos examinar a afirmação implícita na Declaração de Inerrância da Evangelical Theological Society (ETS).

A Declaração da ETS sobre a Inerrância

A Declaração da ETS diz o seguinte: "Somente a Bíblia, e a Bíblia em sua totalidade, é a Palavra de Deus escrita e, portanto, inerrante nos autógrafos". Embora contenha uma afirmação explícita de que a Bíblia é a inerrante Palavra de Deus, também contém uma afirmação implícita de que essa verdade inerrante de Deus pode ser transmitida por meio da linguagem humana. Pois diz que o que está "escrito", em linguagem humana, transmite essa verdade "inerrante". Portanto, os inerrantistas não podem evitar a defesa de sua crença na adequação da linguagem humana para expressar a verdade de Deus. E, uma vez que "verdade" significa verdade proposicional objetiva (v. cap. 13), então segue-se que os inerrantistas também acreditam que a declaração da verdade objetiva e proposicional sobre Deus pode ser feita em linguagem humana. Como veremos a seguir, isso representa um sério problema para a chamada mente pós-moderna (v. Grenz, *Primer on Postmodernism*; Grenz, *Revisioning Evangelical Theology*; Grenz e Franke, *Beyond Foundationalism*; e cap. 10). Na verdade, isso representa um problema para as mentes antigas, medievais e modernas também, mas ainda assim é um problema. O problema pode ser colocado de forma simples: como Deus pode transmitir a verdade infinita por meio de palavras finitas para uma mente finita?

Declaração do Conselho Internacional de Inerrância Bíblica

O problema da adequação da linguagem humana para transmitir a revelação divina foi reconhecido pelos autores da Declaração do ICBI. Na verdade, surge em vários artigos.

O artigo 3 declara: "Afirmamos que a *Palavra escrita* é, em sua totalidade, revelação dada por Deus". E acrescenta: "*Negamos que a Bíblia seja um mero testemunho a respeito da revelação*, ou que somente se torne revelação mediante encontro, ou que dependa das reações dos homens para ter validade".

O artigo 4 fala diretamente ao ponto: "Afirmamos que Deus, que fez a humanidade à sua imagem, *utilizou a linguagem como um meio de revelação. Negamos que a linguagem humana seja limitada pela condição de sermos criaturas a tal ponto que se apresente imprópria como veículo de revelação divina. Negamos também que a corrupção, por meio do pecado, da cultura e da linguagem humanas tenha impedido a obra divina de inspiração*".

O artigo 6 diz: "Afirmamos *que a totalidade das Escrituras e todas as suas partes, chegando às palavras exatas do original, foram dadas por inspiração divina. Negamos que se possa corretamente afirmar a inspiração do todo das Escrituras sem considerar as partes, ou de algumas partes, mas não do todo*".

As palavras em itálico revelam uma crença explícita na adequação da linguagem humana para transmitir a verdade divina. Mas, como foi mostrado (no cap. 13), a "verdade" é objetiva e proposicional. Assim, os inerrantistas estão empenhados em acreditar que a linguagem humana, independentemente da finitude e da decadência humanas, é capaz de comunicar a verdade objetiva e proposicional de Deus e sobre Deus. Aqui, novamente, isso vai contra boa parte do pensamento contemporâneo, mesmo entre alguns evangélicos.

Desafios à adequação da linguagem humana para transmitir a revelação divina objetiva

Para defender a inerrância verbal e plenária da Bíblia, é preciso enfrentar desafios contra a habilidade da linguagem de expressar a verdade objetiva de e sobre Deus. Esses desafios são geralmente baseados em três pontos: 1) A linguagem humana finita é incapaz de comunicar a verdade objetiva de um Deus infinito. 2) A linguagem humana não pode transmitir significado objetivo ou verdade. 3) A linguagem humana caída não pode transmitir uma verdade sem erros.

O primeiro problema existe desde a Antiguidade. Na verdade, em alguns casos, ocasionou a *via negativa* (o caminho da negação) e o misticismo. O segundo problema é mais acentuadamente moderno e deu origem ao conventualismo, que afirma a relatividade de todo significado. O último problema é teológico, surgindo de uma visão radical da depravação humana sustentada por pensadores neo-ortodoxos como Karl Barth.

O problema da acomodação divina

Simplificando, o problema da acomodação é este: como pode uma mente finita com linguagem finita entender a verdade infinita (Deus)? Pensadores cristãos medievais lutaram com este problema e apresentaram três alternativas: nosso conhecimento de Deus é 1) equívoco (totalmente diferente de como Deus é), 2) unívoco (exatamente da mesma forma que Deus é), ou 3) análogo (semelhante a como Deus é).

A fala ambígua de Deus

Plotino (204/205-270 d.C.) e os místicos medievais que o seguiram defenderam a fala ambígua de Deus chamada de *via negativa*. De acordo com essa visão, é impossível para uma mente finita com conceitos finitos compreender o Deus infinito. Deus é "totalmente diferente" de qualquer coisa que experimentamos. Portanto, o melhor que podemos fazer é dizer o que Deus não é. Ou seja, nós o conhecemos apenas negando qualquer coisa de Deus que venha de nossa experiência limitada e finita. Portanto, qualquer atribuição positiva a respeito de Deus não será realmente da maneira que Deus é em sua essência, mas apenas o que atribuímos a Deus porque ele causa essa característica nas criaturas. Por exemplo, uma vez que Deus é a causa de todo o bem, nós o chamamos de "bom", mas o termo é usado de forma equivocada sobre ele. Deus não é realmente bom da maneira que entendemos o termo. Assim, há apenas uma relação extrínseca (não intrínseca) entre Deus (a Causa) e seus efeitos. A conexão causal é como aquela entre água quente e um ovo cozido: não há semelhança real entre o efeito (solidificado) e a água quente (macia). Se não se pode conhecer Deus de alguma maneira objetiva e plena de conteúdo, como então alguém pode conhecer Deus? A resposta dos pensadores neoplotinianos foi que Deus é conhecido negativamente (por meio do que ele não é) e misticamente por meio de uma intuição subjetiva, não cognitiva, que vai além de todo conhecimento como normalmente se entende o termo.

Claro, essa visão não é aceitável para os cristãos ortodoxos, que acreditam que tanto a revelação de Deus nas Escrituras (revelação especial) quanto a revelação de Deus na natureza (revelação geral) nos trouxeram conhecimento genuíno de Deus. A objeção básica à *via negativa* é que uma pessoa não pode saber "não isso" a menos que ela saiba "disso". Todo conhecimento negativo pressupõe algum conhecimento positivo. Portanto, conhecimento completamente equívoco não é nenhum conhecimento, mas isso é contrário tanto à razão quanto à revelação. Mas, uma vez que a conversa equivocada sobre Deus é eliminada, restam apenas duas alternativas: ou nossa linguagem sobre Deus é unívoca ou é analógica.

Conversa unívoca sobre Deus

John Duns Scotus (1265-1308) defendeu a visão unívoca de que nosso entendimento de Deus deve ser em termos que tenham o mesmo significado quando aplicados a Deus como o fazem quando aplicados às criaturas. Seu argumento básico foi direto ao ponto: a menos que as palavras tenham para nós o mesmo significado que têm para Deus, somos deixados em total ceticismo sobre Deus. Mas a razão e a revelação nos informam que podemos conhecer Deus. A razão nos informa que o ceticismo total é contraproducente, uma vez que teríamos que saber algo sobre Deus para dizer que não poderíamos saber qualquer coisa sobre Deus. E a revelação (a Bíblia) afirma ser uma revelação objetiva de Deus.

Quanto à analogia, Duns Scotus argumenta de forma convincente que toda analogia deve ter um elemento unívoco nele, caso contrário não haveria nada semelhante em nosso conhecimento de Deus. Mas, se for o elemento unívoco (uma mesmice) que fornece nosso conhecimento sobre Deus, então o conhecimento análogo se reduz ao conhecimento unívoco (*Philosophical Writings*).

Conversa análoga sobre Deus

Tomás de Aquino estava insatisfeito com as pregações unívocas sobre Deus pela razão fundamental de que Deus é infinito e nossos termos são todos finitos, e há uma infinita diferença entre infinito e finito. Ele raciocinou que, para dizer "John é bom" e "Deus é bom", não se pode aplicar o termo "bom" inteiramente da mesma forma (unívoca). Afinal, o termo "bom" é aplicado a Deus infinitamente e a João finitamente. A razão é simplesmente que Deus é infinitamente bom, e João é apenas finitamente bom. O mesmo é verdade para todos os outros termos que se aplicam a Deus e às criaturas. Por exemplo, o termo "ser" se aplica a Deus infinitamente, porque ele é um Ser infinito. Mas o mesmo termo só se aplica a João finitamente, visto que João é apenas um ser finito.

Como, então, isso pode ser reconciliado com o argumento convincente de Duns Scotus de que nossos termos devem ter um significado unívoco quando aplicados a Deus e às criaturas? A resposta é que os termos devem ser entendidos no mesmo sentido, caso contrário ficamos com uma compreensão totalmente equívoca de Deus — que não é compreensão de Deus em tudo. Em resumo, Duns Scotus estava certo sobre a *definição* dos termos usados tanto para Deus quanto para as criaturas, mas Tomás de Aquino estava certo sobre a *aplicação* desses termos. Em resumo, queremos dizer as mesmas coisas com o termo "ser" (a saber, aquilo que é) quando o usamos em referência a Deus ou a uma criatura, mas é aplicado a Deus segundo o seu ser, que é infinito. Então, Duns Scotus estava certo sobre a *compreensão* do termo em um sentido unívoco, enquanto Aquino estava correto sobre a *pregação* do termo analogicamente.

Isso ainda deixa uma questão a ser abordada: como os termos finitos podem ter algum significado que seja quando aplicado a um Ser infinito? "Infinito" significa "não finito". Então, como pode um termo finito reter algum significado quando aplicado a um Deus infinito? Não existe uma distância infinita entre o finito e o infinito? A resposta de Aquino foi que, embora haja uma distância infinita entre Deus e as criaturas, não há, no entanto, uma ausência total de semelhança. Como assim? Porque Deus é o Ser infinito que criou seres finitos, deve haver uma semelhança entre uma causa eficiente e seu efeito. Deus não pode dar o que ele não tem. Ele não pode produzir o que ele não possui. Deus não pode compartilhar o seu ser com uma criatura se ele não for um ser que possa compartilhar de si, assim como um professor não pode compartilhar conhecimento com os alunos, a menos que ele tenha conhecimento para compartilhar.

Em resumo, deve haver uma relação intrínseca entre uma causa eficiente e seu efeito. Na verdade, deve haver uma semelhança e uma diferença entre o Criador e as suas criaturas. Deve haver uma semelhança porque ambos estão "sendo": ambos são ou existem. Além disso, deve haver uma diferença porque Deus é um Ser infinito e as criaturas são seres finitos. Deus é ser e nós temos ser. No entanto, o que é semelhante, mas diferente, é análogo. Portanto, a analogia do ser é baseada na intrínseca relação do Criador com sua criatura, que devem ser semelhantes (porque ele tem ser) e diferente (porque é um tipo diferente de ser).

Para voltar à ilustração do ovo e da água quente, há uma relação intrínseca e extrínseca entre a água quente e o ovo. A dureza do ovo é diferente da suavidade da água. Mas a gostosura no ovo é semelhante, porque a água está quente. O calor comunica calor; Ser comunica ser; Realidade comunica realidade. Mas o efeito também deve ser diferente da causa (Deus) porque Deus é infinito e Deus não pode produzir um efeito infinito. Uma coisa criada pode ser eterna desde o início, mas não pode ser ilimitada em toda direção. Um Criador não pode fazer outro Criador; ele só pode fazer uma criatura. Um ser incausado não pode causar outro ser incausado. Sendo esse o caso, um efeito do Criador, embora seja semelhante em ser, também deve ser diferente, uma vez que o efeito tem limitações, enquanto a Causa é ilimitada.

Isso nos leva à questão final: como os termos finitos podem se aplicar a um Criador infinito sem perder todo o seu significado e conteúdo? A resposta é clara: apenas porque há a) uma semelhança com base em uma conexão causal e b) porque todas as limitações são removidas do termo (pela *via negativa*) antes que ele possa ser apropriadamente aplicado a Deus. Mas há algum conteúdo significativo deixado uma vez que as limitações são removidas de um termo? A resposta é afirmativa se o termo for realmente um atributo de Deus, não apenas uma metáfora. Por exemplo, Deus é considerado uma "rocha" metaforicamente, porque, quando você remove todas as características finitas de uma rocha, não há mais nada da rocha. Mas isso não é assim com termos metafísicos (ou seja, termos que realmente se aplicam à natureza de Deus). Por exemplo, se "ser" significa aquilo que é, e o termo é despojado de toda a sua finitude, de modo que dizemos que não é aquilo que é finito, então e só então pode ser aplicado a Deus, porque "aquilo que é" não tem finitude intrínseca em sua definição. Portanto, essa definição unívoca (como Duns Scotus ensinou) pode ser aplicada a Deus infinitamente e, portanto, analogicamente à maneira em que é aplicada a criaturas (como Tomás de Aquino ensinou), porque não há limitações intrínsecas ao significado de "ser". O mesmo é verdade para "bondade" e outros atributos metafísicos de Deus (v. Mondin, *Principle of Analogy*).

Assim, vimos que os termos finitos podem ser usados apropriadamente em relação a um Ser infinito. A linguagem humana pode ser usada para transmitir a verdade objetiva sobre o Deus infinito, mas apenas analogamente. E essa analogia é baseada na relação causal real entre uma Causa eficiente (o Criador) e seu efeito (a criatura). Então, embora haja uma diferença infinita entre Deus e as criaturas, não há uma falta total de semelhança. Pois a Causa não pode dar o que não tem. Qualquer que seja o efeito que tenha, foi recebido da Causa. Mas essa semelhança é apenas entre uma causa eficiente e seu efeito. Uma causa instrumental não é como um efeito qualquer mais do que uma caneta-tinteiro (uma causa instrumental) é como um autor, mas as ideias expressas em um livro são como a mente do autor. Da mesma forma, um mosquito não é como a malária que ele causa, pois é apenas a causa instrumental (portador) do parasita da malária. Mas os parasitas da malária são como os parasitas da malária que eles produzem por meio do mosquito. A causa eficiente sempre coloca sua marca no efeito para que haja alguma semelhança entre eles. Mesmo, quando um martelo quebra um espelho, há uma semelhança entre a causa eficiente (movimento) transmitida pelo martelo (causa instrumental) no espelho, assim que as peças são colocadas em movimento por causa do martelo em movimento.

Adaptação divina à finitude

Aqui há outra implicação importante da analogia real entre Deus e as criaturas. Ela não apenas nos capacita a entender Deus; ela também faz possível a uma mente infinita condescender e se comunicar conosco por meio da linguagem. É uma via de mão dupla: se termos finitos podem ser usados para entendermos coisas sobre Deus, então o mesmo meio é um canal eficiente para Deus falar conosco. Sem essa semelhança intrínseca entre Deus e as criaturas, nenhuma comunicação seria possível.

Então, assim como a verdade objetiva sobre Deus pode ser afirmada (analogamente) nas Escrituras sobre Deus, assim também Deus pode se adaptar usando uma linguagem análoga para falar-nos sobre si mesmo. Mas em ambos os casos não há nada que impeça o meio de comunicar a verdade. Assim, em uma adaptação divina via linguagem nas Escrituras, estamos recebendo a verdade objetiva, mesmo que toda a verdade sobre Deus não possa ser comunicada. Afinal, as Escrituras falam de Deus como inefável (cf. Romanos 11.33; Deuteronômio 29.29): algumas coisas que apreendemos não compreendemos completamente. Então, em uma verdadeira adaptação divina à nossa finitude, Deus não se acomoda ao nosso erro. Como tal, o que recebemos é verdade, mas não é toda a verdade (cf. 1 Coríntios 13.12).

Por exemplo, um pai pode dizer a uma criança de 3 anos de idade que os bebês vêm da barriga de sua mãe. Alguns anos depois, quando perguntam como o bebê ficou ali, a mãe pode dizer que o papai colocou uma semente

A INERRÂNCIA DAS ESCRITURAS

lá dentro, e assim por diante. Às vezes, mais tarde, quando questionada sobre como o papai colocou a semente ali, ela pode contar mais sobre a história. Em cada caso, ela está dizendo a verdade, mas apenas parte da verdade e em termos que a criança possa entender. Em nenhum momento, ela conta a "história da cegonha", que é falsa. Da mesma maneira, Deus adapta sua verdade ao nosso modo de finitude humana, mas nunca acomoda sua verdade aos mitos ou erros humanos. Então, ao contrário do mau uso contemporâneo da acomodação divina ao erro, a verdade infinita pode se adaptar a verdades finitas, mas a natureza de Deus como Verdade (cf. Jeremias 10.10; Romanos 3.4) não lhe permite acomodação ao erro. Abordaremos mais sobre isso tomando a encarnação como modelo (no cap. 16).

O desafio convencionalista à inerrância

Movendo-se para o período contemporâneo, com o surgimento dos estudos linguísticos, a inerrância ganhou um novo inimigo. A teoria tradicional do significado enraizada em Platão e empregada por Agostinho está enfrentando um sério desafio do relativismo crescente no campo da linguística: o convencionalismo, que afirma que todo significado é relativo. Uma vez que todas as afirmações da verdade são declarações significativas, o convencionalismo significa que toda verdade é relativa. Mas isso é contrário à afirmação cristã de que a verdade é absoluta, que existem coisas que são verdadeiras em todos os momentos, em todos os lugares e para todas as pessoas (v. o cap. 13).

Uma reação ao essencialismo platônico. O convencionalismo é uma reação ao platonismo, que (seguindo Platão) afirmou que toda linguagem tem uma essência ou formato imutável. Em contraste, os convencionalistas acreditam que todo significado é relativo às mudanças de situações. Ele afirma que o significado é arbitrário e relativo à sua cultura ou contexto. Não existem formas transculturais de significado. A linguagem (significado) não tem forma ou essência; o significado linguístico é derivado da mudança e da experiência relativa no qual o idioma se baseia.

Platão defendeu uma forma de essencialismo em seu diálogo *Cratylus*. Agostinho de Hipona também fez isso em seus *Principia dialecticae* (384 d.C), *De magistro* (389) e *De Trinitate* (394-419). No entanto, ele aparentemente não se apegou à imagem da teoria do significado (essa linguagem representa o significado),[1] que Ludwig Wittgenstein criticou em seu famoso *Tractatus*.

---

[1] Muitos acreditam que essa passagem nas Confissões de Agostinho (1.8), que Wittgenstein criticou, não foi abraçada por Agostinho, mas apenas oferecida para consideração, uma vez que ele a rejeitou em outro lugar (em *De magistro*).

A natureza da linguagem e a inerrância

Em termos simples, o essencialismo (também chamado de "naturalismo") insiste em que existe uma relação natural ou essencial entre nossas declarações e o que elas significam. A linguagem não está arbitrariamente relacionada ao significado. Em vez disso, há uma correspondência um para um entre eles.

Três nomes aparecem na relativização contemporânea do significado: Ferdinand de Saussure, Gottlob Frege e Ludwig Wittgenstein. A visão deles, chamada convencionalismo, é amplamente aceita na filosofia linguística atual.

Ferdinand de Saussure. O precursor do convencionalismo moderno foi o famoso linguista suíço Saussure (m. 1913). Seu *Course in General Linguistics* [Curso de linguística geral] (1916) ainda é um padrão no campo.

Gottlob Frege. Embora Frege (m. 1925) tenha escrito relativamente pouco, seus ensinamentos, reunidos das anotações de seus alunos, tiveram uma forte influência na adoção do convencionalismo por linguistas modernos. Eles são encontrados nas traduções do *Translations from the Philosophical Writings of Gottlob Frege.*

Ludwig Wittgenstein. Apoiando-se nas obras de seus predecessores, é creditado a Wittgenstein (1889-1951) ter tornado o convencionalismo a visão dominante no pensamento filosófico e religioso. Sua visão madura é expressa em seu *Philosophical Investigations* [*PI*]. A Seção 1 apresenta uma crítica de "uma imagem particular da essência da linguagem humana". Wittgenstein rejeita os seguintes pontos dessa visão: 1) A função da linguagem é enunciar fatos. 2) Todas as palavras são nomes (a teoria referencial do significado). 3) O significado de um nome é o objeto denotado. 4) O significado é ensinado por definição ostensiva (por exibir a coisa ou qualidade sendo definida).

Ele rejeita todas essas teses como sendo uma simplificação excessiva da linguagem (pontos 1 e 2); ou, no caso do ponto 4, equivocado ("uma definição ostensiva pode ser diversamente interpretada em todos os casos" [*PI* 1.28]); ou, como no ponto 3, mostrou ser absurdo dando exemplos (p. ex., exclamações; *PI* 1.27; 1.39). Outras teses intimamente relacionadas com "a teoria da imagem do significado" trazidas para a crítica são as seguintes: 1) o significado é uma questão de produção de imagens mentais; 2) análise de proposições = esclarecimento de proposições (*PI* 1.60); 3) as palavras têm um sentido determinado.

Wittgenstein oferece uma visão alternativa do significado que emprega 1) semelhanças de família (*PI* 1.67); 2) jogos de linguagem (1.7); e 3) formas de vida (1.19, 23, 241; 2.194, 226). Uma vez que ele rejeita a linguagem unívoca e analógica (v. anteriormente), ele tem uma visão equivocada refletida nas semelhanças de família e baseada na mudança de experiências. Como tal, Wittgenstein é um dos fortes defensores do convencionalismo.

Wittgenstein e a linguagem religiosa

No trabalho anterior de Wittgenstein, *Tractatus* (*T*), a linguagem religiosa é colocada no reino do inexprimível. Ele termina com a famosa frase: "Sobre aquilo de que você não pode falar, deve se calar". O discurso religioso não tem significado factual. Há um abismo intransponível entre fato e valor — um abismo estabelecido por Immanuel Kant. Portanto, falar de Deus é um absurdo.

Está claro nos *Notebooks* [Cadernos] de Wittgenstein que coisas como um sentimento de dependência e o reconhecimento de que "acreditar em um Deus significa ver que os fatos do mundo não são o fim da questão" (cf. *T*, p. 11) são coisas que Wittgenstein "sabe", mas não pode ser expressas na linguagem. Elas estão fora dos limites da linguagem e do pensamento.

Porque as coisas superiores e transcendentes são inexprimíveis, isso não quer dizer que sejam totalmente incomunicáveis, pois podem ser mostradas, mas não ditas. Isso é chamado de doutrina de "mostrar e dizer". Uma aparente contradição no *Tractatus* é encontrada no fato de que, embora proposições sobre a linguagem sejam empregadas, elas, no entanto, são absurdos estritamente falando, porque não são proposições da ciência natural. Wittgenstein reconhece que são um absurdo e, portanto, podem servir apenas como elucidações (6.45). A interpretação mais generosa para isso é tratar o *Tractatus* como um exemplo da doutrina de "mostrar e dizer". Caso contrário, é inconsistente e autodestrutivo.

Mais tarde, nas *Investigations*, Wittgenstein não fala diretamente sobre o discurso religioso, mas parece ter indicado que a oração e a teologia são atividades linguísticas legítimas e significativas. A oração, em particular, é mencionada como um jogo de linguagem. Uma vez que declarar fatos é apenas uma de uma multiplicidade de atividades linguísticas significativas, isso significa que não há uma barreira *a priori* contra a significância da linguagem religiosa. Isso também significa que, uma vez que os jogos de linguagem têm critérios intrínsecos de significado e a linguagem religiosa é um jogo de linguagem, o significado deve ser julgado por seus próprios padrões, não por uma imposição a ele. Esta é uma forma de fideísmo semântico.

Em suas *Lectures and Conversations* [*LC*], Wittgenstein retrata a linguagem religiosa como tendo a possibilidade de ser significativa (como um jogo de linguagem). Mas está claro nesse trabalho que ele mantém uma visão não cognitiva da linguagem religiosa (que poderia ser chamada de "acognosticismo" ou "acognitivismo"), ou seja, que ele rejeita qualquer conhecimento cognitivo em linguagem religiosa. Ele reconhece a legitimidade de uma forma de vida que poderia "culminar em uma declaração de crença em um juízo final" (p. 58). Ele acredita que seria impossível contradizer tal crença, ou mesmo dizer que possivelmente é verdadeira.

O único sentido em que pode ser uma asneira é se for uma asneira no sistema particular em que está (*LC*, p. 59). Essas crenças não estão baseadas em evidências: trata-se puramente de uma questão de fé. No entanto, ele não ridiculariza aqueles que têm tal crença, apenas aqueles que afirmam que elas estão baseadas em evidências (p. ex., apologética histórica). Crenças nesses casos são usadas de forma extraordinária (não de forma ordinária). Ele escreveu: "Já foi dito que o cristianismo se baseia em um fundamento histórico. Foi (também) dito milhares de vezes por pessoas inteligentes que a indubitabilidade não é suficiente nesse caso. Mesmo havendo tanta evidência para isso quanto para Napoleão. Pois a indubitabilidade não seria o suficiente para fazer mudar toda a minha vida" (p. 57).

De acordo com Wittgenstein, as crenças religiosas têm força comissiva: orientam nossa vida. Mas elas não são informativas sobre a realidade. Estamos presos a uma bolha de linguagem. A linguagem religiosa é significativa como um jogo de linguagem, mas não nos diz nada sobre Deus ou a realidade final. A fala sobre Deus é experiencialmente significativa, mas a fala de Deus não é realmente falar sobre Deus. Deus ainda é o inexprimível. A linguagem humana não é capaz de fazer quaisquer declarações objetivamente significativas sobre Deus, sejam elas unívocas ou analógicas. Todo o significado é cultural e experiencialmente relativo (= convencionalismo).

Resposta ao desafio convencionalista ao significado

O desafio convencionalista ao significado objetivo está longe de ser definitivo. Na verdade, existem algumas falhas graves nele. Considere a seguinte crítica do convencionalismo como uma teoria do significado:

1. Há uma diferença importante entre uma teoria convencionalista de *símbolos* e uma teoria convencionalista do *significado*. Além de símbolos naturais (como a fumaça para o fogo) e termos onomatopaicos (como *crash*, *bang* e *boom*), cujo som é seu significado, praticamente todos os linguistas reconhecem que os símbolos são convencionalmente relativos. Por exemplo, a palavra "placa" [do inglês *board*] não tem relação intrínseca com a prancha de madeira. Também pode significar comida na mesa, como na frase "Você precisa conquistar seu quarto e comida".[2] Além disso, também pode significar um grupo de pessoas sentadas à mesa, como na frase "Ele é um membro do conselho".[3] Na verdade, diferentes idiomas têm traduções diferentes para a palavra "board" em inglês. Então, é concedido ao convencionalista

---

[2] Em inglês, a frase é: "You need to earn your room and board". [N. do T.]
[3] Em inglês, "He is a board member". [N. do T.]

que os símbolos ou palavras são convencionalmente relativos em seu significado (ou seja, uso).

No entanto, é um salto injustificável concluir que, porque os símbolos são culturalmente relativos, que todo significado também seja culturalmente relativo. Palavras são para frases o que pedaços quebrados de vidro colorido são para um lindo vitral de Jesus sendo crucificado. Peças individuais de vidro não têm beleza intrínseca (p. ex., significado), mas, quando eles são colocados juntos no contexto de toda a imagem, têm beleza (p. ex., significado).

2. 2. Talvez a crítica mais severa contra o convencionalismo seja que ele é contraproducente. Pois, se a afirmação "Todo significado linguístico é convencional" for verdadeira, então esta afirmação em si seria relativa. Mas afirma ser uma declaração objetivamente significativa — ao afirmar que não existem tais declarações objetivamente significativas. Ela se oferece como uma afirmação não relativa, declarando que o significado de todas as declarações são relativos. O caso todo contra o convencionalismo poderia ser encerrado aqui, mas há mais.

3. O convencionalismo rejeita a visão de correspondência com a verdade. Mas, como foi demonstrado anteriormente (no cap.13), não se pode negar a visão de correspondência com a verdade sem usar a visão de correspondência com a verdade. Os convencionalistas presumem que sua visão (ou seja, o convencionalismo) corresponde à realidade. Na verdade, é autodestrutivo afirmar, como Wittgenstein sabia, que não temos conhecimento cognitivo da realidade (incluindo Deus) sem assumir que esta é uma afirmação cognitivamente verdadeira sobre Deus. Pois ou "mostra e diz" algo cognitivamente significativo sobre Deus ou não. Se sim, é autodestrutivo, pois faz uma declaração cognitivamente significativa sobre Deus, de modo que não pode negar que esses tipos de declarações são possíveis. E, se não faz uma declaração cognitivamente significativa sobre Deus, então nos deixa num agnosticismo absoluto. Na verdade, essa é uma declaração equívoca sobre Deus. Mas, como Duns Scotus demonstra, as declarações equívocas nos deixam em total ceticismo. No entanto, o agnosticismo total é autodestrutivo, uma vez que seus adeptos afirmam saber que não podem conhecer qualquer coisa sobre Deus (o que implica que eles saibam algo sobre Deus).

4. Se o convencionalismo estivesse correto, nenhuma afirmação universal seria traduzida como uma declaração universal em outra língua. Mas eles fazem isso. Por exemplo, "Todos os quadrados têm quatro lados" traduz-se como afirmação universalmente verdadeira em outras línguas. E também "Todos os maridos são homens casados". Mas, se o significado fosse apenas culturalmente relativo, então nenhuma declaração transcultural universal seria possível.

342

5. Se o convencionalismo fosse verdadeiro, não haveria verdades universais em qualquer língua. Mas há. Por exemplo, declarações matemáticas, como "Quatro mais quatro é igual a oito", são universalmente verdadeiras. O mesmo acontece com as leis básicas da lógica, como a lei da não contradição (que diz que proposições contrárias não podem ser verdadeiras ao mesmo tempo e no mesmo sentido). Na verdade, nenhum convencionalista pode negar esses primeiros princípios de pensamento sem usá-los. Para a declaração "Opostos podem ser verdadeiros" implica que o oposto dessa afirmação não é verdadeiro.

6. Se o convencionalismo fosse verdadeiro, então não conheceríamos nenhuma verdade independente de e/ou antes de conhecer as convenções dessa verdade nesse idioma. Mas experimentos com crianças antes que elas possam falar revelam que podem fazer operações matemáticas simples antes de aprenderem a falar. A matemática pode depender da escolha relativa de símbolos para expressar números, mas as verdades da matemática não dependem de qualquer cultura. Elas são verdadeiras independentemente de todas as suas expressões culturais.

7. As leis da lógica não são baseadas em convenções humanas. Elas são verdadeiras separadas de todas as convenções linguísticas. A lógica não é arbitrária. Nós não *escolhemos* as leis da lógica; em vez disso, somos *governados* por elas. Nós não as *criamos*, apenas as *descobrimos*. Eles são logicamente anteriores e independentes da cultura em que estão expressas. As culturas não as concebem ou pensam de maneira diferente. Sem a lei da não contradição, por exemplo, nenhuma pessoa em qualquer cultura poderia ao menos pensar. Até mesmo o zen-budista que afirma que o Tao vai além de toda lógica (como lei da não contradição) usa essa lei para distinguir entre o Tao e o não-Tao, pois acreditam que são logicamente opostas. O fato é que as pessoas em todas as culturas, Oriente e Ocidente, pensam *com* as leis básicas da lógica antes mesmo de pensar *sobre* elas.

8. O convencionalismo confunde a *fonte* imediata de significado com o seu último *terreno*. A *fonte* de aprendizagem de que "Todos os maridos são casados" pode ser social. Por exemplo, as crianças podem ter aprendido com seus pais ou professores. Contudo, os motivos de saber essa verdade não são sociais, mas lógicos. Pois, como outros primeiros princípios, o predicado é redutível ao sujeito. É verdade por definição, não por aculturação.

9. Se o convencionalismo fosse correto, nenhum significado seria possível. Pois, se todo o significado estivesse baseado na mudança de experiência, que por sua vez obtém seu significado de mudanças de experiência e assim por diante, então, na verdade, não haveria base para o significado. Uma série infinita não é mais possível em significado do que em causas. Descartar

A INERRÂNCIA DAS ESCRITURAS

sempre a base do significado não é o mesmo que encontrar a base para ele. E uma declaração sem qualquer base para seu significado é uma afirmação sem base. Como C. S. Lewis diz apropriadamente, "Você não pode continuar 'explicando' para sempre: você vai descobrir que explicou a própria explicação" (*Abolition of Man*, p. 91).

10. O convencionalismo tem apenas critérios internos de significado, como coerência, mas nenhum que transcenda nossas experiências culturais em transformação. Mas critérios internos não podem julgar conflitos de significado das mesmas declarações feitas em diferentes contextos de cosmovisão. Por exemplo, a declaração "Deus é um ser necessário" pode ser interpretada de forma panteísta ou teísta. Meros critérios internos, como coerência, não são possíveis para determinar qual dessas afirmações é a correta.

11. O convencionalismo usa argumentação circular. Isso realmente não *justifica* sua afirmação, mas simplesmente a *afirma*. Quando um convencionalista é questionado sobre a base de sua crença de que todo significado é convencional, ele não pode dar uma base não convencional para isso porque, nesse caso, ele não seria mais um convencionalista. Mas, se ele simplesmente apresentar uma base convencional para o seu convencionalismo, isto é, uma base relativa para o seu relativismo, então ele argumentará em círculos.

12. Os convencionalistas costumam distinguir entre gramática de superfície e gramática de profundidade para evitar certos problemas, como alguns dos que acabamos de mencionar. Mas tal distinção assume que eles têm um ponto de vista independente da linguagem e da experiência a fim de fazer essa distinção. No entanto, o convencionalismo por sua própria natureza não permite tal ponto de vista fora de sua cultura e idioma. Consequentemente, a própria distinção que fazem entre a gramática de superfície e a de profundidade não é possível na teoria que defendem.

13. Nenhum conhecimento verdadeiramente descritivo de Deus é possível em uma visão convencionalista da linguagem, uma vez que a linguagem está baseada simplesmente em nossa experiência. Isso nos diz apenas o que Deus *parece ser* (para nós) em nossa experiência, mas não o que Deus *realmente é* (em si mesmo). Reduz o significado de "Deus" a uma simples estrutura interpretativa em vez de apresentá-lo como um ser extracósmico além do mundo, como consideramos que Deus é. Em resumo, reduz-se a um agnosticismo derrotista ou à alegação de que sabemos que não podemos saber nada sobre a natureza de Deus.

Esses argumentos mostram que o convencionalismo é uma teoria inadequada do significado. Na verdade, é autodestrutivo, pois a própria afirmação de que todo o significado é culturalmente relativo pretende ser uma afirmação significativa não culturalmente relativa. Tal é o fato para todas as formas de relativismo, porque estão no auge de suas próprias tentativas absolutas de relativizar tudo o mais.

Alternativa realista para essencialismo e o convencionalismo

Atualmente existem mais teorias de significado do que essas duas. Isso também não é essencialismo ou convencionalismo. Existe uma alternativa chamada realismo. É verdade que o essencialismo platônico acaba sendo uma forma injustificável de dogmatismo em que uma mente finita tem a correspondência de um para um com uma mente infinita. Por outro lado, verifica-se, como acabamos de mostrar, que o convencionalismo é uma reação relativista exagerada ao essencialismo platônico. Mas há uma alternativa que evita ambas as alternativas sem capitular ao agnosticismo teológico: o *realismo*.

A base definitiva para todo o significado real

O realismo, certamente o realismo teísta, afirma que o significado não é relativo porque transcende nossos símbolos e meios linguísticos de expressar significado. O significado é objetivo e absoluto não porque dada expressão linguística dele o seja, mas porque existe uma Mente absoluta, Deus, que a comunicou às mentes finitas (seres humanos) por meios comuns, mas análogos, da linguagem humana, que utilizam um princípio transcendente da lógica que é comum a Deus e a humanos.

Reconhecidamente, sem uma Mente objetiva (Deus), o significado objetivo não seria possível. Mas, se existe uma Mente objetiva, então o significado objetivo é possível. Portanto, para negar a possibilidade de significado objetivo, deve-se negar com sucesso a possibilidade da existência de Deus. No entanto, isso foi tentado sem sucesso muitas vezes (v. Geisler, "God, Alleged Disproofs of"). Na verdade, como pensadores perspicazes (como Agostinho, Tomás de Aquino, Cornelius Van Til, Francis Schaeffer, Greg Bahnsen, John Frame, C. S. Lewis e outros) mostraram que, se a ciência ou qualquer esforço faz algum sentido (e quase universalmente se acredita que sim), então deve haver um Deus para tornar isso possível. Pois, sem uma Mente absoluta, não pode haver qualquer significado real (objetivo).

A natureza do significado objetivo

Ao responder à pergunta "Qual é o significado de 'significado'?", nós podemos apontar para o significado da primeira palavra "significado" nessa questão. Se o questionador não tem ideia do que essa palavra significa, então ele nem sabe o que a sua pergunta significa.

Em resumo, como veremos, o significado de "significado" é o que o autor quer dizer com sua palavra naquela frase e naquele contexto. Para explicar isso, é útil falar em termos das seis causas tradicionais. Caso contrário, há uma tendência a confundir a questão e perder o significado de "significado". Primeiro, vamos distinguir as seis causas e, em seguida, aplicá-las à natureza do significado.

1. Causa eficiente: aquela *pela qual algo passa* a ser (p. ex., um carpinteiro fazendo uma cadeira).
2. Causa final: aquela *para a qual algo vem* a ser (sentar-se em uma).
3. Causa formal: aquela *da qual algo vem* a ser (a forma ou formato da cadeira).
4. Causa material: aquela *da qual algo* surge (a madeira).
5. Causa exemplar: aquela *após a qual algo* vem a ser (o projeto ou padrão).
6. Causa instrumental: aquilo *por meio do qual algo* vem a ser (as ferramentas para fazer isso).

Significado encontrado na causa formal

A aplicação dessas seis causas ao significado de um texto escrito produz a seguinte análise do significado textual: o escritor é a causa eficiente, e a escrita é a causa formal. As palavras são apenas a causa material, e a causa final é a finalidade para a qual se escreveu o texto. É digno de nota que, ao contrário de alguns inerrantistas, a escrita não é a causa instrumental. Pois não é aquilo por meio de qual significado é expresso; antes, é aquele em que o significado é expresso:

1. O escritor: a causa *eficiente* do significado de um texto.
2. A escrita: a causa *formal* de seu significado.
3. As palavras: a causa *material* de seu significado.
4. As ideias do escritor: a causa *exemplar* de seu significado.
5. O propósito do escritor: a causa *final* de seu significado.
6. As leis do pensamento: a causa *instrumental* de seu significado.

Assim, o significado de uma expressão inteligível, como uma escrita, não é encontrado no meio (autor); ele é a causa eficiente do significado, não sua causa formal. A causa formal do significado está na própria escrita. O significado é encontrado nos sinais que o significam. O significado verbal é encontrado na estrutura verbal e na gramática das próprias frases. O significado é encontrado no texto literário em si, não em seu autor (causa eficiente) ou propósito (causa final), mas em sua forma literária (causa formal). O significado não está em suas palavras individuais (causa material), que, como tais, não têm mais significado do que pedaços quebrados de vidro colorido (em comparação com o belo retrato em uma janela de catedral formado deles). Assim, não são os autores das Escrituras que são considerados "inspirados" (soprados por Deus), mas a *graphē*, a "escrita". Os autores foram "movidos" ou "levados adiante" por Deus (cf. 2 Pedro 1.20,21), mas apenas seus escritos foram inspirados (soprados) por Deus.

Deus não inspirou as palavras de forma atomística (uma a uma), mas de uma forma holística (em unidades significativas). Pois palavras individuais, como tais, não têm significado em si mesmas; elas têm apenas um significado potencial. Palavras têm uso em uma frase e são a menor unidade de significado. No entanto, cada palavra é importante na medida em que é uma parte do que compõe todo o significado. Mudar uma peça pode mudar todo o significado.

Um exemplo de como palavras individuais, como tais, não têm significado fixo é a palavra "latido". Ela tem vários significados diferentes (como usados nas frases): 1) o latido de um cachorro é barulhento, 2) a casca de uma árvore é dura, ou 3) como uma figura de linguagem, como em "Não descasque a árvore errada". Portanto, as palavras não têm significado em si mesmas. Eles são apenas as partes de um todo (a frase), que tem significado. Da mesma forma, os pigmentos não têm nenhuma beleza como tais, mas são apenas as partes de um todo que têm beleza no quadro. Da mesma forma, o significado é encontrado no texto escrito como um todo, não em suas partes em si mesmas.

O *locus* do significado

O *locus* do significado verbal é encontrado na *verba*, o texto. O significado não foi encontrado *além* do texto (na mente de Deus), *abaixo* do texto (na mente do místico), ou *atrás* do texto (na intenção ou no propósito não expressos pelo autor); ele é encontrado *no* texto (no significado expresso pelo autor). E, uma vez que o significado (e a verdade) é encontrado no texto, então, ao contrário de Kevin Vanhoozer (v. cap. 8), é apropriado dizer que o texto fala. Na verdade, a Bíblia diz assim. Em Gálatas (3.8), Paulo escreveu sobre "a Escritura" como "dizendo algo a Abraão", e em João 7.42 Jesus perguntou: "A Escritura não diz [...]?". Há verdade no texto, e a verdade é uma afirmação ou uma negação. Portanto, o texto das Escrituras fala a verdade. Jesus diz ao Pai: "[...] a tua palavra é a verdade" (João 17.17). Da mesma forma, falamos da beleza em uma pintura. Ela não é encontrada atrás, abaixo ou além da pintura. Em vez disso, a beleza é expressa na pintura.

Todo o significado textual (e verdade) está no texto. As sentenças (no contexto de seus parágrafos, no contexto de toda a literatura) são a causa formal do significado. Elas são a forma que dá sentido a todas as partes (palavras, pontuação etc.). Portanto, não é o autor falando *por meio* do texto das Escrituras; é o autor falando *no* texto. Novamente, o texto não é a causa meramente instrumental; é a causa formal do significado (e da verdade). Assim, é adequado dizer da Bíblia: "o que a Bíblia diz, Deus diz". Ou simplesmente "Deus diz". Um livro fala, não apenas seus autores. Uma vez que o autor (a causa eficiente do significado) forma as palavras em unidades significativas (que é a causa formal do significado) em um meio comum (idioma), então essas palavras falam coisas significativas. Assim, nós propriamente dizemos: "A Bíblia falou comigo" enquanto eu a lia. O propósito que o autor pode ter ao falar uma frase significativa é inteiramente distinto do próprio significado. O significado de uma frase pode ser entendido além de saber o propósito ou o significado que qualquer autor pode ter ao pronunciá-lo. Todo mundo sabe claramente o que "Não beba a água deste copo" significa, mesmo que desconheça o propósito ao se dizer isso (a água pode estar contaminada). Localizar significado além do texto no propósito de causa final é o erro da teoria dos atos de fala abraçada por Kevin Vanhoozer (v. cap. 8). Vanhoozer diz: "Infalibilidade significa que as Escrituras nunca falham em seu propósito. [...] A inerrância, então, é um subconjunto da infalibilidade; quando o propósito da Bíblia é fazer declarações verdadeiras, ela o faz sem falhar" (Inerrancy of Scripture, p. 1). Vanhoozer explica desta forma: "Austin distingue três componentes do ato de fala no seu todo: (a) *o ato locucionário* 'é basicamente equivalente ao "significado" no sentido tradicional', (b) *o ato ilocucionário* é o que *fazemos* quando dizemos algo, e (c) *o ato perlocucionário* é 'o que fazemos acontecer ou atingimos ao dizer algo, como convencer, persuadir' " (Vanhoozer, "Semantics of Biblical Literature", p. 86). Em resumo, o significado não é encontrado no que a Bíblia afirma (a locução), mas no propósito para o qual ela o afirma (a ilocução). É por isso que ele disse da Bíblia que "estritamente falando, no entanto, 'ela' nem afirma nem trata disso; são os autores que o fazem" (Vanhoozer, "Lost in Interpretation?", p. 106). Deus fala por meio da Bíblia, mas a Bíblia não fala. Esta é uma substituição errada da causa formal (o texto) por uma causa instrumental. Mas, se o significado não está no texto, então onde está? Não está simplesmente por trás da mente do autor do texto, uma vez que não há maneira de se chegar a isso, exceto pelo que ele expressa. Nem pode estar além do texto no propósito pelo qual o autor afirma essas palavras, uma vez que o propósito não determina o significado e, além disso, não temos como saber o significado do autor, exceto pelo que ele diz no texto, nos textos circundantes e em textos paralelos (contexto, contexto, contexto!).

A *unidade de significado*

Uma vez que o significado da Escritura vem de uma Mente objetiva (Deus) e é encontrado em um texto objetivo, que usa termos com o mesmo significado para Deus e os seres humanos (v. anteriormente), segue-se que há apenas *um significado* em um texto bíblico — aquele que lhe foi dado pelo autor. Ironia ou humor não são exceção aqui, uma vez que há apenas uma intenção expressa; ou seja, que deve ser considerada como uma piada (que infunde um uso duplo da palavra ou frase).

Claro, pode haver muitas implicações e aplicações. Assim, a visão *sensus unum* (um sentido) é correta quando afirma apenas um significado para um texto. No entanto, há um *sensus plenior* (sentido pleno) em termos de implicações e significados. Por exemplo, Einstein sabia que E = mc2 (energia é igual a massa vezes a velocidade da luz ao quadrado), e o mesmo acontece com um estudante de ciências do ensino médio. No entanto, Einstein conhecia muitas outras implicações e muito mais significado disso do que o aluno do ensino médio.

Da mesma forma, Deus vê mais implicações em uma afirmação bíblica do que o autor humano (cf. 1 Pedro 1.10-12). No entanto, na medida em que Deus inspirou a texto (cf. 2 Timóteo 3.16), ele vê mais implicações nisso do que o autor humano vê. Mas Deus não afirma mais significados nesse texto do que o autor humano faz. Pois, "tudo o que a Bíblia diz, Deus diz". Ou seja, tudo o que a Bíblia afirma que é verdade, Deus afirma que é verdade. E tudo o que a Bíblia (e Deus) afirma ser falso, isso é falso. Ambos significam exatamente a mesma coisa pelo texto. Não há dois textos, e não há dois significados do texto. Então, tanto o divino quanto os autores humanos das Escrituras afirmam um e o mesmo significado em um mesmo texto.

Claro, Deus sabe mais sobre o assunto do que o autor humano, e Deus conhece mais implicações desse significado do que o autor humano. Mas tanto Deus quanto os autores humanos significam a mesma coisa com as mesmas palavras. Textos, incluindo textos bíblicos, têm sentido e muitos significados. Eles têm um significado, mas muitas implicações e aplicações.

A *objetividade do significado*

As línguas humanas variam, mas determinado significado expresso nelas não muda. O mesmo significado objetivo pode ser expresso em uma linguagem diferente. Na verdade, algo pode ser expresso de maneiras diferentes na mesma língua. E isso é possível porque há um meio objetivo, um meio de sentido objetivo (lógica), e um meio comum de significado (linguagem) entre o malvado e o malvado (leitor) que é capaz de expressar esse significado. Esse significado objetivo é encontrado na causa formal (linguagem), que fornece a estrutura ou forma de significado. Assim, o significado da revelação de Deus, seja nas Escrituras, seja na natureza, é encontrado em uma expressão objetiva do significante, em determinada forma de significado, em determinado contexto de significado.

Ao contrário do essencialismo, que insiste em uma relação um para um entre o significado e a expressão; e ao contrário do convencionalismo, que afirma haver uma relação muitos para um entre significado e linguagem, o realismo afirma que existe uma relação um para muitos. Ou seja, há um significado que pode ser expresso de muitas maneiras diferentes no mesmo idioma e em outros idiomas. Isso é o que torna a tradução possível. Sem a única forma de significado objetivo que pode ser expresso de maneiras diferentes, boas traduções não seriam possíveis.

Embora a linguagem possa mudar, o significado que ela expressa não muda. O significado (uso) de uma palavra muda de tempos em tempos, mas o significado expresso por essa palavra em uma frase em determinado momento e em determinado contexto não muda. Por exemplo, na King James Version de 1611, a palavra "letteth" (cf. 2 Tessalonicenses 2.7) significa "atrapalha". Hoje, "deixar" significa "permitir", o oposto de "impedir". Mas o significado expresso pela New King James Version (1982) ao torná-la como "restrições" é o mesmo expresso na antiga King James Version (de 1611) quando diz "deixa". O uso das palavras muda, mas o significado básico não.

Em resumo, tanto o essencialismo quanto o convencionalismo falham como teorias do significado, mas eles não esgotam as alternativas. O significado objetivo é possível no contexto do realismo teísta. Pois, se há uma Mente absoluta (como no teísmo), então pode haver significado absoluto ou objetivo. A objetividade da verdade, que o cristianismo abraça, baseia-se na premissa de que o significado é objetivo. A teoria convencionalista do significado é uma forma de relativismo semântico; como tal, é inaceitável para um evangélico. Ou, dito de outra forma, evangélicos contemporâneos que, consciente ou inadvertidamente, assumem a teoria convencionalista do significado minarão sua crença na inerrância factual das Escrituras. Além disso, eles irão, assim, minar as crenças concomitantes na verdade objetiva e na revelação proposicional (v. cap. 13).

Portanto, a linguagem humana não é incapaz de comunicar a verdade objetiva. O significado não é culturalmente relativo e, portanto, pode transmitir a verdade objetiva. Há, no entanto, outra grande objeção à crença na

Bíblia como meio de comunicação inerrante da verdade objetiva. Pode ser descrita como barthianismo. Isso envolve a crença de que o erro está inerentemente envolvido na depravação humana e que se reflete na cultura e linguagem humanas, incluindo a Bíblia.

O desafio da queda humana

Existem várias fontes teológicas dessa crença, mas o teólogo neo-ortodoxo Karl Barth é a fonte primária dos outros. Em resumo, a acusação diz que o erro é inerente à natureza dos seres humanos. Isso é resumido no famoso adágio *Errare humanum est*, "Errar é humano". Esta visão é expressa nas seguintes citações de Barth e alguns de seus seguidores:

Karl Barth (1886-1968). Ele afirmou que "há sobreposições óbvias e contradições, por exemplo, entre a Lei e os Profetas, entre João e os sinópticos, entre Paulo e Tiago" (*Church Dogmatics* [*CD*], 1/2.509). Por quê? Porque a Bíblia é um livro humano falível. Assim, "o teólogo pós-bíblico pode, sem dúvida, ter uma melhor astronomia, geologia, geografia, zoologia, psicologia, fisiologia, e assim por diante, do que as testemunhas bíblicas possuíam" (*Evangelical Theology*, p. 31). Por que isso é assim? Porque "os profetas e apóstolos como tais [...] eram reais, homens históricos como nós somos, e, portanto, pecadores em suas ações, e capazes, e realmente culpados de erro em sua palavra falada e escrita. [...] Mas a vulnerabilidade da Bíblia, ou seja, sua capacidade de erro, também se estende à sua religião ou conteúdo teológico" (*CD*, 1/2.528-529; 1/1:509).

Emil Brunner (1889-1966). Outro teólogo neo-ortodoxo e contemporâneo de Barth escreveu: "A palavra da Escritura não é em si a palavra de Deus, mas do homem, assim como a aparência histórica do Deus-homem é em si mesma a de um homem" (*Word of God*, p. 32). Por quê? Porque a Bíblia é intrinsecamente humana: "A palavra da Escritura não é em si a palavra de Deus, mas do homem" (p. 32). Então, "a Escritura não é uma autoridade formal que exige crença em tudo o que contém desde o início, mas é uma autoridade instrumental" por meio da qual Deus fala através de suas páginas erradas (*Christian Doctrine of God*, p. 110). Portanto, "a visão ortodoxa da Bíblia [...] é um estado de coisas absolutamente desesperador. [...] Aprouve a Deus fazer uso de recursos infantis e ideias primitivas como uma expressão de Sua vontade" (*Revelation and Reason*, p. 291). Portanto, "em alguns pontos, a variedade da doutrina apostólica [...] é uma irreconciliável contradição" (p. 290). Assim, a humanidade da Bíblia é parte de sua queda, e sua errância é parte de sua queda.

Como resultado, "a doutrina da inspiração verbal das Sagradas Escrituras [...] não pode ser considerada uma formulação adequada da autoridade

A INERRÂNCIA DAS ESCRITURAS

da Bíblia. [...] Os escritos apostólicos nunca reivindicam para si mesmos uma inspiração verbal desse tipo, com a infalibilidade que isso implica" (*Revelation and Reason*, p. 127-128). Ele acredita que é "um passo fatal" para manter "as Escrituras como verdadeiras" em "cada parte das Escrituras até nos detalhes" (*Word of God*, p. 34).

G. C. Berkouwer (1903-1996). Sob a influência barthiana, Berkouwer se tornou o fundador da visão neoevangélica de inspiração limitada. No coração de sua visão está a mesma ideia barthiana equivocada de que a Bíblia é um livro humano decaído. Ele também distingue entre a Bíblia e a Palavra de Deus (*Holy Scripture* [*HS*], p. 240). Ele fala de inspiração "orgânica" em oposição a uma visão da inspiração mais "mecânica" (p. 11). Berkouwer insiste em que a inspiração seja entendida à luz da "intenção" da "mensagem divina de salvação" (p. 147). Por que é necessário estreitar o foco da inspiração? Porque "a revelação de Deus entrou na criação [...] mesmo no que diz respeito ao humanamente fraco e ignóbil; a Palavra se tornou Escritura e se submeteu ao destino de toda a escrita" (p. 199). Esse destino da escrita humana é participar do erro humano.

Por exemplo, ele afirma que "Paulo [...] não tornou de forma alguma atemporais as proposições concernentes à feminilidade" (*HS*, p. 187), mas acomodou-se às falsas crenças sobre as mulheres de sua época. Também há acomodações para erros nas pesquisas científicas (p. 182), a erros históricos (p. 181, 185), a erros de cosmovisão (p. 182), e até mesmo para mitos. Ele chega a dizer que "não podemos assumir uma posição diretamente contra a preocupação teológica de Bultmann com a demitologização" (p. 198). Ele acrescenta: "Se estamos lidando com uma acuidade da história e interpretação, não deveríamos aceitar a criatividade dos evangelistas da qual a 'fantasia' pode ser distinguida apenas com grande dificuldade?" (p. 248).

Jack Bartlett Rogers (1934-). Seguindo seu mentor G. C. Berkouwer, Jack Rogers introduziu a visão da acomodação divina ao erro no evangelicalismo. Ele também chamou de inspiração "orgânica", que se limita à intenção redentora dos autores. Ele escreveu: "É sem dúvida possível definir o significado da inerrância bíblica de acordo com o propósito salvífico da Bíblia e levando em consideração as formas humanas por meio das quais Deus condescendeu em revelar-se" (*Biblical Authority*, p. 45). Essas formas humanas incluem "erros" (p. 46) em questões não redentoras, que incluem a aceitação de alta crítica negativa (Rogers e McKim, *Authority and Interpretation*, p. 393). Novamente, a Bíblia é escrita em formas humanas decaídas e, como tal, conterá o destino de todos os escritos humanos: o erro.

Clark Pinnock (1937-2010). Pinnock concorda com a inerrância de propósito da visão de Rogers (*Scripture Principle*, p. 262). Isso permite que

352

ele diga: "Em outras palavras, a Bíblia pode conter erros de tipos incidentais, mas não ensina erro algum" (p. 264), e rejeitar a visão ortodoxa de que "O que a Bíblia diz, Deus diz". Ele escreveu: "Eu agora sei que Karl Barth tinha boas razões para rejeitar o conceito de revelação como primordialmente informação" (p. 267). Pinnock afirmou claramente: "Barth estava certo ao falar de uma distância entre a Palavra de Deus e o texto da Bíblia" (p. 99). Ele até aceita a ilustração barthiana da Bíblia como sendo um registro riscado por meio do qual vem "a voz do Mestre", apesar das imperfeições no registro (p. 272). Pinnock, em seguida, acrescentou outra crença barthiana, de que a Palavra viva, Cristo, é "adequadamente testemunhada por este texto sagrado" (p. 272). Uma vez que se aceitam as premissas de Barth, é apenas uma questão de tempo e lógica até que alguém seja forçado a chegar à conclusão de Barth. A premissa é que a Bíblia não é a Palavra escrita de Deus e, como um livro humano, está sujeito ao destino de todos os escritos humanos caídos: o erro.

Kevin Vanhoozer (1957-). Vanhoozer também possui uma forma de falácia da acomodação. Ele afirma que, na encarnação de Jesus, "seu corpo é considerado 'carne pecaminosa' (Rm 8.3, RSV) e foi feita uma oferta pelo pecado (Hb 10.5-10)" (*Is There Meaning?*, p. 304). Ele acrescenta: "A carne de Jesus, portanto, era física, judaica, pecaminosa [na encarnação] e espiritual [na ressurreição]" (p. 305). Com base nessa (defeituosa) cristologia, Vanhoozer desenvolveu sua analogia encarnacional (falha) da seguinte forma: "O corpo de Jesus está para o seu significado ('Cristo') como a letra está para o significado do texto". Ele continua:

> O que interessa, no entanto, é o modo em que o corpo de Jesus adquire, progressivamente, o seu significado em uma série de contextos de descrições em expansão. Tal abordagem me permite resistir a reduzir a significância do corpo de Jesus ao nível físico, assim como mais tarde vou resistir a reduzir o sentido literal ao seu nível mais primitivo, isto é, os objetos empíricos denominados pelas palavras individuais (p. 305).

Só assim podemos obter o que ele chama de "uma descrição densa" do corpo de Jesus. "Semelhantemente, só quando consideramos o texto como um ato literário que requer um número de camadas de descrição podemos dar conta do que o autor está fazendo no texto" e reunir "uma descrição suficientemente 'densa' do sentido literal" (*Is There Meaning?*, p. 305). No entanto, se Jesus é pecador em um estado (na encarnação), então Vanhoozer fez todo o possível com Barth para afirmar que a humanidade de Jesus (e, por analogia, a humanidade da Bíblia) envolve erro e até pecado!

A INERRÂNCIA DAS ESCRITURAS

Resposta ao desafio barthiano

Falando logicamente, a resposta é bastante simples: o argumento tem uma falsa premissa; portanto, a conclusão tirada disso é falsa. Considere as premissas e a conclusão:

1. *A Bíblia é um livro humano*, escrito em línguas humanas por seres humanos, com vocabulário humano, e assim por diante. Como tal, os evangélicos não têm problemas com esta premissa, embora admitam que alguns evangélicos minimizaram o aspecto humano da Bíblia em favor do lado divino e, assim, tornaram-se abertos na prática à acusação de docetismo bíblico (uma heresia que nega a humanidade de Cristo enquanto afirma a sua divindade). O evangelicalismo não abraça o docetismo bíblico e repetidamente o negou. Na melhor das hipóteses, a carga tem mais peso contra algumas formas extremas de fundamentalismo. Mas mesmo aqui é difícil chegar ao nome de um único erudito que admite negar a humanidade das Escrituras. No entanto, é a próxima premissa do argumento de Barth e a conclusão que extraem dela que são defeituosas.
2. *Os seres humanos erram*. Esta afirmação é verdadeira até certo ponto, mas não vai longe o suficiente para justificar a conclusão. Claro que os humanos erram, mas eles não erram sempre, nem os humanos necessariamente erram sempre que escrevem algo. Mas tal falsa premissa é necessária para chegar à sua conclusão.
3. *Portanto, a Bíblia erra*. A verdade é que os humanos, mesmo sem especial auxílio divino, nem sempre erram. Quase qualquer pessoa pode escrever um livro sem erros, se as páginas sucessivas forem: 1 + 1 = 2; 2 + 2 = 4; 3 + 3 = 6; e assim por diante. Há até catálogos telefônicos inerrantes impressos, onde todos os números estão corretos. E, uma vez que se esteja de acordo em ambos os lados do debate sobre a inerrância intramural de que Deus pode sobrenaturalmente intervir no mundo, não deve haver dificuldade em concluir que mesmo humanos, que às vezes erram, não erraram quando estavam sob a orientação divina para produzir os livros das Escrituras.

Há, no entanto, um argumento mais sutil por trás da acusação de Barth contra a inerrância, que é mais difícil de dissecar. Pode ser afirmado da seguinte forma:

1. A Bíblia é um livro totalmente humano.
2. Os seres humanos podem errar.
3. Portanto, a Bíblia pode errar.
4. Mas um livro que pode errar não é infalível (por definição, "infalível" significa ser incapaz de errar).
5. Portanto, a Bíblia não é infalível (ou seja, incapaz de erro).

A natureza da linguagem e a inerrância

Esse argumento é mais difícil de derrotar, pois não afirma que a Bíblia *erra*, mas *pode* errar. E é difícil negar que os seres humanos podem errar, mesmo quando eles não estão errando. A capacidade de errar parece fluir de sua própria natureza como seres finitos e livres. Como, então, devemos responder?

A maneira mais óbvia é indicar que a Bíblia é, como afirma ser, um livro com coautoria. Tanto Deus quanto os autores humanos são responsáveis por um e o mesmo conjunto de palavras. Há uma concordância divina com cada palavra humana nas Escrituras para que "O que a Bíblia diz, Deus diz". Davi disse: "O Espírito do Senhor falou por meu intermédio; sua palavra esteve em minha língua" (2 Samuel 23.2). Jesus disse: o que "está escrito" é "toda palavra que procede da boca de Deus" (cf. Mateus 4.4). Pedro escreveu: "pois jamais a profecia teve origem na vontade humana, mas homens falaram da parte de Deus, impelidos pelo Espírito Santo" (2 Pedro 1.21). Dada essa autodescrição da Bíblia pela Bíblia, que todos os evangélicos devem aceitar (e a maioria o faz), segue-se que tanto Deus quanto os autores humanos são responsáveis por todas as palavras do texto autográfico. Se for assim, também segue-se que há uma espécie de união "hipostática" entre os lados divino e humano das Escrituras em um conjunto de proposições (sentenças), assim como há uma união íntima entre as duas naturezas de Cristo, a divina e a humana, em uma pessoa.

Diante disso, segue-se que cada natureza é distinta e que cada natureza retém a sua característica própria. Então, quando perguntamos a uma pessoa se Jesus poderia se cansar, poderíamos ter duas respostas: Como Deus, não, ele não poderia se cansar. Mas, como homem, sim, ele era passível de cansaço. Da mesma forma, para a questão se Jesus poderia ter pecado, a resposta é não. Do mesmo modo, como Deus, Jesus era incapaz de pecar (cf. Habacuque 1.13; Hebreus 6.18; Tito 1.2). Mas, como homem, a resposta é sim, ele era capaz de pecar, pois realmente foi tentado, mas livremente escolheu não pecar (cf. Hebreus 4.15; 2 Coríntios 5.21; 1 João 3.3).

Da mesma forma, na medida em que a Bíblia é a Palavra de Deus, ela não pode errar. É infalível e incapaz de erro. Mas, na medida em que são palavras de seres humanos (e são), a Bíblia pode errar (mas não erra). Portanto, a objeção é parcialmente correta: a Bíblia como um livro humano é passível de erros. Mas a objeção é seriamente mal direcionada, porque a Bíblia também é a palavra de Deus, que não pode errar. Portanto, como a Palavra de Deus, a Bíblia não pode errar.

O mesmo é verdade para todo evento que tem componentes divinos e humanos. Diz-se que a cruz de Cristo foi predeterminada por Deus (cf. Atos 2.22,23). E, como tal, deve ocorrer. Ao mesmo tempo, Jesus diz que a escolheu livremente (cf. João 10.17,18). Como ser humano, ele era livre para não escolher a cruz, mas ele o fez, dizendo livremente ao Pai: "[...] não seja o que eu quero, mas sim o que tu queres" (Marcos 14.36).

Em vista disso, deve-se reformular a lógica das naturezas divina e humana das Escrituras da seguinte forma:

1. Deus não pode errar.
2. A Bíblia é a Palavra de Deus.
3. Portanto, na medida em que a Bíblia é a Palavra de Deus, ela não pode errar.
4. Mas a Bíblia também tem palavras humanas.
5. Consequentemente, na medida em que a Bíblia tem palavras humanas, ela pode errar (mas não erra/errou).

Não há contradição lógica entre "pode errar" e "não pode errar" aqui, uma vez que eles não são usados no mesmo sentido ou relacionamento. Em relação a Deus, eles não podem errar; mas, em relação aos homens, eles podem errar. A lei da não contradição é violada apenas se alguém afirmar e negar a mesma coisa ao mesmo tempo (o que está sendo feito aqui) e no mesmo relacionamento (o que não está sendo feito aqui).

As implicações do argumento barthiano da depravação

Alguns barthianos parecem sugerir mais do que apenas a *capacidade* de a Bíblia errar porque tem palavras humanas e os humanos são finitos. Eles também parecem argumentar que a depravação necessita de uma Bíblia que contenha erros. Esse argumento é mais forte e devastador. Isso pode ser apresentado deste modo:

1. Os humanos são totalmente depravados, incluindo sua cultura e língua.
2. Para seres humanos depravados, o pecado e o erro são inevitáveis.
3. A Bíblia é um livro totalmente humano, incluindo sua linguagem.
4. Portanto, os erros são inevitáveis na Bíblia.

Claramente, essa conclusão é mais devastadora, uma vez que logicamente comete um erro (e mesmo o pecado) inevitável na Bíblia. Portanto, isso é mais do que dizer que a Bíblia não é infalível (não contém erro). Também está afirmando mais do que a Bíblia ser falível (capaz de erro). Afirma que a Bíblia é inevitavelmente errônea. Esta é uma séria acusação e merece atenção séria do ponto de vista inerrantista tradicional.

Após um exame mais detalhado, parece que a falha está na doutrina extremada da depravação que está sendo empregada. Isso torna o pecado necessário e inevitável. Mas a Bíblia diz que, pela graça de Deus, cada pecado em particular é evitável (cf. 1 Coríntios 10.13). Como Agostinho declara com razão, depravação significa que temos a necessidade de morrer, mas apenas a *propensão* para pecar. Ou seja, todos nós temos uma natureza pecaminosa, que nos inclina para o pecado, mas não exige que pequemos. O pecado em geral é inevitável, mas cada pecado em particular é evitável. Se não fosse, não seríamos responsáveis por isso, mas nós somos responsáveis. No entanto, não há responsabilidade onde não há capacidade de responder. A imagem de Deus não é apagada na humanidade caída, mas apenas obliterada (cf. Gênesis 9.6). Nosso livre-arbítrio está danificado, mas não totalmente destruído. Somos totalmente depravados em um sentido amplo (o pecado se estende a todas as partes de nossa humanidade), mas não no sentido tão intenso de que o pecado destrói todas as nossas faculdades racionais e volitivas. No entanto, somos incapazes de iniciar ou alcançar nossa própria salvação (cf. João 15.5; Tito 3.5,6). Mas não somos incapazes de receber (cf. João 1.12) o dom da salvação (cf. Romanos 6.23). E, quando um pecador recebe o gracioso presente da salvação de Deus, o crédito não vai para o recebedor, mas para o doador da dádiva (cf. Efésios 2.8,9).

Resposta à visão barthiana sobre a queda da linguagem humana

Alguns barthianos[4] pareceram rejeitar a visão mais moderada da depravação em favor de uma que torne o pecado inevitável e até mesmo necessário nos seres humanos caídos. Na verdade, Barth escreveu um livro em resposta à pergunta de Emil Brunner sobre se uma pessoa tem até mesmo a capacidade passiva de receber a graça de Deus, intitulado *Nein!* [Não!]. A visão de Barth tem consequências devastadoras sobre sua visão das Escrituras, e isso leva às seguintes críticas:

1. *Por extensão lógica, a visão barthiana torna a Bíblia tão pecaminosa quanto errônea.* Isso ocorre porque, se a depravação é tão penetrante e difundida na cultura e na língua a ponto de tornar tudo impregnado de erro, inclusive a linguagem humana na Bíblia, então, pela mesma lógica, a queda da linguagem humana também torna a linguagem da Bíblia necessariamente pecaminosa.

   Contudo, isso é contrário à autoafirmação da Bíblia de ser a palavra *santa* ou *sagrada* de Deus (cf. 2 Timóteo 3.15), bem como ter sido "soprada" por Deus (cf. 3.16). Certamente não podemos crer que um Deus santo soprou uma palavra profana. Mesmo na visão *barthiana* de que a Bíblia é

---

[4] Por "barthiano" queremos dizer alguns seguidores de Barth, mas não necessariamente o próprio Barth, cuja visão em alguns desses problemas mudou ao longo do tempo e nem sempre foi clara.

A INERRÂNCIA DAS ESCRITURAS

apenas uma testemunha humana da Palavra pessoal de Deus (Cristo), há ali problemas sérios. Pois até seus defensores acreditam que o Novo Testamento é um testemunho apostólico confiável sobre Cristo. Mas, se for assim, então como saberemos o que é confiável e o que não é? Que critérios usamos para determinar isso? Na verdade, nós ficamos sem uma maneira objetiva de determinar onde o testemunho apostólico é correto e onde não é.

2. *A visão barthiana tornaria as palavras reais de Cristo decaídas e errôneas.* Se os barthianos estão certos sobre a queda da linguagem humana, então isso tornaria as palavras reais que Cristo falou em palavras caídas, mesmo quando ele estava ensinando sobre o Pai bendito. Isso significaria que as palavras reais de Cristo ao ensinar sobre o verdadeiro Deus (cf. João 17.3) foram permeadas de falsidade. Isso não quer dizer que Barth teria que acreditar que temos as palavras exatas de Cristo no Novo Testamento. Mas quer dizer que, quaisquer que sejam as palavras exatas de Cristo, sejam quais forem, estando no Novo Testamento ou não, foram permeadas de erros e da pecaminosidade de toda a linguagem humana. Então, Jesus não poderia ter evitado o uso profano e até a linguagem blasfema ao transmitir a mensagem salvadora de Deus. Isso é ridículo! E, se os barthianos tentarem evitar essa conclusão repugnante, insistindo em que Deus poderia ter purificado e preservado de forma sobrenatural as palavras que vieram da boca de Cristo, então alguém perguntaria por que Deus também não poderia ter feito isso por meio dos escritores das Escrituras. E, se Deus pudesse fazer isso, eles estão de volta à visão ortodoxa das Escrituras, que Barth rejeita.

3. *A visão barthiana tornaria Cristo pecador.* Essa visão da linguagem humana caída, aplicada a Cristo, tornaria a segunda pessoa da Divindade pecaminosa ou levaria a uma heresia em relação às duas naturezas de Cristo. Afinal, barthianos supostamente mantêm uma visão ortodoxa sobre as duas naturezas de Cristo em uma pessoa e das três pessoas da Divindade em um Deus. Mas, se Jesus proferiu erro e usou de linguagem de má-fé, então Deus (na Terceira Pessoa, na Segunda Pessoa, ou "por meio da pessoa de Cristo") poderia cometer pecado e errar. Como o apóstolo Paulo diria, "Perece o pensamento! Deus me livre!". Afinal, se coisas pecaminosas e errôneas estivessem surgindo da boca de Cristo, então a Segunda Pessoa da Trindade estaria fazendo isso. A única maneira em que um barthiano poderia evitar essa lógica é 1) incorrendo em uma heresia como nestorianismo, onde há duas pessoas em Cristo, uma humana e uma divina; ou 2) modificando a sua doutrina da depravação a fim de não tornar o pecado uma parte inevitável da linguagem humana. A primeira alternativa é uma heresia sobre a Trindade e as duas naturezas de Cristo. A última visão abre a porta para uma visão evangélica que nega que a linguagem é inevitavelmente

358

pecaminosa. Esta alternativa aponta para outro problema barthiano e uma solução evangélica.

4. *Mesmo na visão barthiana, toda linguagem humana não seria inevitavelmente pecaminosa.* Mesmo que a penetração do pecado na linguagem humana fosse inevitável, não significa que todo uso dessa linguagem envolve necessariamente pecado e erro. No máximo, significaria que palavrões e blasfêmias eram partes inevitáveis da linguagem humana, não que fosse inevitável que todo livro já escrito, sagrado ou secular, deve ser penetrado por maldições e blasfêmias. Pode-se estar ciente de que existem, inevitavelmente, tais palavras na língua, mas não há necessidade inevitável de que uma pessoa deva usá-las. Existem muitas palavras boas (e verdadeiras) para serem usadas, e um autor, mesmo sem ajuda divina especial, poderia escolher usar apenas as boas e verdadeiras. Quanto mais poderiam os autores humanos das Escrituras, com a ajuda de graça especial, produzir um registro sem erro ou profanidade!

5. *A visão barthiana nega a conexão análoga entre as criaturas e o Criador.* A visão da linguagem humana caída de Barth nega a conexão análoga necessária entre a nossa linguagem e a natureza de Deus. Há muito tempo a visão ortodoxa é um padrão (desde os primeiros pais a Agostinho, a Anselmo, a Aquino e, assim por diante, até os reformadores) que a Bíblia ensina que podemos pregar certos atributos de Deus que realmente o descrevem. Ou seja, podemos dizer não só que Deus é santo, mas também que Deus é realmente santo. Podemos dizer não só que Deus é amoroso, mas também que ele realmente ama. E, apesar do discurso sobre Deus ser unívoco (como afirma Duns Scotus) ou análogo (como afirma Tomás de Aquino) ou ambos (como nós sugerimos anteriormente), a visão padrão de longa data que o cristianismo ortodoxo tem é que nossa linguagem ou discurso sobre Deus realmente se aplica a ele. Ou seja, quando afirmamos que Deus é bom, verdadeiro, santo ou amoroso, estes são atributos realmente verdadeiros a respeito de Deus: eles realmente correspondem a algo em Deus.

Em contraste, a visão barthiana não permite tal ponto de contato ontológico entre o Criador e suas criaturas para servir como base para pregações sobre a natureza divina. Esta falha na teologia barthiana se manifesta em sua visão radical sobre a linguagem da Escritura como sendo não a própria Palavra de Deus, mas uma testemunha humana caída da revelação pessoal de Deus em Cristo. Na verdade, ao contrário do que apresentamos anteriormente, o próprio Barth negou toda revelação proposicional da verdade objetiva sobre Deus. E também a única analogia para a qual Barth deixa espaço é "uma analogia da fé", de que não há correspondência entre nossos pensamentos e Deus, mas somente na autorrevelação de Deus para nós.

A INERRÂNCIA DAS ESCRITURAS

Mas, sem uma analogia baseada na realidade, fica-se fortemente pressionado a entender o que isso poderia significar além de que a autorrevelação de Deus é nada mais que a maneira que Deus quer que pensemos sobre ele e respondamos a ele, não como ele realmente é.

6. *A visão barthiana nega a dimensão divina da Escritura, que a Bíblia afirma sobre si mesma.* A Bíblia afirma sobre si mesma que é a própria Palavra de Deus. Repetidamente e de muitas maneiras, a Bíblia afirma ser não apenas a Palavra de Deus, mas também as próprias palavras de Deus. Lemos que "Moisés [...] escreveu tudo o que o SENHOR dissera [...]" (Êxodo 24.4); Jeremias é exortado: "Não omita uma só palavra" (26.2); Paulo diz de todo o Antigo Testamento: "Toda a Escritura é inspirada por Deus [...]" (2 Timóteo 3.16). Jesus disse: "[...] a Escritura não pode ser anulada" (João 10.35) e "[...] Está escrito: 'Nem só de pão viverá o homem, mas de toda palavra que procede da boca de Deus' " (Mateus 4.4). Ele declara: "Não pensem que vim abolir a Lei ou os Profetas; não vim abolir, mas cumprir. Digo a verdade: Enquanto existirem céus e terra, de forma alguma desaparecerá da Lei a menor letra ou o menor traço, até que tudo se cumpra" (Mateus 5.17,18). Deus diz a João para nada adicionar às "palavras da profecia deste livro" (Apocalipse 22.18).

7. *A visão barthiana é contrária à natureza da Bíblia como um livro profético.* Contrariando Karl Barth, o Antigo Testamento descreve um profeta como um porta-voz das próprias palavras de Deus, nem mais nem menos. Além disso, Deus afirma sobre o profeta vindouro como Moisés, "[...] porei minhas *palavras* na sua boca, e ele dirá a vocês tudo o que eu lhe ordenar" (Deuteronômio 18.18, grifo nosso). E Deus ordena a Moisés: "Nada acrescentem às palavras que eu ordeno a vocês e delas nada retirem [...]" (4.2). Micaías anuncia: "[...] Juro pelo nome do SENHOR que direi o que o SENHOR me mandar" (1 Reis 22.14). Balaão proclamou: "[...] eu não poderia fazer coisa alguma, grande ou pequena, que vá além da ordem do SENHOR, o meu Deus" (Números 22.18). No entanto, toda a Bíblia é considerada uma escrita profética. Todo o Antigo Testamento é chamado de "[a Lei de] Moisés e [...] os profetas" (cf. Lucas 24.27; 16.31; Mateus 5.17,18).

Da mesma forma, a igreja do Novo Testamento está baseada nos ensinamentos "dos apóstolos e dos profetas" (cf. Efésios 2.20), e o apóstolo João se considerou entre os "profetas" (cf. Apocalipse 22.6). Mas, dado que os profetas são considerados os próprios porta-vozes de Deus, e que eles transmitiam as próprias palavras de Deus, nada mais, nada menos, então é mais que evidente que a Bíblia reivindica para si uma identidade entre suas palavras e as palavras de Deus. Na verdade, Davi disse: "O Espírito do SENHOR falou por meu intermédio; sua palavra esteve em minha língua" (2 Samuel 23.2).

8. *A visão barthiana é contrária à intercambialidade entre o que a Bíblia diz e o que Deus diz.* O ditado frequentemente citado "O que a Bíblia diz, Deus diz" é um ensino bíblico. Às vezes, o que Deus diz no Antigo Testamento é o que nós lemos no Novo Testamento como diz a Escritura, conforme mostrado abaixo:

O que Deus diz ...	O que a Escritura diz ...
Gênesis 12.3	Gálatas 3.8
Êxodo 9.16	Romanos 9.17

O que a Escritura diz ...	O que Deus diz ...
Gênesis 2.24	Mateus 19.4,5
Salmos 2.1	Atos 4.24,25
Salmos 2.7	Hebreus 1.5
Salmos 16.10	Atos 13.35
Salmos 95.7	Hebreus 3.7

O que a Escritura diz...	O que Deus diz...
Salmos 97.7	Hebreus 1.6
Salmos 104.4	Hebreus 1.7
Isaías 55.3	Atos 13.34
Isaías 6.9	Atos 28.25

Por exemplo, em Gênesis 12.1-3, lemos "Então o SENHOR disse a Abrão [...]", mas quando isso é citado no Novo Testamento, Gálatas 3.8 diz: "Prevendo a Escritura [...] anunciou [...] a Abraão". Às vezes, é invertido para que o que a Bíblia diz no Antigo Testamento o Novo diga que Deus disse tal coisa. Isso mostra a intercambialidade das duas frases. Por exemplo, em Gênesis 2.24 o autor diz: "Por essa razão, o homem deixará pai e mãe [...]". O Novo Testamento registra isso em Mateus 19.4,5 da seguinte forma: "O Criador [...] e disse: '[...] o homem deixará pai e mãe' [...]". Da mesma forma, Isaías (6.8,9) diz: "Então ouvi a voz do Senhor, conclamando: '[...] Vá e diga a este povo' [...]", mas o Novo Testamento diz assim: "[...] Bem que o Espírito Santo falou aos seus antepassados, por meio do profeta Isaías" (Atos 28.25). Essa identidade próxima ou equivalência formal entre o que a Bíblia diz e o que Deus diz é claramente contrária à separação de ambos feita por Karl Barth e seus novos seguidores evangélicos.

Em resumo, o que mais pode ser dito sobre a visão barthiana é que ela é claramente contrária às Escrituras, que afirmam uma identidade entre a Bíblia e a Palavra de Deus. Na verdade, a Bíblia afirma ser um escrito

A INERRÂNCIA DAS ESCRITURAS

profético que transmite as próprias palavras de Deus, nem mais nem menos. Portanto, não há como a Bíblia ser simplesmente uma testemunha falível da revelação pessoal de Deus em Cristo. Em vez disso, a Bíblia afirma ser uma revelação verbal e plenária de Deus.

Resumo e conclusão

Os inerrantistas factuais afirmam que a Bíblia é a Palavra escrita de Deus. Eles insistem em que a Bíblia não *contém* apenas a revelação de Deus, mas que também é a revelação de Deus. Além disso, a Bíblia não é uma *testemunha* falível da revelação pessoal de Deus; ao contrário, a Bíblia *é a própria revelação* de Deus. Assim, a Bíblia é objetivamente a divina revelação proposicional verdadeira (v. cap. 13). Isso também envolve a crença nessa linguagem — a linguagem humana em que a Bíblia é escrita — de ser capaz de transmitir a revelação divina objetiva. Essa comunicação é possível porque existe, por meio da criação, uma relação análoga baseada na conexão causal real entre o Criador e a criatura. Essa semelhança em ser não foi destruída pela Queda e torna possível a comunicação entre um Ser infinito e seres finitos, pois têm algo real em comum: o ser (aquilo que é).

Mesmo a Queda não destrói o ser da criatura. A imagem de Deus na humanidade é obliterada, mas não apagada. Está estragada, mas não destruída. Pois destruir o ser é remetê-lo para o não-ser. Portanto, enquanto algo existe, há um terreno comum em que o Criador pode se relacionar com suas criaturas. E, uma vez que Deus fez a linguagem que pode comunicar um sentido objetivo e uma vez que os humanos são seres racionais que podem entender o sentido objetivo, segue-se que um sentido significativamente objetivo e a verdadeira relação de Deus na linguagem humana são possíveis.

Muitas objeções foram levantadas contra tais alegações, dos tempos modernos até o presente, incluindo misticismo, convencionalismo e barthianismo, com sua visão extrema da depravação humana. No entanto, mostramos que nem a finitude humana nem a Queda impediram a capacidade de Deus de se comunicar de forma infalível com suas criaturas, nem mesmo a nossa incapacidade de fazer afirmações objetivamente verdadeiras sobre Deus com base em sua revelação objetiva, verbal e proposicional para nós.

Evitando os extremos do essencialismo platônico e do conventualismo moderno, o inerrantismo evangélico está baseado em uma justificativa bíblica e filosoficamente realista. Nossas declarações sobre Deus não são univocamente idênticas a como ele é, nem são totalmente diferentes equivocadamente; no entanto, elas são significativas e satisfatoriamente análogas a como Deus é. Essa analogia está baseada na causalidade real das relações entre o Criador e as criaturas, nas quais o Ser infinito causa seres finitos que são semelhantes a seu ser, mas diferentes em seu tipo de ser — Deus é Ser infinito, e as criaturas são seres finitos. Ser comunica ser: Deus não pode dar o que ele não tem. Deus não pode produzir o que ele não possui. Assim, o ser que Deus dá às suas criaturas deve ser semelhante a ele, porque ele está Sendo. Ao mesmo tempo, deve ser diferente porque somos seres finitos e Deus é Ser infinito. Portanto, há uma semelhança (analogia) entre Deus e as criaturas. É essa semelhança que torna possível a Deus condescender e se comunicar conosco em nossa língua. Ao mesmo tempo, nos torna capazes de falar a verdade sobre o Infinito com nossa linguagem finita. Nós fazemos isso tomando termos que se aplicam a Deus, despojando-os de suas qualidades finitas (por meio de negação) e aplicando a (mesma) definição unívoca deles a Deus de forma analógica. Dessa maneira, nossa linguagem é um meio adequado para um diálogo satisfatório e significativo sobre Deus.

▪ Fontes ▪

Augustine [Agostinho], *De magistro* [Sobre o professor]
_____, *De Trinitate* [Sobre a Trindade]
_____, *Principia dialecticae* [Princípios dialéticos]
Barth, *Church Dogmatics, v .1: The Doctrine of the Word of God*
_____, *Evangelical Theology*
_____, *Nein!*
Berkouwer, *Holy Scripture*
Brunner, *Word of God*
Duns Scotus, *Philosophical Writings*
Frege, "On Sense and Reference"
Geisler, *Baker Encyclopedia*
Gilson, *Linguistics and Philosophy*
Grenz, *Primer on Postmodernism*
_____, *Revisioning Evangelical Theology*
Grenz e Franke, *Beyond Foundationalism*
Holy Bible, King James Version
Holy Bible, New King James Version
Lewis, *Abolition of Man*
Mondin, *Principle of Analogy*
Pinnock, *Scripture Principle*
Plato [Platão], *Cratylus* [Crátilo]

Rogers, *Biblical Authority*

Rogers e McKim, *Authority and Inspiration*

Saussure, *General Linguistics*

Thomas Aquinas [Tomás de Aquino], *Summa*

Wittgenstein, *Lectures and Conversations*

_____, *Notebooks*

_____, *Philosophical Investigations*

_____, *Tractatus*

15

A NATUREZA DA HERMENÊUTICA
E A INERRÂNCIA

Introdução

DIZENDO DE maneira formal, inerrância e hermenêutica são coisas distintas. A inerrância lida com a natureza da Escritura e a hermenêutica trata da interpretação da Escritura. No entanto, na prática, ambas estão intimamente relacionadas. Até a Declaração do Conselho Internacional sobre Inerrância Bíblica (ICBI), sobre inerrância, há um artigo inteiro (art. 18) sobre hermenêutica que alude a ela em muitos outros artigos. Além do mais, aqueles que negam a inerrância muitas vezes abraçam uma hermenêutica aberrante. Por essas razões, é necessário discutir a relação entre hermenêutica e inerrância.

A relação entre hermenêutica e inerrância

A Declaração do ICBI sobre Hermenêutica e Inerrância

Percebendo a importância de uma hermenêutica adequada para a inerrância, o ICBI dedicou um artigo inteiro em sua famosa Declaração de Chicago sobre Inerrância Bíblica (1978). O artigo 18 diz:

> Afirmamos que o texto das Escrituras deve ser interpretado mediante exegese histórico-gramatical, levando em conta suas formas e recursos literários, e que as Escrituras devem interpretar as Escrituras. Negamos a legitimidade de qualquer abordagem do texto ou de busca de fontes por trás do texto que conduzam à relativização, desistorização ou minimização de seu ensino, ou a uma rejeição de suas afirmações quanto à autoria.

Esta declaração tem um compromisso claro com o método histórico-gramatical de interpretação da Bíblia. Por implicação, isso também significa que ela se opõe a qualquer método de interpretação que seja contrário a esta abordagem das Escrituras. E, como nós veremos, visões desviantes sobre a inerrância frequentemente envolvem visões desviantes sobre a hermenêutica.

Outras implicações da hermenêutica e a inerrância

Além do claro compromisso com a interpretação histórico-gramatical da Escritura, uma compreensão do que isso implica é encontrado em vários outros artigos da Declaração de Chicago do ICBI sobre a Inerrância Bíblica.[1] Uma das mais importantes é que esse método seja empregado para derivar a doutrina da inerrância da Escritura em si.

Hermenêutica usada para derivar a doutrina da inerrância

O artigo 15 declara: "Afirmamos que *a doutrina da inerrância está alicerçada no ensino da Bíblia acerca da inspiração*". Esta declaração implica a necessidade de usar o método histórico-gramatical, a fim de saber o que a Bíblia ensina sobre sua própria inspiração e inerrância. A mesma coisa está implícita na Declaração Breve do documento sobre inerrância do ICBI. Ele afirma no ponto 2:

> As Escrituras Sagradas, sendo a própria Palavra de Deus, escritas por homens preparados e supervisionados por seu Espírito, possuem autoridade divina infalível *em todos os assuntos que abordam*: devem ser cridas, como instrução divina, *em tudo o que afirmam*; obedecidas, como mandamento divino, em tudo o que requerem; aceitas, como penhor divino, em tudo que prometem.

Isso implica que podemos entender o que a Bíblia diz e afirma. Sem o método histórico-gramatical de interpretação (afirmado no art. 18), isso não seria possível.

Definição adicional do método histórico-gramatical

O artigo 5 refina ainda mais o que se entende por histórico-gramatical (HG): "Afirmamos que a revelação de Deus nas Sagradas Escrituras foi progressiva. *Negamos que revelações posteriores*, que podem completar revelações mais antigas, *tenham alguma vez corrigido ou contrariado tais revelações*".

O artigo 11 afirma: "Afirmamos que as Escrituras, tendo sido dadas por inspiração divina, são infalíveis, de modo que, longe de nos desorientar, *são verdadeiras e confiáveis em todas as questões de que tratam*". Isso revela que o objetivo do HG é entender a verdade objetiva da Escritura (v. cap. 13) em todos os assuntos. Isso inclui assuntos históricos e científicos. Sobre o artigo 12, lê-se:

---

[1] Grigo é acrescentado em todas as citações a seguir para enfatizar seus aspectos hermenêuticos.

Afirmamos que, em sua totalidade, as Escrituras são inerrantes, estando isentas de toda falsidade, fraude ou engano. Negamos que a infalibilidade e a inerrância da Bíblia estejam limitadas a assuntos espirituais, religiosos ou redentores, excluindo informações de natureza histórica e científica. Negamos também que hipóteses científicas acerca da história da Terra possam ser corretamente empregadas para desmentir o ensino das Escrituras a respeito da Criação e do Dilúvio.

O artigo 13 define ainda o método HG como intérprete da Bíblia à luz de seus próprios fenômenos:

Negamos que seja correto avaliar as Escrituras de acordo com padrões de verdade e erro estranhos ao uso ou propósito da Bíblia. Negamos também que a inerrância seja contestada por fenômenos bíblicos, tais como a falta de precisão técnica contemporânea, irregularidades de gramática ou ortografia, descrições da natureza feitas com base em observação, registro de falsidades, uso de hipérbole e números arredondados, disposição tópica do material, diferentes seleções de material em relatos paralelos ou uso de citações livres.

O artigo 2 implica até mesmo que HG favorecerá a crença no *Sola Scriptura*: *"Afirmamos que as Sagradas Escrituras são a suprema norma escrita, pela qual Deus compele a consciência*, e que a autoridade da igreja está subordinada à das Escrituras. Negamos que os credos, concílios ou declarações doutrinárias da igreja tenham uma autoridade igual à autoridade da Bíblia ou maior do que ela".

O artigo 14 sujeita HG às leis da lógica, insistindo na *"unidade e* [n]*a coerência interna das Escrituras*. Negamos que alegados erros e discrepâncias que ainda não foram resolvidos viciem as reivindicações de verdade que a Bíblia faz".

Nos anos que se seguiram, o ICBI deu uma definição mais precisa do método HG. A declaração e os artigos acadêmicos sobre o tema são encontrados em *Hermeneutics, Inerrancy, and the Bible* [*HI*] (1984), editado por Radmacher e Preus. Mesmo que esse documento não seja uma parte oficial da Declaração de Chicago (1978), ele explicita o que os inerrantistas do ICBI sustentaram em relação à hermenêutica do método HG e a inerrância. Ele contém uma série de 25 artigos, com um breve comentário sobre eles (Geisler, "Explaining Hermeneutics" [EH], no apêndice B de *HI*). As partes cruciais dessas declarações serão mencionadas na discussão a seguir.

Uso da hermenêutica para negar a posição histórica sobre a inerrância

Nossa preocupação aqui será verificar algumas afirmações contemporâneas usadas para negar a inerrância e a hermenêutica. Começaremos com Jack

Rogers do Fuller Theological Seminary, onde a crise de inerrância contemporânea começou na década de 1960 (v. cap. 1).

O uso da hermenêutica por Jack Rogers para negar ou minar a inerrância total

Jack Rogers, do Fuller Seminary, citando G. C. Berkouwer com aprovação, escreveu: "Não é que as Escrituras não nos ofereçam nenhuma informação, mas que a natureza dessas informações é única. Isto é regido pelo propósito da revelação de Deus". E, de Deus, o propósito é redentor. Portanto, "desviar-se da verdade" da redenção é o que constitui erro (Rogers e McKim, *Authority and Interpretation* [*AI*], p. 431), não afirmações factualmente incorretas. "O propósito das Escrituras inspiradas por Deus não é de forma alguma fornecer gnose científica [conhecimento] [...] mas testemunhar a salvação de Deus pela fé" (p. 431). Por exemplo, citando Berkouwer com aprovação novamente, Rogers escreveu: "Paulo, no mínimo, não fez proposições atemporais sobre a feminilidade" (p. 432). Ele afirmou que "uma definição bíblica de erro" não é o que envolve "incorreção", mas o que envolve "engano" (p. 31).

Em vez disso, "o conhecimento religioso era conhecimento pessoal, relacional ou não era considerado digno do nome conhecimento" (*AI*, p. 434). Ele acrescentou: porque "O propósito das Escrituras era nos levar à salvação em Cristo. Berkouwer, como Kuyper e Bavinck, estava aberto aos resultados de estudos críticos de uma forma que a teologia de Princeton não estava" (p. 429).

Seguindo seu mentor G. C. Berkouwer, Jack Rogers também introduziu a visão da acomodação divina ao erro no evangelicalismo. Ele também chamou de inspiração "orgânica", limitada à intenção redentora dos autores. Rogers escreveu: "É sem dúvida possível definir o significado da inerrância bíblica de acordo com o propósito salvífico da Bíblia e levando em consideração as formas humanas por meio das quais Deus condescendeu em revelar-se" (*Biblical Authority* [*BA*], p. 45). Essas formas humanas incluem "erros" (p. 46) em questões não redentoras; assim, Rogers aceita a alta crítica negativa (*AI*, p. 393). Novamente, a Bíblia é escrita em formas humanas decaídas e, como tal, conterá o destino de todos os escritos humanos: erro.

Claramente Rogers se desviou da hermenêutica HG expressa pela Declaração e Comentário do ICBI de várias maneiras. Vamos considerá-los brevemente:

Em primeiro lugar, a visão da verdade de Rogers, de que o HG foi projetado para descobrir, não é a visão factual de correspondência afirmada pelo ICBI (art. 13). O comentário oficial nesse artigo fala repetidamente da verdade como aquilo que "corresponde à realidade" (v. cap. 13). Da mesma forma, o erro não é um erro, mas apenas o que engana. Isso também se opõe ao que os criadores do ICBI tinham em mente no artigo "Hermeneutical Articles of Affirmation and Denial" (artigo XIV de 1984, doravante, HA). No artigo 6, lê-se: "Afirmamos ainda que uma declaração é verdadeira se ela representa as questões como elas de fato são, mas é um erro se ela representa equivocadamente os fatos". O comentário sobre isso acrescenta: "A negação torna evidente que as visões que redefinem o erro para que signifique aquilo que 'desencaminha', em vez do que é um erro, precisam ser rejeitadas" (*EH*, p. 892).

Em segundo lugar, para os fundadores do ICBI, a verdade significa que as declarações sobre história e ciência são objetivamente verdadeiras, mesmo se tratarem de tópicos que não sejam diretamente redentores (v. art. 12). Na verdade, o ICBI mais tarde definiu a hermenêutica HG como aquela que revela "seu sentido literal, ou normal" (art. 15). Ele "afirma que Gênesis 1—11 é factual, como o é o restante do livro" (art. 22). Outro artigo diz: "Negamos que categorias gerais que negam a historicidade possam ser corretamente impostas às narrativas bíblicas que se apresentam como factuais" (art. 13). O comentário sobre este artigo informa-nos que tem em vista "alguns debatedores [que] entendem, por exemplo, Adão como um mito" e "outros [que] entendem que Jonas é uma alegoria" (*EH*, p. 897).

Em resumo, o método literal de interpretação HG é voltado à obtenção do objetivo verdade do texto. Isso inclui não apenas verdades redentoras, mas também históricas e científicas. Pois toda verdade expressa no texto vem do Deus de toda a verdade.

O uso da hermenêutica por Clark Pinnock para negar a inerrância

Clark Pinnock é ainda mais explícito ao declarar a conexão entre sua hermenêutica de propósito redentor semelhante a Rogers (v. cap. 4). Ele até chama isso de visão de inerrância de propósito (*Scripture Principle* [*SP*], p. 262). Ele escreveu: "*A inerrância é relativa à intenção das Escrituras*, e isso precisa ser determinado hermeneuticamente" (p. 225, grifo nosso aqui e a seguir). Novamente, isso significa que "*a inerrância diz respeito à intenção do texto*. Caso se *pudesse demonstrar que o cronista inflou alguns dos números que ele usa para o seu propósito didático*, ele estaria no seu pleno direito e não estaria com isso contradizendo a inerrância" (p. 78). Então, a Bíblia poderia ter erros factuais e ainda ser redentoramente verdadeira, de acordo com a intenção do autor. Assim, "*a Bíblia parecerá suficientemente confiável em termos de seu propósito* [economia] *soteriológico*" (p. 104-105).

Isso permite que Pinnock diga: "Em outras palavras, a Bíblia pode conter erros de tipos incidentais, mas não ensina erro algum" (*SP*, p. 264). Assim, ele rejeita a visão ortodoxa de "O que a Bíblia diz, Deus diz". Ele afirma: "Eu agora sei que Karl Barth teve um bom motivo para rejeitar o conceito de revelação como primordialmente informação" (p. 267). Ele diz claramente: "Barth estava certo ao falar de uma distância entre a Palavra de Deus e o texto da Bíblia" (p. 99). Ele até aceita a ilustração barthiana da Bíblia como um registro arranhado através do qual vem "a voz do Mestre", apesar das imperfeições no registro (p. 272). Pinnock, então, adiciona outra crença barthiana, de que a Palavra viva, Cristo, é "devidamente testemunhada por este texto sagrado" (p. 272).

Nesse sentido, a hermenêutica de Pinnock é voltada para ajudar o leitor a eliminar os "arranhões" de erros factuais e foco na mensagem redentora da Bíblia. Embora reconheça as falhas na Bíblia, ele parece ignorar alegremente as falhas em sua interpretação da Bíblia.

O uso da hermenêutica por Peter Enns para negar a inerrância

Existem muitos aspectos da visão de Enns que são subevangélicos (v. cap. 6). Na verdade, eles são contrários à declarações do ICBI sobre as Escrituras e como interpretá-las.

Enns diz que o mito é uma maneira adequada de descrever o Gênesis, embora afirme que também contém história (p. 41, 49). Ele afirma que Deus adotou as categorias míticas dentro das quais Abraão pensava (p. 53). Ele também afirma que Deus transformou os mitos antigos para se concentrar em si mesmo (p. 54). Além disso, Enns acredita que é uma falácia a suposição de que a Bíblia é precisa em todos os detalhes (*II*, p. 47). Ele sustenta, por exemplo, que houve apenas uma purificação do templo por Jesus (p. 65), embora os evangelhos falem de duas, em momentos diferentes: uma no início do ministério de Jesus (cf. João 2) e outra anos depois (cf. Mateus 21).

Enns também afirma ser um equívoco pensar que a Bíblia é única, unificada em perspectiva (*II*, p. 16). Além disso, diversos conteúdos factuais não são incompatíveis com a mensagem teológica (p. 73). Existem até inconsistências na lei moral no Antigo Testamento (p. 85). Enns acredita que "a Bíblia parece ser relativizada" pela cultura do dia (*II*, p. 43). Portanto, as leis de Israel são culturalmente relativas, não normativas (p. 67). Além disso, a Bíblia não contém uma visão objetiva e imparcial da história, porque não existe tal coisa (*II*, p. 45).

Ele afirma que todas as tentativas de declarar a natureza da Bíblia estão abertas ao exame (*II*, p. 48). Se for assim, somos deixados no agnosticismo sobre o que se entende por inspiração e inerrância. Enns afirma que Gênesis não

A natureza da hermenêutica e a inerrância

foi registrado até o primeiro milênio a.C. (*II*, p. 52). Isso significa que Moisés, que viveu centenas de anos antes disso, não poderia tê-lo criado ou compilado. Ele também acredita que Samuel e Reis não foram escritos até o século V ou IV a.C. (p. 63). Isso aconteceu muito depois que a história terminou.

Finalmente, Enns acredita que a Bíblia não é um livro de instruções atemporal que se aplica hoje (*II*, p. 67). Deus permite que a lei seja "ajustada ao longo do tempo" (p. 87). Ele até critica a NIV por assumir a inerrância como base de sua tradução (p. 92).

Visão de Enns sobre a interpretação da Bíblia

Na base de seus pontos de vista sobre Deus e a Bíblia estão seus pontos de vista sobre interpretação. Enns é um defensor do que é chamado de hermenêutica do Segundo Templo (*II*, p. 117). Ele acredita que o método HG tradicional é geralmente uma boa abordagem, mas "contexto original" significa não apenas gramática e história; significa também a hermenêutica da época (p. 117). Portanto, ele acredita que Daniel recebeu um significado mais profundo das palavras de Jeremias sobre os setenta anos (p. 119). Os escritores bíblicos procuram mais "mistérios" no texto (p. 131). Em Cristo, há uma "superrealização" dos textos do Antigo Testamento que não falavam dele (p. 136). A "semente" de Abraão tinha um duplo significado e mais profundo (p. 137).

Enns também afirma que Paulo mudou um texto do Antigo Testamento, adicionando uma palavra e mudando o significado (*II*, p. 140-142). A tradição não histórica faz parte da interpretação neotestamentária do Antigo Testamento (p. 143). Os apóstolos não viram que Jesus é o Senhor com base em uma interpretação objetiva do Antigo Testamento (p. 153). O Novo Testamento tira o Antigo Testamento do contexto e o coloca em outro contexto, o contexto de Cristo (p. 153). Israel é substituído pela Igreja — o significado mais elevado e profundo de Deus (p. 154). O método HG não é um método normativo (p. 159). Deus pretende mais do que o autor humano da Bíblia fez (p. 160). Como Barth, ele acredita que a Bíblia é apenas uma testemunha escrita da revelação de Deus em Cristo (p. 161). A interpretação cristã vai muito além dos marcadores científicos e critérios objetivos (p. 162). A interpretação adequada é uma atividade da comunidade — uma comunidade histórica, a família de Deus. A interpretação da Bíblia não é uma fortaleza a se defender, mas uma peregrinação a ser feita (p. 162). As categorias "inerrância" e "infalível" nunca podem ser totalmente compreendidas (p. 168). Não temos nenhum ponto de referência absoluto por meio do qual interpretar a Bíblia, despojado de nosso próprio contexto cultural. O modelo encarnacional ajuda-nos a ver um evangelho

A INERRÂNCIA DAS ESCRITURAS

multidimensional (p. 169). A Bíblia não é um livro atemporal de regras ou manual do proprietário (p. 169). A evidência disponível transcende os rótulos de conservador ou liberal (p. 171).

Posta ao lado da visão do ICBI sobre hermenêutica e inerrância afirmada anteriormente com base nas declarações oficiais e comentários, as opiniões de Enns ficam significativamente aquém em muitas áreas. Na verdade, ela é um bom exemplo de como a nova hermenêutica pode minar a doutrina da inerrância. Na verdade, é um ataque à venerável hermenêutica histórico-gramatical em que se baseia a inerrância.

Declarações de Vanhoozer que minam a inerrância

Kevin Vanhoozer, do *Wheaton College*, afirma aceitar a inerrância das Escrituras. No entanto, vários aspectos de sua hermenêutica minam sutilmente essa afirmação. Alguns serão listados aqui. Um tratamento mais completo de sua visão é encontrado anteriormente (no cap. 8). Vanhoozer adota a teoria dos atos de fala, que muda o significado do que o texto afirma (uma locução) para o que ele infere ser o propósito do autor ao escrever tal texto (a ilocução). Aplicado às Escrituras, Vanhoozer escreveu: "Minha proposta, então, é dizer tanto que a Bíblia é a Palavra de Deus (no sentido de seus atos ilocucionários) quanto dizer que a Bíblia se torna a Palavra de Deus (no sentido de atingir seu efeito perlocucionário" (*First Theology* [*FT*], p. 195). Focar no texto sem considerar a sua ilocução é puro "letrismo" ou "locucionismo" (*Is There Meaning?*, p. 312), uma vez que as palavras não têm significado em si mesmas, além de suas finalidades. Portanto, a unidade básica de significado é o ato de fala, não as palavras do texto (p. 312).

Vanhoozer chama sua visão de "uma teologia trinitária das Sagradas Escrituras". "A atividade do Pai é a locução. Deus Pai é o que fala, o que gera, o sustentador da palavra. [...] O Logos corresponde ao ato de ilocução de quem fala, o que alguém faz ao dizer algo. [...] A agência do Espírito consiste, por sua vez, em levar o ponto ilocucionário à compreensão do leitor e assim atingir o efeito perlocucionário correspondente — seja fé, seja obediência, seja louvor ou outra coisa" (*FT*, p. 154-155). Então, ao invés do *locus* do significado inerrante e da verdade estar nas afirmações do texto (que podem ser erradas), devemos nos concentrar no propósito do autor ao usar essas palavras. A afirmação real (locução) pode ser errônea (como quando Josué disse ao Sol para "ficar parado"), mas o propósito (ilocução) é inerrante. Qual era o propósito do texto? Vanhoozer afirma que "o que o autor está *fazendo* em Josué 9 [*sic*] é narrar a história a fim de mostrar como Deus cumpriu a sua promessa a Israel de conceder a Terra Prometida" ("Lost in Interpretation?", p. 106-107).

Ironicamente, é realmente Josué 10, não o capítulo 9 (como disse Vanhoozer). Mas, sem dúvida, Vanhoozer não consideraria isso um erro, uma vez que seu verdadeiro propósito ilocucionário não era nos informar sobre o número real do capítulo!

Defesa da Declaração do ICBI sobre a Inerrância
Não há teologia ortodoxa consistente sem uma metodologia ortodoxa. Não há doutrina ortodoxa sem uma hermenêutica ortodoxa. E este método ortodoxo de interpretação é denominado hermenêutica histórico-gramatical (HG). Mesmo a própria doutrina da inerrância está baseada em uma interpretação HG ortodoxa da Bíblia. Da mesma forma, os primeiros credos cristãos, considerados por muitos como o padrão para a ortodoxia (v. Geisler e Rhodes, *Conviction without Compromise*, parte 1), são resultado do uso da hermenêutica HG sobre as Escrituras (ibid., cap. 17).

Defesa da hermenêutica histórico-gramatical
Dada a importância do método HG de interpretar a Bíblia, é preciso uma breve explicação do que isso significa e por que é tão importante para a inerrância. Comecemos definindo o que se entende por método histórico-gramatical.

Definição de hermenêutica histórico-gramatical
O principal desafio para a hermenêutica HG é a sua objetividade. Baseia-se nas afirmações, evidentes em Enns (como vimos), de que a subjetividade não pode ser evitada na interpretação da Escritura. Existem muitas formas de subjetivismo na hermenêutica. Uma vez que qualquer uma delas minará a doutrina clássica da inerrância expressa pelo ICBI, vamos nos concentrar em defender uma hermenêutica objetiva em vez de responder a todas as formas de subjetivismo.

Base de uma hermenêutica objetiva
A base para o objetivismo na hermenêutica está firmemente apoiada em sua inegável natureza. Como uma visão objetiva da verdade (v. cap. 13), não se pode negar uma visão hermenêutica objetiva sem ozinh-la. Negar a objetividade na compreensão de um texto é sugerir que existe uma maneira objetiva de entender essa mesma negação. Na verdade, para saber que uma interpretação não é objetiva, deve-se possuir uma interpretação objetiva. Há mais sobre isso adiante, mas primeiro vamos dar uma olhada nos elementos que tornam possível uma hermenêutica objetiva. Estes incluem 1) a existência de uma Mente absoluta (Deus), 2) a natureza absoluta do

significado, 3) a analogia entre uma compreensão infinita e uma compreensão finita e 4) a capacidade de mentes finitas (feitas à imagem de Deus) para entender as verdades reveladas por Deus.

Existência de uma Mente absoluta

A existência de uma Mente absoluta é um dado na visão clássica de "Deus" implícita nas declarações de inerrância da ETS e do ICBI, conforme discutido anteriormente (no cap. 12). Uma defesa racional dessa Mente se dá mais ou menos assim: 1) Existe pelo menos uma mente finita (eu), pois não posso negar que sou um pensador sem pensar. Estou limitado em meu pensamento, ou não duvidaria ou descobriria novos pensamentos, o que eu faço. 2) Mas o princípio da causalidade exige que cada coisa finita necessite de uma causa. 3) Portanto, segue-se que deve haver uma Mente infinita que causou a minha mente finita. Isso é verdade por dois motivos: primeiro, uma causa não pode dar o que não tem (analogia; v. cap. 14). Segundo, o efeito não pode ser maior do que a sua causa. Portanto, se o efeito é inteligente, a Causa deve ser inteligente. Consequentemente, uma mente infinita deve existir. Outros inerrantistas simplesmente pressupõem que tal Mente seja uma condição necessária para o pensamento, na qual todos nós inegavelmente nos engajamos. Seja como for, uma Mente absoluta é absolutamente necessária como base para o significado absoluto.

Significado absoluto

Se existe uma Mente absoluta, pode haver um significado absoluto. O objetivo básico para o significado é encontrado na Mente de Deus. O que quer que signifique uma Mente infinita é o que significa objetiva e absolutamente. Consequentemente, a existência de significado objetivo e absoluto está baseada na existência de um meio absoluto (Deus).

Sem uma perspectiva absoluta, possível apenas por causa de uma Mente absoluta, toda a verdade é perspectiva; então, por que uma perspectiva deve ser considerada melhor do que outra? Claro, o problema com a afirmação "Toda verdade é perspectiva" é que isso é uma afirmação de verdade não perspectiva; caso contrário, também poderia ser relegada à categoria de apenas outra perspectiva relativa. Portanto, estamos de volta à possibilidade de afirmações não perspectivas da verdade. Mas isso só é possível se houver uma Mente absoluta.

Analogia e significado

O Deus teísta da Bíblia e da teologia ortodoxa clássica é capaz de transmitir pensamentos de sua mente para as nossas mentes. Pois esse Deus não é apenas Ser conhecedor (onisciente) infinitamente; ele também é infinitamente poderoso (onipotente). Mas um Deus infinitamente poderoso pode fazer tudo o que não seja contraditório. E não é contraditório para uma Mente infinita transmitir significado a criaturas finitas, uma vez que existe um terreno comum entre eles nas leis inegáveis do pensamento e da semelhança (analogia) de ser entre o Criador e a criatura (v. cap. 14). Para ter certeza, uma mente infinita conhece as coisas de uma maneira muito mais elevada do que as mentes finitas o fazem. No entanto, embora *a forma* de Deus conhecer as coisas seja diferente de como o homem as conhece, *o que* ele sabe é semelhante ao que ele revela à humanidade. Ou seja, a *coisa significada* é a mesma, mas o *modo de significação* é diferente para Deus e para nós.

A imagem de Deus nos humanos

Portanto, não é impossível a uma mente infinita se comunicar com uma mente finita, uma vez que existe um terreno comum (análogo) entre elas. Pois é possível para o significado absoluto ser comunicado a uma mente finita. Em resumo, a divulgação objetiva de significado objetivo é possível entre uma mente infinita e uma mente finita.

Resta, porém, uma questão: pode uma mente finita *descobrir* a verdade objetiva que lhe foi *revelada* objetivamente? Uma coisa é um autor divulgar os pensamentos do autor de forma objetiva (digamos, em um livro); outra coisa, bem diferente, é o leitor descobrir (compreender) o que o autor revelou.

A resposta a essa pergunta está dividida em duas partes. Primeira, é *possível* saber o que Deus revelou, uma vez que todas as condições necessárias para conhecer o significado objetivo expresso por Deus foram atendidas, como acabamos de discutir. Segunda, para que alguém saiba *realmente* o significado objetivo que foi expresso objetivamente, isso dependerá de ter uma hermenêutica objetiva, uma forma de compreender esse significado objetivo.

Princípios da hermenêutica objetiva

Devemos nos lembrar novamente de que há uma conexão importante entre hermenêutica e inerrância. Como observado anteriormente, não podemos nem saber a base para a inerrância nas Escrituras sem a hermenêutica HG objetiva. Nem podemos saber o significado objetivo da revelação inerrante de Deus sem essa hermenêutica objetiva. Quais são, então, os princípios de uma hermenêutica objetiva?

Princípios para compreender a revelação especial de Deus objetivamente

Procure o significado do autor, não do leitor. O significado objetivo de um texto é aquele que lhe é dado pelo autor, não aquele que lhe é atribuído pelos leitores. Afinal, o significado do texto vem do seu significante (o autor). Portanto, devemos buscar o que o autor quis dizer, se queremos entender o que seu texto significa. Portanto, os leitores devem perguntar o que o autor quis dizer, não o que significa para o leitor ou mesmo para outros leitores, ou para uma comunidade e tradição de leitores. Uma vez que o leitor descobre o que o autor quis dizer com o texto, ele obteve o significado objetivo de seu texto. Assim, perguntar "O que isso significa *para mim?*" é a pergunta errada. Da mesma forma, perguntar "O que isso significa para a comunidade cristã tradicional?" não é definitivo para determinar o significado de um texto, embora possa seja útil ou solidário. Buscar o significado real de um texto em qualquer lugar fora do que o autor quis dizer praticamente levará a um significado subjetivo do texto. Perguntar ao autor "O que *este autor* quis dizer?" quase certamente conduzirá o leitor na direção certa para encontrar o significado objetivo do texto.

Procure o significado do autor no que ele afirma, não no por que (propósito) ele afirma isso. Outro caminho para a subjetividade hermenêutica leva ao propósito do autor em vez de levar ao seu significado. Isso ficou evidente nas citações de Jack Rogers, Clark Pinnock, Peter Enns e Kevin Vanhoozer (anteriormente). Todos eles usaram uma visão autoconfessada de propósito de inerrância (Pinnock, *SP*, p. 262). Mas o significado (e a verdade) são encontrados no que o autor afirma, não em *por que* ele o afirma. Objetivo não determina significado. Pode-se saber *o que* o autor disse sem saber *por que* o disse. Dois exemplos bastarão para elucidar esse ponto.

Se alguém disser "Venha à minha casa esta noite", não haverá dificuldade em compreender o que isso significa, mesmo que o propósito do convite seja desconhecido. *O que* é entendido além do *por quê*. O significado é apreendido, embora o propósito não seja conhecido. Claro, se o propósito for conhecido, a declaração pode assumir um *significado* totalmente novo. Mas significado e importância não são a mesma coisa. O significado lida com "*o quê?*" e a importância lida com "*e daí?*". Por exemplo, se o objetivo do convite para vir à minha casa é ozinha-lo de que "Você perdeu um ente querido", em vez de "Você ganhou R$ 10 milhões", então o significado é muito diferente. No entanto, o significado da afirmação "Venha à minha casa" é idêntico em ambos os casos.

Para oferecer uma ilustração bíblica, Êxodo 23.19 ordena aos israelitas: "Não cozinhem o cabrito no leite da própria mãe". O significado desta frase é muito claro, e todo israelita sabia exatamente o que deveria fazer. Contudo, o propósito desse mandamento não está claro, ao menos para nós. Uma pesquisa a alguns comentaristas fornecem uma variedade de suposições diferentes quanto ao propósito desse mandamento: 1) Isso profanava a festa da colheita. 2) Causaria indigestão. 3) Era cruel ozinha-lo no leite que o alimentava. 4) Era uma forma de idolatria. 5) Violou a relação pai-filho. Em outras palavras, ninguém parece saber com certeza qual era o propósito. No entanto, todos sabem com certeza que importância tem. Mas, se o propósito determina o significado, então ninguém saberia dizer qual é o significado. Portanto, está claro que o propósito não determina o significado. *O que* é dito está claro, independentemente do *motivo* pelo qual foi dito.

Procure o significado do texto, mas não além dele. O significado não é encontrado *além* do texto (na mente de Deus), *abaixo* do texto (na mente do místico) ou *atrás* do texto (na intenção não expressa pelo autor); é encontrado *no* texto (na expressão do significado dado pelo autor). Por exemplo, a beleza de uma pintura não é encontrada atrás, abaixo ou além da pintura. Em vez disso, é expressa na pintura. Todo significado textual está no texto. As sentenças (no contexto de seus parágrafos, no contexto de toda a literatura e em seu contexto de visão geral de mundo) são as causas do significado. Elas são a forma que dão sentido a todas as partes (palavras, pontuação, etc.). Elas são a estrutura que dá sentido ao "material" do texto.

Conforme observado anteriormente, aplicar as seis causas ao significado ajudará a explicar o ponto. Os filósofos distinguem seis tipos diferentes de causas:

1. Causa eficiente: aquela *pela qual* algo passa a ser (produtor)
2. Causa final: aquela *para a qual* algo vem a ser (propósito)
3. Causa formal: aquela *da qual* algo vem a ser (forma, estrutura)
4. Causa material: aquela *da qual* algo surge (partes)
5. Causa exemplar: aquela *após a qual* algo vem a ser (padrão)
6. Causa instrumental: aquilo *por meio do qual* algo vem a ser (significado, ferramentas)

Por exemplo, uma mesa de madeira tem um carpinteiro como causa eficiente; fornecer algo para comer como causa final; sua estrutura como mesa como sua causa formal; a madeira como causa material; seu projeto como causa exemplar e as ferramentas do carpinteiro como sua causa instrumental.

A aplicação dessas seis causas ao significado de um texto escrito produz a seguinte análise: 1) O escritor é a causa eficiente do significado de um texto. 2) A escrita é a causa formal de seu significado. 3) As palavras (e a pontuação) são a causa material de seu significado. 4) As ideias do escritor são a causa exemplar de seu significado. 5) O propósito do escritor é a causa final de seu significado. 6) As leis do pensamento são a causa instrumental de seu significado.

A INERRÂNCIA DAS ESCRITURAS

Assim, o sentido da escrita não se encontra no significante; ele é a causa eficiente do significado, não sua causa formal. A causa formal do significado está na escrita em si. O que é significado encontra-se nos sinais que o significam. O significado verbal é encontrado na estrutura e na gramática das próprias frases. O significado é encontrado no próprio texto literário, não em seu autor (causa eficiente) ou propósito (causa final), mas em sua forma literária (causa formal). O significado não está nas palavras individuais (causa material).

As palavras não têm significado em si mesmas. As palavras só têm uso em uma frase, que é a menor unidade de significado. Mas, enquanto palavras individuais não têm significado como tais, palavras formadas pelo pensamento em um todo significativo (p. ex., uma frase) têm significado. Assim, é totalmente apropriado (ao contrário do que afirma Vanhoozer) dizer: "Textos falam", "Livros falam" e "A Bíblia diz". A razão para isso é que o autor impôs significado às palavras em um texto, de modo que o significado e a verdade estão no texto. E, uma vez que a verdade é uma afirmação ou negação, segue-se que o texto fala. Como afirma o princípio protestante de perspicuidade, a Bíblia fala claramente em sua mensagem central. A negação disso, como em Vanhoozer, deixa o intérprete na subjetividade de sua interpretação ou na dependência de algum intérprete externo, como, por exemplo, o papa, a tradição cristã, a comunidade cristã ou algo semelhante.

Procure significado na afirmação, não na implicação. Outra diretriz para descobrir o significado objetivo de um texto é buscar sua afirmação, não suas implicações. Pergunte o que o texto afirma (ou nega), explícita ou implicitamente, não quais implicações ou aplicações esse texto possa ter. Isso não quer dizer que as implicações não sejam possíveis, importantes ou verdadeiras, mas apenas que o significado básico não foi encontrado lá. O significado está no que o texto *afirma*, não em como pode ser *aplicado*. Se o texto não tem um significado, não teria implicações.

Existe apenas *um significado* num texto, mas existem *muitas implicações* e aplicações. Nesse sentido, a visão *sensus unum* (um sentido) está correta. No entanto, existe um *sensus plenior* (sentido pleno) em termos de implicações. Por exemplo, Einstein sabia que E = mc2 (energia é igual a massa vezes a velocidade da luz ao quadrado), e o mesmo acontece com um estudante de ciências do ensino médio. No entanto, Einstein sabia muito mais implicações disso do que o típico aluno do ensino médio.

Da mesma forma, Deus vê mais implicações em uma afirmação bíblica do que o autor humano (cf. 1 Pedro 1.10-12). No entanto, visto que Deus inspirou o texto (cf. 2 Timóteo 3.16), ele vê mais implicações nisso do que o autor humano. Mas Deus não afirma mais significado no texto do que o autor humano. Pois tudo o que a Bíblia diz, Deus diz. Ou seja, tudo o que a Bíblia afirma é verdade: tudo o que Deus afirma é verdade. Ambos significam exatamente a mesma coisa pelo texto. Não há dois textos nem dois significados do texto. Então, os autores, o divino e o humano, das Escrituras afirmam um e o mesmo significado em um e o mesmo texto.

Deus certamente sabe mais sobre o assunto do que o autor humano, e Deus conhece mais implicações dele do que o autor humano. Mas tanto Deus quanto os autores humanos querem dizer a mesma coisa pelo mesmo conjunto de palavras no mesmo contexto.

Em resumo, Deus (e o autor humano) colocou o significado objetivo no texto. E Deus fez o homem à sua imagem para que pudesse entender esse significado objetivo. Ou seja, Deus nos deu uma mente como a dele, usando leis comuns de pensamento, para que pudéssemos compreender esse significado objetivo e a verdade. E, desde que verdade objetiva é o que corresponde à realidade (cap. 13), então, por meio da revelação objetiva que Deus deu, somos capazes de entender a realidade sobre a qual o texto fala. Além disso, uma vez que a verdade é objetiva, ela pode ser colocada em formato de proposições. Uma vez que toda verdade bíblica é verdade proposicional (ou seja, pode ser colocada na forma de proposições), os inerrantistas falam apropriadamente da verdade proposicional da Bíblia.

Outra maneira de fazer isso é o intérprete procurar o significado no *que* é afirmado (interpretação), não em como ele pode ser aplicado ou significado. Há uma diferença importante entre significado e importância. Ambos são importantes, mas não são a mesma coisa. O verdadeiro significado de um texto é encontrado no que o autor afirma nos textos. A importância é encontrada nas muitas maneiras em que isso pode ser aplicado. E isso nos leva a outro tópico importante.

O papel do Espírito Santo na hermenêutica

Esse é um tema muito debatido, e o resultado não é determinante para o que significa inerrância. Os evangélicos acreditam que existe um papel para o Espírito Santo, mas alguns acreditam que a iluminação do Espírito é necessária para nossa mente a fim de poder entender o significado das Escrituras, enquanto outros acreditam que apenas a iluminação de nossa mente é necessária para compreender o significado das Escrituras. Certamente, pelo menos o último é o aspecto verdadeiro.

Sem qualquer tentativa de resolver esse debate intramuros, o que parece claro é que: 1) O Espírito Santo não é um substituto para uma boa hermenêutica. 2) O Espírito de Deus não levará alguém a entender algo como verdadeiro uma vez que seja contrário à Palavra de Deus. 3) O Espírito Santo não trará novo conteúdo ou verdade para o processo iluminador de compreensão das Escrituras. O Espírito está iluminando nossa mente para a verdade que está no texto, não trazendo uma nova verdade não encontrada no texto para o processo. 4) O Espírito Santo não ignora o texto para "iluminar" crentes para ou sobre a verdade de Deus. Esta seria uma nova *revelação* à parte e em adição ao texto da Escritura, não apenas uma nova *iluminação* da revelação no cânon das Escrituras. Essa nova revelação é contrária ao princípio protestante de *sola scriptura* e à Declaração de Chicago do ICBI (art. 5): "Negamos [...] que qualquer revelação normativa tenha sido dada desde o término dos escritos do Novo Testamento".[2]

Defesa da hermenêutica histórico-gramatical

Agora que entendemos o que significa o método de interpretação HG e o que está implícito nele, examinemos os fundamentos para nos atermos ao método HG.

Em primeiro lugar, ele é realmente inegável, porque ninguém pode negar o método HG sem sugerir deixar claro que está fazendo isso. Por exemplo, quem nega que "o verdadeiro significado de uma declaração é o que o autor quis dizer com isso" espera que o leitor entenda o significado dessa afirmação. Ela é como o argumento da inegabilidade da verdade objetiva. A própria declaração "Não há verdade objetiva" é em si uma afirmação de verdade objetiva. Da mesma forma, aqueles que afirmam que "a interpretação correta de uma declaração não é o que o autor quer dizer com ela" esperam que o leitor tome a interpretação dos comentaristas do que *eles* querem dizer com suas próprias declarações.

Em segundo lugar, a hermenêutica HG é a base para a compreensão do que a Bíblia ensina sobre si mesma. Pois ninguém poderia nem mesmo saber o que a Bíblia ensina sobre inerrância (a favor ou contra) sem usar a hermenêutica HG. A própria expressão "sobre si mesma" implica que se deseja saber o que a Bíblia significa, não o que nós queremos que isso signifique.

Em terceiro lugar, o método HG é a base da ortodoxia. No credo cristão, a diretriz frequentemente usada para a ortodoxia é o resultado da interpretação da Bíblia de acordo o método HG comum e literal (v. Geisler e Rhodes, *Conviction without Compromise*, cap. 17). Na verdade, mesmo a negação da ortodoxia usa a hermenêutica HG literal em sua negação.

---

[2] Isso não significa que o Espírito Santo não possa guiar um crente em pensamentos e ações relevantes para viver a vida cristã e ainda guiar a ações não especificamente abordadas na Bíblia. Mas o Espírito de Deus nunca leva os filhos de Deus a irem contra a Palavra de Deus que o Espírito inspirou para eles.

A natureza da hermenêutica e a inerrância

Em quarto lugar, embora alguns a contestem, a hermenêutica HG é utilizada na Bíblia sobre outras partes da Bíblia. Quando a Escritura fala de outros eventos na Bíblia, fala deles literalmente. Isso é verdade quando o Novo Testamento fala de pessoas do Antigo Testamento, como Adão (cf. Romanos 5.12), Noé (cf. Mateus 24.37-39) e até mesmo Jonas (cf. Mateus 12.40-42). Da mesma forma, é verdade quando se trata de eventos, como a Criação (cf. Mateus 19.4,5), a Queda (cf. Romanos 5.12-14), o Dilúvio (cf. Mateus 24.37-39) e o Êxodo (cf. 1 Coríntios 10.1-3). Isso também é verdade para a profecia messiânica sobre a primeira vinda de Cristo, o nascimento do Messias de uma virgem (cf. Isaías 7.14), na tribo de Judá (cf. Gênesis 49.10), da casa de Davi (cf. 2 Samuel 7.12,13), seu sofrimento por nossos pecados (cf. Isaías 53) e sua ressurreição dentre os mortos (cf. Salmos 16; Atos 2.30-32) — todos os quais cumpridos literalmente.

Claro, existem algumas passagens disputadas onde o Novo Testamento parece dar uma interpretação espiritual ou alegórica de um texto do Antigo Testamento. Por exemplo, Paulo se refere a Cristo como a "rocha espiritual" que seguiu Israel no deserto (cf. 1 Coríntios 10.4). Mas, em um exame mais atento, a palavra "espiritual" (gr. *pneumatikos*) significa não um corpo imaterial, mas um corpo físico com uma fonte espiritual (ou seja, Deus). Era uma rocha literal da qual veio a água literal, assim como o maná era maná literal, que eles comeram literalmente, embora seja chamado de "alimento espiritual" e "bebida espiritual" (v. 3,4). Mesmo um ser humano literal dominado pelo Espírito Santo foi chamado de "espiritual" (2.13).[3]

O espaço não permite um tratamento de todas as supostas exceções a essa interpretação literal do Antigo Testamento, e outros o fizeram muito melhor do que podemos (v. as obras de Walter Kaiser e S. Lewis Johnson). Mas o erro comum é esquecer que os escritores do Novo Testamento muitas vezes tomam uma implicação do significado do texto do Antigo Testamento ao aplicá-lo a outro referente. Oseias 11.1 é um caso em questão: "Do Egito chamei o meu filho" refere-se a Israel (a nação messiânica) em Oseias. No entanto, Mateus o aplica a Cristo (a pessoa messiânica), que levaria a bom termo o que aquela nação messiânica foi chamada a fazer: trazer o Messias. Em ambos os casos, o *significado* é o mesmo (uma vez que ambos são o "filho" de Deus), e em ambos os casos seu "filho" é um referente literal. No entanto, Mateus extrai uma *implicação* desse significado, que Oseias provavelmente não tinha em mente quando o escreveu. Na verdade, não há exemplos claros e indiscutíveis

---

[3] Para comentários mais extensos sobre esse ponto, v. Michael Licona, **The Resurrection of Jesus** (Downers Grove, IL: InterVarsity Press, 2010), p. 204–216.

no Novo Testamento de não usar uma interpretação literal HG ou implicação do Antigo Testamento.

Em quinto lugar, mesmo as tentativas não literais de interpretar a Bíblia dependem do sentido literal para entender seu método. Pois, para afirmar que algo não é literal, depende de saber o que é literal. O mesmo se aplica a metáforas e figuras de linguagem. A menos que saibamos o que é literalmente verdadeiro, não somos capazes de usar linguagem não literal para expressá-lo. Da mesma forma, na comunicação humana, os significados não literais dependem de uma compreensão literal de seu significado. Na verdade, nenhuma comunicação faz sentido sem o sentido literal em sua base.

Finalmente, sem uma interpretação literal HG de um texto, não se pode saber qualquer verdade objetiva. Como a linguagem equívoca (v. cap. 14), isso nos deixaria em total ceticismo. Mas o ceticismo ou agnosticismo total é autodestrutivo. Pois alegar que não podemos saber nada sobre Deus é autodestrutivo, uma vez que se afirma saber que não podemos saber.

Resposta às novas abordagens hermenêuticas

Há uma popularidade crescente, mesmo entre alguns evangélicos, para o que é chamado hermenêutica do Segundo Templo, ou seja, a interpretação judaica da época de Cristo, que supostamente influenciou os escritores do Novo Testamento. Outras formas de interpretações também foram adotadas, as quais afetam seriamente a doutrina da inerrância.

Robert Gundry

Em 1983, Robert Gundry foi convidado a renunciar à Evangelical Theological Society por causa de seu uso da interpretação midráshica, o que o levou a negar a historicidade de seções inteiras do Evangelho de Mateus, como os "magos" que visitaram Jesus depois de seu nascimento (cf. Mateus 2). Gundry escreveu: "Mateus transformou a visita dos pastores judeus locais (Lc 2.8-20) em adoração por magos gentios do exterior" (*Matthew*, p. 26). Ele acrescenta: "Mateus transformou o retorno jubilante dos pastores (Lc 2.20) na fuga dos magos da perseguição" (p. 32). Gundry conclui:

> Claramente, Mateus trata da história misturada com elementos que não podem ser chamados históricos em um sentido moderno. [...] Subtrações, acréscimos e revisões de Mateus de ordem e fraseologia frequentemente mostram mudanças substanciais; ou seja, eles representam o desenvolvimento da tradição dominical que resulta em diferentes significados e desvios da realidade dos eventos (p. 623).

Como nós sabemos disso? Ao sustentar que Mateus emprega o método de interpretação "midráshico" judaico (alegórico).

Gundry também argumenta que a metodologia hermenêutica de alguém não deve ser motivo para rejeição, uma vez que ele concorda com a declaração doutrinária da Sociedade que a Bíblia é infalível em tudo o que afirma. Exatamente o que afirma é deixado inteiramente ao método hermenêutico de alguém, e a inerrância não abrange a ortodoxia ou a não ortodoxia dos métodos hermenêuticos. Para mostrar o absurdo da posição de Gundry, perguntamos a ele se acredita que alguém que assinou a Declaração da ETS, incluindo pessoas como Orígenes, Averróis, Karl Barth e até mesmo Mary Baker Eddy (todos os quais negaram a historicidade de partes da Bíblia e algumas que negaram todas as doutrinas evangélicas), deve ser aceito como membro da ETS. Sua resposta foi um chocante sim.[4] Isso indica que qualquer distinção formal pode ser feita entre a inerrância e a hermenêutica, mas, na prática, elas estão intimamente ligadas. Na verdade, é metodologicamente heterodoxa. Para início de conversa, a hermenêutica HG é o fundamento para saber se a Bíblia é inerrante. E, como o ICBI apontou, os inerrantistas não estão fazendo meras declarações formais de que, tudo o que a Bíblia aborda, o faz sem qualquer erro. Em vez disso, eles estão preocupados com a forma com que esse livro inerrante é interpretado. Na verdade, os criadores do ICBI tinham Gundry em mente quando formularam os Artigos sobre Hermenêutica em sua cúpula de 1984 sobre o tema. Seu artigo 13 diz: "Negamos que categorias gerais que negam a historicidade possam ser corretamente impostas às narrativas bíblicas que se apresentam como factuais" (*EH*, p. 884).

Clark Pinnock

Pinnock fala favoravelmente da visão do tipo *midrash* de Gundry, afirmando que "são fragmentos e sugestões de mito: por exemplo, a estranha alusão aos corpos dos santos ressuscitados na Sexta-feira da Paixão (Mt 27.52) e aos doentes curados por meio do contato com peças de roupa que haviam tocado o corpo de Paulo (At 19.11,12)" (*SP*, p. 124). Como resultado, Pinnock também nega a historicidade das seções da Bíblia que são afirmadas como verdadeiras por Jesus ou outros escritores bíblicos. A Declaração do ICBI afirma claramente que isso é contrário à inerrância.

Pinnock também diz: "Há casos em que a possibilidade de que lendas sejam empregadas parece bem real. Mencionei o incidente com a moeda na

---

[4] V. Robert H. Gundry, A Surrejoinder to Norman Geisler, Journal of the Evangelical Theological Society 26 (Março de 1983), p. 109-15, esp. p. 114.

A INERRÂNCIA DAS ESCRITURAS

boca do peixe (Mt 17.24-27). [...] O evento foi registrado somente por Mateus e aparenta ter características de lenda" (*SP*, p. 125). "Na narrativa da queda de Adão, há numerosas características simbólicas (Deus formando o homem do pó, a serpente que fala, Deus formando a mulher da costela de Adão, árvores simbólicas, quatro grandes rios que fluem do jardim etc.), de modo que é natural perguntar se não temos aí uma narrativa de sentidos que não se atém somente a questões factuais" (p. 119). Ele acrescenta: "[...] não podemos descartar a lenda *a priori*. Ela é, afinal, uma forma literária perfeitamente válida, e temos *de* admitir que ela aparece na Bíblia em algumas formas ao menos. Já mencionamos a referência de Jó ao Leviatã e também podemos citar a fábula de Jotão" (p. 121-122). Ele acrescenta: "Assim, estamos em uma situação difícil. As lendas são possíveis em teoria — há lendas aparentes na Bíblia —, mas na verdade temos receio de denominá-las como tais porque aí parece que estamos negando o miraculoso" (p. 122). Pinnock também fala de lendas no Antigo Testamento: "A influência do mito está aí no Antigo Testamento. As histórias da Criação e da Queda, do Dilúvio e da torre de Babel existem em textos pagãos e são reformuladas em Gênesis da perspectiva do conhecimento de Deus que Israel tem, mas o arcabouço já não é mítico" (p. 123). Ele acrescenta:

> Lemos de uma moeda que aparece na boca de um peixe e da origem das diferentes línguas da humanidade [Gn 11]. Ouvimos dos feitos magníficos de Sansão e de Eliseu. Até vemos evidências da duplicação das histórias de milagres nos evangelhos. Todas elas são coisas que, se as lêssemos em algum outro livro, certamente iríamos identificar como lendas (p. 123).

No entanto, a Declaração do ICBI rejeita claramente tais crenças como incompatíveis com a inerrância, afirmando no artigo 18: "Negamos a legitimidade de qualquer abordagem do texto ou de busca de fontes por trás do texto que conduzam à relativização, desistorização ou minimização de seu ensino, ou a uma rejeição de suas afirmações quanto à autoria". O Comentário Oficial do ICBI sobre isso acrescenta: "Quando a busca pelas fontes produz uma desistorização da Bíblia, uma rejeição de seu ensino ou uma rejeição das reinvindicações de autoria da própria Bíblia, [então] isso ultrapassou os seus próprios limites [...]. Nunca é legítimo, no entanto, bater de frente [com afirmações bíblicas] para expressar afirmações bíblicas" (Sproul, *Explaining Inerrancy* [*EI*], p. 55). Mas foi exatamente isso que Pinnock fez. Na verdade, em alguns casos ele foi contra o que o próprio Jesus declarou sobre as Escrituras, afirmando que Jonas (cf. Mateus 12.40-42) e o Dilúvio (cf. Mateus 24.37-39) foram lendários, não históricos. Mas o artigo 12 da Declaração do ICBI diz claramente: "Negamos também que hipóteses científicas acerca da história da Terra possam ser corretamente empregadas para desmentir o ensino das Escrituras a respeito da Criação e do Dilúvio".

Peter Enns

A visão polêmica de Peter Enns custou-lhe o cargo de professor no Westminster Theological Seminary. Existem vários aspectos de sua visão que prejudicam o ensino sobre a inerrância das Escrituras.

Rejeição de uma interpretação estritamente histórico-gramatical. Enns afirma que o método HG tradicional é geralmente uma boa abordagem, mas insuficiente (*Inspiration and Incarnation [II]*, p. 159), e não um método normativo (p. 159). Ele acredita que Daniel recebeu um significado mais profundo das palavras de Jeremias sobre o cativeiro dos setenta anos (p. 119). Enns afirma que os escritores bíblicos procuram "mistérios" mais profundos no texto (p. 131). Há uma "superrealização" em textos de Cristo do Antigo Testamento que não estavam falando dele (p. 136). A "semente" de Abraão tinha um significado duplo e mais profundo (p. 137). Ele vê a tradição não histórica como parte da interpretação que o Novo Testamento faz do Antigo Testamento (p. 143). A tradição não histórica faz parte da interpretação do Novo Testamento sobre o Antigo Testamento (p. 143). O Novo Testamento tira o Antigo Testamento de contexto e o coloca em outro contexto, o contexto de Cristo (p. 153). Além disso, Enns afirma que os apóstolos não chegaram a ver que Jesus é Senhor de uma interpretação objetiva do Antigo Testamento (p. 153).

Aceitação da hermenêutica do Segundo Templo. O professor Enns está excessivamente apaixonado pela alegada hermenêutica do Segundo Templo, que ele sente que os escritores do Novo Testamento estão fazendo sobre o Antigo Testamento (*II*, p. 155). Nesses textos do Novo Testamento, ele os vê usando um embelezamento espiritual não factual semelhante ao *midrash* em certas passagens do Antigo Testamento, como Paulo supostamente fez da rocha que seguiu Israel uma história midráshica para enfatizar sua interpretação cristotélica do Antigo Testamento. O método HG deve ser ampliado com a chamada visão midráshica do Segundo Templo que adiciona esse embelezamento espiritual ao texto (p. 117).

Estresse na interpretação comunitária. Enns afirma que a interpretação cristã está muito além de quaisquer marcadores científicos ou critérios objetivos (*II*, p. 162). Na verdade, ele acredita que a interpretação adequada é uma atividade da comunidade — uma comunidade histórica, a família de Deus ao longo dos séculos. A interpretação da Bíblia não é uma fortaleza

A INERRÂNCIA DAS ESCRITURAS

a ser defendida, mas uma peregrinação a se fazer (p. 162). Além disso, ele afirma que as categorias "inerrância" e "infalível" nunca podem ser totalmente compreendidas (p. 168). Não temos um ponto de referência absoluto para interpretar a Bíblia despojada de nosso próprio contexto cultural. A Bíblia não é um livro de regras atemporal ou manual do proprietário (p. 169).

Aceitação de uma estrutura relativista. A interpretação cristã está muito além de marcadores científicos de critérios objetivos (*II*, p. 162). É progressiva e relativista. Portanto, os termos "inerrância" e "infalível" nunca podem ser totalmente compreendidos (p. 168). Deus pretendeu mais do que fez o autor humano da Bíblia (p. 160). Nós não temos nenhum ponto de referência absoluto para interpretar a Bíblia despojada de nosso contexto cultural. Um modelo encarnacional nos ajuda a ver um evangelho multidimensional (p. 169). A Bíblia não é um livro de regras atemporal ou manual do proprietário (p. 169). Assim, Enns não está disposto a chamar sua visão de "liberal" nem de "conservadora" (p. 171). Na verdade, deveria ser chamado de neobarthiano. Enns admite que essa é uma visão minoritária entre os evangélicos. Ele também reconhece que não existem regras claras para nos impedir de levar adiante a sua visão cristotélica (p. 162). Além disso, ele está ciente de que isso envolve o desenvolvimento de "intuições profundas" (p. 102), a fim de chegar a essas conclusões. Da mesma forma, ele reconhece que se deve rejeitar o método HG tradicional de interpretação para fazer isso e chegar a várias camadas de significado (p. 161). Finalmente, outros estudiosos evangélicos ofereceram interpretações alternativas sem descartar uma hermenêutica objetiva para tal empreendimento. Em resumo, as opiniões de Enns são desnecessárias e subjetivas, e existem alternativas melhores.

Uma avaliação das visões hermenêuticas de Enns

Para uma análise mais completa da visão de Enns, consulte a discussão anterior (no cap. 6). Comentários breves serão suficientes aqui. Primeiro, Enns é um exemplo clássico do que acontece quando se rejeita a suficiência do método HG clássico de interpretação e se vale de um modelo relativista mais recente. Pois não se pode negar que esse significado objetivo pode ser derivado do texto sem ter uma compreensão objetiva do texto (v. cap. 14). Nem se pode dizer que toda interpretação é progressiva sem ficar de fora do processo para fazer esta afirmação. Além disso, não há como saber se Deus pretendeu um significado mais profundo para determinado texto quando tudo o que temos é o texto escrito a nos informar o que Deus quer dizer.

Em segundo lugar, usar outros textos para descobrir esse suposto significado "mais profundo" não evita o problema, por duas razões. Primeira, tudo o que temos é o texto escrito para acompanhar. Segunda, o que o texto bíblico diz em outros lugares não adiciona ao que outro texto diz; simplesmente nos dá mais informações sobre tal tópico. Determinado texto não pode afirmar (ou negar) mais do que outro determinado texto afirma (ou nega). Reivindicar mais do que isso é tentar ler abaixo, atrás ou além das linhas, em vez de ler as linhas. Na análise final, Enns não está ampliando o método de interpretação HG: ele o está negando.

Em terceiro lugar, tudo o que se pode dizer sobre a visão de Enns é contrário à visão ortodoxa tradicional sobre a inerrância. Dois artigos da Declaração de Chicago do ICBI falam sobre a questão de "desistoricizar" o registro bíblico. O artigo 12 diz em parte: "Negamos que a infalibilidade e a inerrância da Bíblia estejam limitadas a assuntos espirituais, religiosos ou redentores, excluindo informações de natureza histórica e científica". E o artigo 18 afirma: "Negamos a legitimidade de qualquer abordagem do texto ou de busca de fontes por trás do texto que conduzam à relativização, desistorização ou minimização de seu ensino, ou a uma rejeição de suas afirmações quanto à autoria". O Comentário Oficial do ICBI acrescenta: "Tem virado moda em alguns segmentos do debate defender que a Bíblia não é história normal, mas história redentora com ênfase na redenção. Foram estabelecidas certas teorias que limitariam a inspiração ao tema e campo da redenção da história redentora, dando espaço para que a dimensão histórica da história redentora contivesse erros". Ele acrescenta: "A negação [no art. 12] rejeita explicitamente a tendência de alguns contendores de limitar a infalibilidade e a inerrância a segmentos específicos da mensagem bíblica" (Sproul, *EI*, p. 36). Na discussão oral do comitê pela redação, a posição de Jack Rogers estava em vista. Mais tarde, na Declaração do ICBI sobre Hermenêutica e Inerrância (1984), a discussão oral centrou-se em Robert Gundry: "Negamos que qualquer evento, discurso ou dito registrado nas Escrituras foi inventado pelos autores bíblicos ou por tradições que eles incorporaram" (*EH* sobre o art. 14). Além disso, "Negamos que categorias gerais que negam a historicidade possam ser corretamente impostas às narrativas bíblicas que se apresentam como factuais" (*EH* sobre o art. 13).

Resposta à hermenêutica de Kevin Vanhoozer

Vanhoozer é um bom exemplo de uma prática ruim — a prática de tirar hermeneuticamente com a mão esquerda o que se afirma doutrinariamente com a mão direita. Por um lado, ele afirma a inerrância, dizendo: "A inerrância é muito apropriada como uma descrição das afirmações bíblicas" ("Lost in Interpretation?" [LI?], p. 113). Ele declara que a Bíblia é "infalível" (p. 92). Ele rejeita a visão de Karl Barth sobre as Escrituras (p. 99). Vanhoozer acrescenta: "Enquanto a inspiração diz respeito à origem da autoridade da Bíblia, a inerrância descreve sua natureza. Com inerrância não estamos nos referindo não somente ao fato de a Bíblia ser 'sem erros', mas também à sua incapacidade de errar. [...] Inerrância, definida de maneira positiva, é uma referência a uma propriedade central e crucial da Bíblia, isto é, sua veracidade absoluta" (Inerrancy of Scripture, p. 1).

Por outro lado, Vanhoozer mina a inerrância que afirma pela hermenêutica que ele abraça. Ao que parece, não podemos saber o que a Bíblia significa simplesmente por aquilo que afirma (locuções). Precisamos adivinhar seu verdadeiro significado por meio de inferências de como o autor pretendia usar essas afirmações (ilocuções). Assim, ao importar uma filosofia estranha da teoria dos atos de fala para o texto, ele mina a verdade do texto. Pois os erros podem estar presentes nas afirmações (locuções), e apenas as supostas ilocuções sejam sem erros (consulte o cap. 8).

O uso da determinação de gênero por Grant Osborne mina a inerrância. Grant Osborne, um professor da Trinity Evangelical Divinity School, tem um histórico de adoção de procedimentos hermenêuticos que questionam a inerrância das Escrituras. Usando a crítica formal, ele uma vez sustentou que Mateus embelezou as palavras originais de Jesus na Grande Comissão, desde o batismo "em nome de Jesus" até o batismo na fórmula trinitária de "o Pai, e do Filho e do Espírito Santo" ("Redaction Criticism"). Quando julgado por isso, ele rejeitou aquela visão e, estranhamente, alegou que Mateus havia realmente contraído (não expandido) as palavras originais de Jesus.

Mais recentemente, Osborne aderiu à novidade hermenêutica de que o gênero determina o significado. Junto com muitos outros estudiosos, ele afirma que é preciso fazer uma avaliação inicial sobre a identidade de gênero antes que se possa entender o que o texto significa. Ele escreveu: "O gênero desempenha um papel positivo como dispositivo hermenêutico para determinar o *sensus literalis* ou significado pretendido do texto. Gênero é mais do que um meio de classificar tipos literários; é uma ferramenta epistemológica para desbloquear o significado nos textos individuais" ("Redaction Criticism"). Ele não está sozinho nesse procedimento; os mais liberais e os intérpretes pós-modernos fazem o mesmo. Infelizmente, muitos evangélicos têm seguido o exemplo. Kevin Vanhoozer está entre eles (v. cap. 8).

O professor Thomas Howe escreveu um artigo definitivo expondo a falácia desse pensador ("Does Genre Determine Meaning?"). Ele faz uma pergunta penetrante: "Mas como pode um intérprete tentar classificar um texto em seu gênero apropriado, a menos que seja capaz de ler e entender o que o texto está dizendo antes de identificar seu gênero?" (p. 4). Ler e entender um texto vem logicamente antes da identificação de seu gênero. A resposta é que eles devem usar o método HG de interpretação normal, habitual do texto, para a determinação do gênero. Uma vez determinado, o gênero pode ajudar a melhorar a compreensão do significado do texto, mas não é necessário determinar o seu significado básico.

Na verdade, usar o gênero para determinar o significado é um método, embora inconsciente, que minará o significado real de um texto. Por exemplo, se alguém usa uma classificação predeterminada de gênero (feita fora do texto) para determinar o significado, então a classificação de gênero de "lenda" pode ser facilmente imposta a um texto porque contém eventos miraculosos. Sem dúvida, é por isso que Clark Pinnock concluiu que "a influência do mito está aí no Antigo Testamento. As histórias da Criação e da Queda, do Dilúvio e da torre de Babel existem em textos pagãos e são reformuladas em Gênesis da perspectiva do conhecimento de Deus que Israel tem, mas o arcabouço já não é mítico" (*SP*, p. 123). Ele acrescenta: "Lemos de uma moeda que aparece na boca de um peixe e da origem das diferentes línguas da humanidade. Ouvimos dos feitos magníficos de Sansão e de Eliseu. Até vemos evidências da duplicação das histórias de milagres nos evangelhos. Todas elas são coisas que, se as lêssemos em algum outro livro, certamente iríamos identificar como lendas" (p. 123). Por um procedimento falacioso semelhante, o professor do Wheaton College Kevin Vanhoozer foi levado a negar a historicidade de Gênesis 1—11, incluindo a história de Adão e Eva (v. LI?, p. 98-99). Esta pode ter sido uma das razões pelas quais um estudioso do Novo Testamento, Michael Licona, negou recentemente a historicidade da ressurreição dos santos em Mateus 27.51-53.[5]

Contudo, isso é claramente contrário ao entendimento padrão dos fundadores da ETS e expresso no guia do ICBI que os membros da ETS adotaram. A famosa Declaração de Chicago sobre a Inerrância, que declara no artigo 12:

> Afirmamos que, em sua totalidade, as Escrituras são inerrantes, estando isentas de toda falsidade, fraude ou engano. Negamos que a infalibilidade e a inerrância da Bíblia estejam limitadas a assuntos espirituais, religiosos ou redentores, excluindo informações de natureza histórica e científica. *Negamos também que hipóteses científicas acerca da história da Terra possam ser corretamente empregadas para desmentir o ensino das Escrituras a respeito da Criação e do Dilúvio.*

O Comentário Oficial do ICBI sobre essa declaração diz: "Tem virado moda em alguns segmentos do debate defender que a Bíblia não é história normal, mas história redentora com ênfase na redenção. Foram estabelecidas

---

[5] Michael R. Licona, **The Resurrection of Jesus:** A New Historiographical Approach (Downers Grove, IL: InterVarsity Academic, 2010), p. 185-186, 552-553, 556.

A INERRÂNCIA DAS ESCRITURAS

certas teorias que limitariam a inspiração ao tema e campo da redenção da história *redentora*, dando espaço para que a dimensão histórica da *história* redentora contivesse erros" (Sproul, *EI*, p. 36). No entanto, "Embora a Bíblia seja de fato história redentora, ela é também história redentora, e isso significa que os atos de salvação operados por Deus de fato ocorreram no mundo do tempo e do espaço" (p. 37). Além disso, a Declaração do ICBI sobre hermenêutica e a inerrância acrescenta (EH sobre o art. 13): "Negamos que categorias gerais que negam a historicidade possam ser corretamente impostas às narrativas bíblicas que se apresentam como factuais". E acrescenta: "Alguns debatedores entendem, por exemplo, Adão como um mito, ao passo que nas Escrituras ele é apresentado como uma pessoa real. Outros entendem que Jonas é uma alegoria quando, na verdade, é apresentado como uma pessoa histórica e [é] assim mencionado por Cristo".

Além disso, os disputados primeiros 11 capítulos de Gênesis são confirmados como históricos pelo Novo Testamento, como a lista a seguir o demonstra. Cada referência do Novo Testamento indica pessoas e/ou eventos em um dos capítulos de Gênesis 1—11:

1. Criação do Universo (Gênesis 1) — Marcos 13.19; João 1.3; Colosensses 1.16
2. Criação de Adão e Eva (Gênesis 1—2) — Marcos 10.6; 13.19; 1 Timóteo 2.13; 1 Coríntios 11.8,9; 15.45
3. Deus descansando no sétimo dia (Gênesis 1) — Hebreus 4.3,4
4. O casamento de Adão e Eva (Gênesis 2) — Mateusa 19.4-6; Marcos 10.7,8; Efésios 5.31; 1 Coríntios 6.16
5. A tentação de Eva (Gênesis 3) — 1 Timóteo 2.14; 2 Coríntios 11.3
6. A desobediência de Adão (Gênesis 3) — Romanos 5.12-19
7. Os sacrifícios de Abel e Caim (Gênesis 4) — Hebreus 11.4
8. O assassinato de Abel por Caim (Gênesis 4) — Mateus 23.35; 1 João 3.12; Judas 11
9. O nascimento de Sete (Gênesis 4) — Lucas 3.38
10. O traslado de Enoque para o Céu (Gênesis 5) — Hebreus 11.5
11. Casamento antes do Dilúvio (Gênesis 6) — Lucas 17.27
12. O Dilúvio e a destruição da humanidade (Gênesis 7) — Mateus 24.39
13. A preservação de Noé e sua família (Gênesis 8—9) — 1 Pedro 3.20; 2 Pedro 2.5
14. Sem, filho de Noé, e seus descendentes (Gênesis 10) — Lucas 3.35,36
15. O nascimento de Abrão (Abraão) (Gênesis 11) — Lucas 3.34

Em vista disso, negar a historicidade desses primeiros capítulos de Gênesis é negar a) a inspiração do Novo Testamento e b) a autoridade de Cristo, que afirmou seis desses pontos (1, 2, 4, 8, 11 e 12).

Além do mais, negar a historicidade de Gênesis 1—11 minaria as doutrinas do Novo Testamento que se baseiam nela. Isso inclui a doutrina do casamento (cf. Mateus 19.4-6); a doutrina da igualdade essencial entre homem e mulher, ambos feitos à "imagem de Deus" (cf. Gênesis 1.27; 1 Coríntios 11.7-12); a doutrina da unidade essencial da raça humana (cf. Atos 17.26); a doutrina da queda da humanidade (cf. Romanos 5.12-14) e a doutrina da redenção pelo último Adão (cf. 1 Coríntios 15.45).

Muitos daqueles que negam a inerrância total também negam a historicidade de grande parte, senão de tudo, em Gênesis 1—11. No entanto, isso não é consistente com a evidência que mostra que Gênesis 1—11 está historicamente conectado a Gênesis 12—25. Em primeiro lugar, Gênesis 12 começa com um verbo *waw*-consecutivo ("Então o Senhor disse"), o que indica que o que se segue é uma continuação do capítulo 11, não uma pausa.

Em segundo lugar, a estrutura de Gênesis está conectada por frases como "Esta é a história", "Este é o registro" etc., que ocorrem dez vezes. Cada vez que tais frases ocorrem, restringem o foco a algo que já foi discutido, como os Céus e a Terra (cf. 2.4), Adão (cf. c5.1), Noé (cf. 6.9), os filhos de Noé (cf. 10.1), Sem (cf. 11.10), Tera (cf. 11.27), Ismael (cf. 25.12), Isaque (cf. 25.19), Esaú (cf. 36.1) e Jacó (cf. 37.2). Assim, todo o Gênesis é apresentado como histórico.

Em terceiro lugar, visto que seis dessas frases ocorrem em Gênesis 1—11 e quatro estão em Gênesis 12–50, resta claro que ambas as seções devem ser entendidas da mesma maneira.

Em quarto lugar, há uma conexão entre as duas seções em Abraão, Sara e Ló, cuja história começa no final de Gênesis 11 (v. 27-32) e continua nos capítulos 12—25.

Em quinto lugar, Gênesis 12 faz pouco sentido por si só, sem a genealogia preparatória dada no capítulo 11. Somente a ginástica hermenêutica poderia considerar Abraão, Isaque e Jacó como históricos, mas não Adão, Noé, Sem, Cam e Jafé.

Em sexto lugar, o Novo Testamento cita indiscriminadamente ambas as seções como históricas. Isso foi demonstrado anteriormente por numerosas citações.

Portanto, Gênesis 1—11 é tão histórico quanto Gênesis 12—50. Negar um é negar o outro, e afirmar um é afirmar o outro. Assim, negar a historicidade de Gênesis 1—11 é negar a posição de inerrância total do ICBI. Então, evangélicos cuja hermenêutica mina a historicidade de Gênesis 1—11 estão minando também a total inerrância da Bíblia. E, com isso, estão minando a autoridade de Cristo, dos escritores do Novo Testamento e de muitas doutrinas cristãs importantes que estão baseadas na historicidade de Gênesis 1—11.

Em resumo, as decisões iniciais de gênero para determinar o significado básico de um texto têm dois problemas sérios. Primeiro, elas imploram a pergunta. O método histórico-gramatical deve ser usado para determinar o significado primeiro, a fim de descobrir seu gênero. Além disso, usar o gênero como um determinante direto do significado pode (e geralmente leva) a uma negação da historicidade e/ou natureza sobrenatural dos eventos.

Resumo e conclusão

Existe uma relação estreita entre a hermenêutica de uma pessoa e sua visão sobre a inerrância. Em primeiro lugar, uma metodologia não ortodoxa levará a uma bibliologia não ortodoxa. Metodologia ruim, interpretação midráshica e interpretações do chamado Segundo Templo levam a uma teologia ruim.

Em segundo lugar, as falsas pressuposições filosóficas levarão a falsas conclusões teológicas. Paulo adverte os seus leitores: "Tenham cuidado para que ninguém os escravize a filosofias [...]" (Colossenses 2.8). Mas nós não podemos tomar cuidado com isso, a menos que estejamos cientes disso. Um dos maiores problemas enfrentados pela igreja evangélica hoje é a aceitação inconsciente de falsas filosofias por estudiosos bíblicos, filosofias que, em última análise, minam sua antiga teologia ortodoxa. Parafraseando Platão, até que exegetas bíblicos se tornem filósofos e filósofos se tornem exegetas bíblicos, não haverá um fundamento firme para a ortodoxia.

Em terceiro lugar, apenas uma boa hermenêutica leva a uma boa teologia. Essa hermenêutica é hermenêutica histórico-gramatical. Ela é usada pela própria Bíblia. Ela foi usada para formar os primeiros credos, que servem de base para a ortodoxia. É usada nas comunicações do dia a dia e é filosoficamente defensável porque não se pode negá-la sem usá-la.

O notável estudioso do Novo Testamento professor Robert Thomas resumiu bem quando escreveu:

> Qual é a chave hermenêutica que fez essa mudança [para a nova hermenêutica] possível? Em primeiro lugar, foi a incorporação de um novo primeiro passo no processo de interpretação, uma etapa chamada pré-entendimento. De uma forma muito sutil, começar a prática exegética com uma aceitação consciente do pré-entendimento do intérprete sobre o que esperar da passagem sob investigação transformou a hermenêutica evangélica, de um exercício objetivo de deixar a passagem falar por si mesma, em um exercício subjetivo de permitir que o intérprete leia em uma passagem o significado para o qual ele está inclinado (Thomas, "HN", p. 290).

Em seus livros *Evangelical Hermeneutics* e *The Jesus Crisis*, ele tem muito mais percepções valiosas sobre o assunto.

▪ Fontes ▪

Enns, *Inspiration and Incarnation*
Geisler, *Systematic Theology*
Geisler e Rhodes, *Conviction without Compromise*
Gundry, *Matthew*
Howe, "Does Genre Determine Meaning?", in: *Christian Apologetics Journal* (Spring 2007)
Johnson, S., *Old Testament in the New*
Kaiser, *Uses of the Old Testament in the New*
Osborne, "Redaction Criticism"
Pinnock, *Scripture Principle*
Radmacher e Preus, eds., *Hermeneutics, Inerrancy*
Rogers, *Biblical Authority*
Rogers e McKim, *Authority and Inspiration*
Sproul, *Explaining Inerrancy*
Thomas, *Evangelical Hermeneutics*
_____, "The Hermeneutic of Noncessationism", in: *The Master's Seminary Journal* (Fall 2003)
Thomas e Farnell, eds., *The Jesus Crisis*
Vanhoozer, *First Theology*
_____, *Is There Meaning?*
_____, "Lost in Interpretation?"

16

A NATUREZA DA ENCARNAÇÃO
E A INERRÂNCIA

Introdução

OS INERRANTISTAS há muito tempo comentam sobre a relação entre a Palavra viva de Deus (Cristo) e sua Palavra escrita (Escritura). Eles argumentam que, da mesma forma que Cristo é divino e humano em uma pessoa (sem pecado), também a Bíblia tem uma natureza divina e humana sem erro em um conjunto de frases. Alguns criticam essa analogia, apontando para algumas diferenças significativas entre ambas. Mais recentemente, alguns ofereceram um novo modelo de encarnação que apoia a negação da inerrância. Este modelo tem raízes no teólogo neo-ortodoxo Karl Barth, mas também foi adotado por alguns evangélicos confessos. Para entender o desenvolvimento da questão, começamos com o modelo ortodoxo.

O modelo ortodoxo de encarnação das Escrituras

Visto que tanto Cristo (cf. João 1.1; Apocalipse 19.13) como a Bíblia (cf. João 10.35; Mateus 15.6) são chamados de a Palavra de Deus, é compreensível que uma comparação seja feita entre eles. Cristo é a revelação de Deus em pessoa (cf. João 1.14; 14.9), e a Bíblia é sua revelação em proposições (ou seja, por escrito). Da mesma forma, uma vez que ambos têm dimensões divina e humana, a analogia é ainda mais interessante. De acordo com os credos ortodoxos, Cristo tem uma natureza divina e uma natureza humana, sendo totalmente Deus e totalmente homem. Da mesma forma, a Bíblia é a Palavra de Deus e as palavras de seus autores humanos; ela também tem uma dimensão divina e humana. Além do mais, ambos, Cristo e a Bíblia, são chamados de perfeitos (cf. Salmos 19.7; Hebreus 4.15). O que mais, então, é necessário para uma boa analogia? Portanto, não é incomum para teólogos ortodoxos argumentar que, assim como a Palavra pessoal de Deus (Cristo) é divina e humana em uma pessoa que não tem pecado, da mesma maneira a Palavra escrita de Deus

A INERRÂNCIA DAS ESCRITURAS

é divina e humana em um conjunto de proposições, sem erro. A analogia pode ser resumida da seguinte forma:

A Palavra viva	A Palavra escrita
O Salvador	*A Escritura*
Natureza divina	*Natureza divina*
Natureza humana	*Natureza humana*
Um em pessoa	*Uma em proposições (frases)*
Sem pecado	*Sem erro*

Em apoio à última linha, a Bíblia diz que Jesus "não tinha pecado" (cf. 2 Coríntios 5.21; Hebreus 4.15), que ele era "puro" (cf. 1 João 3.3) e "justo" (cf. 2.1) e que ele "[era] sem mancha e sem defeito" (cf. 1 Pedro 1.19).

Da mesma forma, a Bíblia "é inspirada por Deus" (cf. 2 Timóteo 3.16); isso "procede da boca de Deus" (cf. Mateus 4.4), "não pode ser anulada" (cf. João 10.35) e é "perfeita" (cf. Salmos 19.7; heb. *tāmîm*, "sem defeito") — a mesma palavra usada para o cordeiro pascal, que tinha que ser "sem defeito" (cf. Levíticos 23.12), como era Cristo, nosso Cordeiro pascal (cf. 1 Coríntios 5.7). Significa inteiro, pleno, completo e sem defeito, como se diz que Cristo e a Bíblia são.

Parece que a analogia é bíblica e razoável. Assim como Cristo tem duas naturezas, uma divina e uma humana, o mesmo acontece com a Bíblia. Pois a Bíblia afirma ser um livro de coautoria, de modo que tudo o que os profetas escreveram, Deus escreveu. Como Davi diz: "O Espírito do Senhor falou por meu intermédio; sua palavra esteve em minha língua" (2 Samuel 23.2). E Pedro acrescenta: "pois jamais a profecia teve origem na vontade humana, mas homens falaram da parte de Deus, impelidos pelo Espírito Santo" (2 Pedro 1.21). O que mais poderia ser exigido em uma boa analogia?

Isso levou os criadores do ICBI a falar da Bíblia como um livro "teantrópico", como Cristo é uma pessoa teantrópica (Deus e homem, o Deus-homem). O artigo 2 da declaração hermenêutica (1984) diz: "Afirmamos que, como Cristo é Deus e homem em uma pessoa, então as Escrituras são, indivisivelmente, a Palavra de Deus em linguagem humana. Negamos que a forma humilde e humana das Escrituras implique erro mais do que a humanidade de Cristo, mesmo em sua humilhação, implique pecado". E o comentário do ICBI sobre isso acrescenta:

> Aqui, uma analogia é traçada entre Cristo e as Escrituras. Cristo e as Escrituras têm aspectos duais de divindade e humanidade, indivisivelmente unidos em uma

expressão. [...] Ambos envolvem o uso de agentes humanos falíveis. Mas ambos produziram um resultado teantrópico; um, uma pessoa sem pecado; o outro, um livro sem erros. [...] A negação é dirigida em uma tendência contemporânea de separar os aspectos humano e divino das Escrituras e permitir o erro no primeiro. Em contraste, os autores deste artigo acreditam que a forma humana das Escrituras não pode ser encontrada em erro mais do que Cristo poderia ser achado em pecado. Ou seja, a Palavra de Deus (a Bíblia) é necessariamente perfeita em sua manifestação humana como era o Filho de Deus em sua forma humana (Sproul, *Explaining Inerrancy* Inerrância [*EI*], p. 890).

No entanto, apesar dessa afirmação, o ICBI considerou que se tratava de uma "analogia", não uma comparação perfeita. Apesar do fato de o ICBI ter reconhecido que "como todas as analogias, há uma diferença" (*EI*, p. 890), essa comparação sofreu forte ataque de alguns estudiosos evangélicos contemporâneos que negam a inerrância.

Defendendo o modelo ortodoxo

Andrew McGowan rejeita a analogia entre Cristo e as Escrituras (v. cap. 9). Primeiro, ele argumenta que, ao contrário de Cristo, cujas duas naturezas estão unidas em uma pessoa, não existe tal união do divino e do humano nas Escrituras. Contudo, McGowan erra a mão, mesmo em seus próprios fundamentos. Pois em outro lugar ele fala de uma coautoria da Escritura (*Divine Spiration* [*DS*], p. 148). Ele cita com aprovação o seguinte: "Isso permite que Bavinck enfatize de maneira fiel e clara ambos os lados de qualquer doutrina ortodoxa das Escrituras, isto é, que Deus é o autor e mesmo assim os seres humanos são os autores" (p. 148). Mas, se a forma verbal da Escritura é "soprada" por Deus, como McGowan afirma que é, então há uma proposicional (melhor, sentencial) unidade que combina os elementos divino e humano das Escrituras em uma e a mesma estrutura verbal.

Mesmo a própria definição de Escritura de McGowan apoia o modelo encarnacional, pois ele diz: "O Espírito Santo fez os homens escrever livros, e sua ação supervisora foi tal que, embora esses livros sejam verdadeiramente a obra de seres humanos, eles também são a Palavra de Deus" (*DS*, p. 43). Novamente, há uma unidade entre o humano e o divino na Palavra escrita de Deus (a Escritura) que é análoga à união entre o divino e o humano em sua Palavra viva (o Salvador).

Além disso, McGowan também argumenta que a palavra "divina" não se aplica às Escrituras como acontece com a natureza divina de Cristo na encarnação. Ele escreveu: "Somente Deus é divino e, portanto, somente Deus pode ter uma natureza divina" (*DS*, p. 120). Mas, em um sentido muito importante, não é assim. Até mesmo Pedro afirma que em algum sentido real somos "participantes da natureza divina" (cf. 2 Pedro 1.4). Até mesmo a Bíblia nos ordena que tenhamos os atributos morais de Deus (cf. Levíticos 11.45; Mateus 5.48). McGowan parece responder inadvertidamente à sua própria pergunta quando admite: "Eu não estou negando que as Escrituras (como os seres humanos) podem compartilhar parte dos atributos divinos" (p. 120). Mas isso é tudo o que é necessário para que a analogia seja boa, ou seja, ter fortes semelhanças, como tem.

Quanto à Bíblia não ser Deus, é claro que não é. É por isso que o modelo encarnacional é apenas uma analogia (semelhante, mas não idêntica). Nenhum evangélico informado jamais sustentaria que a Bíblia é Deus e deve ser adorada. A Bíblia é como Deus em seus atributos morais (como verdade e santidade), não em seus atributos não morais, metafísicos (como infinito e eterno). Portanto, a Palavra viva de Deus (Cristo) e sua Palavra escrita (a Escritura) são semelhantes, porque têm uma dimensão divina e humana; essas duas dimensões são combinadas em uma unidade; portanto, ambos são sem falhas.

Consequentemente, tanto a Palavra viva de Deus quanto sua Palavra escrita não têm falha, visto que a Palavra viva de Deus não tem pecado e sua Palavra escrita não tem erro.

Em resumo, a analogia entre a Palavra viva de Deus e sua Palavra escrita é boa. As críticas a ela erram o alvo e, portanto, falham. Mesmo que a Bíblia não seja Deus, no entanto, como Cristo, é totalmente humana, mas sem falhas. A Bíblia se une em um conjunto de palavras que tanto Deus quanto os autores humanos afirmam. Portanto, seja lá o que a Bíblia afirme, Deus afirma. Mas Deus não pode afirmar o erro, nem pode sua Palavra, a Bíblia. A semelhança é que ambos são a Palavra de Deus, não que ambos são Deus.

O modelo neo-ortodoxo encarnacional das Escrituras

Enquanto alguns evangélicos negam a inerrância, rejeitando o modelo ortodoxo da encarnação, outros negam a inerrância usando um modelo encarnacional não ortodoxo. As raízes da negação parecem ser encontradas nos escritos do teólogo neo-ortodoxo Karl Barth. Esta visão foi passada através de Berkouwer para Jack Rogers e Clark Pinnock e foi adotada também por Peter Enns, Kevin Vanhoozer e outros (v. cap. 4—11).

Explicando o modelo neo-ortodoxo encarnacional

Como veremos, existem algumas diferenças significativas entre o modelo encarnacional de Barth e o modelo ortodoxo. Por um lado, Barth nega que haja uma unidade ou identidade entre a Bíblia e a Palavra de Deus. Para ele, a Bíblia é apenas uma testemunha humana falível da Palavra de Deus (que é Cristo). No entanto, existe uma forte semelhança entre as visões neo-orto-doxa e ortodoxa de Cristo. Ambas afirmam a humanidade plena de Cristo e a humanidade plena das Escrituras. Baseado nisso, o raciocínio parece ser mais ou menos assim:

1. Existe uma analogia entre Cristo e as Escrituras.
2. Essa semelhança inclui o fato de que tanto Cristo quanto as Escrituras são totalmente humanos.
3. Mas, como totalmente humanos, tanto Cristo quanto as Escrituras compartilham das falhas humanas.
4. Consequentemente, a Bíblia, como Cristo, compartilha das falhas humanas.

Karl Barth (1886-1968). Barth acredita que "há sobreposições óbvias e contradições, por exemplo, entre a Lei e os Profetas, entre João e os sinópticos, entre Paulo e Tiago" (*Church Dogmatics* [CD], 1/2.509). Por quê? Porque a Bíblia é um livro humano falível. Assim, ele escreveu que "o teólogo pós-bíblico pode, sem dúvida, ter uma melhor astronomia, geologia, geografia, zoologia, psicologia, fisiologia, e assim por diante, do que as testemunhas bíblicas possuíam" (*Evangelical Theology*, p. 31). Por quê? Porque "os profetas e apóstolos como tais [...] eram homens reais e históricos como nós e, portanto, pecadores em suas ações, e capazes, e realmente culpados de erro em sua palavra falada e escrita. [...] Mas a vulnerabilidade da Bíblia, ou seja, sua capacidade de erro, também se estende à sua religião ou conteúdo teológico" (CD, 1/2.529; 1/1:509).

Emil Brunner (1889-1966). Outro teólogo neo-ortodoxo e contemporâneo de Barth escreveu: "A palavra da Escritura não é em si a palavra de Deus, mas do homem, assim como a aparência histórica do Deus-homem é em si mesma a de um homem" (Emil Brunner, *Word of God*, p. 32). Por quê? Porque a Bíblia é intrinsecamente humana: "A palavra da Escritura não é em si mesma palavra de Deus, mas do homem" (p. 32). Ele acrescenta: "Em alguns pontos, a variedade da doutrina apostólica [...] é uma irreconciliável contradição" (*Revelation and Reason*, p. 290). Como resultado, "a doutrina da inspiração verbal das Sagradas Escrituras [...] não pode ser considerada uma formulação adequada da autoridade da Bíblia. [...] Os escritos apostólicos nunca reivindicam para si mesmos uma inspiração verbal desse tipo, com a infalibilidade que isso implica" (p. 127-128). Brunner acredita que é "um passo fatal" para manter as "Escrituras como verdadeiras" em "cada parte das Escrituras até nos detalhes" (*Word of God*, p. 34).

G. C. Berkouwer (1903-1996). Sob a influência barthiana, Berkouwer introduziu o modelo de encarnação neo-ortodoxo da Escritura no evangelicalismo. No cerne de sua visão, está a mesma ideia equivocada de Barth, da Bíblia como sendo um livro humano caído. Como Barth, ele também distingue entre a Bíblia e a Palavra de Deus (*Holy Scripture* [*HS*], p. 240). Assim, encarnacionalmente, "a revelação de Deus entrou na criação [...] mesmo no que diz respeito ao humanamente fraco e ignóbil; a Palavra se tornou Escritura e se submeteu ao destino de toda a escrita" (p. 199). O destino da escrita humana é participar do erro humano. Assim, Paulo erra ao falar de feminilidade (p. 187). Além disso, existem acomodações encarnacionais aos erros científicos (p. 182), erros históricos (p. 181, 185), erros de cosmovisão (p. 182) e até mesmo em relação aos mitos (*HS*, p. 198).

Jack Bartlett Rogers (1934-2016). Seguindo seu mentor G. C. Berkouwer, Jack Rogers apresentou a visão encarnacional da acomodação divina ao erro na visão do evangelicalismo americano. Ele escreveu: "É sem dúvida possível definir o significado da inerrância bíblica de acordo com o propósito salvífico da Bíblia e levando em consideração as formas humanas por meio das quais Deus condescendeu em revelar-se" (*Biblical Authority*, p. 45). Essas formas humanas incluíam "erros" (p. 46) em questões não redentoras, o que inclui a aceitação da alta crítica negativa (Rogers e McKim, *Authority and Interpretation*, p. 393). Novamente, a Bíblia é escrita em formas humanas decaídas e, como tal, conterá o destino de todos os escritos humanos: erro.

Clark Pinnock (1937-2010). Pinnock concorda com a visão da inerrância de propósito de Rogers (*Scripture Principle*, p. 262). Isso permite que ele diga: "Em outras palavras, a Bíblia pode conter erros de tipos incidentais, mas não ensina erro algum" (p. 264). Ele afirmou: "Eu agora sei que Karl Barth tinha boas razões para rejeitar o conceito de revelação como primordialmente informação" (p. 267). Pinnock acrescentou: "Barth estava certo ao falar de uma distância entre a Palavra de Deus e o texto da Bíblia" (p. 99). Ele até aceita a ilustração barthiana da Bíblia como um registro rascunhado por meio do qual vem "a voz do Mestre", apesar das imperfeições no registro (p. 272).

Pinnock, então, acrescentou outra crença barthiana, de que a Palavra viva, Cristo, é "adequadamente testemunhada por este texto sagrado" (p. 272), mas não expressa de forma infalível. Assim, "A Bíblia não tenta dar a impressão de que é isenta de erros nos aspectos histórico ou científico. Deus usa autores com falhas e ainda assim nos ensina a verdade da revelação por meio deles" (p. 99). "O que Deus tem como alvo por meio da inspiração é fazer brotar a fé no evangelho por meio da palavra das Escrituras, que continuam sendo um texto humano marcado por fraquezas normais [o que inclui erros" (p. 100).

Peter Enns (1961-). O uso mais explícito e intencional do novo modelo encarnacional é o de Enns. Ele está correto ao postular dois fatores importantes desse modelo: 1) a "humanidade plena" das Escrituras; 2) a unidade divina e humana de elementos da Bíblia. No entanto, ele parece totalmente carente de compreensão de que esses elementos envolvem materiais factual e historicamente incorretos (*Inspiration and Incarnation* [*II*], p. 168). Da mesma forma, ele afirma que esse modelo lida melhor com a diversidade (p. 73). Além disso, nos ajuda a ver um evangelho multidimensional (p. 169). Mas isso não escapa da acusação da relatividade hermenêutica, que é autodestrutiva.

Em um exame mais detalhado, torna-se aparente que, pelo "modelo encarnacional", Enns não significa o que tradicionalmente se entende pelos teólogos ortodoxos, que fazem essa comparação entre Cristo e as Escrituras. Pois eles argumentam que, como Cristo era totalmente humano e sem pecado, assim a Bíblia é totalmente humana, mas sem erros. Afinal, tanto o Salvador quanto as Escrituras são chamados de "a Palavra de Deus". Mas Deus não pode pecar nem errar. Portanto, a Palavra de Deus (viva ou escrita) não pode pecar ou errar. Na verdade, ambos são chamados de perfeitos (sem falhas) na Bíblia.

Além disso, em seu modelo encarnacional, Enns adota uma ideia falha de acomodação divina ao erro, embora se reconheça que teólogos ortodoxos historicamente realizaram uma adaptação divina à finitude humana, mas não uma condescendência ao erro humano. Mas não pode haver acomodação ao erro da parte de Deus. Deus não pode errar (cf. Tito 1.2; Hebreus 6.18). Infelizmente, Enns parece acreditar que Deus pode acomodar-se a afirmações factualmente incorretas (ou seja, erros). Mas isso é uma negação da inerrância das Escrituras, uma negação manifestada em várias coisas que ele diz.

Em primeiro lugar, ele usa alguns termos ambíguos da Bíblia, como, por exemplo, que a Bíblia é "confusa" (*II*, p. 109) e que Jesus "assumiu completamente" a pompa cultural do mundo à volta dele (p. 17). Assim, a Bíblia não pode ficar afastada do "drama selvagem e violento da história humana" (p. 109). Mas ele nunca dissocia isso claramente da implicação de que há afirmações na Bíblia que contêm erros ou descrições enganosas. Aliás, às vezes Enns parece admitir que há esses tipos de erros na Bíblia. Por exemplo, ele defende que os autores bíblicos realmente acreditavam que havia outros deuses (i.e., politeísmo) (p. 98).

Em segundo lugar, ao usar um modelo verdadeiramente encarnacional, as palavras e expressões como "confuso" (*II*, p. 109), "assumiu completamente" a pompa cultural do mundo à volta dele (p. 17) e entrar no "drama selvagem, e violento da história humana" (p. 109) são, na melhor das hipóteses, ambíguas e, na pior, são camuflagens da negação da inerrância da Palavra de Deus escrita e, por comparação, da impecabilidade do Filho de Deus.

Em terceiro lugar, Enns fala contra um posicionamento apologético que defenda a Bíblia contra a acusações de erro (*II*, p. 108). Se ele crê que a Bíblia é inerrante, não deveria ter hesitação alguma em tentar defendê-la contra acusações falsas de que ela não é inerrante.

Finalmente, Enns acredita que há inconsistências na lei moral do Antigo Testamento (*II*, p. 85). Até mesmo a Lei mosaica é inconsistente. Ele acredita que Êxodo conflita com Deuteronômio (p. 87). Ele diz que Deus permite que a lei seja "ajustada ao longo do tempo" (p. 87). Ele afirma também que a versão NIV está equivocada ao pressupor a inerrância como a base de sua tradução (p. 92). Mas o que é isso, senão uma negação implícita da inerrância?

Kenton L. Sparks. Ele enfatiza a humanidade da Bíblia a ponto de o erro ser necessário, porque é um documento humano. No entanto, os inerrantistas não negam a humanidade da Bíblia, mas negam que seja necessário que os humanos errem. A vida cotidiana confirma que os humanos são capazes de não errar. Existem exames, listas telefônicas e cartas inerrantes. Quando se trata das Escrituras, Deus é a causa principal, e os autores humanos são as causas secundárias. Mas é impossível a uma causa secundária se elevar acima de uma causa primária. A implicação teológica é que, embora os humanos sejam imperfeitos e tenham a tendência a errar, isso não vale para o texto das Escrituras. Pedro afirma isto: "pois jamais a profecia teve origem na vontade humana, mas homens falaram da parte de Deus, impelidos pelo Espírito Santo" (2 Pedro 1.21). Em termos práticos, até Deus pode desenhar uma linha reta com uma vara torta!

Sparks afirma que Jesus acomodou seus ensinamentos à queda humana quando comentou Mateus 19.1-9. Sparks diz:

> Na linguagem da nossa discussão moderna, eu argumentaria que Jesus não somente permitiu, mas explicitamente testificou a acomodação teológica e ética das Escrituras à humanidade caída. Assim, se primeiramente ficamos surpresos com a teologia acomodacionista dos pais da igreja, já não precisamos mais estar; aliás, a teologia da acomodação deles em certa medida foi derivada desse texto do Evangelho (*God's Word* [*GW*], p. 241-242).

Sparks reconheceu as implicações cristológicas de sua afirmação: "Se as evidências críticas contra as atribuições autorais tradicionais no Antigo Testamento são tão fortes como parecem ser, então talvez seja a cristologia evangélica — não a erudição crítica — que precisa ser atentamente reconsiderada" (*GW*, p. 164-165). As implicações são que "se Jesus era plenamente humano, como requer a ortodoxia, então é provável que ele tenha aprendido — na companhia de outros judeus antigos — que Moisés, Isaías e Daniel escreveram seus livros sem consideração pelas realidades factuais ou históricas. Além disso, mesmo se Jesus soubesse o fato crítico de que Moisés não escreveu o Pentateuco, é pouquíssimo razoável pressupor que ele teria revelado essa informação ao seu público antigo. Na medida em que Jesus recorresse à sua onisciência na vida diária e nas conversas, teria sido necessário abrir mão constantemente de oportunidades de contar aos que estavam à sua volta o que ele sabia" (p. 165).

Resposta ao desafio barthiano e neobarthiano

Antes de deixar o tópico de encarnação e inerrância, as raízes da visão devem ser examinadas mais de perto. Elas são encontradas em Karl Barth e envolvem um engano falacioso da visão da natureza humana decaída.

A visão barthiana errante da natureza humana

Em resumo, essa visão pressupõe que a humanidade necessariamente envolve queda. E, uma vez que a Bíblia é humana, ela também deve ser errônea. Falando logicamente, a resposta é bastante simples: o argumento tem uma premissa falsa e, portanto, a conclusão extraída dele é falsa. Considere as premissas e a conclusão:

1. A Bíblia é um livro humano.
2. Os livros humanos erram.
3. Portanto, a Bíblia erra.

Os evangélicos não têm nenhum problema com a primeira premissa. A Bíblia foi escrita por seres humanos em línguas humanas, com vocabulários humanos e estilos literários humanos. Portanto, a Bíblia é totalmente humana. É certo que alguns evangélicos minimizaram o lado humano da Bíblia em favor do lado divino e, portanto, a prática tornou-se aberta à acusação de docetismo bíblico (o docetismo foi uma heresia que negou a humanidade de Cristo enquanto afirmava a sua divindade). Mas o evangelicalismo não abraça o docetismo bíblico e o negou repetidamente.

A segunda premissa é verdadeira até certo sentido, mas não se aprofunda suficientemente para justificar a conclusão. Os humanos certamente erram,

A INERRÂNCIA DAS ESCRITURAS

mas nem *sempre* erram, nem os humanos *necessariamente* erram sempre que escrevem algo. Mas algumas dessas falsas premissas são necessárias para chegar à sua conclusão: "Portanto, a Bíblia erra".

A verdade é que os humanos, mesmo sem ajuda divina especial, nem sempre erram. Quase toda pessoa pode escrever um livro sem erros, provavelmente um livro curto para a maioria de nós. Existem até listas telefônicas inerrantes impressas, em que todos os números estão corretos. Se isso é possível, sem ajuda divina especial, então não deve haver dificuldade em concluir que mesmo os humanos, que às vezes erram, não erram quando estão sob o domínio da orientação divina para produzir os livros das Escrituras.

Há, no entanto, um argumento mais sutil por trás da acusação de Barth contra a inerrância. E ele é mais difícil de refutar. Tal argumento pode ser afirmado da seguinte forma:

1. A Bíblia é um livro totalmente humano.
2. Os seres humanos podem errar.
3. Portanto, a Bíblia pode errar.
4. Mas um livro que pode errar não é infalível ("infalível" significa ser incapaz de erro).
5. Portanto, a Bíblia não é infalível.

Conforme observado anteriormente (no cap. 14), existem várias maneiras de apontar falhas nesse raciocínio. A maneira mais óbvia é dizer que a Bíblia é, uma vez que afirma ser, um livro de coautoria. Tanto Deus quanto os autores humanos são responsáveis por um e o mesmo conjunto de palavras. Há uma concordância divina com cada palavra humana nas Escrituras para que "o que a Bíblia diz, Deus diz". Davi disse: "O Espírito do Senhor falou por meu intermédio; sua palavra esteve em minha língua" (2 Samuel 23.2). Jesus declarou: o que "está escrito" é "toda palavra que procede da boca de Deus" (cf. Mateus 4.4). Pedro escreveu: "pois jamais a profecia teve origem na vontade humana, mas homens falaram da parte de Deus, impelidos pelo Espírito Santo" (2 Pedro 1.21).

Dada essa autodescrição da Bíblia pela Bíblia, que todos os evangélicos deveriam aceitar (e a maioria o faz), então segue-se que tanto Deus quanto os autores humanos são responsáveis por todas as palavras do texto autográfico. Portanto, a Bíblia é um livro teantrópico. Como Cristo tem uma união perfeita do divino e do humano em uma pessoa, então até mesmo a Bíblia tem uma união perfeita do divino e do humano em um livro. Portanto, quando perguntamos acerca de uma mesma pessoa (Jesus) se ela pode se cansar, encontramos duas respostas: Como Deus, não, ele era incapaz de se cansar. Mas, como homem, sim, ele era capaz de ficar cansado. Além disso, para a questão de saber se Jesus poderia ter pecado, a resposta é não. Da mesma forma, como Deus, Jesus não era capaz de pecar (cf. Habacuque 1.13; Hebreus 6.18; Tito 1.2). Mas, como homem, a resposta é sim; ele era capaz de pecar porque era realmente tentado, mas livremente escolheu não pecar (cf. Hebreus 4.15; 2 Coríntios 5.21; 1 João 3.3).

Da mesma forma, na medida em que a Bíblia é a Palavra de Deus, ela não pode errar. É infalível e incapaz de erro. Mas, na medida em que é palavra de homens (e é), a Bíblia pode errar (mas não erra). Portanto, a objeção é parcialmente correta: a Bíblia como um livro humano é passível de erros, embora não erre. Então, no sentido forte da palavra "infalível" (ou seja, incapaz de erro), a Bíblia como um livro humano não é infalível, isto é, incapaz de conter erros, embora não erre. No entanto, essa objeção está seriamente mal direcionada, porque a Bíblia também é a palavra do Deus que não pode errar. Portanto, como a Palavra de Deus, a Bíblia não pode errar. Diante disso, deve-se reformular a lógica da natureza divino-humana das Escrituras da seguinte forma:

1. Deus não pode errar.
2. A Bíblia é a Palavra de Deus.
3. Portanto, na medida em que a Bíblia é a Palavra de Deus, ela não pode errar.
4. Mas a Bíblia também tem palavras humanas.
5. Portanto, na medida em que a Bíblia tem palavras humanas, ela pode errar, embora não cometa erros.

Claro, tanto como Palavra de Deus quanto como palavra humana, a Bíblia não errou. Aqui não há contradição lógica entre "pode errar" e "não pode errar", uma vez que tais expressões não são usadas no mesmo sentido ou relacionamento. Em relação a Deus, a Bíblia não pode errar, mas, em relação aos humanos, pode errar. A lei da não contradição só é violada se alguém afirmar e negar a mesma coisa ao mesmo tempo (o que está sendo feito aqui) e *na mesma relação* (o que não está sendo feito aqui).

A visão barthiana errante do erro humano
Os barthianos parecem sugerir mais do que a Bíblia ser *passível* de erro porque é humana, os humanos são finitos e as pessoas finitas são capazes de errar. Consequentemente, a Bíblia é capaz de errar. Além disso, os barthianos parecem argumentar que a depravação *exige* uma Bíblia errante. Esse argumento é mais forte e devastador. Pode ser enunciado assim:

A INERRÂNCIA DAS ESCRITURAS

1. Os humanos são totalmente depravados, incluindo sua cultura e língua.
2. Para seres humanos depravados, o pecado e o erro são inevitáveis.
3. A Bíblia é um livro totalmente humano, incluindo sua linguagem.
4. Portanto, o pecado e os erros são inevitáveis na Bíblia.

Essa conclusão é mais séria, pois torna o erro (e até o pecado) inevitável na Bíblia. Também afirma mais do que a Bíblia ser falível (ou seja, passível de erro). Afirma que a Bíblia é inevitavelmente errônea. Esta é uma acusação grave e merece atenção séria do ponto de vista inerrantista tradicional.

Em um exame mais atento, parece que a falha aqui está na doutrina extrema da depravação que está sendo empregada, uma doutrina que torna o pecado necessário e inevitável. Mas a Bíblia diz que pela graça de Deus cada pecado em particular é evitável (cf. 1 Coríntios 10.13). Como Agostinho disse com razão, depravação significa que temos a necessidade de morrer, mas apenas a *propensão* para pecar. Ou seja, todos nós temos uma natureza pecaminosa, e isso nos inclina para o pecado, mas não exige que pequemos. Dada a nossa natureza caída, o pecado em geral é inevitável, mas cada pecado em particular é evitável pela graça de Deus. Se não fosse, não seríamos responsáveis por isso, mas somos. Não há responsabilidade onde não há capacidade de resposta. A imagem de Deus não foi apagada na humanidade caída, mas apenas borrada (cf. Gênesis 9.6). Nosso livre--arbítrio está danificado, mas não totalmente destruído. Somos totalmente depravados em um sentido amplo (que o pecado se estende a cada parte de nossa humanidade), mas não em um sentido intensivo (que o pecado destrói todas as nossas faculdades racionais e volitivas). Existem várias dificuldades com essa posição.

Por extensão lógica, ela torna a Bíblia pecaminosa e também errônea. Isso porque, se a depravação é tão penetrante e difundida na cultura e na linguagem a ponto de fazer tudo impregnado de erros, incluindo a linguagem humana na Bíblia, então, pela mesma lógica, a queda da linguagem humana também faria que a linguagem da Bíblia necessariamente fosse pecaminosa. No entanto, isso é contrário à autoafirmação da Bíblia de ser a palavra *santa* ou *sagrada* de Deus (cf. 2 Timóteo 3.15), bem como ser "expirada" [soprada para fora] por Deus (cf. 3.16). Certamente não podemos acreditar que o Deus santo soprou uma palavra profana. E, mesmo na visão barthiana de que a Bíblia é apenas um testemunho humano da Palavra pessoal de Deus (Cristo), existem problemas sérios. Mesmo para os barthianos que acreditam que o Novo Testamento é uma testemunha confiável e apostólica sobre Cristo. Mas, se for assim, como sabemos o que é confiável e o que não é? Ou que critérios usamos para determinar isso? Na verdade,

406

não nos resta alternativa objetiva para determinar onde o testemunho apostólico está correto e onde não está.

Em segundo lugar, se os barthianos estão certos sobre a decadência da linguagem humana, então tornariam as palavras reais que Cristo disse em palavras caídas, mesmo quando ele estava ensinando sobre seu Pai santo. Significaria que as palavras reais de Cristo quando ensina sobre o Deus verdadeiro (cf. João 17.3) estão permeadas de falsidade. Isso não quer dizer que Barth teria que acreditar que temos as palavras exatas de Cristo no Novo Testamento. Quer dizer que quaisquer que sejam as palavras exatas de Cristo, o que quer que esteja no Novo Testamento ou não, elas são penetradas pelos erros e pela pecaminosidade de toda linguagem humana. Então, Jesus não poderia ter evitado usar linguagem profana e até blasfema ao transmitir a mensagem salvadora de Deus. Isso é ridículo. E, se os barthianos tentarem evitar essa conclusão repugnante ao insistir em que Deus poderia ter purificado e preservado de forma sobrenatural as palavras que saíram da boca de Cristo, então alguém perguntaria por que Deus também não poderia ter feito isso com os escritores das Escrituras? E, se Deus pudesse, então estamos de volta à visão ortodoxa das Escrituras, que Barth rejeita.

Em terceiro lugar, a visão da queda da linguagem humana de Barth, aplicada a Cristo, torna a Segunda Pessoa da Trindade pecaminosa ou conduz a uma heresia sobre as duas naturezas de Cristo. Afinal, Barth supostamente mantém uma visão ortodoxa sobre as duas naturezas de Cristo em uma pessoa e as três pessoas da Divindade em um Deus. Mas, se Jesus proferiu erro e usou linguagem chula, então Deus (na Terceira Pessoa) pode cometer pecado e erro. Como o apóstolo Paulo diria: "Perece o pensamento! Deus me livre!". Afinal, se coisas pecaminosas e errôneas surgissem da boca de Cristo, então a Segunda Pessoa da Divindade estaria fazendo isso. A única maneira pela qual um barthiano poderia evitar essa lógica é 1) caindo em uma heresia como o nestorianismo, que ensina haver duas pessoas em Cristo, uma humana e uma divina; ou 2) modificar sua doutrina da depravação a fim de não tornar o pecado uma parte inevitável da linguagem humana. A primeira alternativa é uma heresia sobre a Trindade e as duas naturezas de Cristo. A última opção abre a porta para uma visão evangélica que nega que essa linguagem é inevitavelmente pecaminosa. Esta alternativa aponta para outro problema barthiano e uma solução evangélica.

Em quarto lugar, se a encarnação envolveu a penetração inevitável do pecado na linguagem humana, então isso significaria que todo uso dessa linguagem envolve necessariamente pecado e erro. Isso significaria que palavrões e blasfêmias eram partes inevitáveis da linguagem humana em cada livro, incluindo a Bíblia. Mas isso é um absurdo. Mesmo autores que não estão sob assistência divina especial podem evitar palavrões e blasfêmias em seus escritos, como podemos em nossa fala cotidiana. Mesmo que seja inevitável que tais palavras se insinuem no vocabulário humano, no entanto alguém pode evitar usá-las. Existem muitas palavras boas (e verdadeiras) para serem usadas, e um autor, mesmo sem ajuda divina especial, poderia escolher usar apenas as boas e verdadeiras. Quanto mais poderiam os autores humanos das Escrituras, com a ajuda de graça especial, produzir um registro sem erro ou profanidade!

Finalmente, a visão da linguagem humana caída de Barth nega a conexão análoga necessária entre a nossa linguagem e a natureza de Deus. Pois, como foi mostrado anteriormente (no cap. 14), há um ponto de contato ontológico entre o Criador e suas criaturas que serve de base para as pregações sobre a natureza de Deus. Visto que Deus é um Ser infinito e fez seres finitos à sua imagem (cf. Gênesis 1.27), e visto que até mesmo os seres humanos caídos ainda conservam a imagem de Deus (cf. Gênesis 9.6), embora maculada, ainda há uma conexão no ser (realidade) para que saibamos sobre Deus por meio das criaturas. Afinal, a única coisa que um Ser infinito pode trazer à existência é um ser, e tanto um ser infinito quanto um ser finito têm o ser em comum. Portanto, por nossa própria natureza como criaturas de Deus, temos uma base comum para conhecer sua verdade. Deus não tem que se acomodar ao erro para se comunicar com seres errantes. Ele só precisa se adaptar ao nosso ser finito, o que ele fez na encarnação de Cristo e, analogamente, como ele faz na linguagem humana finita da Bíblia. Portanto, no verdadeiro modelo encarnacional, não há necessidade de haver (e não havia) qualquer pecado ou erro em Cristo ou na Bíblia.

Resposta ao erro cristológico dos neobarthianos

A visão acomodacionista de Kenton Sparks cria uma crise cristológica (v. cap. 7). Seu argumento de que errar é humano está baseado na ideia gnóstica de que qualquer contato com a queda humana torna o erro inevitável. Este argumento deve ser rejeitado pelo que é: neognosticismo. Embora Sparks defenda a ausência de pecado em Cristo e afirme manter a ortodoxia teológica, as implicações lógicas dessa visão são que Jesus se acomodou ao erro e poderia ter se acomodado ao pecado também! No entanto, isso é claramente contrário ao ensino básico do Novo Testamento de que Jesus não pecou (cf. Hebreus 4.15; 2 Coríntios 5.21; 1 Pedro 2.22,23; 1 João 3.2,3).

As implicações teológicas da visão de Sparks também são sérias. Pois, se for verdade, os próprios ensinos de Jesus em linguagem humana estão manchados de erros. A cristologia ortodoxa nunca sustentou que a Segunda Pessoa da Divindade errou em suas palavras humanas, mas a lógica da posição de Sparks requer essa conclusão. As implicações disso são que o próprio Filho de Deus não é o "cordeiro sem mancha e sem defeito" (cf. 1 Pedro 1.19); em vez disso, ele participou do pecado e do erro, e os santos no Céu não serão libertos de seus pecados e erros, em oposição ao que as Escrituras ensinam (cf. 1 Coríntios 13.10; 1 João 3.2; Apocalipse 21.4).

No entanto, não há razão para argumentar que Cristo aderiu a essa posição acomodacionista extrema. Em vez disso, a ortodoxia sempre ensinou que Deus adaptou sua revelação à *finitude* humana e nunca a acomodou à *queda* humana. A razão disso é que seria contrário à própria natureza de Deus como verdade se acomodar ao erro. Portanto, há duas visões que devem ser distinguidas: 1) Primeira, Deus se adapta à finitude humana, mas 2) Deus não se acomoda ao erro humano. Sparks confunde esses dois aspectos.

Resumo e conclusão

Os inerrantistas costumam usar um modelo de encarnação, mostrando a semelhança entre a Palavra escrita de Deus (a Bíblia) e sua Palavra viva (Cristo). Como os fundadores do ICBI propõem, "Afirmamos que, como Cristo é Deus e homem em uma pessoa, então as Escrituras são, indivisivelmente, a Palavra de Deus em linguagem humana. Negamos que a forma humilde e humana das Escrituras implique erro mais do que a humanidade de Cristo, mesmo em sua humilhação, implique pecado" (art. 2).

As críticas a esse modelo encarnacional ortodoxo erram o alvo, enfatizando diferenças na analogia com a qual a ortodoxia concorda, como a de que a Bíblia não é Deus (como Cristo é). Isso é certamente verdade, mas erra o alvo, ou seja, as semelhanças significativas entre Cristo e as Escrituras. Para ambos, temos as dimensões divina e humana unidas em uma unidade teantrópica, uma pessoa e uma escrita — e ambas não têm pecado ou erro.

Ironicamente, o novo modelo encarnacional está sendo usado para negar a inerrância das Escrituras, ao insistir em que ser humano implica ser errante — tanto em referência a Cristo quanto em referência às Escrituras. Esse, no entanto, não é um modelo bíblico histórico de encarnação, que envolve apenas uma adaptação divina à finitude humana, mas uma acomodação ao erro humano. Esse modelo antibíblico está baseado em um mal-entendido de ambas, natureza e depravação humana. Ser humano ou mesmo ser um humano depravado não torna o pecado e o erro necessários. Ser humano torna o erro possível, e ser depravado torna o pecado natural, mas também não o torna necessário. A imagem de Deus na humanidade caída foi desfigurada, mas não apagada. Em virtude da analogia entre o Criador e a criatura, há uma semelhança que torna possível a ausência de erro na comunicação e adaptação de Deus aos humanos na *encarnação* de sua verdade em Cristo e na *escrituração* disso nas Escrituras.

▪ Fontes ▪

Barth, *Church Dogmatics: A Selection*
Berkouwer, *Holy Scripture*
Brunner, *Revelation and Reason*
_____, *Word of God*
Enns, *Inspiration and Inerrancy*
McGowan, *Divine Spiration*
Pinnock, *Scripture Principle*
Rogers, *Biblical Authority*
Rogers e McKim, *Authority and Inspiration*
Sproul, *Explaining Inerrancy*

17

RESPONDENDO ÀS OBJEÇÕES
À INERRÂNCIA

Introdução

NUMEROSAS OBJEÇÕES foram levantadas contra a inerrância. A maioria delas foi respondida em outros lugares em obras mais extensas (v. Archer, *Bible Difficulties*; Geisler e Howe, *Big Book*). No entanto, novas objeções surgem, e, infelizmente, as respostas às antigas precisam ser repetidas. Nossa abordagem neste capítulo dará uma resposta breve às principais objeções que têm sido usadas como fundamento para rejeitar a total inerrância factual da Bíblia.

Objeções à inerrância

1. *O termo "inerrância" não ocorre em nenhum lugar da Bíblia*

É verdade que o termo "inerrância" não aparece em nenhum lugar da Bíblia, mas a palavra "Bíblia" também não aparece. No entanto, a Bíblia ensina a verdade da inerrância, e a ortodoxia e os cristãos aceitam isso. Por falar nisso, nem o termo "Trindade" aparece no Bíblia, mas não rejeitamos o termo por esse motivo. A questão não é se o termo "inerrância" está na Bíblia, mas se a verdade da inerrância é ensinada nela. O termo é negociável; a verdade não é. Alguns preferem a expressão "sem erro". Mas isso é precisamente o que "errante" significa: "nenhum erro" ou "sem erro".

2. *"Inerrância" não é um bom termo porque implica precisão técnica*

Em primeiro lugar, o termo significa simplesmente "sem erro". E não há nada de ruim ou técnico nessa expressão. Inerrância não significa precisão técnica, e não significa isso conforme definido pelo ICBI, no artigo 13, que diz explicitamente: "Negamos que seja correto avaliar as Escrituras de acordo com padrões de verdade e erro estranhos ao uso ou propósito da Bíblia [...] [e] uso de hipérbole e números arredondados [...]". Além disso, o significado de um termo é determinado por seu uso em determinado contexto, e "inerrância" não significa precisão técnica quando usada em um contexto bíblico e teológico.

3. Inerrância morre a morte de mil qualificações

A inerrância é criticada por ser um termo muito técnico (conforme a última objeção 2). Então, quando é qualificada de modo que se evite essa acusação, os críticos atacam o termo por ser superqualificado. Mas eles não podem ter as duas coisas. McGowan (v. cap. 9) faz essa exigência. Essa objeção é estranha, pois em outro lugar ele realmente recomenda a Declaração do ICBI para tornar as coisas mais claras por ter "negações", bem como "afirmações". Mas essas qualificações negativas adicionais tornam a doutrina uniforme mais clara. Essa alegação é falsa por dois motivos.

Em primeiro lugar, as chamadas "qualificações" não a matam, mas a ampliam e, assim, a mantêm viva. Em resumo, elas não negam todo o significado da afirmação original; elas o esclarecem, negando coisas que não lhe pertencem.

Em segundo lugar, basicamente não existem "mil" qualificações; realmente existem apenas duas básicas: 1) Apenas o texto original é inerrante. 2) Somente o que é afirmado (direta ou indiretamente) como verdadeiro no texto é verdadeiro e nada mais. O restante das chamadas qualificações não são realmente qualificações de inerrantistas, mas mal-entendidos de não inerrantistas. Portanto, a reformulação é necessária apenas porque os oponentes compreenderam ou caracterizaram mal a doutrina. A reformulação pede uma negação por inerrantistas que ajude a entender o que estava implícito na afirmação original de que tudo o que é afirmado como verdadeiro no texto é verdadeiro (e tudo afirmado como falso é falso). Da mesma forma que os primeiros credos tiveram que se expandir a fim de explicar o que significavam nas formas anteriores mais simples, porque os hereges mais tarde o fizeram mal entendido, distorcido ou desafiaram-no, também os inerrantistas posteriores tiveram que acrescentar "qualificações" para explicar o significado original em oposição aos desafios dos hereges de seus dias.

Por exemplo, deveria ser suficiente dizer simplesmente: 1) "A Bíblia é a *Palavra de Deus*". No entanto, uma vez que alguns negaram o óbvio, é necessário adicionar, 2) "A Bíblia é a Palavra de Deus *inspirada*". No entanto, quando alguns usam a palavra "inspirada" em um sentido humano, é necessário dizer: 3) A Bíblia é a Palavra de Deus *divinamente* inspirada. Mas, uma vez que alguns negam que tal livro é verdade infalível, é necessário acrescentar: 4) A Bíblia é a Palavra *infalível* divinamente inspirada de Deus. Da mesma forma, quando alguns afirmam que é apenas infalível na intenção, mas não de fato, então é necessário esclarecer que isso significa:

5) A Bíblia é a divinamente inspirada Palavra de Deus infalível e *inerrante*. Mesmo aqui, alguns argumentaram que ela é apenas inerrante em questões redentoras. Portanto, é necessário acrescentar: 6) A Bíblia é a Palavra de Deus infalível e inerrante divinamente inspirada *em tudo o que afirma sobre qualquer tópico, incluindo questões históricas e factuais*. E assim por diante. Não há fim aparente a esse processo. Por quê? Porque, quando alguém nega o óbvio, é necessário afirmar o redundante. Não é culpa do inerrantista que ele pareça estar acrescentando termos quando ele está apenas explicando o que a declaração original significa. Então, o inerrantista não pode ser responsabilizado por todas as alegadas "qualificações" (na verdade, mais explicações do significado original à luz de negações posteriores). São os oponentes da inerrância que deveriam ser culpados por negar o óbvio. Se "a Bíblia é a Palavra de Deus", então é claro que ela é divinamente inspirada, infalível e inerrante em todos os assuntos que toca. Mas, se alguém nega o óbvio, então os inerrantistas devem afirmar o redundante para deixar a nossa visão clara.

4. Inerrância é um termo insuficiente para descrever tudo o que a Bíblia é

Estranhamente, embora alguns críticos não gostem do termo porque é muito forte ao insistir que não há erros na Bíblia, outros afirmam que ele é muito fraco. Em vez disso, preferem palavras como "infalível", "confiável" ou "autêntico". Afinal, podem ser inerrantes os livros sobre matemática, lógica e números telefônicos, mas ninguém os aceitaria como tendo autoridade divina em todas as doutrinas e práticas.

Em resposta, deve-se admitir que esse objeto tem mérito. "Inerrância" como um termo não cobre tudo o que a Bíblia é. Primeiro, cobre apenas declarações de verdade, e nem todas as declarações nas Escrituras podem ser reduzidas a verdade proposicional (v. cap. 13). Existem exclamações, confissões, mandamentos, memórias e orações que não são proposições como tais. Ele simplesmente afirma que todas as afirmações da Bíblia, quer explícitas quer implícitas, são verdadeiras.

Em segundo lugar, mesmo as afirmações de verdade na Bíblia, tanto explícitas quanto implícitas, não nos dizem como tais que são divinamente autorizadas ou invioláveis. Termos mais fortes, como "infalível" ou "divinamente autorizado" também são necessários. No forte sentido da palavra "infalível", a Bíblia é infalível e inerrante. Inerrantistas plenos não alegam que o termo "inerrante" diga tudo o que eles querem dizer sobre as Escrituras. Eles apenas afirmam que não ousam dizer menos porque é a Palavra de Deus, e Deus não pode errar. É por isso que os inerrantistas plenos costumam usar outras palavras, como a ETS faz quando chama a Bíblia de "a Palavra de Deus escrita". E as declarações do ICBI dizem da Bíblia como tendo "inspiração divina", "autoridade infalível", "autoridade divina infalível", "inspirada Sagrada Escritura", "Escritura dada por Deus", "Palavra autorizada de Deus" e "Palavra de Deus escrita" (v. cap. 2).

Em terceiro lugar, os inerrantistas costumam desconfiar apenas da palavra "infalível", uma vez que geralmente é tomada por inerrantistas limitados e não inerrantistas como significando "não passível de erros" ou algo assim. No sentido forte ou intenso, "infalível" significa "incapaz de erro". Nesse sentido, os inerrantistas ficam felizes em usar o termo. Mas, uma vez que o significado do termo é ambíguo, com o uso contemporâneo inclinado para a definição fraca, algo mais é necessário, algo como as palavras "inerrante" ou "sem erro".

5. O termo "inerrância" não é um bom termo porque é negativo

Por essa lógica, também devemos descartar muitos dos Dez Mandamentos. A verdade é que os termos negativos costumam ser mais claros do que os positivos. "Você não deve cometer adultério" é mais claro do que uma tentativa mais incômoda de ser positivo, como "Você deve sempre ser fiel ao seu cônjuge no que diz respeito às suas relações com pessoas do sexo oposto". Além disso, o *termo* "inerrância" é negociável, mas a *verdade* da inerrância não. A expressão "sem erro" é uma alternativa aceitável. Claro, isso é negativo também. Talvez devêssemos ser negativos sobre a visão ou o posicionamento que não gosta de termos negativos.

6. A doutrina da inerrância não é ensinada explicitamente na Bíblia

Nem a doutrina da Trindade é explicitamente ensinada na Bíblia. Mas a inerrância é ensinada implícita e logicamente, como é a Trindade. Ambas premissas das quais a inerrância é a conclusão lógica necessária são ensinadas na Bíblia. Por exemplo, a Bíblia ensina que 1) é a Palavra de Deus (cf. João 10.35; 2 Timóteo 3.16) e que 2) a Palavra de Deus não pode errar (cf. João 17.17; Hebreus 6.18). Portanto, segue-se logicamente que 3) a Bíblia não pode errar.

O mesmo é verdade em relação à Trindade. A Bíblia ensina que 1) há apenas um Deus (cf. Deuteronômio 6.4; 1 Coríntios 8.4) e que 2) há três pessoas distintas que são Deus: o Pai, o Filho e o Espírito Santo (cf. Mateus 3.16; 28.18-20; 2 Coríntios 13.14). Portanto, a única conclusão lógica é que 3) existem três pessoas distintas em um e apenas um Deus (a saber, a Trindade). Uma doutrina não deve ser rejeitada porque é ensinada na Bíblia apenas implícita e logicamente, mas não explicitamente. O mesmo é verdade em relação a outras doutrinas essenciais, como a união hipostática das duas naturezas, uma divina e uma humana, na única pessoa de Jesus, a segunda Pessoa da Divindade. Todas as verdades que constituem esta doutrina estão na Bíblia, tais como 1) Jesus é uma pessoa; 2) Jesus é totalmente Deus; 3) Jesus é totalmente humano. Mas, enquanto todas as peças estão lá, a Bíblia em nenhum lugar ensina explicitamente a união hipostática. No entanto, é um ensino baseado na Bíblia, estando nela implicitamente.

7. A inerrância é derivada de maneira puramente dedutiva de outros ensinamentos e não está baseada em um estudo indutivo das Escrituras

Essa objeção é semelhante à última, e a resposta também é semelhante. Diversos pontos devem ser indicados. Em primeiro lugar, a inerrância tem uma forte base indutiva nas Escrituras. Ambas as premissas das quais a conclusão é derivada são o resultado de uma indução completa (perfeita) das Escrituras: 1) Deus não pode errar. 2) A Bíblia é a Palavra de Deus. Ambas as verdades resultam de um estudo completo de toda a Escritura. Isso é chamado de "indução perfeita" na lógica, pois envolve um estudo exaustivo dos dados em áreas limitadas. E a indução perfeita pode chegar ao conhecimento do que é certo. Por exemplo, pode-se ter certeza sobre a verdade da declaração "Todas as moedas no meu bolso são centavos". Da mesma forma, a Bíblia é grande, mas também é finita (limitada), e se pode estudar exaustivamente determinadas doutrinas e chegar a certa conclusão. Sendo esse o caso, ambas as premissas nas quais a inerrância está baseada são completamente indutivas, e podemos ter certeza sobre elas. Em segundo lugar, a menos que os objetores à inerrância neguem as leis do pensamento (o que é uma negação autodestrutiva), eles devem concordar que a única conclusão lógica dessas premissas (1 e 2 anteriores) é 3) A Bíblia não pode errar. Então, a conclusão é uma inferência logicamente necessária de duas premissas certas. Para negar essa conclusão, alguém deverá negar uma ou mais premissas. Mas é simplesmente falso argumentar que as únicas duas premissas das quais derivamos a inerrância estão completamente baseadas indutivamente.

Em terceiro lugar, negar conclusões logicamente necessárias com base em verdades derivadas exegeticamente (indutivamente) também é negar outras doutrinas ortodoxas. Como mostrado no ponto anterior, os ensinamentos ortodoxos sobre a Trindade e a união hipostática das duas naturezas de Cristo em uma pessoa também são deduções logicamente necessárias. O mesmo ocorre com grande parte da teologia cristã ortodoxa. Assim, negar o procedimento pelo qual derivamos a inerrância das Escrituras é negar a base de grande parte da teologia ortodoxa.

A INERRÂNCIA DAS ESCRITURAS

Em quarto lugar, na verdade, o fato da questão é que muito da teologia bíblica contemporânea é um repúdio à teologia sistemática. Muitos teólogos acreditam que a exegese é o começo e o fim do estudo teológico. Eles pensam que o que não se pode derivar da "exegese pura" das Escrituras não é uma conclusão adequada. Além de ser filosoficamente ingênua (uma vez que mesmo a exegese envolve o uso de pensamento lógico e inferências), essa visão está totalmente equivocada e mal direcionada. Se aplicada à natureza, envolveria o repúdio de toda a ciência, que tenta categorizar sistematicamente e fazer inferências lógicas dos dados da natureza. Isso também é o que a teologia sistemática tenta fazer com os dados derivados da exegese da Escritura.

Em quinto lugar, é estranho, de fato, que estudiosos de uma tradição reformada sustentem essa posição da exegese "pura". Pois a *Confissão de Fé de Westminster* fala claramente (no cap. 1, seção 6) que "todo o conselho de Deus [...] [é] ou expressamente estabelecido nas Escrituras, *ou que por bom e necessário raciocínio possa ser deduzido das Escrituras*". Portanto, é importante lembrar que usar a lógica para deduzir verdades das Escrituras não se baseia nessas verdades na lógica. A lógica é apenas o instrumento racional (vindo de um Deus racional e inerente às criaturas racionais feitas à sua imagem) que nos permite descobrir certas verdades implícitas nas Escrituras.

Finalmente, pode-se concordar prontamente quanto à objeção de que não se pode chegar a qualquer compreensão sofisticada ou matizada do que a Bíblia significa como "verdade" ou "erro" pelos procedimentos dedutivos simples usados anteriormente. Mas então devemos rapidamente apontar que tal visão diferenciada pode ser alcançada por outra indução completa dos dados (fenômenos) das Escrituras em conjunto com o que é conhecido por intermédio da revelação geral de Deus. Já que desenvolvemos isso em outro lugar (v. Geisler, *Systematic Theology* [ST], v. 1, cap. 12) em um "método teológico" completo, simplesmente apontamos aqui que, mesmo nesse entendimento mais refinado do que são verdade e erro, ainda estamos usando uma combinação de estudo indutivo da revelação de Deus (ambos nas Escrituras e na natureza), bem como tirando inferências lógicas disso.

8. *Não há menção de inspiração e inerrância nos primeiros credos*
Os primeiros credos são geralmente considerados o padrão para a ortodoxia. Se sim, então por que eles não mencionam a inerrância das Escrituras? Isso não apoia a crença dos não inerrantistas de que a inerrância não é uma doutrina cristã essencial? Em resposta, várias coisas devem ser mantidas em mente.

Em primeiro lugar, uma vez que os credos geralmente surgem da necessidade de defender uma doutrina cristã que estava sendo negada por alguma heresia, não havia necessidade de a inerrância ser explicitamente mencionada nos primeiros credos, uma vez que não havia negação e ameaças à igreja cristã.

Em segundo lugar, os primeiros credos implicam a inerrância da Bíblia. A inspiração da Bíblia (o que implica sua inerrância) era comumente aceita por todos os pais ortodoxos e criadores dos credos (v. Hannah, *Inerrancy and the Church*). Dado que não houve grandes desafios para ela, não teve que ser mais bem explicada ou defendida.

Em terceiro lugar, é fundamental lembrar que a crença em uma Bíblia com autoridade divina está por toda parte pressuposta nos credos. Quase todo o Credo dos Apóstolos (séc. II d.C.) é composto de frases que dependem da Bíblia. Da mesma forma, o Credo Niceno (325 d.C.) usa muitas das mesmas frases e adiciona explicitamente que essas verdades foram "ditas por meio dos profetas". O Credo de Calcedônia (451 d.C.) usa muitas das mesmas expressões dos credos anteriores e acrescenta explicitamente que "temos os profetas de outrora [Antigo Testamento]" e "o que o próprio Senhor Jesus Cristo ensinou" por meio dos escritos apostólicos do Novo Testamento. Portanto, a base divinamente autorizada para o ensino da igreja cristã é evidente tanto implicitamente quanto explicitamente nos primeiros credos universais da Igreja. Além disso, nós sabemos desde os primeiros pais que a inerrância estava implícita no que eles entendiam por inspiração divina (v. cap. 1 e o próximo ponto). Então, com efeito, os primeiros credos ensinaram a inerrância.

Em quarto lugar, está bem estabelecido que a visão dos primeiros pais era fortemente em favor da inerrância. Uma autoridade notável sobre os primeiros pais, J. N. D. Kelly, caracteriza a visão dos primeiros pais ao falar da visão de Tertuliano, de que "as Escrituras têm autoridade absoluta; tudo o que elas ensinam é necessariamente verdadeiro, e desgraça sobrevenha àquele que aceitar doutrinas não encontráveis nelas" (*Early Christian Doctrine*, p. 39). Agostinho de Hipona resume bem os primeiros pais: "Se ficamos perplexos por alguma contradição aparente nas Escrituras, não é permitido dizer que o autor desse livro está equivocado" (*Reply to Faustus* 11.5).

9. A doutrina da inerrância é um desenvolvimento recente, o resultado da apologética racional contra o modernismo

Em primeiro lugar, seria de esperar que a definição e a defesa da inerrância fossem relativamente recentes, uma vez que não houve grandes ataques à doutrina dentro da Igreja até tempos relativamente recentes. As principais

A INERRÂNCIA DAS ESCRITURAS

objeções à inerrância não surgiram até os tempos modernos, particularmente depois de 1860 d.C. (v. cap. 1). Em segundo lugar, não há nada de errado em ser "recente" ou "racional" ou usar "apologética". Deus é racional e nos fez criaturas racionais à sua imagem (cf. Gênesis 1.27). Além disso, Deus nos ordena "[evitar] [...] ideias contraditórias" (cf. 1 Timóteo 6.20) e usar nossa razão para amá-lo com todo o nosso "entendimento" (cf. Mateus 22.37), bem como dar "a razão" (*apologia*, defesa razoável) da nossa esperança (cf. 1 Pedro 3.15). E a boa apologética responde aos ataques quando eles ocorrem, seja há muito tempo, seja recentemente.

Além disso, a acusação é enganosa, uma vez que 1) a inerrância é ensinada na Bíblia, o mais cedo possível. 2) A inerrância foi ensinada pelos primeiros pais da Igreja, bem como por teólogos na Idade Média, na Reforma e nos períodos pós-Reforma (v. Hannah, *Inerrancy and the Church*). 3) A verdade é que a negação da inerrância por aqueles que estão dentro da ortodoxia é uma invenção tardia, aparecendo na Igreja apenas no século passado. 4) Só porque uma doutrina é articulada e solidificada em determinada data não significa que não foi articulada antes disso. Como a maioria das doutrinas principais, a inerrância não foi tão claramente formulada e articulada até que foi seriamente desafiada. Foi a negação daquilo em que já se acreditava que exigiu uma defesa mais séria dela. Esse foi o caso da inerrância no início do século XX.

10. A doutrina da inerrância está baseada em manuscritos originais inexistentes

Essa objeção é infundada por muitas razões: Em primeiro lugar, o fato de que não há *manuscritos* originais não significa que não podemos reconstruir o texto original com alto grau de precisão. E o fato de que não podemos reconstruir o texto original com 100% de precisão não significa que não temos 100% da verdade doutrinária do texto original. Nem temos nenhum original manuscrito de Aristóteles, Platão ou da maioria dos outros clássicos antigos. Isso, porém, não significa que não podemos saber o que eles ensinaram com base em boas cópias dos originais.

Em segundo lugar, na verdade, temos mais cópias anteriores e melhores da Bíblia do que de qualquer outro livro do mundo antigo (v. Geisler, *ST*, v. 1, cap. 26). Estudiosos notáveis comprovaram isso. Frederic Kenyon afirmou:

> O intervalo entre as datas da composição original e as mais antigas evidências remanescentes se torna tão pequeno que é de fato negligenciável, e o último fundamento para qualquer dúvida de que as Escrituras vieram até nós de modo substancialmente igual à forma em que foram escritas está agora eliminado.

Tanto a *autenticidade* quanto a *integridade* geral dos livros do Novo Testamento podem ser consideradas como finalmente estabelecidas (*Bible and Archaeology*, p. 288-289).

O grande estudioso grego A. T. Robertson afirmou que "a preocupação real é com uma milésima parte de todo o texto" (em Warfield, *Introduction*, p. 22). Isso iria torná-la 99,9% livre de variantes significativas. Outros observaram que essas variantes menores não afetam um ensino essencial da igreja cristã. Até o crítico agnóstico da Bíblia Bart Ehrman admitiu: "Na verdade, a maioria das alterações encontradas nos manuscritos cristãos mais antigos não tem relação alguma com teologia ou ideologia. De longe, as alterações, em sua maioria, resultam de erros, pura e simplesmente — a pena que escorregou, omissões acidentais, acréscimos inadvertidos, palavras com ortografia equivocada, erros bobos de algum ou outro tipo" (*Misquoting Jesus*, p. 55). Portanto, podemos reconstruir até mais do que 99% do texto original, e ele contém 100% das verdades essenciais da fé cristã. Portanto, não precisamos possuir os autógrafos.

Em terceiro lugar, se a cópia original da *Declaração de Independência* fosse perdida, não significaria que teríamos que deixar de existir como uma nação independente sob Deus. Contanto que já tenha havido um original e contanto que ainda tenhamos boas cópias dele, não há nenhum problema real com a sua perda. O mesmo se aplica à Bíblia.

Em quarto lugar, mesmo com os pequenos erros nas cópias manuscritas existentes, ainda possuímos 100% das verdades essenciais do texto original. Nenhuma pessoa razoável se recusaria a cobrar o dinheiro de uma mensagem de texto que dizia: "Você ganhou 10 milhões de dólares", embora haja um erro nisso.

11. Se as cópias imperfeitas são adequadas, por que precisamos de originais perfeitos?

McGowan pergunta: "Se Deus é capaz de usar as cópias com erros [...] que de fato temos [...] por que investir tanto capital teológico em originais hipotéticos que não temos?" (*Divine Spiration* [DS], p. 113). Para usar a analogia de Barth, se a voz do mestre pode ser entendida por meio de um registro esboçado, por que precisamos de um original perfeito? Em resposta, há vários motivos pelos quais um original perfeito é importante.

Em primeiro lugar, uma ilustração ajudará a responder a essa pergunta. Não é difícil de entender a história bíblica de Deus fazendo um Adão perfeito, permitindo que ele caísse e reproduzisse outras cópias imperfeitas do Adão original. Agora, todas essas cópias (descendentes) de Adão são

A INERRÂNCIA DAS ESCRITURAS

100% humanas e ainda assim imperfeitas como todos nós. A humanidade essencial foi preservada mesmo através de gerações de cópias imperfeitas. Da mesma forma, com as Escrituras, era essencial ter um original que fosse perfeito, visto que um Deus perfeito não pode fazer um original imperfeito. Por exemplo, é inconcebível que um Deus perfeito pudesse ter feito o primeiro homem com um corpo deformado e com tumores em seu corpo. Mas não é inconcebível que ele fizesse um homem original perfeito, o dotasse de livre escolha, permitisse que ele pecasse e trouxesse imperfeições para sua posteridade, enquanto Deus, no entanto, preservasse sua natureza humana essencial em sua posteridade. Por essa mesma razão, Deus produziu uma Bíblia original perfeita e ainda preservou as cópias de todos os erros menores, a fim de proteger todas as verdades essenciais para a posteridade.

Em segundo lugar, um original meramente adequado, mas imperfeito, não é possível que um Deus perfeito faça. Existem muitas coisas que Deus não pode fazer, mesmo por sua soberania. Ele não pode mudar (cf. Malaquias 3.6; Tiago 1.13,17). Ele não pode negar a si mesmo (cf. 2 Timóteo 2.13). Ele não pode deixar de ser Deus (cf. Hebreus 1.10-12). Ele não pode quebrar uma promessa incondicional (cf. Romanos 11.29). Ele não pode mentir (cf. Hebreus 6.17,18). E, como um Deus absolutamente perfeito, ele não pode produzir tampouco um produto imperfeito no reino da verdade ou moral — porque é contrário à sua própria natureza fazê-lo.

Além disso, chamar argumentos como esse de "*a priori*" (McGowan, *DS*, p. 111) ou puramente "dedutivo" (p. 136) não os torna inválidos ou falsos. Eles estão baseados na própria natureza de Deus revelada nas Escrituras (v. cap. 12), e não há nada errado em fazer deduções lógicas de verdades bíblicas. A Trindade é uma dessas deduções, visto que em nenhum lugar a Bíblia ensina explicitamente em qualquer texto que haja um Deus em essência que seja em três pessoas. Em vez disso, ensina: 1) Há apenas um Deus; 2) Existem três pessoas que são Deus (ou seja, que compartilham essa natureza). A doutrina da Trindade é uma inferência lógica necessária dessas duas premissas claramente bíblicas. A inerrância se encaixa nessa mesma categoria. São duas premissas claramente ensinadas nas Escrituras: 1) Deus não pode errar. 2) A Bíblia original é a Palavra de Deus. A conclusão lógica necessária a se tirar disso é clara: 3) A Bíblia original não pode errar.

12. Não precisamos da inerrância porque a Bíblia pode ser confiável, mesmo se houver alguns erros nela

Isso é semelhante à última objeção, mas é dirigido ao argumento tudo-ou--nada-em-tudo usado por alguns inerrantistas. Eles raciocinam que você não pode confiar na Bíblia em qualquer coisa que ela afirme, a menos que possa

Respondendo às objeções à inerrância

confiar em tudo. Isso é combatido argumentando-se que um computador muito confiável cometerá alguns erros, mas isso não significa que ele não possa ser confiável de modo geral. Em resposta, embora alguns inerrantistas pouco sofisticados possam apresentar um argumento como esse, que um pequeno erro prejudicaria a confiabilidade de todas as Escrituras, isso não é correto. O que eles deveriam dizer, e a maioria o faz, é algo assim: Se um livro como a Bíblia afirma ser divinamente inspirado e inerrante e você encontrar um erro nele, então você sabe com certeza que não é um erro divinamente inspirado e um livro inerrante. Isso não significa que não poderia haver um livro que não faça alegações de inerrância divina, mas foi uma testemunha confiável da verdade básica do cristianismo. O que isso significa é que, se o seu computador reivindicar inspiração divina e cometer um erro, então você saberá com certeza que o trabalho dele não é divinamente inspirado. Isso não significa que você tenha de descartá-lo.

13. A crença na inerrância total mina a confiança na Bíblia
Clark Pinnock sugere tal raciocínio quando diz: "*Ela* [a Declaração de Chicago sobre a Inerrância] *soa como se o menor deslize ou falha derrubasse toda a casa da autoridade* [bíblica]. *Parece que devemos defender a ausência de erros até o último pingo ou traço* a fim de que ela seja uma autoridade religiosa viável" (*Scripture Principle*, p. 127). Em resumo, ele argumenta que, se uma pessoa acredita na inerrância total, isso a coloca em um estado de medo constante de que alguém um dia venha com um único erro e, então, ele tenha de abandonar toda a sua fé cristã. Seria mais segura a posição de não acreditar na inerrância, mas simplesmente afirmar a confiabilidade da Bíblia. Então, pequenos erros nunca poderiam minar a fé de alguém.

Em resposta, vários pontos devem ser destacados. Primeiro, pode-se usar o mesmo argumento sobre a crença na ressurreição física de Cristo. Se alguém encontrar o corpo físico de Cristo, então nossa fé seria vã e ainda estaríamos em nossos pecados. Mas isso é exatamente o que Paulo diz em 1 Coríntios 15.12-19. Se nossa fé em quase tudo é significativa, então deve ser confirmada ou não confirmada de algum modo; caso contrário, não será uma fé razoável. Pois, se não permitirmos que nada vá contra ela, então é uma fé cega.

Em segundo lugar, além de tudo isso, se uma visão gera ou não uma sensação de segurança, não há uma base sólida sobre a qual apoiar a sua verdade. Algumas visões que nos fazem sentir seguros podem ser falsas, e alguns pontos de vista que nos incomodam podem ser verdadeiros. A verdade é conhecida por correspondência com os fatos, não por sentimentos de segurança.

A INERRÂNCIA DAS ESCRITURAS

Em terceiro lugar, no caso de encontrar um erro na Bíblia, ao contrário da ressurreição, isso não destruiria a base de nossa fé. Existem algumas posições alternativas antes disso, incluindo inerrância limitada e uma visão geral de confiabilidade, antes que tivéssemos de desistir do cristianismo evangélico. Em resumo, um erro demonstrado na Bíblia destruiria a nossa visão de inerrância, não toda a base para a fé cristã.

Em quarto lugar, temos boas razões para acreditar que não há erros na Bíblia. Portanto, não há nenhuma boa razão para temer que nossa fé na inerrância seja destruída (v. Geisler, *ST*, v. 1, parte 2). As boas razões estão apoiadas nas bem estabelecidas premissas bíblicas de que 1) Deus não pode errar e 2) a Bíblia é a Palavra de Deus. 3) Portanto, a Bíblia não pode errar. Além disso, Jesus, que foi confirmado por confiáveis fontes históricas de ser o Filho de Deus, afirma a Bíblia como a Palavra inerrante de Deus (v. Geisler e Turek, *I Don't Have Enough Faith to Be an Atheist* [Não tenho fé suficiente para ser ateu, Ed. Vida]). Além disso, como será mostrado a seguir, até hoje ninguém jamais provou um erro na Bíblia, depois de milhares de anos. Portanto, não é provável que alguém o faça no futuro. Assim, não há real razão para temer que a nossa crença na inerrância seja destruída, quanto mais a própria base para o cristianismo.

14. A inerrância não é uma doutrina essencial e não deve ser enfatizada

Em primeiro lugar, existem diferentes tipos de doutrinas essenciais (v. Geisler e Rhodes, *Conviction without Compromise*, parte 1). Algumas doutrinas são essenciais para que a salvação seja possível, e outras são essenciais para sabermos que a salvação é possível (a inerrância se encaixa nessa categoria). Na linguagem teológica, a inerrância não é uma doutrina soteriológica essencial (salvífica), mas é uma doutrina revelacional essencial. Sem uma palavra segura de Deus, tal como a temos nas Escrituras, não teríamos nenhuma certeza ou conhecimento sobre a salvação.

Em segundo lugar, a inerrância está relacionada à salvação de várias maneiras: 1) A inerrância não é essencial para tornar a salvação *possível*, digamos, a forma pela qual a expiação de Cristo e sua ressurreição se dão (cf. 1 Coríntios 15.1-7; Romanos 10.9). 2) Além disso, a inerrância não é essencial para tornar a salvação *real* para um indivíduo. Ou seja, não é necessário acreditar na inerrância para ser salvo. O Evangelho é o poder de Deus para salvação (cf. Romanos 1.16), e crer na doutrina da inerrância não faz parte do Evangelho. 3) Portanto, a inerrância não é um teste de *autenticidade* evangélica, mas um teste de *consistência* evangélica. Ou seja, não se pode ser um evangélico consistente e negar a inerrância. Pois é inconsistente sustentar que a Bíblia é a Palavra de Deus, mas não inerrante. 4) Além disso, pode-se argumentar que a inerrância é essencial à *vitalidade* evangélica. Parece ser um fato da história que a crença na inerrância é parte de um cristianismo vital, crescente, evangelístico e voltado para a missão. 5) Mesmo se a inerrância não fosse essencial em qualquer sentido, não significaria que não seja verdade. Mas, em qualquer avaliação significativa, a inerrância é uma doutrina importante. Como tal, foi apropriadamente chamada de doutrina de referência ou crença de divisor de águas. De fato, para negar a inerrância, é preciso negar que a) a Bíblia é a Palavra de Deus, ou que b) Deus não pode errar, ou c) ambos. Pois se a Bíblia é a Palavra de Deus (cf. João 10.35; 2 Timóteo 3.16), e se Deus não pode errar (cf. Tito 1.2; Hebreus 6.18; João 17.17), então segue-se necessariamente que a Bíblia não pode errar.

15. A Bíblia não pode ser infalível porque foi escrita por humanos, que erram

Esse argumento não avança logicamente por várias razões. Em primeiro lugar, humanos nem sempre erram. Mesmo sem nenhuma ajuda divina especial, os humanos podem escrever e escrevem livros sem erros — geralmente curtos. Existem, por exemplo, listas telefônicas sem erros, onde cada número de telefone está certo. Existem livros de matemática inerrantes, onde cada fórmula é elaborada corretamente.

Em segundo lugar, não há contradição em um Deus perfeito usar escritores imperfeitos como meios para produzir um livro perfeito. Por quê? Porque mesmo humanos imperfeitos podem desenhar uma linha reta com uma vara torta. Quanto mais Deus poderá fazer isso!

Em terceiro lugar, de acordo com a doutrina bíblica da inspiração, Deus foi a principal causa da Bíblia, e os escritores humanos foram apenas causas secundárias: "pois jamais a profecia teve origem na vontade humana, mas homens falaram da parte de Deus, impelidos pelo Espírito Santo" (2 Pedro 1.21; cf. 2 Samuel 23.2). Então, no processo geral de inspiração, Deus supervisionou o processo de revelação para preservá-lo de todo erro (cf. João 14.26; 16.13).

16. A Bíblia não pode ser infalível (não é capaz de errar) porque é um livro humano, e os humanos podem errar

A lógica dessa objeção é a seguinte: a) A Bíblia foi escrita por humanos. b) Os seres humanos podem errar. c) Portanto, a Bíblia pode errar. d) Mas um livro infalível não pode errar (visto que é isso que "infalível" significa). e) Consequentemente, a Bíblia não pode ser infalível. No entanto, por mais forte que essa objeção possa parecer, ela traz uma sutil falácia embutida. Em primeiro lugar,

A INERRÂNCIA DAS ESCRITURAS

admite-se que, na medida em que a Bíblia é um livro humano, ela *pode* errar. Mas isso não significa que *erre*. Na verdade, é um erro pensar assim.

Na medida em que a Bíblia é a Palavra de Deus, ela não pode errar. Desde então, a Bíblia é, na verdade, um livro de coautoria (Deus é o autor principal, e os humanos os autores secundários), deve-se distinguir em que sentido ela é sem erro: a) Como a Palavra de Deus, não pode errar e não erra. b) Como palavra humana, pode errar, mas não erra. A encarnação é um bom exemplo, tendo uma dimensão divina e uma dimensão humana envolvidas. Como Deus, Jesus *não podia* cometer um erro naquilo que ensinava. Como homem, ele *poderia ter* errado naquilo que ensinou (mas não o fez). Mas uma e a mesma pessoa, Jesus, *não errou* naquilo que ensinou. Nenhuma contradição está envolvida nisso.

17. A inerrância causa divisão e divide os cristãos

Esse argumento tem um apelo pragmático para alguns, mas não tem fundamentos bíblicos ou lógicos. 1) Em primeiro lugar, nem tudo que divide é divisionista. O casamento separa um de todos os outros cônjuges no sentido real, mas isso não faz o casamento divisionista. 2) Se a inerrância é divisionista porque divide aqueles que são a favor e aqueles que são contra ela, então também é divisionista acreditar em qualquer doutrina, incluindo a Trindade, a divindade de Cristo, sua morte expiatória e ressurreição corporal. Mas não é evangélico chamar essas doutrinas de divisivas simplesmente porque elas dividem. A verdade é que qualquer afirmação de verdade divide aqueles que a afirmam daqueles que a negam. Essa é a própria natureza da verdade, e o oposto dela é falso. E ninguém pode negar isso sem separar sua opinião daqueles que o afirmam. 3) Além disso, se a situação for difícil, é melhor estar dividido pela verdade do que estar unido pelo erro. É melhor estar dividido por uma palavra inerrante do que estar unido por uma palavra errante. Colocar unidade sobre a ortodoxia liquidará a ortodoxia todas as vezes. 4) Por que deveriam aqueles que afirmam a inerrância ser chamados de divisivos por afirmarem-na ao invés daqueles que a negam? Poderíamos chamar os trinitarianos de divisivos porque eles afirmam a Trindade e os hereges de não divisionistas quando a negam? Parece-nos que, se alguém é divisionista, então são aqueles que negam um ensino bíblico ortodoxo, não aqueles quem o afirmam.

18. A inerrância é uma crença infalsificável, visto que não temos os manuscritos originais

Em resposta, uma distinção importante deve ser feita. A inerrância dos manuscritos originais pode ser infalsificável na prática, uma vez que não temos os manuscritos originais. No entanto, a inerrância é falsificável em princípio, uma vez que um manuscrito original pode ser encontrado com um erro. Temos manuscritos anteriores aos manuscritos do mar Morto em relação à época em que os manuscritos do Novo Testamento foram escritos. Além disso, a inerrância também é falsificável na prática, se for possível encontrar um erro em uma boa cópia onde não haja disputa sobre o original. Pois não são apenas os manuscritos originais que são inerrantes; também o texto autográfico é inerrante. Por exemplo, uma cópia perfeita de um manuscrito original também seria inerrante. Da mesma forma, na medida em que o texto autográfico é preservado nos textos hebraico e grego de hoje, ele também é inerrante. Assim, encontrar um erro nele falsificaria a inerrância. Mas, como mostraremos a seguir, ninguém conseguiu fazer isso.

19. Se apenas os autógrafos são inspirados, por que Deus não os preservou?

McGowan pergunta: "Se a inerrância textual é tão vital para a doutrina das Escrituras, por que Deus não preservou os autógrafos com cópias precisas deles?" (*DS*, p. 109). Ele acrescentou: "Qual foi a vantagem de Deus agir sobrenaturalmente na provisão de um texto providencialmente inerrante se ele deixou de ser inerrante assim que foi feita a primeira ou a segunda cópia?" (p. 109). Em resposta, os estudiosos evangélicos há muito apontam várias coisas que McGowan em nenhum lugar aborda de forma extensa ou realmente tenta refutar. Em primeiro lugar, entre as razões importantes para se ter um autógrafo perfeito, a principal delas é que o Deus da verdade absoluta não pode proferir erro (v. anteriormente). Pois "é impossível que Deus minta" (cf. Hebreus 6.18). O "Espírito da verdade" (cf. João 16.13) não pode proferir inverdades.

Em segundo lugar, uma vez que Deus não soprou as cópias dos originais, é possível que elas errem. No entanto, Deus providencialmente as preservou como um todo de qualquer erro substancial. Em resumo, temos boas cópias dos autógrafos originais. Terceiro, pode haver um bom motivo pelo qual Deus não preservou os autógrafos. Conhecendo a tendência humana de adorar relíquias, imagine o que aconteceria com a Bíblia original inspirada por Deus! Veja o que aconteceu com a descarada serpente no deserto anos depois (cf. 2 Reis 18.4). Além disso, conhecendo a tendência humana de distorcer a verdade e corromper a doutrina, pense no que poderia acontecer com os autógrafos se caíssem em mãos humanas erradas. Mas, dado que os autógrafos do Novo Testamento são preservados em cerca de 5.700 manuscritos (e o Antigo Testamento em cerca de 10.000 manuscritos), espalhados por todo o mundo, de nenhuma maneira humana há a possibilidade de que qualquer verdade essencial da fé cristã pode ser distorcida em todas essas cópias.

A INERRÂNCIA DAS ESCRITURAS

20. A crença na inerrância resulta de uma premissa a priori de que se traz à Bíblia, não de uma abordagem neutra e sem pressuposições do texto

O crítico do Novo Testamento Bart Ehrman (autor de *Misquoting Jesus*) insiste em que a crença na doutrina da inerrância não resulta de uma abordagem neutra e objetiva da Escritura, mas assume antecipadamente que é inerrante antes de olharmos para o texto. Mas essa é claramente uma abordagem mal direcionada por várias razões.

Em primeiro lugar, não existe uma abordagem da Bíblia sem pressupostos. Todos temos pressupostos. A única questão é se eles são pressupostos justificáveis. Por exemplo, devemos assumir a validade das leis básicas do pensamento quando nos aproximamos da Bíblia. Pois nenhum pensamento é possível sem elas. Na verdade, o pressuposto mais radical e perigoso que se pode ter é a afirmação de não ter pressupostos. Em segundo lugar, Ehrman não está sem pressupostos. Ele não acredita em um Deus teísta, nem acredita em milagres. Esses são pressupostos radicais. Então, não há nenhuma surpresa quando ele concluiu que a Bíblia contém erros, uma vez que é um livro teísta e sobrenatural.

Contudo, se Deus existe, então os milagres são possíveis. Como o ex-ateu C. S. Lewis disse: "Mas, se admitimos Deus, devemos admitir milagres? Na verdade, na verdade, você não tem segurança contra isso. Essa é a barganha" (*Miracles*, p. 109). O motivo é simples: se há um Deus que pode atuar na criação do mundo, então ele pode atuar no mundo que criou. Então, basicamente, a questão se resume a ser ou não razoável acreditar em um criador do mundo (por tais razões, v. Geisler e Turek, *I Don't Have Enough Faith to Be an Atheist* [Não tenho fé suficiente para ser ateu, Ed. Vida]). Em qualquer caso, a contenção básica de Ehrman é mal direcionada — não há maneiras neutras e sem pressupostos de abordar as Escrituras. Certamente a abordagem antiteísta e antissobrenatural de Ehrman para as Escrituras está longe de ser sem pressupostos.

Finalmente, nos esforçamos para mostrar em outro lugar que abordar a Bíblia com uma interpretação histórico-gramatical é razoável e produz a doutrina da inerrância (v. Geisler, *ST*, v. 1). Pois a Bíblia ensina que 1) a Bíblia é a Palavra de Deus e que 2) Deus não pode errar. Diante disso, é razoável concluir com base na Escritura de que a Bíblia ensina sua própria inerrância.

21. A inerrância foi falsificada pelos muitos erros encontrados na Bíblia

Tem havido muitas tentativas de demonstrar que existem erros na Bíblia, mas nenhuma teve sucesso por vários motivos (v. Geisler e Howe, *Big Book*):

1. A maioria delas confunde dificuldade com impossibilidade. É certo que existem muitas dificuldades na Bíblia. Mas, para provar um erro, deve-se demonstrar que não há explicação possível.
2. As alegações revelam que são os críticos que cometeram um erro, não a Bíblia. Na verdade, a história está repleta de exemplos de visões críticas que estão erradas. Assim, embora não haja erros demonstráveis na Bíblia, existem vários erros comprovados dos críticos.
3. A falta de explicação para algo não significa que seja inexplicável, mas, simplesmente, que ainda não foi explicado. Muitas coisas antes inexplicadas na ciência desde então foram explicadas. Isso favorece a crença de que uma explicação será encontrada para o restante do material. O mesmo se aplica à Bíblia.
4. A suposição de que algo é inexplicável (como uma contradição na natureza) impediria o progresso da ciência. Da mesma forma, a suposição de erro nos originais impediria o progresso da pesquisa bíblica. Da mesma forma, a suposição de inerrância tem valor heurístico: leva a uma investigação mais aprofundada.
5. Uma vez que a lista de problemas inexplicáveis na ciência (e na Bíblia) diminuiu ao longo dos anos, isso favorece o pressuposto de que outros serão explicados no futuro. Esse pressuposto favorece tanto os cientistas quanto os inerrantistas. Muitas coisas antes inexplicadas agora têm explicação.
6. Em última análise, a máxima de Agostinho é a melhor: "Se ficamos perplexos por alguma contradição aparente nas Escrituras, não é permitido dizer que o autor desse livro está equivocado; mas ou [a] o manuscrito é falho, ou [b] a tradução está errada, ou [c] você a interpretou incorretamente" (*Reply to Faustus* 11.5).

Respondendo a alegações de erro na Bíblia

Existem muitas alegações de erro na Bíblia, mas não há demonstrações deles. Em vez disso, cada tentativa conhecida revela um erro do crítico, não um erro na Bíblia. Pois em cada caso existe uma explicação possível. Portanto, em nenhum caso existe uma demonstração necessária de erro. A seguinte lista de tentativas ilustra o que dizemos. Esses exemplos foram escolhidos por terem sido usados pelos críticos para negar a inerrância e porque contêm as alegações mais difíceis feitas contra a inerrância (para um tratamento mais exaustivo, consulte Geisler e Howe, *Big Book*).

Alegação 1. Gênesis diz que o Sol não foi feito até o quarto dia (cf. Gênesis 1.14-19). No entanto, houve "tarde e [...] manhã" e "luz" desde o primeiro dia (cf. 1.2-5).

Resposta. 1) Primeiro, houve luz desde o primeiro dia, quando Deus disse: " 'Haja luz', e houve luz", e houve ambos "tarde e [...] manhã" (cf. 1.3,5).

A INERRÂNCIA DAS ESCRITURAS

2) No entanto, os baluartes de luz (Sol, Lua e estrelas) não se tornaram visíveis até o quarto dia. Este é um fenômeno comum até hoje. Em um dia nublado ou com nevoeiro, nós podemos ver a diferença de luz entre o dia e a noite, mesmo quando o Sol não está visível. 3) Aparentemente, nos primeiros dias da Criação, o Sol não estava visível por causa de algum tipo de barreira de nuvem (talvez vapor da Terra ainda resfriando) que foi removido no quarto dia, quando Deus fez o Sol aparecer. Isso se encaixa com a ordem "Haja luminares no firmamento" (cf. 1.14). A palavra hebraica *'āsāh*, "feito" (cf. 1.16), pode significar "feito para aparecer" ou "revelado".

Alegação 2. Gênesis tem relatos contraditórios sobre a Criação. Na Terra de Gênesis 1 os animais são criados (cf. 1.25) antes que os humanos sejam criados (cf. 1.27). Mas Gênesis 2.19 indica que os animais terrestres foram criados após Adão, quando ele os nomeou. Esta é uma contradição na ordem da criação.

Resposta. 1) Em primeiro lugar, esses dois relatos não são contraditórios, mas complementares. Gênesis 1 dá o esboço e a ordem cronológica, mostrando que a criação de animais ocorreu primeiro. 2) Gênesis 2 dá um relato mais tópico e detalhado, levando até a nomeação dos animais. 3) Em Gênesis 1, os animais foram *criados* antes do homem. Em Gênesis 2, eles são *nomeados* após a criação do homem. 4) Gênesis 2 não diz que os animais foram criados depois de o homem ter sido criado. Simplesmente diz que Deus trouxe a Adão, e ele nomeou os animais, que Deus já havia criado (cf. 2.19). Novamente, o erro está nos críticos, não na Bíblia.

Alegação 3. A Bíblia diz (em Gênesis 4.16,17) que Caim teve esposa e filhos. Mas não há mais ninguém com quem se casar, pois só sobraram Adão, Eva e Caim depois de Caim matar Abel (cf. 4.8-15).

Resposta. 1) Não é verdade que não há mais ninguém com quem se casar, já que Adão e Eva tiveram "outros filhos e filhas" (cf. Gênesis 5.4). 2) Adão viveu oitocentos anos depois que teve Sete (cf. 5.4). E pode-se produzir muitos descendentes em oitocentos anos! Portanto, havia muitas outras mulheres com quem se casar, incluindo irmãs, primas e até sobrinhas. 3) Nessa época, ainda não era proibido se casar com parentes próximos, por duas razões. Primeira, não havia mais ninguém com quem se casar no início. Segundo, a lei que proíbe o incesto veio muito mais tarde (cf. Levíticos 18). Nós sabemos hoje que o incesto pode produzir deformidades genéticas. Mas, sem dúvida, essas deformidades genéticas ainda não tinham se desenvolvido naquele tempo.

Alegação 4. A matemática demonstrou que a circunferência de um círculo é 3,1459 vezes o diâmetro, não três vezes, conforme representado na Bíblia (cf. 2 Crônicas 4.2). Este é claramente um erro na Bíblia.

Resposta. 1) Isso não é um erro; pode ser um número redondo, que a inerrância permite (v. a Declaração de Chicago do ICBI sobre Inerrância, art. 13). 2) Novamente, a Bíblia foi escrita para pessoas comuns. E, para fins comuns, todos os dias, *pi* (π) é cerca de três. 3) Até mesmo os cientistas arredondam *pi* para um número limitado de casas decimais, uma vez que continua indefinidamente quando calculado. Na verdade, não importa quantas casas decimais sejam realizadas, mesmo assim seria impreciso, uma vez que ainda haveria um número infinito de decimais restantes, caso se quisesse ser técnico. 4) O fato é que a Bíblia às vezes usa números redondos. Lucas diz que Jesus tinha "cerca de trinta anos de idade" (cf. Lucas 3.23) quando começou o seu ministério. E a Bíblia deveria ser julgada por seus próprios padrões, que eram os padrões da época, não por alguns padrões técnicos modernos, contrários a esses padrões. A Declaração do ICBI diz: "Negamos também que a inerrância seja contestada por fenômenos bíblicos, tais como a falta de precisão técnica contemporânea [...] [e] uso de hipérbole e *números arredondados*" (grifo nosso).

Alegação 5. Josué fala que o Sol "parou" (cf. Josué 10.12). Mas a ciência moderna provou que o Sol não se move ao redor da Terra, mas que a Terra gira em torno do Sol. Portanto, a Bíblia contém um erro científico aqui.

Resposta. 1) Em primeiro lugar, não é anticientífico dizer que eles viram o pôr do Sol ou que o Sol se levanta, o que Josué disse anteriormente (cf. Josué 1.15). 2) Mesmo meteorologistas contemporâneos falam todos os dias do "nascer do Sol" e do "pôr do Sol". Olhando para o céu noturno escaldante do Ocidente, nenhum cientista diz à sua esposa: "Querida, olhe para a bela rotação da Terra!". 3) Esta é uma linguagem observacional, e de um ponto de vista da superfície da Terra, e isso é exatamente o que alguém observa. A declaração não é anticientífica: ela simplesmente não é científica. Mais uma vez, o ICBI (art. 13) diz claramente: "Negamos também que a inerrância seja contestada por fenômenos bíblicos, tais como a falta de precisão técnica contemporânea, irregularidades de gramática ou ortografia, *descrições da natureza feitas com base em observação* [...]" (grifo nosso). A Bíblia foi escrita para as pessoas comuns do ponto de vista da pessoa comum e, como tal, é perfeitamente precisa. Não estamos contando como Deus realizou o milagre. Mas um Ser onipotente não teria problema. Um Deus que pode criar o Universo (cf. Gênesis 1.1) não teria problemas em fazer o milagre.

Alegação 6. Existem vários erros numéricos na Bíblia. Por exemplo, 1 Reis 4.26, no *Texto Massorético*, diz que Salomão tinha 40 mil cocheiras para cavalos (a NVI traz 4 mil). O texto paralelo na NVI em 2 Crônicas 9.25 traz 4 mil estábulos. Da mesma forma, 2 Reis 8.26 e o texto paralelo de 2 Crônicas 22.2 dizem que Acazias tinha apenas 22 anos quando

A INERRÂNCIA DAS ESCRITURAS

começou a reinar, enquanto em 2 Crônicas 22.2, no *Texto Massorético*, diz que ele tinha 42 anos. Claramente, uma ou outra informação está errada.

Resposta. 1) Esses parecem ser erros reais, uma vez que parecem estar falando sobre as mesmas coisas. 2) No entanto, os inerrantistas não afirmam que não há erros de copistas no texto que possuímos. A Declaração de Inerrância do ICBI diz: "Afirmamos que a inspiração, estritamente falando, diz respeito somente ao texto autográfico das Escrituras" (art. 10). 3) Esses erros de cópia são relativamente raros e não afetam nenhum ensino das Escrituras. 4) Na verdade, na maioria dos casos, sabemos qual deles está certo pelo contexto ou com base em outras Escrituras. Portanto, de forma alguma esses poucos e pequenos erros afetam a doutrina da inerrância. 5) Quase toda pessoa que recebeu a seguinte mensagem ficaria feliz em receber esse dinheiro: "V#CÊ TEM 1 MILHÃO DE DÓLARES". Pois, mesmo com o erro, 100% da mensagem é transmitida. E a Bíblia tem menos erros de copistas do que essa mensagem.

Alegação 7. Os autores bíblicos afirmam a visão antiga outrora sustentada de que a atmosfera não está basicamente vazia, mas é uma cúpula sólida. Jó diz que Deus "estendeu os céus" como "espelho de bronze" (cf. 37.18). Na verdade, a palavra hebraica para "firmamento" (*rāqîa'*, como em Gênesis 1.17, NKJV) é definida no dicionário hebraico padrão (Brown, Driver e Briggs) como um objeto "sólido".

Resposta. 1) Primeiro, é verdade que o significado da raiz (etimologia) de *rāqîa'* era um objeto sólido. O significado, porém, não é determinado pela *origem*, mas pelo *uso*. Por exemplo, a palavra "tabuleiro" era originariamente uma prancha sólida, mas agora pode se referir a um grupo de pessoas, como um "conselho" de curadores. 2) Além disso, *rāqîa'* significa bater ou espalhar, como o metal é estendido quando batido. É corretamente traduzido por "expansão" (cf. Êxodo 39.3; Isaías 40.19 NIV, NASB). Em segundo lugar, Isaías 40.22 diz que Deus "estende os céus como um forro", o que se enquadra na ideia de um Universo em expansão. 3) A Bíblia fala da chuva caindo do céu (cf. Jó 36.27,28), que não é possível através de um objeto sólido. 4) Finalmente, Jó não diz que os céus *são* um espelho de metal, mas apenas que eles são *iguais* em sua força (resistência). Isso não deve ser interpretado mais literalmente do que dizer que Deus é como uma torre forte (cf. Provérbios 18.10) quando ele é puro espírito (cf. João 4.24).

Alegação 8. Levítico 11.5,6 diz que um coelho "rumina", mas a ciência tem provado que não. As vacas sim, mas os coelhos não. Então, a Bíblia está errada aqui.

Resposta. 1) Os coelhos não ruminam no sentido técnico moderno (de ruminantes, que geralmente têm quatro estômagos), mas eles têm uma ação de mastigação completa que parece semelhante e se enquadra no significado não técnico do termo hebraico para "ruminar" (heb. *gērâ*), cuja raiz (*gārar*) significa "arraste, arrastar". Coelhos praticam reflexão ou reingestão (mastigando excrementos). Até o famoso cientista Linnaeus classificou originariamente os coelhos como ruminantes por causa de seu movimento de mastigação semelhante. 2) A Bíblia não usa categorias técnicas, mas úteis para um observador médio, que poderia ver por esse movimento de mastigação se se tratava de um animal impuro ou não. A Bíblia emprega a mesma linguagem observacional quando fala de "nascer do Sol" e "pôr do Sol". A Declaração de Inerrância do ICBI declara (no art. 13): "Negamos que a inerrância seja contestada por fenômenos bíblicos, tais como a *falta de precisão técnica contemporânea* [e] [...] *descrições da natureza feitas com base em observação*" (grifo nosso).

Alegação 9. Em Mateus 10.9,10, Jesus diz: "Não levem" [certos] equipamentos [para sua jornada], mas Marcos 6.8 diz que Jesus assim lhes ordena: "Não levem nada pelo caminho, a não ser um bordão". Qual está certo? Ambos não podem estar corretos?

Resposta. Marcos declara que eles não devem levar nada, exceto um cajado, que um viajante normalmente teria. Mas Mateus diz que eles não devem contratar uma equipe *extra*. Em resumo, viaje com pouca bagagem, com a única que uma pessoa normalmente leva consigo. Essas não são instruções contraditórias. Esse entendimento é apoiado pelo fato de que Mateus também registra que Jesus disse que não deveriam levar uma "túnica extra" (cf. Mateus 10.10). Obviamente, ele estava referindo-se apenas à que estavam usando, proibindo-os de levar outra.

Alegação 10. Mateus 8.5 diz "Entrando Jesus em Cafarnaum, dirigiu-se a ele um centurião, pedindo-lhe ajuda". Mas Lucas 7.6 diz que "o centurião mandou amigos" para falar com Jesus. Que é isso? Um relato contradiz o outro?

Resposta. 1) Ambos são verdadeiros; o centurião fala por meio de seus representantes oficiais. 2) O mesmo ocorre hoje quando o secretário de Estado fala como representante oficial do presidente. O presidente fala por meio do secretário de Estado. Da mesma forma, nos evangelhos, o centurião está falando por meio de seus representantes oficiais.

Alegação 11. A Bíblia comete um erro científico quando diz: "Um grão de mostarda [...] [é] a menor entre todas as sementes [...]" (Mateus 13.31,32). A ciência sabe que certas sementes de orquídea são as menores de todas as sementes conhecidas. Esse é um problema particularmente importante, uma vez que é listado por Dan Fuller como uma base para rejeitar a inerrância factual da Bíblia (v. cap. 1). E, com sua influência, o Fuller Seminary distanciou-se da sua posição original de inerrância.

Resposta. Um olhar cuidadoso sobre essa acusação revela que ela é baseada na falácia clássica de tirar um texto fora do contexto. O contexto para a declaração de Jesus é dado no texto. Ele diz apenas que o grão de mostarda é a menor *"que um homem plantou em seu campo"* (cf. Mateus 13.31, grifo nosso). Ele nunca diz que é a menor no mundo inteiro. Aqui, novamente, o crítico erra, não a Bíblia. Infelizmente, esse erro da parte de um importante seminário influenciou na rejeição da inerrância das Escrituras.

Alegação 12. A inscrição na cruz de Jesus foi listada de quatro maneiras diferentes. Qual está correta?

Mateus 27.37: ESTE É JESUS, O REI DOS JUDEUS.

Marcos 15.26: O REI DOS JUDEUS.

Lucas 23.38: ESTE É O REI DOS JUDEUS.

João 19.19: JESUS NAZARENO, O REI DOS JUDEUS.

[Juntos: ESTE É JESUS NAZARENO, O REI DOS JUDEUS].

Resposta. Aqui, o erro dos críticos é assumir que um relato parcial é um relato falso. Cada um tem sua parte essencial. A maioria dos relatos sobre a maioria dos tópicos é apenas parcial. Mais poderia ter sido dito. Nenhum relato diz algo falso (ou seja, contrário ao fato), como "Este é Tutmés do Cairo, o rei dos egípcios".

Alegação 13. Andrew McGowan (v. cap. 9) afirma isso como "um excelente exemplo" de um erro no texto bíblico. Em Mateus 9.18, Jairo diz a Jesus que sua "filha acaba de morrer". Mas, em Marcos e Lucas, Jairo diz a Jesus que ela está apenas "morrendo" (cf. Marcos 5.23; Lc 8.42). McGowan conclui que "há uma clara contradição entre as palavras iniciais de Jairo como registradas por Mateus e pelos outros evangelistas" (*Divine Spiration*, p. 113).

Resposta. 1) Primeiro, não há contradição entre a declaração inicial e a final de Jesus desde "enquanto [ele] ainda estava falando, chegou alguém da casa de Jairo, o dirigente da sinagoga e disse: 'Sua filha morreu' [...]" (Lucas 8.49). 2) Depois disso, está correto dizer, como Mateus (9.18) registra, que Jairo disse: "Minha filha acaba de morrer". Mateus não relata que Jairo disse algo que na verdade ele não disse. Ele simplesmente combina as duas partes da conversa, enfatizando assim o ponto que a garota já havia morrido naquela época. Essa é uma prática literária aceitável chamada agrupamento. A Declaração de Inerrância do ICBI permite tais práticas literárias (no art. 13). Apenas uma interpretação literalista rígida do texto (que o próprio McGowan rejeita) argumentaria contrariamente. Mais uma vez, os críticos impõem erroneamente à Bíblia padrões contrários à prática de sua época. Ao mesmo tempo, eles insistem em que devemos entender a Bíblia em termos de definição histórica e cultura literária. Mas isso é inconsistente.

Alegação 14. Existem dois relatos opostos da morte de Judas. Mateus (27.5) diz que Judas "enforcou-se". Mas Atos (1.18) declara que ele "caiu de cabeça, seu corpo partiu-se ao meio, e as suas vísceras se derramaram".

Resposta. Ambos podem ser verdadeiros. Primeiro, Judas se enforcou. Então, alguns dias depois, seu corpo foi descoberto, a corda se rompe (uma vez que é proibido tocar num cadáver), e o corpo cai sobre pedras afiadas e se rompe de repente. Ou o corpo se decompôs o suficiente para que se soltasse da corda por conta própria. De qualquer forma, as duas narrativas estão falando de dois eventos diferentes. A primeira conta como ele morreu, e a segunda nos informa o que acontece depois. Nenhuma contradição foi demonstrada desde que uma possível explicação está disponível.

Alegação 15. Mateus (28.2,5) diz que havia *um* anjo no túmulo. Mas João (20.12) diz que havia *dois* anjos lá. Ambos não podem ser verdade.

Resposta. Em primeiro lugar, é uma certeza matemática que, onde quer que haja *dois*, sempre há *um*. Isso nunca falha! Mateus não disse que havia *apenas* um anjo ali ao mesmo tempo que havia dois. Maria viu dois, "um à cabeceira e o outro aos pés" de onde Jesus jazia (cf. João 20.12), porque só ela "curvou-se para olhar dentro do túmulo" (cf. 20.11). Se este for exatamente o mesmo evento, talvez "as mulheres" (plural em Mateus 28.5) só viram um anjo do seu ângulo de visão no túmulo. Visto que os anjos falam em uníssono ("Eles lhe perguntaram" [cf. João 20.13]), talvez soe como uma voz para as outras mulheres, que veem apenas um dos anjos. Assim entendida, essa suposta discrepância atestaria a integridade de cada testemunha ocular relatando exatamente o que viu e ouviu. Por outro lado, esses relatos podem não se referir exatamente ao mesmo evento, mas a uma aparição posterior a Maria (v. a ordem de ressurreição a seguir).

Alegação 16. A ordem dos relatos da ressurreição é contraditória nos evangelhos. Alguns têm Pedro primeiro. Outros têm Maria primeiro e Pedro depois, e assim por diante.

Resposta. O que se segue é uma ordem plausível de eventos que harmoniza todos os relatos dos eventos pós-ressurreição:

1. Cedo na manhã de domingo, após a crucificação de Jesus, Maria Madalena, Maria a mãe de Tiago, Joana e Salomé foram ao túmulo com especiarias para ungir Jesus (cf. Mateus 28.1; Marcos 16.1; Lucas 24.1; João 20.1). Encontrando a tumba vazia, Maria Madalena correu até Pedro e João para lhes dizer que alguém havia levado o corpo de Jesus (cf. João 20.2).

A INERRÂNCIA DAS ESCRITURAS

2. As outras mulheres entraram no túmulo, onde um anjo (cf. Mateus 28.5) que tinha um companheiro (cf. João 20.12; Lucas 24.4) disse-lhes que Jesus havia ressuscitado e que encontraria os discípulos na Galileia (cf. Mateus 28.2-8; Marcos 16.5-8; Lucas 24.4-8). Em sua volta apressada com tremor e espanto (cf. Marcos 16.8), mas com grande alegria (cf. Mateus 28.8), elas não disseram nada a ninguém ao longo do caminho (cf. Marcos 16.8), mas voltaram para os discípulos e relataram o que viram e ouviram (cf. Mateus 28.8; Marcos 16.10; Lucas 24.9,10; João 20.2).

3. Enquanto isso, depois de ouvir o relato de Maria Madalena, Pedro e João correram para a tumba (cf. João 20.3,4), aparentemente por uma rota diferente e mais direta do que a das mulheres, uma vez que não correram para as mulheres que voltavam do túmulo (v. ponto 2 anteriormente). João chegou ao túmulo primeiro (cf. 20.4). Ele espiou a tumba e viu as mortalhas, mas não entrou (cf. 20.5). Quando Pedro chegou, entrou na tumba e viu as mortalhas (cf. 20.6). Então, João entrou, viu as mortalhas e o pano dobrado na cabeceira onde esteve o corpo, e creu (cf. João 20.8). Depois disso, pelo mesmo caminho eles retornaram ao lugar onde os outros discípulos estavam (cf. João 20.10) e por isso não encontraram as mulheres.

4. Chegando depois que Pedro e João saíram, Maria Madalena foi para o túmulo (uma segunda vez) e viu os anjos (cf. João 20.13). *Ela também viu Jesus* (aparição nº 1; cf. João 20.11-14) e se apegou a ele e o adorou (cf. João 20.11-17). Ela então retornou aos discípulos (cf. João 20.18; Marcos 16.10).

5. Enquanto as outras mulheres estavam a caminho dos discípulos, Jesus *apareceu a eles* (aparição nº 2). Eles se prostraram a seus pés e o adoraram (cf. Mateus 28.9,10). Jesus pediu-lhes que dissessem a seus discípulos que ele os encontraria na Galileia (cf. Mateus 28.10). Enquanto isso, os guardas foram subornados e instruídos a dizer que os discípulos roubaram o corpo de Jesus (cf. Mateus 28.11-15).

6. Quando Maria e as mulheres se encontraram com os discípulos, anunciaram que viram Jesus (cf. Marcos 16.10,11; Lucas 24.10; João 20.18). Depois de ouvir isso, Pedro provavelmente correu para se encontrar com Jesus, e *Pedro o viu* (aparição nº 3) naquele dia (cf. 1 Coríntios 15.5; Lucas 24.10).

7. No mesmo dia, Jesus *apareceu a Cleopas e a outro discípulo sem nome* (talvez Lucas; aparição nº 4) na estrada para Emaús (cf. Marcos 16.12; Lucas 24.13-31). Ele revelou-se enquanto comia com eles, e disse que apareceu a Pedro (cf. 1 Coríntios 15.5; Lucas 24.34, o que pode significar que os dois disseram aos Onze que Jesus apareceu a Pedro, ou que, quando os dois viram os Onze, estes estavam dizendo que o Senhor aparecera a Pedro).

8. Depois que Jesus os deixou, eles voltaram para Jerusalém, onde Jesus *apareceu a dez discípulos* (Tomé estando ausente: João 20.24; aparição nº 5),

mostrando suas cicatrizes e comendo peixes (cf. Marcos 16.14; Lucas 24.35-49; João 20.19-24).

9. Depois de oito dias, Jesus *apareceu aos 11 discípulos* (Tomé agora presente; aparição nº 6). Ele mostrou suas feridas e desafiou Tomé a acreditar. Tomé exclamou "Senhor meu e Deus meu!" (cf. João 20.28).

10. Jesus *apareceu a sete de seus discípulos* (aparição nº 7) que foram pescar no mar da Galileia (cf. João 21.1). Ele tomou café da manhã com eles (cf. 21.2-13), após o que restaurou Pedro (cf. 21.15-19).

11. Então, Jesus *apareceu a cerca de 500 irmãos* de uma vez (cf. 1 Coríntios 15.6; aparição nº 8).

12. Depois disso, ele *apareceu a todos os apóstolos* na Galileia e lhes deu a Grande Comissão (cf. 1 Coríntios 15.7; Mateus 28.18-20; aparição nº 9).

13. Jesus *apareceu a Tiago* (cf. 1 Coríntios 15.7; aparição nº 10), provavelmente em Jerusalém.

14. Mais tarde, em Jerusalém, *ele apareceu a todos os seus apóstolos* (cf. 1 Coríntios 15.7; aparição nº 11), apresentando muitas evidências convincentes para eles (cf. Atos 1.3), incluindo comer com eles (1.4). Ele respondeu à última pergunta (1.6-8) e depois subiu ao Céu (cf. Marcos 16.15-20; Lucas 24.46-52; Atos 1.9-11).

15. Vários anos depois, na estrada para Damasco, Jesus apareceu a Saulo de Tarso (cf. Atos 9.1-8; 1 Coríntios 9.1; 15.8; aparição nº 12), mais tarde conhecido como o apóstolo Paulo.

Alegação 17. Há uma contradição em dois dos relatos da conversão de Paulo. Um diz que os companheiros de Paulo ouviram a voz (cf. Atos 9.7), e o outro diz que eles não ouviram a voz (22.9). Ambos usam a mesma palavra grega (*akouō*). Mas ambos não podem ser verdadeiros.

Resposta. 1) Essa não é uma ocorrência incomum. Ocorre regularmente em nossa casa quando minha esposa (de Norman) grita do outro lado da casa, e eu digo: "Eu não consigo ouvir você". Eu ouço claramente *o som*, mas não ouço o *significado* de suas palavras. A palavra para "ouvir" é comumente usada nesses dois sentidos diferentes na fala hoje, como era no século 1. 2) Visto que Lucas afirma ser um escritor cuidadoso (cf. Lucas 1.1-4) e é conhecido como tal (v. Hemer, *Book of Acts*), é evidente que ele não viu nenhuma contradição entre seus dois relatos. Caso contrário, ele não teria registrado dessa forma. Portanto, também não devemos vê-los como relatos contraditórios.

Alegação 18. Alguns dizem que Jesus está errado em Marcos 2.26 ao mencionar Abiatar como sumo sacerdote em vez de Aimeleque. Jesus disse que, quando Davi comeu o pão consagrado, Abiatar era o sumo sacerdote.

No entanto, 1 Samuel 21.1-6 menciona que o sumo sacerdote naquela época era Aimeleque. Essa dificuldade é de particular importância porque o crítico da Bíblia Bart Ehrman (v. cap. 5) afirmou que sua incapacidade de explicar isso foi um fator-chave para abrir seus olhos para a errância da Bíblia (*Misquoting Jesus*, p. 8-10).

Resposta. Samuel está correto ao afirmar que o sumo sacerdote era Aimeleque quando Davi comeu o pão. No entanto, isso não significa que Marcos está errado em mencionar Abiatar. Existem muitas maneiras possíveis de ambas as posições serem verdadeiras. Em primeiro lugar, existem alguns manuscritos antigos que omitem a expressão "nos dias do sumo sacerdote Abiatar". Isso eliminaria o problema, embora a maioria dos estudiosos não acredite que essa tenha sido a leitura original.

Em segundo lugar, dado o texto atual, ainda existem várias outras soluções possíveis para a dificuldade. Por um lado, Marcos pode ter dado o nome do mais famoso dos dois, que, embora não fosse sumo sacerdote, ainda assim estava no tabernáculo naquele tempo. Ele pode ter sido um assistente de seu pai na época, como os filhos de Eli eram dele (cf. 1 Samuel 4.4).

Além disso, uma vez que é dito apenas ter sido "nos *dias* do sumo sacerdote Abiatar" (cf. Marcos 2.26), não significa necessariamente que Abiatar era o sumo sacerdote na época. Mais tarde, quando o rei Saul mandou matar Aimeleque (cf. 1 Samuel 22.17-19), Abiatar escapou e foi até Davi (v. 20) e se tornou o sumo sacerdote. Então, embora Abiatar tenha sido feito sumo sacerdote depois que Davi comeu o pão, ainda seria correto falar de Davi como comendo o pão "nos *dias* do sumo sacerdote Abiatar". Afinal, Abiatar estava vivo quando Davi fez isso e logo depois se tornou o sumo sacerdote, após a morte de seu pai. Assim teria sido durante o *tempo* de Abiatar, mas não durante o seu *mandato*.

Além disso, o conhecido especialista grego A. T. Robertson sugere que "é possível que pai e filho tivessem ambos os nomes (cf. 1 Samuel 22.20; 2 Samuel 8.17; 1 Crônicas 18.16), Abiatar [sendo] mencionado, embora ambos [estivessem] envolvidos" (*Word Pictures*, 1:273).

Acrescente-se que a palavra "tempo" ou "dias" não está no texto grego. É literalmente *epi Abiatar*, "sobre Abiatar", e poderia ser uma expressão idiomática grega, como sugere Robertson. Finalmente, "a explicação plausível é traduzir a frase introdutória: 'na passagem sobre Abiatar, o sumo sacerdote' (cf. frase paralela em Mc 12.26). Esse era um costume judaico para indicar a seção do Antigo Testamento onde um incidente desejado pode ser encontrado" (v. Grassmick, em *Bible Knowledge Commentary*, ed. Walvoord e Zuck, 2:114).

Resumindo, há muitas maneiras de a passagem ser vista sem caracterizá-la como um erro. Portanto, quando possível e até mesmo soluções plausíveis para problemas bíblicos estiverem prontamente à mão, algumas das quais sustentadas por renomados estudiosos do grego, então podemos apenas nos perguntar o que leva os críticos a "ver" erros onde eles necessariamente não existem. De uma perspectiva filosófica, pressuposições antissobrenaturais e antiteístas muitas vezes são um fator contribuinte.

Resumo e conclusão

Muitas objeções foram levantadas contra a doutrina da inerrância total. Aqueles que se opõem ao termo "inerrância" deixam de apresentar seu ponto de vista. O termo conforme definido pelo ICBI não é apenas apropriado, como também descritivo do que a evidência bíblica realmente ensina e mostra. Além disso, por analogia com a ciência, existem boas razões para sustentar uma revelação inerrante original de Deus. O estudo da revelação de Deus na natureza (revelação geral) não deve ser considerado contraditório. Dada a nossa finitude, para não falar da nossa queda, pode ser esperado que tenhamos dificuldades com a revelação de Deus nas Escrituras (revelação especial). Além do mais, é razoável supor para ambas as revelações que seremos capazes de explicar mais dificuldades com o passar do tempo. Diante do exposto, é razoável supor que não há erro em nenhuma das revelações, mas apenas em nossa compreensão delas.

Na verdade, assumir nenhum erro em ambas as revelações tem valor heurístico: isso demanda investigação mais aprofundada e o progresso de ambas as áreas de estudo. Por outro lado, assumir um erro na Escritura original (ou natureza) é autodestrutivo e embrutece a pesquisa. Depois de analisar cerca de 800 alegadas contradições na Escritura no *The Big Book of Bible Difficulties* [Grande livro das dificuldades da Bíblia], temos que concordar. Nós achamos isso depois de meio século de estudo: ninguém demonstrou um erro na Bíblia, mas existem numerosos exemplos dos erros dos críticos. Novamente, não se pode melhorar as palavras de Agostinho: "Se ficamos perplexos por alguma contradição aparente nas Escrituras, não é permitido dizer que o autor desse livro está equivocado; mas ou [1] o manuscrito é falho, ou [2] a tradução está errada, ou [3] você a interpretou incorretamente" (*Reply to Faustus* 11.5).

▪ Fontes ▪

Archer, *Bible Difficulties*
Augustine [Agostinho], *Reply to Faustus* [Resposta a Fausto]

Ehrman, *Misquoting Jesus*
Geisler, *Systematic Theology*, v. 1
Geisler e Howe, *Big Book*
Geisler e Rhodes, *Conviction without Compromise*
Geisler e Turek, *I Don't Have Enough Faith to Be an Atheist*
Hannah, *Inerrancy and the Church*
Hemer, *Book of Acts*
Kelly, *Early Christian Doctrines*
Kenyon, *Bible and Archaeology*
Lewis, *Miracles*
McGowan, *Divine Spiration*
Robertson, *Textual Criticism*
_____, *Word Pictures*, v. 1
Schaff, *Creeds of Christendom*, v. 2
Walvoord, ed., *Bible Knowledge Commentary*, v. 2

Epílogo

Uma breve revisão do problema

No início do século XXI, a visão histórica sobre a inerrância das Escrituras enfrentaram desafios formidáveis. Uma grande interrupção ocorreu quando o famoso evangélico Clark Pinnock (*Scripture Principle*) desafiou a visão tradicional de inerrância ilimitada em favor de uma inerrância limitada que permite erros em questões não redentoras (v. cap. 4). Isso levou a uma votação para expulsá-lo da ETS, que ficou um pouco aquém da maioria necessária de dois terços para desligá-lo da Sociedade.

Enquanto isso, muitos jovens evangélicos treinados na alta crítica contemporânea por escolas modernas e pós-modernas têm crescido cada vez mais insatisfeitos com a visão tradicional de inerrância ilimitada, que foi adotada por Warfield, um dos fundadores da ETS e do ICBI. Muitos deles aderiram à ETS desde que a Sociedade tomou uma decisão consciente de não desafiar a consistência das opiniões de cada membro com o que os criadores da ETS quiseram dizer com a declaração. Em vez disso, a cada membro era permitido ter sua própria interpretação da Declaração da ETS: "Somente a Bíblia, e a Bíblia em sua totalidade, é a Palavra de Deus escrita e, portanto, inerrante nos autógrafos". Inevitavelmente, essa visão "aberta" sobre a adesão levou a dois campos dentro da teologia sistemática e com inerrantistas em geral. A grande maioria da ETS (80%) votou (em 2003) para aceitar a Declaração de Chicago do ICBI como a definição da ETS do que significa inerrância: significa inerrância ilimitada que a Bíblia é totalmente sem erro em qualquer assunto sobre o qual fala (v. Geisler, ed., *Inerrancy*). Como a Declaração Breve do ICBI diz: "As Escrituras Sagradas, sendo a própria Palavra de Deus, escritas por homens preparados e supervisionados por seu Espírito, possuem autoridade divina infalível *em todos os assuntos que abordam*" (grifo nosso).

O outro campo comporta aqueles que não acreditam na inerrância ilimitada como definido pelos criadores da ETS e do ICBI. Isso veio à tona em 1976, quando o Comitê Executivo da ETS confessou que "alguns membros da Sociedade expressaram o sentimento de que prevalece certa medida de desonestidade intelectual entre os membros que não levam a sério a assinatura da declaração doutrinária". Além disso, um Comitê *ad hoc* da ETS reconheceu esse problema quando propôs a questão em 1983: "É aceitável que um

A INERRÂNCIA DAS ESCRITURAS

membro da Sociedade defenda a posição da intenção de um autor bíblico que discorda dos Pais Fundadores e até da maioria da Sociedade e ainda continue sendo membro em situação regular?". A Sociedade nunca disse não. E a votação subsequente para não expulsar Pinnock (63%) revelou que uma grande porcentagem dos membros não acredita que seja necessário manter a inerrância ilimitada como os criadores da ETS e do ICBI quiseram dizer.

Preparamos o cenário para nossa discussão fornecendo o pano de fundo (cap. 1), formação (cap. 2) e influência (cap. 3) da amplamente anunciada Declaração de Chicago do ICBI sobre a Inerrância Bíblica, que foi adotada como um guia pela ETS, a maior sociedade teológica evangélica do mundo. No entanto, os dissidentes estão crescendo. Discutimos toda uma gama de dissidentes, incluindo Clark Pinnock (cap. 4), Bart Ehrman (cap. 5), Peter Enns (cap. 6), Kenton Sparks (cap. 7), Kevin Vanhoozer (cap. 8), Andrew McGowan (cap. 9), Stanley Grenz e Brian McLaren (cap. 10) e Darrell Bock e Robert Webb (cap. 11). A partir de daí, surgiram as questões cruciais sobre a natureza da própria inerrância (cap. 12), a relação da verdade com a inerrância (cap. 13), a relação da linguagem com a inerrância (cap. 14), a relação da hermenêutica com a inerrância (cap. 15), a relação da encarnação com a inerrância (cap. 16), e uma tentativa de responder às principais objeções à inerrância (cap. 17).

Agora ouça a conclusão de todo o assunto

A questão da erosão da inerrância foi examinada cuidadosamente. Muitas questões foram apresentadas no início: pode essa visão da inerrância total ser reafirmada no século XXI? A Declaração do ICBI precisa ser revisada ou mesmo descartada? É possível ser um estudioso da Bíblia e ainda acreditar na inerrância ilimitada?

Depois de analisar todos os principais argumentos a favor e contra, nossa resposta é que podemos e devemos reafirmar a inerrância para uma nova geração. Após um exame cuidadoso, concluímos que o verdadeiro problema com os desvios da inerrância não são factuais, mas filosóficos. Nós já temos discutido isso em nosso livro do ICBI intitulado *Biblical Errancy: Its Philosophical Roots* (1981). As coisas não mudaram, com a exceção de que novas filosofias aparecem na cena que também minam a inerrância. Não que novos fatos ou evidências descobertos desacreditem a visão histórica da inerrância. É que novas filosofias foram absorvidas pela nova geração de estudiosos, alguns intencionalmente e outros não, que são incompatíveis com uma visão tradicional de inerrância. Algumas dessas novas ideias vêm da filosofia do significado, algumas da filosofia da linguagem e algumas da filosofia da hermenêutica. Mas, na raiz, todos são problemas filosóficos.

Eu (Norman) falei sobre isso em meu discurso presidencial para a Evangelical Theological Society (em 1998), que foi publicado no *Journal of the Evangelical Theological Society* (março de 1999): "Cuidado com a filosofia: um aviso aos estudiosos bíblicos". A exortação ainda está de pé. As vítimas continuam aumentando e, infelizmente, muitas das pessoas discutidas neste livro estão entre elas.

Meu conselho acadêmico não mudou. Como pode pessoas boas, piedosas e eruditas evitarem as armadilhas da adoção de filosofias que minam a posição evangélica histórica sobre a inerrância? Meu conselho é o mesmo: 1) Evite o desejo de tornar-se um estudioso famoso. 2) Evite a tentação de ser único. 3) Não dance próximo ao abismo. 4) Vire à direita para seguir em frente. 5) Não troque ortodoxia por respeitabilidade acadêmica. 6) Rejeite qualquer inconsistência metodológica com a Bíblia ou uma boa razão.

Meu conselho espiritual ainda é válido quando há um conflito: 1) Sempre escolha o senhorio sobre o academicismo. 2) Não permita que a moralidade determine a metodologia. 3) Não permita que a sinceridade seja um teste de ortodoxia. Eu também acrescentaria mais dois: 4) Não escolha a fraternidade em vez da ortodoxia. 5) Não escolha a unidade em vez da ortodoxia.

Claro, muitas vezes ambos os termos desses pares são possíveis, mas, na análise final, é melhor estar dividido pela verdade do que estar unido pelo erro. E, embora devamos nos esforçar tanto pela ortodoxia quanto pela erudição, é melhor ser conhecido por sua ortodoxia do que ser elogiado por seu academicismo às custas de sua ortodoxia.

Embora nenhuma declaração doutrinária seja perfeita e incapaz de ser melhorada, não encontramos nenhuma razão para fazer revisões significativas na Declaração de Chicago sobre a Inerrância Bíblica formulada por quase 300 estudiosos, adotada pela Sociedade Teológica Evangélica como tal, e incorporada em essência pela maior denominação protestante na América, a Convenção Batista do Sul, como também por numerosos outros grupos evangélicos. A maioria dos desvios contemporâneos de inerrância foram levados em consideração pela Declaração do ICBI e seus comentários e declaração oficiais subsequentes e comentários sobre hermenêutica (v. *Hermeneutics, Inerrancy, and the Bible*), que fornecem diretrizes para as mesmas questões que têm surgido hoje pela "nova geração". Isso inclui respostas ao relativismo, ao pluralismo, ao naturalismo, ao antiproposicionalismo e até mesmo aos novos desvios hermenêuticos que minam a inerrância das Escrituras. Portanto, os autores convidam outros a juntarem-se a eles para reafirmar a inerrância para uma nova geração.

Apêndice I

SIGNATÁRIOS DA DECLARAÇÃO DE CHICAGO SOBRE A INERRÂNCIA BÍBLICA DO ICBI

INTERNATIONAL COUNCIL ON BIBLICAL INERRANCY
P.O. Box 13261, Oakland, California 94661 · Phone (415) 339-1064

LIST OF SIGNERS
of the
CHICAGO STATEMENT ON BIBLICAL INERRANCY

Wm. Ackerman
Jay E. Adams
John N. Akers
Robert L. Alden
Brooks Alexander
Rev. Russell T. Allen
Gleason L. Archer
Hudson T. Armerding
Robert L. Atwell
Edward D. Auchard
Hermann J. Austel
Greg L. Bahnsen
James M. Baird
Kenneth L. Barker
William S. Barker
Alexander Barkley
David A. Barnes
Thomas G. Barnes
Daniel L. Barnett
Cal Beisner
Richard P. Belcher
William E. Bell, Jr.
Warren S. Benson
Bobb Biehl
Thomas F. Blanchard
Henri A. G. Blocher
Edwin A. Blum
Stuart Boehmig
Carl W. Bogue
James M. Boice
James A. Borror
David A. Bowen
James L. Boyer
William R. Bright
Arthur C. Broadwick
Harold O. J. Brown
Stephen W. Brown
Walter F. Brunn
James M. Buchfuehrer
Jon Buell
Harold H. Buls
J. Buraga
Donald W. Burdick
David Burnham
John A. Burns
Russ Bush

Donald K. Campbell
Greg Cantelmo
J. William Carpenter
D. A. Carson
Stephen M. Clinton
Edmund P. Clowney
Robert S. Coleman
Harvie M. Conn
W. Robert Cook
E. Clark Copeland
Allan Coppedge
Winfried Corduan
Vic Cowie
W. A. Criswell
William C. Crouse
Linward A. Crowe
Scott Eugene Daniels
John J. Davis
Wilber T. Dayton
G. Waldemar Degner
Daniel F. DeHaan
Peter DeJong
Bruce A. Demarest
William Dennison
Robert K. DeVries
James B. DeYoung
C. Fred Dickason
Raymond B. Dillard
David V. Dissen
David R. Douglass
Duane A. Dunham
Robert J. Dunzweiler
Ralph Earle
Daniel L. Edmundson
Stanley E. Edwards
Leroy O. Eger
Allan C. Emery, Jr.
Ted W. Engstrom
Wallace A. Erickson
Howard A. Eyrich
Jelle Faber
Julius E. Farup
John S. Feinberg
Paul D. Feinberg
Harold D. Foos
John M. Frame

Eldon R. Fuhrman
Frank E. Gaebelein
Richard B. Gaffin, Jr.
Kenneth O. Gangel
Alden A. Gannet
Verne Garrison II
William N. Garrison
Arthur E. Gay, Jr.
Norman L. Geisler
George Giacumakis, Jr.
Duane T. Gish
Omar Gjerness
W. Robert Godfrey
John E. Grauley
William T. Greig, Jr.
Jay H. Grimstead
Robert Gromacki
Wayne Grudem
Stanley N. Gundry
David E. Hall
Francis H. Hall, Jr.
Pearl Crosby Hamilton
Mark M. Hanna
R. Laird Harris
Wendell C. Hawley
William G. Hay
Jack W. Hayford
Steven A. Hein
Howard G. Hendricks
Alverda Hertzler
Bartlett L. Hess
Albert A. Hiebert
D. Edmond Hiebert
Paul M. Hillman
David L. Hocking
Harold W. Hoehner
Donald E. Hoke
Henry W. Holloman
David F. Holsclaw
Russell E. Horton
William G. Houser
Karen C. Hoyt
John J. Hughes
Horace Hummel
Morris A. Inch
Herbert J. Jantzen

January 1, 1979

The original document is located in the Dallas Theological Seminary Archives.

Apêndice I

LIST OF SIGNERS - Continued   Page 2

W. Maxey Jarman
Gene L. Jeffries
Irving L. Jensen
Robert T. Jensen
Rosemary M. Jensen
A. Wetherell Johnson
Alan F. Johnson
Dennis E. Johnson
Elliott E. Johnson
G. L. Johnson
Arthur P. Johnston
Martha L. Johnston
Wendell G. Johnston
David C. Jones
Norman L. Jones
James B. Jordan
Walter C. Kaiser, Jr.
David E. Kelby
D. James Kennedy
Homer A. Kent, Jr.
Eugene R. Kerr
William F. Kerr
Joseph N. Kickasola
Dennis F. Kinlaw
Fred H. Klooster
George W. Knight, III
Hendrik Krabbendam
Charles W. Krahe
Samuel R. Külling
Robert G. Lambeth
Donald H. Launstein
Merritt E. Lawson
Francis Nigel Lee
James T. Lester
Samuel Leuenberger
Gordon R. Lewis
Walter L. Liefeld
Hal Lindsey
Art Lindsley
Calvin D. Linton
George H. Livingston
George W. Long
Marvin L. Lubenow
William F. Luck
Caryl McCarty
Thomas E. McComiskey
Josh P. McDowell
Richard T. McIntosh
J. Robertson McQuilkin
John MacArthur, Jr.
John MacArthur, Sr.
Allan A. MacRae
E. William Male
W. Harold Mare
Trueman M. Martin, Jr.

James Earl Massey
Erich Mauerhofer
Richard R. Melick, Jr.
Billy A. Melvin
David Merk
Robert Metcalf
Gerald Metz
John S. Meyer
Darrow L. Miller
Jimmy A. Millikin
John J. Mitchell
John L. Mitchell
Elmer J. Moeller
James M. Moran
J. P. Moreland
Henry M. Morris
Daniel R. Morse
W. Donald Munson, Jr.
Douglas M. Muraki
John W. Murray
Lloyd R. Nelson
Mark Neuenschwander
John C. Neville, Jr.
Robert C. Newman
David R. Nicholas
Roger R. Nicole
William E. Nix
Boyd E. Nixon
Emilio Antonio Nunez
John W. Nyquist
Stanley Obitts
Harold J. Ockenga
Heinrich M. Ohmann
Stephen F. Olford
Kay Oliver
Juan Carlos Ortiz
Raymond C. Ortlund
James I. Packer
Luis Palau
Edwin H. Palmer
Luis L. Pantoja, Jr.
Majlis L. Parke
Donald B. Patterson
Dorothy Patterson
Paige Patterson
Richard D. Patterson
J. Barton Payne
Philip Barton Payne
Sue Perlman
Douglas W. Petersen
Vern S. Poythress
Paul Pressler
Klemet I. Preus
Robert D. Preus
Rolf Preus

Earl D. Radmacher
Robert G. Rayburn
K. Reddy
Robert L. Reymond
Arthur K. Robertson
O. Palmer Robertson
Bill Rogers
Cleon Rogers
Moishe Rosen
Joseph F. Ryan, Jr.
Charles C. Ryrie
Robert L. Saucy
Franky Schaeffer V
Robert W. Schaibley
F. Richard Schatz
Rick Scheideman
Dale A. Schlack
Dale Schlafer
Eckhard Schnabel
Theodore W. Schubkegel
Samuel J. Schultz
Lubbertus Selles
Norman Shepherd
Joseph R. Shultz
Stephen E. Slocum, Jr.
C. Don Smedley
Elmer B. Smick
A. E. Wilder Smith
Charles E. Smith
Charles R. Smith
Paul B. Smith
Wayne R. Spear
R. C. Sproul
John A. Sproule
James A. Stahr
Hardy W. Steinberg
Bruce C. Stewart
Donald D. Stewart
William R. Storer
Richard L. Strauss
Robert B. Strimple
Everald H. Strom
Samuel H. Sutherland
G. Aiken Taylor
Jerry Taylor
Robert L. Thomas
Michael B. Thompson
James A. Thomson
Donald Tinder
James R. Tony
Dick L. Van Halsema
J. Robert Vannoy
Paul M. Vigress
Jerry Vines
Frederick G. Wacker, Jr.

The original document is located in the Dallas Theological Seminary Archives.

A INERRÂNCIA DAS ESCRITURAS

LIST OF SIGNERS - Continued   Page 3

Roger Wagner
Larry L. Walker
Wilber B. Wallis
Leon F. Wardell
Gilbert B. Weaver
Ed A. Weise
David Wells
Carl E. Wenger
John W. Wenham
Dean O. Wenthe
Waldo J. Werning
Walter W. Wessel
John C. Whitcomb
Gene R. White
John H. White
Paul S. White
Luder G. Whitlock, Jr.
Bruce H. Wilkinson
David Williams
James A. Wilson
George Winston
John A. Witmer
George F. Wollenburg
A. Skevington Wood
Laurence W. Wood
John D. Woodbridge
Lewis H. Worrad, Jr.
Martin H. Woudstra
Paul O. Wright
Edwin M. Yamauchi
Ronald Youngblood

The original document is located in the Dallas Theological Seminary Archives.

Apêndice 2

INERRÂNCIA, EVOLUÇÃO TEÍSTA E BIOLOGOS

Introdução

Uma das organizações mais militantes e voltadas para a missão, dedicada à posição de combate à inerrância é o BioLogos. Os seus membros estão intratavelmente comprometidos com a evolução teísta e, portanto, opostos à posição cristã histórica da inerrância bíblica. Considere esta recomendação do grupo, emitida por um notável britânico, o estudioso do Novo Testamento N. T. Wright, bispo de Durham: "Os cristãos e os secularistas correm o risco de tratar 'Darwin *vs.* a Bíblia' como apenas mais uma frente de batalha nas polarizadas 'guerras culturais'. Isso representa de forma grosseira a ciência e a fé. O BioLogos não só mostra que existe uma alternativa, mas na verdade a modela. O mundo de Deus e a palavra de Deus caminham juntos em uma harmonia viva e rica".[1] Mais recentemente, um ex-criacionista e estudioso evangélico do Antigo Testamento, Bruce Waltke, abandonou o barco e se tornou um evolucionista teísta. Ele disse ao Fórum BioLogos (lançado em 24 de março de 2009) que "se os dados estão esmagadoramente a favor da evolução, negar que a realidade nos fará um culto [...] algum grupo estranho que não está realmente interagindo com o mundo. E com razão, porque não estamos usando nossos dons e confiando na Providência de Deus que nos trouxe a este ponto de nossa consciência".[2] Ele, subsequentemente, renunciou ao Reformed Theological Seminary em Orlando, Flórida.

Fundador do BioLogos: Francis Collins

O BioLogos foi fundado por Francis Collins, o médico e geneticista conhecido por liderar o Projeto Genoma Humano e a descoberta de genes de doenças. A organização é formada por cientistas, teólogos e outras pessoas

---

[1] Citado no site do Fórum BioLogos, <http://www.biologos.org/news-events>. Acesso em: 9 jun. 2011.

[2] Why Must the Church Come to Accept Evolution? Fórum BioLogos, 24 mar. 2010, <http://biologos.org/blog/why-must-the-church-come-to-accept-evolution>.

A INERRÂNCIA DAS ESCRITURAS

com uma clara agenda: mover os evangélicos na direção de uma adoção completa da teoria da evolução. Eles afirmam que seu objetivo é "explorar, promover e celebrar a integração da ciência com a fé cristã". Em relação à doutrina da inerrância, eles argumentam que o "limiar da evidência" foi ultrapassado e insistem que a Bíblia ficará aquém. Os escritores bíblicos estavam simplesmente presos dentro dos limites de sua própria cosmologia e observações antigas.[3]

O compromisso com a evolução teísta
O ponto de partida do BioLogos é seu compromisso intratável com a evolução teísta, que eles definem da seguinte forma:

> O BioLogos é mais parecido com a Evolução Teísta. Teísmo é a crença em um Deus que se preocupa e interage com a criação. Teísmo é diferente de *deísmo*, que é a crença em um Criador distante e não envolvido, que muitas vezes é pouco mais do que a soma total das leis da física. Evolução Teísta, portanto, é a crença de que a evolução é [o modo] como Deus criou vida. Pelo fato de o termo evolução às vezes ser associado ao ateísmo, um termo melhor para a crença em um Deus que escolheu criar o mundo por meio da evolução é BioLogos.[4]

> Os estudiosos do BioLogos afirmam que "levam a sério a Bíblia e a ciência e buscam uma harmonia entre eles que respeite a verdade de cada um. Usando estudos bíblicos e teológicos apropriados, o BioLogos acredita que os conflitos aparentes que levam alguns a rejeitarem a ciência e outros a rejeitarem a Bíblia podem ser evitados".[5] Alguns dos teólogos notáveis que abraçam esta posição incluem Peter Enns, Kenton Sparks, N. T. Wright, Bruce Waltke, Alister McGrath e John Polkinghorne.

Argumentos para a evolução teísta e respostas
O BioLogos abraça muitos dos argumentos tradicionais a favor da evolução teísta, acreditando que eles podem acomodar o texto bíblico às últimas descobertas científicas. Alguns deles incluem o seguinte:

Logicamente, Deus poderia ter usado a evolução teísta
Um argumento comum usado pelos evolucionistas teístas, incluindo o Bio-Logos, é que não há contradição inerente entre teísmo e evolução. Se um

---

3 De http://www.albertmohler.com/2010/08/16.
4 De <http://biologos.org/questions/biologos-id-creationism>.
5 De <http://biologos.org/resources/leading-figures>.

Deus teísta é capaz de fazer milagres, com certeza ele poderia orientar as mudanças necessárias exigidas para que a evolução ocorra.

Resposta

No entanto, esse não é realmente um argumento para a evolução teísta. Na melhor das hipóteses, é um argumento para a *possibilidade* lógica da evolução teísta. É um argumento para o que Deus *poderia ter feito*, não o que Deus *fez*. Ainda é preciso examinar cuidadosamente tanto a revelação especial de Deus na Bíblia quanto sua revelação geral na natureza para ver o que Deus realmente fez. Como veremos, faltam evidências em ambos os domínios para a evolução teísta. Como alguém declara: "Pode ser uma bela teoria, mas é destruída por uma gangue brutal de fatos".

O relato da Criação é uma acomodação aos antigos relatos da Mesopotâmia

Para acomodar a macroevolução e Gênesis, deve-se rejeitar a compreensão histórico-gramatical tradicional de Gênesis. O BioLogos faz isso apelando à mitologia antiga. Esses estudiosos argumentam que a antiga cultura mesopotâmica não entendia "no princípio" (cf. Gênesis 1.1) como "desde o início" — onde primeiro havia "nada" e então Deus trouxe todas as coisas do nada. Gênesis 1 não se refere à origem do Universo material, mas como esses materiais preexistentes agora foram projetados para funcionar. Hoje, a maioria dos estudiosos traduziria Gênesis 1.1 assim: "Quando Deus começou a criar" ou algo parecido.[6]

Resposta

Essa é uma tentativa fútil de acomodar as Escrituras a uma teoria científica predominante — um procedimento com uma história longa e fatal. Primeiro, é contrária à boa ciência, que apoia uma compreensão mais literal de Gênesis. O próprio Francis Collins se refere à criação sobrenatural do Universo por Deus assim: "O *Big Bang* clama por uma explicação divina. Isso nos força a concluir que a natureza teve um começo definido. Não consigo ver como a natureza poderia ter se criado. Apenas uma força sobrenatural que está fora do espaço e do tempo poderia ter feito isso" (*Language of God*, p. 67). O astrônomo agnóstico Robert Jastrow declarou: "Agora vemos como a evidência astronômica leva a uma visão bíblica da origem do mundo [...] a cadeia de eventos que levam ao homem começou repentina e nitidamente em determinado momento no tempo, em um *flash* de

---

[6] De <http://biologos.org/blog/genesis-creation-and-ancient-interpreters>.

luz e energia" (*God and the Astronomers*, p. 14). O fato é que o Universo físico não é eterno. Espaço, tempo e matéria tiveram um começo. Esta é a conclusão da maioria dos astrofísicos. Se sim, então resta uma conclusão absurda de que nada produziu algo ou a conclusão de que uma força sobrenatural trouxe o Universo à existência. Mesmo o grande cético David Hume disse: "Eu nunca afirmei uma proposição tão absurda como essa de que algo poderia surgir sem uma causa" (*Letters of David Hume*, 1:187). Então, não há uma razão real para a ciência moderna rejeitar uma compreensão literal de Gênesis 1.

Quanto à outra revelação de Deus, a Bíblia, existem fortes razões para acreditar que Gênesis 1.1 trata de uma criação de todo o Universo material do nada. 1) Embora a palavra hebraica para "criação", *bārā'*, não signifique necessariamente criar do nada (cf. Salmos 104.30), no Gênesis 1.1 diz: "Deus criou os céus e a terra" (todo o Universo) e coloca isso "no princípio". O sentido natural disso é que *bārā'* significa criação *ex nihilo* nesse contexto. Então, nesse contexto, ele se refere à criação original. 2) Um dos mais antigos registros extrabíblicos sobre a Criação conhecidos pelos arqueólogos, ao longo de quatro mil anos, faz uma declaração clara sobre a criação *ex nihilo*: "Senhor do céu e da terra: a terra não era, você a criou; a luz do dia não era, você a criou; a luz da manhã que você [ainda] não fez existir" (Pettinato, *Archives of Ebla*, p. 259). 3) Criação do nada é claramente expresso no livro intertestamentário de 2 Macabeus 7.28 (RSV), que declara acerca de Gênesis 1: "Contempla o céu e a terra. Reflete bem: tudo o que vês, Deus criou do nada, assim como todos os homens". 4) O texto inspirado do Novo Testamento implica criação *ex nihilo* quando se refere a Deus dizendo: " 'Haja luz', e houve luz" (cf. Gênesis 1.3; 2 Coríntios 4.6). Pois a luz literal e aparentemente entrou na existência de forma instantânea onde antes não existia. 5) Salmos 148.5 declara: "Louvem todos eles [os anjos] o nome do SENHOR, pois ordenou, e eles foram criados".

No Novo Testamento, 6) Jesus afirma: "E agora, Pai, glorifica-me junto a ti, com a glória que eu tinha contigo antes que o mundo existisse" (João 17.5). Da mesma forma, a expressão "antes que o mundo existisse" aparece escrita de outra forma em 1 Coríntios 2.7 e 2 Timóteo 1.9. Obviamente, se o mundo teve um começo, nem sempre existiu. E literalmente surgiu a partir da inexistência. 7) Assim também, toda passagem do Novo Testamento que fala do "início" do Universo pressupõe a criação *ex nihilo* (cf. Mateus 19.4; Marcos 13.19). 8) Romanos 4.17 afirma a criação *ex nihilo* em termos muito claros e simples: "Deus [...] dá vida aos mortos e chama à existência as coisas que não existem [...]". 9) Em Colossenses 1.16, o apóstolo Paulo acrescentou: "Pois nele [Cristo] foram criadas todas as coisas

Apêndice 2

nos céus e na terra, as visíveis e as invisíveis [...]". 10) Em Apocalipse, João expressou o mesmo pensamento, declarando: "[...] Porque criaste todas as coisas, e por tua vontade elas existem e foram criadas" (Apocalipse 4.11). Então, de Gênesis a Apocalipse, a Bíblia declara a doutrina da criação de Deus de tudo o mais que existe, exceto ele mesmo, do nada.

Dispositivos literários do livro de Gênesis podem acomodar a ciência moderna

Muitos evolucionistas teístas acreditam que as características poéticas do livro de Gênesis garantem uma interpretação alegórica do texto. Eles argumentam que um entendimento literal leva a um tratamento inadequado do gênero do texto. Por exemplo, um escritor diz:[7]

> Tarde e manhã são declarações para três dias sem sol. Tarde e manhã tem significado apenas no contexto da rotação da Terra em torno de seu eixo adjacente ao Sol. Sem uma fonte de luz fixa, não há noite nem manhã. Dizer [que] o próprio Deus era a fonte de luz é insuficiente, pois isso exigiria que Deus estivesse "desligado" antes do dia 1 e que ele estivesse fixo em uma posição e não onipresente até o dia 4. A resposta padrão é que essa é uma expressão de um dia de 24 horas, pois seria observado pelo resto do tempo. Ou seja, uma interpretação figurativa é chamada a apoiar uma interpretação literal.

> Portanto, uma interpretação literal de Gênesis não pode ser reconciliada com os dados científicos conhecidos.

Resposta

Em primeiro lugar, Gênesis 1 não é poesia hebraica. Não tem dísticos poéticos típicos da poesia hebraica, vistos em Jó, Salmos e Provérbios, como: "A justiça engrandece a nação, mas o pecado é uma vergonha para qualquer povo" (Provérbios 14.34).

Em segundo lugar, mesmo que haja um paralelo geral entre os primeiros três dias e os últimos três, isso não significa que não se esteja falando de eventos literais. Muitos eventos literais são ditos em Jó e Salmos de forma poética, como Israel no deserto (cf. Salmos 90), o cativeiro (cf. Salmos 137), a destruição do templo (cf. Lamentações 1) e experiências no deserto do Êxodo (cf. Salmos 78). Até Jó é apresentado como uma pessoa real (cf. Ezequiel 14.14, 20), de um lugar real chamado Uz (cf. Jó 1.1; Gênesis 10.23), que realmente sofreu e foi recompensado por Deus (cf. Tiago 5.11).

---

[7] De <http://biologos.org/blog/biblical-and-scientific-shortcomings-of-flood-geology-part-2>.

Em terceiro lugar, não há contradição entre uma interpretação literal de Gênesis 1.1 e a ciência moderna. Deus cria luz no primeiro dia (cf. Gênesis 1.3). Foi possivelmente por causa de uma barreira de vapor que tornava impossível ver o Sol real até o quarto dia (cf. Gênesis 1.14), assim como podemos dizer da diferença entre o dia e a noite em um dia de neblina, mesmo quando não podemos ver o Sol.

Em quarto lugar, até o agnóstico Robert Jastrow declarou: "Agora vemos como a evidência astronômica leva a uma visão bíblica da origem do mundo" (*God and the Astronomers*, p. 14). É realmente estranho quando estudiosos bíblicos estão estudando Gênesis alegoricamente e astrônomos agnósticos estão entendendo literalmente!

Em quinto lugar, dado que a Bíblia é o melhor intérprete da Bíblia, existe razão para acreditar que Gênesis 1.1 se refere à criação original *ex nihilo* do todo o Universo material (v. comentário anterior). Na verdade, o próprio Jesus se refere a Gênesis 1 como a criação original. Ele mencionou um período de tempo desde "que Deus criou o mundo até agora" (cf. Marcos 13.19). É difícil levar essa referência sobre "o início da Criação" como qualquer coisa, exceto a criação original do nada.

Finalmente, não há razão científica ou bíblica para negar o entendimento literal básico de Gênesis 1—3. Na verdade, não só o restante do Novo Testamento o considera literal, como as principais doutrinas cristãs também são baseadas em um entendimento literal de Gênesis 1—3. 1) Jesus se refere a Adão e Eva como pessoas literais (cf. Mateus 19.4,5) e baseia seu ensino na monogamia vitalícia entre duas pessoas literais, um homem e uma mulher, em um entendimento literal de Gênesis 1—3. 2) O apóstolo Paulo também considera Gênesis literalmente quando fala sobre os papéis de homens e mulheres na Igreja (cf. 1 Timóteo 2.13,14; 1 Coríntios 11.2,3). 3) Romanos 5.12,4 tem uma compreensão literal de Gênesis 3 como base para seus ensinamentos sobre a depravação humana e por que todas as pessoas morrem literalmente. Nessa passagem, lemos: "Portanto, da mesma forma como o pecado entrou no mundo por um homem, e pelo pecado a morte, assim também a morte veio a todos os homens, porque todos pecaram [...]. Todavia, a morte reinou desde o tempo de Adão até o de Moisés". Nenhuma exposição séria do texto citado pode negar que Paulo está afirmando um Adão literal, um Moisés literal e uma morte literal para todos os humanos. 4) Adão é listado como o chefe literal de uma genealogia literal que inclui Abraão, Davi e Cristo (cf. Lucas 3). 5) Mesmo no Antigo Testamento, Adão é o primeiro em uma genealogia literal que vai desde o início até Davi (cf. 1 Crônicas 1). 6) Paulo compara um Adão literal com

Apêndice 2

o Cristo literal como o primeiro e o último Adão, os respectivos chefes da raça (cf. 1 Coríntios 15.45).

Enfim, negar a interpretação literal de Gênesis sobre a Criação, como as pessoas do BioLogos fazem, é contrário à revelação geral de Deus na natureza e à sua revelação nas Escrituras. E negar a compreensão literal de Gênesis é contrário a como o restante das Escrituras entende Gênesis; *tal negação enfraquece muitas importantes doutrinas cristãs baseadas nesse entendimento literal de Gênesis!*

Muitos teólogos famosos da Igreja acomodaram a ciência e a Bíblia

Muitos dos defensores do BioLogos afirmam que teólogos como Agostinho, Tomás de Aquino e Calvino acomodam suas interpretações do texto bíblico à ciência de seus dias. Portanto, os teólogos contemporâneos devem acomodar o texto bíblico para se adequar às descobertas científicas de nossos dias.[8] A falha em fazer isso resultará em uma má interpretação do texto e na zombaria dos incrédulos.

Resposta

Em primeiro lugar, todos os teólogos citados tinham uma compreensão basicamente literal de Gênesis 1—3. Nenhum deles concordou com a interpretação mitológica pagã do texto. Na verdade, todos eles acreditavam na inerrância factual das Escrituras. Considerando os livros das Escrituras, Agostinho declarou: "Somente destes, acreditamos mais firmemente que os autores estavam totalmente isentos de erros" (*Letters* [Cartas], 82.3). E ele escreveu um comentário sobre o entendimento "literal" de Gênesis. Tomás de Aquino insistiu em que "é herético dizer que alguma falsidade, seja qual for, esteja contida ou nos evangelhos ou em qualquer Escritura canônica" (*Exposition on Job* [Exposição sobre Jó] 13, Preleções, 1). Pois "um profeta verdadeiro sempre é inspirado pelo espírito da verdade, no qual não há sinal de falsidade, e ele nunca fala inverdades" (*Summa* 2a2ae, 172, 6 ad 2). Calvino acreditava que toda palavra da Escritura sobre cada tópico era inspirada e até acusou Serveto de heresia por, entre outras coisas, este negar detalhes geográficos nas Escrituras!

---

[8]   Sparks cita Tomás de Aquino em seu comentário do Gênesis, dizendo: "Deve [o intérprete] adotar uma explanação particular [das Escrituras] somente na medida em que está disposto a abandoná-la, se com certeza for demonstrada falsa; para que as Escrituras Sagradas não sejam expostas ao ridículo diante dos incrédulos, e não sejam colocados obstáculos para que eles creiam". Agostinho compartilhou preocupações semelhantes em seu comentário de Gênesis: "É uma coisa vergonhosa e perigosa para um infiel ouvir um cristão, provavelmente dando o significado da Sagrada Escritura, falar bobagens sobre esses tópicos [cosmológicos], e devemos usar todos os meios para evitar uma situação tão embaraçosa, em que as pessoas mostrem grande ignorância em um cristão, rindo com desprezo" (Sparks, AI, p. 5-6).

451

A INERRÂNCIA DAS ESCRITURAS

Em segundo lugar, o fato de que alguns teólogos no passado tentaram acomodar a Bíblia ao entendimento científico de seus dias não prova que eles estavam certos. Nem, poderíamos acrescentar, o fato de o pessoal do BioLogos se acomodar à visão dos macroevolucionistas de nossos dias prova que eles estejam certos. Erros foram cometidos em ambos os lados dessa questão. Os terraplanistas erraram ao usar a frase "[os] quatro cantos da terra" (cf. Apocalipse 20.8) para apoiar sua visão, tanto quanto os geocentristas ao usar Josué 10 ("O sol parou") para apoiar a sua visão geocêntrica. Por outro lado, como veremos a seguir, os macroevolucionistas estão errados ao tentar forçar Gênesis 1—3 a se encaixar em suas noções preconcebidas. Deve-se sempre ter cuidado para não ler visões científicas prevalentes da época nas Escrituras, especialmente quando são contrárias ao ensino claro das Escrituras e minam importantes doutrinas cristãs.

Em terceiro lugar, uma dica de por que os cristãos que estão na ciência às vezes cedem tão rapidamente à ciência prevalecente da época em contradição com o ensino claro das Escrituras encontra-se na declaração do BioLogos de que "A falha em fazer isso resultará em [...] e na *zombaria dos incrédulos*" (grifo nosso). A pressão dos colegas é uma pressão poderosa. O desejo de ser aceito é uma característica muito humana. Isso não é diferente nos círculos acadêmicos. Na verdade, os evangélicos, incluindo os evolucionistas teístas, muitas vezes trocam a ortodoxia por respeitabilidade acadêmica.

Deus continua ativo no mundo, promovendo o processo da evolução

Evolucionistas teístas, em oposição aos naturalistas, argumentam que Deus é a causa de mudanças macroevolucionárias nas espécies. Um escritor disse: "Um entendimento adequado do teísmo implica [que] Deus dotou a natureza com certo grau de liberdade. Da mesma forma que os humanos podem agir livremente no mundo, a própria natureza tem uma liberdade inerente. Isso não quer dizer que a natureza tenha uma mente própria, mas apenas que a natureza não está restrita a uma evolução predeterminada, semelhante a uma máquina".[9] Em segundo lugar, "é, portanto, perfeitamente *possível* que Deus possa influenciar a criação de maneiras sutis que são irreconhecíveis para a observação científica. Dessa forma, a ciência moderna abre a porta para a ação divina sem a necessidade de milagres violadores da lei. Dada a impossibilidade de previsão ou explicação absoluta, as leis da natureza não impedem mais a ação de Deus no mundo. Nossa percepção do mundo se abre mais uma vez para a *possibilidade* de interação divina".[10]

---

[9] De <http://biologos.org/questions/evolution-and-divine-action>.

[10] Ibid. (grifo nosso).

Em terceiro lugar, segundo o BioLogos, não acreditar nesse tipo de interação divina leva ao Deus não envolvido e desinteressado do deísmo.

Resposta

Em primeiro lugar, ficamos intrigados com a visão cientificamente pouco ortodoxa de que a natureza tem "uma liberdade inerente", que Deus aparentemente pode persuadir a fazer coisas contrárias a um padrão regular. Além de minar a ciência, que se baseia em leis regulares, isso soa estranhamente semelhante à teologia do processo de Lewis Ford em seu livro *The Lure of God*, que é totalmente contrária à visão evangélica tradicional de um Deus teísta.

Em segundo lugar, seja como for, a palavra enfatizada na citação do BioLogos sobre o "possível" é problemático: "É, portanto, perfeitamente *possível* que Deus possa influenciar a criação de maneiras sutis". O possível não demonstra o provável ou o real. Qualquer coisa que não seja contraditória é possível, mas essa é uma chance remota de demonstrar a plausibilidade ou mesmo a probabilidade da visão.

Em terceiro lugar, a visão de que "Deus pode influenciar ou 'atrair' a criação de maneiras sutis que são irreconhecíveis para a observação científica" não é nem mesmo ciência: é pura especulação. Como pode o que é "irreconhecível para a observação científica" ser ciência? E, se for pura especulação, então como isso pode ser apresentado como um bom fundamento no qual devemos rejeitar a interpretação literal de Gênesis 1—3?

Em quarto lugar, é realmente estranho e irônico que o BioLogos acuse os criacionistas que acreditam na intervenção repetida no mundo natural com o título de "deístas". A verdade é que o Deus do BioLogos é a última palavra em uma espécie de Deus deísta[11] desde que ele produziu apenas um ato de criação no início e não mais interveio sobrenaturalmente desde então! Se alguma vez existiu um tipo de Deus deísta, então é este. Pois Deus realmente só se envolveu em um ato criador no início, não mais com nenhum outro depois. Ele simplesmente planejou e programou tudo para o desenvolvimento da vida por meio de um mecanismo darwinista depois desse evento.

Design *inteligente e complexidade irredutível*

O BioLogos defende a mudança gradual e a seleção natural de forma de estruturas irredutivelmente complexas.[12] Seus postulantes não negam a complexidade dessas estruturas. Na verdade, eles defendem a complexidade

---

[11] Na verdade, é mais uma visão panenteísta de processo, que, como o deísmo, é naturalista.
[12] Consulte <http://biologos.org/questions/complexity-of-life>.

A INERRÂNCIA DAS ESCRITURAS

dos ossos de conexão do interior dos peixes, o flagelo da bactéria e o olho humano. Mas eles negam que todo o complexo das peças seja necessário para que a estrutura funcione. Eles afirmam:

> Embora não tenhamos os intermediários oculares preservados em pedra de maneira que possamos ver a montagem mais simples das partes do ouvido médio dos mamíferos, nós temos uma vasta gama de estruturas oculares no reino animal. Qualquer delas pode parecer irredutivelmente complexa, mas, na verdade, foi montada por meio de um conjunto de processos que incluíram exaptação,[13] cooptação, adaptação passo a passo e alguma redundância em vários estágios ao longo do caminho. Na verdade, essas mesmas estruturas oculares são prováveis intermediários. Tudo muda à medida que passa por eras de tempo. Este é o legado da criação por meio do processo de seleção natural.[14]

Resposta

Em primeiro lugar, a admissão de que "não [temos] os intermediários oculares preservados em pedra" é revelador. Por quê? Porque a geologia é a única evidência *do que aconteceu* no passado; todo o resto, na melhor das hipóteses, é apenas o que *poderia ter acontecido*. E, como veremos a seguir, a evidência fóssil não apoia a evolução.

Em segundo lugar, o microbiologista Michael Behe, que iniciou a revolução do *design* inteligente, no livro *A caixa-preta de Darwin*, posteriormente respondeu a todas essas objeções.[15] A verdade é que não existe um processo observável e repetível conhecido pela ciência que pode produzir uma complexidade irredutível, como até mesmo o primeiro animal unicelular teve. O fato de haver animais com uma célula sensível à luz não desmente a natureza irredutivelmente complexa do olho humano. A verdade é que, mesmo com 90% de um olho, um humano ainda é cego. Todas as partes devem estar lá ao mesmo tempo e em ordem para se ver. Nem o fato de que algumas partes de um organismo são usadas em outros organismos antes do uso irredutivelmente complexo em outro organismo prova a macroevolução. Pode mostrar apenas um criador comum, não um ancestral comum. Partes cruciais de um carro (como um distribuidor) são encontradas nos primeiros carros, mas isso não é prova de que um carro esporte sofisticado evoluiu por seleção natural dele, nem que o distribuidor não é uma parte

---

[13] Exaptação é uma adaptação biológica que não evoluiu, dirigida principalmente por pressões seletivas relacionadas à sua função atual. [N. do T.]
[14] Ibid.
[15] Consulte Responses to Critics, <www.arn.org/authors/behe.html>.

Apêndice 2

irredutivelmente complexa de um motor a gás contemporâneo porque também foi encontrado em um Modelo T.

Em terceiro lugar, os evolucionistas não têm resposta para a origem da primeira célula autorreplicante. Até o famoso ateu Richard Dawkins admitiu que um animal unicelular tem informações de DNA suficientes para preencher mil volumes de uma enciclopédia! Macroevolucionistas não têm explicação natural para isso ou para a origem de qualquer outro organismo complexo. A única causa conhecida pelos humanos que pode produzir esse tipo de informação genética é inteligente. Até o ex-ateu *sir* Fred Hoyle, que tentou descobrir uma explicação natural, finalmente concluiu que "os sistemas bioquímicos são extremamente complexos, tanto que a chance de serem formados pelo embaralhamento aleatório de moléculas orgânicas simples é extremamente minucioso, a um ponto de fato onde é insensivelmente diferente de zero". Portanto, deve haver "uma inteligência que projetou os bioquímicos e deu origem à vida carbonácea" (Hoyle e Wickramasinghe, *Evolution from Space*, p. 3, 143).

Além disso, Francis Collins não só ignorou o trabalho marcante de Meyer em *Signature in the Cell*, mas também se recusou a dialogar com ele sobre o assunto. Junto com o trabalho de William Dembski (em *Design Inference* e, com Wells, *Design of Life*), o argumento para o *design* inteligente forneceu a única explicação científica razoável (observável, repetível) para a origem de ambos, complexidade irredutível e complexidade específica da vida. A especulação macroevolutiva não forneceu uma explicação científica para a origem da primeira vida ou de novas formas de vida. Como Phillip Johnson demonstra (em *Darwin no banco dos réus*), sem uma pressuposição filosófica naturalista, a hipótese darwiniana entra em colapso, se havia ou não um Deus no início disso.

Collins e Junk Genes

Em outro lugar, Collins argumenta que DNA lixo em macacos e humanos é uma evidência de que há lixo mutacional no DNA, uma vez que não tenha função conhecida. Contudo, antes de mais nada, essa é a falácia de argumentar com base na ignorância. Segundo, Luskin e Gage listam 13 funções conhecidas do DNA lixo ("Reply to Francis Collins", p. 226). Terceiro, alguns cientistas hoje falam deles como "joias entre o lixo" e pedem uma "nova estrutura conceitual" (Gibbs, "The Unseen Genome", *Scientific American*, novembro de 2003). Finalmente, esse argumento falacioso para a evolução é como o antigo argumento para os vestígios de órgãos que não tinham uso conhecido e que os evolucionistas presumiram que eram um vestígio de processos evolutivos anteriores. Na época de Darwin, havia uns 180 órgãos vestigiais. Hoje, a lista encolheu para cerca de seis, e há algumas funções conhecidas para estes. Mesmo se alguém acreditasse, como Collins faz, que Deus usou a evolução para criar todas as formas de vida, Collins deve saber que Deus não faz lixo.

Evolução e a segunda lei da termodinâmica

Os proponentes do BioLogos sabem que muitos não evolucionistas usam a segunda lei da termodinâmica para argumentar contra a evolução. Porque a desordem ou a entropia aumentam ou permanecem a mesma ao longo do tempo, e a evolução requer que um aumento da ordem ocorra para que novas espécies surjam, a evolução viola a segunda lei da termodinâmica. Os proponentes do BioLogos discordam dessa argumentação por dois motivos:[16]

Incompreensão da segunda lei da termodinâmica. Os críticos afirmam que "esta objeção está baseada em um mal-entendido da segunda lei, que afirma que qualquer sistema isolado aumentará sua entropia total com o tempo. Um sistema isolado é definido como não tendo qualquer entrada de energia externa. Porque o universo é um sistema isolado, a desordem total do universo está sempre aumentando".[17]

Com a evolução biológica, no entanto, o sistema que está sendo considerado não é o Universo, mas a Terra. E a Terra não é um sistema isolado. Isso significa que um aumento em ordem pode ocorrer na Terra, desde que haja uma entrada de energia — mais notavelmente a luz solar. Portanto, a entrada de energia do Sol pode dar origem ao aumento em ordem na Terra, incluindo moléculas e organismos complexos. Ao mesmo tempo, o Sol torna-se cada vez mais desordenado à medida que emite energia para a Terra. Apesar de a ordem poder estar aumentando na Terra, a ordem total do sistema solar e do Universo ainda está diminuindo, e a segunda lei não foi violada.[18]

Resposta

Em primeiro lugar, esse argumento não explica a origem do Universo, que é um sistema fechado e isolado, por definição. Mas a segunda lei clama por uma causa sobrenatural que produza todo o Universo. Se a quantidade de energia utilizável está diminuindo em todo o Universo, então o Universo deve ter tido um começo. E a lei da causalidade exige que tudo o que

---

[16] Consulte <http://biologos.org/questions/evolution-and-the-second-law>.
[17] Ibid.
[18] Ibid.

Apêndice 2

vier a ser deve ter uma causa. Combine isso com o princípio antrópico (v. Gonzalez e Richards, *Privileged Planet*), que argumenta que o Universo foi ajustado a partir do início para o surgimento da vida humana, e é razoável concluir que o Universo teve uma causa inteligente.

Em segundo lugar, o mero fato de que a Terra está recebendo energia de além dela (do Universo) não significa que essa energia ou força pode produzir complexidade especificada tal como a temos na primeira vida e nas novas formas de vida. Por exemplo, uma força externa a um tabuleiro de xadrez (como uma mão embaixo dele e esmurrando-o) não demonstra que movimentos inteligentes podem ser feitos. O que os macroevolucionistas devem demonstrar é que existe uma força inteligente fora do Universo que pode produzir complexidade irredutível ou específica. Mas, é claro, isso é precisamente o que os proponentes do *design* inteligente dizem e é contrário ao tipo darwiniano de macroevolução proposto por Francis Collins e o pessoal do BioLogos.

Aplicação incorreta da segunda lei da termodinâmica
De acordo com os críticos, "Afirmar que a evolução viola a segunda lei da termodinâmica também está fundamentado em um mal-entendido sobre onde a lei se aplica. Ninguém jamais descobriu como aplicar a segunda lei às criaturas vivas. Não há significado para a entropia de um sapo. Os tipos de sistemas que podem ser analisados com a segunda lei são muito mais simples".[19]

> Um organismo vivo não é tanto um todo unificado, mas uma coleção de subsistemas. No desenvolvimento da vida, por exemplo, um grande salto ocorreu quando as células sofreram mutação de tal forma que elas se agruparam para que a vida multicelular fosse possível. Uma mutação simples, permitindo que uma célula se cole a outras células, permitiu uma forma de vida maior e mais complexa. No entanto, tal transformação não viola a segundo lei da termodinâmica mais do que a supercola viola a lei quando gruda seus dedos no balcão da cozinha.[20]

A implicação é que a ordem pode surgir da desordem. Eles concluem dizendo que "A segunda lei da termodinâmica também tem implicações interessantes para a cosmologia, uma vez que exige que [o] Universo tenha começado em um estado altamente ordenado".[21]

[19] Ibid.
[20] Ibid.
[21] Ibid.

Resposta

Em primeiro lugar, mesmo que a segunda lei não se aplicasse às células vivas, ainda assim ela não provaria a macroevolução. Como acabamos de ver, nem todas as forças fora da vida são capazes de produzir uma complexidade específica.

Em segundo lugar, a segunda lei pode ser aplicada à vida, uma vez que exige que tudo no Universo físico tenda à desordem. Mas, à medida que avançamos para níveis mais elevados, a origem da vida e as novas formas de vida manifestam cada vez mais ordem. E a ordem não é qualquer tipo de ordem, como a que um furacão gera. É a ordem específica, como uma linguagem humana e um DNA. Mas nenhuma força da natureza produz tal ordem. Portanto, a direção teórica da evolução está nadando contra a correnteza da segunda lei. Nenhuma força conhecida pela humanidade que pode produzir complexidade é capaz de nadar contra a corrente da termodinâmica, exceto a da inteligência.

Em terceiro lugar, mutações e seleção natural não produzem complexidade específica. Todas as forças naturais conhecidas, mesmo por longos períodos de tempo, produzem mais aleatoriedade e desordem. Por exemplo, jogar confetes vermelhos, brancos e azuis de um avião nunca produz a bandeira americana em um campo. E cair de altitudes mais altas (o que lhe dá mais tempo), não importa quão alto você suba, não ajudará a especificá-los em uma bandeira americana. Só a inteligência pode fazer isso.

Em quarto lugar, as mutações aleatórias não produzem informações mais complexas. Para começar, a maioria das mutações é prejudicial ou letal. E aquelas que ocorrem não produzem formas de vida mais complexas. Elas distorcem as informações. Por exemplo, fazer mutações aleatórias no poema "Mary Had a Little Lamb" pode produzir "Mary had a little lamp" e "Mary sad a little lamp", nunca produzirá o *Rei Lear*, de Shakespeare. Só um ser inteligente pode pegar as mesmas partes do alfabeto contidas em "Mary Had a Little Lamb" e produzir uma maior e mais complexa peça de literatura.

O mesmo se aplica à seleção natural. Ao contrário da seleção artificial, ela nunca produz formas de vida mais elevadas e mais complexas. Em primeiro lugar, é um princípio de *sobrevivência* de velhas formas de vida, não um princípio para a *chegada* de novas formas superiores de vida. Darwin erroneamente comparou isso à seleção artificial, mas as duas são opostas em quase todas as formas principais — tornando-se assim uma falsa analogia. A seleção artificial (SA) tem um objetivo ou um fim em vista, mas a seleção natural não. Na SA, são escolhidos os indivíduos desejados para cruzar, selecionando-os pelas características que se procura perpetuar ou aprimorar. Não é assim na natureza. Além disso, na SA protege-se os indivíduos e os seus descendentes por todos os meios possíveis, mantendo-os longe da operação da seleção natural, o que eliminaria rapidamente muitas aberrações. Na SA,

Apêndice 2

segue uma seleção ativa e proposital até atingir, se possível, a meta escolhida. Mas nada disso acontece, ou pode acontecer, por meio do processo cego de sobrevivência diferencial, que é erroneamente rotulado de seleção natural. Como Louis Agassiz, renomado zoologista de Harvard, disse em sua crítica ao livro de Darwin *A origem das espécies*: "[Darwin] perdeu de vista as características mais marcantes e o que permeia o todo, a saber, que evidências inconfundíveis de pensamento percorrem toda a natureza correspondendo às operações mentais de nossa própria mente [...] nenhuma teoria que ignore este elemento pode ser fiel à natureza" ("Agassiz on the Origin of Species").

O registro fóssil

Os proponentes do BioLogos afirmam que o registro fóssil pode fornecer evidências da teoria da evolução, mostrando as formas e características das espécies ao longo do tempo.[22] Eles afirmam que "O registro fóssil fornece uma visão única da história da vida, mostrando as formas e características das espécies ao longo do tempo. Isso é particularmente importante para a evolução porque mostra as mudanças nas espécies em longos períodos na história da Terra; fornece ainda uma visão sobre a árvore evolutiva".[23]

Resposta

Ao contrário, o registro fóssil não apoia os macroevolucionistas. Até Darwin admitiu isso e simplesmente esperou que as descobertas futuras preenchessem as lacunas, mas elas não vieram. Ele escreveu: "A geologia certamente não revela nenhuma dessas formas bem graduadas de mudança orgânica, e esta é talvez a objeção mais óbvia e séria que pode ser instada contra a teoria [da evolução]" (*On the Origin of Species*, p. 152). Mas, em mais de 150 anos desde Darwin, o registro fóssil não preencheu as lacunas. Quanto a esse fato, para citar um famoso cientista, *sir* Fred Hoyle, "O registro fóssil vaza como uma peneira" (um título do capítulo de Hoyle e Wickramasinghe, *Evolution from Space*)! O ex-paleontólogo e evolucionista Stephen Jay Gould, de Harvard, disse: "As árvores evolutivas que adornam nossos livros didáticos têm dados apenas nas pontas, e nós em seus ramos".[24] Até mesmo seu colega Niles Eldredge disse: "A maioria das famílias, ordens, classes e filos aparecem repentinamente no registro fóssil, muitas vezes sem formas anatomicamente intermediárias" (*Macroevolutionary Dynamics*, p. 22). Colin Patterson, que foi paleontólogo-chefe do Museu Britânico, declarou:

[22] Consulte <http://biologos.org/questions/fossil-record>.
[23] Ibid.
[24] Stephen Jay Gould, Evolution's Erratic Pace, **Natural History** 5 (Maio de 1977), p. 14.

Eu concordo totalmente com seus comentários sobre a falta de ilustrações diretas de transições evolucionárias em meu livro. Se eu soubesse de alguma, fóssil ou viva, certamente as teria incluído. Portanto, por mais que eu queira agradá-lo, pondo-me em defesa do gradualismo, e dando corpo às transições entre os principais tipos de animais e plantas, encontro-me um tanto aquém da justificativa intelectual necessária para o trabalho (carta citada por Guste em "Plaintiff's Pre-Trial Brief").

Mais recentemente, David M. Raup, curador de Geologia do Field Museum of Natural History em Chicago, escreveu:

Agora temos um quarto de milhão de espécies fósseis, mas a situação não mudou muito [desde Darwin]. O registro da evolução ainda é surpreendentemente irregular e, ironicamente, *temos ainda menos exemplos de transições evolutivas do que na época de Darwin*. Pois quero dizer que alguns dos casos clássicos de mudança darwiniana no registro fóssil, como a evolução do cavalo na América do Norte, tiveram de ser descartados. [...] Portanto, o problema de Darwin não foi aliviado nos últimos 120 anos, e ainda temos um registro que mostra mudanças, mas que dificilmente pode ser considerado como a consequência mais razoável da seleção natural ("Conflicts between Darwin and Paleontology" [p. 25, grifo nosso]).

Respondendo a perguntas sobre inerrância e evolução teísta
Embora a evolução teísta seja logicamente possível, ela é cientificamente improvável (como mostramos) e, como será mostrado a seguir, biblicamente insustentável. Por muitos motivos ela é incompatível com a Bíblia.

Contrária a uma interpretação literal da Bíblia
Como foi mostrado (no cap. 15), a interpretação correta de qualquer documento, incluindo a Bíblia, é a interpretação "literal" ou histórico--gramatical. É autodestrutivo negar isso. E é a maneira pela qual o Novo Testamento inspirado interpreta o Antigo Testamento. Na verdade, é a maneira natural, normal e cotidiana de abordar um documento. Na verdade, como mostramos, os escritores do Novo Testamento repetida e consistentemente referiram-se aos primeiros capítulos de Gênesis como história literal, espaçotemporal. No entanto, o pessoal do BioLogos deve considerar os primeiros capítulos de Gênesis como um mito, poesia ou alegoria, a fim de fazer que a visão da macroevolução se encaixe na Bíblia.

Contrária ao próprio entendimento da Bíblia sobre Gênesis 1—3
Como mostramos, o restante da Bíblia considera Gênesis 1—3 como eventos literais, históricos e espaçotemporais. Isso não é apenas verdade sobre

Adão e Eva, mas também sobre os meios pelos quais eles apareceram aqui. Isso é evidente em razão de vários fatos. Em primeiro lugar, os humanos vieram do pó e voltarão ao pó (cf. Eclesiastes 3.20; Salmos 90.3). Em segundo lugar, o Novo Testamento declara que Deus criou um Adão e uma Eva literais (cf. Mateus 19.4). Em terceiro lugar, Paulo afirmou que Eva veio de Adão (cf. 1 Timóteo 2.13; 1 Coríntios 11.8,9). Em quarto lugar, Adão morreu, e todos os humanos morrerão porque descendem dele (cf. Romanos 5.12). Em quinto lugar, Eva foi tentada por Satanás (cf. 1 Timóteo 2.14). Se a macroevolução estiver correta, então não devemos apenas rejeitar todos esses ensinamentos, mas rejeitar a inspiração da Bíblia também. Em resumo, o BioLogos leva a uma negação da inspiração e da inerrância da Bíblia.

Contrária a uma compreensão contextual de Gênesis 1 e 2

Há muitas coisas no próprio texto de Gênesis que se opõem à macroevolução. Em primeiro lugar, o uso repetido das palavras "criar" e "feito" implica uma intervenção direta de Deus no mundo (cf. Gênesis 1.1,16,21,25,27). Em segundo lugar, as palavras "Deus disse" implicam um ato de criação por decreto: Deus simplesmente fala, e as coisas acontecem (cf. Gênesis 1.3). Na verdade, é assim que o Novo Testamento entende esse ato (cf. 2 Coríntios 4.6). Em terceiro lugar, as palavras "Deus formou o homem do pó da terra" implica um processo de moldagem por Deus (cf. Gênesis 2.7). Em quarto lugar, os humanos vieram diretamente do pó, não dos animais, como dizem os evolucionistas. Em quinto lugar, como os humanos voltam ao pó (como acontece literalmente após a morte), isso atesta que viemos do pó no começo (cf. Eclesiastes 3.20). Em sexto lugar, cada animal se reproduz "de acordo com a sua espécie" (cf. Gênesis 1.24,25). Isso implica uma estabilidade criada para cada tipo de coisa criada. Em sétimo lugar, Eva foi criada diretamente da costela de Adão (cf. Gênesis 2.21-23), não indiretamente de animais por um longo processo. Todos esses fatos (junto com a confirmação do Novo Testamento que se refere a eles como literais) falam contra qualquer tipo de macroevolução, teísta ou não.

Contrária a uma compreensão histórica da inerrância das Escrituras

Com exceção de Orígenes, que não era ortodoxo em uma série de doutrinas,[25] praticamente todos os grandes pais da história da Igreja até os tempos

---

[25] Orígenes foi um universalista. Ele sustentava que todos nós eventualmente seremos salvos. Ele negou a divindade completa de Cristo. Ele negou a ressurreição física de Cristo, alegando que Cristo tinha um corpo espiritual. Também abandonou a interpretação literal em favor de uma alegórica, negando, assim, a historicidade de seções da Bíblia, incluindo os primeiros capítulos de Gênesis.

A INERRÂNCIA DAS ESCRITURAS

modernos sustentam uma criação literal e a historicidade de Adão e Eva. Isso foi codificado pela declaração de inerrância mais amplamente aceita no mundo, a famosa Declaração de Chicago sobre a Inerrância Bíblica, e por seus autores em muitas outras declarações. Considere que a mesma coisa está implícita na Declaração Breve sobre a Inerrância no documento do ICBI. O ponto 2 afirma:

> As Escrituras Sagradas, sendo a própria Palavra de Deus, escritas por homens preparados e supervisionados por seu Espírito, possuem autoridade divina infalível em todos os assuntos que abordam: devem ser cridas, como instrução divina, em tudo o que afirmam; obedecidas, como mandamento divino, em tudo o que requerem; aceitas, como penhor divino, em tudo que prometem.

O artigo 11 afirma: "Afirmamos que as Escrituras, tendo sido dadas por inspiração divina, são infalíveis, de modo que, longe de nos desorientar, *são verdadeiras e confiáveis em todas as questões de que tratam*" (grifo nosso em todas essas citações). Isso revela que o objeto da exegese histórico-gramatical é compreender a verdade objetiva da Escritura (v. cap. 13) em todos os assuntos. Isso inclui assuntos históricos e científicos. No artigo 12, lê-se:

> Afirmamos que, em sua totalidade, as Escrituras são inerrantes, estando isentas de toda falsidade, fraude ou engano. *Negamos que a infalibilidade e a inerrância da Bíblia estejam limitadas a assuntos espirituais, religiosos ou redentores, excluindo informações de natureza histórica e científica. Negamos também que hipóteses científicas acerca da história da Terra possam ser corretamente empregadas para desmentir o ensino das Escrituras a respeito da Criação e do Dilúvio.*

Alguns artigos acadêmicos do ICBI sobre o tema são encontrados em *Hermeneutics, Inerrancy* [HI], editado por Radmacher e Preus. Ele contém uma série de 25 artigos sobre hermenêutica (HA), com um breve comentário sobre eles (no Apêndice B). Partes cruciais dessas declarações serão mencionadas na discussão a seguir.

Para os autores do ICBI, a verdade significa que as declarações sobre história e ciência são objetivamente verdadeiras, mesmo que sejam sobre tópicos não diretamente redentores (HA, art. 12). Na verdade, o ICBI mais tarde definiu a hermenêutica histórico-gramatical como a que desvela "seu sentido literal, ou normal" (HA, art. 14). Ele "afirma que Gênesis 1—11 é factual, como o é o restante do livro" (HA, art. 22). Outro artigo diz: "Negamos que categorias gerais que negam a historicidade possam ser corretamente impostas às narrativas bíblicas que se apresentam como factuais"

(HA, art. 13). O comentário nesse artigo informa-nos que têm em vista *"alguns debatedores* [que] *entendem, por exemplo, Adão como um mito"* e *"outros* [que] *entendem que Jonas é uma alegoria"* (HI, p. 897). Essas afirmações colocam *o pessoal do BioLogos bem fora da visão cristã ortodoxa e histórica das Escrituras.*

Conclusão

O movimento BioLogos representa uma grande ameaça à inerrância das Escrituras, por muitas razões. Em primeiro lugar, ele aceita uma visão macroevolucionária que é inconsistente com uma interpretação histórico-gramatical das Escrituras. Em segundo lugar, ao negar uma compreensão literal de Gênesis 1—3, prejudica muitos importantes ensinamentos do Novo Testamento baseados nesse entendimento literal de Gênesis, incluindo a depravação humana (cf. Romanos 5.12), a base para um casamento monogâmico (cf. Mateus 19.4), a indicação divinamente dada para a família (cf. 1 Coríntios 11.3) e a Igreja (cf. 1 Timóteo 2.12,13). Ainda mais sério, isso enfraquece a autoridade e divindade de Cristo, que entendeu Gênesis 1—3 como literal (cf. Mateus 19.4; 24.38,39; Marcos 13.19).

O problema com a evolução teísta é que é uma solução "fácil" para o problema do conflito entre as visões científicas contemporâneas predominantes e uma séria compreensão literal e histórica das Escrituras. Em vez de desafiar a base filosófica e científica da hipótese evolutiva, é muito mais fácil para salvar a reputação acadêmica e o trabalho de alguém que apenas concorde com ela. No entanto, o preço pago por essa solução "fácil" é muito alto. E isso é desnecessário. Pois existe uma alternativa confiável, embora não amplamente aceita, que é uma ciência confiável sem abandonar a inspiração e a inerrância das Escrituras: o movimento do *design* inteligente. Muitas vezes, ao longo dos anos, os evangélicos abandonaram a ortodoxia pela respeitabilidade acadêmica. O movimento BioLogos, por mais sincero que seja, é um exemplo desse tipo de perigo.

▪ **Fontes** ▪

Agassiz, "Agassiz on the Origin of Species"
Augustine [Agostinho], *Letters* [Cartas]
Behe, *Darwin's Black Box*
Collins, *Language of God*
Darwin, *On the Origin of Species*
Dembski, *Design Inference*
Dembski e Wells, *Design of Life*

A INERRÂNCIA DAS ESCRITURAS

Eldredge, *Macroevolutionary Dynamics*
Gibbs, "The Unseen Genome"
Gonzalez, *Privileged Planet*
Guste, "Plaintiff's Pre-Trial Brief"
Hoyle e Wickramasinghe, *Evolution from Space*
Hume, *Letters of David Hume*
Jastrow, *God and the Astronomers*
Johnson, *Darwin on Trial*
Luskin e Gage, "Reply to Francis Collins"
Meyer, *Signature in the Cell*
Pettinato, *The Archives of Ebla*
Raup, "Conflicts between Darwin and Paleontology"
Thomas Aquinas [Tomás de Aquino], *Exposition on Job* [Exposição sobre Jó]
_____, *Summa*

Bibliografia

ACHTEMEIER, Paul J. **The Inspiration of Scripture:** Problems and Proposals. Philadelphia: Westminster, 1980.

ADLER, Mortimer. **Six Great Ideas**. New York: Thirteen, 1982.

AGASSIZ, Louis. Prof. Agassiz on the Origin of Species. **American Journal of Science and Arts**, 2. série, 30 (June 30, 1860), p. 142-154.

ALBRIGHT, William F. Toward a More Conservative View. **Christianity Today** 7 (January 18, 1963), p. 4-5.

ALSTON, William P. **A Realist Conception of Truth**. Ithaca, NY: Cornell University Press, 1997.

ANSELM OF CANTERBURY. **Truth, Freedom, and Evil:** Three Philosophical Dialogues. Ed. e trad. Jasper Hopkins e Herbert Richardson. New York: Harper & Row, 1967.

ARCHER Jr., Gleason. *Encyclopedia of Bible Difficulties*. Grand Rapids: Zondervan, 1982.

_____. **A Survey of Old Testament Introduction**. Ed. rev. e ampl. Chicago: Moody, 2007.

ARISTOTLE. **Categories**. In: McKEON, Richard (Ed.). **The Basic Works of Aristotle**. New York: Random House, 1941.

_____. **Metaphysics**. In: McKEON, Richard (Ed.). **The Basic Works of Aristotle**. New York: Random House, 1941.

_____. **On Interpretation**. In: McKEON, Richard (Ed.). **The Basic Works of Aristotle**. New York: Random House, 1941.

AUGUSTINE OF HIPPO. **Augustine:** Earlier Writings. Ed. J. H. S. Burleigh. Library of Christian Classics. Philadelphia: Westminster, 1953.

_____. **City of God**. In: SCHAFF, Philip (Ed.). **Nicene and Post-Nicene Fathers**. 1. série. 14 v. 1886-1894. Reimpr. Grand Rapids: Eerdmans, 1952. v. 2.

_____. **De Trinitate** [On the Trinity]. In: SCHAFF, Philip (Ed.). **Nicene and Post-Nicene Fathers**. 1. série. 14 v. 1886-1894. Reimpr. Grand Rapids: Eerdmans, 1952. v. 3.

_____. **On the Predestination of the Saints**. In: SCHAFF, Philip (Ed.). **Nicene and Post-Nicene Fathers**. 1. série. 14 v. 1886-1894. Reimpr. Grand Rapids: Eerdmans, 1952. v. 5.

_____. **Principi Della Dialettica**. Como, Italy: Gruppo Amici del Liceo Volta, 1985.

_____. **Reply to Faustus the Manichaean**. In: SCHAFF, Philip (Ed.). **Nicene and Post-Nicene Fathers**. 1. série. 14 v. 1886-1894. Reimpr. Grand Rapids: Eerdmans, 1952. v. 4.

AUSTIN, J. L. **How to Do Things with Words**. Cambridge, MA: Harvard University Press, 1975. **Baptist Faith and Message**: A Statement. 2000. Disponível em: <http://www.sbc.net/bfm/bfm2000.asp>.

BARTH, Karl. **Church Dogmatics**. Volume 1: The Doctrine of the Word of God. Ed. G. W. Bromiley e T. F. Torrance. Trad. G. T. Thomson e Harold Knight. Edinburgh: T&T Clark, 1956.

_____. **Church Dogmatics**: A Selection. With an introduction by Helmut Gollwitzer. Trad. e ed. G. W. Bromiley. New York: Harper Torchbooks, 1961.

_____. **Evangelical Theology**. Grand Rapids: Eerdmans, 1992.

_____. **Nein!** [No!]. Eugene, OR: Wipf & Stock, 2002.

BAUCKHAM, Richard. **Jesus and the Eyewitnesses**. Grand Rapids: Eerdmans, 2008.

BEALE, G. K. **The Erosion of Inerrancy in Evangelicalism**. Wheaton: Crossway, 2008.

BEHE, Michael. **Darwin's Black Box**. New York: Free Press, 2006.

BERKOUWER, G. C. **Holy Scripture**. Trad. Jack Rogers. Grand Rapids: Eerdmans, 1975.

BLANCHARD, Calvin. **The Complete Works of Thomas Paine**. Chicago: Donohue Brothers, 1920.

BLOMBERG, Craig. **The Historical Reliability of the Gospels**. Downers Grove, IL: InterVarsity Press, 1987.

_____. **The Historical Reliability of John's Gospel**. Downers Grove, IL: InterVarsity Press, 2001.

BOCK, Darrell L.; WEBB, Robert L. (Eds.). **Key Events in the Life of the Historical Jesus**: A Collaborative Exploration of Context and Coherence. Grand Rapids: Eerdmans, 2010.

BOICE, James M. **Foundations of the Christian Faith**. 4 v. Downers Grove, IL: InterVarsity Press, 1978-1981. Ed. rev. e publ. em 1 v., 1986.

BRIGHT, Steve. Nostradamus: A Challenge to Biblical Prophecy? **Christian Research Journal** 25, n° 2, 2002. Disponível em: <http://www.equip.org/PDF/DN088.pdf>.

BRUCE, F. F. **Jesus and Christian Origins outside the New Testament**. Grand Rapids: Eerdmans, 1974.

_____. **The New Testament Documents**: Are They Reliable? Downers Grove, IL: InterVarsity Press, 1960.

BRUNNER, Emil. **The Christian Doctrine of God**. Trad. Olive Wyon. London: Lutterworth, 1949. v. 1.

Bibliografia

_____. **Revelation and Reason**. Philadelphia: Westminster, 1946.

_____. **The Word of God and Modern Man**. Trad. David Cairns. Richmond: John Knox, 1964.

BULTMANN, Rudolf. **Kerygma and Myth:** A Theological Debate. New York: Harper Collins, 2000.

BURKE, Spencer. **A Heretic's Guide to Eternity**. San Francisco: Jossey-Bass, 2006.

BUSH, L. Russ; NETTLES, Tom J. **Baptists and the Bible**. Chicago: Moody, 1980.

CALVIN, John. **Calvin's Commentaries**. 22 v. Ed. David W. Torrance e Thomas F. Torrance. Grand Rapids: Eerdmans, 1972.

_____. **Institutes of the Christian Religion**. 2 v. Ed. John T. McNeill. Trad. Ford Lewis Battles. Library of Christian Classics 20-21. Philadelphia: Westminster, 1960.

CARSON, D. A. **Becoming Conversant with the Emerging Church**. Grand Rapids: Zondervan, 2005.

CARSON, D. A.; MOO, Douglas. **Introduction to the New Testament**. 2. ed. Grand Rapids: Zondervan, 2005.

CHALKE, Steve; MANN, Alan. **The Lost Message of Jesus**. Grand Rapids: Zondervan, 2004.

COLLINS, Francis. **The Language of God**. New York: Free Press, 2006.

CRAIG, William Lane. The Evidence for Jesus. Disponível em: <http://www.leaderu.com/offices/billcraig/docs/rediscover2.html>.

_____. **Knowing the Truth about the Resurrection**. Ed. rev. Ann Arbor, MI: Servant Books, 1981.

DARWIN, Charles. **On the Origin of Species**. Original, 1859. Edição de 1872. Disponível em: <http://www.infidels.org/library/historical/charles_darwin/origin_of_species>. New York: Signet Classics, 2003.

DEMBSKI, William. **The Design Inference**. Cambridge: Cambridge University Press, 1998.

DEMBSKI, William; WELLS, Jonathan. **The Design of Life**. Richardson, TX: Foundation for Thought and Ethics, 2007.

DEWOLF, Harold. **The Case for Theology in Liberal Perspective**. Philadelphia: Westminster, 1959.

_____. **A Theology of the Living Church**. New York: Harper, 1960.

DEYOUNG, Kevin; KLUCK, Ted. **Why We're Not Emergent**. Chicago: Moody, 2008.

DODD, C. H. **History and the Gospels**. West Yorkshire, UK: Pomona Press, 2008.

DUNS SCOTUS, John. **Philosophical Writings**. Trad. e pref. Allan B. Wolter. Indianapolis: Bobbs-Merrill, 1962.

EDWARDS, Paul, (Ed.). **The Encyclopedia of Philosophy**. Detroit: Macmillan Reference, 2006.

EHRMAN, Bart. **Misquoting Jesus:** The Story behind Who Changed the Bible and Why. San Francisco: HarperSanFrancisco, 2005.

ELDREDGE, Niles. Macroevolutionary Dynamics. New York: McGraw--Hill, 1989.

ENNS, Peter. **Inspiration and Incarnation**. Grand Rapids: Baker Academic, 2005.

FESPERMAN, Charles. Jefferson Bible. **Ohio Journal of Religious Studies** 4 (October 1976), p. 78-82.

FOOTE, Henry Wilder. **The Religion of Thomas Jefferson**. Boston: Beacon, 1947; reimpr. 1960.

FORD, Lewis S. Biblical Recital and Process Theology. **Interpretation** 26 (1972).

_____. **The Lure of God:** A Biblical Background for Process Theism. Philadelphia: Fortress, 1978.

FOSDICK, Harry Emerson. **A Guide to Understanding the Bible**. New York: Harper & Brothers, 1948.

FREGE, Gottlob. On Sense and Reference. Trad. Peter Geach. In: GEACH, Peter; BLACK, Max (Eds.). **Translations from the Philosophical Writings of Gottlob Frege**. Oxford: Basil Blackwell, 1960.

FULLER SEMINARY. **Theology, News & Notes,** Special Issue, 1976.

GEISLER, Norman L. Accommodation. **Baker Encyclopedia of Christian Apologetics**. Grand Rapids: Baker, 1999.

_____. God, Alleged Disproofs of. **Baker Encyclopedia of Christian Apologetics**. Grand Rapids: Baker, 1999.

_____. **The Battle for the Resurrection**. Nashville: Thomas Nelson, 1989.

_____.**The Bible:** Decide for Yourself. Grand Rapids: Zondervan, 1982. Reimpr. Eugene, OR: Wipf & Stock, 2004.

_____. (Ed.). **Biblical Errancy:** An Analysis of Its Philosophical Roots. Grand Rapids: Zondervan, 1981. Reimpr. Eugene, OR: Wipf & Stock, 2004.

_____. Explaining Hermeneutics: A Commentary on the Chicago Statement on Biblical Hermeneutics Articles of Affirmation and Denial. In: RADMACHER; Earl D.; PREUS, Robert D. (Eds.). **Hermeneutics, Inerrancy, and the Bible**. Grand Rapids: Academie Books, 1984. Disponível em: <http://biblesanity.org/chicago2.htm>.

_____. (Ed.). *Inerrancy*. Grand Rapids: Zondervan, 1980.

_____. **Popular Survey of the New Testament**. Grand Rapids: Baker, 2007.

_____. **Systematic Theology**. 2 v. Minneapolis: Bethany House, 2002-2003.

_____. **Thomas Aquinas:** An Evangelical Appraisal. Grand Rapids: Baker, 1991. Reimpr. Eugene, OR: Wipf & Stock, 2003.

_____. Truth, Nature of. **Baker Encyclopedia of Christian Apologetics.** Grand Rapids: Baker, 1999.

GEISLER, Norman L.; ANDERSON, J. Kerby. **Origin Science:** A Proposal for the Creation-Evolution Controversy. Grand Rapids: Baker, 1987.

GEISLER, Norman L.; BETANCOURT, Joshua M. **Is Rome the True Church?** Wheaton: Crossway, 2008.

GEISLER, Norman L.; CORDUAN, Winfried. **Philosophy of Religion.** Eugene, OR: Wipf & Stock, 2003.

GEISLER, Norman L.; HOLDEN, Joseph. **Living Loud:** Defending Your Faith. Nashville: Broadman & Holman, 2002.

GEISLER, Norman L., HOUSE, H. Wayne; HERRERA, Max. **The Battle for God.** Grand Rapids: Kregel, 2001.

GEISLER, Norman L.; HOWE, Thomas. **The Big Book of Bible Difficulties.** Grand Rapids: Baker, 2008. Anteriormente publicado sob o título **When Critics Ask.** Wheaton: Victor, 1992.

GEISLER, Norman L.; Mix, William E. **A General Introduction to the Bible.** Chicago: Moody, 1986.

GEISLER, Norman L.; RHODES, Ron. **Conviction without Compromise.** Eugene, OR: Harvest House, 2008.

GEISLER, Norman L.; TUREK, Frank. **I Don't Have Enough Faith to Be an Atheist.** Wheaton: Crossway, 2004.

GEISLER. Norman L.; ZUCKERAN, Patrick. **The Apologetics of Jesus.** Grand Rapids: Baker, 2009.

GIBBS, W. Wayt. The Unseen Genome: Gems among the Junk. **Scientific American** (November 2003).

GILSON, Etienne. **The Christian Philosophy of St. Thomas Aquinas.** South Bend, IN: University of Notre Dame Press, 1994.

_____. **Linguistics and Philosophy.** South Bend, IN: University of Notre Dame Press, 1988.

GLUECK, Nelson. **Rivers in the Desert:** A History of the Negev. Philadelphia: Jewish Publication Society, 1969.

GONZALEZ, Guillermo; RICHARDS, Jay W. **The Privileged Planet:** How Our Place in the Universe Is Designed for Discovery. Washington, DC: Regnery Publishing, 2004.

GREENLEAF, Simon. **An Examination of the Testimony of the Four Evangelists.** London: A. Maxwell & Son, 1847.

GRENZ, Stanley. Nurturing the Soul, Informing the Mind. In: BACOTE, Vincent; MIGUELEZ, Laura C.; OKHOLM, Dennis L (Eds.). **Evangelicals,**

Scripture: Tradition, Authority, and Hermeneutics. Downers Grove, IL: InterVarsity Press, 2004.

_____.A Primer on Postmodernism. Grand Rapids: Eerdmans, 1996.

_____. Renewing the Center: Evangelical Theology in a Post-Theological Era. 2. ed. Grand Rapids: Baker Academic, 2006.

_____. Revisioning Evangelical Theology. Downers Grove, IL: InterVarsity Press Academic, 1993.

GRENZ, Stanley; FRANKE, John R. Beyond Foundationalism. Louisville: Westminster John Knox, 2001.

GRINBANK, Mariano. Bart Ehrman's Millions and Millions of Variants: Part l of 2. Postado em 16 de setembro de 2010. Disponível em: <http://www.truefreethinker.com/articles/bart-ehrman%E2%80%99s-millions-and--millionsvariants-part-1-2>.

GUNDRY, Robert H. Matthew: A Commentary on His Literary and Theological Art. Grand Rapids: Eerdmans, 1982.

_____. Sōma in Biblical Theology. Grand Rapids: Academie Books, 1987.

GUSTE JR., William J., "Plaintiff's Pre-Trial Brief" for the Louisiana Trial on Creation and Evolution (June 3, 1982).

GUTHRIE, Donald. New Testament Introduction: The Gospels and Acts. London: Tyndale House, 1965.

HABERMAS, Gary. The Historical Jesus: Ancient Evidence for the Life of Christ. Joplin, MO: College Press, 1996.

HANNAH, John D. (Ed.). Inerrancy and the Church. Chicago: Moody, 1984.

HEMER, Colin. The Book of Acts in the Setting of Hellenistic History. Winona Lake, IN: Eisenbrauns, 1990.

HENRY, Carl. The Uneasy Conscience of Modern Fundamentalism. Grand Rapids: Eerdmans, 1947.

HODGE, Archibald A.; WARFIELD, B. B. Inspiration. Philadelphia: Presbyterian Board of Publication, 1881. Reimpr. Grand Rapids: Baker, 1979.

HODGE, Charles. Systematic Theology. 3 v. New York: Scribner, 1872. Reimpr. Grand Rapids: Eerdmans, 1940.

HOEHNER, Harold. Chronological Aspects of the Life of Christ. Grand Rapids: Zondervan, 1978.

Holy Bible: English Standard Version. Wheaton: Crossway Bibles, 2001.

Holy Bible: King James Version. Oxford: Oxford University Press, 1611.

Holy Bible: New King James Version. Nashville: Thomas Nelson, 1982.

HOWE, Thomas A. Does Genre Determine Meaning? Christian Apologetics Journal 6, n° 1 (Spring 2007), p. 1-19.

_____. Objectivity in Biblical Interpretation. Longwood, FL: Advantage Books, 2004.

Hoyle, Fred; Wickramasinghe, Chandra. **Evolution from Space.** London: J. M. Dent & Sons, 1981.

Hume, David. **The Letters of David Hume.** Ed. J. Y. T. Greig. 2 v. Oxford: Clarendon, 1932.

Irenaeus. **Against Heresies.** V. 1 de **The Ante-Nicene Fathers.** Ed. Alexander Roberts e James Donaldson. Boston: Christian Literature Publishing, 1885. Reimpr. Grand Rapids: Eerdmans, 1952.

Jastrow, Robert. **God and the Astronomers.** New York: W. W. Norton, 1978.

Jefferson, Thomas. **The Jefferson Bible: The Life and Morals of Jesus of Nazareth.** Boston: Beacon Press, 1989.

Johnson, Phillip E. **Darwin on Trial.** Downers Grove, IL: InterVarsity Press, 2010.

Johnson, S. Lewis. **The Old Testament in the New:** An Argument for Biblical Inspiration. Grand Rapids: Zondervan, 1980.

Jones, Alan. **Reimagining Christianity:** Reconnect Your Spirit without Disconnecting Your Mind. Hoboken, NJ: John Wiley & Sons, 2005.

Jones, Timothy Paul. **Misquoting Truth:** A Guide to the Fallacies of Bart Ehrman's Misquoting Jesus. Downers Grove, IL: InterVarsity Press, 2007.

Justin Martyr. **Apology.** V. 1 de **Ante-Nicene Fathers.** Ed. Alexander Roberts e James Donaldson. Boston: Christian Literature Publishing, 1885. Reimpr. Grand Rapids: Eerdmans, 1952.

Kaiser, Walter C. **Toward an Exegetical Theology:** Biblical Exegesis for Preaching and Teaching. Grand Rapids: Baker, 1981.

_____. **The Uses of the Old Testament in the New Testament.** Chicago: Moody, 1985.

Kaiser, Walter C.; Silva, M. Introduction to Biblical Hermeneutics: The Search for Meaning. Grand Rapids: Zondervan, 1994.

Kantzer, Kenneth (Ed.). **Applying the Scriptures.** Grand Rapids: Academie Books, 1987.

Kelly, J. N. D. **Early Christian Doctrine.** New York: Harper & Row, 1960.

Kenyon, Sir Frederic. **The Bible and Archaeology.** New York: Harper, 1940.

_____. **Our Bible and the Ancient Manuscripts.** Rev. A. W. Adams. 4. ed. New York: Harper, 1958.

Kostenberger, Andreas J.; Kruger, Michael J. **The Heresy of Orthodoxy:** How Contemporary Culture's Fascination with Diversity Has Reshaped Our Understanding of Early Christianity. Wheaton: Crossway, 2010.

Ladd, George. **I Believe in the Resurrection.** Grand Rapids: Eerdmans, 1975.

A INERRÂNCIA DAS ESCRITURAS

_____. The New Testament and Criticism. Grand Rapids: Eerdmans, 1967.

LEWIS, C. S. The Abolition of Man. New York: Macmillan, 1947.

_____. Miracles: A Preliminary Study. New York: Macmillan, 1969.

LINDSELL, Howard. The Battle for the Bible. Grand Rapids: Zondervan, 1976.

LINNEMANN, Eta. Historical Criticism of the Bible: Methodology or Ideology? Grand Rapids: Baker, 1990.

_____. Is There a Synoptic Problem? Rethinking the Literary Dependence of the First Three Gospels. Grand Rapids: Baker, 1992.

LUSKIN, Casey; GAGE, Logan Paul. "A Reply to Francis Collins's Darwinian Arguments for Common Ancestry of Apes and Humans". In: HOUSE, Wayne (Ed.). Intelligent Design 101: Leading Experts Explain the Key Issues. Grand Rapids: Kregel, 2008. Disponível em: <http://www.ideacenter.org/stuff/contentmgr/files/640ee5bfb01620f5eacd6675a51bc119/miscdocs/id101_franciscollinsrebuttal.pdf>.

LUTHER, Martin. Luther's Works. Ed. Jaroslav Pelikan e Helmut Lehmann. 55 v. Minneapolis: Fortress Press; St. Louis: Concordia, 1957-1986.

_____. Works of Martin Luther. 6 v. Philadelphia: Muhlenberg Press, 1915-1943.

MARSDEN, George. Reforming Fundamentalism: Fuller Seminary and the New Evangelicalism. Grand Rapids: Eerdmans, 1987. Reimpr. 1995.

MAYO, Bernard. Jefferson Himself. Charlottesville: University of Virginia Press, 1942. Reimpr. 1970.

McDONALD, H. D. Theories of Revelation: An Historical Study, 1700-1960. 2 v. em 1. Twin Brooks Series. Grand Rapids: Baker, 1979.

McGOWAN, Andrew T. B. The Divine Spiration of Scripture. Nottingham, UK: Apollos, 2007. McLAREN, Brian D. The Church on the Other Side. Grand Rapids: Zondervan, 2000.

_____. A Generous Orthodoxy. Grand Rapids: Zondervan, 2004.

_____. The Last Word and the Word after That. San Francisco: Jossey--Bass, 2005.

_____. Missing the Point: The Bible. In: McLAREN, Brian D.; CAMPOLO, Tony. Adventures in Missing the Point. Grand Rapids: Zondervan, 2006.

_____. A New Kind of Christian. San Francisco: Jossey-Bass, 2001.

McLAREN, Brian D.; CAMPOLO, Tony. Adventures in Missing the Point. Grand Rapids: Zondervan, 2006.

METZGER, Bruce. The Text of the New Testament. New York: Oxford University Press, 1964.

MEYER, Stephen. Signature in the Cell. New York: Harper One, 2009.

MOHLER, Albert. The Inerrancy of Scripture: The Fifty Years' War . . . and Counting. Disponível em: <http://www.albertmohler.com/2010/08/16>.

MONDIN, Baptista. **The Principle of Analogy in Protestant and Catholic Theology**. The Hague: Nijhoff, 1963.

MONTGOMERY, John Warwick (Ed.). **God's Inerrant Word:** An International Symposium on the Trustworthiness of Scripture. Minneapolis: Bethany House, 1974.

_____. **History and Christianity**. Downers Grove, IL: InterVarsity Press, 1964.

MOORE, G. E. **Some Main Problems of Philosophy**. New York: Collier, 1962.

NICOLE, Roger (Ed.). **Inerrancy and Common Sense**. Grand Rapids: Baker, 1980.

O'CALLAGHAN, John. **Thomistic Realism and the Linguistic Turn**. South Bend, IN: University of Notre Dame, 2003.

OGDEN, Schubert. The Authority of Scripture for Theology. **Interpretation** 30, n° 3 (July 30, 1967), p. 242-260.

_____. On Revelation. In: DESCHNER, John et al. (Eds.). **Our Common History as Christians**. New York: Oxford University Press, 1975.

OSBORNE, Grant. The Evangelical and Redaction Criticism: Critique and Methodology. **Journal of the Evangelical Theological Society** 22, n° 4 (December 1979), p. 305-322.

PACKER, J. I. Exposition on Biblical Hermeneutics. In: RADMACHER, Earl D.; PREUS, Robert D. (Eds.). **Hermeneutics, Inerrancy, and the Bible**. Grand Rapids: Academie Books, 1984.

PASCAL, Blaise. *Pensées*. Ed. e trad. Roger Ariew. Indianapolis: Hackett Pub., 2005.

PETTINATO, Giovanni. **The Archives of Ebla:** An Empire Inscribed in Clay. New York: Doubleday, 1981.

PINNOCK, Clark H. **Biblical Revelation:** The Foundation of Christian Theology. Chicago: Moody, 1971.

_____. **A Defense of Biblical Infallibility**. 1967. Reimpr. Phillipsburg, NJ: P&R Pub., 1977.

_____. **The Most Moved Mover**. Grand Rapids: Baker, 2001.

_____. **The Scripture Principle**. San Francisco: Harper & Row, 1984. 2. ed. Grand Rapids: Baker Academic, 2006.

PLATO. **Cratylus**. In: HAMILTON, Edith; CAIRNS, Huntington (Eds.). **The Collected Dialogues of Plato**. New York: Pantheon, 1964.

PREUS, Robert. **The Inspiration of Scripture**. Edinburgh: Oliver & Boyd, 1955.

The Proceedings of the Conference on Biblical Inerrancy. Nashville: Broadman, 1987.

RADMACHER, Earl; PREUS, Robert D. (Eds.). **Hermeneutics, Inerrancy, and the Bible**. Grand Rapids: Academie Books, 1984.

RAMSAY, Sir William. **St. Paul the Traveler and the Roman Citizen**. 3. ed. New York: G. P. Putnam's Sons, 1898.

RAUP, David M. Conflicts between Darwin and Paleontology. **Field Museum of Natural History Bulletin** 50 (January 1979), p. 22-29.

RAWLINGS, Harold. **Trial by Fire:** The Struggle to Get the Bible into English. Wellington, FL: Rawlings Foundation, 2004.

REU, Johann M. **Luther and the Scriptures**. Columbus, OH: Wartburg Press, 1944.

_____. **Luther and the Scriptures**. St. Louis: Concordia, 1980.

RICE, John R. **Our God-Breathed Book:** The Bible. Murfreesboro, TN: Sword of the Lord, 1969.

ROBERTSON, Archibald Thomas. **An Introduction to Textual Criticism of the New Testament**. Nashville: Broadman, 1925.

ROBINSON, John A. T. **Redating the New Testament**. 1976. Reimpr. Eugene: Wipf & Stock, 2000.

_____. **Word Pictures in the New Testament**. Nashville: Broadman Press, 1930. v. 1.

ROGERS, Jack B. (Ed.). **Biblical Authority**. Waco: Word Books, 1978.

ROGERS, Jack B.; McKIM, Donald K. **The Authority and Interpretation of the Bible**. San Francisco: Harper & Row, 1979.

RUSSELL, Bertrand. **The Problems of Philosophy**. London: Bibliobazaar, 1912.

SAUSSURE, Ferdinand de. **A Course in General Linguistics**. London: Collins, 1974.

SCHAEFFER, Francis. **No Final Conflict:** The Bible without Error in All That It Affirms. Downers Grove, IL: InterVarsity Press, 1975.

SCHAEFFER, Francis, et al. **The Foundation of Biblical Authority**. Ed. James M. Boice. Grand Rapids: Zondervan, 1978.

SCHAFF, Philip. **Companion to the Greek Testament and the English Version**. 3. ed. New York: Harper, 1883.

——— (Ed.). **The Creeds of Christendom**. 6. ed. New York: Harper & Row, 1931. Reimpr. Grand Rapids: Baker, 1983. v. 2.

SCOTLAND, Nigel. **Can We Trust the Gospels?** Exeter: Paternoster Press, 1979.

SHELER, Jeffery L. Is the Bible True? **U.S. News and World Report** (October 25, 1999).

Bibliografia

Sparks, Kenton. After Inerrancy: Evangelicals and the Bible in a Postmodern Age. Disponível em: <http://biologos.org/projects/scholar-essays>.

_____. **God's Word in Human Words:** An Evangelical Appropriation of Critical Biblical Scholarship. Grand Rapids: Baker Academic, 2008.

Sproul, R. C. **Explaining Inerrancy:** A Commentary. Oakland: International Council on Biblical Inerrancy, 1980. 4. impr. Orlando, FL: Reformation Trust, 2002. Reeditado com o título **Can I Trust the Bible?** Lake Mary, FL: Reformation Trust, 2009.

Sproul, R. C.; Gerstner, John; Lindsley, Arthur. **Classical Apologetics:** A Rational Defense of the Christian Faith and a Critique of Presuppositional Apologetics. Grand Rapids: Zondervan, 1984.

Thomas, Robert. **Evangelical Hermeneutics:** The New Versus the Old. Grand Rapids: Kregel, 2002.

_____. The Hermeneutic of Noncessationism. **The Master's Seminary Journal** (Fall 2003).

Thomas, Robert; Farnell, F. David (Eds.). **The Jesus Crisis:** Inroads of Historical Criticism into Evangelical Scholarship. Grand Rapids: Kregel, 1998.

Thomas Aquinas. **The Literal Exposition on Job**. Trad. Anthony Damico. Atlanta: Scholars Press, 1989.

_____. **On Truth**. Trad. J. V. McGlynn. Chicago: H. Regnery, 1952-1954.

_____. *Summa theologica*. 60 v. Ed. O. P. Gilby. New York: McGraw-Hill, 1966.

Tozer, A. W. **Knowledge of the Holy:** The Attributes of God, Their Meaning in the Christian Life. New York: HarperOne, 1978.

Urquhart, John. **Inspiration and Accuracy of the Holy Scriptures**. London: Marshall; Kilmarnock, UK: John Ritchie, 1895. Disponível em: <http://www.archive.org/details/theinspirationac00urquuoft>.

Vanhoozer, Kevin J. **The Drama of Doctrine:** A Canonical-Linguistic Approach to Christian Theology. Louisville: Westminster John Knox, 2005.

_____. The Inerrancy of Scripture. Disponível em: <http://www.theology-network.org/biblical-studies/getting-stuckin/the-inerrancy-of-scripture.htm>.

_____. **First Theology:** God, Scripture, and Hermeneutics. Downers Grove, IL: InterVarsity Press, 2002.

_____. **Is There Meaning in This Text?** Grand Rapids: Zondervan, 2009.

_____. Lost in Interpretation? Truth, Scripture, and Hermeneutics. **Journal of the Evangelical Theological Society** 48, n° 1 (March 2005), p.

89-141. Disponível em: <http://www.etsjets.org/files/JETS-PDFs/48/48-1/48-1-pp089-114_JETS.pdf>.

_____. The Semantics of Biblical Literature: Truth and Scripture's Diverse Literary Forms. In: CARSON, D. A.; WOODBRIDGE, John (Eds.). **Hermeneutics, Authority, and Canon**. Grand Rapids: Academie Books, 1987. Reimpr. Grand Rapids: Baker, 1995.

_____. The Voice and the Actor: A Dramatic Proposal about the Ministry and Minstrelsy of Theology. In: STACKHOUSE JR., John (Ed.). **Evangelical Futures:** A Conversation on Theological Method. Grand Rapids: Baker, 2000.

WALVOORD, John F.; ZUCK, Roy B. (Eds.). **The Bible Knowledge Commentary:** An Exposition of the Scriptures. 2 v. Wheaton: Victor, 1983-1985.

WARFIELD, B.; HODGE, A. Veja A. Hodge e Warfield.

WARFIELD, B. B. **The Inspiration and Authority of the Bible**. Ed. Samuel G. Craig. Philadelphia: P&R Pub., 1948. Ensaios extraídos de **Revelation and Inspiration**. New York: Oxford University Press, 1927.

_____. The Inspiration of the Bible. **Bibliotheca Sacra** 51 (1984), p. 614-640.

_____. **An Introduction to the Textual Criticism of the New Testament**. London: Hodder & Stoughton, 1886.

_____. Professor Henry Preserved Smith on Inspiration. **Presbyterian and Reformed Review** 5 (1894), p. 600-653. Reimpr. com o título **Limited Inspiration**. Phillipsburg, NJ: P&R Pub., 1961.

WEAVER, Richard. **Ideas Have Consequences**. Chicago: University of Chicago Press, 1948.

WESTCOTT, Brooke; Hort, John A. **The New Testament in the Original Greek**. 1881. Reimpr. Charleston, SC: Nabu Press, 2010.

WHATELY, Richard. **Historic Doubts Relative to Napoleon Bonaparte**. In: MORLEY, H. (Ed.). **Famous Pamphlets**. New York: Routledge, 1890.

WITTGENSTEIN, Ludwig. **Lectures and Conversations on Aesthetics, Psychology, and Religious Belief**. Ed. Cyril Barrett. Berkeley: University of California Press, 1966.

_____. **Notebooks:** 1914-1916. Ed. G. H. von Wright e G. E. M. Anscombe. Trad. by G. E. M. Anscombe. 2. ed. Chicago: University of Chicago Press, 1979.

_____. **Philosophical Investigations**. New York: Macmillan, 1953.

_____. *Tractatus logico-philosophicus*. Trad. D. F. Pears e B. F. McGuinness. London: Routledge & Kegan Paul, 1961.

WOODBRIDGE, John. **Biblical Authority:** A Critique of the Rogers/McKim Proposal. Grand Rapids: Zondervan, 1982.

Bibliografia

Norman L. Geisler (ph.D., *Loyola University of Chicago*) foi professor de Apologética e Teologia no *Veritas Evangelical Seminary* em Murrieta, Califórnia. Ele é autor de mais de setenta livros, incluindo a *Baker Encyclopedia of Christian Apologetics.*

William C. Roach (MA, *Southern Evangelical Seminary*) atuou como pesquisador assistente do Dr. Norman Geisler e é ministro ordenado, orador ativo e escritor. Atualmente é estudante de doutorado no *Southeastern Baptist Theological Seminary* e reside em Wake Forest, Carolina do Norte.

Esta obra foi composta em *Sabon LT Pro*
e impressa por Gráfica Expressão e Arte sobre papel
Pólen Bold 70 g/m² para Editora Vida.